大沼宜規 編著

小中村清矩日記

汲古書院

小中村清矩肖像　『高等国文』３号（明治28年）所収

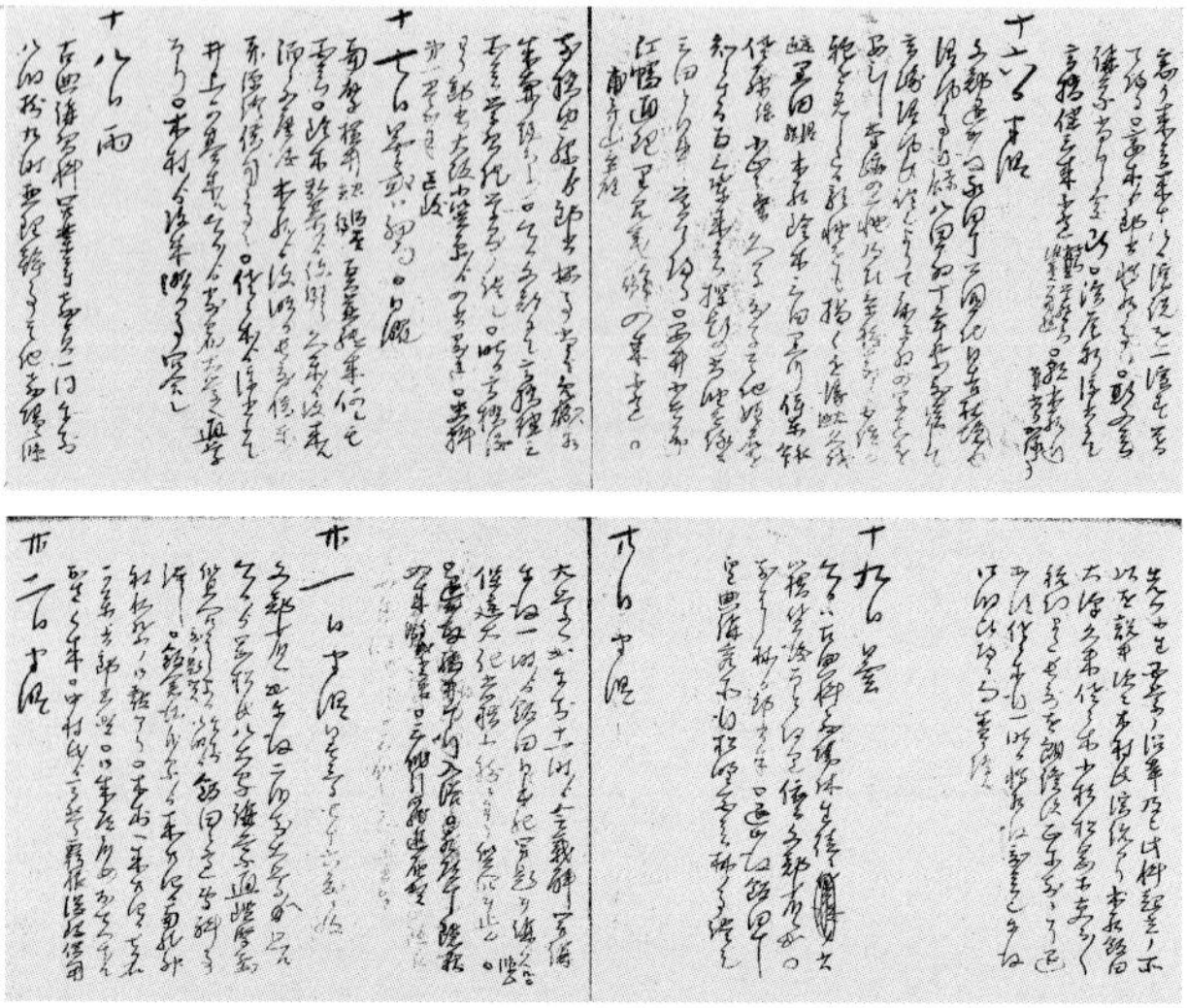

明治十五年九月十五日条以下　「壬午日乗」丙（『小中村博士日記』　国立国会図書館蔵）
九月十八日条に、小中村清矩が開設に尽力した、東京大学文学部附属古典講習科の開業式典の様子が記されている。本文60頁参照。

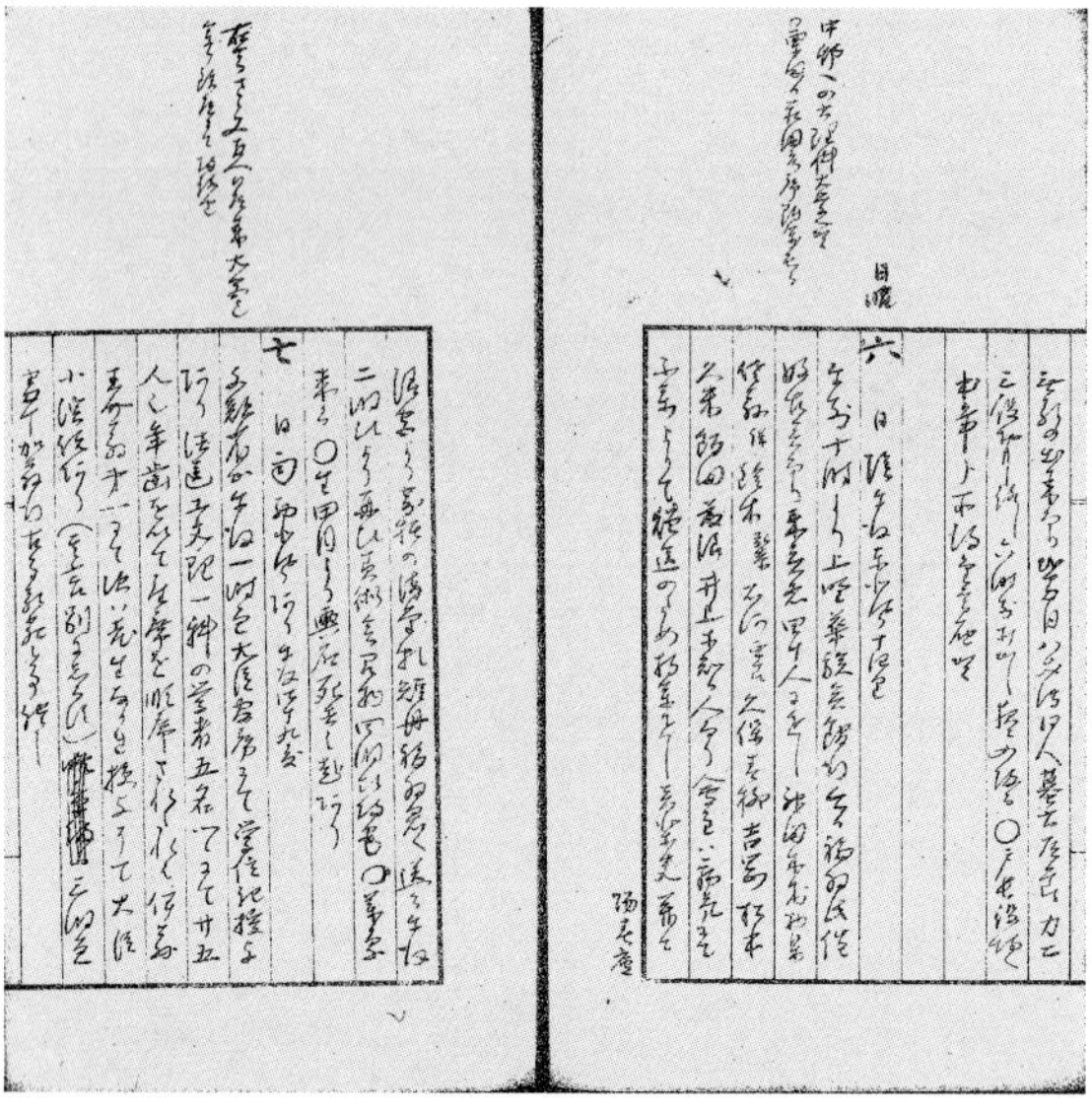

明治廿一年五月五日条以下　「明治廿一年日乗」（『小中村翁日記』国立国会図書館蔵）
五月七日条に、重野安繹らとともに日本で初の学位記を授与された時の様子が記されている。年齢の順に従い、伊藤圭介に次いで二人目に授与された。本文245頁参照。

目　次

凡　例

一、本書は、小中村清矩の日記の翻刻である。底本は、以下のとおりである。

・「己酉日録」嘉永二年正月元日〜十二月晦日（抄）『陽春廬別録集』第二冊所収　東京大学総合図書館所蔵

・「辛亥日録」嘉永四年正月元日〜二月十九日（抄）同右

・「壬子日録」嘉永五年正月元日〜三月四日、六月一日〜五日（抄）同右

・「嘉永六年癸丑歳日録」嘉永六年七月朔日〜八月十七日　同右

・「乙卯日録」安政二年二月朔日〜四月十日　『陽春廬蒐集録』第六冊所収、東京大学総合図書館所蔵

・「奉務私記」明治四年九月八日〜五年三月廿日　『陽春廬蒐集録』第二冊所収、東京大学総合図書館所蔵

・『小中村博士日記』明治十五年四月一日〜十六年十二月一日、廿年一月一日〜七月廿一日（欠あり）国立国会図書館所蔵

・『小中村翁日記』明治廿年八月九日〜廿八年七月三十一日（欠あり）国立国会図書館所蔵

・『小中村博士草稿本』明治二十六年一月一日〜十六日（欠あり）筑波大学附属図書館所蔵

・「伊香保日記」明治十七年五月六日〜廿九日『有声録』（広文堂書店、大正四年）所収

・「おもひ出の日記」明治十八年八月六日〜廿七日　同右

・「磯部の日記」明治十九年七月廿五日〜八月十四日　同右

・「相模伊豆の旅日記」明治廿年七月廿四日〜八月九日　同右

・「陸前下野常陸下総紀行」明治廿一年七月十八日〜八月十二日　同右

・「西遊日記」明治廿二年七月廿七日〜八月十九日　同右

一、『小中村翁日記』原本は、匡郭内に記された部分と、頭欄に記された部分からなる。ともに特段の意味がない限り、改行等は反映させなかった。

一、各冊の冒頭に「〈表紙〉」として原表紙の形態を示した。ただし、『有声録』所収の旅日記（以下「旅日記」とする）は、巻頭に枠を付して旅日記の名称を記し、巻末に枠を付して旅日記の名称と「終」字を記して示した。

一、出納記録、人名簿、資料目録等に関しては、原本の体裁を活かすように心がけた。

一、訂正がある場合、訂正後の記述を翻刻した。例えば、一日の記事中に「二日也」などとあるように、異なる日の記事である旨の註記がある場合は、原本に記載された日を「〈 〉」の内に示し、その下に記事を記した。「二日歟」のように断定できないものは、原文のままとした。訂正には、墨によるもののほか、朱墨によるものがあるが、区別しなかった。

一、そのほかの補記（日付など）にも「〈 〉」を用いた。

一、日付のみ記され、記事のない項目もある。

一、合点が打たれた部分があるが、反映させなかった。

一、『小中村博士日記』『小中村翁日記』の原本は、日付と天候が記される第一行以外を一字下げて示しているものが多い。そこで、翻刻文では原則として、日付及び続けて記される天候に関する記事以外は、一字下げて記した。旅日記は、そのような体裁とはなっていないが、同様に日付を掲載する行以外は一字下げた。

一、「日曜」や「春季降霊祭」等の記載は、ほとんど頭欄にあるが、日付と天候の記述の下に一字あけて示した。

一、頭欄の記事は、おおむね①匡郭内の記述からの続き・訂正、②追記、③匡郭内の記述に対する註からなる。これらに対し、①は本文に反映させ、②は各条末尾に「〈頭書〉」（小中村の記述による語）に続けて示し、③は〔 〕の内に文末に句点を付して示した。なお、頭欄に意味があると思われる改行がある場合は、「／」で示した。

一、旧字体は現在通行の字体に改めた。

一、仮名遣い、平仮名、片仮名の別は原本通りとした。現在通行していない仮名は平仮名に改めた。

一、「ゟ」（より）、「ヿ」（こと）などの合字は、平仮名に改めた。

一、反復記号については、平仮名は「ゝ」、片仮名は「ヽ」、漢字は「々」に統一した。二字以上の場合は「〱」とした。

一、原本に用いられている記号や、「九日補」のような囲み文字はそのまま用いた。記号は例えば、「○、◎、●、・、△、□、（）」などである。

一、原本に句読点がある場合はそれを活かし、ない場合は校訂者が適宜付した。旅日記の割書前後に関しては、改めた部分がある。

一、旅日記を除き、原文に濁点、半濁点は殆ど付されていないが、適宜付した。

一、同格のものが並列で記される場合、適宜「・」を付した。階層性の差により、必ずしも一定ではない部分がある。

一、本文中の割註や小字は、原則として「〔　〕」の内に示した。割註の最後には句点は付していない。自らの事を示す「予」や並列の「幷」などは、原本では小字となっているものもあるが反映させなかった。

一、平出、闕字は、一字あけて該当箇所の右側に「（ ）」を付して註記した。意味があると思われる空欄は、およその字数を空欄にした上で「（空欄）」と傍註を付した。

一、本文中の振り仮名などの傍註は原文通りとした。

一、誤字、脱字、宛字、文脈上不審のある部分など文意を採り難い部分には、適宜本文該当箇所右側の（　）の内に「ママ」あるいは「カ」もしくは想定される字を記した。なお、「歌」と「哥」、書名の「画本」と「絵本」、「志」と「誌」、名前の「二郎」と「次郎」など特に区別せず使用していると思われるもの、「井上哲二」のような省略はこの限りではない。頻出する場合は、最初に登場したもののみ註を付した場合もある。また、明らかな勘違いによる字形の誤りは、訂正した場合もある。

一、虫損などにより判読困難な箇所については、およその字数を□で示した。

一、和歌の挿入部分は、原本中では統一されていないが、改行し、上の句と下の句の間で改行した。

一、本文中で、辞令を挿入している場合は、二字下げて示した。

一、必要に応じて各年末尾に脚註を付した。

一、本文中には、今日からみると必ずしも適切でない表現もあるが、歴史資料としての性格にかんがみ、原文のままとした。

江戸時代日記

「己酉日録」（抄）

嘉永二年正月元日〜十二月晦日

「辛亥日録」（抄）

嘉永四年正月元日〜二月十九日

「壬子日録」（抄）

嘉永五年正月元日〜二月廿日、閏二月五日〜三月四日、

六月一日〜五日

「嘉永六年癸丑歳日録」

嘉永六年七月朔日〜八月十七日

「乙卯日録」

安政二年二月朔日〜三月十三日、四月一日〜二十二日、

九月一日〜十一日

（表紙）

己酉日録

嘉永二己酉歳日録　東洲居

正月大

元日〔庚午〕曇、後雨交少雪。　金右衛門清矩廿九歳
午後椒酒を祝ふの後、熟睡。黄昏に至る。
二日　晴、少風。昼後曇。完三子・紫山子御礼。○勝五郎殿入来〔証文御持参〕。○本帳〔大晦日〕分付る。○直二郎御蔵前遣ス。八幡宮不動尊代参、御札頂。
十一日　朝曇、後晴。本帳休、声曲類纂一覧。○節分。勝蔵尚流残り配る。
十九日　闕。昼後八丁堀静雪庵行。発会也〔兼題之件河滝宣稿(カ)。完三子也〕。五ツ過帰宅。
廿四日　晴。深川西島氏より浅草出雲寺及下谷伊せ市行。本郷より三丁目倉田屋行。今夜泊。○本郷倉田屋新七様御入来。行違ニ成る。○昼後芝八官丁出火。四五丁焼。

二月小

二日　雨。本帳休。○先日柏屋、金銀図録持参。一覧。
七日　曇〔初午〕。幸助流張調(ママ以下同)。○母本郷行〔年始〕。○夕刻翁稲荷参詣。帰路白石遺稿・五事略・紺珠等需。
八日　風雨。帳消〔正月十日迄〕。○流品出ス。○昼より伊達へ行。釜掛ける。相州八椿翁逗留。聯句有。夕刻帰る。○夜灯下紺珠抄録。○本帳休。
十三日　朝雨、昼後止。鋳二郎殿同道、猿若町弐丁目見物〔青砥稿の演戯〕。申助と青砥藤綱ニ哥右衛門、司三郎ニ羽左衛門、十六夜とお元ニしうか、金刺図書ニ三十郎、四段目藤綱の捌大評判、三段目浄瑠理(ママ)三国拳有。常盤津咲太夫也。暮て帰る。○八専ニ入。
十八日　晴。幸助暇。○本帳五日分付る〔十三日・十四日・十五日・十六日・十七日〕。白山伯母御入来。○勝五郎来る。十二郎地明ケ相談。○本朝水滸伝持参、玩読。

三月大

十六日　闕。辰丸同道、猿若丁壱丁目見物。壱番目曾我

ニ鬼界島の俊寛及頼政を持込。弐番目は八百屋お七也。役割の大略、俊寛・頼政・曾我十郎・八百屋お杉・仁田四郎・白酒売新兵衛ニ長十郎、猪隼太・丹左衛門・曾我五郎・土左衛門伝吉ニ三猿、工藤祐経・五尺染五郎・瀬尾太郎ニ錦升、菖蒲前・千鳥・吉三郎ニ梅幸。八百屋お七に粂三郎、大中り也。遅ク帰る。○夜番止ム。

十七日　闕。明日（闕字）公方様総州小金御遊猟ニ付、今日より大火焚之者幷ニ雑劇遊所等家業休。街々挨拶ニて廻ル。

十八日　曇、昼後雨。昨夜丑刻（闕字）公方様出御。小金へ御成。今日巳刻より未刻迄御遊猟。畢て亥中刻還御。（闕字）御得物夫々御役人方及諸侯へ御配り相成候よし。御自ら兎二ツ・鹿一ツ遊ばし候よし伝聞。其余之事囂々得て聞べからず。市街中は存之外厳ならず。出商ひの者抔一同大祝候て謹ズ。（闕字）昇平之盛事を惶賀し奉る。○大工休。○先日柏屋平家物語持参。玩読。

廿九日　曇、夜雨。本帳六日分付る。○柏屋易水連袂録持参。一覧〔作者不知。赤穂義士伝也〕。○静雪無尽勝蔵遣し。○一昨日より浪屋来る。今日出来。○昨日完三子拝壱件持引墨、今日催為引墨。静雪金蘭会席上にて開也。

四月小

七日　雨。本帳休。昨日草臥ニて休息。飛騨匠物語・平家物語一覧。○幸助暇。

十日　晴。大工弐人・手伝一人・屋根方二人、座敷屋葺、ねだ及下地・窓等拵。○流給調。○譲花園蘭明女来ル。当時本石丁四丁目へ転宅致候よし。○幸助暇。

十八日　晴。猿若丁壱丁目見物。鋳二郎殿及庄三郎・辰丸其余同道。劇は御面哥舞伎也。馬切ト草覆打を持込。弐番目冨士見西行江口靏屋の場。未ダ六日目位故切□なり。不出入も七留り位也。○大工弐人、物干拵。左官二人、表地拵也。○平蔵来る。

廿九日　曇、夕刻より雨。大工弐人・手伝壱人、戸棚出来、台所上流拵。○一昨日柏屋、艶道通鑑・武江披砂（沙）・新野問答・繁盛記等を持参。一覧。○完三子御入来。松田氏宝楽会中に付、半口正木一へ譲る。△当月末又々イギリス船浦賀表入津沙汰有〔百十六人乗一艘〕。

閏四月小

十日　晴、暖。本帳一日余附る。○左官一人・手伝一人、□□（虫損）明家小前カキ。○幸助暇。常盤橋へ見舞もの遣ス。○本郷鋳二郎殿御入来。○芝二葉町へ甚五郎遣し候処、

川崎西川氏前月末死去のよし。△イギリス船下田カキ崎
へ入津のよし。

五月大

十六日　曇。　出入張調〔四月半より五月分迄〕○おたつ
及子供、両国回向院、お竹、大日如来開張（ママ）参詣。○八専
ニ入。
廿五日　雨。　光明寺仏参。大伝馬丁水戸屋〔伊原〕にて
着物買入。○丈雨金蘭交、新書遣ス。○先日之哥仙点出
来〔丈句相済〕開き大敗軍。○幸助箱崎調。本張休。○
座敷□張スル。

六月小

七日　晴或は曇。　朝書付認メ伊坂遣ス。○幸之助中橋庄
八方遣ス。○書画を曝ス。
八日　曇、昼後雷鳴暫時雨。　中暑休息。三才図絵（会）曝書の
次展覧。左官一人・手伝一人竃上塗。○敷紙休。
十五日　晴、炎。　昨日より曝書。○本帳休。出入張調
〔先月落成〕。○今日より敷紙休、安兵衛流書抜にカヽル。
廿八日　晴。　本張付後、昼後十軒丁竹堂行。時竜後発会
之刻限早きにより佃島へ渡。住吉宮御祓参詣。夜四ツ前
帰る〔普沾子不快、完三子繁多、何レも闕席〕。

七月大

三日　快晴。　本張休、出入張落成。○曝書。
四日　快晴、炎。　本張休、休息終日。○曝書。○幸助本
郷遣ス。○流書出し。明日ニ終る。今日配。勝三手伝に
来る。
十一日　晴、折々風雨。　本張付後、看書或は句案。○夜
生産帳一。○幸助本郷遣ス。（空欄）日補身延山開張深川乗真
寺へ御看。
十七日　曇、折々雨。　昨日昼頃隣家村田屋主人死去に付、
昨夜幸助菩提寺谷中某寺へ遣ス。但し□徳之佐殿同行。
今日昼八ツ頃葬送、幸助遣ス。○栄蘭及勝蔵近々帰郷ニ
付、今日餞別物及短冊遣し、且一盃を饗す。
廿七日　晴。　本張付後、漢書抜〔序目・百官公卿表・古
今人表・高祖紀五六葉〕。○甚五郎岩淵辺ニ遣ス〔今夜
泊〕。○幸助暇。
廿八日　晴。　本張休、漢書抜〔高祖紀・張耳・陳余・魏
豹・田儋・韓王信・韓信等列伝〕。○夜母帰らる。○銀
丁子盛子入来。○幸助暇。○連日晴天ニ付、敷紙残つく
ろい始メる。安兵衛張。
廿九日　晴暑。　本張二日分付る。後、漢書抜〔恵帝・高

后紀・彭越・英布・蘆（盧）綰・呉芮・蕭何・曹信（参）・張良・陳平・周勃・陳勝・項籍〔半〕・王陵・高帝五子・季布・欒布・田叔等ノ伝〕。○幸助暇。

晦日　晴、暑、夜中雷雨。　本郷行。　倉田屋古嶋より駒込伊沢氏等行。夜五ツ前帰る。○夜中不眠、又漢書を披て披閲〔樊噲・酈商・夏侯嬰・灌嬰・傅寛・靳歙・周緤・張蒼・周昌・趙堯・任敖・申屠嘉・酈食其・陸賈・朱建・婁敬・叔孫通等ノ列伝〕。△当月雨天多し。川々満水。戸田久く止る。依て米価等少し騰。

八月小

朔日〔丙寅〕曇或は雨軽雷。　本張付後、休息ノ間漢書披〔文帝紀〕。後地代調。○幸助暇。○倉新手紙遣ス。〔明日岩淵同行断〕。

二日　雨。　本張付後、休息ノ間漢書披〔荊王・燕王・呉王・楚王・付劉向・劉歆〕。夜地代調。

三日　雨。　昼前伊坂行。本張休。　帳消。　○漢書披〔景帝・武帝・昭帝紀〕。

四日　晴〔彼岸〕。　昼前坐敷掃除。本張休。○漢書披〔宣帝・元帝・成帝・哀帝・平帝紀〕。○夜出入張調。○夜中不眠。又漢書を披て王莽伝処々閲。○今日より幸助流調張札ニカ、ル〔六日ニ至る〕。

五日　雨或は止、薄日。　本張休。　帳消〔流帳も落成〕。○箱崎田安公御邸へ（闕字）御成。依て終日東北の行を止ム。○夜出入帳調。○漢書披〔王莽伝及元后伝〕。

六日　雨或は止。　本張二日分附る。後、漢書披〔外戚伝〕。○深川お安・本郷卯兵衛殿入来。○勇之助〔□（虫損）御堀へ墜、終日打臥〕。

七日　雨或は止。　本帳三日分附る。後、漢書披〔淮南王・衡山王・済北王・蒯通・伍被・江充・息夫躬・万石君・衛綰・直不疑・周仁・張欧・文帝三子・賈誼半〕等ノ列伝。○安兵衛箱控張調、幸助流出ス。○処暑七月中。

八日　闕。　流付る。漢書披〔司馬遷・張騫・李広利〕○幸助高井行。本所一件。

九日　闕。夜雷雨。　流付る。漢書披〔袁盎・晁錯〕。

十一日　朝曇、後晴。　疝打臥。漢書披〔東方朔・貨殖・佞幸・何武・王嘉・師丹・楊雄〕。

十二日　闕。打臥。漢書披〔張釈之・馮唐・汲黯・鄭当時・賈山・鄒陽等列伝〕、尚〔異姓諸侯王表・諸侯王・王子侯・功臣表・外戚恩沢侯〕。夜起。○幸助暇。

十九日　朝曇、後晴。　本張三日分付。○幸助暇。○夜漢

書抜〔竇嬰・田份(蚡)・灌夫・韓安国・景帝十三子列伝〕。○今夜四ッ前漢橋に人数有(カ)、甚五郎等箱崎遊行見也〔大川帰の者のよし〕。

廿日　晴。　本張三日分付る。○幸助暇。○夜出入帳調。○漢書抜〔李広・李陵・蘇武・衛青・霍去病〕。

廿一日　雨終日。入夜不止。　本帳付後、漢書閲〔董仲舒・公孫弘・司馬相如・卜式・倪(児)寛・張湯・武帝五子〕。○幸助暇。

廿八日　曇或は晴。　堺丁辺焼場火事見舞行。蔵前長寿院参詣前夜の礼述、夫より観音参詣。下谷及本郷・神田等行。五ッ前帰宅。○途中駒方辺道具屋にて春海真跡短冊表具需〔よしや猶千代のふる道云々〕。

九月大

二日　雨。　本張二日分付る。○夜漢書抜。

九日　晴。　新五郎本郷遣ス。○幸助暇。○昼後おたつ・子供連深川乗真寺身延山祖師像開張詣。

十三日　闕。　夜哥仙開巻。

廿九日　晴。　本帳三日分附る。○本月二日倫退居士十三回忌相当に付、今日重之内配る。○幸助暇。○夜哥仙六評之内弐巻開。

十月大

十一日　晴〔玄猪〕。　本張休。舟長日記一覧。○夕刻本郷伯父御入来。夜御帰。○幸助本所家城氏遣ス。

十三日　晴、風。　普治・完三子卜滝の川遊行約束候処、風烈により止。○昼後伊達行。其角自筆〔極札有〕之奥の細道一覧。獅子眠鶏口箱書付有。○夜出入張不合分調。

十五日　晴。　おたつ帰る。○本帳六日分付る。○幸助家保氏より新光明寺遣ス。○甚五郎流配る。○昨日太田屋諸家大秘録〔随筆〕・名代(題)紙衣〔其碩〕・近世事談持参。一覧。

十一月小

六日　晴。　本張休。○お道三才祝、八幡宮参詣〔幸助供〕。○子祭完三子及神田母公御入来。

八日　晴〔冬至〕。　今朝五ッ前勇之助手蹟初メ弐字認メ出居ノ壁へ粘(ママ)ス。是先日伊沢長安老の教に依り六才乃男子冬至五ッ前右ノ如くなせば記憶を強くするよし。○本帳休。出入帳調。○幸助流張札する。○十一月中。

十日　晴。　朝伊セ市よりおかく様死去〔明夜四ツ半時年九才〕のしらせ有之。昼後悔に行〔御成道にて坤輿図識求〕、夕刻帰る。帰路、琉球年代紀需。夜句案。○本郷俄原来る〔御代官一条〕。○母不快打臥。
十八日　晴。流付る。○夜坤輿図識一覧。
廿九日　晴。夕七ツ頃鋳二郎殿同道伊坂行。△当年猿若丁三座にも顔見世すへ延し、役者入替りなし。依て入替り番附も配らず。狂言も普通の浄瑠理（璃）狂言〔但し三丁目ハ熊坂長範尾上松祿（緑）勤。少し顔見世狂言の趣有〕にて興行纔にて終れり。

十二月大

四日　晴。常盤橋松ノ屋・銀丁首藤・永富丁清庵・雉子橋渡辺・本郷倉新より六丁目行。静軒講日に付一泊。啓六生なる者水滸伝を講ず。且つ話談に妙を得たり。○岩渕伯父御入来。
十二日　寒雨。小児七夜祝ふ。先日名を命ぜんが為筮して蹇の明夷に之ク卦を得たり〔初五爻変〕。貞吉の彖辞を以お貞《サタ》と名づく。

（表紙）

辛亥日録

嘉永四亥歳日録　東洲居

正月大

元日〔戊子〕曇、薄日。　金右衛門清矩三十一齢
巳刻起、雑煮祝ふ。
二日　晴、昼後曇。伊達完三子・伊坂紫山子御礼。○直二郎御蔵前八幡宮不動尊代参、御札頂。
九日　晴。早朝代地福田行。鋳二殿・義兵衛面会。同道ニて喜六宅へ行。〔伊せ市へ見舞ニ寄〕。七ツ過帰る。○本張太吉付る〔三日分〕。〈十日条〉九日補下谷行。途中園村へ寄、姓氏解求。
十三日　晴。本張〔七日・八日〕分付る。○新助本郷遣

ス〔辻ノ事〕。園村より坤輿図識〔後帙〕及遠西観象図説求。
十四日　昨夜より雪。昼頃雨となる。夜に入不止。本張〔九日・十日〕分付る。○甚五郎流配る。○夜坤輿図識一覧。
十五日　昨夜より雪。後雨。夕刻晴て日をミる。本帳〔十一日・十二日・十三日・十四日〕分付る。○甚五郎流配る。○夜観象図説一覧。
廿日　闕。晴と覚。　深川平蔵宅・西島・鈴木より浅草新堀長寿院参詣。東叡山内より谷中へ出、白山へ年礼。薄暮本郷行。夜四ツ過帰る。○朝広瀬英二郎様御礼。○甚五郎宿下ニ遣し。
廿一日　闕。雨と覚。　痂打臥。終日玄同放言一覧。
廿四日　晴。　本張三日分〔廿一日・廿二日・廿三日〕付る。夜箱崎行。○太吉浅草伝法院御振舞遣ス。○夜本郷義兵衛来る。○桐屋北窓瑣談持参一覧〔南谿作〕。
廿五日　晴、和。　朝戸棚片付。昼より帳消〔十二日分より十九日迄〕。本張休。○母浅草原源寔寺御忌参詣。○夜多七小田原屋吉左衛門懸合遣ス〔帆一件明日先方より参候筈〕。○安兵衛流出ス。少。○夜年玉物調。明日岩淵へ参候支度。○平松屋十蔵様御礼。△八専ニ入。○青木屋、花街漫録持参。一覧。
晦日　晴。　本張休。宇治拾遺物語一覧。

（表紙）

壬子日録

嘉永五壬子歳日録　　東洲居

正月大

元日〔壬午〕快晴微風。　金四郎清矩三十二齢

大寒十二月中

二日　晴風。原東海様・内田源右衛門様・伊達周碩様・本郷三五郎殿御礼。○本張付初メ〔大晦日半〕。

十日　曇。東南風。本帳安兵衛付る。出入帳調〔土用分〕。夜帳消〔十二月七日已来〕。○伊能先生御礼。○夜二ノ江新六殿入来、今夜泊。○当節附ケ火の沙汰専らなるに依て火の廻り尤厳也。○先日桐屋武林隠見録持参ニ付一覧。昨日途中応仁武鑑・香薮集需、一覧。

十八日　晴。四ツ頃岩ぶち出、白山へ寄、夕刻帰る。○夜鋳二殿御入来、御泊。○安兵衛暇。○途中水戸修史略外三種需。

廿一日　晴。朝原行、帰て本張付る〔十六日〕。○夜国姓爺忠義伝一覧。○安兵衛暇。○夜四ツ前本郷利兵蔵（カ）并平蔵殿・麹屋三人迎ニ付本郷行、今夜泊〔相談暁ニ至る〕。

廿七日　晴。払暁根岸松雲堂行。光明寺仏参。本所伊能へ寄、昼過帰る。○本張安兵衛付る〔廿四日〕。

二月

三日　晴。朝久蔵本郷手紙もたせ遣ス。園村へ寄セ学語篇取寄セ。○昼後伊達行、駿河人伊達敏則主〔医生〕面語、夜に入。○本帳休。夜休息按摩。

十日〔朝曇〕晴、風。昼頃より原同道、八丁堀三拙発会・本所伊能発会等行。夜四ツ過帰る。○遠藤無尽ひゞや丁鈴木屋にて有之、甚五郎遣ス。○安兵衛流売る。

十二日　晴。いせ市一周忌法事ニ付下谷竜谷寺行。□□（虫損）出、深川先達〔御嶽〕及光明寺参詣。夕刻鋳二殿同道〔□（虫損）坂田や〕、駐春亭行。内田及幸手太一郎様面会。○太七来る。

十四日　闕。流張札付る。○音吉伊能へ遣ス。

十八日　闕。原同道伊能行、七ツ時帰る。魚甚登楼、夜に入帰宅。二ノ江来る。
廿日　闕。昼過原より手簡に付魚甚行、夜帰る。○夜伊達行。○安兵衛呼、密話。

閏二月

五日　晴。昼より伊能行。原へ寄、夜五ツ過帰宅。○めざまし艸借覧。
六日　闕。按摩。昼より打臥。稲生物怪録・三家詩話一覧。
七日　闕。打臥。木ノ芽ノ説・環海異聞・盤水夜話一覧。
十二日　晴。深川山屋・本所伊能・本郷内田等行。今夜六丁目泊。
十三日　晴。四ツ頃起、平兵衛同道〔中村へヨル。多丁へヨル〕、本丁ニて分れ、八ツ頃帰宅。○流夏物売る。○永富丁母公御入来。○昨日伊能より転借候先哲叢談後篇一覧。
十四日　闕。母公様光明寺泊。○打臥。叢談一覧。
十八日　雨終日、夜に入。出入張調、正・二月分生産調を急。○安兵衛暇。○孫子幷ニ笈埃随筆一覧。○夜五ツ過鋳二殿入来一泊。
廿日　闕。打臥針治。通俗排悶録一覧。○本郷へ乙吉遣ス。
廿七日　雨。今朝深川山喜発足。○勢州四日市鈴木氏贈ル詠草幷ニ詩作草稿認メ。○昼後本郷より文来る。○渡。

三月

朔日　闕。伊能氏入来。

六月

朔日　晴。本帳休。○源蔵私用昼後帰ル。○七ツ時前より本郷行〔初七日逮夜〕。下谷園村・茅丁清水等へ寄る。夜五ツ過帰ル。○園村にて山陽文詩需、今夜一覧〔紙徳にて説文幷書経注疏求メ〕。
三日　細雨或は曇。九ツ時土用に入、却て冷気催ス。○山陽文詩玩覧。○源蔵風待に付、鉄炮洲留。今夜出帆のよし。○控帳付ル。
四日　曇或は細雨。昼前深川山喜〔六丁目出葬ノ礼〕伊能〔暑中〕・浅草竹村〔不幸悔〕等行。○夕刻伊能先生入来〔出火見舞談〕。○本張休ミ。○久蔵不快、昼より打臥。○原へ贈ル詩作起草。
五日　曇或は雨。本帳両日分付ル。畢る。控張付後、山陽文詩話読。○およね両国薩屋其外遣ス。○直二郎伊能遣ス。夜箱崎頼ミ。○久蔵不快打臥。

〈表紙欠〉

嘉永六年癸丑歳日録　　東洲居

七月小

朔日〔甲辰〕晴暑。昔年俳諧ノ落巻取出し虫干。○昼後休息。東鑑少披。薄暮控帳付ル。○夜箱崎田原屋行。年賦一条。○乙吉流配る。

二日　晴。出入帳調〔正月分〕。昼後より姓名略二葉草稿。○昼後源助木場行〔質物〕。○乙吉流配る。○夜杵屋三右衛門殿入来。

三日　晴。本帳三日分付る。○昼後東鑑〔二〕及天武紀披。○源助木場行。

四日　晴。本帳付、昼後持統・孝徳紀披。○曝書。○十軒丁竹堂自著上梓の七夕朗詠集〔二巻小本〕持参。○早朝源助、二ノ江より淡《（カ）》の巣へ遣ス。今夜泊。△立秋。

五日　晴。本帳付後、東鑑披。○昼後源助帰ル。

六日　晴。質物調始メる〔夜具〕。

七日　晴暑。昼より質物調〔月〕。

八日　晴。朝木場平蔵来ル。○質物調〔銭賃其外〕。○夕七ツ頃より乙吉岩淵遣ス。

九日　晴。朝四ツ前母并勇之助、岩淵より御帰り。○本帳付ル。
十日　晴。昼より箱崎行。捉帳調。○〔夜川嶋屋同道杵勝より杵三行。利足一件也〕。○滝二郎来。
十一日　朝五ツ半過より風雨、夜に入。終日閉戸。○夜姓名略草稿。○百足屋より昨夜御差紙の沙汰有。○来ル廿日出。
十二日　朝迄雨やまず。四ツ頃雨止。風夕刻凪。二階にて姓名略草稿終日。○夜草市行。○平蔵来。
十三日　晴。霊棚附後、光明寺仏参。本郷坂田屋より内田へ寄、鋳二殿面会。永富丁へ寄、夕刻帰。
十四日　晴。長吉永富丁迎ニ遣ス。夕刻おたつ・おみち来。○本帳付る。
十五日　闕。姓名略草稿。○昼前本所行〔先生未帰府なし〕。
十六日　朝小雨、後晴。長吉宿下り遣ス。○姓名略草稿〔苗字の条終る〕。
十七日　晴、暑。早朝源助白山遣ス。夜帰る。○本帳付、昼後按摩。
十八日　晴。流再触人名調。昼より控帳引合せ。○箱崎遺物遣。
十九日　晴、暑。早朝母両国開帳〔いセ国府津アミダ〕参詣より阿斯乃屋針治。四ツ頭御帰り。○朝総五郎殿来ル〔明日一件相談〕。○昼前源助本郷へ遣ス〔願書下書取寄せ〕。△本帳付後、松ノ落葉一覧。続紀書入。○乙吉再触出る。○おはる私用宿行候処、中暑ニ付暫止。△処暑。
廿日　晴。朝鋳二郎殿入来。○昼より勝五郎殿利兵衛殿同道にて南御番所出、尾張屋一件公事合也。暮方帰ル。夜休息。
廿一日　晴。流調蔵帳書抜。○源助開帳遣ス。
廿二日　晴。朝本所行〔草稿持〕。昼帰ル。○明夜御差紙に付、昼後源助代之出候処、今日より御停止ニ付相休也。○今夕刻御停止御触出る〔日限未定〕。将軍家御他界ニ依て也。○此節彗星西方ニ現し候沙汰ニ付、今夜火の見にて見る。空曇て定かならねど正しく西方〔少しく北へ傾く〕に現す。後漢書〔天文志〕・和漢三歳図絵(会)等考へ。○昼より源助私用。
廿三日　晴、暑。流出ス。○朝母・勇之助光明寺参。
廿四日　晴。源助亀山行。夕刻帰る。○流出ス〔箱崎分〕。
廿五日　晴。夕刻曇、軽雷。流口分昼よりフミ付ル。○

夜流〆る。○長吉、おはる宿へ遣ス。
廿六日　闕。流フミ付る。○夜帳消。
廿七日　朝曇、後晴。伊能行、姓名略名の条草稿為に古事記・日本紀熟覧。△阿米利加国書の写をミる〔漢文四通・横文字和解一通〕。○流売る。○おたつ・おミち神田行。勇之助同道、泊。
廿八日　晴。二階にて姓名略草稿〔唐土姓名の条〕。○流売る。○源助かんざし引合せ控帳調。○夜出入帳調〔正月分〕。○おはる帰る。
廿九日　晴。本郷岡本家行。氏族博攷・通志氏族略〔外ニ姓序考〕借用。外蕃通書閲。内田より尾張屋行。夜五ツ過帰る。○勇之助帰ル。

八月大

朔日〔癸酉〕晴。今日ことに美晴。暑気七月半のごとし〔夜など寐兼るほど也〕。疝打臥。先日伊能より借受、馭戎慨言・十六夜日記残月抄一覧。
二日　晴。昼後夕立。暫時止。流再之触調。○源助控帳引合。○長吉、伊能より須伊園庄等へ遣ス。○伊能より平田氏玉だすき借覧。○岡庄より日本逸史求。
三日　闕。乙吉再之触廻る。○玉だすき披。
四日　晴。昨夜より大風昼後止。(闕字)公方様御葬送〔増上寺〕町々皆閉戸。行人甚少し。○姓名略〔唐土姓氏再稿〕終日。○源助白山行。滝蔵同道。
五日　曇或は小雨或は晴。伊能行〔アシノ屋へよる〕。姓名略名ノ条及ビ姓氏文字の事等稿・竹取物語・春台独語・古史徴・三王外紀等借、夜玩読。七ツ時に至る。○木場平蔵来。
六日　曇、晴、昨日同。箱崎送り調。夜流再々ふれ写。○源助本郷より尾張遣ス。○葛西屋平七殿御入来。
七日　闕。早朝槙丁甚兵衛様宅よりすきや丁同居。通二丁目山佐木行〔雅言集覧・古史成文・文徳実録・類語詳解求〕。○流調蔵帳へ写、夜に入。
八日　晴。伊能行、名ノ条二三葉稿ス。哥詠ム。先生同道帰宅。新大坂丁千浪子宅行、禁秘抄私考、和訓類林〔斎二郎ハ借用〕其外払本見る〔神田橋や。深川文庫之本〕。夜に入帰る。○夜鋳二殿入来。○母・勇之助、あしのやより多丁行、夕刻御帰り。
九日　晴。流付る。昼より四分。○夕刻伊能先生御入来。○夕刻鋳二殿御入来。
十日　晴。流フミ付る〔即売る〕。○夜疝休息。過庭紀談一覧。○葛西屋平七殿御入来。

十一日　晴。昨日頃より漸涼気催ス。　母、金杉歯神より光明寺称念寺・寿松院に御参、夕刻御帰。○疝打臥按摩。夜起、過庭紀談・三王外記・竹取物語一覧。○流売る。

十二日　闕。　源助本郷遣ス〔葛西や殿平（七脱カ）一条〕。不弁。○流売る。○出入帳調〔二月分より〕。

十三日　闕。　朝鋳二殿御入来。○夕刻葛西屋殿御入来。○内田氏曾祖母死去のよし、手紙来ル。○出入帳調〔三月分〕。○仲間寄合に付、夕刻より源助若松行。五ッ過帰ル。

十四日　晴。　朝源助本郷遣ス〔明日一条〕。○八ッ頃より本郷内田行。七ッ時葬式茅丁某寺也。清水へ寄、暮て帰ル。○鉄砲洲滝二郎来、並其他へ付可致候処此度白山へ参り候事ニ相成、両三日此方へ止。

十五日　快晴、美月。　朝本所伊能より深川八幡宮参詣。○昼過母并勇之助、岩淵御移り。○〔昼より〕姓名略草稿〔姓氏の字を文事ニ用に心を付の事〕。

十六日　晴。夕刻より雨。　朝源助・滝二郎、木場平蔵宅行。昼後帰ル。○出入帳調〔三月分〕。○乙吉作ノ再之触出ス。△今日深川油堀にて蒸気船雛形下り候よし。源助見来り談ニ付、見物ニ参可申処、雨降出しに付止む。○乙吉山佐遣ス。琴後集・冠位通考取寄、今夜一覧。

十七日　○晴。本帳付る。○昼後源助同道滝二郎白山行。○昼後、琴後集一覧。○長吉岩淵送りより帰る。

（表紙）

乙卯日録

安政二乙卯年日録　東洲居

二月大

朔日〔甲午〕　陰晴闕。　雉子橋渡辺より堀留仙谷氏行〔渡辺能登守殿家老〇初て謁見。近日塙へ紹介頼の為也〕。〔材木丁松の屋へ寄る〕。〇続日本後紀を校す〔岡本家弢文書入〕。続紀書入校合。

二日　闕。中三郷玉屋行、暮方帰る。但光明寺参詣。

三日　闕。痁打臥。〇続—（ママ）紀を校す。

四日〔春分〕　闕。神田三回忌法事ニ付、おたつ浅草誓願寺遣ス。光明寺へも参詣。〇続紀校合書入全卒業。又続後紀を校す〔巻一〕。

五日　晴或は曇。芝増上寺幷ニ赤羽根水天宮参詣。麻布中村氏〔末広稲荷神主。お玉の家〕行。今夜泊、鈴木氏ニ面会〔近辺名主〕。

六日　雨。麻布逗留。服飾図解・織文図絵（会）・山陵図・大同医式・同類聚方・喪葬記其外雑書一覧。

七日　風雨。麻布逗留。

八日　晴。昼時帰宅。〇南鞘丁周助来。〇〔中村氏蔵本〕日本逸史考異補書入。

九日　闕。〔昼後〕本八町堀五丁目林利助宅より雉子橋渡辺氏・本郷岡本家行〔左伝会読昭公〕〔公卿補任年表借〕。暮方帰る。〇木場平蔵来。子者直之助つれ。

十日　曇昼、後雨。両国あしの屋より代地木村氏〔号埴麻呂〕を訪、中の郷玉屋行、暮方帰る。〇岩淵浄光院〔三十三回〕法事ニ付源助遣ス。

十一日　雨。周助来。〇店卸帳調。〇あしのや来。〇源助木村より光明寺遣ス。

十二日　闕。店卸帳調今夜出来。

十三日　晴。八ツ迄雷雨。夕刻止。〔八丁堀林より〕南鞘丁周助宅行。〇昼後白山行、夕刻帰る〔白山中井在前〕。〇松吉深川鈴木ト麻布遣ス。

十四日　晴。　弥助鞘丁行。○続後紀を校す〔巻二〕。○夜詠哥。○神田次兵衛様・斧三郎様御入来。
十五日　晴。　続後紀を校す〔巻三〕。○昼より両国あしのやより代地木村氏行。同道にて近隣なる高橋氏〔号笠亭仙果、戯作者又浅草庵〕を訪ふ。〔モ、エ〕氏面会、猶同道にて薬研堀なる佐藤氏〔号民之助〕行。今日定りて書紀を講ぜらるゝを聞。暮方帰る。○麻布広三郎様入来。○朝神田斧三郎様御入来。呉春掛物帰ス。
十六日　晴、昼後風、夕刻曇る。　流物フミ手伝。○昼より箱崎田原屋行、控帳引合せ。○神田平二郎様御入来。○夜伊達行。
十七日　雨終日、夜ニ入。　続後紀を校す〔巻四〕。○昼より続紀をミる〔巻三十三より三十六ニ至〕。夜に入。
十八日　晴、少曇。　昼前三嶋屋敷加藤氏〔称弥三郎、号千浪〕を訪ふニ不在。夫より六番町塙氏〔称次郎〕行。初て謁見。雉子橋渡辺氏を訪ふ。不在。代地木村氏を訪、夕刻帰る。○夜続紀をミる〔巻卅七〕。○右手へ湿疹追々出来、執筆難渋。
十九日　晴〔清明三月節〕。　昼より本郷岡本家左伝会読出席〔昭公十三年〕。雉子橋渡辺氏へ寄、暮て帰る。伊達氏同道。○源介引合せ始メ。
廿日　晴、昼より風。　引合せ手伝。○昼より三嶋屋敷加藤氏行、茅場丁芳野氏へ寄。○麻布中村氏御入来。○神田斧三郎様御入来。○昼前源助鞘丁遣ス。○夜続紀をミる〔巻卅八・九〕。
廿一日　晴。　源助・平蔵同道にて大師河原参詣ニ付箱控帳引合。○夜続紀をミる〔巻四十迄〕。○岩淵より使来る〔母手紙持〕。○おたつ神田行。○今夜風雨且つ雷鳴。又山ノ手出火有。
廿二日　晴。　昼前より番町塙行〔木村氏待合同道〕。牛込御門外宮崎屋敷内山田氏〔称常介〕を訪ふ。源氏講釈を聞ん為也。重病ニ付不果病床へ行、面会。帰路三嶋屋敷加藤へ寄り、夕刻帰る。
廿三日　晴、和。　昨日之草臥且つ疝等にて昼前打臥。○昼後逸史をミる〔従一至三〕。
廿四日　晴。　遅く起。○昼より本郷岡本家会読出席。暮て帰る。
廿五日　晴、風。　両国あしのや〔年表写物相談〕より光明寺参詣。養父祥月なれば也。代地木村氏寄、同道にて薬研堀佐藤行、書紀講説を聞。暮て帰る。

廿六日　晴。湿疹漸乾く。続後紀を校す〔巻五〕。○昼より逸史〔四・五〕及後紀〔五〕をミる。○夜詠哥。○昼南八丁堀出火有〔土佐侯邸〕。神田斧三郎様及平二郎様御見舞。

廿七日　曇、夜雨。続後紀を校す〔巻六〕。○昼後より見勢落刺《ママ》調べする。夜に入。○夜床中左伝林註〔昭公〕をミる。芳野氏より恩借する処也。

廿八日　晴。続後紀を校す〔巻七・八・九〕。昼後逸史をミる〔六・七〕。○夜八丁堀薬湯ニ入。帰て詠哥。

廿九日　晴。両国あしのや・代地木村より新堀長寿院参詣。今日仰雲院三十三回忌相番に依て也〔麹丁ハ尚六日ニ取越法事残候由ニて参詣なし〕。新光明寺参詣中の郷玉屋表町和泉氏等訪、永富丁後藤へ寄、帰る。○夜下町八五郎より八丁堀薬湯行。帰て昼途中需る処の群書類従若干巻・栄花物語系図をミる。○今日昼前、白銀台町熊本侯藩中村鐘三郎訪はる。初て面会。愚名を外より聞かれて尋られし由。

晦日　晴。続後紀を校す〔巻十・十一〕。○昼後麻布中村氏入来。六軒堀鋤柄氏〔名助之〕入来。近々哥の会催しの談也。○夜群書類従をミる〔文保三年記・光明寺残篇・建武記〕。○鞘丁周介来ル。○源助私用紀行。白山へ寄。

三月小

朔日〔甲子〕　曇。蚤起、続後紀を校す〔巻十二〕。○昼より雛建てを手伝ふ。○逸史〔八〕・後紀〔八〕をミる。夜に入。

二日　晴。昨夜八ツ半明頃小網丁壱丁目より出火。南風はげしく暫時堺丁・人形丁通り・富沢丁辺不残類焼。薬研堀横山丁馬喰丁辺より浅草御門を打越し浅草茅町迄延焼。火元近くは甚左衛門町にて止る。類焼の場幾十町なる事を知らず。旧冬神田の出火と伯仲の間也。今日四ツ明頃漸く鎮る。○続後紀を校す〔十三・十四・十五〕。○源助出火見舞終日。

三日　闕。続後紀を校す〔十六・十七・十八〕。○鷲宮武井氏入来。大宮司書翰および鶏卵被恵。○昼より源助出火見舞ニ出。

四日　曇。昼後晴。薬研堀佐藤・あしのや・代地木村〔浅草車坂ハ六軒丁木村氏へ同居〕・浅草庵等見舞行。光明寺参詣。本郷岡本家へ廻る。会読了て五丁目内田氏を訪、夜五ツ明帰る。

五日　雨。四ツ頃より岩渕行、今夜泊。

六日　曇後晴。八ツ頃岩淵を出、七ツ明白山ニ至る。今夜泊、古事記を読ム。中井氏を訪ふに武井氏不在ニて用弁ニ不成。

七日　雨。夕刻止。四ツ前白山を出、昼時永富丁後藤へ寄、八ツ頃万町柏木茶亭行、今日助之子会番日也〔兼題華盛開、当坐春丹〕。宗匠ハ文雄・千浪・政徳等出席。小日向御牧地のはた都築氏等ニ逢。夕刻帰る。

八日　闕。先日本郷内田氏より被相頼、曲水宴の事取調。

九日　闕。弁当持参にて本郷岡本家行〔曲水取調并会読〕。内田へ立寄、暮て帰る。

十日　闕。深川八幡宮開帳参詣〔当月朔より初り〕。木ば平蔵宅へ立寄、昼後帰る。○近日鷲宮へ参りニ付支度等致ス。○お玉、麻布へ逗留遣ス。

十一日　闕。麹丁五町目三河屋行、夕刻帰る。

十二日　闕。

十三日　昼後鷲宮出立。今夜岩ぶち泊。

今日より廿九日迄鷲宮日録ニ記す故ニ不載。

四月小

朔日　朝曇、後晴。暮て帰宅。

二日　晴。逸史〔九・十・十一・十二〕をミる。○岩ぶち伯父御入来。源助同道にて鍛冶橋内小嶋氏へ御出。○岩ぶち奉公人おたみ請状ニ付、吉蔵松嶋町宿元へ遣ス。○木村氏埴麻呂より手紙来。根岸芋坂へ転宅被致候よし。

三日　曇、昼後雨、夜ニ入。晩ク起、逸史〔十三・十四・十五〕をミる。

四日　曇、昼後晴。両国あしのやより本郷岡本家行〔続後紀攷文借〕。永富丁へ寄、暮て帰る。

五日　闕。続後紀を校す〔附録〕。○夜伊達行。○岩ぶちへ遣し候奉公人おたみ来る。今夜泊。

六日　朝曇、後晴。根岸木村氏を訪〔鷲宮長哥頼〕。八ツ時岩ぶちニ至て、今夜泊。○おたみ松吉同道にて岩ぶちへ遣ス。

七日　雨。岩ぶち逗留。

八日　晴。〔新光明寺入院に付源助□（虫損）〕昼後岩ぶちを辞し、白山及本郷内田へ寄、薄暮帰ル。

九日　晴、少曇。赤坂紀州御上敷（屋脱カ）内本居氏〔通称弥四郎。大平の養子〕を訪ふ。九段坂上茶店にて木村氏待合、同道にて行。今日書紀講日也。暫く聴聞〔神代ヒノ川上之段〕。七ツ時畢る。衆人退散後暫く談話して帰る。旧冬（闕字）公よりの命にて藩内和学稽古之為出府也。当時御物見に仮居して講釈有。暮て帰る。
十日　闕。続後紀を校す〔附録〕。○管《菅》根集をミる。○夜伊達行。
十一日　晴。深川鈴木より浅草第六天神主・上野広小路蓬萊亭〔観音講義会〕・新光明寺〔入院悦〕。浅草観世音開帳参詣。詣内外国人生人形大評判ニ付見物。薄暮帰る。
十二日　闕。伊達入来〔隠室講談有〕。○母隠室奉公人おきん〔老女〕来。○逸史〔十六〕をミる。
十三日　闕。赤坂行。今日は村田春野出席にて源氏物語を聞。○伊達同道、奈良屋行。アメリカ写真鏡をミる。○源助麻布行。
十四日　闕。昼より岡本家会読出席〔両国あしのやより本郷内田へ寄〕。
十五日　闕。赤坂行。今日は本居氏、令を講説す。木村氏も出席。暮て帰る。○岩ぶちより舟にて兼て預り置候書籍数箱到来。
十六日　闕。源氏物語講説下読ミする。○書籍取調。○門坂手代来。
十七日　闕。今朝勝五郎入来。門坂付三五郎公事之談有。依て今日本郷内田行、見合せ。○続後紀を校す〔附録〕。
十八日　闕。浅草新光明寺・根岸木村・白山山城屋等行。○先日京都大枡屋茂兵衛殿より鋳二郎一件ニ付手紙到来に付、昨日返翰江戸屋迄差出ス。
十九日　朝曇、後晴。夕刻又曇。瓢箪新道山崎氏同居笠亭仙果を訪ふ〔但し昨日も行〕。本郷岡本家より赤坂紀州邸行、本居氏神代紀講説を聞、入門之義談じ、麹丁三河屋へ寄、暮て帰る。○母浅草仏参。○光明寺使僧来〔入院礼〕。○麻布預殿入来。今夜御泊。
廿日　闕。麻布御客御帰り、お玉同道にて行。○続後紀を校し、了て書籍調べ蔵書印を押す。
廿一日　朝曇、後晴。お玉帰る。○白山佐兵衛様御入来。○土蔵掃除片付物する。
廿二日　晴。疝休息。○源助多丁遣ス。帰て呉服橋小嶋氏へ行。

九月大

朔日〔辛酉〕晴。昼過岩ぶちより帰る。白山中井及山城屋へ寄。暮て帰る。○夜見勢出賃帳付。
二日　晴。古事記伝〔八〕をミる。○昼より御番所出、一同吟味入。岩渕自身出被仰付、暮て帰る。○二ノ江新六殿入来〔昨日も入来のよし〕。小遣不参分之談じ有

〔来七日舟参り候由〕。○夜見勢出賃帳付。

三日　昨夜より雨、昼前止、曇。　見勢本帳付る。○多七来ル。浅草三軒町へ住居定候由。○滝二郎来。浜橋蕎麦問屋へ奉公定メ、今日請状頼ニ来ル。今夜泊。

四日　雨。朝小嶋氏父来。岩淵卯之助殿入来〔談じ有〕。昼後、湯島行〔足立や表迄〕。永富町へ寄、令義解を講ず。五ツ過帰る。○御番所へ吉蔵代ニ遣ス。

五日　曇。木場平蔵来。○八ツ頃岩ぶち行。今夜泊。

六日　晴。昼過岩淵より帰る。本江・内田・永富丁後藤へ寄、暮て万町柏木出席。今夜立合也。夜四ツ過帰る。

七日　晴。早朝本所玉屋及和泉氏行。帰て御番所へ出。行がけ南小田原丁三五郎宅へ寄〔傷寒打臥〕。来十一日迄日延ニ相成、早く帰る。○夜拾芥抄校合了る。○二ノ江新六殿来る。○夜具幷たんす等遣ス〔文箱片付〕。

八日　雨。夜伊達より多丁・長富（ママ）丁へ行〔多丁不弁。留主〕。昼あしのや行。

九日　雨。赤坂紀州行。梅田氏同道。今夜泊。

十日　雨。夕刻長富（ママ）丁迄帰る。多丁行。今夜永富丁泊。

十一日　雨。御番所行。○昼前永富町より帰る。あしのやへ寄。なら屋へ寄る。

明治四年・五年業務日誌

「奉務私記」

明治四年九月八日〜明治五年三月廿日

（表紙）

第六蒐集録一巻
奉務私記

（1）

明治四年辛未
九月八日　御用召ニ付十字参省之処、青山景光（通）〔七等出仕〕ヨリ左ノ御達書相渡サル。
　除服出仕申附候事
去月六日母ヲ亡ヒシヨリ昨七日マデ三十一日ニ及ベリ。
○今日ヨリ記録別局〔元諸陵寮〕へ奉仕ス。同局ハ本居宣教権中博士・内藤権少博士兼中録〔以上大嘗会御用掛〕・谷森善臣〔七等出仕〕・野田中録・梨本少録〔以上二人出納局兼〕・江藤権中録・木沢少録・新岡権中録・樋口少録・狩野権少録〔新岡以下別居〕等ナリ。○判官局ヨリノ命ニテ名臣忠士祭祀ノ義取調。依テ本居ト共ニ諸藩県ヨリ注進スル所ノ神社調帳ヲ検ス。
十日　判官局青山ヨリ左ノ御達書相渡サル。
　大祀取調御用懸差免候事
飯田モ同ジク御達ニ付、退出後訪尋御書相渡ス。
十二日　宿直ナリ。同直ハ末広権少録・高原中神部宣教史生物集等也。
十三日　十字（平出）行幸。省中本局マデ（闕字）御巡覧後〔省務ヲ聞シメス〕、大教殿へ（平出）出御。本居権中博士宣教ノ義進講、八田少博士詠歌ヲ奉ル。十二字前（平出）還幸。今日（闕字）御行装、馬車御制服、供奉官人制服或ハ騎馬。
十四日
記録別局ノ号ヲ止メ諸調局トノミ可相称旨、過日飯田大録見込之通御決ニ相成候条、天野ヨリ口達有之。
十五日
御歴代皇霊遷座由、祝詞草案福羽大輔へ上ル。今日亀山天皇（闕字）御正辰祭ノ便ニ大輔奏之。
十七日　八字山里御殿ニ於テ（平出）皇太神宮御遥拝。其後（平出）賢所御祭典内陣ニ（闕字）着御、（闕字）御拝有之。此儀当年ヨリ始ル。官省休暇。奏任以上参向、拝礼。本省判任以下大半参向〔祭典局ハ残ル所ナシ〕。予服中不参。

十八日　宗良親王薨日取調判官局ヨリ申来之処、大日本史ニ不知其所終トアリ。猶日次記事探索ノ処無之。〇前祭主藤波氏ヨリ神官書類壱筐来ル。目録当局ニ収ム。

十九日　秡(抜)穂使白川大掌典以下、甲斐国ヨリ帰ル〔由基〕。

廿日　秡(抜)穂使、安房国へ発遣〔主基〕。

廿二日　天長節御祭典。予服中不参。

廿三日　飯田大録除服出仕。当局へ参。本居・内藤大嘗会御用掛之別局へ移ル。〇伝聞。過日ヨリ谷森善臣、母ノ忌服ニテ引籠。

廿九日　本局ノ命ヲ以(平出)天璽神宝(平出)歴代皇霊鎮座ノ殿舎名号ヲ勧進ス。

晦日(平出)歴代皇霊(平出)賢所へ(闕字)御遷座ニ付、第一字太政大臣奉迎使トシテ参省。二字(闕字)御遷行。省中判任ニ至ルマデ供奉。(平出)賢所ニ(闕字)御着ノ間(平出)天皇庭上ノ仮屋ニ(闕字)下御(闕字)御拝。(平出)皇霊(闕字)鎮座ノ後、内陣ニテ再ヒ(闕字)御拝(闕字)御玉串ヲ奉リ玉フ。勅任官拝礼。了テ伶人倭舞アリ。予服中不参。

日失念

省中〔元大史局〕ニ於テ葬祭式会議アリ。福羽大輔・門脇少輔・沢少丞・青山景光(通)・天野正世・浦田安民及予等参集。木村正辞モ来ル〔十八日頃歟〕。〇其後、局中ニ於テ会議済ノ式ヲ浄書シ、判官局へ出ス〔廿三日頃歟〕。〇大嘗ニ付(平出)皇霊へ奉幣有無之事取調、本局へ談ズ〔廿七日ト覚〕。

十月二日　名臣忠士社取調草案、少々判官局〔天野〕マデ差出ス。談合ノ上当分取調休。〇式部寮より達有之候ニ付、元大史局ヨリ借用之御書籍取調。

五日〔晴夜雨〕　宿直ナリ。同直ハ狩野権少録・末松中神部宣教少講義生心得・高橋等ナリ。

七日〔晴〕　江藤ト共ニ省中御書物取調。〇〔北斗七星ヲ祭レル妙見社ノ事、天野へ答書出ス〕。

十三日　磐代国国幣社之義取調。本局〔門脇〕へ出ス。

十五日　大嘗会由奉幣発遣。御使、神宮へ正二位三条西、賀茂へ沢少丞、八幡へ八木大録ナリ。又官幣・国幣ノ地方官ヲ本省ニ召シテ、大祀ノ御幣物御渡。

十九日　宇和島県明細帳ヨリ県社トナルベキヲ取調べ、判官局〔天野〕へ出ス。

廿日　正月三日皇廟ニテノ御祭ハ(平出)天孫降臨天日嗣ノ本始ヲ歳首ニ祀ル事ナレバ天孫祭ト号スベキ歟、然レドモ猶穏当ナラズトオボユレバ嘉名取調可差出ト、昨日本局ヨリ命有之。依テ元始祭・皇基祭・隆祚祭等ノ号ヲ撰ビ今日奉進ス。○岩国県明細帳ヨリ県社トナルベキヲ取調べ、判官局〔天野〕へ出ス。

廿二日〔晴〕　白河県明細帳ヨリ県社トナルベキヲ取調べ、判官局〔天野〕へ出ス。

廿四日　戸籍寮ヨリ所問ノ摂社末社ノ差別取調書、判官局へ出ス。

廿五日　品川県ヨリ伺ノ府中六所神社改号之義見込書、判官局へ出ス。

廿七日〔晴〕　堺県明細帳ヨリ県社トナルベキヲ取調べ、判官局へ出ス。○転任履歴書、伝達課〔千葉〕マデ差出ス。

廿九日　堺県ヨリ所伺ノ河内国道明寺内覚寿尼ノ像ヲ神トセントアル件ノ見込書、判官局へ出ス。○当直ナリ。同直ハ十五等出仕大嶋・宣教権少主典生方・少神部内山等ナリ。

日失念

己巳年以来諸祭典ノ事件月次ニ記録スル事、従来既ニ其稿アリ。今度飯田刪定ニカヽル。江藤輔之。○己年以来諸祭典始末書取調整頓ス〔三月四日ノ頃ト覚〕。○陸奥国国幣ノ社取調ノタメ弘前・八戸・七戸等諸県ノ明細帳ヲ披閲ス。然レドモ斗南県明細帳イマダ奉進セザルヲ以、考案ヲ立ルニ由ナシ。故ニ度々斗南へ催促ス。○安房国秡(抜)穂使返ル。○谷森善臣除服出仕〔廿三・四日頃歟〕。別局ニテ御系譜取調。○神武天皇御陵兆域外構築地ニ致候様県ヨリ伺ニ付、樋口少録ニ命ジ図画セシム〔八日頃歟〕。

十一月二日〔晴〕　大祀ニ付、(闕字)皇霊・(闕字)八神殿・(闕字)氷川社等へ班幣ノ儀、本省神殿ニテ有之。予祭事ニ預ラザレドモ第七字参省。

四日〔晴〕　遣外国使祭、本省神殿ニテ有之。依テ六字参省。今般欧羅巴・米利堅両国へ御使トシテ、岩倉右大臣・大久保大蔵卿以下数人発行也。○東京府ヨリ居住ノ地所拝借願済之由、願書へ朱書ニテ本省へ達有之。

八日〔晴〕　司法省所問ノ重服軽服差別取調、判官局へ出ス〔天野〕。

十一日〔晴〕　大祀近日御用多ニ付、本省休暇無之。

右九月八日ヨリ十一月十一日ニ至ルマデノ事件、闇記ノマヽ、記ス所ナレバ、脱漏・誤謬等多カルベシ。以下ハ日毎ニ省中ニテ録ス所也。

十二日〔晴〕　司法省ヨリ所問ノ大中小社古今沿革ノ事、

大中小祀ノ事等取調、判官局へ出ス。〇今日ヨリ来十五日マデノ間、諸課ノ官員礼服ニテ半バ宮中へ詰候事ナリ。予及飯田ハ服者タルニ依テ其事ナシ。

十三日〔晴〕奈具神社取調案草稿成ル。〇筧権大録、大録ニ転任。本居宣教権中博士、大録ヲ兼任。

十四日〔晴〕昨夜来本省ノ判任分チテ吹上ナル大嘗宮外行事所ニ宿直。〇七等出仕天野正世少丞ニ被任。

十五日〔晴〕今日四字諸官省ニテ大祀ノ事ニ預リ小忌ノ祭服ヲ賜フ者、一同山里御庭賢所庭上ニ於テ祓除アリ。〇今夕ヨリ御神事〔十八日朝マデ〕ニ付、服者可憚ニヨリ二字頃退出。

十六日〔小雨〕今夜宮内省ニ於テ鎮魂祭、例ノ如シ。

十七日〔雨〕大祀ノ次第、官刻大嘗会式ニ詳ナリ。

十八日〔晴〕今日豊明節会服者タリト雖モ、饗宴ヲ賜ハルベキ旨一昨日御達有之。依テ十字前参省。先ヅ稲富権中録ノ家ニテ暫時見合セ、十一字過出頭。台盤ニ着キ盛饌〔一汁四菜〕、美酒ヲ賜フ。三字前家ニ帰ル。

十九日〔晴〕休暇。〇今日非役華族ヲ召シテ豊明ノ饗宴アリ。

廿日〔晴〕吹上斎場〔則大嘗宮〕行事所詰ニヨリ九字其所へ出頭、二字後本省へ帰ル。昨十八・九日諸官員大嘗宮参拝。今日ヨリ廿九日マデ京中ノ区ヲ分チ日ヲ定メテ士庶ニ拝見ヲ許シ賜フ。故ニ本省録以下及祭典局ノ者共五六人ヅヽ、相詰。〇本居大録〔大嘗会掛〕ノ案内ニヨリ由紀・主基ノ両殿・廻立殿及御休所ノ内等、巨細拝見ス。小野宣教権判官同行。外ニ樋口少録・狩野権少録同道。此レハ祀宮ノサマヲ図画セシメン為ナリ。〇今日白酒・黒酒ノ余リヲ省中ノ官員ニ賜フ。

廿一日〔晴〕休。

廿二日〔晴〕五条県伺小社合併之事及元二本松県伺社号改称之事等局案、判官局へ出ス。〇式社取調之義ニ付建言、判官局へ出ス〔共ニ青山〕。〇奈具社取調案願伺課へ出ス〔大橋〕。〇大嘗会式刻本一冊大嘗会掛ヨリ請取〔千代田〕。

廿三日〔晴〕勝山県伺書・明細帳共願伺課へ持参、示談〔萩原〕。〇月給請取。〇来廿七日宿番之処、江藤権中録ニ代リテ今日ニ廻ル。相宿ハ十五等出仕落合・大神部仲宣教史生大田等也。

廿四日〔晴〕宿明ケニ付、九字後退出。

廿五日〔曇〕所労不参。

廿六日〔晴〕　休。
廿七日〔雨〕　勝山県伺、越前国白山社別当平泉寺之事取調、判官局へ出ス。○判官局ヨリ所問ノ八王子・一王子等神仏区別調、同局へ出ス。○久居県郷社取調伺調、附札同局へ出ス〔江藤取調〕。○本居豊頴、宮内省七等出仕ニ転任。戸田少丞、命ニヨリ大日本史・元亨釈書等ヨリ開成皇子ノ事取調。
廿八日〔晴〕　所労不参。
廿九日〔晴〕　吹上行事所詰ニ付、八字直ニ参向。四字後退出。今日下谷浅草吉原辺士庶参拝ニ付、殊ニ群集ス。且士庶参拝今日ニ畢リ、明日ハ外国人拝見有之由。
十二月朔日　休。
二日　所労不参。
三日　所労不参。
四日〔晴〕　大物忌神社奉務蕨岡社人、本省へ直訴一件取調。○石上・国懸・貴船等祭日取調。
五日〔晴〕　史官ヨリ申来候御陵在所・御火葬所地名取調、判官局へ出ス〔江藤調〕。○若松県県社郷社調書、判官局へ返ス〔天野〕。
六日〔曇〕　休。
七日〔雪〕　大橋式部権助所願ノ禊修行幷朝夕神拝詞等取調、局按判官局へ出ス。○奈良県々社覈禄（録）ヨリ取調〔大和全国〕。
八日〔晴〕　奈良県々社取調ノタメ、全国ノ明細神社帳ヲ検ス。
九日〔晴〕　神宮御璽頒布捺印次第幷祝詞ヲ草ス。
十日〔晴〕　奈良県々社取調成〔十二日青山へ出ス〕。
十一日〔晴〕　休。○門脇少輔・千葉中録・稲富権中録・吉田権少録等本月廿五日（闕字）孝明天皇御正辰且神社御改正トシテ西京ヨリ大和・河内辺巡見。出雲大社マデ至ラン為、今日発足。
十二日〔晴〕　先達て取調ノ拝式祭儀草稿ノ義ニ付、本居へ問合。○官幣・国幣社祭神及鎮座ノ年取調候様史官ヨリ申参ニ付、江藤ニ託ス。○福島県管内神社百六十九社合併伺之内見合セ可申分四十二社附紙〔十三日天野へ出ス〕。○天野少丞正六位ニ拝叙、鷲津宣教権判官同之。
十三日〔晴風〕　四方拝取調。
十四日〔晴寒〕　四方拝取調。○醍醐忠敬ヨリ託セラル、処ノ大祓詞・清祓詞・身曾木詞等へカナ付ケスル。明十五日宮中御煤払ノ後ニ所用ト云々。○十三等出仕川上衆、当局へ奉仕ス。書記ノ為ナリ。伝聞。木沢少録辞職ノ書ヲ出スト云々。

十五日〔晴〕四方拝ノ義ニ付建言幷次第考証共出来、判官局へ出ス〔天野〕。○十等出仕田中〔空欄〕〔拝命直チニ〕当局へ奉仕ス。

十六日〔晴〕休。

十七日〔雪〕鈴木真年開板所願ノ大嘗宮図へ附紙、判官局へ出ス。○大輔ノ命ニヨリテ四方拝次第再案〔十八日出ス〕。

十八日〔晴〕大物忌神社取調。○江藤所草ノ官幣・国幣社祭神鎮座考校訂。○願伺課ヨリ来ル所ノ奈良県伺神喪祭儀へ附札スル。

十九日〔晴〕去八月中飯田所草ノ祭典式祝詞草案、判官局へ出ス〔青山〕。○月給渡ル。○官・国・社祭神鎮座考校訂。○国幣社無之府県、急速取調。判官局へ出ス。

廿日〔晴〕静岡県伺駿河国志太郡三輪村神《ミワノ》々社々地之事取調〔廿二日判官局へ出ス〕。○出納局判官局中へ引ケル。是迄当局ト合局也。

廿一日〔晴〕休。

廿二日〔晴〕反正天皇御崩年紀記異同取調、判官局出ス。○先般官中ニテ日本紀校合之時他借ノ古写本類、当今省中ニ有之分取調、目録本局へ出ス。是ハ文部省ヨリ尋之由。

廿三日〔晴〕賢所御神楽、服者憚ニ付、不参。〈頭書〉梨本少録伝達課へ転ズ。

廿四日〔晴〕祭式職制ノ内大祓ノ条取調〔三田へ出ス〕。○日本紀古写本ノ事ニ付、文部省木村権助へ再度往復書通ズル。元大学本釈日本紀ハ返ス。○神拝式習礼ニ付、大輔以下奏任以上幷白川・慈光寺・松岡・飯田・下官等、大教殿へ廻ル。○来晦日大祓用物取調、判官局へ出ス〔醍醐〕。○赤松少録庶務課ヨリ当局へ転ズ。○今夜当直。相番ハ出仕落合・少講義生神代・少神部清水等也。

廿五日〔晴〕孝明天皇御正辰。宮中山里ニテ御祭典有之。服者憚ニ付、早出且ツ不参。今日宮中詰ハ暁四字、省中ハ七字出頭也。

廿六日〔晴〕休暇無之。○鈴木内舎人願ノ大嘗宮図悠紀・主基両殿ノ位置相違有之旨、式部寮ヨリ申参ル。仍テ再調。○元浦和県ヨリ伺ノ葬祭式取調、附紙スル。○十等出仕山内一郎拝命。直チニ当局へ奉仕ス。○古写日本紀十本式部寮へ、元亀活字神代紀二本間宮へ、古写巻子日本紀私記三巻藤波へ返ス。各、往日、日本紀校合ノ為、当省へ借用致置候品也。
廿七日〔晴〕　御用納也。○従来本省神殿各祭ノ神饌取調、判官局へ出ス。○来申年（闕字）　皇霊御式年調。○大蔵省ヨリノ布令ニヨリ諸社ノ社印写、各当省へ出ス事ニ相成。今日氷川社来ル。爾来当局へ可集置ノ旨、判官局談ジ有〔三田〕。
廿八日〔晴〕　休。
廿九日〔雪〕　休。
三十日〔朝雪、午後止〕　本日第一字宮中節折大祓。継テ除夜御祭典第五字省中神殿祭典有之。服者憚ニ依テ不参。○十一字判任官歳末御礼トシテ参省ノ処、所労ニヨリ不参。後ニ聞。此度ヨリ一同立拝ニナルト云々。

来申年新歳式
元日〔暁第四字〕　四方拝
　〔第七字〕三職以下諸省・東京府及在京開拓使・府県奏任官以上朝拝。
　〔第九字〕親王幷麝香間祇候非役華族朝拝。
二日　判任官於官省賀正。
三日　元始祭。
　〔第八字〕賢所（闕字）　皇霊（闕字）　御親祭。
　〔第十二字〕行幸始。神祇省（闕字）　神殿（闕字）　御参拝。
四日　〔第八字〕神官奏事始。賀茂同上。氷川同上。政始。
五日　〔第十一字〕新年宴会。
　三職以下諸省東京府及在京開拓使府県奏任官以上。
六日　同上
　麝香間祇候。非役華族、（空欄）　判任官〔其官省ニ於テ賜フ〕。
八日　〔第十字〕陸軍始。
九日　〔同〕海軍始。
廿日　〔同〕社職朝拝。
廿一日　〔同〕僧侶朝拝。

明治五年壬申
元日〔朝曇後晴〕　宮中第六字、省中第七字御祭典有之。服者憚ニ付、不参。
二日〔晴風〕　第九字参省、十字（闕字）朝拝〔大輔受之〕。○今日モ第八字宮中・省中共ニ御祭典有之。○明三日ヨリ沓ノ侭昇降被差免候達有之。
三日　元始祭第八字於宮中神殿〔太政大臣奏祝詞〕（闕字）御親祭。十一字本省へ（闕字）行幸、神殿（闕字）御拝。勅任官両所拝礼。服者憚ニ付、不参。
四日〔晴〕　御用始。例刻参省、御祝酒ヲ賜フ。
五日〔雪〕　御用有之官員ノ外、不参省。依テ不参。○昨日より省中神殿庶人参拝如例年。大録以下巡視。余服者ニ依、不動。
六日〔晴〕　判任宴会ニ付、十字後参省。一字後退出。
七日〔曇〕　休。
八日〔晴〕　神宮祈年例幣始年中官幣社祭日取調。
九日〔晴〕　海軍始ニ付、諸官省休暇。
十日〔晴〕　祭日調成〔醍醐出ス〕。
十一日〔晴〕　休。
十二日〔晴〕　反正天皇御崩年取調ノ義ニ付、写本類聚国史省中ニ無之ニヨリ、文部省木村方へ問合。○新潟神社改号考、去秋文部省ヨリ稿本検査ニ廻リ有之分、先頃ヨリ局中ニテ取調。附札致、今日判官局へ出ス〔青山〕。
十三日〔晴〕　文部省木村方ヨリ調書来ル。○秋葉権現神仏本末之事取調〔十四日判官局出ス〕。
十四日〔晴〕　反正天皇御崩年再案。判官局へ出ス〔戸田〕。
十五日〔晴〕　休。
十六日〔曇〕　休。
十七日〔晴〕　所労不参。
十八日〔曇〕　大中小祭之差別ニヨリ、神饌ノ数各等有ルヲ取調。○御会始拙詠差出ス。十二字前宮内省へ廻ル。勅題風光日ニ新也。○地方祭典式、判官局ニテ稿成リ。当局へ廻ル。取調ノ上今春刊行也。○今夜当直。相直ハ十三等出仕木沢粛・中掌典慈光寺有仲・宣教使掌長井光景等也。
十九日〔雪〕　宿明ニヨリ九字前退出。○神饌次第稿成ル。○遠江国井伊谷宗良親王社恩鎮祭ニ付、御遷座次第幷祝詞等局中ニテ取調〔江藤・田中専務〕。
廿日　谷森参省。宗良親王薨年取調書持参。○大輔ヨリ大嘗祭記〔刊本〕渡サル。校閲ノ為ナリ。○新潟県ヨリ文部省へ伺祝詞、附紙済、判官局へ出ス。
廿一日　休。
廿二日　地方祭典式取調。○〔大輔ノ命ニヨリ〕休所へ正権大録出頭。天野・醍醐等列座ニテ過日建言〔奏任以上ヨリ〕ノ事談有。○赤松少録被免。○月給渡ル。〈頭書〉墺利亜博覧会ニ付、余取調御用掛タルベキ書付廻ル。
廿三日　地方祭典式、田中別案共判官局へ出ス〔三田〕。○聞沢社々号伺。○氷川社神楽伺。○開拓使ヨリ札幌社祭日伺〔以上三件附紙、判官局へ出ス〕。
廿四日　大嘗記閲訂。
廿五日〔雪〕　大嘗記閲訂。○地方祭典式祀年祭条取調草按。○吉村権少録当局詰ニナル。
廿六日〔晴〕　仁孝天皇御例祭宮中神殿ニテ有之。余不参。
廿七日
廿八日　告諭成、本局へ出ス。
廿九日〔晴〕　告諭再案成、本局へ出ス。○春日祭大原野祭次第等、旧儀ヲ斟酌シテ草案ス。○大輔ノ招ニヨリ正権大中録、退出ヨリ参ル。初春ノ饗宴也。
二月朔日〔晴、和〕　休。
二日〔曇〕　春日祭大原野祭次第成ル。判官局へ出ス〔醍醐〕。
三日　神宮祈年祭次第草按〔翌日醍醐へ差出候様、宿直茨木へ頼〕。
四日　祈年祭也。重服ニヨリ不参。今日醍醐忠敬神宮及大原野春日社（闕字）神武天皇御陵等へ御使〔萩原・鳥居随行〕トシテ参向。三田葆光、遠州井伊谷へ御使〔慈光寺・江藤随行〕トシテ参向。
五日　官幣国幣社新嘗祭式取調。
六日　休。
七日　新嘗祭式成〔天野出ス〕。例祭式取調。○羽前国村山郡若木社取調、附紙願伺へ廻ス。
八日　例祭式成〔天野出ス〕。○文部省ヨリ相廻候婚礼式開板ノ事見込、判官局へ出ス〔青山〕。○（空欄）神社宮司伺二ケ条附紙願伺へ廻ス。○博覧会義ニ付初テ会議。
九日〔曇〕　文部省ヨリ打廻候西京宇田健斎著大道編一覧。○昨日判官局より全国県社取調被命候に付、今日十三等出仕木沢・同江刺等当局へ入、則右調専務ニカヽル。○願伺ヨリ朱書留借覧。県社之義願出候分抄録。○長浜県伺へ附札願伺へ廻ス。○井伊谷宮示諭摺立出来、一枚ヅヽ相渡ル。

十日〔雨〕　戸田少丞ヨリ賢所旬御膳之節祝詞之義談有。○願伺課留書一覧。○吉野十津川郷玉置社之義、山内取調致候ヲ再調。○博覧会一条之書類披見。
十一日　休。
十二日　所労不参。○局印出来。
十三日　判官局ヨリノ命ニヨリ、官社祭典式元始祭以下取調。○大輔ヨリ茶吉尼天ノ事及ビ八神殿ノ事、取調命ゼラル。
十四日　宿明ニヨリ九字後退出。○榊原へ頼ノ茶吉尼考来ル。
十五日　祭典式調。
十六日　休。
十七日　祭典式調。
十八日　祭典式調成〔天野へ出ス〕。
十九日　八神殿ノ事取調。抜書ノ為、当分日置当局へ詰〔廿四日ニ至ル〕。○奈良県伺大和十津川玉置神社取調成。
廿日　八神殿ノ事考ノ為、諸書考索。○博覧会ニ付、事務局へ可問合条目案成。
廿一日　休。
廿二日〔晴〕　博覧会条目再案浄書〔八木へ渡〕。三田・慈光寺・江藤等帰京。往来程十九日也〔後聞。三田ハ暫ク駿州へ帰省〕。○堺県伺、河内国道明寺件取調。
廿三日〔曇〕　足羽県伺、新田義貞祠創建ノ義ニ付、谷森へ問合セ。
廿四日　今日ヨリ江藤、局へ出ル。
廿五日
廿六日　休。○昼二字後西丸下ヨリ出火〔烈風ニテ直ニ八代洲河岸へ飛火。築地マデ焼ル。右ニ付四字頃参省。無程退出〕。
廿七日　佐渡県神社改号之義ニ付、明細帳取調、付札。
廿八日　春季御祭典省中神殿ニテ有之。服者憚ニ不及ト雖モ所労不参。
廿九日　祭典式再調并（闕字）神武天皇遙拝、（闕字）皇大神宮遙拝等。地方官へ頒布ノ式取調。○井伊谷宮日供之義申立。
晦日　佐渡県明細帳取調、附札。
三月朔日　休。
二日　佐渡県明細帳取調、附札。
三日　休。
四日　佐渡県明細帳取調了。田中ニ附ス。○文部省ヨリ相廻、大道論局案、判官局へ出ス〔青山〕。

五日　文部省博覧会ニ付、今日ヨリ九日マデ諸官員見物〔十日ヨリ晦日マデ府下一同見物〕。予今日ノ番ニ当リ十二字頃退省〔山ノ内・新岡同行〕。

六日　休。

七日　文部省ヨリ相廻、新潟神社改号考局案、判官局へ出ス〔天野〕。○佐渡県明細帳、田中ヨリ請取再ビ訂正。

八日　佐渡県明細帳再訂。

九日　佐渡県管内皇陵及ビ皇子・皇女奉祀ノ社幷従臣・官女ヲ祀ル社等ノ事ニ付、右事跡ノ書類考検。

十日　佐渡県明細帳付紙及ビ局案等全出来、判官局へ出ス〔青山〕。

十一日　神武天皇御例祭。服者憚ニヨリ不参。

十二日　昨日御祭典ニ付、今日一字頃退散。○願伺ヨリ廻来ノ二三件、局案ヲ附シ同課へ廻ス。

十三日　九字文部省へ（闕字）行幸。博覧会（闕字）天覧。

十四日〔十字後〕神祇省被廃、教部省御建之御布告出ル。依テ祭典書類及ビ祭器等ハ式部寮、其他ハ都テ教部省へ引渡可申達シ廻ル〔卿嵯峨、大輔福羽、御用懸江藤副議長、以上三名本日拝命〕。

十五日　八字早出ニテ取片付物スル〔藤木九等出仕、井上十等出仕ニテ共ニ教部省へ拝命〕。〈頭書〉教部省昨日ヨリ宮中桜ノ間ヲ以官舎トス。

十六日　休暇無之九字出頭。

十七日　等外十人ホド教部省へ拝命。

十八日

十九日〔雨〕取片付大方訖ル。

廿日〔風雨〕今日祭典書類ハ式部ノ官人、神社調帳・諸社絵図書籍其他ノ物ハ教部新拝命之官人〔田中〕ニ引渡〔諸陵ノ書同上〕。○今日天野・三田・小野等、教部省拝命。昨今判任出仕拝命之者モ廿人余ニ及ベリ〔従来本省及宣教使ヨリ拝命ノ者　藤木・井上・足立・田中・山ノ内・大畑・竹ノ内・千葉・芳村・新岡・尾形・山崎・田中・稲富其他猶有ベシ。新ニ拝命モ四五人アリ〕。祭典局ノ官員ハ今日改テ式部寮ニテ拝命。掌典・神部等ノ官名故ノ如シ〔拝命ニ漏タルハ内山・近藤両名ノミ〕。

未十一月廿二日柏崎県より伺。三嶋神社当県之近側ニ付、県社に相定申度之事。〔同廿九日附札〕県社之儀ハ追而可相達。

同十一月廿三日奈良県より伺。手向山八幡県社之列ニ被仰付度事。〔十二月五日附札〕伺之通。
同十二月四日江刺県より伺。陸中国閉伊郡遠野通八幡社県社に定度。〔十二月十三日附札〕県社之義ハ追而可達。右社ハ専郷社ト可心得。

註
（1）「第六蒐集録一巻」は異筆。

明治十五年・十六年日記

「壬午日乗」乙
明治十五年四月一日～七月三十一日
「壬午日乗」丙
明治十五年八月一日～十二月三十一日
「癸未日乗」甲
明治十六年一月一日～四月十六日
「癸未日乗」乙
明治十六年四月十七日～九月三十日
「癸未日乗」丙
明治十六年十月一日～十二月卅一日

（表紙）

壬午日乗

乙

明治十五年〔乙〕　　　六十年五月

四月

一日　雨。午後より風。
正午退出後、上野遊行。彼岸桜既ニ盛也。博物館観覧。開場後初てなり。晩景八百膳ニて小酌、帰る。○外山正一・矢田部良吉来。不逢。○江刺より郵書。明日東京発足之由。○古筆来。不逢。△本日より久米幹文、大学へ出仕。○退出後熊沢来、伯家部類持参。面会。

二日　晴。○日曜
午前八時浜丁久松坐見物行。一番目仙台（先代）萩裏表、中幕盲景清・宵庚申、大切舞雀七（ママ）三番叟一世一代等也。夜九時頃帰ル。○長井誠来ル。不逢。久米来ル。同断。○近藤より史籍集覧ノ内南山巡狩録来ル。

三日　雨。
神武天皇祭休暇。○午後吉凶祭之業、拙案ヲ草ス。明日内務省へ持参之為なり。○矢田部・近藤へ郵書出ス。

四日　晴。午後三時頃より西南烈風。
文部省へ出。○山崎や伯母来。○琴通舎来ル。不逢。○木沢成粛来。面会。○長井・琴通舎等へ郵書出ス。○矢彦頼ノ小野神社碑文草案。△本日帰途内務省社寺局へ寄、拙案ヲ磯村ニ附シ、并ニ桜井以下ニ面会ス。○荒井伊三郎へ地租不納延期願書、区役所へ可差出分托シ。

五日　淡曇。
文部[1]退出後、浜丁・馬喰町辺へ廻ル。来ル（ママ）一日已来小印取落し、探候為なり。第六天裏ニテ洋食、福井丁入浴、晩景帰ル。○夜本居行、小野神社碑文相談。○馬場弘介来る。来九日汁講相催候由。不逢。

六日　晴。
大学（2）退省（ママ）後、持病気にてなす事もなく日を終ふ。△後ニ聞く。今日濃州岐阜ニ於テ板垣退助負傷ノ難ニ遭フト。

七日　晴。
退出後、斯文学会へ出、僧尼令を講ず。○竹中国（邦）香代戸田直秀来。楽対校合分相渡。○三作、向島より王子辺迄行。〈八日条〉○〔七日也〕田沢耕来ル。

八日　曇。
文部退出後、休息終日。○拝志豊幡尋来ル。不逢。○西新井清八悴来ル。

九日　雨。○日曜
矢彦来る。碑文稿本渡〔鰹ぶし共〕。○加藤瓢乎来〔くわし賜〕。琴通舎同道なり。○今日汁講なれバ、雨中ながら午前十一時頃より、向島柳はたけ馬場弘介亭迄行。墨堤ノ花既ニ満開也。然れども、雨中雑沓せざるにより却て妙。暮て帰る。

十日　快晴。
午後三時過、池ノ端長酡亭行。洋々社会也。埴原ノミニテ外ニ人モナケレバ休会。両人にて切通シ本居行、小酌。○本日大学ハ所労届、洋々社へ出ス文章論ヲ草シテ成ル。

十一日　晴。
○拝志来ル。面会。宮内省御厩課へ出仕ノ由、古へ馬寮之事問合アリ。○近藤活板所より参考盛衰記三冊来。

十二日　雨。
退出後、木沢頼ノ小学日本歴史ノ序を草ス。

十三日　雨。
実父正忌ノ後レナガラ霊祭する。○文部省より木沢へ稿本渡。○斯文学会山本へ文章論稿本廻ス。報告書へ可加為なり。

十四日　雨。
一昨日加藤より手紙貰、今朝出仕がけ駿河台池田謙斎行。診察・水薬を乞。○来十五日伊藤圭介翁嘉筵へ出品ノ書籍四種、定期ニ付、不忍池生池院へもたせ遣。○河谷（合）きさ女来。桜花賜。

十五日　午前曇、午後より小雨。
正午退出後、長酡亭行。先頃将官且ツ叙位祝として南摩・中村・八木・水野・磯村・佐藤・松岡・小杉・三谷等招ク。本日岩谷・亀谷等も集会アリテ頗る雑繁セリ。夜九時過、雨中小杉・三谷と共に帰る。○木沢来。小杉へ金一円持参。

十六日　晴。○日曜

伊藤翁賀筵へ午前十一時頃より行。途上にて埴原に逢同行、生池院ニ物産出品及同書籍等ヲ陳シ縦覧セシメ、翁ハ長酡亭ニアリテ面会。耋筵志新刻本ヲ各名に恵ル。酒飯ノ饗アリ。神田・蜷川・矢田部・松原・木村・黒川・井上〔哲〕・浦井・飯島等ニ逢。午後二時頃帰る。○田沢耕も賀筵ニ来、帰路立寄ニ付、興農叢書題（誌）言草本渡。○お辰、山崎や行。去十二日婚儀整候祝也〔かつぶし箱持〕。

十七日　晴、午後風。

退出後矢彦行、過日失念帽子届ケ〔大道論遺〕。三十間堀我自刊我書届。中橋日の平・松葉や及本家行。埴原頼ミ事ニ依てなり。暮て帰る。○加藤瓢乎へ郵書出ス。飯田会之事也。

十八日　美晴。

○近藤活板所より中外経緯伝来。退出後、浅草本願寺第二観古美術会行。兆典司ノ涅槃像、玄宗亭（帝）ノ封泰山文石刻ノ軸ナド希代ノ物也。万梅ニて一酌、晩景帰ル。○早朝峯岸金七来。換業之談アリ。三心斎為業ト名を考遣ス。一円恵ム。△本日西村局長より修史館ノ本写之義、談アリ。

十九日　晴。

退出後、小川丁勧工場見物。○赤堀妻再度来ル。不逢。金五十銭恵。○岩淵鼎之助来。本月始メ本宅へ転候由。△本日桜井社寺局長、伊勢へ発行。又西村編輯局長ハ愛媛・徳島両県下学事巡視ヲ命ゼラル。

廿日　晴。

夜鈴木亭行。○退出後、令下見。○夕刻木沢来〔五円・くわし持〕。小学日本歴史ノ閲頼也。

廿一日　晴、風。

大学退出後、斯文学会出席、僧尼令了、戸令始メル。○晩景より三作同道、神田川行。帰路日本亭燕遊・円太郎ノ噺ヲ聞く。時ニ深川辺火アリ。

廿二日　曇、細雨。風を交ゆ。

正午退出、三時頃迄休息。夫より木沢頼ノ歴史一閲。

廿三日　快晴。○日曜

歴史一覧、午後一時迄ニ了。○三時過より通丁・ふきや丁辺遊行、シヤツポ・袴地、角帯など求。滋養亭にて晩食、夕刻帰ル。○松葉屋より廻シ合羽直しと股引来ル。○おミち一寸来る。○本日横山行、月舎集代一円五十銭持参。近辺有坂売宅一覧〔三千五百円〕。

廿四日　晴。

退出後、築地二丁め堀越行〔撥雲余興一冊持〕。松岡父子も来。初雛祝ニ付てなり。団洲ハ今日市村坐初日ニ付留主也。新之助逢。幸升・猿十郎・藤間勘右衛門其他来合、宴会之所也。晩景帰る。○朝木沢来ル。歴史渡。○長井お楽君来。

二十五日　晴。

退出後、番丁塙行。哥会なり。松平・藤波・黒川・久米・鈴木・飯田〔武〕・加藤〔安〕・小杉・三谷・筧・江里川・鈴木〔弘〕など廿人程来会。晩景帰ル。

廿六日　晴。

退出後、新坂下玉忠温泉ニ浴ス。其家ノ後ナル売家ヲミル〔千二百五十円〕。晩景帰ル。熊沢逢。

廿七日　曇、風。

退出後、大伝馬丁丸や木綿店行〔十五円渡〕、帰る。中外経緯伝・参考盛衰記などミる。○山崎や伯母入来。

廿八日　雨。

夜本居へ使遣ス。大宰府神社奉納、社頭春月哥ノ点ヲ乞ふ。

廿九日　晴。

文部退出後、新堀松平亭行。園中の牡丹盛ニ付、今日月並会催シ、別ニ愛牡丹ノ哥を詠ぜらる。午後五時頃帰る。○夜徳島県福岡朋八来。直江内後藤同道。○足立文部省へ来、公用頼事有。△南摩稿日本歴史校正了。

三十日　晴。午後五時頃風雨小雷。夫より冷気トナル。

○日曜

午前休息、午後足立頼ノ喪葬令第二条講義を草ス。幷御忌服之義ニ付僻案。○茅場丁おさだ来。○佐伯利麻呂来ル。不逢。短冊染筆頼。○夜本居より備恵御伴の数〔池原晉輔著〕泛覧。

五月大

一日　晴。

大学退出後、久米宅行、同道にて中村行。饗ニ逢ふ。足立へ立寄。不逢。暮て帰る。○中村・足立両家へ月舎集一部づゝ遣ス。

二日　晴。

○河合来。

三日

歯痛ニ付引。○松岡時懋来。亀井戸藤盛ニ付、七日頃可参旨談アリ。

四日　淡曇。

歯痛ニ付引。

五日
斯文学会講義番之処、所労断。○朝袋丁池田へ行、診を乞ふ。

六日
文部退出後、川田行、久々にて栄花物語浦々の別れ会読。五時過了て岩戸丁丸山行、針治を受く。暮て帰る。

七日　晴。○日曜
午前九時過より又々丸山行、針治。了て水道丁行、公債書利子切取。午後一時頃帰る。○野瀬来ル。本郷河津宅ノ談アリ。大己貴神ノ画絹持参、賛哥頼。○本日松岡より招請有之、亀井戸へ可行候処、歯痛にて断。

八日　晴。

おたつ東京府行、公債利子受取。△本日より当分之内、水嶋慎二郎隔月ニ大学出勤、制度沿革略史中清書頼。○間宮八十子、久米内室同道にて来ル。不逢〔くわし・ふくさ賜〕。○松岡明義来〔くわし賜〕。不逢。

九日　曇。

今暁二時頃ミとしろ丁出火、三百軒余焼ル。

十日　淡曇。
△本日西村大書記官、西海道へ廻国発駕。○お久下ガル。○歯痛漸く快方。○退出後、江刺へ出火見舞行。三谷同。福井丁へ廻り入浴。
十一日　晴。午後一時過雹フル。暫時晴。
後ニ聞。河越（ママ）辺八日方十五六匁以下ノ大雹二三十分間降り、死人モアリ。桑ヲ損ス。又大雷アリシトゾ。○退出後、三作同道にて浅草美術会再度見物。万梅にて晩食、帰ル。下谷稲荷祭礼にて賑はし。
十二日　晴。
斯文学より相回候生徒質問調。○前橋林・神戸大須へ書状出ス。
十三日　曇、夕刻雨。
斯文（学脱カ　以下同）会山本へ質問返ス。○河合よりノ文、添削返ス。○中村卜約シ、王子辺遊行之筈之処、空合不宜ニ付止メル。
十四日　夜来北風、雨、冷気。正午雨やゝ止ム。晩景又小雨。○日曜
午後一時前より浅草朝（浅　以下同）くらや行。夫より横あミ丁萱行。汁講なり。久米幹文も来。晩景帰る。○白石社より書状

来ル。来ル十九日第二回祭典ノ報告なり。○今日汁講にて文章論演説。

十五日　晴。

河合来、物語体文章・詠草持。不逢。○退出後、朝くら（浅）やより来毎事問・いつの言別など泛覧。

十六日　晴。

琴通舎へ評判記返ス〔半切添〕。○本日午後より大学へ廻る。昨日総理より古書講習科規則草稿御回ニ付、飯田・大沢等ヲ会シ協議ス。木村モ今日出勤日ナレド、午後差支アリテ欠席ス。○吉川楽平来。不逢。兼題摺物至。○朝木沢来。石村日本歴史製本出来ニ付、一部ヲ贈らる。○今日退出がけ木挽丁五丁め鉄道会社へ寄。神戸某ニ逢、三作株加入候事談ジ。謹吾漁猟ニ行。

十七日　淡曇。

千家尊福より染筆物幷草稿、本居より届ク。○夜埴原来。洋々社談之事談アリ。

十八日　小雨。

退出後、文部省宮崎蘇庵来。修身学著之談アリ〔玉子賜〕。○夜本居行。大学教授之事談ジ。

十九日　曇、午後晴。

大学退出後、浅草本願寺行。白石祭第二回なり〔西洋記聞成刻配分〕。本年ハ観古美術会ニ付、音楽等ハ無之。法会了て大槻・平山外両名同道、双枕橋八百松行。暮て帰る。○お礼今日より雇。

廿日　晴、薄暑。寒暖計正午七十六度余。

正午退出後、中村ノ饗にて伊予紋行。妻木も来。同行にて東台博物館見物。中村著述女子書簡草稿序ヲ被托。

廿一日　雨。○日曜

田上陳鴻来。石川県へ赴任ニ付、近々発足之由。短冊・扇子等贈る。○薩州寺田弘来。大田伝蔵〔宇都宮郡長〕同道。○斯文学会講義筆記添削、横井へ送ル。○中村同道にて妙義坂足立別荘行之約之処、雨にて果さず。

廿二日　淡曇。

過日朝くらやよりノつれ〳〵諸抄大成泛読。○大学退出後、野瀬胤正頼ノ景出ス。筆写之大己貴命夜見国絵上に賛哥認メ、幷ニ矢彦頼ノ小野神社碑文ヲ草ス。

廿三日　曇、午後晴。

文部省退出後、斯文学会へ出、戸令講尺（釈　以下同）。去十九日当番之処、白石祭へ出候ニ付、今日根本と繰合なり。帰て三作同道、神田川行。○宮川甚五郎より生鯯魚賜る。

廿四日　晴。

大学引。午前十時前より岩淵行。白井・今井等へ哥。正午臼倉ニ至。舅氏十七回忌法会也。晩景帰宅。臼倉氏去月水道丁より岩淵旧宅へ移り、貞之助殿主家より帰る。寿祝ノ為也。先代之節譲候処ノ武徳編年集成、更ニ乞ひ請け帰る。

廿五日　晴。○寒暖計正午七十八度余。

退出後南摩尋〔玉子持〕。夫より塙月並哥会行。帰路間宮尋〔金米持〕。不逢。晩景帰る。〈廿六日条〉○〔廿五日ナラン〕田沢妻娘等来。面会。興農叢志序ノ頼なり。

廿六日　小雨。

退出後、川つらなる家ニ郭公を聞く文を草す。研文社兼題なり。○退出がけ内務省へ出、桜井以下面会。去二月半月分御手当五円請取。

廿七日　晴。

正午退出後、川田行、栄花物語浦々ノ別れ了り、かゞやく藤壺会読。晩景帰ル。

廿八日　半晴。○日曜
午後二時頃より日比谷神宮出張所行。研文社会なり。晩景帰る。又々歯痛起ル。○中村より書簡文ノ稿二ノ巻来。桜田ビール半ダース賜る。○佐々木弘綱来訪、不逢。

廿九日
退出後、興農叢誌序ヲ草ス。○今日小石川植物園ニ於テ大学物理ノ外国教師ヲ饗スルニ招カレ、午後六時頃参向之積之処、歯痛にて不果。

三十日　晴。

退出後、両国辺より福井丁沃鎮入浴。○臼倉貞之助殿来。古嶋岡田や等へ寄。

三十一日
退出後、中村著女子書簡文ノ序ヲ草ス。○阿(安)部真貞来。面会〔鶏卵・酒二瓶賜〕。○長井お楽君入来。明日根岸へ引移、且来月二日光景君一周忌之談アリ。

六月

一日　半晴。
田沢へ草稿贈ル。中村同断。
二日　曇。
退出後、斯文学会へ出、戸令講尺。
三日　晴。
太宰府神社宮司西高辻信厳・同禰宜関秀麿入来。不逢。○今日川田会之処、不行。正午帰。佐々木弘綱〔前月中旬出京之由。〕を尋、面会。帰て女子書簡式一過、附箋。
○夜三作同道、本牧行、伯円ノ講ヲ聞く。初霞駿甲奇聞
といふ新作を講ず。
四日　曇、烈風。○日曜
平岡好国来、蛤賜。○午後より愛宕下青松寺行。本日、
松岡晴ノ礼式アルニヨリテ也。午前既に三件相済、髪置
の式〔女〕・読書始式〔男〕・婚礼合盃式〔女〕等をミル。
午後四時前相済、即時帰宅。○歯痛漸く快方。○夜再ビ
本牧行。
五日　半晴。
退出後、中村氏ノ女子書簡文梯一・二ノ巻一過、附箋ス
ル。○斎藤より取寄せ春海真国問答・異域同日譚・しミ
のすミか物語外二種をミる。○おたつ、新右衛門丁大田
行。前月廿日頃男子出生祝なり〔一円かつぶし切手悦〕。
六日　晴。
文部省行。謹吾・三作・お繁同道にて八時頃より春木坐
見物。一番目大塩、二番目三題噺ト、ヤ茶碗ニて菊五郎
ノマムシ次郎吉也。晩景帰ル。○学士会院書記久保吉人
来。加藤氏より会員証状幷会院雑志等持参なり。○お礼
下ル。○中村へ稿本廻ス。

七日　晴。
退出後、南神保丁久保尋面会。昨日不逢ニ依てなり。書
肆斎藤店へ寄。○中村より文梯稿本三巻来ル〔玉子賜〕。
○朝中島来。類語写本二冊出来。
八日　淡曇。
帰宅後、古典講習科教受（ママ）書・教師日割等考へ草案ス。○
夜三作同道、神田川行。
九日　雨。
文部省へ可差出古典講習科課程草案、服部幹事迄出ス。
官位考一・二清書共。
十日
午後三時過より長酡亭行。洋々社会なり。木村・伊藤・
黒川・埴原・岡等来会。晩景帰る。
十一日　○日曜
午後浅草行、竹沢独楽軽業見物。
十二日　曇。
十三日　曇。○寒暖計正午七十二度八十九分。
文部退出後、幸町岡松尋。外出ニて不逢。中橋より蚊帳
を購ふ。
十四日　雨。

退出後、岡松入来。面会。大学之事談ズ。

十五日　朝曇、後晴。○寒暖計正午七十五度八十六分。

文部退出後、始て学士会院出席。午後三時よりなり。神田・中村・大鳥・福羽・箕作〔秋〕等欠席。西村ハ巡回中なり。伊藤翁述説アリ。五時過西洋晩食〔一円半出〕。晩景帰る。本日年金一ケ月分請取。

十六日
木村大学へ来ル。共ニ惣理ニ面会、古典講習科之事談ズ。○午後三時前斯文学会へ回、戸令講説。島田ハ所労欠席。

十七日　細雨。

明日岩ぶち臼倉氏にて集会之処、丸山迄端書ヲ以断遣ス。○午後四時頃上野西洋軒行。大学親睦会也。矢田部幹事なり。晩景帰る。昨日広小路勧工場開業ニ付、行がけ一覧。○新右衛門丁より祝赤飯・干魚料賜。

十八日　雨。○日曜
学士会院雑志泛読。○赤荻へあつらへ筆のミたま廿八冊・類語十五冊・江戸図考一巻製本出来。

十九日
洋々社談へ可出哥舞妓ばなしヲ草ス。

廿日　晴。

お晉・斎二郎、横浜より来り泊。○田中頼庸より校本日本紀二本・賢所考証一巻恵賜。○兼約ニ付、加部厳夫来。面会。佐伯ノ談有。○社談稿本、岡へ郵送。中村へ書簡文梯序ノ稿、一覧分郵送。

廿一日　淡曇。

夕刻薩埵来。佐藤某同道。先年一閲ノ歴代詞上木ニ付、二部ト菓子折賜る。○田沢より過日序文遣し、興農叢志二部ヲ贈。○大学退出後、新橋十五国立銀行行、鉄道株金十円納。帰ておしん同道、神田川行。○田中へ謝書出ス。

廿二日　曇。

お晉、霊岸じま行。○夜本居行。明日虎門内玉泉楼にて県居翁改葬之儀、集議有之旨、昨日長谷川貞雄・岡本孝承より郵書来ニ付談なり。○栄花物語鳥部野巻下見。

廿三日　淡曇。○寒暖計正午七十八度九十三分。

大学退出後、文部へ廻り、午後三時過より福井丁沃鎮湯行。代地川長へ廻り、夜九時頃帰る。○横浜より郵書来。彼地兎角コレラ流行之由。○長井より二荒日記帰ル。

廿四日　朝曇、正午前より雨。夜ニ入。

文部行。午前九時前より本郷加州邸行。野口周旋にて古書縦覧之為也。重野・管《菅》・木村・黒川・向山等来ル。珍書種々目録ノ略、別冊に有。今日川田輪講行ノ処、縦覧半に至らずして正午となりたれバ不行。晩景帰る。○三谷〔くわし賜〕・磯村来〔茶賜〕。不逢。杉山昌大より郵書来。○岡松・田沢へ郵書。今日汁講之処、不参に付、杉浦寛司へ郵書。

廿五日　雨。○日曜

朝七時過より新富町菊岡行。新富坐見物。一番目川中島〔新劇〕。中まく望月上り市川右団次演之。二番目京大松や騒動助高屋高助演之。同行ハ重野・藤野・丸岡・星野・西尾等にて高一君外女連ニテウヅラ一間也。殊ノ外ノ大入ナリ。夜九時過帰る。

廿六日

おしげ下ル。○お晉霊岸じまより帰ル。○御成道雇女（空欄）来ル〔廿七日下ル〕。○老人をいはふ文を草ス。

廿七日

吉村春樹より郵書来。古語拾イ考証ノ事也。

廿八日

大学退出後、日比谷行。研文社会也。五時頃終て小島丁黒川行、面会。賞牌下画ノ事也。

廿九日　淡曇。

午後お晉・斎二郎、横浜へ帰ル。○昨日より謹吾遊蕩に付、中はし平五郎殿頼、今日入来。○御成道雇女おたけ来〔本郷〕。

三十日　晴。

大学退出後、斯文学会へ出、戸令講尺。四時過了て木挽丁明治会堂行。今日モールス氏化醇論ノ演説アリ〔訳者有賀〕。六時前帰宅。今日ノ演説ハ大ニ群集ス。

七月

一日　淡曇。

正午文部退出後、中橋日の平行。過日礼なり。新右衛門丁本家行、物吉殿面会。五時前帰宅。○御成道雇女おわか来。○午後福羽良曠来。美静君手簡及ビ文部卿手簡持参。○おたつ・三作買物行。

二日　晴。寒暖計正午七十九度余。○日曜

大阪有賀長隣及子長雄来、幷吉川楽平来〔国語教授式持参〕。共ニ面会。十時前番丁福羽行、面会。車を賜ハリテ午後二時前帰宅。○本家より郵書。向島ノ義断也。○吉村春樹来。本渡。

三日　淡曇。寒暖計正午七十九度余。

朝柿沼広身来。面会。○退出後、福羽依托ノ公事取調。○雇女おつね来。○朝宮城県井上可基来。面会〔書生〕。
四日　晴、午後五時頃驟雨。
文部省出勤。午前十時頃、福羽へ郵便出ス。○博物局黒川へ郵書ニ付、夕刻山名貫義来ル。不逢。賞牌下画持参。○木沢来、日本歴史中ノ巻稿本持参。
五日　夜来雨、朝止曇、後雨。午後止。
石川県新井雅智〔書生〕来。面会。○文部退出後、水道丁行、利足皆済証書受取。先頃拝命御祝ニ付赤飯持参。山崎やへモ遣ス。○江沢来。両三日前悪病ノガレノ為、一同横浜引払、〔昨日〕出京之由。○加藤より参事院ノ談アリ。
六日　朝小雨、後淡曇。
退出後、山名貫義来。面会。○近藤より盛衰記五六七八ノ巻来ル。○お晋来ル。此ほど霊岸嶋へ参候由。○福羽より郵書。
七日　淡曇。
八日　淡曇。
退出後、川田行、栄花鳥部野の巻会読。今日より佐々木弘綱も来ル。夕刻帰る。
九日　曇。午後より小雨。○日曜
午前七時過出宅、猿若丁二丁め越前や行。松岡催ニて市村坐見物。坂田諸潔《ママ》も来。一番目快鼠伝。中幕団州ノ吃又、大蔵卿面白し。大切お富与三郎ニマク。夜十時前帰ル。○早朝柿沼来ル。面会〔国産賜〕。○上州林甕臣ヨリ銘酒二瓶通運にて来ル。△府内コレラ病漸ク蔓延。既ニ隣地にも患者有シ由。○野瀬来。十一日頃備中へ帰省之由。
十日　朝曇、午前より小雨、蒸暑。
お晋霊岸じま行。○藤野正啓書簡持参、書生内田直枝来ル。面会。佐々木へ添書遣ス。○磯部最信来ル〔泡盛賜〕。三谷義一来。佐野卓来ル〔くわし持〕。各面会。○明日久米、水戸へ発足由。
十一日　小雨、午後止。
文部省出。今日より十二時退出なり。○午後宮川来ル。製本・外題幷小口書等頼ミ。○木沢来〔切手持〕。○田中芳男より手紙来。○大《太》政官使部来。参事院御用掛拝命ノ辞令書、内閣書記官添書共持参。
十二日　小雨、或ハ止。
大学より文部省へ出。参事院ノ兼勤ノ義、文部卿はじめへ風聴。午後二時頃福羽へ至ル。参事院箕輪醇も来。面会。佐々木へ廻り夕刻帰ル。○宮川・田中・大沢・川田へ郵書。

十三日　淡曇。

文部より午前九時赤坂参官。箕輪ニ逢て参事院内務部へ出、山屋議官に面ス。修史館行、重野ニ逢。帰路田中副議長玄関へ名簿置、正午帰ル。○午後二時頃より浜丁相鉄行。久子哥会なり。黒川・松平・鈴木・小俣・佐々木等ニ面ス。第六天裏ニて洋食。晩景帰ル。○若松甘吉来ル。不逢。△追々コレラ蔓延ニ付、大須ト相談ノ上予防懐中薬二袋ヅ、地面内六戸へ贈ル〔一袋五銭づゝ〕。

十四日　淡曇。

午後宮川来。製本小口書頼。○午前小野述信来ル。有賀より招請ノ為なり。不逢。○湯本武比古来。面会〔短冊頼〕。○おはる来ル〔くわし賜〕。○木沢頼ノ小学歴史第二稿本一過。

十五日　淡曇。

退出後、小杉・大森行。面会。井上〔毅〕不逢。午後五時頃帰ル。○菱川廉〔伊能弟子之由。くわし持〕。○若松釜三〔くわし持〕。○森立之。○書生落合亀二郎・石森和男等来。皆不逢。○参事院より内務部勤務被任ニ付、辞令書御達。○お晉、霊岸じまより来。保二郎不快ニよる。○雇女御常下る。

十六日　淡曇或ハ晴。蒸暑。○日曜

朝小原燕子・中島春雄・谷干城等来ル。面会。今朝七時、植木や次郎吉ニ天王寺葬地ニ会ス約之処、右ニて遅延、九時過ニ成。則車を飛ばせ彼処ニ行ニ既ニ同人不在。依て根岸同人宅行。長井ヲ尋、午前十一時前帰ル。○午後二時前より光明寺墓参、松平哥会行。黒川へ寄、夕刻帰る。○岡松・井上〔頼国(圀 以下同)〕・加部等より郵書。霊岸嶋より保太郎(ママ)快気之旨、郵書。○今井継道来。不逢。○昨日来目ミえ女(空欄)之事ニ付巡査来る〔夜一時頃〕。其女御成道屯所へ留。

十七日　淡曇。

退出後、書生鈴木直樹来。面会。○夕刻若松釜三来。面会。○岡松・加部へ返書出ス。幷群馬県林へも。○夜本居行〔羊かん持〕。○三作、時気中りニ付今日帰宅。已後引。△奥田払本、大学迄持参〔中島付〕。

十八日　淡曇。夜十時前ヨリ雨。雷鳴。

夕刻江沢来ル。○帰りがけ御成道より〔質物金三円渡〕。

○大橋へ本朝続文粋払〔五円〕。
寒暖計正午八十二度参。
十九日　淡曇。
川田〔佐々木ノ事〕へ郵書。○早朝井上頼国来。次で鎌倉宮々司松岡利紀来。面会。○本居内室入来〔くわし賜〕。△奥田払本、大学にて浅くら屋招キミせる。○田沢耕来〔茶賜〕。
廿日　晴。
文部省退出後、午後一時頃より、三番丁小野より有賀行。今日招請によりて也。黒川・大沢・小杉・狩野某・画工某等来る。佐々木も遅ク来る。晩景一同退去。○博物局山名より武州大谷村出現ノ植物図来る。○霊岸じまお道来ル。
廿一日　曇或ハ驟雨。風ヲ交ゆ。
△今日より三十日間引継休暇。
昨夜ヨリ地面中肴屋老人、コレラ病ニ罹り今朝死去。直チニ焼場へ送ル〔巡査来ル〕。○午後より三作同道、福井丁入浴。晩景帰ル。観音境内まで遊行。○有賀より郵書。○小杉暑中来。不逢。

廿二日　淡曇。

午後二時頃より本郷野口行。過日古書縦覧周旋ノ礼なり。小石川山名ヲ尋。不逢。江戸川丁同人社中村先生ヲ始テ訪〔くわし持〕、面会。五時過帰る。○岡松より使来ル。御用召ノ処、水戸行ニ付、廿五六日頃ならでハ帰京不相成旨なり。依テ文部省水野へ手紙付テ遣ス。○夕刻山名来。○横浜中沢より郵書。○佐々木より古写栄花談来ル。六円五十銭之由。

廿三日　晴、南烈風。○日曜
松岡明義・平山太郎来。面会。○諸方より頼れたにざく認メ。○午後一時より浅草大畑行。汁講なり。今日より社中の頼ニヨリ、源氏物語桐壺巻講尺ヲはじむ。○湯川潔手紙持、横山智光来る。不逢〔さとう持〕。○楠正位手紙、日比野より来ル。○大沢暑中来。不逢。

廿四日　晴。

日本歴史取調、木沢へ郵送。○前橋林より日本文法摘要新刊本二部并染紬一反恵贈。○佐々木へ本返ス。并池田へ茶料送ル。○夕刻山名来、賞牌画持参。○石井小太郎来。面会。新聞之事頼。

廿五日　晴。寒暖計正午八十七度余。

午前八時より文部省出。賞牌画ノ事なり。大学へ寄、書籍之事談ジ。十一時頃帰る。○讃岐深見・松岡及群馬県林へ郵書出ス。○夕刻より山下辺遊歩。○三作、今日より一週引籠届書・医師診断書渡。工部省へ出ス。

廿六日　晴。寒暖計正午九十一度一。

秋山光雄来。不逢。○中嶋春雄来、書物事談じ。○日本歴史〔一〕一閲、木沢へ廻ス。○晩景根津より謹吾手紙来ニ付、おわか遣し同道にて帰る。

廿七日　晴。寒暖計正午九十二度八。

岡本監蔵（輔）来。面会〔くわし持〕。修身女訓ノ談アリ。○賞牌画、北爪より来ル。○手箱其外片付物スル。終日。○謹吾、夜ニ入又々根津へ行候由、清道来り語る。○晩景岡松来。不逢。今日帰京由。○北爪より賞牌下画届ク。

廿八日　晴。

朝七時前、宮川諶五郎行。同人直ニ来ル。正午、深川より帰候由、謹吾沙汰有之ニヨル。同人伊予亭行。猶夕刻来リ種々談有。○矢嶋重四郎〔佃煮賜〕・清水穀〔扇子賜〕・長塩母〔茶賜〕来る。○家屋税之事に付〔廿九日大須へ□分〕、家ノ図ヲ製ス。○小杉より郵書来。明廿九日〔牛込〕納戸丁へ転居ノ告也。

廿九日　晴。

野瀬胤正来。一昨日郷里より家族ヲ携、帰京之由〔備中国ゆべし賜〕。三輪彦輔来〔くわし賜〕。岡松甕谷来〔反物賜〕。昨日大学御用掛拝命也〔年金千二百円〕。○江沢来、今夜かきがら丁へ泊。明日お晉同行、帰宅之由。横浜ハ大ニ病勢衰タルニ依テナリ。

三十日　晴。○日曜
林甕臣来〔サトウ持〕。佐々木弘綱来、先年上木する所ノ竹取物語俚言解ヲ恵マル。○お晉帰ル。○文部省賞牌画考案ヲ草シ郵便ニテ同省へ送。佐藤ニ托シ褒賞課へ出ス。○筧へ郵便。高島祝啓一周忌追悼哥頼ニ付詠進。

三十一日　晴。南風つよし。

大学より奥田払本之事ニ付、直段付書目回ル。中島へ郵便出ス。○日本歴史稿本木沢へ、斯文学会講義筆記稿本横井へ郵送。○林来ル。○佐藤暑中来ル〔ブトウ酒賜〕。△昨夜日就社より別配達ニて去廿三日朝鮮ノ府会、我公使館襲ヒシ事ヲ報アリ。此レヨリ廟堂多事トナル。

（表紙）

壬午日乗 丙

明治十五年〔丙〕　　　六十年九ケ月

八月

一日　晴。烈風二二八〔南〕。
早朝桜井行。林同道、帰路長塩行。○久米幹文より郵書。昨夕帰京之由。○三作、今日より又々一週引籠追届出ス。○中島来、払本直段書渡。不逢。○夕刻林来。松野へノ紹介書遣ス。○下板橋飯田春教来ル。短冊染筆。其他ノモ認メ。○御成道雇女おわか下ル。夜甚五郎来〔今朝謹吾参候由〕。

二日　晴、風。
早朝島田重礼氏来ル。○安井小太郎来る。島田紹介にて古典講習之事也。佐々木へ紹介。○書籍ヲ整頓ス。○夜木沢来〔稿本持〕。○横山より茄子賜。○久米へ郵便遣。○本惣より郵書。時計之事也。○大学より古典講習所規則書、印刷出来ニ付廻ル。

三日　晴、午後五時過驟雨。
鈴木直樹〔加藤熈塾〕来。古史徴開題記一見ノ為なり。池辺義象同行にて同県人古居茂二郎・中川武吉郎来。面会。○日本歴史一覧了、木沢へ郵送。○雇女お久来る。○木村より使来ル。加州蔵古書目返ル。古典科規則一部贈る。○中村秋香子より手簡来。当今箱根木賀ニ滞留なり〔去二日着候由〕。○御成道雇女来。

四日　淡曇。午後四時過暴雨、晩景止。
午前休息。○〔木賀〕中村・太田へ返書出ス。○栄花物語下見。○諶五郎へ謝物・肴代〔一円〕遣ス。紋付。○慎夏漫筆泛読。

五日　淡曇。

午前九時より大学・林〔旅宿〕・皇典講所（究脱カ）〔松野不逢〕・三谷・有賀・福羽〔不逢〕・八木〔昼食〕・大沢・小杉より午後二時過、河田（川以下同）行。栄花会読なり〔初花始〕。晩景帰ル。○江刺重樹〔積物賜〕・大須母〔くわし・うちは賜〕・杉山昌大〔茶・くわし賜〕等来ル。何レも不逢。○浜武慎来る〔紙賜〕。不逢。○大田より時計来ル。寒暖計ヲ恵マル。○木沢来、草稿持〔くわし賜〕。○きさ女来。不逢。

六日　雨。風ヲ交ユ。

午後三時頃よりおたつ、新右衛門丁行。返シノ時計持参〔さとう・茶持〕。○日本歴史校正分、木沢へ渡し。○小恙アリ。起臥終日。熱海志、其外ノ雑書ヲミルノミ。○朝林来。面会。

七日　淡曇。

広嶋始審裁判所詰楠正位へ返書郵送。娘詠草も一覧、送ル。○昨日鈴木弘恭より求ニ付、古典講習規則一部郵送。○古典講習教員表ヲ製シ、大学へ郵送。○横浜藤右衛門来。コレラ又々再燃之由。○夕刻三谷来ル〔酒賜〕。○横井より郵書。取調頼事也。

八日　淡曇。

朝久米来〔国産物賜〕。田中頼庸紹介にて書生石森和男来。面会。○横井頼ノ任那地〔碑銘共〕ノ事幷朝鮮事略之事取調、郵書出ス。○松浦弘より新刊撥雲余興二編ヲ恵マル。〈九日条〉○〔八日ナリ〕三作今日より又々一週間引籠ノ届書差出。

九日　淡曇。午後驟雨、軽雷。

佐々木頼・岡本頼等ノ序文草稿成ル。○早朝横山智光来〔過日湯川添書〕。次で三谷・小杉等入来。○夕刻諫早へ郵書。三谷ノ事也。○八木来。不逢。〈八日条〉○〔九日也〕謙五郎来。

十日　朝曇。午前十時頃より大雨、後小降トナリ終日。○冷気ニ付、昨日迄八十四五度ナリシモ七十四度余ニ降レリ。

午前七時過、佐野〔くわし持〕尋。光明寺墓参。佐藤尋〔くわし持〕。木村尋。不逢。永井〔茶持〕・次郎吉等ヲ訪、三百八十八番地売家一覧〔御行松ノ辺〕。笹ノ雪にて中食。正午帰ル。○塙忠雄来ル。久子ノ書持参。続類従欠本ノ事幷朝鮮ノ書尋等也〔さとう持〕。讃岐松岡手紙持永原・鈴木ノ両氏来。次で片野・筒井両氏来。松浦弘来。暫ク諸説。○今朝山沢与平より郵書。午後返書出ス。古典規則ヲ贈ル。

十一日　晴。
午前七時過、佐々木行。不逢。頼ノ序文幷短ざく贈る。大学出頭、富塚ニ逢、試験之事談ジ（加藤惣理ハ家僕ノコレラ病ニ罹りしニヨリ遠慮引セラレシ由。久米ハ今日ヨリ出頭）。内務省社寺局へ出、八木・磯村ニ三谷ノ事談じ。岡松行〔過日返礼かつぶし二円切手持〕。昼食。西村局長行、面会。午後四時頃帰ル。兼て案内にて池辺義象、三生徒ヲ引ツレ入来。○伊能高老・小俣・梅村等点取詠草来。○古田島稠太郎来〔突然〕、稲荷神社幟ノ事談アリ。不逢。
十二日　晴、清涼。
朝佐々木来。大学ノ事なり。○三谷へ郵書出ス。○反古とも取調。○佐藤来ル。面会。修身女訓序稿持参。○夜吉川来ル。
十三日　晴。
長塩・林同道にて来。不逢。○鈴木弘恭来。文がたり稿本持参。不逢。○午後松浦行、此ほど頼の出雲大社印文ノ傍へ詠哥ヲ書、幷札幌神社宣命紙、伊能哥一行物等ヲ贈る。夫より薬研堀久子哥会行。本日ハ蜂谷光世追悼を兼たり。三田同道にて帰る。○木沢来〔くわし・かつぶし賜〕。○夜林来ル。面会。今日松野より書面之趣、示ス。○岡敬孝より郵書。〈十四日条〉○〔十三日ナリ〕山本邦彦来。
十四日　晴、又々暑気ニナル。八十六七度。
日本歴史一閲分、木沢へ送ル。○蔵書画ヲ曝ス。計らず昨夏失ひたる眼鏡ヲ得たり。○古田島来ル。飯田へ添書。○高崎正風添書にて荻野群児来。面会。○西村局長添書にて飯沼一雄来。面会。○夜林来ル。今日皇典講究所助教拝命風聴〔ハカマ地賜〕。○埴原より郵書。社談ノ事也。
十五日　晴。
朝片野邑平来。面会。○西村・松野へ返書、郵便出ス。○中沢より郵書。○三作、又々一週間引籠追届出ス。○岡敬孝頼けしからぬト云詞ノ考郵送。○夜横山来。不逢。〈十六日条〉〔十五日ナリ〕修身女訓序清書頼、小杉へ郵送。
十六日　晴。午後曇、五時頃より北風、雨、雷鳴。夕刻止ム。○後聞、処々落雷之由。
○今日より久々ニて哥舞音曲史訂正ニかゝる。先ヅ茅原氏ノ正楽譜・俗楽譜ヲミル。尺八考〔作者不詳〕も。○

両がけ反古点検、古日記をミて慰む。○足利源助より郵書。○山本邦彦より古典科生徒数之事問合、即日郵答。

十七日　曇。

午前七時より大学出頭、学芸志林借来。文部省へ廻り、十時過帰宅。○昨夜より謹吾又々遊蕩ニ付、諶五郎招キ談ズ。○向島永嶋来ル。○三谷来ル。点取哥詠草ヲ托ス。○中島来ル。奥田払本代価渡ス。○音曲史訂正ノ為、伴氏ノ神楽哥考をミる。

十八日　晴。

足利へ返書郵送。○学芸志林ノ俗楽沿革条より音楽史を校す。○宅間甲子次郎来る。飯田へ手紙付ケ遣ス〔依田より聞来候由〕。○水戸栗田より郵書。先達て久米ニ托候返書也。○松浦弘来る。哥認頼。

十九日　晴。午後驟雨、暫時止。

午後二時過より三作同道、向嶋遊行。花屋敷ハいまだ開花に至らず。魚十にて入浴、晩酌して帰る。○音曲史訂正。○文部省より小杉ノ修身女訓序、清書分回ル。

廿日　晴、冷気。

有賀来。不逢〔ブランデー賜〕。高林来。不逢。○音曲史訂正。○昨日郵書にて石井招キ音曲史清書托ス。○夕刻若松甘吉并兄後藤氏来〔さとう賜〕。小杉来。三谷ノ事也。本居入来。古典科ノ事也。○臼倉鼎之助来。○板ばし飯田より添書ニて下婢来ル。既ニ定リ有に付返ス。○御成道雇妾おなか来ル。

廿一日　晴。

暑中休暇済、今日より大学出頭。○野村より蔵書返ル。○大学帰路佐々木へ寄、学校ノ事談ジ。○木村へ郵書。○大学より古語拾遺試験ノ文、摺本ミせに来。○松平家扶より親貴君、昨日脚気にて歿ノ赴音アリ。依て夕刻より悔ニ行。福井丁入浴。○今日より車夫徳二郎頼。

廿二日　晴。

国文社より野史朝鮮伝成り配送。○文部省出頭。○木村より返書来。

廿三日　晴。

岡敬孝より郵書。○佐々木使ニて荻野外一名来ル。土佐俚言解序文板下持。○両がけ出し点検。○飯田・加部・片野等へ郵書。○きさ女来。

廿四日　晴、暑。

大学帰路久保へ寄。遠山より郵書来。○大権へ小川遣ス。○先達て進級祝ノ礼なり〔かつぶし切手遣〕。○岡へ郵書。

○廿一日已来暑気つよきにより帰宅後大方休息。○夜御成道雇妾お仲下ル。お高来。○片野より返書来。

廿五日　半晴、午後小雨。

○大学所労引、音楽史猿楽条再稿。○加部より返書来。○きさ女来ル。不逢。坐ぶとん賜。△今明日大学へ古典科志願人呼出し。

廿六日　晴、暑。

朝竹内張三郎来。面会〔昨日佐々木手紙持〕。△大学へ木村・飯田・大沢招キ試験且開業後ノ事談ジ。午後二時河田行、栄花物語初花巻会読。今日より宮内省佐藤誠氏も来ル。○永原清二・鈴木重尚来〔サヌキ人〕、不逢。○学士会院より料紙回ル。○書林擁書倉、群書類従摺立之事申来ル。○〈廿四日条〉〔廿六日也〕久保吉人へ郵書出ス。

廿七日　晴、暑。○日曜

朝本居行、古典科之事談ジ。宇都野へよる。○平岡来ル〔謝物くわし賜〕。午後一時より池のはた無極行。今日汁講亭番なり。久米はじめ十六名斗来会。例ノ源氏桐つぼ講尺する。夕刻了る。○学士会院森有礼書取、伊藤より回る〔廿八日鷲津へ回ス〕。○甚五郎来。雇女ツレ。

廿八日　晴。

△今日より大学ニて古典科志願人、体格試験始る〔卅日迄〕。岡松来、講尺日わり談ジ。惣理へも面会。○午後帰て音楽史再稿。○研文社会之処不出。

廿九日

文部省へ出。明日より試業一条ニ付、当分大学ノミへ出。

三十日

大学へ。松岡・小杉等、大学御用掛兼勤拝命。佐々木も新ニ拝命。

三十一日　淡曇、午後小雨。

古語拾遺弁書幷八大家白文点等ニ付、志願人百廿名ヲ一同講義室ニ集む。午前八時ニ始リ十二時ニ終るノ処、同四十分迄カヽル。

九月

一日　晴、暑。

土佐日記答弁試業。木村・飯田・大沢・佐々木・久米・小杉等立合。午後三時頃迄ニ了ル。予ハ残テ取調〔六時頃迄〕。○御成道雇女およし来。甚五郎セハなり。○有賀来。不逢。

二日　晴。

土佐日記答弁試業。昨日ノ人員ニ小杉ヲ除キ、本居・松岡ヲ加フ。正午迄に了ル。午後弁書取調、四時頃皆々退出。予ハ残取調。

三日　雨、午前晴、猶雲アリ。○日曜

午後二時頃より三作同道、向島愛花園行。暮て帰る。○午前佐々木来。不逢。拝命礼也。○夜林来ル。去卅一日皇典講究所へ生徒廿名入黌、十六名通学相定候由。志願人ハ惣て五十名程ノ由。○橘道守来。不逢。○御成道行。午前会計考取調持参。○有賀長雄来。面会。

四日　晴。

弁書取調ニ付、木村・飯田・大沢・佐々木・久米・小杉等集会。岡松も八家文点甲乙取調持参。正午相済。午後一時頃より長塩行。病見舞也。佐々木へよる〔切手賜ル〕。四時頃帰ル。

五日　晴、暑。

文部省へ出候処、大学より書状ニ付、十時頃回ル。富塚面会。及第人四十名取極。午後一時頃より南摩・磯村〔さとう持〕・佐伯・中村〔くわし持〕等へ行。晩景帰る。

六日　晴、暑。

大学へ出。及第之者明日参校致様、今日郵便ヲ以沙汰アリ。○正午〔佐々木へよる〕帰後休息。○長塩母来〔玉子持〕。○佐伯来。今日大学より嘱托書来。明日より出勤之由。○午後四時明神境内開花楼行。四大人祭之事ニ付集会ナリ。本居・平田・久保・井上・鈴木・川口・渡辺・大伴・伴《阪》・吉岡外一名等来会。暮て帰ル。○三作、又々一週間引籠届出ス。

七日　晴、暑。

文部省へ出。○田沢来。不逢。○大田堅・土岐政孝〔くわし賜〕同道にて来。不逢。△新聞云。朝鮮之事花房公使去月十六日入京、廿三日済物浦へ引揚、廿六日比叡艦へ乗込。廿八日全権大臣来ル。三十日ニ至、全ク談判整ひ、条約書調印済トナル。此方ヨリ談ズル六ケ条悉ク要求ノ如ク整へり。○朝鈴木弘恭来。○斯文学会、四ツ谷へ移転ニ付、来十日集会之事申来。

八日　晴、暑。

大学へ出。自費生之内資給ツヾカズ御免申出候者七八名有之、点順を以其代リ人へ沙汰アリ。今日より佐伯へ続紀校合ヲ托ス。生徒へ授ルモノ也。○大田堅へ郵書出ス。彼方よりも来ル。○栄花物語下見。○きさ子へ郵書出ス。哥添削贈る。○対州〔宮司〕横田実礎より郵書来。

九日　細雨又ハ曇。
文部省より退出後、川田行、栄花初花巻輪講。晩景帰る。
○前橋内藤より郵書来ル。○誠五郎へ謝物贈ル。○高崎正風より来十六日八田十年祭事申来。
十日　淡曇或ハ細雨。○日曜
土岐政孝来。一話一言印刷ニ付序文請求なり。○佐伯来〔くわし賜〕。拝命ノ謝ナリ。○中村来〔くわし賜〕。○誠五郎来。昨日礼なり。○佐々木妻来〔玉子賜〕。井上寄宿頼ノ事なり。○前橋内藤・対馬横田・高崎等へ郵書幷斯文学会へ明日集会断郵書出ス。○御成道雇女およし暇。おてつ来。
十一日　淡曇。
大学退出後、長酡亭洋々社会行。伊藤・黒川・井上・宮崎・埴原等出席。晩景帰ル。○板ばし飯田春教来。不逢。
十二日　淡曇。
江上栄三郎来。不逢。○前橋内藤より郵書。林氏帰県後ノ事也。依て直ニ松野方へ郵書出ス。
十三日　小雨。
大学退出後、演説案を草す。これ、来十八日古典講習科開業当日ニ用る為也。○松野より返書来に付、前橋内藤方へ郵書出ス。○三作、引籠追届出ス。〈十二日条〉○〔十三日ナリ〕誠五郎来。不逢。
十四日　曇。午前九時頃より風雨折々。
前橋林より郵書。皇典講究所へ辞表差出候旨なり。依て直ニ松野へ郵書出ス。○今日文部省病気引。演説案を草し成る。○夜信州氷ノ田村竹田重彦来。面会。△後ニ聞く。十三日午後以来今日ニ至り、中国・九州辺大風雨。川々満水之由。
十五日　半晴。
大学退出後、三時三十分斗学士会院行。今日定日也。西村・細川・鷲津欠席。其余ハ悉ク来会。来十八日演説を一演す。暮て帰る。○妻木より郵書。転居ノ事也。○斯文会講義当日之処断。○浜尾新添書にて高橋健三来。不逢〔専門学務局准奏御用掛〕。○朝本居行。当日出詠ノ事。
十六日　半晴。
文部退出後、永田丁公園地日吉社境内清風亭行〔茶店〕。八田翁十年祭哥会として、高崎清風《(正)》氏催也。よりて床に翁の写真を安置し、筆跡の一軸及び景樹翁の五位の袍を着したる影軸をも掲ぐ。近衛〔忠熙〕・久我〔建通〕・黒田〔清綱〕・本居・鈴木・三田・黒川・伊東〔祐命〕・佐藤〔誠〕・小出〔粲〕・久子・哥子、其他姓名を知らざる両三輩来会。探題の当坐を詠ズ。三田と同車、暮て帰る。○安井小太郎・江幡通理・里見義〔くわし賜〕入来。不逢。○甫喜山景雄・前橋内藤より郵書。林事当分免職相成兼候趣なり。○今日文部にて高橋健三面会。学習院学則ノ談也。○昨日高橋渡ヨリ郵書。大阪小笠原よりの書、寄送。○史料第一巻出来、送致。

十七日　曇或ハ細雨。○日曜

南摩・横井〔忠直〕〔酒券賜〕・奥並継来。何レも面会。○鈴木弘恭より使〔さとう賜〕。久米より使来ル。洦々(泊洎)文藻渡。本居より使。明日長哥稿東(ママ)幷源語借用之事也。○佐々木より添書にて井上可基来ル。今日より寄宿、大学へ通学なり。○木村より使来。明日事問合也。

十八日　雨。

古典講習科開業ニ付、教員一同午前八時揃。九時物理・幹事其他教場へ臨、先ヅ〔小生〕国学ノ沿革及ビ此科起立ノ所以を説キ、次ニ木村氏演説アリ。本居・飯田・大沢・久米・佐々木・小杉・松岡等交る〳〵祝詞また長哥を朗読す。正午前ニ了、退出す。佐々木行。一昨日転居後哥会也。午後四時頃帰る。雨盛に降ル。

十九日　曇。

今日ハ古典科教場休。生徒ニ書籍貸渡などあり。依て文部省へ出。○前ばし林より郵書来。○退出後、飯田丁皇典講究所行、松野面会、林ノ事談ジ。

廿日　半晴。

大学へ出、午前十一時より令義解開講、午後一時より飯田日本紀開題ヲ講ズルニ臨ム。保建大記書籍不揃ニヨリ質問ヲ止ム。○退出後福井丁行、入浴。○水道丁隠居入来〔手拭・ふろ敷賜〕。○三作、引籠追届出ス。

廿一日　半晴、暑気、七十六度ニ及。

文部省へ出。午後二時前大学へ廻ル。今日より岡松氏八大家講義通鑑緊要質問はじまる〔午前八時より〕。飯田ニ逢、専科ノ事談じ〔哥ノ題出ス〕。○飯倉徳川家より来廿四日南紀神社秋祭ノ御報アリ。〇木村へ来廿四日七名可集旨郵書出ス。○御成道雇女おてつ下ル。おさく来。○中村氏より馬琴羈旅漫録借用。

廿二日　半晴。

三作・おたつ同道にて、午前八時大学医院行。外国教師ノ診を受く。昨日大学書記生市川より手紙貰持参。○矢嶋玄四郎より郵書。老父観山翁昨日正午死去ノ赴音なり。○今日より大学にて此ほど演説案再訂清書。并ニ佐々木徒然草質問席へ臨ム。

廿三日　曇。

秋季皇霊祭ニ付休暇。○午後一時前より隅田村水神々主矢掛氏へ行。今日汁講なり。例ニヨリ源氏桐つぼを講ず。今日より河合きさ子も入会。夜月の出たるに乗じて帰る。△去廿一日、神宮以下官社神官等級并月給改正ノ布令アリ。

廿四日　雨。○日曜

午後萩野来。哥舞音楽史上ノ巻、重野へ送る。并吉田事申遣ス。○前ばし内藤及林へ郵書。○羈旅漫録をミる。○多田へ休業之事申遣。△今日木村にて招請有之候処、雨天にて不果。

廿五日　曇或ハ細雨。

大学へ出、演説案を草す。午後二時本居受持古史徴開題記質問へ臨ム。○山本邦彦より郵書。即日返書出ス。○中島春雄写本持参。○退出後、市ケ谷矢島行。観山翁悔なり。△今日五条天神祭。昨日より軒てうちん附く。

廿六日　淡曇。

前橋内藤より郵書。○文部退出後、中村同道にて中橋辺遊歩、霊岸嶋大黒亭にて対酌。晩景帰る。○新岡より郵書。天神丁売宅ノ事也。○夜吉田へ使遣ス。○琴通舎より評判記并雅学新志来。

廿七日　晴。

三作、追届出ス。○矢島より郵書来。観山翁初七日招なり。断遣ス。○夕刻サヌキ永原清二郎来。吉田賢輔来。今日重野へ同行之処、少恙ニ付、紹介ノ書ヲ附ス。

廿八日　晴、暑気。

文部退出後、日比谷神宮教会出張所行。研文社会なり。井上・飯田・大畑・加部・〔鈴木〕秋子・きさ子外一人来る。暮て帰る。今日兼題来。稿ニ付、旧稿今昔物語体ノ文持出し。○前橋林より郵書来。○新井政毅来。不逢。○山本邦彦より郵書。会員質問回ル。

廿九日　半晴、冷気。

過日内藤より郵書ニ付、松野へ郵書出ス。○大学退出後、四谷仲丁斯文学会行。今日講義当番之処、根本・三島ト操替ニ相成る。其侭帰る。滋賀県師範学校教員渡辺弘人ニ面会。

三十日　雨終日止まず。冷気、正午五十五度。

文部退出後、河田行、栄花初花巻輪講。雨中暮て帰る。

十月

一日　雨。西北風烈シ。終日やまず。冷気。五十六度。

○日曜

午前九時、渡辺弘人来ル。種々談話。○今日木村行之約之処、雨にて果さず。新聞等をミて日を終ふ。

二日　夜来風雨。午前十時頃より晴、午後尚少曇アリ。俄にして暑気八十度ニ至。

所労引、起臥終日。○井上可長〔可基親〕・飯田春教〔板橋〕より郵書。

三日　晴。西北風。

文部省出日ナレド大学へ出、演説案ヲ終ル。○退出後松岡来。過日大学拝命礼也〔反物賜〕。△大学にて木村字音講義傍聴。

四日　晴。

大学へ出。午後文部省へ廻ル。昨日内記課より書状ニ付、文部卿面談。独逸人建言示サル。△大学にて令講尺。○鈴木重尚来。△三作追届出ス。

五日　晴、夜ニ入雨。

文部へ出。退出後、飯田丁皇典所へ廻り、松野へ面会、林事談ズ。○早朝矢彦来ル。石碑文之事談ジ。両三日前郷里より帰候由〔干ピヤウ賜〕。○長崎へ郵書出ス。汁講延日之事也。

六日　小雨或ハ淡曇。

林へ郵書出ス。○大学退出後、栄花下見。○前ばし林よりわた届く。○今日より車引安来ル。△大学にて佐々木ノ活語指南傍聴。○鈴木弘恭より郵書。○〔二カイ〕畳表がへする。△演説案、今日総理迄出ス。

七日　曇。

文部退出後、川田行、栄花初花ノ巻輪講。暮て帰る。○鷲津精一郎より去五日父宣光死去ノ赴音アリ。○斯文会より花房公使祝宴之事、郵書来。△文部省へ〔シガ県〕渡辺弘人・土屋政朝来。製本所へ案内ス。

八日　晴。○日曜

○永嶋来。不逢。○若松甘吉来。不逢〔玉子賜〕。午前八時頃出宅、鷲津悔ニ行。夫より上野絵画共進会見物。金足筆と云風雷神対幅ヲミル。久米ニ逢、同道、十一時木村行。兼て招請ニヨリ岡松・伊藤〔圭翁〕・大沢・小杉・佐々木・松岡・佐伯等来。万葉集・論語・孝経など古板本・抄本をミる。午後五時頃帰る。○平岡来。好文同道。入門也。不逢〔一円くわし〕。○夜猿渡愛盛（盛愛）来〔玉子切手賜〕、社格談アリ。

九日　淡曇。

○謙五郎来る。過日釣堀開ニテ遺物礼也。大学退出後、久保吉人宅へ廻。学士会院中ヨリ鷲津へ五十円香典遣し、わり合弐円五十銭渡。○夕刻猿渡来。夜大須招キ酒ヲ与フ。○花房公使祝宴之件ニ付、地学協会事務所へ郵書。△大学ニテ本居開題キ質問傍聴。○久々にて官位考武家職員撰述カヽル。

十日　晴。

文部退出後、昌平館行。当月初、斯文会分局トナリテヨリ初て出席。戸令講尺了。△今日湯嶋天神祭当日。

十一日　北東烈風、雨終日。夜ニ入止ム。

大学にて職員令講義。○林より書状来。出京決心、辞職。来ル廿日頃迄ニハ着京由。○三作追届出ス。

十二日　淡曇。

△独逸人建言書熟覧〔文部〕。前橋林〔内藤ノ書在中〕へ書留郵便出ス。○鷲宮大木道雄来〔くわし持〕。不逢。依て旅宿西三筋丁へ郵書出ス。○石井小太郎来。哥舞音楽史下篇清書出来。○早朝桜井行。猿渡願ノ事談ジ。○鈴木弘恭より文法口授幷ニ書状及書翰箱、前田神璽考疑ヲ贈ラル。

十三日　雨、午後止。

大学退出後、平井正〔文部庶務〕来ル。面会。鈴木頼ノ文がたり序を草ス。○朝松野へ郵書出ス。林氏事なり。○夕刻平岡好文来ル。○地学協学（ママ）より郵書来。花房氏招請会、来十九日ト定候由。

十四日　晴。

正午退出後、三作同道万代軒行。○大木道雄来。面会。

十五日　晴、和。○日曜

昨今神田明神祭出シ（山車）廿七八番出、殊ノ外賑ふ。○平井来。面会。（空欄）稿本持参、評語頼なり。○午後四時頃、学士会院出席。西周・細川等演説。伊東（藤）書取持参。○中村入来。不逢。私刻女子書簡文梯二巻恵まる。○江幡通理来。不逢。○午前湯島切通坂丁売宅一覧ニ行。○横山智光来。不逢。

十六日　曇。

織田完之より郵書。△神田祭礼ニ付、本居大学不参断。○佐々木より栗原ノ令講義其他借受。

十七日　朝曇、午後より雨。

新嘗祭ニ付休暇。○午前堝父子入来。忠雄古典科へ入候事談也。中村君入来、共ニ伊予亭行、家事ヲ談ズ。同行、山内絵画共進会見物。晩景ニナリテ古画ハミエズ。○〔十八日歟〕群馬県内藤より郵書。林免職之事也。

十八日　夜来雨、後曇。

三作追届出ス。△大学にて職員令大（太）政官条講尺。○午後天神吉五郎宅行、談話。

十九日　半晴。

文部退出後、靖国神社境内遊就館へ行。今日地学協会・斯文学会・博愛社・東洋興亜会等之衆員、花房公使幷ニ高崎（嶋）陸軍少将・仁礼海軍少将等ヲ招、宴ニよりてなり。弐百名余来会。五時頃ニ至、先ヅ幹事佐野常民君祝辞を述べ、次ニ花房氏遭難の事情ヲ談話。了て秋月新太郎氏・高崎正風氏〔詠哥〕外一名立て演説アリ。六時頃帰ル。今日之幹事ハ佐野氏ノ外伊達宗城・中牟田倉之助・渡辺洪基・重野安繹・大鳥圭介等也。参着之始館内安置ノ古戎器ヲミル。斯文学会員ハ重野・藤野・萩原・広瀬〔祝辞を読ム〕・鴻・秋月〔胤永〕・横井などに過ず。

廿日　曇。

退出後、来廿二日好古会祝詞答弁ヲ草ス。○早朝林甕臣来。去十六日群馬県教員免職ニ付、昨日着京之由〔反物わた賜〕。○夕刻山崎や行。地図ミセ談アリ。○おたつ水道丁行。

廿一日　半晴。

文部退出後、川田行。栄花輪講初花ノ巻終る。○猿渡来。不逢。鮎・鶏卵を賜ふ。○三谷より郵書。

廿二日　晴、和、暖。正午寒暖計七十一度九。○日曜

午後一時より日比谷神宮教院行。好古秋季会なり。社長福羽君祝詞アリ。予、衆員ニ代て答辞ス。諸君出品ノ古器・古書軸数品アリ。会人五十ニ近し。

廿三日　晴、暖。正午七十二度余に及ブ。

大学引、中島坐見物。小笠原騒動なり。暮て帰る。

廿四日　晴、暖。正午七十二度余、夜小雨。

文部引、田令下見及疏証旧稿取調。午後三時過より昌平館斯文会へ出。田令講尺〔岡松不参〕。○午後新右衛門丁よりお栄来ル。逗留なり。○雇女お久下ル。○夜お栄同道。神田川より日本亭行。○夜林来。不逢。

廿五日　曇、夕刻小雨。正午五十八度六ノ冷気トナル。

三作追届出ス。○夕刻江幡通理来。面会。詠史哥ノ事談アリ。○早朝林来ル。昨日皇典講究所助教拝命風聴。△

大学ニテ職員令中務省ノ条講ズ。○退出後塙行。哥会なり。酒を賜ふ。暮て帰る。○江沢より郵書。昨日呉服丁へ移転之由。

廿六日　晴。

文部退出後、中橋京橋辺勧工場遊歩、シヤツポ求、晩景帰る。○夜山崎や国兵衛殿入来。地図御持参、売価大抵御談アリ。○水道丁隠居御入来〔仕立物持〕。○お栄、山勘隠居と共に、浅草より向島大田別業ニ至ル。△文部にて外国人建言書ヲ通行和文に訳シ、佐藤ニ示ス。○朝大田喜春成来。皇典所之事也。

廿七日　晴、和。

群馬県内藤・河合・斯文学会〔投票〕等へ郵書出ス。○お塩来。○本居入来。○午後徳二郎同道、三組丁槻本行。宅一覧ノ為也。此方ノ絵図も渡ス。△明日大学ニて式有之ニ付休。○中村より郵書。喜楽会回章来。

廿八日　淡曇。

午後五時より大学行。卒業証書授与式なり。八時三十分頃退出。今夜講義室中瓦斯を設く。○織田完之・岡野伊平来る。○お栄・三作市村坐見物。山崎街導（ママ）なり。○朝大田喜春成来ル。

廿九日　小雨。晩六時頃より大雨、雷鳴八時頃止ム。十時頃月をミる。○日曜

長塩来ル。不逢。○正午過より浅草行、朝くらやにて深川佐藤払本松屋与清草稿類ヲミる。二時過三回（ママ）神社祠掌永崎宅行。汁講也。源氏桐壺講尺。晩景雷。後ニ聞。南葛飾郡へ落ヌト。強雨ニ付暫見合せ、八時頃各退去。九時過帰る。○板ばし飯田より郵書。○芸州村田良穂来。不逢〔器物賜〕。○神保丁幸吉来。長井養子ノ談アリ。

三十日　快晴。○暖気正午七十一度。

今日品川東海寺中妙解院にて県居祭アリ〔兼題夕紅葉〕。本居・予共に大学出勤日ニ付、本居ハ午前而已にて品川行。午後一時より予文章論演説。○退出後谷中菊見ニ行。三作・お栄及ビお晉来合せたれば同行ス。

三十一日　淡曇。

お栄帰る〔午前なり〕。△本日午後三時文部省より大学へ廻ル。木村はじめ教員集会ニて、来月小試験之事を議ス。五時各退去。○江幡より郵書来ル。○学士会院より書状来。○退出がけ長塩へよる。松柏子ノ事談ジ。○岡野より郵書。前橋行之事也。○昨日来謹吾遊蕩。〈十一月一日条〉○〔卅一日ナリ〕古（皇）典講究所より教授頼ノ旨

副惣裁よりの書状来。

十一月

一日　曇。夕刻より風、冷気、小雨。

△本日より大学授業九時半よりとなる。○林甕臣来ル。

○雇女おりせ来ル。人力小川せわなり。

二日　夜来雨、暁止。淡曇、冷気。

早朝皇典講究所行、松野面会。○文部退出後、不忍長酡亭行。編集局親睦会幷に榊原芳野一周年祭を兼たり。祭事ハ大槻修二看督ス。編集局一同ノ外、伊東（藤）〔圭翁〕・稲垣・甫喜山・岡其他の人々来。夜九時頃帰る。○今日古典講習科演説案ヲ成嶋・甫喜山等へ贈る。新聞へ登録頼ノ為なり。○宮崎蘇庵来〔玉子賜〕。〈十一月一日条〉

○三作追届出ス〔二日なり〕。

三日　淡曇。○天長節休

明日開業式演説案ヲ草ス。○朝御成道行、謹吾面会。新岡より談ニ付、昨日来禁盃之由。三田行、花朝老面会。○おたつ・大田行。向嶋別荘借受。三作保養ノ談也。熱海行ノ事談有。○三作追届出ス。

四日　雨、冷気。

正午文部退出後、一時頃〔通常礼服着用〕皇典講究所行。本日開業式なり。神座を設ケ神降〔山田氏〕アリ。伶人東遊ノ舞ヲ奏ス。惣裁宮〔有栖川〕告諭有。幹事長〔桜井〕・校長〔秋月〕・舎長〔某〕等答辞ヲ申ス。了て神上アリ。式済テ饗宴アリ。大（太）政大臣〔三条〕・右大臣〔岩倉〕・宮内卿〔徳大寺〕其他貴顕多ク臨席アリ。夕五時頃帰宅。○河田会読之処、右ニて不行。○三谷より郵書。

五日　晴。○日曜

三大人例祭ニ付、午前十一時より開花楼行。午前祭典了ル。今日来集九十名程、兼題山家秋なり〔福羽・丸岡・藤波など貴顕なり〕。夜九時前帰る。○内藤耻叟より郵書。本月中旬出府之由。○平松来る。不逢〔くわし持〕。

○板ばし飯田来〔くわし賜〕。○お道来ル。

六日　半晴。酉ノ丁

夜平松来。面会。著述ノ談アリ。○江沢来。不逢。来ル八日頃三作熱海行、従行頼。○退出後銀坐辺遊行、襟巻求。北槙丁海水浴にてあたゝまる。過日梅村の談によりて也。○朝林来る。岡野ヲ尋候由談アリ。

七日　晴。

文部退出後、昌平館斯文学会にて田令講義。○松岡来。不逢〔くわし賜〕。○昌平館より再ビ中橋行。湯アミ。

夜八時頃帰る。○文部ニて中村面会。新岡ノ事談アリ。
小杉ニ平松著述ノ事談。

八日　曇。
大学にて職員令陰陽祭条以下講尺。○平井正来ル。○成嶋・岡へ郵書。○村田良穂へ郵書、演説案ヲ贈ル。〈七日条〉〔八日也〕○鈴木弘恭より郵書。

九日　晴。
文部退出後、常盤橋外にて鬚剃。○長井おらく殿来。去六日養子印遣し、来十九日引取之由。○おたつ呉服丁行。○夜江幡来。明後日頃秋田県へ帰る由。○夜林来。三作発足。餞別として味付のり賜。○三作追届出ス。△今日大学にて大沢神皇正統紀試験。

十日　晴。
大学退出後、根岸新岡行。不逢。○平松へ郵書。△大学生徒ニ大内裡図示ス。

十一日　半晴。
△大学にて小杉読史余論試験。○所労引。○去九日夜已来謹吾遊蕩。諆五郎招ク。○下総清宮利右衛門・越後吉沢小出淳太来る。面会。○おたつ東京府へ公債利子請取行。○午後再ビ新岡行、面会。○佐々木来ル。不逢。○おミち・おちか来ル。

十二日　雨。○日曜
渡辺玄包来。面会。○江沢来。昨夜足利より帰候由。○本居より書簡来。○諸方より頼まれ短ざく認。

十三日　淡曇。
所労引。○午前十時頃江沢来ル。荷づくろひして午後一時過三作同伴熱海啓行。人力車帰、報言。二時三十分ノ気車（汽　以下同）ニ乗たりと。病者居、道ヲ急ガズ。戸塚歟藤沢へ泊、三日路にて熱海行之積り也。○午前十一時前宮川来。謹吾遊蕩料九円渡。今日妓楼より引取候積り〔十一日より今日昼前迄亀やへ留也〕。○午後二時過より出宅、常盤橋にて鬚剃、呉服丁江沢へ寄、槙丁海水浴へ入、暮て帰る。○琴通舎来。雅学新志恵まる。△伝聞。大学にて今日岡松・本居ノ小試験アリト。○加藤弘之君より使にて人権新説ヲ恵マル。

十四日　曇、午後より小雨。
文部所労引。○過日学士会院ヨリ謄本相回候西周氏建議熟覧、拙議ヲ草ス。○大須来。長家へ家屋税割増書付持参。○過日林遺失ノシヤッポ、井上ニもたせ遣候処、大学詰所にて紛失。

十五日　夜来雨、午後半晴。

大学へ出、職員令式部・治部条講義。今日飯田氏試験アリ〔大日本史〕。○岡野来、女子用文を恵まる。○謹吾来。昨日中橋行、今日ハ新岡・若林〔製本師〕等へ行之由。△大学にて嶋田ニ逢。漢籍講習科之談アリ。○平松来。不逢。小杉承諾之由。◎江沢より昨日小田原発ノはがき来。○本居より使来。十七日ノ事也。◎午後四時前学士会院へ出。神田・中村・市川・西村・重野等論説アリ。

十六日
本居より使来、谷・川田へ染筆頼、料紙来。○朝村田良穂来。面会。○退出がけ佐々木へよる。

十七日　晴。

おたつ、本居誘引ニ付菊岡行。○鷲津精一郎より五十日祭餅賜。○晩景謹吾・若林同道にて来ル〔くわし賜〕。○村松平五郎来。○熱海ヨリ十五日出之状来。同所鈴木へ着ノシラセナリ。幷服薬ノ事。○宮川大三来。過日根岸へ転居之由。

十八日　晴、暖。

退出後、江沢・村松行。槙丁塩湯入浴。○午後大学へ廻、惣理ニ逢。明後日熱海立之由。○大学へ持参居台出来。○高林来ル〔佃煮賜〕。△両皇后宮午前九時三十分上野絵画共進会へ行啓。○おたつ医院行。服薬其他ノ事聞合せ、夕刻本郷より熱海へ電信送。○臼倉鼎之助来ル。○東来ル。短ざく頼。〈十九日条〉◎〔十八日ナリ〕夜謹吾・若林来ル。製本器械料十円渡。

十九日　半晴。○日曜
河合・塙へ汁講之事ニ付、郵書出ス。○筋違外イスヤ行。○斯文会三年会ニ付、十二時過出席。谷干城開口アリ。広瀬、庶務ヲ述、了テ川田・中村・重野・萩原・長等演説アリ。晩景帰る。△本日上野共進会閉場。○岡野より郵書懸違ひ、此方よりも出ス。○夜熱海へ書状出ス。○本居より霊祭事申参。

廿日　曇、風西北。

塙より郵書。斯文会よりも。○早朝林来ル。岡野ノ事也。○大学へ台持込。○電信局長へ三作転地療養願出ス〔廿二日指令済〕。

廿一日
長井婚礼ニ付、午後四時よりおたつ行。○井上頼国より猿渡ノ書郵送。○夜平松来ル。中村へ紹介状渡。○夕江

幡来。頼ノ色紙渡。両三日中帰県由。○早朝林来ル。松野より照会案文持参。△向嶋元水戸邸へ行幸、競遭会御覧。○新刊水滸後伝求、一覧。

廿二日

鈴木より郵書。草稿催促也。○大学にて職員令諸陵司より主税寮迄講ジ。村田良穂傍聴ニ出席。○退出後、根岸長井へ祝ニ行。金杉村四十九番売家一覧。○林へ郵書出ス。○熱海より廿日出ノ書状来ル。電信ノ事ナリ。

廿三日　晴、和。

新嘗祭ニ付休。○午後二時前より本居・山崎や及ビ天神下売家ミに行。○お晉、子供ツレ来ル。○岡野来。不逢。○高崎へ使遣し染筆短ざく取寄せ。○板ばし飯田・鈴木弘恭等へ郵書出ス。○鈴木文がたり稿本閲了。○斯文学会へ文学会幹投票郵送。○林・妻木より郵書。○夜謹吾来。明日新岡へ参候筈。

廿四日

○退出後、根岸新岡行。謹吾之事談ジ、夜ニ入帰る。

廿五日　冷気。

三作発足届出ス。○退出後、川田行。栄花輪講ナリ。暮て帰る。

廿六日　○日曜

午前八時新富丁魚嶋行。喜楽会合也。則猿若伎坐見物。一番目黒田騒、中まく芝翫三段所作、二番目朝鮮マガヒ世話物、大切団十郎矢ノ根五郎ニて夜十時過帰る。○御成道飯焚雇女きよ来ル。○長井後家、養子御ツレ入来。

廿七日

あたミより廿五日出ノ状届。○謹吾、品川へ二人引にて行。千体荒神参詣也。○大国魂神社之義ニ付、社寺局へ建言草案。○岡野より郵書。用文ノ事。○田沢へ書状出ス。

廿八日　晴。

あたミへ書状出ス。○板橋飯田来。短ざく渡。○小杉来。○林来ル。○猿渡外一人同道にて来〔くわし持〕。○今朝内務省社寺局へ出、桜井面会、建言書渡。八木其外にも逢。

廿九日

退出後、田沢耕来。面会。直ニ御成道行。面会。○大学にて職員令兵部条講尺。○〔卅日歟〕あたミへ鉄飴煮ソツプ贈ル。○早朝林来ル。頼ノ短ざく持。

卅日

謹吾新富丁行。○村田良穂来〔玉子持〕、不逢。○退出後一話一言序ヲ草ス。○退出がけ中村行、先月中小児出生ニ付、表指祝。○早朝妻木来ル。過日参事院へ転ジ也。

十二月

一日

参事院調有之ニ付、大学より文部省へ廻る。調書廻し〔女名ノ事〕。○岡野より用文ヲ贈ラル。

二日　曇。

退出後、集成館土岐へ序文贈ル。○中村へ女生ノ事申遣ス。○斯文学会山本へ来四日集会断、并渡辺へ演説案遣ス。○お晉より手紙来る。直ニあたミへ出ス。○若林来。器械皆出来持参。○おきせ呉服丁へ貸ス。近日女中出候による。

三日　晴、和、暖。○日曜

土蔵内書籍整頓。○長井後家、嫁〔お虎〕同道にて来ル。○晩景府や嘉平・相州大沢彦一同道にて来ル。○内藤ます女〔山梨県書林〕入来。日本歴史閲ノ事頼。○朝大学生徒小串来。○夜若林・謹吾来ル。玄声麁言を吐ク。

四日　晴、和。

○退出後、京橋興農書院行〔田沢不逢〕。岡野来。不逢。諶五郎来。同。○夕刻大森親族森川菊女来ル。井上同道佐々木行。○琴通舎・山本〔邦彦〕・鈴木〔弘恭〕等より郵書。○夕刻若林来〔器械代渡〕、続て田沢来、同道にて御成道行、談話。貸家見付次第京橋辺へ転候大略。○久米より郵書。間宮事なり。

五日　晴。

退出がけ斎藤寄候処に佐々木、菊女同行ニて逢ニ付、一旦菊女宅へ廻し間宮手紙付け遣し。○今日より謹吾京橋辺宅さがしニ出シ。○岡野より更ニ用文一部出来。○夕刻御成道雇女来ル。○甚五郎へわた子遣ス〔六十銭〕。

六日　曇。

大学にて職員令刑部条講尺。○おたつ霊巌嶋・茅場丁・呉服丁等へ行。○岡野へ郵書出ス。用文之事なり。○甚五郎来。山本へ懸合頼遣ス。○琴通舎へ郵書出。四海清ノ事并哥添削。○斯文学会より来十一日集会〔文学ニ当選之事申来〕之事延し来。○小杉より手紙来る。午後二時過より文部省廻。

七日　晴。

先ヅ内務省へ出、桜井・川鰭(河)面会。史学協会之事談ジ、夫より文部省へ出。○大森親父入来〔わた賜〕。過日談なり。○夕四時過藤右衛門帰ル。次ニ三作帰ル。去ル五日九時半熱海出立、小田原泊。昨六日藤沢泊ニて帰路之由。○宮川へ手紙遣ス。昨日呉服丁方へ山本帰□之旨返シ。○松浦弘へ頼ノ葵哥認メ遣ス。○師岡より来十日汁講之事通じ来ル。

八日　晴、暖。

退出後、根岸新坂杉山令行。売家之事也。川田甕谷（ママ）翁も入来。暮て帰ル。○夜田沢来。元数寄や丁煉瓦借屋取極之旨談ジ。依て敷金十五円、造作代之内十円〔十四円中〕送ル。

九日　晴。

正午退出後、中村同道にて神田開花楼行。過日小児出産祝ノ謝宴也。午後三時頃、小川丁恰集館同道、見物シテ帰ル。○尾越より活語指南友鏡ヲ送来。○藤右衛門来ル。あたミ勘定帳持参。○夜甚五郎礼ニ来〔廿銭遣〕。

十日　晴。○日曜

朝根岸永井行、同行にて売家をミる。正午帰ル。正午より日比谷神宮司庁行。今日汁講にて亭番師岡なり。早々当坐ノ哥ヲ詠ジ、三時前築地スミヤ行。今日史学協会集会也。谷干城・木村・田中〔頼庸〕・大沢・小杉・久米・鈴木〔弘恭〕・丸山〔作楽〕をはじめ六十名斗来会。暮て帰る。○板ばし飯田来。不逢。

十一日　曇。寒暖計正午三十八度ノ冷ニ至。

中村より郵書。今日穂積権少記（書脱カ）官ニ頼置候軍医監高木へノ添書届ク。○退出後、四谷斯文会本局へ行。今日文学会幹分課調也。重野・長・岩屋・西尾・野口・中村・岡本・萩原・南摩等来会。晩景帰ル。○洋々社会之処断。

十二日　淡曇、冷。

退省より直ニ根岸新岡行。有功華族へ山林払下ゲ之義ニ付談アリ。晩景帰る。

十三日　朝曇。午前より北風、午後漸晴。

午後二時過大学退出、四時頃岩渕ニ至ル。鼎之助殿婚議なり。夜九時過縁女来ル。礼式酒宴相済十二時過客開ク。今夜泊。○林へあたミ土産贈ル。○尾越へ友鏡返シ、和語説略図之事申遣ス。○鈴木弘恭より手紙来。題字ノ事也。

十四日　晴。

午前十時頃岩渕ヲ立、十一時過帰宅。○田中房種・新井政毅・林甕臣・岡野伊平等来ル。○内務省社寺局より湯川手紙来ル。○千葉県秋葉美雄より郵書。好古社員なり。

○大沢より使来ル。大根賜。○謹吾元数寄屋丁へ転居。御成道宅ハ松浦充実に貸ス〔敷金十円取〕。○杉山千知《和》より郵書。○昨朝霊岸嶋長崎丁ニ火有。笹又へ見舞遣ス。

十五日　晴。

退出後、学士会院へ出、暮て帰る。○午前十時頃三作呉服丁行、藤右衛門同道、西紺屋丁高木行。出省中ニ付、午後三時頃又々行、診察ヲ受。夜ニ入帰る。○皇典講究所副長より教授嘱托之状来る。○琴通舎より郵書。○湯川潔より使来ル。正卜考貸ス。○杉山へ郵書送。

十六日　曇。

退出後、川田へ行。輪講。行ガケニ皇典講究所へ廻り松野面会。夕刻帰る。○保勝会入会金五円、使へ渡。

十七日　曇、寒。○日曜

午後元スキヤ丁行。田沢へも面会、暮て帰る。○平岡父子来ル。不逢。歳末礼也。○松村より来一月廿一日大田喜汁講兼題・点取題等郵便。○今日元スキヤ丁より日比谷研文社へ廻る。今日納会。田中・井上・鈴木・加部・久保などにて来年ノ題取極メ。

十八日　曇。

退出後、佐々木納会へ寄、暮て帰る。○夕刻田沢来ル。伊せ吉行、質受〔金渡〕。

十九日　晴。

琴通舎へ日就社初配哥六首取集遣。○夕刻神田川行。○田沢来〔金五円外一円〕渡。○サヌキ松岡より郵書。

廿日　晴。

○お定来ル。三作見舞なり。○水道丁隠居来。福羽へ贈哥詠草御持参。○斯文会より車代一円半ヲ送ル。

廿一日　晴。

重野へ哥舞音曲略史下巻稿本回ス。○おミち来。過日礼也〔玉子持〕。○板ばし飯田より雇女来。おミち同道。呉ふく丁遣ス。

廿二日　晴、風。

大学出勤中、午前十一時過、神田師範学校より出火。依て佐々木ヲ見舞。無程鎮火ニ付、大学へ帰ル。後ニ聞。昌平館迄焼。○午後より三作、高木行。○水道丁詠草郵送。○横山より西京蕪積《ママ》賜る。

廿三日　晴、寒。

昨日召状ニ付、午前十時過参事院へ出、内局ニて慰労金七十円ヲ賜ふ。正午退出、弥左衛門丁三十軒堀等ノ本屋へ廻り、永代日本銀行々候処、最早引ケニ付、二時過帰る。夫より浅草浅くらや行、本代払。万梅行、暮て帰る。△大学教授明日迄之処、日曜ニ付今日ニ訖る。○おさだ来ル。○岡野来。

廿四日　曇。○日曜
午後掘江丁辺迄行。滋養亭より暮て文行堂寄、本代払、帰る。夜中より口歯痛む。○午前林来る。今日上州へ帰省之由。依て使ヲ以鰹節送ル。○東京府学務課伊藤徹へ郵書。岡野頼ミノ用文之事也。○平岡へ使遣ス。祈念礼也〔玉子遣〕。○朝大学生徒関根・臼倉鼎之助〔赤飯持〕・野瀬〔玉子賜〕入来。面会。

廿五日　曇、夜雨、雪ヲ交ゆ。

大学出勤之処、口痛ニ付引。同処及文部へ参事院賜金之事届。○学士会院罹災ニ付、当分文部省修文館ニ事務所仮設之旨、郵書。○伊藤徹より公使を以テ返書。

廿六日　晴、和。

文部省へ出。○岡野へ伊藤之事郵便。○久々ニて哥文新志配達来。○す丶払する。○夜河合きさ女入来、わた賜。

廿七日　晴、夜風。

大学へ出。○後ニ聞。今日文部省編輯局之内佐藤一等属〔下等給〕、松岡ハ御用掛〔三十五円給〕、野瀬ハ九等属、筧ハ十五円給ニ昇級之由。○鈴木弘恭へ南摩調呉候文話題字撰分贈ル。○退出がけ内務省へ回、八木へ面会。護王位階ノ事談じ。薬剤学遣し。○鷲宮大木より郵書。〈二十八日条〉○〔廿七日也〕野瀬拝命。松本・筧も。

廿八日　晴、風寒。○寒暖計三十六度ニ至。

御用納。文部省へ出。○早朝田沢来〔金之事〕。○岡松来〔するめ賜〕。不逢。○薩埵より使来〔さとう賜〕。○江沢来。○土岐政孝より一話一言印刷賛成人名冊来。○弓丁著作館より使来る。賛成金一円渡。相州大沢彦一より郵送。

廿九日　晴。夜来寒気。

佐藤〔わた持〕・佐伯〔玉子持〕・佐々木〔さとう持〕等入来。面会。○田沢より使来ル〔金三十円貸〕。○本居・須原や・左官等より歳末進物来。鈴木よりも。○大阪小笠原・神戸大須・上総秋葉・板ばし飯田等へ郵便出ス。○宅間遠来。大学撰科甲子三郎親也。不逢〔紙持〕。○著作館より八犬伝一二輯来る。○松岡入来。不逢〔反物賜〕。○河合来。仕事代・歳暮遣し。

三十日　晴。

神取〔玉子賜〕・佐野〔玉子賜〕入来。○本居へ〔玉子・

のり遣〕歳暮使出ス。○田中より来年文題来る。○市川寛繁へ使遣ス。朝拝不参之事也。○近藤瓶城へ郵書出ス。○午後二時頃より浅草墓参。

三十一日　晴。午後より南風。

三谷入来。ビール賜。平松来。不逢〔のり賜〕。○午後三時頃、宮内省式部寮へ郵書出ス。明日朝拝不参届也。○四時頃より元すきや丁行、田沢面会。同道、中秀にて一酌、十時頃帰ル。○平山より本返ル。○筧へ郵書出ス。○明暁二字迄年ヲ守ル。目出度今歳ヲ終フ。

註

（1）「大学」を「コレハ六日也」と訂正。

（2）「文部」を「コレハ五日也」と訂正。

〈付　歳末御礼控〉

〈「壬午日常」丙収載〉「歳末御礼控」

鶏卵	野瀬　胤正
同	須原　鉄二
さとう	左官　弥兵
同	浅くらや久兵
同	佐々木弘綱
鮭 みかん	本居
鮭	大須　玄作
同	広　文　堂
鶏の子	佐伯利麻呂
かづの子	車　　甕
鶏の子	鈴木　弘恭
さとう	薩埵　正邦
するめ	岡松　甕谷
ラツキヤウ積一瓶	林　　甕臣
金　一円	平岡　好国
酒一升	鈴木　重尚
打わた一筒 膝かけ	河合きさ子

（表紙）

癸未日乗

甲

明治十六年〔甲〕

一月　　六十一年二ケ月

一日　朝曇。午前十時頃より陰晴不定。

朝拝ニ不出。

かさねてもかさねても又あかぬかな
をしミをしミし年とおもへば

御会始御題四海清

むつびこんこと国母もよもの海の
すめらを御代のしるしにやよる

午前より賀客致輩ニ対ス。夕刻飯田卜少酌。田沢及謹吾・清道来る。面会。

二日　暁寒雨、後曇。午前より晴。

八時皇典講究所へ出。旧年沙汰ニ依て也。久我副総裁年賀ヲ受ラル。桜井幹事・井上・久保・古川其他出席アリ。終て南摩・加藤・足立・渡辺・久米・中村・佐伯・福羽・八木・筧〔くわし持〕ニて昼食。高崎・尾越・福岡〔文部卿〕・飯くら邸へ出。当番家扶中村ニ面会。長井・高橋・鵜沢へ寄、松岡〔鰹ぶし切手・玉子・煙草持〕・清水へ廻、暮て帰る。◯杉浦・江木〔千之〕へ年賀郵書出ス。

三日　晴。〔朝剃鬚〕

午前十一時前出宅、直江・白井・三田〔弥吉〕・古嶋〔金平持〕・吉川・岡田〔ミかん持〕・熊沢・那珂・横山・伊藤〔圭介〕・田村・九鬼・野村・田中〔参事副長〕・うつの・堀等へ廻り午粲（餐以下同）。了て山勘・本居・佐乃〔のり持〕・杉山〔玉子持〕・水嶋・宮川・水の〔羊かん持〕・新岡・狩の・長井〔さとう持〕・木村〔巻紙持〕・佐藤〔鰹ぶし一円松蕈鑵詰〕・黒川・横すか・吉田〔賢輔〕等へ廻る。大学漢学科之事ニ付、心事談アリ。○久保田・伊沢・菱田・三浦〔安〕・服部・穂積・広瀬等へ年賀郵書出ス。

四日　晴。

御用始ニ付、先大学へ出、服部面会。文部省へ出、十二時前退出。江沢〔ラツキヤウ持〕・大田〔シソ賜〕・村松〔羊カン〕・興農社・矢彦・師岡・河ばた・岡松・元すきや丁〔さとう持〕・里見・西村・笹又・薩埵・堀田等へ廻る。晩景帰る。

五日　晴。

新年宴会ニ付休暇。新聞・雑志等弄読。大田・丸山等年賀ニ応接して日を終ふ。○猿渡へ年賀郵書出ス。

六日　晴、和。○小寒ニ入。

文部省へ出、十時過より参事院へ回ル。福羽議長はじめニ面会。十二時退出。三輪〔のり持〕・三河や〔のり持〕・飯田〔武郷〕〔さとう持〕・磯村・井上〔頼国〕〔のり持〕・水野〔忠雄〕・新井〔政はた〕・平山・間宮・桜井・長塩〔詩箋持〕・佐々木・宮崎〔蘇庵〕・田中〔稲城〕・重野・細川〔潤二〕・神田等へ廻り、午後三時前帰る。夫より三田〔葆光〕・吉田〔彦鉄〕・鷲津・大須〔玄三〕〔のり持〕等へ年賀。福井丁沃鎮入浴。第六天うらニて晩粲暮て帰る。尤三作同道。○栃木県原・横井・斉藤〔友介〕・岡〔敬孝〕等へ郵書出ス。

七日　曇、午後半晴。○日曜

諸方より被頼染筆種々認メ。午後一時頃より箕輪・妻木・大田・蒲・川田・大沢〔のり持〕・小杉・大森・有賀・井上〔哲二郎〕・伊藤へ年賀。最末ニ三谷行〔玉子遣〕。今日祭礼始なり。暮て帰る。○皇典講究所にて十時惣裁宮拝賀有之、出席可致処、断届出ス。

八日　晴、和。

始業ニ付、大学へ出。本日本居授業日ノ処、差支に付欠席。依て小演説する。午後二時前退出。野瀬〔くわし持〕・織田〔開業演舌案持〕・横井〔くわし持〕より水道丁丸山両家行〔くわし。藤助方ミかん其外持〕。晩景帰ル。○臼倉後家入来。初て嫁同道也〔玉子廿・かつぶし〕。○長井後家入来〔手拭・くわし賜〕。○謹吾来。田沢興農社引払、同居之由。○お塩来、売家ノ談アリ。○大須来。家賃持。

九日　晴。

先ヅ大学へ出、十時過中村・島田・三嶋・信夫等の漢学先生ニ会す。漢籍講習所設置の談なり。十二時文部省へ出、例刻帰家、報知新聞をミる。○横井・江沢へ郵便出ス。○横井よりはがき来。○夕刻平岡来ル。白魚ノ事也。

十日　曇。

退出後、池のはた長酡亭行。洋々社会なり。伊藤・南部・青山・埴原等来。暮て帰る。○田沢来。不逢。○江沢来ル。○学士会院より来十五日臨時休会之旨、郵書来ル。○斯文学会より文学会幹改撰後懇談ニ付、来十二日集会之旨、郵書来ル。○大学にて職員令典薬寮以下講尺。小杉願にて同氏同人（ママ）〔徳島人〕両三輩大学へ来。

十一日　晴。

風邪ニ付、文部省引。八犬伝・新聞などミて日を終ふ。○埼玉県大木・岩手県秋田・広嶋県村田等へ歳始答書出ス。○永坂より郵便切手廿葉ヲ贈ラル。○湯川より護王社議案写回ル。

十二日　晴。

大学引。清人黄遵（憲脱カ）日本雑事詩・白石年譜などをミる。○神奈川県木原へ新禧答書出ス。永坂へも。○斯文学会集会断ノ手紙、万丁柏木迄出ス。

十三日　半晴、夜雨。雪を交ゆ。

来ル十六日集会之旨、岡松・木村・久米・小杉・松岡・大沢等へ之文通、佐伯へ托シ。○文部省引。○雀久子発会之処、短冊判物のミもたせ遣ス。

十四日　半晴、風寒。○日曜　地震今日歟。

鈴木重嶺発会之処、短冊判物のミもたせ遣ス。○去十一日電信局より達有之。依て今日三作より答書出ス。昨年六月中ノ事也。○中村より来十六日両忘会ノ事郵書来。直ニ所労由申遣。○滋賀県渡辺弘人へノ返哥、山本まで郵送。□外邪咳気や丶薄ラグ。今日より多田ニ診ヲ乞。○お塩来。

十五日　曇、寒。

大学へ廿日迄引届書出ス。○夜謹吾来。家婢事也。依て伝吉頼同道帰ル。○上総秋葉美雄より短ざく返送にて頼来。○今日より皇典講究所講義之処、所労断。

十六日　晴。夜雨。雪を交ゆ。

文部省へ廿日迄引届出ス。○夕刻小杉来、今日集会決議ノ談アリ。岡松・松岡ハ不参由。○三谷来。○長沢より妻不幸之由申来ル。依て金一円使ニ渡。谷中ニ住居。○有賀より郵書。来会ノ事。○華族宗氏入来之処、所労不逢。○辻鎌之介来。里見ノ稿渡。

十七日　晴、風。
田沢より書状来。家婢事也。○永阪より書状来る。○平岡より白魚調書案来ル。○八戸江刺より本月七日出ノ郵書来。○わしの宮大木より十五日出ノ郵書来。○杉山千知（和）へ郵書来。○おたつ・稲垣・石井等行。
十八日　晴、風、寒。
佐々木・有賀発会之処、共ニ短ざく判物のミもたせ遣ス。○府知事芳川顕正氏より来廿三日延遼館にて夜会招状ヲ賜。○佐藤君入来。見舞也。○田沢・田上・大矢田へ郵書出ス。□外邪十四日頃より発熱いまださめず。頭痛あり。
十九日　晴、風西北、寒。
江沢より手紙来。昨夜十一時頃女子出生ノ旨なり。□十四日已来、小説雑志などをミるのミ。昼ハ或ハ起或ハ臥、床中ニアリ。○〔十八日歟〕朝三谷来ル。依て八木・大谷へ郵書出ス。○林入来。面会。
廿日　晴、西北烈風二三七（ママ）。○寒暖計正午三十七度六。
石井入来。面会。佐野・水島等入来。不逢。何レも御尋なり。佐伯尚同。○午前十一時よりおたつ呉ふく丁行。
廿一日　晴、和。夜十二時頃地震。○日曜妻木入来。面会。○皇典講究所へ郵書。明日講義断也。○芳川知事へ郵書。来ル廿三日夜会招請断也。○鈴木来。面会。○きさ女来ル。面会。今日大田喜催汁講行ニ付、短ざく頼。○平井入来、過日礼鶏卵賜る。□漢医中村ニ診ヲ乞。依て入来。○林より鴨一頭賜る。○〔廿日歟〕朝三谷来ル。依て桜井へ郵書出ス。
廿二日　晴、和。
横スカ・宮川等御見舞。不逢。○佐々木家内入来〔玉子賜〕。○田沢手紙持、岡田某来〔金十円渡〕。○おたつ大学行、月給受取。呉ふく丁行。○斯文学会へ郵書。明日講祭断也。○大学へ来ル廿五日迄引届出ス。○わしの宮大木より手紙来ル。○岡松入来。不逢。
廿三日　晴、和、暖気。
△今日より大学試験始る。本日ハ木村・久米等也。○中村入来。御見舞也〔くわし賜〕。○大学図書課より食貨志之事問合アリ。
廿四日　十時頃より雪、午後四時頃止ム。正午寒暖計三十二度六。
大木より又々来状。依て返書出ス。○おたつ岩渕行之処雨により止む。○嬉遊笑覧ヲミる。○朝三谷来ル。□風気大方宜敷候へ共、日々早朝より正午頃迄頭痛いまだやまず。
廿五日　夜来雪、暁止、曇。正午寒暖計卅七度。夜雨。佐々木氏来訪。不忍池辺へ雪見ニ行れし由。其詠哥を聞まゝに

　此うへのながめハあらじふる雪ニ
　　常盤木ハ皆はなさきニけり

子信綱〔十二才〕

　上野山松にも雪の花さきて
　　春よりまさるけしきなりけり

又間島冬道を訪ひし由にて

　わすらるなけふしら雪のふりはへて
　　ミたびとひつるこゝろふかさを

かへし

　君がけふふりはへてとふしら雪の
　　あとハこころに残らざらめや

又高崎正風ぬしの、前つ頃ミまへにて古今集の序のこう（講）せちせられし時よミて奉れるうたとて

　紀の海の深きこゝろをとめかねて
　　おまへのはまになくちどりかな

○大学生徒佐藤忠介筆する処の令講義筆記二巻を閲シ書入。○弁疑書目をミる。○区役所より地租徴収ニ来。○本居より試験之事聞合アリ。△今日試業ハ岡松・飯田之由。
廿六日　曇。
狩野・萩野御見舞。○今日大学出勤。○呉服丁より出雲丁へおりせ遣ス。名刺出来〔百葉〕。□頭痛致さず。
廿七日　曇、風。
文部省出勤。○午後右馬嘉平入来。年礼なり。○荒井伊三郎来。同丁廿三番地へ寿座戯場移転願差出候ニ付、外地主よりも加判ヲ請フニヨリテ也。
廿八日　晴、風。○日曜
林甕臣・近藤瓶城・平岡等入来。面会。○おたつ岩ぶち行。年始且長女〔お高〕縁付祝なり。十二時前出、五時過帰る。○大田喜来ル。面会〔さとう持〕。○嬉遊笑覧巻三・巻七等見了。○今日研文社発会之処、断。依て井上より郵書来。文集出板之事也。○杉山千知（和）へ売家之事ニ付可参旨、昨日郵書出スト雖も風寒ニ付不行。
廿九日　晴、風。
大学引。○皇典所出勤日之処、断。○嬉遊笑覧巻九ヲミ

ル。○山崎や隠居年始御入来。△今日本居試業なり。○今日より改て山本より牛乳ヲ日々買入。○廿日ぶりにて剃鬚。○出雲丁へおりせ遣ス。

三十日　曇、夜雨。寒暖計正午三十二度。
孝明天皇祭休暇。○嬉遊笑覧をミる。○杉山来る。面会。○夕刻田沢・三谷入来。

卅一日　晴、西北風。二二〇（ママ）
大学出勤。十一時より令試業、十二時三十分了ル。午後二時過内務省へ廻る。桜井へ面会。三谷事談也。○帰宅後大学々芸志林問題回議をミる。了て、今日試業ノ草稿取調点数を書す。○夕刻前三谷来る。○大学にて物集ニ逢。○讃岐松岡より書状并金玉糖三賜る。森田覚太郎持参。

二月

一日　半晴、風。○寒暖計正午三十八度。
文部省二時過退出後、杉山行、売家一覧〔持主山田氏〕。帰路山崎や行、相談。○鹿嶋大谷より年始書状来る。○お塩より申入ニ付、天神下諸田某来ル。△大学試業了ニ付、今日より七日之間生徒休業。

二日　昨夜より雪。午前七八時頃殊ニ霏々。午後迄小止ナシ。積る事尺ニ近シ。夕ニ至止ム。○寒暖計正午廿九度八。
大学へ出。○大学へ三谷来。○研文集稿本一過。○河合より郵書来。直ニ返書并足立へ三谷事郵書。

三日　晴。節分。○寒暖計正午三十四度八。
文部退出後、大学へ出。飯田ニ会シ、惣理ニ面会。編輯之事談アリ。夫より新堀松平行。親貴君追悼会、寄梅懐旧なり。暮て帰る。○伊藤余太郎来。不逢。○謹吾来。根津行候由ニて、おたつより金子渡。

四日　淡曇。○寒暖計正午三十九度五。○日曜　○立春
謹吾、善吉宅迄来、金談ノ事申込。○御成道入費、昨年十一月已来取調。○杉山へ郵書、売家之事断。○林来る。不逢。三条公・足代たんざく恵まる。○田沢へ謹吾事郵書。○鎌倉長谷川より年始郵書。

五日　曇〔雪催〕。寒暖計三十八度。
大学ヲ午後二時過ニ退出、皇典研究所へ廻り、初て令を講ず。三時過に了ル。○大学へ伊藤来。面会。○明日斯文会講義当番之処、断郵書出ス。○近藤より参考盛衰記十九已下八冊来ル。○夜大須招、一盃出ス。家事談ズ。△大学図書課に連続、編輯所出来ニ付一覧。

六日　晴、和。

文部退出後、練塀丁島田行。永阪事談ジノ為なり。留主。不逢。夫より二長丁華族宗氏行、面会。種々談アリ。饗ニ逢、暮て帰る。○里見義来。不逢〔さとう賜〕。○田沢より郵書。○近藤へ三鏡四十部注文郵書出ス。○朝佐々木来。面会。十訓抄之事談ジ。三鏡校本借る。○夜河合来。新年ノ文、清書成。

七日　夜半より雪、終日降くらす〔寒暖計正午三十三度〕。大学へ出。試業点数定り、賀茂央外二人退学と定む。○生徒郵書之事、物理・幹事迄申遣。○鈴木弘恭より使ニ付、本貸ス〔くわし賜〕。○皇典所より生徒募集回議回る。○学士会院より十五日集会事郵書。文部修文館にて有之由也。△大学第二期授業日表張替、幷輪講定則も張出し。

八日　夜中より北風烈し。雪猶盛ニ降る。天明。既ニ二尺余之深に至り道路絶ゆ。午後三時前漸く止む。近年の大雪なり。

文部引。△今日より大学授業始る。○参考盛衰記をミる。○賀茂央来る。面会。△大雪に付、諸官省官員大方不参。大学へ行、飯田出候ノミに後ニ聞。

九日　晴。

大学へ出。○島田より郵書。永阪事也。○長沢親族来ル。金一円恵遣ス。△大学生徒斎田(藤)絆・小田秀太郎規則ニヨレバ退学ノ処、今後小試験迄在学ノ事ニナル。賀茂央・今井彦三郎ハ規則ニヨレバ降級。

十日　晴。

文部所労引。平岡頼ノ佃島白魚漁猟始末ヲ草シ贈ル。永阪・江刺・大谷等へ郵書出ス。○斯文会より質問出来。○謹吾より郵書来。即日返書出ス。△今日より岡松制度通質問はじめ。○過日内田嘉一へ頼ノ表札染筆出来〔水島持〕。

十一日　晴。○日曜　○紀元節

平岡悴来、白魚賜。○午後斯文学会会員質問七葉取調〔十二日郵書出ス〕。○田沢へ郵書遣ス。○讃岐松岡へ郵書出ス。○川田会読ノ処、所労且道あしきニ付不行。○磯部や来、借書ノ談アリ。

十二日　午前曇、後晴。

大学へ出。帰路佐々木へ寄。斎藤にて了阿自筆日纂及ビ村田並樹筆新勅撰評抄求メ。○有賀より郵書来る。月並事也。○田沢より郵書来る。△大雪後道路あしきニ付、今日まで鉄道馬車いまだ不出。乗合馬車ハ少し出ル。○

夜河合幷田沢・謹吾等来〔十円渡〕。○皇典所試業申付、本日講義休。

十三日　晴。夜風、寒。
退出後、新聞幷斎藤よりの書をミて日を終ふ。○里見著和文軌範稿本、大学へ持参。辻某ノ来ルニ与ふ。

十四日　晴、風。
大学にて令講尺。退出後、永阪へノ進物及ビ長井・長谷川〔鎮実〕・小杉・三谷・長井誠等へ郵書出ス。○多田より本返ル。くわし賜。○書林林へ続日本紀・日本後記一冊づゝ貸ス。

十五日　曇。
午後三時過、文部省中なる修文館へ局より直ニ廻る。当分学士会院となりたればなり。則旧冬草する処の通行文改良安（ママ）議をよむ。場所なきにより洋食の事なし。暮て帰る。○三谷、文部へ来ル。明日千葉県へ赴任之由。○小杉より郵書来る。

十六日　夜来雪、午前九時頃より雨となる〔風アリ〕。終日降る。寒暖計正午三十三度七。
○朝熊沢来、月輪殿御堂棟礼ノ事談ジ。○退出がけ斎藤へ寄。詞林意行集・萍花漫筆持来、一過。△華頂宮三品親王薨去ニ付、今日より三日間鳴物停止。○明日川田会読ノ処、道あしきニより断ノ郵書来。

十七日　晴。
正午退出後、和文軌範を校す〔里見義著〕。○長井誠来る。林子平掛物返し。

十八日　曇。○日曜
覧・河合ノ詠草をミる。了て嬉遊笑覧をミる。○木原善太郎来。不逢〔くわし賜〕。○塙忠雄来〔オイラン酒賜〕。○宇都野行、売宅事談ジ。○斯文学会へ郵書遣ス。来ル廿日講義断也。○元すきや丁へたんす贈ル。○河合へ詠草郵致。○根岸宮川へ郵書出ス。

十九日　雨。
大学不出、宅調。○本郷辻来ル。和文軌範稿本渡。○おたつ兜丁銀行より右馬・大権行〔右馬へ婚礼悦物遣物〕。

廿日　晴。
文部退出後、長井光親来。招請ニヨリテ也。酒肴出ス。
△今日より文部古事類苑編輯大綱ニカヽル〔ナラベル〕。
○夜林来ル。苦情アリ。

廿一日　暁より雪、終日降くらす。晩景より雨。夜に入やまず。寒暖計正午三十一度六。

△大学にて令輪講はじめ。萩野由之より也。○近藤瓶城より使来ル。著聞集校本五冊貸ス。○退出がけ一石橋蜷川行。昨年歿後遺物払ニ出候に付、一覧ノ為なり。△大学にて本月より久米日本紀校合ニかゝる。且官位考も今日より改較（ママ）ニかゝる。○皇典講究所、本日第二期開業祭典ニ付、正午より可出旨、過日沙汰アレド不出。

廿二日　半晴。
文部へ出。○大田喜来。不逢。

廿三日　曇、寒。
大学不出。宅調。○夕刻松田国兵衛入来。根岸売家事なり。○雪催にて気分あしゝ。

廿四日　夜来雪、後小雨、寒。道あしくなる。
文部所労引、官位考下調する。○今日妻木へ両志会行約束之処、雨天により不行。○書林磯部・林両家より鶏卵賜。借本之事談有。紀州和田村和田喜平治・武津八千穂添書にて来る。竈山神社近辺道路修膳ニ付、勧進ノ為なり。

廿五日　曇。○日曜
今日小俣亭番汁講之処、道あしきにより休会之旨、昨日申参ル。○小野述信添書にて妻鹿廉来る〔小長井娘分〕。古典講究所乙科之事、問合なり。○片付物する。○夕刻田沢耕・若林等来る。近々すきや丁にて製本始ノ事也。○磯部来。不逢。○大橋操吉、まくらが物語・伊豆海島志等ミせる。○研文社会之処断。

廿六日　曇。午後四時頃より雨。
大学退出後、午後二時より皇典所へ出、官位令・職員令神祇官ノ始講尺。○朝書林林来る。○朝辻鎌之助来。和文軌範稿本持〔看料五円持〕。○河合来る。梅花給る。○三作より中央電信局へ五週間引籠届出ス。○昨日斯文学会より文学辞令書届。○著作館出板八犬伝三輯出来、配達。

廿七日　朝日のさしながら霰又ハ雪降、後晴。
朝臼倉お升殿・お高殿入来。お高君、来月四日日本橋茶店久能木へ縁付に付、暇乞ノ為也。○文部へ出、例刻帰る。按摩。○若山人中司通明来る。蔵田懇意ノ由。不逢。○大家真蹟錦蘭集編輯人森田信平来。不逢。○夜岡田某、田沢手紙〔明廿八日十円遣呉候様〕并すきや丁帳面持参。○千葉県三谷より書状来。

廿八日　晴、和。
大学退出後、三作同道、金杉村狩野行。売家二軒ヲミる。

晩景帰る。

三月

一日　小雪、午後雨となる。寒暖計正午三十三度八。
大学へ出。今日より火木土ノ日独逸人グロード大学講義室にて博言学講義有之（尤三四両月間）。午後二時より相始（一時間）候間、二ケ月間ハ右ノ日大学へ出勤ト相定メ、則例刻より講義聴聞（右時間授業休）。○帰宅後、渡辺玄包手紙持、林欽二郎来ル。古典科第二期募集生徒願出人也。○早朝謹吾来〔二円渡〕、伝吉同道にて帰る。○車や遣シ田沢手紙持参に付金円〔八円〕渡。尤若林も参候由。△上野にて水産博覧会開業。農商務大輔臨場。○右馬より郵書。相州人之事也。

二日　雨。
大学へ出。午前九時より第二期募集生徒志願人八名試験始る。八大家点・古事記弁書・伊セ物語答弁等也。午後二時過了ル。飯田・久米・佐々木等立合。○さし物やよりガラス障子本箱出来。○田沢より郵書来る。昨日すきや丁模様也。○帰宅後諸方より頼まれ短ざく認。

三日　雨、午後止。
大学へ出。試験弁書取調立合、昨日ノ如シ。調書教務課へ出シ、五名入学ノ見込ニナル。○林安之助へ六国史之事断手紙遣ス。○田沢幷謹吾方へ郵書出ス。○三河赤坂稲野仙庵より昨年頼ノ短冊染筆、手紙を以テ請ひ来る。○昨日丹羽五郎へ抜刀隊追悼ノ哥郵送。○伝吉呼ぶ。謹吾質入レノ江戸名所図絵（会）受出。○夕刻神田川行、晩餐。○今日は土曜ナレ共クロード講聴聞ノ為、午後三時迄相詰、又川田会読にも不行。△荷田・加茂・本居・平田四大人ニ昨日贈正四位ノ沙汰アリ。各其子孫へ位記ヲ賜。

四日　曇、後晴。夜ニ入霰降、後晴。○日曜
辻頼ノ和文軌範一冊校閲了。○夜田沢・謹吾・若林等来。製本開業ノ談アリ。右入費十五円田沢渡。○今日岩ぶちお高どの日本橋へ引移婚儀。○大木より郵書来。出京ノ由。○中村正直より使。カステラ賜。

五日　晴、風寒し。
文部へ出。二時退出、皇典所へ出、職員令ヲ講ズ。夕刻帰る。○若林来。金八円用立。明日佐伯、木丁へ引越之由なり。清道同道、今日より此方へ引取。○橘道守来。不逢。○三宅証来ル。不逢。

六日　晴、寒。
大学へ出。帰て日本後紀佐藤本ニヨリテ校合。夜本居行。

鈴屋翁贈位悦なり。○林欽二郎来。面会。○斯文会講義当番之処断。○大木・橘等へ郵書出ス。○かやば丁へ出産祝〔二円半〕もたせ遣ス。

七日　晴、和。

文部へ出。退出より皆川丁岡野〔不逢〕・関口丁江刺ヲ訪。福井丁行、入浴。すわ丁へ回、晩粲。運歩して帰る。○車夫銀二郎、先月廿日已来足ヲ痛メ代人差出候処、今日より出勤。

八日　曇、夜雨。

大学ノ編輯宅調。官制ノ衰廃等稿成ル。○夕刻渡辺玄包来。面会。○きさ女来。午後より縫物。○朝福羽より郵書。昨夜妻女〔律〕死去ノ赴音なり。○三宅証より郵書。岡野よりも。○左宮弥吉来。宅払ノ談也。

九日　半晴。

文部へ出。退出より福羽へ悔に行〔くわし持〕。帰路足立へ寄、面会。三谷へも。午後五時帰ル。○吉田堅輔来。不逢。○三宅・岡野等へ郵書。

十日　晴。

謹吾来、紙代其外ノ談アリ。一円四十銭渡ス。○退出後、三作同道、銀二郎案内にて千代丁売宅ミに行。

十一日　晴、烈風寒。　○日曜

午前九時頃より柳島平田行。過日篤胤贈位ノ悦なり。橘道守ヲ尋。午後二時前小俣行。汁講也。源氏講尺、暮て帰る。

十二日　晴。

スキヤ丁雇女事ニ付、ケイワン来。三円之内セワ賃七十銭、車賃十八銭渡。○文部へ河鰭君来。面会。二尊院ニ亀山関係之事取調談アリ。○皇典所へ出勤之所断。

十三日　雨、寒。

大学退出後、伊予やにて教員集会。木村・岡松・松岡・本居・佐々木等来会。○田沢より郵書。○夕刻伝吉来。十日夜よりスキヤ丁へ雇候由。

十四日　晴。

文部へ出。

十五日　淡曇。

文部へ出、沿革略史之内成功・重任之事取調。コレ大学ノ事業也ト雖も、古事類苑参考ノ為メ参省なり。終て三時過より修史館へ出。学士会（院脱カ　以下同）なり。○嘉兵衛来、赤飯其外賜。

十六日　雨。

文部へ出。帰宅後、鳥越大工来ル。同道、千代丁売宅ミに行。○昨日より又々三作、病症あしき方。
十七日　晴、烈風。
夕刻田沢・若林・金《(謹)》吾等来。金廿円渡。○文部へ出、正午退出、日比谷神宮教会行。今日大祭にて能及狂言等アリ。晩景帰る。○大須母来ル。家ミにとて某同道。
十八日　晴、和。○日曜　彼岸ニ入。
辻より頼ノ和文軌範校正全成、稿本渡。○文行堂行、村田了阿著書をミる。大学へ可差出旨申。○おミち来。お晉も小児を同道にて来、共ニ根岸行。○和田来。不逢〔くわし賜〕。
十九日　晴、和。
文部より皇典所へ廻り、令講尺。
廿日　雨。正午前より雪、霰を交ゆ。夜ニ入止む。○彼岸頃迄寒き事珍らし。
大学へ出、制度通質問ヲ受、令講尺。○午後お辰・三作同道、高木行。○古島内入来。○昨日電信にて呼出ニ付、三作名代として井上遣ス。帰校申付ノ辞令ヲ受。○斯文会当番ノ処断。○佐伯忌中引ノ郵書来。
廿一日　風。
廿二日
廿三日
廿四日
廿五日　○日曜
廿六日
廿七日
廿八日
退出後、長酡亭行〔廿六日歟〕。白石社小集也。重野・大槻・竹中・鈴木〔恵〕・塚本・三田等来る。
廿九日
三十日
三作・清道同道、中島坐見物。小笠原騒動なり。暮て帰る。○文行堂より村田了阿ノ書、大学へ三十五円にて買上ノ事申来。但シ洋書ト交換之由。
三十一日

四月

一日　○日曜
午前より上野水産博覧会見物。博物館書籍縦覧所行、書籍開題一覧。○清宮来る。
二日

三日　曇、午後雨。
鈴木弘恭より手紙・文章被遣〔くわし賜〕。○午後三時頃中村入来、同道にて三組丁売家ヲミル。松源行、暮て帰る。
四日
宮本央より郵書。払本事也。
五日
大和田建樹来。不逢。穂積手紙持。
六日
文部退出より中橋村松行。田沢も来。同道にて京橋晩食。夜に入帰る。
七日　曇。
○伝吉来、一円六十九銭遣。昨日清新軒分也。○大橋操吉より神代遺事集成ミせ。御用召ニ付、午前十時大（太）政官へ出。谷森書記官より宮内省御用掛兼勤ノ辞令書受、同省へ回。岩倉右大臣拝謁。香川書記官より編纂局委員辞令書受、委員長西周及福羽幷ニ委員一同面会。当分一同本務ヲ止メ、専ラ編纂従事スベキ事トナル。帰路福羽へ寄、面会。大学へ出。文部省へ出、九鬼少輔面会。
八日　晴。○日曜
午前本郷伊藤翁行、面会。横山ヘヨル。午後より森下丁浜野行。汁講也。源氏品定講尺。佐々木父子も来ル。今日より橘道守来臨。○朝大和田来。面会。○田沢より郵書。千葉県へ発足之由。○研文社幹事より端書、田中氏重服ニ付、本月文会休也。
九日　晴。
宮内省へ出。行ガケ大学ト文部省へ寄〔帰りガケ大学へ出、加藤面会〕。編集物稿本持参。○夕刻神田川行。○竹中より郵書来。明日岩手県へ発足由。尤来月初ニは帰京云々。○本日斯文学会文学会幹物会議ノ処、断。△今日より大学午前八時起業ニナル。
十日　晴。
大学へ出。今日ハ制度通休、職員令輪講ノミヲ聞。十二時前より宮内省回。○梅村より名物考代価書来。即大学へ回。○帰宅後三作同道、浅草遊歩、花やしきを初ミる。
十一日　晴、風。
宮内省へ出。帰路塙へ寄。不逢〔くわし持〕。○山本より斯文会筆記幷渡辺弘人著詞のしらべ来。○朝和田喜平二来。右ニ付出省ノ上、足立へ手書遣ス。○管長強より郵書来、十四日小集相催候由。

十二日　晴。

宮内省へ出。○土岐政孝より一話一言序浄書之事申来ル。即小杉へ頼遣ス。○渡辺弘人へノ返書、山本へ郵送。

十三日　晴。

宮内省へ出。○住吉広賢来ル。来ル十五日画学所開業之由也。不逢。○臼倉より郵書。来十七日里開之事也。即返書出ス。○佐々木より花井尚資頼ノ手紙来。

十四日　半晴。寒暖計六十八度六ニ及。暖気。

宮内省へ出、正午退出。川田行、栄花会読なり。○謹吾・若林来。金子渡。○薩埵より手紙来る。△伝聞。今日斯文学会宝田丁元地へ引移。

十五日　小雨。○日曜
午後三時より上野教育博物館図書室にて学士会アリ。余唱哥ノ説ヲ演説ス。晩景より一同八百善にて晩食。本日ハ桜花満開なり。○薩埵へ郵書、質問答ル。○一話一言序郵送。○和田喜平二来。昨日宮内省より和哥山県へ御達有之。金百円ヲ賜由。

十六日　淡曇。

宮内省より帰路皇典所へ出、令講尺。住吉へ廻ル。不逢。△今日大学にて古典講習乙科開業之由。○修技校より三作へ郵書。○岡野伊平より郵書。○八木来。不逢、手紙置。夕刻猿渡来面会。

十七日以下乙号へ記。

（表紙）

癸未日乗

乙

明治十六年〔乙〕

四月ノ続

十七日　晴。

○水嶋、本日より隔月六十ケ日大学へ出勤。午前九時大学へ出。先ヅ図書館行、十時前より制度通試業始メ。了て惣理ニ面会。十二時過より岩渕行。午後二時前臼倉ニ至。今日お高どの里開なり。日本橋久野木父子及親類一両輩来ル。丸山・大田・小田切来会、六時過宴訖ル。今夜泊。本日往来の花満開ならざるハなし。○加藤より書状来、久米事也。

十八日　晴。

午前丸山同道、川ばた煉瓦製造所及ビ袋村鉄道線新成ヲミル。正午過帰宅、休息。○福羽より書状・菓子来。不幸尋礼也。○王子稲荷祠官大岡来ル。○右馬より郵書。○村松平五郎来。

十九日　曇。

宮内省へ出。帰路駿河台井上へ廻。不逢。帰レバ既ニ猿渡来り居ル。○お晉来ル。○田沢来。過日帰候由。不逢。○府会議員選挙投標《（ママ）》。荒井へ遣。○謹吾来。○朝水嶋来。稿本渡。

廿日　小雨。

宅調。○午前猿渡来。不逢。井上方用弁之由。○大須委任にて修技校頼。三作、月給受取。

廿一日　小雨。

大学へ出、久米・物集ト談ジ。午前文部省行、十二時退出。佐々木へ寄、餐に逢。○江沢来、三作同道、墨堤行。時ニ桜花既ニ盛り過タル由。

廿二日　淡曇。夜雨。○日曜
スキヤ丁より郵書ニ付、伝吉遣ス。○朝本居行。種々談アリ。○午後一時過より日比谷神宮教会所行。春季好古会なり。各自出品あり。晩景帰る。
廿三日　淡曇。夜地震アリ。
宮内省へ出。帰路谷を訪。不在にて逢はず。○山名貫義来。不逢。昨年中ノ謝物、文部省より賜リシ礼也。○遠山来。面会。選叙令講義二冊写本出来分持。○朝平岡入来。来月六日汁講ノ事也〔酒瓶賜〕。○伝吉又々すきや丁遣ス。五円幷ニ質物〔二口〕受候品遣ス。○片付物する。
廿四日　晴。
九時前大学へ出。制度通質問ヲ受、後宮職員令講尺。惣理・久米其外ニ面会。十二時過文部省行。今日中村ト遊行候約之処、所労不参ニ付断手紙参ニ付、三時退出。夕刻和田喜平二来、釜山勧進薄前文之事談ジ、添削ス。きさ子来廿七日会ノ哥直シ。夜謹吾来ル。製本遣し。○都合付、以来水曜日ニ大学ト文部省へ出勤相成る筈。
廿五日　晴。
朝林来ル。次ニ遠山紹介にて伊与（予）松山人井出正雄来。共に面会。今日ハ宅調也。○木村より来廿七日女客ニ付、妻招之書状来、且明日会断。那珂会聞合等也。○佐藤〔誠実〕来。不逢。
廿六日　半晴。
宅調。午後三時より両国中村楼行、荷田以下四大人贈位祭典・哥会有之〔兼題花満山〕。催主ハ本居・平田・荷田・井上・加茂〔水穂〕・鈴木・牧也。晩景帰る。
廿七日　晴、暖。
谷行、池辺事談ジ。夫より宮内省回、帰路福羽行、面会。飯田行、水戸栗田出京シタルニ落合対面ス。○皇典講究所より年金五十円謝物として被贈書状来。
廿八日　淡曇。
朝鈴木翁入来。佐渡越ノ菅原ノ哥ノ事談。宅調。午後二時頃上野山内八百善行。那珂通高五年神祭招請ニヨル。五六十人も来集アリ。暮て帰る。木村・黒川・三島・島田其他文部省奏任以下大方来会。○川田会読不行。
廿九日　淡曇。○日曜
午後二時頃より築地寿美屋行。高崎催にて香川翁四十年祭哥会也〔兼題対花思昔〕。近衛・藤波・千家・本居・鈴木・黒川・間島・伊藤（東）・久能其外人撰にて四五十人入来。

三十日　曇。

宮内省へ出。帰路皇典講究所へ出、講義。○大槻より郵書。観劇ノ事。○来六日延会之事、平岡へ郵書。○栗田へ使遣ス。明日招也。

五月

一日　半晴。
宅調。午後三時頃栗田・飯田来。種々書物ミせる。哥舞音曲考稿本も示。○野口より〔六カ〕観劇之事郵書。○朝平岡来、汁講十三日ニ延会之事談ジ。
二日　晴。
大学へ出、制度通質問、職員令輪講ヲ聞ク。午後文部省へ出、中村同行にて神田川行。五時過より福井丁へ廻り入浴、帰る。
三日　雨、冷。
宮内省へ出。塙へ寄〔六日延会ノ事〕。帰路西丸下斯文学会廻り。前月末引移後初て参向。山本ニ逢ふ。晩景帰る。
四日　細雨。
宅調。晩景島田重礼入来、来九日〔和漢教員集会〕ノ談アリ。○滝山丁集成館より一話一言初帙刻成に付、配達ニて恵る。
五日　小雨。午後一時頃強雨雷鳴。四時頃止ム。
宅調。午後二時雨中より小石川植物園行。文部卿より招請ニよりて也。本日雅楽、西洋楽、琴・三絃・胡弓ノ三曲等、替る〳〵庭上にて有之。立食ノ饗アリ。五時前帰る。時ニ空晴たり。○土岐へ謝書郵送。
六日　小雨或ハ止。○日曜
朝七時半頃出宅、新富坐見物。世良夫妻・野口・青山等同坐。一番目松浦佐よ姫、中幕寺島ノ新曲茨木面白シ。二番目ハ団洲ノ金看板長五郎、大切上るり（浄瑠璃　以下同）、市原野斗にて下ノ巻浅草開帳ノ場ハ不出。夜十時過帰宅。
七日　晴、午後曇。二時雷鳴、暫時止ム。
宮内省へ出。帰路本石丁竜尾亭へ行。喜楽会なり。積金より三十円受取、内五円余ハ雑費トナル。晩景帰る。○後ニ聞く。今日午後府内雹降し処々有とぞ。
八日　晴。
御用召ニ付、例刻出頭。十時大政官へ回ル。従六位ニ昇階ノ位記、谷森大書記官より賜る。宮内省本局へ御礼ニ出、足立ニ逢ふ。○〔帰路大学より文部へ廻り〕帰宅スレバ江沢来り居ル。大須ヲ伴ひ三人にて伊予亭行。祝宴小集ス。○野口より会計書郵致。

九日　淡曇。

大学へ出、制度通質問受、東宮家令・職員令ヲ講ズ。文部省へ廻り、退出より福羽行。今日局中一同ヲ招請也。時ニ園中牡丹真盛ナルニヨル。晩景帰る。△大和田建樹事申立、并皇典所より謝物事伺書等大学へ出ス〔此分十九日指令済ニテ回ル〕。

十日　雨。

宮内省へ出。帰路久米行、栄花会読ノ事聞く。本郷野口行、過日劇観わり渡ス。

十一日　雨。

宅調。午後二時より番丁出雲大社出張所行。今般神殿落成ニ付、本日御霊移シノ祭典アルニヨリ、招請セラル。向植木やにて手厚キ餐アリ。諏訪・池田・仙石・板倉等ノ華族、八木・宇都野・松野其他に逢ふ。○午前近藤瓶城来、新刊栄花物語序文認メ遣ス。○今井お菊殿入来、明日臼倉集会不参頼。○前歯欠ケル。

十二日　淡曇。

午後より又々番丁行。昨日神拝セザレバ也。川田行、栄花（空欄）巻会読。暮て帰る。

十三日　雨。○日曜

午前十時前出宅、佃島平岡行。汁講也。雨天ニ付不速（ママ）ナリ。源氏ヲ講ズ。晩景帰る。○朝小杉来、乙科大日本史議義時間ノ事談有。大学生徒松本・萩野・池辺・戸沢来ル。面会種々談アリ。

十四日　快晴。寒暖計正午七十度。

宅調。不時候ニ付、持病気なり。右ノ足非常ニ冷レバ必小腹レンキウ（攣急）、小便繁ク気分悪シ。○八木より郵書。明日会ノ事也。○村松平五郎来る。千葉県人同道、認物ノ頼。不逢。

十五日　曇。○夕刻平岡好文来ル。

宅調。午後三時前より三十間堀招、鰻行。尾越、過日京都府大書記官拝命ニ付、餞別ノ為なり。三条相国令息・伊丹議官・多田好問等ニ始て逢ふ。今日ハ桜井・股野など催之由。四十人斗来会。金剛ノ舞有。夜九時頃帰る。○河合より郵書。○栗田へ手紙遣。○学士会へ断、不出。○竹中より昨日帰京郵書来。

十六日　淡曇。

大学へ出、制度通質問ヲ受、職員令論講ヲ聞了、文部省へ廻り例刻帰る。○夕刻諶五郎来。謹吾・伝吉も来る〔金一円ヅ、二度ニ渡〕。○白石社五事略刻成、配達。○本日文部・大学両処奏任官親睦会に付、午後三時より教育博物館行。立食ノ饗有。一円五十銭づゝ持寄。△平岡撰科願書大学へ出ス。

十七日　淡曇。

宮内省へ出、例刻帰る。○夕刻諶五郎来ル。すきや丁下婢同道、二円渡。○夜本居行、月給托分受取。○江沢・おしん来。○来十九日白石先生正忌ニ付、本願寺にて小祭有之、臨席之義過日申来ル処、差支ニ付、断遣ス。

十八日　朝曇。風起テ快晴ニナル。

宅調。午後三時より築地精養軒行。西周氏より局中一同招待にて洋食ノ饗有。晩景帰る。○小野正弘、今日ノ催不参に寄(ママ)、伝言頼ノ手紙来ル。○村上清来。松岡門人之由。写字生ノ義也。○野瀬来。拝命祝也〔玉子賜〕。○夕刻岡敬孝来。面会。

十九日　晴、風。

宅調。白山比咩宮司横山政和幷平岡好国悴好文同道にて来。不逢。○根ぎし宮川〔二十銭遣〕・長井へ使遣ス。○大学より廿四日観覧券請取、本居へ回。○萩原より令集解返る〔三盃賜〕。○夕刻おたつ、今井行、江沢頼ノ事も談ジ置。○平岡父子過日礼ニ来。不逢。

廿日　晴。○日曜

朝大学生徒戸沢・関根来。試験ノ事也。中村来。通行文撰ノ事也。谷来。池辺ノ事也。○大学庶務課より書通、平岡願書下ガル。○午後三時過より中おかち丁渡辺皐斎行、入歯頼。浅草辺遊行、晩景帰る。按摩。○諶五郎来。不逢。○平五郎来、短ざく絹地認メ遣ス。○栗田入来。不逢。大日本史仏事志を恵まる。

廿一日　晴、和。○寒暖計正午七十度。

宮内省へ出。本日申合付、一同集会なり。内閣へ出、井上議官と面ス。御用筋あり。帰路皇典所へ出、職員令雅楽寮条迄講尺。あはぢ丁栗田旅宿駿河屋ヲ尋ぬ。外出、不逢。○今朝平岡へ郵書出ス。午後来る。不逢。○村上清へ郵書出ス。

廿二日　淡曇。

夕刻渡辺行。入歯出来。○栗田入来。○今井岩五郎来、江沢頼ノ取調事談有。

廿三日　曇。

大学可出処、調物ニ付休。○午前十時大(太)政官より使来る。

取調物渡。○夕刻奥平種三郎・伊藤肇来る。

廿四日　半晴。○寒暖計七十一度三。

宮内省へ出。午後二時より芝紅葉館へ廻ル。今日大学惣理、外国教師饗応ノ為、同処にて舞楽アリ。奏任以上家族招ニ付、おたつ・三作も行。本居家族同断。五時過一同帰る。○村上清、宮内省写字拝命。

廿五日　晴。

夕刻江上栄三郎・橋本光秋・今井彦三郎来ル。試験ノ事也。

廿六日　風雨。

村上清来〔糸賜〕。○栗田より借用之大日本史音楽志稿本により私著哥舞音曲史ヲ校ス。

廿七日　○日曜
朝堤正勝来。著書ノ談アリ。夕刻物集来ル。堤ノ事談ジ。○午後日比谷行。研文会也。

廿八日　半晴。

宮内省へ出。

廿九日　晴。寒暖計七十四度六〔以下大方七十度以上也〕。

午後栗田来。面会。大日本史音楽志ヲ返ス。

三十日　晴。

大学へ出、神祇令講尺始。制度通ハ休。文部省へ廻る。

三十一日　晴。

宮内省へ出。行がけ駿河台栗田旅宿ヲ訪、餞別として撥雲余興を贈る。

六月

一日　曇。
井上可基、今日より一橋通丁旅宿へ当分引移。
二日　曇。
夜謹吾来、雇女取替午前根津行。
三日　○日曜
集成館より一話一言第二帙恵る。○河合亭番にて汁講ニ付、午後より上野東照宮境内茶店行。晩景帰る。○朝大田堅来。不逢〔金米賜〕。
四日　曇。
宮内省へ出。帰路石丁竜尾亭行。喜楽会也。本日ハ一円づゝ持出にて明治料理ノ設有。
五日　曇。
午後六時前より斯文学会へ出。有楽丁へ。開会後始て会長及一同集会饗応アリ。
六日　曇、冷気。正午五十二度八。

大学へ出、職員令論講ヲ聞、制度通質問。文部省へ廻り三時前より芝売茶亭行。委員一同ニて福羽・西両長ヲ招キ饗なり。晩景帰る。○大学生徒新旧共試験之義ニ付、久米など議論有之ニ付、惣理へ申談候処、教員一同へ可相談トノ事也。△近日南摩綱紀、大学教授拝命。○井上議官より土地所有参考摺本二部恵る。

七日　曇。

宮内省へ出。帰路すきや丁行、同道にて滝山丁集成館行〔さとう持〕。百瀬川大学本十巻貸ス。○根岸長井より床上祝赤飯来。

八日　小雨。冷気正午六十度。

掘越弥三郎来ル。

九日　淡曇。

右馬来る。○謹吾根津行。○午後五時前より坂本行、売家ヲミル。

十日　○日曜

午後一時より中猿楽丁史学協会行。今日会長副島・谷・丸山并木村・野生・黒川等演説アリ。千家・飯田・大沢・小杉・石井其他来会。○甚五郎来。雇女取替渡し。

十一日　曇。

宮内省出。帰路皇典講究所出席、林ヲ尋。鈴木ヲ訪、過日頼ノ佐渡越ノ菅原ノ哥賜り。翠園叢書五冊借用来。

十二日　淡曇。

十三日

大学出。○神祇令講了、制度通質問。午後一時過文部省回。

十四日　晴。

宮内省へ出。帰路大沢廻り。不逢。△今日より三日間日枝祭出し（山車）・練物出。維新以来ノ賑ヒ也。○大坂小笠原常樹より七日出ノ書状届。

十五日　晴。正午七十五度二。

午後三時過、修文館学士会行、姓氏之事演説ス。大鳥・重野・伊東（藤）も同様。了て九鬼文部少輔、文部省事務経歴演ズ。

十六日　晴、風。正午七十七度九。

甚五郎すきや丁行。○午前十時大学行、月給受取。万丁貯蔵銀行及兜丁国立銀行等行、午後一時頃帰る。行がけ間宮行。八十子不逢〔タバコ持〕。○村上来ル。出勤簿ミトメ検印遣。

十七日　風、淡曇。正午七十七度一。○日曜

甚五郎すきや丁行〔金五円持〕。○朝林来、文章ミせ。○通行文規取調、中村入来に付相談。○朝猿渡来る。○福田半より郵書演説案ノ事。

十八日　晴、風。正午七十六度八。

宮内省へ出。帰て夕刻より三作同道、上野遊行、雁亭晩粲。○行がけ中村へ寄、草稿渡。○中沢より再度ノ手紙来ル。

十九日　晴、南風烈。正午七十七度六。

午後二時頃文部省行、三時大学へ廻ル。試験前集会也。飯田・本居・久米・佐々木・小杉・松岡等来集。晩景帰る。万代軒晩粲。○朝埴原来ル。今日頼母子講初会に付、金子渡。○夕刻三輪来。不逢。○井上来。○内務省八木・井上幷三河稿野等へ郵書。中沢へも。

廿日　晴。正午八十一度。

宮内省へ出。捨カナ其外ノ議アリ。二時退出、三輪行。○朝長沢来〔金一円恵〕。医学部より予備門之事ニ付、回冊来。○鈴木弘恭より郵書。○夕刻大須老母来ル。売宅事也。

廿一日　淡曇。午後より雨、夜ニ入。

午前七時過より宅調、正午過ニ至ル。午飯及入浴シテ史学協会音楽史演説案五葉ヲ草ス。○日光早尾海雄来ル。不逢。○吉田賢輔来。不逢。○西村より五男辰吾死去ノ赴音来る。

廿二日　曇。

朝早尾来ル。面会。朝蔵書ノ軸持参、鑑定ヲ乞フ。○鈴木使来る。演説案幷に文法口授代料渡。

廿三日　晴。

午後二時前〔大学へ廻り物理及富塚面会〕より番丁大社分祠行。教会・祝宴・哥会なり。近衛殿・藤浪・前田・黒田・〔神坂〕ナドノ華族、高崎・足立・木村・黒川・飯田・佐々木・小杉・久米・吉岡・大畑・渡辺・勝部ナドモ来。催主千家・本居、幹事鈴木・伊東也。晩景帰ル。○朝六時切通シ麟祥院行、西村葬式ニ会ス。時早キニヨリ八時出直し。

廿四日　晴、暑。○日曜

午前大須行。寉見某ノ来ルト共ニ、真砂丁辺売宅ミに行。午後三時過又来ル。三作同道にて坂本辺ミに行、帰路無極にて晩食。本居へ寄る。○お晉来る。○研文社会不出。

廿五日　曇。

○朝三輪来。面会。

宮内省へ出。仮字付テ其外ノ議アリ。今日より大森惟中モ甲部同僚トナル。退出後、皇典講究所へ出、兵部省条講ズ。○和田喜平二来る。不逢。○演説案ヲ草ス。

廿六日　雨。

史学協会演説案残六葉ヲ草シテ贈ル。○夕刻大田堅より頼事有。即刻加朱、集成館へ贈ル。○甚五郎来、蜂屋ノ談有。外ニ五円借。○中島使来る。栗田頼写本出来。

廿七日　半晴。

午前九時大学へ出〔佐々木へよる〕、十時より令試業、十二時三十分迄カヽル。図書課へ廻り大和田ニ面会。過日拝命之由。夫より文部省へ廻り三時過帰宅。○宮内省福羽より再度使来ル。依て橘へ郵書。○夕刻より夜ヘカケ生徒答弁書取調点ス。○江沢来る。近々和三郎殿婚儀之由。

廿八日　曇。正午夕立暫時止。

午後三時過より雀見・三作同道、根岸売宅ミに行。先ヅおかち丁ニて一軒見、夫より坂本村行、近藤氏宅ヲミル。長井へ寄、晩景帰ル。○午後三輪来ル。今日宮内省兼勤拝命にて、隔日ニ編集局へ出頭之由〔酒切手賜〕。○集成館より一話一言第三帙送致。○皇典所より年金賜る。

廿九日　曇。

例刻宮内省へ出、十二時三十分過退出。○午後三時過橘道守来ル。面会。○今日雀見ト又々根岸行之約之処、見合せ。

三十日　曇、風。

萩原・中沢・土岐等へ郵書出ス。過日返事也。○雀見来ル。○午後川田行。栄花会読なり。疑の巻始メ。

七月

一日　雨。○日曜

雀見来る。根岸宅断。○水道丁隠居来。午前より午後ニ至。○三輪来ル。○戸沢来る。○片付物スル。○長井誠より江川事再任願案来る。即刻添削郵書。○半井栄来る。面会。

二日　曇或ハ小雨。

今日より奏任官一同へ官報配達。○朝本居行、戸沢事談ジ。○大学へ出、加藤面会、写字生之事談ジ。夫より文部省行、西村面会、佐藤之事談ジ。即刻大学へ返ス。退出より石丁竜尾亭行。喜楽会也。箕輪当籤ス。○今日宮内省集会四日ニ延。○片付物了ル。

三日　雨、冷。

編纂。
四日　小雨、冷。
宮内省へ出。
五日　小雨、午後淡曇。
午後四時過鳥居仙三郎来、同道にて仲おかち丁ノ家ミに行。○夜本居来、戸沢ノ談アリ。○朝猿渡入来。色紙渡。
六日　淡曇。
おたつ・三作・清道・大須同道にて春木坐見物。おりせ・井上も替る〳〵遣ス。一番目累、弐番目八犬伝犬坂毛乃讐討也。今日九日メにていまだ大切対中楼ノ場、不出。夜十一時ニ終ル。○おしん留主頼来る。○福羽より使来ル。○飯田武郷・吉川〔修大〕来。不逢。
七日　淡曇。
福羽へ郵書出ス。○午前大学へ出、生徒点数ヲ閲ス。幷今日午後柔術有之旨、過日郵書に付断。○午後一時より横アミ池田邸菅行。網野と代り汁講亭番也。師岡・大田喜・梅村・矢掛・橘・松浦・河合其他両三輩来ル。例ニより源氏講尺。品定メ指くひの女ノ条也。○橋本光秋〔大学生〕・落合亀二郎来。不逢。○川田会読断。○湯川より郵書。昨日八等属ニ昇等ノ由。
八日　淡曇、午後より雨、五時前風雨。○日曜
朝亀山玄明〔大学生徒〕・鵜沢正徳来、継て小野述信〔大崎ノ談〕・林甕（臣）雄・奥平種三郎〔生徒〕〔歎願〕・今井彦三郎〔同上〕・河村周三郎〔同上〕〔歎願〕来る。各面会。○湯川へ郵書出ス。○長沢より手紙。使ニて袴借用ニ来る。
九日　雨、午後少晴。風アリ。
宮内省へ出。二時退出後、皇典講究所行、職員令講尺。了て飯田丁三丁め星野行。戸沢ノ事談なり。同人伯母聟之由。○三作代井上、工部省へ出、免職辞令書受。
十日　曇、午後風。
今日より文部省へ出。古事類苑ニ寄、宮内省御用取調。文徳実録・三代実録也。帰宅後、先頃学士会院ニて演説ノ唱哥案ヲ稿ス。
十一日　半曇。
文部へ出、今日より正午引ケニ成ル。三代実録・日本紀略也。○退出より飯倉邸行。長井へも寄、夫より松岡行〔七十銭切手持〕。一昨日長男修義死去悔也。帰路春陽楼にて晩食。
十二日　半陰、午後晴。暑。午後八十二度。

文部出、百練抄・本朝世紀調。○春中、秋田県江幡通理頼ノ詠史哥序文成る。則浄書郵送。

十三日　半晴。

文部出〔政事要略調〕。○午後鳥居来、同道にておかち丁宮部家ミに行。○甚五郎来。金八円渡。○武市来ル。

三作満年賜金十五円持参。○村上清来ル。

十四日　淡曇、暑。午後八十一度。

文部へ出〔朝野群載調〕。退出後、午後一時、中猿楽丁史学協会へ出、音楽史演説。○謹吾来ル。

十五日　晴。○日曜
朝関根・内山来ル〔本居も〕。鳥居来、おかち丁地代之談有。午前又来ル。松本某同道。○大須来ル。三作同道、稲垣〔カステラ・ビール持〕・石井〔くわし持〕等へ礼ニ行。○午後三時頃天王寺墓地行。過日垣根出来ニ付一覧。光明寺墓参。大工重吉宅へ寄。○江沢来る。○井上今日正午過仙台発足、横浜行。三菱乗船ノ由。○笠原家賃持。

十六日　曇、午後半晴。暑八十三度七〔以下八十五度ヨリ上ヲ記〕。

文部省へ出、類聚符宣抄調。午後五時頃大工重吉来、同道にておかち丁宮部行。大須も同断。○正午過三輪来。

十七日　曇。午後三時八十五度。

大学へ行、月給受取。飯田写字生願書付出ス。文部省へ一寸廻り垣原ニ逢、積金渡。○鳥居来ル。松本断ノ談アリ。

十八日　朝半時午前九時小雨、午後曇。

大須今日練塀丁へ合宿。来廿一日頃山梨県発足之由。○宅調。○午後四時頃平岡好文来る。教導職願へ調印。○貞之助来ル。

十九日　曇。
△岩倉右大臣依願免本官御達、官報別配達ニて来る。朝水道丁行、午前十時文部省ニ至。正午過中村同道退出、伊予亭ニて一酌。別れて上野博物館書籍室及史典部一覧。○今日飯田武夫大学拝命〔教授書校訂〕にて来ル。不逢。○夕刻より夜ニ入、大須及ビ奩見行〔金一円酒一升盆〕。〈廿日条〉△〔十九日ナリ〕岩倉惣裁御重病ニテモ編纂無怠可致ノ旨、宮内省より回章。
廿日　曇、午後晴。午後三時八十八度。〔土用ニ入。〕
文部省へ出。○午後三時過鳥居来。本居入来、戸沢・池辺ノ談アリ。○屋代忠恭・猿渡入来。夜ニ入猿渡又来

〔茶賜〕。○朝飯田来。続後紀校本三冊渡。○お栄来ル。
○おりせ、佃島平岡遣ス。過日礼、玉子及栄太郎切手遣。
〈廿一日条〉△〔廿日ナリ〕岩倉前右大臣、今日午前七時四十五分薨去。年五十七年十一ヶ月。

廿一日　半晴。午後三時八十五度七。
文部省へ出〔年官之事調〕。○午後四時頃より鳥居同道〔山勘へヨル〕、宮部行〔廿三日年金遣ス事〕。○夕刻謹吾来。甚五郎呼。○栃木柿沼より郵書。○和田喜平二来。
○宮内省より来廿五日午前六時、前右大臣品川墓地へ葬送ノ回状来ル。

廿二日　午後三時八十九度八。○日曜
田沢・柿沼へ郵書出ス。○朝今井妻来。○佐藤・野瀬・松岡等入来。面会。網野来ル。不逢。○朝甚五郎へ手紙遣ス。宮部売宅断ノ談也。○午後五時前より三作・お栄同道、浅草行、魚十にて晩食。暮て帰る。○萩野由之来〔さとう・干ひらめ賜〕。不逢。○長井より郵書来。△廿日より今日迄劇場之類休。是ハ私ニ遠慮ナリ。

廿三日　晴。午後三時八十七度八。
朝鳥居来ル。○宮内省へ出〔福羽へ暑中。くわし持〕、午後一時帰宅。○甚五郎、宮部遣ス。○夜お栄同道、根津行、娼家表ニ人形出来ニ付見物。○仙台井上より郵書。十七日着候由。

廿四日　半晴。○午後三、八十五度。
文部省へ出、年官年爵之事調。○明廿五日前右大臣品川へ葬儀送之処、所労ニ付届、宮内省へ差出。○深江遠広来。面会。木村へ手紙渡。云ク、社寺掛宇津野免職スト。

廿五日　半晴。午後三、八十八度五。
平岡来。不逢。○お栄帰る。

廿六日　朝霧細雨の如シ。後曇。○八十八度三。
西村・西〔くわし持〕等へ暑中行、上（カ）香取社及スキヤ丁寄。午前十時前帰る。

廿七日　晴。○八十七度二。
△今日熊谷行。鉄道開業ニ付、皇族・大臣・株主等乗だめし有。明廿八日より諸人乗車之由。○音楽史演説案ヲ草ス。

廿八日
史学協会第三回集会之処不出、演説筆記ノミ贈る。後ニ聞。木村・黒川も来。久米・小杉・黒川・丸山等演説有ト云々。○曝書。○千葉県秋葉美雄より一月中頼ノ短冊認メ、通運会社へ出ス。同家幷中村へ郵書出ス。

廿九日　午前細雨、正午より半晴。○八十七度。△日曜
朝星野・桜井等行〔長塩へも〕、面会。○正午江沢来、
同道にて一時三十分気車ニ乗、下谷より王子行。弟両人
外一人同行、扇亭にて一酌。午後六時四十五分車ニ乗、
帰宅。三作同道。○集成館より一話一言第四帙刻成、恵
マる。
卅日　半晴。午後三時八十七度七。
文部省へ出。栗田へノ写本、小杉へ音楽史稿本、石井へ
托ス。帰路大学へ寄、久米・大和田・飯田等面会。○夕
刻本居入来。星野行之事談ジ。○江刺より郵書。甲府大
須よりも。○岩淵貞之助入来。○三輪入来、稿本持。
卅一日　薄陰。午後三、八十八度四。
飯田武夫〔さとう賜〕・佐伯〔くわし賜〕・佐々木入来。
面会。○甚五郎すきや丁行〔金十八円持〕。

八月

一日　晴。午後三時八十八度一。風アリ。
長井誠来ル。大神宮儀式解持参。七円渡。△今夜両国花
火アリ。後聞。大ニ賑シキ由。
二日　朝少雨、後半晴。
午前六時発気車にて三作同道、王子行〔此時間十四分〕。
王子神社裏門前中村屋へ着。避暑也。コ、より大阪小笠
原常樹へ返書出ス。王子社・滝の川弁天不動など遊行。
旅店の飯強くして両人とも難渋ニ付粥を命ず。
三日　晴。午後三、八十七度九。
午前九時頃岩ぶち臼倉行。貞之助殿同道にて川ばた煉瓦
製造場見物、正光寺及び天王社参詣。川を渡り川口行、
善光寺ニ詣づ。暑気甚し。帰て五時前也。休息。帰路真
乗院参詣、六時頃中村屋へ帰る。●長井より郵書。●飯
野既明来。古典科入学ノ事也。
四日　晴。
早朝貞之助殿中村屋へ入来。同道にて六時十五分ノ気車
ニ乗、浦和へ趣ントスルニ乗後レタルニヨリ海老亭にて
休息。爰より半井梧庵月瀬記行一覧、附箋、久米幹文へ
郵送ス。午後一時四十五分気車ニ乗、浦和行、遊行。六
時七分ノ車ニ乗帰る。此時間三十分余也。今夜隣席ノ客、
芸妓〔栄吉〕招く。依て久しく寐られず。
五日　晴、風。○日曜
三作、十一時十分発ノ気車にて家ニ帰ル。予ハ残て嬉遊
笑覧をミ、并ニ斯文会講義筆記大蔵省条を草す。今夜も
芸妓隣席へ来り〔米吉〕、十二時頃迄糸竹さわがし。○

今夕大ニ涼気催ス。●中村入来。
六日　半晴。
午前嬉遊笑覧をミ了ル。蔦や行、中食。午後名主ノ滝へ行。かくて夕六時四十五分ノ気車にて帰宅。●宮内省より暑中慰労としてカステラ一箱洋酒二瓶ヲ賜。●大槻修来ル。
七日　半晴。
飯田武夫・薩埵〔さとう持〕・林等入来。面会。○夕刻大槻修二来。榊原遺物庭訓往来諸抄大成持参。○三輪来ル。
八日　午前陰、後晴。
〈七日条〉○〔八日也〕昨夜より疫痢之気味ニ付、多田招、診ヲ請。〈九日条〉○鈴木弘恭より史学会稿本廻ル〔八日ナリ〕。○千葉県中村松二郎より短冊頼来〔同上〕。
九日　陰。
宮内省へ出、十二時過退出。○客中草スル所ノ斯文学会筆記大蔵省講義郵送。○早朝野口来。○お道来る。おちか同道。竹織敷物賜。
十日　薄陰。
昨夜疝痛に付休息。○中村・長井・大木・飯野等へ郵書出ス。○飯田武郷来。戸沢事談ジ幷ニ官位考稿本御持参。○東来ル〔団扇持〕。不逢。森明陽庵外一人来る。中氷川社碑撰文頼なり。○夜謹吾及甚五郎来。
十一日　半晴。冷気午後三、六十七度。
文部省へ出、大学へ廻る。○午後佐藤行〔団扇・くわし持〕。日本逸史ノ事なり。○早朝謹吾来。質物事幷金弐円遣ス。○宇都野悴来ルニ付尋ネ。大学理学別科へ入門之事なり。
十二日　半晴。○日曜
鶏沢正清来〔くわし持〕。○午前九時頃より宮川大三来ル。書籍小口書其外頼也。午後五時前帰ル。三十銭遣ス。○井上毅より郵書。禅閤事取調、左府公命云々。
十三日　半晴。午後僅ニ雨アリ。○午後三、九十一度。
文部省へ出、取調済、井上へ郵書出ス〔午前十一時過〕。○夕刻より三作同道、公園地遊行。○萩野由之、水戸より昨日出之郵書来。
十四日　曇。午後半晴。○午後三、八十九度。
午後草稿物取調。
十五日　午前三時少前より降雨、後大雷雨。四時過稍衰へ、七時後ニ至、雨歇ミ雷亦声を止ム。後薄霧、又時々細雨、

薄陰、午後一時前細雨雷鳴、二時より降雨。○午後三、八十六度。

今暁ハ近年珍らしく処々落雷。よりて四時過より寐ず。
○井上へ左府宮云々調書贈ル。○宅ニて大政紀要取調。
△大阪小笠原より十三日出之状来。△後ニ聞。今日富岡八幡祭礼出シ《山車》出ル。曇天ナレドモ、群集候由。落橋已来之祭之由。

十六日　快晴。午後南風。○午後三、八十八度。
漸く秋爽ヲ覚ユ。井上より取調頼郵書来ル。○福羽へ官位考稿本之事郵書出ス。○石井より哥舞音楽考巻中写本来。是にて不残中清書済なり。○宅ニて大政紀要取調。
○お定・辰五郎来ル。無心ニ付五円遣ス。○夜本居入来、戸沢其外之談アリ。

十七日　晴。午後南風ツヨシ。○午後三、八十八度。

文部省へ出、大学へ廻る〔帰路佐々木へ回る〕。過日野口頼ノ前田家書籍之事、西村へ談ジ。○福羽より返書来。

あたミ小林より中村書状郵送。○史学協会提要意見書草案〔十八日小杉へ〕。○夕刻謹吾来。金七円余渡。○今井へくわし遣。

十八日　半陰。○午後三、八十七度一。
文部省へ出、午後井上ノ嘱ニヨリ皇典教育書取調。○夕刻謹吾来。諶五郎招。若林ノ事也。

十九日　晴。午後南風つよし。○午後三、八十八七。○日曜
皇典教育書取調書井上へ郵送。又太閤禅閤考再案ヲ草ス。
○堀田来。不逢。○今日福田半にて新築祝哥会有之。昨日招状来レ共、暑気ニより行カズ。○哥舞音楽史校点をはじむ。

廿日　曇、折々微雨。午後南風つよし。
宮内省へ出、帰路林へ廻る。不逢。○鵜沢手ミせ《手見せ》宮内省へさし出ス。○皇典所生徒小林芳樹〔福岡県人〕来る。
○諶五郎懸合ニ行。○飯くら長井へ使遣シ、輿車図考借用〔廿二日文部省持〕。

廿一日　朝小雨、曇。冷気。正午七十二三度。
宅調。夕刻より三作同道、福井丁入浴。第六天ウラにて晩食。冷気故ニ気分あし丶。○おたつ伝馬丁丸屋店行。
○長塩来〔茶持〕。○朝林来る。

廿二日　晴。北風トナル。冷気。
文部省へ出。井上へ再案書郵送。正午退出。日本銀行行、鉄道社第三回払込。笹又へ廻り、三時頃帰る。○あたミ

中村へ郵書出ス。○若松廿吉来〔さとう持〕。○製本師喜太郎〔うちわ持〕・若山三井来ル。不逢。○文部省にて又々腹瀉ニ付元気ナシ。午後休憩。

廿三日　晴、午後半晴。
午後七時過より延遼館行。山崎直胤外四名帰朝後招請なり。短哥処ノ人ハ福岡・福羽・香川・浜尾・桜井・萩原・丸山・千家・谷森などなり。十時過帰宅。○山口村岩岡美作来〔氷ざとう賜〕。○林来る。大学出之事不都合由〔玉子賜〕。○伝馬丁丸山より郵書。即刻霊岸嶋申遣ス。

廿四日　晴。又々暑気。午後三、九十度。無風。
文部省へ出。○朝林来る。○朝小杉来。中右記借用之事也。○白石より佐藤定介郵書来。△午後八時廿分大流星アリ。北方より南方ニ至。○学芸雑志へ□志稿、大学谷田部梅吉迄出ス。

廿五日　朝霧、後半晴、夜雨。○午後三、八十六度七。
音楽史校点成る。○秋田義種来ル。近日岩手県警部辞職、出京之由。○江上栄三来る。○村田清来る。写本持参。○夜ニ入三作・清道同道、鎮守・五条社参詣祭礼也。○笹又及伝馬丁店庄兵へ郵書。○玄関前屋根しつくい直し。○心正堂内小山来る。

廿六日　午前零時廿分頃大雨、軽雷。八時雨止ム。後曇。○日曜
謙五郎来、出願ノ談アリ。○宅調。○夕刻謹吾来ル。○夕刻神田川行晩餐。○おたつ、本居及大須行。○製本取調。○お栄来る。代りの人も出来候由。

廿七日　朝大霧、後晴。
宮内省へ出、正午退出。三輪・飯田より築地鉄道会社行、払込調印。清道すきや丁行。同道にて集成館及さし物や行。帰後謹吾来。謙五郎より手紙持、出願委任状へ調印なり。

廿八日　晴。
宅調〔夜ニ入〕。○山崎衡来る。不逢。○午後蔵書整頓す。○午前九時頃より鉄道馬車ニて、三作同道、鉄道会社行。金廿八円納、仮請取書取、正午帰宅。

廿九日　晴。午後五時頃小雨。雷鳴暫時止。
赤萩来。製本渡。○山崎来。面会。○お道・保太郎同道にて来る。おたつ同道、午後二時前水道丁行。保二郎（ママ）今日より同家雇頼なり。○上総面首川口峯吉来。村松親族なり。過日短冊染筆礼、炭六俵ヲ恵マル。○野史一・二之巻ヲ閲。○横山智光来。去三月中より社寺局へ写字生

ニ出候由。○長井光親来。此ほど長井方離縁ニ付、本姓石垣ニ相改候由。

三十日　薄陰。午後三時時々日光ヲ見ル。甚黄赤色。

文部省へ出、庄園之事調、正午帰家。宣胤卿記二巻ヲ閲。○夕刻謹吾来。金十一円渡ス。○おりせ、江沢遣ス。雇少女同道。

三十一日　曇。朝濃霧。

宮内省より新宿植物御園ノ野菜種々ヲ賜フ。○本居へ玉鉾会入社金、江刺外一人、筧・河合・拙宅分共五円渡。

九月

一日　曇、霧。午後日面黄赤色ヲ帯ブ。

文部省へ出、十二時帰る。

二日　陰。午後南風つよし。　○日曜

中村入来。去月末あたミより帰京之由。日用文鑑稿本御持参。○下総清宮より手紙使来。短冊認め遣ス〔五十銭賜〕。

三日　薄陰。午後半晴。○〔午後三〕寒暖計八十六度。

宮内省へ出、正午帰る。

四日　晴、西南疾風。夜細雨。○寒暖計八十七度。

おたつ岩渕行。廿一日法会之事なり。

五日　陰。午後時々微雨。

大学へ出、名目抄より大政紀要調、正午帰る。○福羽へ使遣ス。官制ニ稿本回シ。

六日　陰。朝烟雨。

○本居より玉鉾会員ノ証及受取書来ル。

七日　半晴。○寒暖計午後三、八十八度。

号外官報ヲ以テ昨六日午後八時（平出）韶子内親王〔滋宮〕薨去ノ告示アリ。依テ御葬送当日マデ哥舞音曲停止ノ布告出ル。○水道丁隠居入来。来ル十五日一行院ノ事頼。

八日　快晴。○寒暖計午（ママ）三、八十六度八。

号外官報ヲ以テ本日午後一時廿五分（平出）章子内親王〔増宮〕薨去ノ告示アリ。音曲停止ノ布令昨日ニ同じ。○午前九時宮内省へ出ル。昨日御達ニヨリ（闕字）天気伺ナリ。十一時帰る。○軽罪裁判所より来十一日出頭スベキ召喚状来ル。依て宮川招、委任状渡、代理托ス。若林之事ニ付、去月廿八日謹吾より警察所へ告訴一条なり。○若林老母来る。歎願。是より後数日来る。○秋田義種来ル〔くわし・抄本賜〕。

九日　曇。午後五時頃より雨。○日曜

午後三時過ニ長丁滋宮御殿出頭。〔四時〕御霊遷式幷御

入棺式あるにより拝礼也。五時過帰る。〇野村素軒外一人入来。林甕臣来。過日増給之由。大沢来る。子小源太入学ノ事也。

十日　小雨、午後曇。

宮内省へ出。一昨日御達ニヨり（闕字）天気伺幷ニ集会定日ノ為ナリ。十一時退出、皇典講究所へ廻り、職員令講尺。休暇之後初て也。井上可基仙台より帰ル。昨夜横浜着候由。〇松岡明義より手紙来。大学にて自今年金六十円下賜之義拝命由也。〇土岐政孝頼一話一言物目録・書後添削。

十一日　曇。

飯田来ル。面会。官制考稿本ノ事也。〇謹吾及ビ宮川来ル。今日裁判所へ出候由、代理ニテハ不済。〇佐藤来ル〔くわし賜〕。〇今井親夫来る〔ぶどう持〕。〇大沢より悴入学之義ニ付郵書。

十二日　雨、午後晴。南烈風速力三十里。

朝七時滋宮御殿へ出、拝礼。八時過宮内省へ出、足立へ面会。明日御葬儀着服之事也。九時大学ニ至る〔僧尼令講尺了る〕。午後退出。一時前軽罪裁判所出頭、判事補中田武雄ニ面会。若林一条也。右ニ付永田丁石尾ヲ尋。転居にて不果、三時過帰る。〇大学にて服部幹事へ稿本類幷類語目録渡し。〇午後四時頃より浅くらや行〔佐藤へ回ル〕。丹隺払本ヲミル。大沢撰科ノ書付出ス。〇江沢来ル。

十三日　曇。折々微雨、午後大雨、暫時止ム。夜東風強シ。午後速力三十四里。

朝六時三十分過出宅。本日（平出）韶子内親王御葬儀に付豊嶋岡へ御先着。六時御出棺、八時前御着。拝礼。了て十時頃帰宅。〇午後四時頃より桜川丁石尾行、面会。〇昨日長井誠より郵書来。上田建碑ノ事也。

十四日　半晴。

朝八時前大学へ出。今日より佐藤出勤〔金曜二時間〕ニ付、生徒紹介ノ為也。三代格未渡ニ付授業ハナシ。九時前霞関増宮御殿へ出、拝礼。九時過裁判所行。謹吾・若林も出頭。再ビ中田へ面会。滝山丁集成館より更ニ大学へ出、加藤物理ニ面会。〇午前十時おたつ・三作、一行院行。母十三回ニ付、別事修行也。お道・お晉も来ル〔弐円納〕。

十五日　雨。〇寒暖計。

青木書取第八取調。〇午後一時前より光明寺参詣。住持

ニ面シ、来ル廿一日法会ノ事談ジ。二時浅くらやニ至る。近日鎌倉河岸勝田〔質屋〕より之払本種々ミる。随筆及古板本多シ。凡て二千四五百巻と覚。俳書・狂哥書、其外ニ在。是ハ一覧せず。夜九時頃帰る。○（平出）章子内親王御葬儀所労にて不出。

十六日　薄陰。○日曜

荻野・関根来ル。面会。輪講ノ談有。

十七日　半晴。

宮内省へ出、大学へよる。帰て浅くらやより来ル処ノ書玩覧。○今日斯文学会文学会幹物会之処、不出。○丸山・大田・古嶋・岡田・笹又・村松・江沢・右馬等へまんぢう配ル。来廿一日法事に付也。○鉄道社より株式本券来る。

十八日　陰。

大学へ出、二時退出。中村行。近日所労〔強キ感冒〕に付見舞なり。八木行。不逢。帰路佐々木へ寄。輪講ヲ廃候事、談なり。

十九日　晴。

大学へ出、僧尼令講尺。午後輪講ヲ廃候事、生徒へ申聞、午後編集所へ廻り。○八木来。不逢。○矢嶋玄四郎より来廿一日亡父一周ニ付招来。

廿日　曇。

文部省へ出、夫より大学へ廻ル。宮内卿内命により冠ノ事取調、足立書記官迄送る。

廿一日　晴。

午前九時過光明寺行。母十三回忌法会也。臼倉・丸山〔隠居〕・古嶋・岡田・村松・大田〔お栄来〕・笹又〔お道〕・江沢〔お晉〕・右馬〔お定〕等来ル。謹吾・三作・おたつも行。宮川も来る。正午迄ニ法会済、膳部出ス。午後三時過帰宅、直チニ青木氏稿本大政紀要惣（総）記・巻一披閲〔翌日福羽へ廻〕。○夜浅くらや来ル。日本逸史ノ事なり。

廿二日　曇。

宮内省へ出。午後一時頃八木ヲ再訪、面会。猿渡・小笠原・井上頼等ノ件ヲ談ズ。午後四時過帰る。○浅くらや事ニ付、大学会計課へ手紙出ス。

廿三日　陰天。○日曜

午後より三作同道、向島花屋敷行。満開少シ過たり。惣ザイにて晩食、帰る。松岡へ悔ニ廻る。○湯川・猿渡来。面会。

廿四日　晴。
大学より宮内省へ出。○中村より郵書。○元すきや丁へおりせ遣ス。単物は折取寄せ。夜伝吉又遣ス。○今日退出がけ駿河台井上真俊行、面会、猿渡ノ事談じ。
廿五日　曇。
大学へ出〔車夫にて文部省〕。中村へ手紙遣。○橘道守より郵書。来月十二日母とせ子一周ノ哥求。○湯川・井上頼国等へ郵書。
廿六日　曇、冷。
大学へ出。○越後人中村政治新津丁桂上枝書状持参。興農社へ借本ノ事也。○物理より文学部政治学教科書之事談アリ。
廿七日　曇、冷。
大学へ出。○田嶋神社禰宜石川真澄来る。不逢。同禰宜糸山貞幹書状持参。○松岡より十日祭餅酒肴来る。○今日より鵜沢正徳、大学編集局教科書校正、二ケ月間御雇トナル。
廿八日　曇。
大学へ出。午後文部省行。退出より海運橋銀行行、蒲面会、金請取。○野口より手紙来。○来卅日研文社文会ノ旨郵書。○宮内省鷹見達三より書状来。
廿九日　薄陰。
午後橘頼ノ勅題哥集ニ編序ヲ草シ贈ル。○青木貞三来。不逢。○大阪小笠原より去廿六日出ノ状到来。
三十日　薄陰。夜風雨。○日曜
午後三時中村入来。四時頃より三作共ニ御同道にて開花楼行、饗ニ逢ふ。日用文鑑稿本渡。○謹吾来。石板ノ談有。○中村政次より手紙来。○午前青木氏、惣紀（総記）・巻九一閲了。

（表紙）

癸未日乗

丙

明治十六年〔丙〕

十月

一日　曇、午後雨、夜ニ入。

宮内省へ出。○斯文会より来八日文学会幹例会有之由、書状来ル。○田沢より農業新聞第一号郵送アリ。

二日　朝雨、午前より曇。

大学へ出、午後二時退出。星野行、戸沢事断。○丸山隠居来。大田法事へ被行由。○田沢へ桂ノ手紙廻し。郵送。○松岡明義来。先頃大学増時間之義、礼謝也。栗賜〔反物玉子共〕。

三日　朝曇、後晴。

大学へ出、僧尼令講尺。午後二時文部省へ廻り、中村面会。今朝謹吾来る。石板書匣ノ事談ジ。去一日中村尋候よし。○佐伯丁かなの会より、来七日会長宮謁見ノ為、学習院へ可出郵書来ル。○集成館より一話一言第六帙ヲ恵まる。是にて成功なり。

四日　小雨、冷気。五十八度ニ至。午後曇。

大学へ出、大政紀要鎌倉職員全ク了ル。○村上清、大学へ来ル。稿本渡。○若林母来ル。金弐円九十銭持参。請取遣し。○朝本居入来。去一日大学にて生徒ノ詠出、当坐短冊被示、此内優れたるを五六首撰出、学芸志林へ可加旨、物理被談云々。○おたつ新右衛門丁行。お栄迎之処六日ニ延。

五日　雨。

午前九時過大学へ出、佐藤日本逸史教授行、対話。十時過より編集所にて大政紀要室丁職員ヲ起草、例刻退出。○本居より半井紀行序文出来、宅もたせ。○朝謹吾来

〔三円渡〕。
六日　曇。夜雨風ヲ交ユ。
宅調。○午後四時頃お栄来る。○川田栄花会之処断。○昨日文部省へ取寄候語彙、野村へもたせ遣ス。
七日　陰。夜風雨。○日曜
お栄水道丁行。○午後お道来ル。おたつ同道にて伝馬丁丸や店行。○午後四時過より三作同道浅くらや行、勘定。タンボにて洋食、帰る。○村上清来。不逢。○半井来。稿本渡。○諶五郎来〔過日分五十銭渡〕。○水戸栗田へ通運ニて類語目録返ス。
八日　雨。
宮内省へ出、鎌倉職員卒業、福羽もたせ遣ス。帰路皇典所へ寄、職員令講義。帰路烈風。○右馬弟来る。○斯文会例会之処、断。
十月九日より十二月卅一日迄欠。大略左ニ。
十月中ハ大かた大学へ出、足利職員取調。
十七日
重野行、面会。音曲略史序文頼ミ。
廿日
番町大社ニ於テ本居大平翁五十回忌、本居催アリ。翁ノ遺筆数枚鬮取にて客に分つ。客ハ某氏ト宛テ四十人余来る。
廿三四日頃
佐々木、大学編輯所勤トナル。
廿三日
集成館行。一話一言全部印刷出来祝として、蘆のわか葉一部賜ル。
廿七日
大学卒業証書授与式ニ出。午後二時より也。三作同道、博物場見物。
廿八日
大学部長より急喚ニ付出仕。昨日午後四時頃生徒暴動ニ付、教員一同集会にて種々議論アリ。午前十時過より午後三時ニ至ル。今日好古会アリ。右ニ付不行。廿九日も出。三十一日も。
十一月五日
宮内省より青山南町平松邸行。過日親父不幸悔也。皇典講究所へ廻り帰る。

八日
大学退出より西ノ凹若松・飯倉徳川邸・松岡等へ廻る。
十日
牛込半井行。木原ノ事也。
十一日
野口・世良其他ト新富坐見物。二番目古市場芸妓踊アリ。三作・お栄同道。
十七日
川田栄花会。半井へ廻ル。
十八日
青山御所御庭拝見ニ付、お辰・お栄・三作等にて午後一時過参ル。山沢へ尋。
廿日
皇典所へ出。
廿六日
宮内省退出より編輯局一同、向嶋八百松行。編集本日限ナレバ也。幹事ハ青木・金田也。雨降テ寒冷也。
廿七日
文部省より斯文学会へ尋、すきや丁へ行。／本日編輯ハ地志提要ニ寄、足利ノ世行政区画調。／本月喜楽会ハ王子ニテ催〔足立別業へ寄〕。扇亭行。帰路ハ気車也。
十二月一日
本日より本務ニ立戻る。文部省へ出。已来大学ト隔日。
三日
大学より皇典講究所廻。喜楽会ニ付、石丁竜尾亭行。
四日
水道丁行。臼倉家事談ジ。是ヨリ先臼倉後家及鼎之助来。岩井呼、談ジ。
六日
午前十一時三十分気車にて岩ぶち行。丸山・大田も来。小田切・佐乃・岩田や等にて談アリ。夜人力にて帰ル。時ニ十時。
十日
宮内省へ出。哥道沿革取調出来。福羽へ出ス。
十一日
御用召。大(太)政官へ出。宮内省御用掛被免。宮内省にて賜金アリ。
十二日
大学退出より福羽行〔くわし持〕、中村へ寄、同道、神田川行。家事談アリ。

十三日
文部省退出より福羽行。今日編纂局員一同招請也。夜十時前帰る。
十五日
文部省退出より薩埵行。笹又事談なり。三時より学士会出。武家職制之事演説。
十六日
朝谷行。午前より元冨士丁いづ屋行。臼倉集会なり。夕刻退散〔○池辺へ意見書、飯田へ廻る〕。
十七日
朝谷行、面会。大学より皇典所廻り。
十八日
引。三時より佐々木行。納会也。
十九日
宮内省へ書物納。
廿日
文部省退出より、築地すミや行。落合・妻木・高嶋等聯合にて参事院内務部ノ者一同招請。其事奥ニ有。
廿二日
川田栄花会納。
廿三日
飯田方へ結納品送ル。今日神足へ被参候事。
廿四日
大政紀要三ノ巻残稿福羽へ納申候。佐伯へ托シ。今夕同書印刷分十巻賜ル。
廿五日
文部省退出後、呉ふく橋外柳屋行。中村同道謹吾招談アリ（昨日盗難ニ逢候由）。
廿六日
午後三時過より飯田来。池辺同道。
廿八日
すきや丁行〔金子持〕。
廿九日
午前十一時卅分より宮内省歳末御礼ニ出、飯田・中村〔鳥反物持〕・谷〔鳥持〕等へ廻ル。
卅一日　日のさして雪わづかニ降。午後晴。寒風。
目出度歳を終ふ。

〈付　歳始御礼人名・暑中御尋控・歳尾御尋控〉

〈「癸未日乗」甲収載〉歳始御礼人名・印返礼済

一日

郵便　加藤　弘之・
同　江木　千之・
同　杉浦　重剛・
水島慎二郎
古典科生徒　関根　正直
同　松本　愛重
同　西村　金平
同　伊藤　肇
同　太田　幸吉
同　石原愿二郎
同　服部　元彦
同　今井彦三郎
同　豊田　伴
同　池辺　義象
同　山田　巽
同　伊藤　平章
同　橋本　光秋
同　亀山　玄明
同　反町鉎之助
同　永原清二郎
同　高木　六郎
同　（佐）伊藤　定介
同　雨宮　于信
古典科生徒　井上政二郎
同　内山　直枝
同　江上栄三郎
同　萩野　由之
八木　雕・
有賀　長雄
矢島玄四郎
白井　道澄・
浜　武慎
南摩　綱紀・
香西権五郎
小杉　榲邨
細川潤二郎・
松浦武四郎・

筆十
はかき郵便十
金米糖
封筒三
巻紙一
のり二
くわし一箱
半紙三

吉川　辰夫・　　計五十七名
宮崎道三郎　　二日
塙　　忠韶　　郵便
・朝比奈知泉　　同
宮崎　蘇庵・　　同
中村　秋香・　　同
渡辺　玄包・　　同
・岡田　良随　　同
佐藤　誠実・　　同
岡田屋忠兵衛・　　同
飯田　武郷・　　同
宮本　　央
井上　頼圀・
古島勝二郎・
三輪　彦輔・
牛乳
養　精　舎
石井小太郎
（古典科生徒（ママ））
若松　甘吉
佐伯利麻呂・
宮川　大三・

伊藤　圭介・
尾越　蕃輔・
九鬼文部少輔・
山本　邦彦
那珂　通世・
神田　孝平
著　作　館
河鰭　実文・
福羽　美静・
大田　　堅
鵜沢　雅房・
黒川　真頼・
田中　稲城・
肥田　殿守
飯溝　耿介
直江　重成・
鈴木　弘恭・
平山　太郎・

ちよこ
本一

神藤弁之助　書翰箋一箱
・森田　荘蔵　ねり香一包
染谷愛二郎　切手二
狩野　良信・　のり一
三田　葆光・　巻紙一
田村　義質・　のり二
村岡　良弼・　羊かん一扇子
・戸沢　盛定
阿部　弘蔵　郵便
熊沢　有義・　同
甫喜山景雄　同
高嶋　久敬・　同
箕輪　醇　同
里見　義・　同
古典科生徒　小田楽九太郎　同
古典科生徒　小串　隆
古典科生徒　三浦　純雄
皇典所生徒　田内　逸有
屋代　忠恭
須原屋伊八　計五十七名

清水　彀・
岡野　伊平
筧　正庸・
長井　光親・
山崎や勘兵・
足立　正声・
臼倉鼎之助
三谷　義一
久保田　譲・
伊沢　修二・
菱田　重禧・
三浦　安・
穂積　陳重・
勝部　一之・
広瀬　進一・
埴原　経徳
電信分局　松井　孝一
須原　鉄二
佐野　卓・

のり一
三日
郵便
羊かん一

野瀬　胤正
左官　弥吉
久保　吉人
市川　寛繁
磯村　定之・
山本　邦彦
伊東　道房
電信局　前原金四郎
浜田男麻呂
蒲　義質
鷲津精一郎・
飯沼　一雄
師岡　正胤・
斎藤　拝石
湯本武比古
高橋　信志
電信分局　近藤　東一
横須賀　純・
大沢　清臣

紫蘇酒一
手拭

新井　正毅・
平井　正
吉田　賢輔・
永阪　潜
加部　厳夫
増山　守正
高橋儀八郎
吉田　彦鉄・
横山　謹吉・
・佐藤　春治
塙　忠雄
伊藤餘太郎
井上哲二郎
・小野徳太郎
高林　知秀
古典科生徒　奥平種三郎
同　青戸　波江
加藤　央
長塩　純卿・
荒井伊三郎

巻紙二　松岡　明義・
黒繻子半ゑり一
松篁(ママ)鑵詰　近藤　圭三
煎茶式一冊
扇子二　今井岩五郎
さとう　横山　智光
郵便　田中不二麿・
飯田　永夫・
計四十三名
四日
郵便　野村　素介・
同　滋賀県　渡辺　弘人
系(罫　以下同)引本一　浅倉や久吉
ビール一　木村　正辞・
のり一
唐木細工二　水野陽一郎・
郵便はがき廿葉
さとう一袋
くわし一　河合きさ女
房やうじ沢正　江刺　重吉
手拭一　かふもり傘や　藤田や
大小すり物
ミかん一箱　江沢藤右衛門・

鰹ぶし一袋　若松　甘吉
手拭一　琴　通　舎
郵便　小田原　片岡永左衛門
罫引箋　日本橋四日市丁　村田や佐介
わさびつけ　大須玄三郎・
糀つけ　辻　新二・
湯川亀二郎
稲垣　千頴
葛木神社　葛城　真純
五井　弘亮
戸田　氏貞
田沢権三郎
古筆　了悦
さとう
郵便切手廿組
くわし箱一　河合きさ子
五日
郵便　猿渡　盛愛・
大小
はミがき　書林　武田伝右衛門

扇子二　のり二　丸山　平助
さとう　巻紙一　大田　惣吉・
鶏卵切手　横須賀安枝・
蛙子香合　氷さとう　安仁神社宮司　賀茂　百十
のり二　三輪杉之助・
のり二　矢彦　知光（充）・
宇都野正武・
木村　清真
わた一包　林　甕臣

六日

大畑　弘国
木沢　成粛・
小出幹太郎
山本　邦彦
郵便　栃木　原　近智
同　千葉　秋葉　美雄
有賀　長隣・
松平親信代　金子　忠奥

ちよこ　高岡や喜市
半紙二　左官　喜八
はがき二　羊かん　大黒や与七
のり二　久米　幹文・
郵便　岡　敬孝
同　斉藤　友介
ふろしき　かふもりかさや　藤田

七日

郵便　武津八千穂
同　神戸　大須玄三郎・
同　横井　忠直・
同　水野　忠雄・
半紙一　ひの出上マッチ　玉川酒店
マッチ箱七　のり三　おりせ宿
くわし　杉山　千知（和）

八日

郵便　忌中之由　安井小太郎
同　妻木　頼矩・

さとう　白井　八弥
味付のり　鈴木　重嶺
こぶ巻　文行堂卯之助
野州葱　大橋　操吉・
奥田　直明
九日
薩埵　正邦・
書翰箱　松野　勇雄・
十日
さとう　鶴　久子
郵便　播磨神西郡香呂村　岡崎　爽
同　村田　良穂
十一日
くわし　笹又権二郎
郵便　埼玉郡鷲宮村　大木　道雄・
同　岩手県　秋田　義種・
十二日
郵便　南多摩郡椚田村　木原養太郎・
十三日
高橋　渡

十四日
島田　済
織田　完之
十五日
十六日
十七日
郵書　石川県　田上　陳鴻
同　越後柏崎神宮教会所　大谷田秋彦
網野　延平

〈「癸未日乗」乙収載〉暑中御尋控

紫蘇酒　屋代　忠恭
佃煮　野瀬　胤正
ビール一瓶　佐藤　誠実
カステラ一箱　松岡　明義
団扇二　伊予　紋
網野　延平
さとう一袋　浅倉　久吉
鶏卵切手一円　横須賀安枝
田所　千秋

さとう一袋
かつぶし一袋
ミかん水二瓶
酒二舛
懐中汁粉
くわし一箱
するめ
さとう一袋
ジヤガいも
虫除粉
紫蘇酒
鶏卵一重
くわし一箱
同
レモン水
団扇二

平岡　好国
高林　知秀
大田　堅
佐野　卓
神藤弁之助
三輪　彦輔
鈴木　重尚
佐伯利麻呂
佐々木弘綱
生徒　永原清二郎
同　萩野　由之
大沢　清臣
若林
臼倉貞之助
清水　穀
筧　正庸
香西権五郎
須原　鉄二

さとう一箱　堀田

〈「癸未日乗」乙収載〉歳尾御尋控

かつぶし　神藤弁之助
玉子　野瀬　胤正
砂糖一箱　佐野　卓
鶏卵一箱　鵜沢　正徳
わた　物集　高見
あひ鴨一　小杉　榲邨
鴨　大沢　清臣
くわし一箱　佐伯利麻呂
味醂一升
さとう　本居　豊頴
さとう　浅倉　久吉
金壱円　平岡　好国
同　好文
鶏卵壱箱　須原　鉄二

明治十七年〜十九年旅日記

「伊香保日記」

明治十七年五月六日〜二十九日

「おもひ出の日記」

明治十八年八月六日〜廿七日

「磯部の日記」

明治十九年七月廿五日〜八月十四日

伊香保の湯あみに出たゝんとせし時、佐々木弘綱ぬしのよみて贈られける長歌の奥に、

　　かみつけのいかほのいで湯いでわれも
　　　こゝろを君にたぐへてやらん

とあり。事繁き中なりけれど、便りにつけて、

　　たぐへけんこゝろを友と旅ゆかば
　　　み山ざくらもひとりやは見ん

五月六日、午前六時廿分、男三作と共に、上野なる汽車に乗る。十時四十分ばかり高崎に着く。いかにしたりけん、廿分ばかり後れたるは、開業の後、まだ程もなき故にや、連雀町なる田島尋枝は、かねての知る人なれば訪ふ。清香庵といふ鰻屋のあるじなれど、國典に志深き人なり。こゝにて人力車を雇ひ、午後一時過るころ出でたつ。道けはしけれど、近ければとて、柏木路をゆく。中里といふ所より、漸く上り行くのみにして、柏木よりあなたは、全く山道なり。路すがらの里の家に、幟を建てたるをみて、

　　うつりけんさ月のけふも山ざとは
　　　家庭のはた手風になびけり

水沢村は水沢山のふもとなり。この山に観音堂あり。開帳とていと賑し。この山を登りて、右のかたを行く、うちひらけて、原めきたる所もあれど、屈曲して、昇り下りするかけ道多し。右の方は赤城山高く聳え、前橋・安中・高崎などの家居も、遙にみなされて、けしきよし。左の方は二ツ岳・相馬が岳など、近く立ちなみたり。高崎を出でし程には、遙に雲のあなたなりけるむら山も、やう／＼近くみなさるれば、

　　遠くみし山はけ近くなりにけり
　　　さしゆくさとはけぶりだにせず

伊香保の村近くなりて、ます／＼けはしきは、山の半腹にそひて、家ある故なり。七時過る頃、木暮八郎の家につく。けふは晴れたれど、赤城山のかたは曇りて、上つかたは墨流しとかいふらんやうに、かすみわたりたりき。

七日晴、此わたり見にとて、そゞろありきす。わづかに三四町ばかりの所なれど、裏町もあり、汽車の便ひらけて、此夏よりは、ことに賑はしかるべき心がまへにや、東京なる紅葉館の支館めく家を、新に町はづれに設けて、修営しはじめたり。又こゝより一二町を隔てたる所へ、浴

室を新に建て、新伊香保と名づくべき催あり。これは、此町の人家あまり稠密なれば、広らかならん所をとて、温泉宿の甲乙相謀りての事なりと、宿のあるじかたれり。湯元へゆく。此家の右なる細きがけ道を、八町あまり行けば、岩間に、湯のたまれる処あり。そこより柄杓もて汲み出し、器に盛りて持帰りて、飲料とす。宿を出て、たゞに右の方にそひたる石階をあまた登れば、伊香保神社あり。式の名神大社にして、湯前大明神と称せしを、維新よりして、古名に復せりとぞ。こゝは此地の中にて、最も高き処なれば、四方屏風の如くたてるむら山を見わたして、絶景の地なり。去る明治十一年の火事に、一村皆焼けたりし時、此社も焼亡して、今は仮建の神殿なり。けふはとかくにねぶたきを念じて、伊加(香)保志を一過す。

八日、よく晴れて暑気を覚えたり。此あたりなる経師とて、都《ト》丸養一郎といふ人、書画帖をもて来て、染筆を乞ふついでに、語りけるは、渋川の駅をわづかに離るゝ金井といふさとに、堀口貞歙《ハル》、号を藍園といふ奇人あり。家業は紺屋なれば、手を藍にひたしながら、詩歌にあそび、読書を好む。此わたりの若者、就きて学ぶ者多しとて、全唐紙に、詩を書きたるを、五六葉とり出て見せたり。げに鳥の跡も凡ならず、詩の趣もをかし。その内の二つ三つを書す。

両奴三婢女、家計未全寒、聖代之恩賜、居泊老況安
五日三升米、纔写半巻書、眼光兼口腹、其力有荷余
〔右漫吟十首之三〕

野水纔添碧、山霞稍散紅、吟行昏暮路、偶到寺門東
〔右散歩〕

宿のあるじも来て、歌をとこへり。いにし年、皇太后の此所にいでまして、此宿にまし〳〵し時、近藤芳樹も御供なりしかば、こひ得たりとて、唐紙二行に書きたるを、表装して、軸物としたるを、みせたり。その歌は。

よそよりもわきて楽しきやどりかな
伊香保の湯げた数はあれども

とありき。去し月、福羽議官より賜はりし、山県大弐の柳子新論を、旅こりに入れて持参りしを、とり出て、句読をしるしながら精読す。

九日、少し曇れり。昨夜横浜の平文《ヘボン》、妻とゝもに此家の別屋につきて逗留す。おのれも八九年前、眼疾を患ひたりし時、治療をうけたる事もあれば、行きて対面す。家は山に臨みて新築したれば、ことに静なる所なり。家のお

となりし某、こゝをやどりとせばいかにといふ。おのれはいと好ましき所とおもへど、三作の淋しさに堪へざらんといへば、果さずなりぬ。東京なる江沢藤右衛門より、郵箋来る。とりあへず返書す。此地に郵便局ありて、日毎に正午納きり、午後一時三十分発といへり。東京よりは三日目に届くなり。柳子新論を読み了る。

十日、半晴なり。一昨日帰られし、長岡議官の仮のやどりせし高どのに移る。こゝは殊に眺望よろしく、静なる所にて、本意にかなひぬ。午後榛名神社祠掌小山何がし、祠官一宮栄樹の使とて訪ひく。一宮氏は、先年わが家へもおとづれて、知る人なればなり。こたび県社に列せられしにより、去る七日より十一日まで、大祭を行ふにより、みづから来らざるおこたりを、縷々といひおこせたり。かねて入浴一週間を過しなば、参詣かた〴〵訪はん心組なりしかば、天気よくば、十四日には、必ずおもむかんといひやる。今日より斯文学会講義筆記を書きはじむ。職員令の宮内省の条より起草す。

十一日、くもれり。午前十一時過より、この家の右なる崖道を下り、登りて行けば渓流あり。湯の沢といふ。そこより又九折の道を登れば、向山なり。幽邃にして風色よし。こゝに玉兎庵といへる酒肆あり、入りて昼餐す。藤野・山岡、其他の額字あり。庭を隔てたる一室に、かねてより来客あり、この地の芸妓を携へたるが、月琴を弾じて興を添へたり。

よつのをのをごとにかよふ松風は
　かゝる宿にぞ聞くべかりける

と、やどの書画帖にしるして帰りぬ。午後二時過より、少しづゝ雨降り出でたれば、湯元の湯を汲みて、いそぎ帰る。三時頃より、北風を交へて、つよく降り出でたるが、雷さへおどろ〳〵しく鳴り出て、ことにつよきも三四声ありき。夕過る頃、雨は止みたれど、猶くもれり。

十二日、雨ふる。雲霧立ちこめて、宿よりはつかの先は、咫尺もみえわかず、窓を明くれば、家内までも入り来るが見ゆめり。三作こゝちあしといふ。おのれは温泉の相応せしにや、気力大によろしければ、講義筆記を草す。しめやかなる日にて、かゝる業には、なか〳〵よろしく思はる。高崎の田島より郵書来る。此ほど頼み置きたる竹葉の事なり。

十三日、よく晴れて、遠き山々までみゆ。仮住せる高どのに、たゞにむかひて、北東の方にたてるは、をの子山、子持山にて、赤城山の裾は、東にあたり、西の方は、沼田・シブ〔温泉あり〕の山々なり。をの子山のむかひに、かすかに雪をいたゞけるむら山は、三国峠の方といへり。講義筆記を草し終りて、午後より、三作と共に東の道を散歩す。先つ日此處へ至りし道なり。十町ばかり行けば、郭公の名所なる物聞山〔今は金毘羅山と云〕、ま近く右の方にみゆ。此地へ来りしより、いまだ鳴かざりければ、

ほとゝぎす鳴きつとかたる人もなし
　物きゝ山やきくにけうとき

石地蔵たてる処に茅屋あり。こゝは、渋川と、柏木との、ふた道のわかるゝ処なり。東京の、今井・井上〔可基〕竝に義象よりの郵書とゞく。今朝宿のあるじ出でたちて、一両日のほど京にありといへば、大槻への一書を託す。

十四日、雨降りくらして、ことに冷気を覚ゆ。雨ふる日は、温泉もぬるきこゝちす。けふはとかくして、筆記も多くはせず。きのふ東京よりの郵書の返り事などにかゝりたればなり。三作は徒然に堪へず、都丸の家は近き程なれば、行きて月琴を聞きなどす。江沢より再び郵書来れり。此家に、函館県大書記官竹裕のやどりてあるに乞ひたりとて、例の書画帖に、墨竹を画がきしを、都丸のもて来てみせたり。その人は、神祇官の頃、権少祐たりし事ありて、みしらずしもあらず。

十五日、晴れたれば、八時三十分頃より、駕籠にて榛名へと出でたつ。湯元にたゝせ給ふ神社の、うしろの山道をつたひて、いとけはしきを行く。此道は、去年よりの新道にて、ふる道は、向山の方に在りといへり。やうく登りゆけば、二ツ岳・相馬が岳、左ざまに聳えたるが、上つかたに、鹿の子まだらといはんやうに、粉雪みえて、きのふは、此あたりに降りしきたるさまみゆ。げに常ならず寒かりしは、此故なりけりと覚ゆ。宿のおとなの、五十あまりになりたるが、おのれいまだ、陰暦の四月に、此あたりに雪降し事は覚えず。いとめづらしといへり。ましで遠くみわたさるゝ三国峠・沼田のかせふ山・白根山など、いとましろなり。登りはてゝ、旧道と合ふ処にいたれば、いと平かなる原にて、左に相馬が岳、右に伊香保富士いとまぢかし。相馬が岳のいたゞきに神あり。近きころ、参詣の人多しといへり。此あたりにて、最も高き山なり。或は、万葉集によめる安蘇山なりともいへり〔此あたりの山に深山ざくらのさけるをみぬ〕。原のたゞ中とも覚しき処に、伊香保・榛名、両村堺の榜示杭

たてり。富士のふもとを、近き頃牧として、牛を蓄ふ者あり。そのあたりは、既に伊香保の沼にそひたり。字を野だひらといふとぞ。さて沼〔周三十五町冬は氷をわたる事諏訪の湖のごとしといへり〕は広からねど、水清くすみて、鏡のごとく、其わたりなる富士はさらなり、烏帽子岳・一畚《ヒトモッコ》山・鬟櫛山・硯が岳・掃部が岳などいふむら山の影、よくうつりて見ゆ。今は榛名のみたらしといひて、武蔵下野の村人、雨ごひの水をくみて持ちかへるなり。原より、又山を登れば、天神峠といひて、茶屋ある処よりみれば、風景絶勝なり。こゝは、殊に高き處故にや、常に風あり、雪ある山より吹来る、げにや、旅衣いとひやゝかなり。こゝに榛名神社の鳥居あり。その方には、遠く秩父の山々むら立ちて、そのうしろより、富士のいたゞきみゆめり。これよりはひた下りに、けはしき岩ねの細道をぞゆく。十八町にして、榛名の社の惣門あり。左の方の渓流のむかひに、葛籠岩といふ高き奇石あり。こゝより四町ばかりにして、祠官一宮栄樹の家あるを訪ふ。あるじ待ちよろこびて、さま〴〵あるじまうけせり。昼食の後、祠官案内して本社にまうづ。惣門を入りて、神橋をわたれば、大なる岩石、道の左右に聳えて、目を驚かせり。三重の塔あり。此辺老杉立竝ぶ。石段を登れば、右に瓊鉾石屹立す。質龍山あり。扉の彫刻精巧なり。社務所に入りて暫く休息す。又祠官と共に拝殿に登る。さゝげたる幣帛料、竝に神供を奉る間、楽人三人列居て、横笛・笙・篳篥を奏し、神楽殿にて、巫女舞ふ。祠掌原田真苗、御そぎ祓を述べて、おのれと三作とを祓除し、さて参拝せしむ。終りて祠官神宝をとり出でみせたり。その品は、

古文書二巻、建久二年留主所の下文〔榛名寺とあり〕最古し。其他は、持氏・氏政・信玄・憲政の類なり。

大塔宮奉献といへる神剣、長一尺二寸。

武田信玄納る所正宗神剣〔在銘〕長二尺二分。

同勝頼奉納太刀〔銘月山〕長二尺五寸。

滝川一益納る所鎗の身〔銘高天神兼明〕長一尺四寸五分。

信玄の馬じるしのはた、表錦、うら金、已に落ちたり。

石づつい、二尺二寸、二尺三寸、二種殊勝のものなり〔山吹日記云、無名宝石二ツ、其大なるは、慶安四年四月、当郡善次村にて得たり、今ひとつのやゝちひさきは、承応二年五月、武蔵の榛沢郡宮村にて得たり、

各其所より奉るとぞ、二石の記あり〕。古剣の折れたる、相州三浦の海より出でたるが、霊告により、此社に納むといへり。井伊直政奉納鞍橋〔惣なし地、青貝、橋の紋〕、鉄鐙〔青貝〕。

文政九年井伊直亮添書あり。

鏡、弘安四年八月廿二日箱根権現とあり、十一面観昔を彫る〔此他古鏡二三面有りき〕。鰐口、正応元年の銘あり。今一つは、永仁四年、此外にも、何くれとあれど略す。

神拝終りて、又祠官と共に、本社の後なる御姿石をみる、上に頭とおぼしき形ありて、人のさませり。その中らの程に窟ありて、御霊代の神剣を安置す。又古き巖瓫大小五つありと語れり。拝殿の前に、元亨二年の銘ある鉄灯籠あり、高六尺五寸、上野国車馬郡榛名山満行権現とあり。一宮の家に帰りて、道すがらの歌と、榛名の社にまうでたる歌とをかきて見す。

伊香保風うべ寒からし夏山も
　はだらに雪のうはよそひせり

うつゝとは身もおもひえずあふぎみる
　神代ながらの神のいはくら

又祠官案内して、榛名の町をそゞろありきす。琴平の神を鎮座したる高き山に登る。こよひも懇なるあるじまうけあり。祠掌原田真苗・同利雄来る。祠官のこふまゝに、短ざくを染筆す。物がたりに夜ふけて、十二時過ぎて寐ぬ。

十六日晴、原田利雄物語けらく、吾妻郡元宿村に、川辺半四郎といふ人、長禄十六年の江戸絵図を所持したりと、又此山に慈悲心鳥ある事、山領日記にもしるせるが、今もかはらず、夜中に慈悲心〳〵と高く鳴く声、いと清亮なり、仏法僧鳥は、今鳴くこと稀なりとぞ。又いはく、維新の際、岩鼻県よりの沙汰にて、仏体ある古鏡・古写経の類を、あるひはこぼち、又は焼き捨てたりと。げに此山は、仏徒より成立ちたるものと覚ゆれば、古物も有りけんを、その頃は、いづくも此あらびは免れざりしものか、彼楼門の上に釣置ける文永五年大勧進僧栄円と銘ありし鐘も、其折こぼちて、今はわづかに其摺木のみ残れり。神人小山何がしも来て、又短ざくを物す。十一時の頃、迎ひの駕来れば、別れをつげて出でたつ。一宮・原田、惣門まで送りす。けふは二ツ岳の蒸湯のさまをみんとおもへば、其ふもとより、岩道のけはしきを登る。湯屋三軒ばかり、山の半腹より、やゝ上つかたにあれば、はるかに望めども、登りつくになやめり。からうじて、森田といふ家に入りていこふ。はなしの種に、風呂めせとあるじのいへば、げにと、入りてみる。地を一尺ばかり掘りて、九尺に一間ばかりの裡に、草屋根をしつらひ、はしらは漸く三尺ばかり。入口に開き戸ありて、入ればたゞちにたて切るなり。さて下のかたは孤〔孤の下処々に穴ありといへり〕にて、火気あつからず、立登る上へ、あふむきに寝て居れば、蒸されて、汗出れど、息つまりて、堪へがたければ、時計三四分の程にて出たり。疝痔疾などによろしといへり。三作は入らず。此家に、望遠鏡のあるを借りて、がけ作りの縁よりみわたしたり。こゝより伊香保まで、新道〔則ち来りし道〕を行けば十二三町といへど、轎夫は嶮なるに困じて、古道を帰る。それは、山の半腹の細道をつたひ、更に昇り降りして、一里ばかりをたどる。足の下は、大かたちひさかる石に、落葉の交りたるにて、さらに人に逢はず。午後三時前、漸く伊香保につく。高島より、竹葉三かめ、東京の江沢より、一包届きあり。

十七日半晴、遠山みえず。東京より来りて、貸本を業とせる望月光朝〔俳名笠外〕の此地の人とかたらひて、簡易なる伊香保志を、更に物すべきにより、此あたりの事をよみてとこふにまかせて、

伊香保ねの松とさかゆるひとざとは
　くしきいで湯のしるしなりけり

都よりかよひくるまのかたざとも
　夏はたのしとやどぞにぎはふ

としるしてあたへぬ。大学なる萩野由之、また義象より、去十四日、官費の願許可になりぬるよし申来る。三作の借りたる雑書どもをよみて、何事もえせず。

十八日、空きのふのごとし。萩野・江沢・義象等へかへりごとの書をおくる。田島より、此ほど便につけて、なぐさめむよしのなければ郭公

都の人をたえずとへかし

といひおこせたるかへし、

郭公聞くよりうれし初声の
　高崎よりの人のおとづれ

けふ郵便していひやりぬ。又中村秋香ぬしへも、此わたり、はた榛名の事ども文通す。江沢より、十五日夕発の

状届く。去る十五日、笹又保太郎〔外孫〕死去の凶報なり。脚気衝心にて、急症なりし旨、いといたまし。とりあへず笹叉へ悔状、江沢へ返書出す。けふはかゝる事どもにて、長き日をくらしたり。この宿へも、報知新聞日ごとに来れば、借りてみる。但し二日づゝおくれたり。

十九日、午前一時頃は、雨甚しかりけるが止みて、三時頃より、西風いとつよし。夜明けてやみたれど、午後より、西北の風又起れり。遠山はよくみゆれど、猶雲あり。けふは、少しく冷気を覚ゆ。げに伊香保風は、名だゝる処なり、冬はことに甚しといふ。ひとりの家大かた崖作りなれば、その下を冬籠の処とし、商家など、みせ店は則、二階にて、通行の路にそひ、温泉宿旅店は、三階四階を、客の間とす。一宮より借来れる清水浜臣の上野日記をみる。文致元年、信州善光寺より、草津・妙義・榛名・伊香保などに遊びし日記なり。金洞山へも登りし由みゆ。又山吹日記をみる。日下部高秀〔今条定右衛門〕の武蔵、上野をめぐりし道の記なり。此ほど一宮より頼みの歌を詠ず。そのひとつは、此国の邑楽郡古海村といふ所の、高徳寺といへる寺の内に、児島高徳の墓あり。高徳、僧となりて此寺を開基し、やがて此処に終りぬと、そは徴証とすべき事物ありて、先つとし、ある人の筆記して、印刷せるを見しことありき。児島氏終焉の地といひつたふる処、備後・土佐・陸奥など数ケ所にあり。到底定めがたき由、記事にもいへり。此上野なるも、その一なれど、筆記をみれば、拠あるこゝちす。比年ごろ、新田郡郷社八坂神社祠掌阿久津盛為《スケ》主唱者となりて、霊社を建立せん事業にいたづき居れりといへり。それにおくらん歌をとこひけるに、

かみつけやさとのふる海にうづもれし
　こじまのあとを人はしらずも

そのふたつは、群馬郡善地村といふ処に、月次神社あり。そは上野神名帳にも載せたる古社なり。境内に、くるまの松とて、しみさかえたる老木のたてるに、社頭松といふ歌をといへば、

ちよの色は野山の松もふかけれど
　猶いちじるき神の広前

とよみておくりぬ。又やどの妻より、かとりの絹に、木蓮のはなと、今ひとつは、何ともわきがたき花を画がきたるに、歌かきてとこへるに、

手折るとて香にやしみけんわが袖の

花のにほひも山づとにして

と書きてとらせぬ。画は前橋あたりにすめる、寛友斎といへる画工のものせるにて、此家に逗留せる人なりとぞ。外に彩色密画の人物などを見しが、よき唐画かきと覚ゆ。東京大学の江上栄三郎よりも、官費許可の事報じ来る。講義筆記稿本今日終る。

二十日、晴。江上へ返書出す。望月頼の短冊、家あるじの頼の書画帖などしたゝむ。午後より、三作とともに、丸山の方へ七八町散歩す。をのこ山の方へむかひたる田畝にして、里ある方へは、猶遙なり。けふも又雑書をみるのみ。今日にて滞留二週日に及べり。

二十一日、半晴にて風さむし。温泉宿のあるじ岸又太郎とひ来る。望月紹介にて、伊香保温泉図解、竝に地図の稿をもたらして、閲覧をとこへり。岸氏いへらく、此地の温泉を飯湯とせしは、維新以来のことなり。楽焼は、わが親、また此木室の先代などより、焼きはじめたり。されど全く慰みのみのしわざなりしに、五六年前、篠田仙果〔戯作者〕東京より移りて、湯元にすみしより、種々焼き試みて、売物とせり。仙果は、湯元より、はる名と、二ツ岳の道を、新開の事にいたづきて、功力ありし者なりしが、去年身まかりて、其妻女は、今に湯元の家にあり。又いはく、いにしへ、湯元に千明〔チギラとよめり、殊に旧家にして、今も戸長なり、温泉宿を業とす〕の邸ありし跡は、今いづ方なりやさだかならず、伊香保神社も、そのかみは湯元の地に有りけんを、徳川氏のはじめ、井伊家の領地のころ、民家を今の地へ移しゝ時、ともに鎮座の所を替へたるものならんと、その他、くさぐ〳〵の事ども談話して帰れり。

二十二日、半晴。きのふより、隣室へ客来りて、かしましからんとの宿の心しらひにて、居処を下座敷の上段へうつす。楼上よりは陰気なれども、静なる処にて、書みるには便よし。岸氏の頼の書を閲す。宿に上野名跡誌あれば、借りて参考す。此書七巻、嘉永中、此国人富田永世の輯録する所にして、二百六十余部の書を引用し、考証詳なり。印行の物にはあれど、板焼けて世に稀なれば、近きころ、県庁にて活字印刷せり。それも三百部を限り、予約にて発行したり。但し、頭書を加ふ〔一宮談〕時気の故にや、気分すゝまず、帰京も近づきたれば、町へいでゝ土産物などとゝのふ。ひき物細工は、熱海・箱根よりの品、東京にも多くありて、めづらしげなければ、多く買はず。湯あかの数百年を経て堅固の石となれるを、硯、又は印材、盆石などにしたるがをかしきを、文雅の友につとにせんとす。かの楽焼は、宿近き薬王寺のあたりにてひさげば、茶碗やうの物、何くれと求む。運送に、損じこはれやせんとかたらへば、其は、箱の中に、鋸くずを納めて、陶器を入るれば、其患なしといへり。

二十三日、朝晴たれど、やう〳〵曇れり。けふは、午後より、船尾《フナヲ》の滝、物聞山わたりへ遊ばん心がまへなりしに、空あしければとゞまりぬ。岸氏の稿本を、処々改竄し、題号をも、伊香保温泉図説と改むべからんなど談ず。此ほど詠みて贈りしふた歌を、巻のはじめに書して、題辞にかへたり。こふがまゝに、湯元道なるその家に至りみれば、高き崖に、石がきを築き、その上に新築せる家なり。今は温泉宿をも止めて、こゝに閑居し、湯あか染の布、またねり炭〔香気あり〕髪洗土などをひさぎて業とす。雅名を碁楽亭・蛙明、又一風流人などよべり。げに市人めかざる奇人なり。此家は、山ふところのひとつ家にて、渓流を前にしたれば、所謂山房の幽栖にて、慈悲心鳥など、折々来り鳴く。声高くして、あかり障子にひゞくとぞ。こゝにもいまだ郭公来鳴かず。何事も、都下よりは遅れたれど、もはや初音もらすべき頃ほひなりといへり。つゝじ今を盛にて、山吹もいまだ咲残れり。此あたりより、二ツ岳まむかひに見えたるが、時のまに雲おこりて、やがてかくれぬ。宿へ帰れば、榛名の一宮氏とぶらひく。もろともに盃とりて、夜に入ぬ。ぬしは、永井喜八郎といふ宿へ泊れり。東京の笹又お道、村上清よりの書状とゞく。又中村ぬしの二十日の書。竝に二十一日の返書来る。此ほど、六勝亭にての歌をいひやりたるを、殊におもしろしとて、

聞くなへに身にぞしみけるよつのをの

其ことの葉のたかきしらべは

とあり。又義象より消息文の体にて、奥に、

世の塵をあらひながして伊香保山

わき出る湯やすゞしかるらむ

といひおこせたり。忘れたり、きのふ大沢清臣ぬしよりの書状届く。兼々頼み置きつる用事の談なれば、たゞちに郵書して謝を申し、又旅中ながら、其用事を、たゞちに大阪なる小笠原常樹のもとへいひやる。けふ家へ端書をおくる。来二十八日午後四時三十分の汽車にて帰るべきあらましなり。

二十四日、暁より霧たちこめて、ひくき隣の屋根よりあなたは、あやめもわかず。午前十時頃よりこさめふる。午後やみて、やゝ日さし出でたり。宿のあるじ帰る。こたびこゝの甲乙、又東京の人とかたらひて、根岸新坂なる玉の湯を改めて、伊香保の温泉となし、去る十七日に開業したれば、そこらの事にかゝづらひて、帰宅遷延したりとかたる。帰京も近くなりたれば。

伊香保ねのたかき御影のかゞやきし
　木ぐれのもとぞわれはたちうき

と唐紙に書きてあたへぬ。けふはいとひやゝかなれば、そこらの歩行もせず。嬉遊笑覧風俗の部などを見て、日をくらしつ。

二十五日、朝さむし。やう〳〵晴れなんとすれば、午前九時三十分頃より、船入の滝へと出でたつ。水沢まで、一里十町なれば、まづ観音堂に詣づ。本堂の左の方に、元亨四年としるし、梵字ある板碑あり。高さ五尺ばかりの、上のかた一尺ばかり欠落て、傍にあり。石階をあまた下れば、楼門あり。登りみれば、弥陀・勢至・普賢の三像を安置し、眺望よろし。此さとにて、昼食の割籠を開く。こゝより滝まで、十町といへど、あら山中の岩道にて、処々渓流をわたり行けば、いと遠きこゝちす。みあぐれば、数千仭のいはほ竝たてる中に、洞もみゆ。やう〳〵滝に近づけば、道ことにけはしく、かつらをよぢて登れば、おのれは、案内の男に手たづさはりて、あへぎてぞ行く。滝のはゞは二間ばかり、高さは二十丈ばかり、水烟ほとばしりて、近より難し。されど、

行なやむいはねの道はうけれども
　よりてこそみめ滝の白絲

と吟じて、しひてしばらくたゝずみぬ。かへさの道は、谷川づたひにと、案内者はいへど、道なめらかなれば、猶もとのけはしきを登りおりす。午後三時過る頃、水沢まで帰りて憩ふ。この日ごろ、伊香保の水のあしきにくらぶれば、こゝなるはいとよし。山岡明阿弥のいかほ道の記に、水沢といへど、いづる水はなし。こは水無沢などこそいへかし、とあるを思ひいでゝ、

こゝや名におふ水沢のさと
玉もひに影すくばかりくまれけり

けふは、赤城山の方、ことに晴れわたりて、刀根の川水、いと白う見えわたりたり。六時前やどに帰る。いとつかれたり。三作はことに。

二十六日、よく晴れぬ。きのふのつかれにて、いとねぶたく、何事をもようせず、雑書どもをみてくらしつ。

二十七日、少し曇れり。あすたゝんあらましに、書もよまず、夕つかた、宿のあるじと、都丸とにて、酒くみかはしつ。大槻修二ぬしの、今日頃は此宿へ来るべしと、かねてあるじより聞きたれば、心まちせしも、いたづらになりぬ。

二十八日、晴。朝八時ばかり出でたつ〔出たゝんとせし頃伊香保神社堀口某のとひ来たるに逢ぬ〕。こたびは、渋川道を車にてゆく、柏木道とはたがひて、させる坂もなく、道も広らにて、あゆみよげなり。いにし年行啓の時、御野立ありし御蔭松は、伊香保より下りて、一里許の所にあり。万里小路卿と、揖取県令との歌文を記せる碑を立てたり。此わたりの草むらに、蟲のしげく鳴くを、何ぞと車夫にとへば、松蟲なりといふ。いとかしまし。

夏かけてあら野にすだく声すなり
千くさの花やまつ蟲の声

とぞおもはるゝ。又一里ばかり行けば、渋川なり。堀口藍園をとひて対面す。七十ばかりの翁にして、いとまめやかにみゆ。藍瓶のならびて染物するみせに、たゞひと間ばかりへだてたる所にて逢ひたり。その傍に机をすゑて、書生めきたる若ものも竝み居たり。制度上の談にも及びたれば、かゝる学びのすぢを好める人とみえたり。今は年老たれば、職業はせず、維新ののち、学校の教員に命ぜられしも辞したりと、人より聞けり。此駅を過ぎて、前橋の道をさして行く。こゝより三里三十町ありといへり。刀根川をわたれば、舟尾・水沢・伊香保のむら山は、右ざまにみえ、けさまでやどりのまむかひにみ馴らしたるをの子山・子持山は、はるかにうしろべになりぬ。けさ出立ちたるころは、いと冷やかにて、綿衣きたるも、此わたりにては、やゝ暑さを覚えて、山ざとを全く離れたるこゝちす。刀根の分流にて、いと清く流れとき川水を、右にそひてしばし行けば、前橋へつきぬ。真昼にもなりたれば、町中の橋もとなる食売る家に入りて昼食す。こゝは前つ年、かぐつちのあらびにかゝりて、いまだ建てをへざる家多し。されど、県庁ある所なれば、いとにぎはし。又車に乗りて高崎へはしらす。こゝより二里十四町半といへり。三時頃、停車場前なる茶亭につく。三作は四時三十分の汽車に乗りて、先だちて家に帰り、おのれは、田島へ行きてやどらんとおもへば、こゝにて分る。高崎の町を、あなたこなたそゞろありきす。骨董店にて、錦繡段首書〔宇都宮由廸〕・上野歌解〔橋本直香〕・小硯を購ふ。五時に近き頃、田島にいたる。あるじまちよろこびて、くさ〴〵あるじせり。歌の師なる新井守村来る。明治二年の頃、大学校へも出仕して、おのれもひと度逢見し人なりければ、かたみによろこびて、さま〴〵のかたらひして、夜もふけぬれば、もろともにこゝにやどりぬ。年は七十八なりといへど、壮健なり。若狭の義門の弟子にて、活語指南を印行せし人なり。その板を、先年江戸の岡田屋嘉七にあづけ置きしが、閉店せし頃、いづ方へか、質にやりたりとか聞ぬとかたる。

二十九日晴、午前十一時十五分の汽車に乗りて、出でたゝんとす。

あへばやがてわかるゝ君をおもふかな
　かよひくるまのたよりありとも

と、守村によみておくりけるに、かへし、

かよふてふ車はあれど君よりも
　わかれぞつらきあひがたければ

とかきてみせぬ。又あるじも

いかほ山いでゆしなくばかゝらじな
　むぐらの宿にあつきめぐみの

とよめり。十一時近き頃、あるじも翁も、停車場まで〔家より五六町なり〕おくりてわかれぬ。四時間ばかりの汽車の中にて、つれ〴〵に堪へざれば、もとめ来れる錦繡段、また東京を発足の前、土岐政素よりめぐまれたる、富山の千紅万紫などよみる。熊谷よりは、ことに人の多く入りこみたれば、いとくるし。午後三時十五分上野につく。三作こゝに有りて出でむかへり。ひきつれたる車に乗りて家に帰りぬ。

二十五日のくだりまでは、日ごとに書記したり。二十六日よりしもは、家に帰りて後、思ひ出るまゝをしるしたれば、落ちたる事もあるべし。ともかくもたゞ後の覚書なり。

明治十七年五月

伊香保日記終

おもひ出の日記

〈明治十八年八月六日〉

古き都に参りて大宮ををがみ、大和あたりにたびねして、いにしへをしのばんとおもふ心の、年頃やまざりけれど、事わざのしげきに、老の後までもはたさゞりけるを、今年はもろともにと、木村正辞ぬしにさそはれて、明治十とせあまり八とせといふとし、八月の六日、朝まだきに出でたつ。

おもひたつ旅の衣手ふりはへて
　ゆくてすゞしくむら雨のふる

やがて止みたれど、猶曇れり、横浜にて、おくりせし人にわかれて、広島丸といふ船に乗る。南の風つよく吹きて、船しづかならねば、こゝちあしくて、夜たゞ眠らず。

七日、雨もまじりて、猶風つよし。追手ならざれば、船すゝまず。暮ちかくなりても、いまだ熊野浦のこなたなりといふ。けふも船ゑひにて物もくはず。からうじて枕をもたげて、

うかりけん土佐の舟路もしのばれぬ
　たゞひと夜なるなみのまくらに

家人も思ひてやあらん舟床に
　浪のたちゐの安からぬ身を

とうめきてあり。暮れはてゝ空晴れ風もよろしくなりぬ。夜半ばかりにや、和田の岬にさし出でたるともし火の影見ゆときくに、うれしさいはんかたなし。いさゝかまどろみぬとおもふに、人のやゝとおどろかして、神戸につきぬといふ。きしにあがりて、西村といふ家にやどる。

八日、まづあたりちかき湊川神社にまうづ。みやしろうるはしく、まうづる人たえまなければ、むかしは田づらにたてりけん御墓の碑も、今はにぎはしき民の家居のかたはらになりぬ。湊川は、いつも水あせて、冬のほど、わづかにかよふとぞいふなる。こゝよりかなたは兵庫なり。

木村ぬし、

たかき名は世々にながれてみなと川
　かれゆく水にならはざりけり

おのれも、

みなと川名にはながれてさゞれ石の
　ひまゆく水も見えぬころかな

福原といふ処は、今はあそびあまたをりて、情を売るちまたとなりぬ。たゞ此わたりに、十三重の石塔あると、

経の島なる来迎寺に影像あるとをもて、清盛のふるきあともしのばれぬ。諏訪山といふは、兵庫の町のはてにあり。海づらをみさけて、けしきよき所なるが、近き年ごろ、鉱泉をさへみいでたれば、清らかなる家建ちつゞきて、人の酒のみあそぶ所となれり。しばし休らひて、布引の滝見にゆく。やすらひたる家の、女のわらはをしるべにて登り行くに、坂道さかしくて、中々妹に手をなんとられける。雄滝と名にたてるは、やゝ巓と覚ゆる山のかひより、五段ばかりに、落ち滝つ いきほひこよなし。降りて麓にちかき所なるを、雌滝といふ。そのさまおとれり。山路いとにぎはしかりければ、

　布引の名にひかれつゝくる人は

　　滝の白絲絶えずやあるらん

とおもはる。木村ぬしは、

　落ちかゝるいはほのうへにあやふくも

　　みねの松がねいく世へにけん

と、さながらのさまをよまれたり。生田神社は、いにしへより、尊き御社なるに、此近きころ、官幣社につらなり給へば、神のみいづもそへるこゝちす。諏訪山の家へかへりてやどる。けふはよく晴れて、ことさらなるあつさなりき。

九日、おきいでて湯あみす。冷泉と、わかしたるとのふた所ありて、湯壺清らかなり。いにし年、長与専斎の記せる碑建てり。明治五とせ六とせのほど、はじめて、此泉の、やまひにしるしあるを明らめたるよしを、つばらにいへり。けふは舞子の浜までと出でたつ。兵庫の町はづれに、長田神社あり。ゆくてをいそげばまうでず。塩屋村・東須磨・西須磨などいふ海にそひたる所を行く。左ははてもなくみやらるゝ海づらにて、右は青山たかくそびえ、えもいはれぬながめなり。いにし七月の末より、照りわたる日のあつさをも、いとはせ給はず、岡山・広島・山口の三のあがたの政きこしめさんとて、いでまし給ひぬるが、還幸ちかくなりて、こよひは、明石にやどらせ給ひ、明日は此あたりにいでまし給ふべしとて、所の民どものまうけ大かたならず。箪食壺漿といふらんさま、ことわりに覚ゆ。東垂水なる海ばたの家にいこひて、はる〴〵と見さくれば、淡路島は、たゞ目のまへにして、紀伊・和泉の国々は、はるかに遠くなりぬ。舞子の浜につきてみれば、年経たる松どもの、あまた立ちなみて、浜風にしらべをあはせたるけしき、絵にもうつしがたかる

べく、しばし立ちはなれがたき木のもとなり。木村ぬし、

すまのあまの袖吹かへす朝かぜに
　舞子の浜の手ぶり見しかな

おのれも、

をとめ子が舞子の浜の松かぜは
　しらべことなるねをやたつらん

さのみやはとて、もと来し道へ車をかへす。須磨の浦辺なる、敦盛の石塔あるあたりより横折れて、しばし山路へ入る。一の谷などいふ所々見んとて、しるべの人をやとひて、たどり行くなりけり。半町あまり登りて、海をみはるかす山を内裡山といふ。降りて、いはをわたり、細道をたどりて、行きゆけば、一の谷に到る。いにし月の大風雨にて、あゆみぐるしければ、しるべの人の肩にかゝりてなん行く。此うしろの山こそ、鉄楞が峰なれとをしふ。暑さと道とに困じて、汗もしとゞなるを、須磨寺につきて、仏殿の檻に依り、よくかよふ風にあたりて、やゝ人ごゝちせり。こゝは高き所にて、ながめもよし。鐘楼の鐘は、古きさまなれど、年号も見えわかず。青葉の笛・高麗笛の二管を、ひとつ厨子にこめたるを見せたり。義経の腰かけ松といふは、きはめたる古木なれど、今はかれて根のみなり。門前に、わか木の桜あり。三もとありつるさまなれど、共にかれて、いさゝかわか木生ひたり。かの弁慶の執筆といへる制札も、今はなくて、その文をうつしたるが、本堂にあり。いにしへは、あまたの僧坊ありぬといへど、今は三院輪番して本堂を守れり。大破のすがたなるは、檀家も少き故なるべし。すまの関屋のあとあり。又綱敷天神の社あるは、菅原の神の左遷の時、駅長に詩を賜ひし所にや。

けふよりやすまのうらみもなからまし
　ふみにのみ見し処たづねて

とひとりごつを、聞く人あらば笑ひつべし。けふは有馬へとおもへば、車をいそがせて、兵庫へかへる。昼もいたく過ぎぬれば、此あたりにて割烹に名ある、常磐花壇といへる家に、しばし休らひて、日やゝ西に傾ける頃出でたつ。これより五里がほどは、すべて山にそひたる岩かど道なれば、綱とる男をそへて、ふたつの車をいそがす。山と川とを右ひだりにして、賤がふせや所々に見ゆ。行けど〳〵、たゞおなじさまなり。有馬へ二里ばかりの所にて、暮れはてぬれば、あやめもわかず。若狭屋といふ家へつきて、温泉に入る。こゝは、すべて内湯なし。

総湯といふは、近年ごろあらため物したりといふ。煉瓦造の、むね〳〵しき家にて、この内を、よついつゝに堺せり。ひとむれの人のみ湯あみして、他の人を交へざるを、一等室といふ。其むれの湯あみの終るをまちて、また他のむれを入る。もと幕湯とよびたるものなりといへり。すべての男女の、ともに湯あみする処を、二等室とゝふ。湯壺きはめて深ければ、立ちながら湯あみすべし。又車夫農夫などの湯あみする所を、三等室といふ。こゝは湯のしろを収めずといふ。温泉の質は、塩気ありて、前にいへる、すは山の湯に似たり。家々より、客に従ひて、こゝに至り、ぬぎおきたる衣服などを取まかなふ女あり。もとは、大湯女・小湯女などよべりといふ。今はいかにかしらず。奥の坊・御所の坊など、坊の名をとなふる温泉宿は、ことに清らに、広きさまなりと。こよひは車ひく男にまかせて宿とりたれば、すこし奥まりて、ながめもなき所なりき。

十日、家のあるじしるべして、鼓が滝見にゆく。宿より二三町登りたる所にして、かたはらの岩山など、すべてをかしきさまなれど、滝はたゞひとすぢにて、ふとからず。山をはなれて、すこし行けば、道中の窪き所より、水わきいで、けぶり立ちのぼる所々あり。とぶ鳥のこゝをわたれば、忽にくるめき落るにより、鳥地獄、また毒水などいひて、忌みきらふ所なりしが、明治のはじめ、外国人の炭酸水なりとて、服用したりしより、漸く病にしるしありと知りて、此年ごろは、またひと所の浴泉となりぬ。湯あみすれば、胃弱・貧血病・風毒をいやし、飲めば溜飲・疝癪を治すといふ。一椀を飲み試みるに、味渋くして、塩気はあらず。本湯には異なる質と覚ゆ。少しゆけば、湯山の神社ありて、式内の大社なり。高き所なれば、眺望よろし。もとは此麓に在りて、ちひさき社なりしを、維新のはじめ、こゝに移して、大かたならずいつけるものといへり。温泉寺は、もと此社の別当寺にして、麓にあり。聖武帝・光明皇后のかゝせ給へる古経をける心経もあり。昼前こゝを出でたつ。今少し止りてと見る。東大寺の印ありて、いとめでたし。空海法師のかおもへど、行かたのあまたありて、心のいそがるればなりけり。

有馬山切れどつきせぬ呉竹の
　ひとよばかりをおもひ出にして

竹にて物造る家あまたあれば、かくいふなり。二時とおもふころ、神戸の宿へ帰る。聖上は、正午ばかり、こゝにつかせ給ひ、専崎与五郎の家を、行在所として、あすは御船に召して、還幸せさせ給ふにより、町中の賑ひ大かたならず。夜に入りては、こゝかしこに、さま〴〵の作りまうけたるともし火、数をしらず。岸によりたる船より、烟火をうちあげたるに、昼よりも猶あかし。夜に入りて、讃岐へおもむく汽船六甲丸に乗る。風静にして舟おだやかなるものから、月なき夜にして、ながめなきをうらみとす。

十一日、やう〳〵明ゆくほど、淡路島、はた小豆島、こなたかなたに見えて、おもしろき舟路なりけり。真昼の頃、多度津につく。車を雇ひて、琴平ざまへ、二里あまり田道をゆく。空に少しの雲もなくて、暑しともあつし。内町なる虎屋といふ宿につきて、まづ本宮の主典松岡調のもとへせうそこす。夕つかたとぶらひたれば、待ちよろこびて、もろともに本宮へまうづ。此ぬしの家は、麓よりあまた登りたる所なるに、そがさきつかたも、猶あまたの石坂にて、老のあゆみくるし。登りはてたる所に、第二の門ありて、むかひに教義講堂といふおほきなる堂たてる、もとの金堂を、しか改めたるものといへり。こゝより又少し登れば本宮なり。御前にぬかづきはつれば、松岡ぬし案内して、がけ作りなる宮の板縁にたち出て、よものけしきをみる。名に高き城山に立ちならびて、讃岐の富士といへるも見ゆ。げに富士の形したる、ちひさき山なりけり。いとながき廊につゞきて、后神三浦津姫神の社たてり。もとは観音堂なりしを、改めたりとぞ。すべて明治十年の頃、習合の作りざまをかへて、大かた白木作りの社としたりといへり。げにきゝしにまさりてうるはしく、尊さいはんかたなし。又松岡ぬしの家に帰る。あるじは、年久しく友垣結びし中なりければ、酒くみかはして、さま〴〵物がたりす。暮れぬれど、宮司深見速雄ぬしは、さきつ年、ともに教部省に仕へたる心しりなりければ、よろこびてあるじするほどに、思はずも夜ふけて、宿へかへりぬ。

十二日、けふもよく晴れて、ことさらのあつさなり。松岡ぬしをとひて、もろともに社務所に行く。こゝはもと、金光院といへる別当寺にして、丸亀の城主の、宮にまうづる時は、休らひけんひと間とて、今も清らかなる簾かけわたしたる書院はさらなり、間ごとに、応挙・若沖などいふ名だゝる画師のかける障子ども、建てつらねて、いとひろらなり。深見宮司・琴陵禰宜も来りて、宝物を見せらる。崇徳の帝の宸筆なる六時《ママ》の名号は、御筆づかひのすぐれて、あやしきまでなるを、殊にかしこみ奉る。後深草のみかどの寄附し給へるなよ竹物語は、書は為家、画は隆親にして、殊勝の物なり。兆典司の十六羅漢三幅、巨勢金岡の不動弁天、智証大師の不動、その外刀剣・古器物の類、あまた見しかども、よくもおぼえず。これらの物ども、大かたは白峰寺にありしを、近きころ本宮へ移せりと聞きぬ。その寺へまうで、御陵をもをがむべう、人々のすゝむれど、猶ゆくての日数のあらましもかぎりあれば、くちをしうももらしぬ。昼過ぐる頃、多度津にかへりて、太陽丸といふ汽船に乗りて、大阪をさす。高松・岡山など、所々の湊に船をつけて、物と人とを乗せかふれば、いさゝか広きまゝに、はた籠を机として、日記などす。よるになれば、甲板に登りてすゞむに、右は讃岐・阿波の海べりにて、かの八島の浦も、まのあたりなり。左は吉備の島々にて、此ほども過ぎたりし、小豆島のうしろをなん、けふは行くなる。いと大きなる島なり。とかくする程に、空よく晴れて、三日の月さし出でたり。此わたりは、内海にておだやかなれば、舟路のこゝちもせず。

十三日、八時過ぐるころ、大阪の安治川に舟はてぬ。備後町に、東京なる博聞社の分社ありて、木村ぬしのしれる家なれば、こゝより案内して、天神橋近く、川に臨みて、風涼しう吹き入るゝ、竹式といふ家をやどとす。此ほどの出水に、天満橋・天神橋・難波橋の三つの大橋皆落ちたるが、天神橋は、殊に人の行かふ所なれば、早くかりそめの橋をかけわたせり。されば此川にそひたる南北の家々も、楼の下まで皆水にひたりぬときけり。此災により、ことしは舟遊びもなくて、さびしげなり。此日ごろ雨ふらざれば、ことに暑きを念じて、天満わたりを見にゆく。造幣局は、此町のはてにあり。大かたの人の入るべき所ならねば、たゞそとへのさまを見つるのみ。川崎橋も落ちて、舟渡しなるを渡り、京橋口より、大城の片つかたをうかゞひつるは、かの目しひの象をさぐりしにひとしかるべくや。たそがれ時に、やどへ帰る。

十四日、博聞社より、道しるべの人おこせたれば、住吉ざまへと出でたつ。高津の宮にまうづ。高き所なれば、大阪の町々くまなく見ゆ。生国魂神社は、いにしへ難波大社といへり。今も官幣大社にして、大かたならず尊びまつれり。一心寺といふに近き岡山を、茶臼山といふ。仁徳天皇紀に見えたる、荒陵といふは是なりといへど、然るやいなやをしらず。四天王寺の西の門より入る。大塔・金堂、立ちなみて、ついぢの外より、その上つかたのあらはれたるに、古き画巻みるこゝちす。心のちりをすゝぎつるかなと、上東門院のよませ給へる亀井は、今も清らかなり。

よろづよもながれて絶えぬみのりとは
　かめ井の清水むすびてぞしる

太子堂は、表うらの二所に在りて、ともに人参りこみたり。鐘楼とおぼしき所にて、僧の何やらん誦して、うち鳴らす音の、ことにすぐれて聞ゆるは、双が岡の法師のいへる、黄鐘調にかよふにやあらん。すべてゆかしき事多き寺のさまなり。ことに古代の作りざまなる東の門より出でゝ、一里近く行けば、天下茶屋とよびて、人の休らふ大家二むねたてり。そのひとつは、宗家とおぼしく、庭なかに、豊臣太閤の休み給へるあとゝて、注連引はへたる所あり。住吉の社にまうづ。よつの宮柱ふとしく並び立ち給へるが、造りざまよの常ならでいつくしく、神々しさ、いふもおろかなり。神官津守氏の家は、いにしへの行宮の跡にて、ゆかしけれど、こゝより隔りたる所なれば見ず。

わすれ草摘みてはゆかじおもかげの
　とはにたつらん住の江の松

真昼に近きころ、堺に至る。街かず多く、商人の家こゝらあれど、大かた、表のかたには、格子立てこめたれば、何売る屋ともわかず。妙国寺の蘇鉄は今もさかえたれど、其もとつ株は枯れたり。大渡戸といふ海ばたに、あまたの休所ありて、酒食を売れど、よき家なし。そが中にて、塩湯あむる家に入りて休らふ。湯いと清らかにして、暑さを忘れたり。此浦べは、けしきよき所なれば、大阪人の来て遊ぶ所なりといへり。安立町・新在家などいふもとの道を過ぎて、やどに帰るに、こたびは、今宮より千日前といへる見世物小屋ありて、賑はしき所より、道頓堀に出づ。劇場ふた所ありて、共に興行せり。町々をめぐりて、暮つかた帰りぬ。

十五日、大和へと出でたつ。国分越といふ道に心ざして、平野の町に至る。大阪よりこゝまで二里、摂津・河内の国境なり。融通念仏宗の本寺といふ大念仏寺見ゆ。畑中に守屋大連の墓あり。戦ひてうせにし処にや、尋ぬべし。

此あたりの家々の門に、物したる札をみれば、鞍部・弓削などいふ村の名を記したるが、ゆかしく覚ゆ。大和川にそひたる所は、例の水災にて、所々そこねたり。誉田八幡宮・道明寺などは、此わたりより遠くもあらぬ処と、後に聞きたるが廻らざりしはくちをし、国分より車を雇ひて、奈良までの案内とす。猶大和川にそひて、一里ばかりゆけば、藤井といふ里あり。信貴山、むかひに近く見ゆ。立野へわたる橋も落ちたれば、舟にてわたる。竜田の本宮へまうづ。小だかき所にして、あたりに家もあれど、いとさとびたり。木村ぬし、

　何をかもぬさにたむけん神山の
　　紅葉はいまだ色にいでねば

こゝより山を下る道を椎坂といふ。右の方に見ゆる高き山は、六人部是香の竜田考の説によれば、名高き神南備の三室の山にして、山中に神岳神社あり。下りはてゝ立田川をわたれば、いさゝかなる町中に新宮あり。少し行けば法隆寺なり。門前に大きなる家並みたてれば、入りていこふ。けふもあつさいはんかたなし。まづ東院に入る。礼堂といふは、広らかなる神社の拝殿に似たり。こゝは鵤の宮の跡といへば、造りざまの、いと古代なるにおもひ合せて、ゆかしく思ふも、古へをこのむ僻なるべし。いたく荒れたれば、つひにはうせもはてなんといたまし。その奥を夢殿といふ。太子のをさなき程の像を置きたり。そのうしろに舎利殿あり。太子の伝を壁にゑがきたれば、絵殿ともいふ。これらをとりすべて、ひとつの結構となし、東院といへり。本院の中の門に入る。そのかみは、此あたりに、あまたの僧坊有りつらんを、今は大かたうせて、律学院といふのみ残れるも、いたく荒れたり。たゞ聖霊院といふ太子を祀れる処は、さすがにいにしへにかはらじと覚ゆ。さて金堂・講堂・五重の宝塔の、古よりなるはさらにもいはず、塔の中なる土もて造れる仏など、いとめづらし。寺僧にこひて、金堂の扉をひらきてみれば、曇徴がゑがけりといふ四方の壁の仏画〔薬師経説相・阿弥陀経説相〕は、あかしにててらせば、所々さだかにみゆめり。いにし月、おほやけより、桜井何がしといへる画工におほせごとありて、うつさしめ給ふと聞きしが、堂のうちの高き所に、足代は組みてあれど、人のあらぬを、いかにときけば、暑さのほど、いとま賜りしなりといふ。堂の内に、古き佛あまたある中に、本尊なる釈迦仏の光焔銘は、小墾田の宮〔推古〕の時のものにて、金

石文の中にて、最も古しとて、古好める人のもてはやせば、墨本として、此寺より出すめり〔金堂なる薬師仏光背の銘も、同時のものなり〕。此堂は、法会の時の外は、開く事まれにして、空気のかよひ少ければ、よく千とせをたもちたるものなりと、寺僧のいへるは、さる事なりや、猶人にとふべし。川をわたり、広瀬神社にまうでゝ、広瀬・高市ふた郡の里々を、あまた行々しかど、たゞ萱野・高田といふふたつを、心にとめしのみにて、外はわすれたり。こよひは岡寺のあたりまでとの心ぐみなりしが、今井といふあたりにて暮れはてぬ。こゝより神武天皇の御陵なる山本村までは、わづかの程ながら、近き月ごろ、御陵の傍に家をたてゝ、たび人をやどすときけば、いぶせき小屋にはあれど、あす御陵ををがまんに、便よからんとてやどりぬ。五右衛門風呂とか、けしかる名をおひて、たゞ膝のあたりまでなる湯あみはてゝ、蚊帳の内に入れば、細声ならで、いとかしかまし。よるの物は、さすがにきたなからぬは、此ごろ調じたるならん。あるじ、心あるものにて、此あたりの御陵の事などかたりいでゝ、あすは案内し参らせんといへり。こゝは畝火山の麓にて窓よりは、只まむかひに近く見わたさるれば、かゝるたびねも、いとめづらしくて、木村ぬし、

かし原のひじりの宮の跡とへば
　うねびの山に松風のふく

おのれも、

起きいでゝ朝目よくみん玉だすき
　うねびの山はやどのものなり

とよみてねぶりぬ。

十六日、よく晴れたり。とく出でたちて、掛まくもかしこき御陵を拝す。石垣を弐重にしわたして、中の重へ入るを禁ぜり。宿のあるじのいふ、御陵は、もと神武田とよびし中にて、わづか三尺ばかりの高さにて、わがをさなかりしころは、垣もなかりしかば、登りて遊びたりとかたれり。綏靖天皇の御陵も、近きほどにて、きのふ来しかたの道の辺なりしを、くらうなりて、見れどもわかず。をがまざりき。猶あるじを先にたてゝ、畝火山のふもとなる、もとの穢多村を過ぎて、二三町ゆけば、木だち繁りたる岡に、安寧天皇の御陰井上の陵あり。其かたはらなる民の家にそひたるを其井なりとて埒したり。畝火山の麓をめぐり行きて、懿徳天皇の繊沙谷上の陵ををがむ。げに谷ともいふべき所なり。三四十年前つかたまでは、

いづれの御陵も、垣などあさましかりしかば、旅人の、みだりに登りて見つるさまなりしを、今はいかめしういがきゆひわたしたれば、たゞ御門よりなんをがむに、其あたり、塵ひとつなきばかり、清らにかきはらひたるは、げにいみじき御代のさまなりかし。それにつきても、鈴屋の大人の旅の日記に、御陵ををがみめぐられし事を、くはしく記されたるあまりに、かこち事もそへられたるが、あはれ大人の今の世にあられて、此ありさまを見られなばとおもふもはかなしや。宣化天皇の身狭桃花鳥坂上の御陵は、遙に見やらるゝ所なれば、こゝよりふしをがむ。久米寺は、本堂の外に、久米仙人の像を置きすゑたる堂あり。塔もあれど、いたく荒れたれば、昼もぬす人の来て、物を持ち行くめりと、あたりの嫗のかたれば、法師のをらぬひま多きなるべし。欽明天皇の檜隈坂合御陵は、小高くて、回りに堀あり。傍に陪冢めきたる墓ありて、好古日録に載せたる、あやしき形したる四ツの石どもゝ、此構の中にありといへり。此あたりは、益田の池の跡どころにて、今も田地窪らかなり。それにそひたる岡山に、名高き碑の、台石のみ残れるを、石船といひなしたる、いとあやしき大石なりといへど、行きてもみず。此あたり、堤のさましたるや、鵰たちたつとよみけん。埴安の堤ならんと思ふのみにて、くはしく尋ねん人もなし。大きなる石の槨の形して、そこねて道中にあるを、さと人は、鬼の雪隠などいひ、又いさゝか彫りたりと覚ゆるを、亀石といふ。天武・持統両天皇合葬の檜隈大内の陵を拝す。中むかしのみだれ世に、ぬす人のあばきて、あさましかりしさまの、物に見えたれど、今はよくつくろひて、させる跡は、昔がたりとなりたるもめでたし。ようべのやどりより、此あたりまで、行くての左のかたは、河内なるが、葛城・金剛山、はるかによく見ゆ。千早の里も、こゝより遠からずといへり。橘寺にまうづ。聖徳太子の宮の跡とて、太子説法の像あり。本堂の前に、をかしき灯籠たてり。岡寺にまうづ。高き所にて、舒明天皇の岡宮の跡といへり。本堂の傍に、いと古めきたるちひさき楼ありて、古き仏の像あまたをすゑたり。これより多武峰への山道は、ことにけはしきときけば、駕にのりかへて行く。げにせばき坂道の、さかしさいはん方なし。のぼりはつれば、裏門あり。あたりの小屋に休む。いと涼しく、清水むすぶ手も、ひをるばかりに覚ゆ。もとは、此山上に、百戸ばかりの家ありしといふ。今はさしも見えわかず。又そのかみの僧坊は、人やどす家になりたるが多しといふ。十三重塔のもとを過ぎて、本社にまうづ。作りざま、常の社とことにて、いときら〳〵し。主典山田耕作は、かねて知る人なるが、折しも社務所に在りしかば、神殿の前なる広生敷といふに伴ひて、さま〳〵の宝物を列ねたるを見す。名作の太刀劔ことに多し。ことに目とまりたるは粟原寺の鑪盤にして、銅色うるはしく、和銅八年の銘文あざやかなり。談峰縁起三巻、画は光信、書は一条禅閤にて、名だかき物なれど、今様のすがたにゐがける物と見ゆれば、古を考ふべき便少し。ことに尊きは、小野篁の筆といへる大織冠の霊像なるを、かしこみてふしをがみぬ。これは本殿にありて、長者宣ならでは、拝を許さゞるよし、ある物に見えたれば、もしくは写本ならんか。御前を下る方は、ことにうちはれて、けしきいとよし。紅葉の頃は、ことさらなりといへり。表門の道は、けはしからず。桜井より、しばしがほどは、初瀬へまうでんとて、ことさらにゆく道なり。初瀬の町は、よき家もなけれど、さすがに建ちつゞきたり。近きころ、廻廊は焼けて、御堂に近きかた、三ツのひとつを残せり。貫之の、人はいさてふ歌よみたる所の跡といへるも、廊のなからのほどの傍にあり。本尊の御帳は、閉ぢたるほどなりければ、名だゝる観世音も、えをがまず。まして檜原の奥までは、尋ぬともなし。

初せ山いそがぬ道のほどならば
　花なき奥もわけてみましを

もとの道を帰りて、三輪の方へゆく。此あたりにてみわたせば、畝火は中にそばだち、天のかぐ山・耳なし山は、其右左に立てるさま、あたりにさはる物なくて、さだかに見ゆ。此三ツの山は、いとしも高からぬを、歌にも文にもあまたみえたるは、大和に都し給ひつるころ、国中に並びたちて、もろ人のみものなりけん故に、ことさらに名高くなりぬるものなるべしと、ある人のかたりしは、さる事と覚ゆ。三輪山は、道より七八町奥にて、本社は、小高き処にあり。ふたもとの杉の大木は、とく枯れて、根のみあるをみても、神代ながらの物なりけん事しるし。狭井神社は、摂社にて、遠き処にもあらねば、をがまんとおもふに、日はとく西にかたぶけるを、けふは奈良にやどらんのあらましなりければ、しひて車をはしらす。柳本・丹波市などいふさとを行く。箸の陵・大和神社・

石上神宮など、いづれも此道によりたる処なれど、日暮れはてぬればまうでず。いとくちをし。八時の頃ほひ、奈良の町につきて、猿沢の池のかたはらなる魚屋といふにやどりぬ。池のむかひは、興福寺の地なるに、今は公園となりて、夏のほどは、涼みがてらに、人のあまたむれ来て、ものゝね鳴らしなどすれば、かた山ざとの目うつしには、めづらしきこゝちす。

十七日、つとめて春日神社にまうづ。木立物ふりて、神々しきものから、近きころ、あけの玉垣もあらたになりて、いときら〳〵し。鹿のたゝずめるさま、灯籠の所せきまでなるは、聞きしにまされる見ものなり。三笠山の麓に、いさゝか町めきたる所ありて、奈良人形・油煙墨など売る。手向山の八幡宮は、東大寺に続きたる所にて、これも、此ほど修繕ありしさまなり。三月堂・四月堂もあれど、二月堂の観音こそ、まうづる人の多けれ。大仏殿の内に、小博覧会とて、くさ〴〵の古物をつらねて、人にみする所あり。老の記憶あしくて、悉く忘れたり。この中にて、思ひ出したるは、当寺の宝物と聞えたる、泗浜石、奈良坂なる元明天皇の御陵に立てたる隼人の碑三枚、又大塔宮の隠れ給ひし唐櫃といふも有りたりき。伎楽・舞楽の面などは、さして珍らしげなけれど、楽器には、をかしきも有りぬと覚ゆ。とし毎の二三月頃には、大博覧会ありて、猶あまた、珍らしき品々、遠き近き所より来といへり。勅符倉は、ゆかしけれど、そなたといふを聞きしのみにて、うち過ぎぬ町をはなれて、一里ばかり行けば、法華寺あり。尼寺なり。西大寺へ行く。荒れたれど、何となくいにしへのおもかげありて、玉にもぬける露の柳の、いとなつかしきこゝちす。菅原の里は、土師氏の住める所にして、菅原の池は、日本紀にも見えたれど、今は形ばかりなり。菅原神社にまうづ。こゝよりみわたさるゝ広き草むらの中に、古き仏殿のみ、いたくあれて、たゞひとつあるは、菅原寺の衰へたるにや。垂仁天皇の菅原伏見の陵は、大なる池の中島のさましたり。蓬萊山とよべるは、村の名によりたるものなるべけれど、蓬が島めきたり。御陵は、かの車にかたどれりといふ、前方後円のさま、定かに見えわかれぬ。唐招提寺にゆく。孝謙天皇の宸筆を掲げたりといへる楼門も、今はなくて荒れはてたれど、金堂・講堂・食堂どもは、千とせあまりのいにしへのまゝにて、ことに金堂は、奈良の都の朝集堂を喜捨せられたるものと、諸書に見えたれば〔講堂也といふ説多けれど、好古小録に従ひて、金堂と定む」、つら〳〵目をとゞめてみれば、瓦の鵄尾をはじめとして、ゆかしき事多し。堂内をうかゞへば、本尊の前に、高御座の如きもの二つあるは、いかなる物にか、猶考ふべし。食堂は、藤の仲公の家を捨てられし由、元亨釈書に見ゆ。げに常の僧坊とはやうかはりて、廊やり戸など、殿舎めきたり。そも〳〵、奈良の朝の殿舎の作りざまは、もろこしの隋唐の世の制を伝へたるものと覚ゆるが、此寺も、そのひとつにて、いみじき考古のあかしなるべし。唐招提寺と勅名ありしも、唐風なるが故にやあるべき。薬師寺にまうづ。仏足石は、そのかみ草むらの中に在りしを、宝暦のころ、野呂元丈といふ人、さゝやかなる小堂をまうけて、こゝに移せりとぞ。仏足を彫れる石は、高さ一尺八寸あまり、縦二尺五寸、横三尺二寸あまり、みかげ石なれば、側の四方に彫れる文字も、さだかにみわかたれず。光明皇后の御歌を彫れる碑は、そのうしろざまにたてり。高さ六尺あまり、広さ一尺五寸あまり、趺石とは、その質異にて、なめらかなるに、近きころは摺写せる人の多き故にや、石のおもて真黒にて、文字いと鮮なり。森川世黄の説に、此碑は、もと南都の墨工松井元景といふ人の家に近き、小溝の橋にしてありしを、松井、好古の嗜ありし人なりければ、歌の中に、薬師といふ歌あるより、薬師寺の物の散在せしと推察して、此寺に寄附せしなり。されど、拾遺集哀傷の部に、山階寺の仏足をみて、光明后の詠じ玉ひし歌を載せたるをみれば、もとは興福寺の物なるべし。仏足石は、伽藍地には、いづれも建て置かれたるものなりしが、多くは回祿の難に逢ひて、其跡のうせたるものなり。又此碑を捨て置きたる所、興福寺よりは十町に過ぎず。薬師寺よりは、一里もへだゝれり。されば、興福寺に在りし事、疑なしといへり。六層の塔は、はるかにはなれて、其むかひにたてり。甍の造りざま、よのつねなるとはたがひたり。頂の露盤の擦に彫れる銘は、舎人親王の撰なりと、寺に伝へたるが、天武天皇御即位の年を、癸酉のとしとしたるをもて、日本紀の壬申年とあるに合はざるを、寛政のころ、日下部勝皐擦《（櫒）》銘釈を著して、浮屠の銘は、塔の成れる時、たゞちに其実を伝へ、紀には、史を撰ばれし時、忌みさくる事ありて、即位の紀元を改められたるものにして、ともに親王の筆なる事を弁じ、又その頃、屋代弘賢の、幕府の命を受けて、古器物捜索のため、此寺に至りし時、たけき心を起して、塔の甍によぢ昇り、此銘を摺写せしさまを、詳に記せるをみて、年頃いとゆかしかりしを、けふは塔も碑も、心ゆくばかりみて、本意を遂げたり。金堂其他は、はるかの後に改造りたるものと覚ゆ。こゝより奈良へかへる道は、みわたし広く、目の及ぶかぎりは、田づらにて、いと直ぐなる道なりければ、此あたりや、いにしへの右京の跡なりけんとしのばるれば、

　秋風になびく稲葉の末遠く
　　ならの都のあとは見えけり

木村ぬしは、

　ならの葉の名におふ宮のふる事も
　　絶えて久しき代とはなりけり

とうたひて宿へ帰れば、昼過ぎぬ〔屋代翁の紀行、道の幸に、尼が辻といふ所は、平城宮の時、東西両京の界なりといへり〕、やがて出でたちて、南円堂にまうで、奈良坂をこゆれば、大和・山城の界なり。木津川をわたる。例の災にて、堤の切れくづれたる所々あり。此わたし口に、いにしへの跡をしのばんとて、こたび、笠置へ、紀念の碑をたつる事を記したる、標の札あるをみれば、こゝよりはほど遠からじと覚ゆ。玉水・長池などいふ里々を、汗もしとゞに過ぎ行く。此あたりより、名だゝるみそろが池へは、程近く、蓮の花さかりにて、ふりはへてもみに行く所なりといへど、行手をいそげばやみぬ。夕つかた、宇治につきて、橋に近き川ぞひの宿なる、菊屋といふにやどる。こゝは名高き割烹店なるに、頼山陽のかける万碧楼といふ額字を掲げたるたかどのを、一夜のやどりとして、うちわたす目のしたに、たぎり流るゝ早瀬のさまより、むかひの山ぎしのけしきを、いひつゞくれば、なか〳〵にことさましなるべし。聞き及びたる槙の島は、橋より下つかたに、橘の小島は、はるか上つ瀬にあり。この川は、琵琶湖よりながれて、瀬田石山わたりを過ぎ、宇治よりの末は、淀川となるとぞ。此けしきに、旅のつかれもわすれはてゝ、酒くみかはして寝ぬ。

十八日、夜牛より雨ふりいでゝ、けさも曇れりと見しが、やがて晴れわたれり。

　波の音に朝戸あくれば風清み
　　ふしどにかよふ宇治の川霧

まづ平等院にまうづ、鳳凰堂は、聞きしにまさりて、造りざまのいたくめづらしきに、目おどろかれぬ。堂の右左に楼あるを、翅になずらへ、後の廊を尾としたるもの

とか。全くいにしへの宮造のさまなり。こゝは、そのかみ源の融の大臣の別業なりしを、御堂の関白〔道長〕に伝へ、宇治の関白〔頼通〕の時、寺になしたりと、帝王編年記、花鳥余情などに記したるも、おもひ合せられ、世々の兵火をものがれて、今もむかしのすがたにかはらざるは、いとめでたし。此鳳凰堂、はた支那のいにしへの風なるが、たま〳〵わが国に残りて、ふるきを考ふべきよすがとなれるものなるべし。堂の壁と扉とに画がける浄土九品の図は、画所の長者為成、色紙形の賛は、堀川の左府〔俊房〕と伝へたれど、きえうせて、さだかならぬはくちをし。今は此寺も、法師の少きにや、庭はあれて、むぐらのしげるにまかせ、池の水草は、ひまもなきまで所得がほなり。此年ごろは、おほやけのみめぐみにて、よしある神社仏寺には、保存のこがねを賜へるを、やがて書きしるして、その所々に掲げ出でたれば、次にこゝろざしあらん人は、これにならふも有りぬべし。扇の芝は、川にそひたる所にあり。今は大門もなければ、寺の境の外となれるなるべし。橋姫の社は、いとちひさきが、民の家に並びたてり。さいつ頃、橋は落ちたれば、舟にてわたる。水のとくたぎち流るれば、棹さしわづらふめり。わたりはてける東の岸は宇治郡、こしかたは久世郡なり。岸より横に折れて、いさゝか行けば、常光寺、又橋寺とよびて、寺は古けれど、物げなき道場の庭に、名高き宇治橋の碑たてたり。寛政三年の夏、此あたりより掘出しぬれど、半よりしもは、かけ失せたれば、あだし石を継ぎて、文は帝王編年記により、彫り補ひたるものとぞ。大化二年、釈子道登の、はじめて此橋を構立せし由を記せり。続日本紀に、道昭の造りしさまに記せるは、もしくは力を戮せたるものにやと、狩谷棭斎はいへり。離宮八幡は、則菟道神社にして、稚郎子のみたまを祀り、興正寺は、高き所にありて、川づらをみさげたる、けしきよき所なりと、後にこそ聞きしか。いづれも、此橋寺より遠からぬ所なるを、まうでざりしはくちをし。十五六町行けば、黄檗山万福寺あり。隠元和尚の開基にして、此宗の総本寺なり。寛文のころ創立せしものなるが、伽藍のさま、今にうるはしく、唐めきて、さながら遠く支那にあそぶこゝちす。本堂のうしろに至りてみれば、一切経を摺本にせる職工どものなみ居たるは、今に此わざを物するなるべし。六地蔵の町、木幡の里を過ぎて、大亀谷にかゝる道けはしければ、馬ならねども、下りて、かちより行く。藤森の社ををがみて、墨染のさとより、深草なる稲荷社にまうづ。神のみあらかきら〳〵しく、あゆみをはこぶ人多し。三ッの峰といふは、本社のうしろにて、山めぐりすれば、一里にもあまりぬらんといへり。木村ぬし、

夏ながらあつささくべく稲荷山
　しるしの杉や折かざゝまし

境内に、東丸神社造立地といふきりくひをしたるは、此ころの事なるべし。鳥居のもとなる家に休らふ。宮司近藤芳介は、知る人なれば、社務所に人をやりてとふに、家に帰りたるほどゝて、逢はずなりぬ。東福寺にまうづ。さきの年、仏殿と法堂とは焼けたれど、通天橋より奥のかたは、火をのがれたり。開山堂を伝衣閣といふ。此わたり、わきて物静かにして、いと清らなれば、紅葉の秋ならねど、立はなれにくき心地す。万寿寺は、その北のかたなる門にそひて、ちひさやかなれど、古めきたり。泉涌寺は、大路より少し引き入りて、ことにきら〳〵しきは、こゝも、近きころ焼けたる故なるべし。皇陵をはるかにをがみて出でぬ。その近きあたりに、豊国神社あり。むかし、豊臣秀頼の亡びし後、此所に在りし豊国の神廟も、たゞ荒るゝにまかせたる頃、石川丈山の、英霊飛散旡巫祝、秋月春風作主張と吟ぜしふる事を思ひいでゝ、ぬかづけば、御前も、御代のひかりと、もに、かゞやきわたれり。大仏殿の大仏は、近き頃焼けたる後、わづかに頭と肩のあたりとを造りなしたるのみにて、仏殿もるはしからず。三十三間堂は、昔ながらに、千体の千手観音まします。ともにたけ六尺ばかりなるが、塵にまみれて、こがねの色薄し。いと暑しともあつければ、おのれは車にいこひて、木村ぬしのみ、智積院・妙法院・新日吉社など廻らる。大谷の御堂・清水寺・八坂の塔・八坂神社などは、八とせばかり前つかたも、まうでし所なりければ、ふるき人にあへるこゝちす。夕つかた、かねて定め置きたる木屋町の万青楼といへる家につきて、しばしのやどりとす。三条の橋を右にみて、加茂川に臨める所なれば、東山は、たゞ目のあたりなり。

十九日、とく起きて、聖護院村なる京都府大書記官尾越蕃輔をとふ。六とせばかり前つかたまで、ともに内務省の社寺局の事とりたる中にて、うるはしき友なりければ、まづとぶらひて、禁闕ををがむべき事などかたらふ。ようべより、いさゝかこゝちあしければ、やどにとゞまり

て、木村ぬしのみ、東山わたりを見めぐられぬ。昼過ぎてより、よろしくなりぬれば、釜座といふ所の何がし寺にやどれる榊原長敏をとふ。あるじは、もと幕府の旗下のさぶらひにて、おのれがふるき門人なりしが、十とせばかり先つかた、旧領なる山城の相楽郡に移りすみて、画かく事を業とし、此ほどは、都にあり。こたびの旅の事は、かねてより告知らせしかば、待ちよろこびて、妻子ども〳〵、心のかぎりあるじたれは、別れてより後の事どもかたらひ、永き日をくらして帰りぬ。もと誓願寺といひしを、近きころ新京極とよびなせる所は、ことに賑はしときけば、宿のあるじと共に行きてみる。其帰るさ、ほど近き四条の河原へ出れば、名だゝる涼みのさまみゆ。川中の洲へ、あまた台めくものしわたして、ともし火かけつらね、あまたのすゞみ人どもなみ居、うたひめの物のねひき合せたる、いとかしまし。京は水の災も大阪にくらぶれば、物ならざりしにより、夕すゞみのけしきも、常にかはらずといへり。

廿日、北より西の方見にとて出でたつ。まづ相国寺より、下加茂社にまうづ。河合社は、本社を少し離れてこなたにあり。糺の森は木深く、蟬の小川はすみわたれり。木村ぬし、

袖ひぢてむすぶたゞすのまし水に
　心も清くなりにけるかな

おのれ、

かけてしも神のめぐみをあふぐかな
　衣手すゞし加茂の川水

とよみて広前にぬかづきぬ。古記に、氏神社とみえたるが境内にあり。いづれの木なりとも、こゝに移し植うれば、みな柊となるをもて、今は柊の社とよべり。これより上加茂社までは、廿四五町もあるべきか、右のかたに比叡山そびえたり。此ほどの水に、川ぎしのいたくそこねたるをつくろふ程にて、人あまたつどへり。本社の造りざま、世の常ならず。楼門の前を流るゝを、ならの小川といふ。これもいと清らかなり。まうづる人もなくて、物しづかに、いと神々し。鞍馬・貴船へも、此あたりよりと聞けど、道遠ければものせず。今宮の社、大徳寺を過ぎて、其あたり近き建勲神社にまうづ。小高き処にして、舟岡山は、其うしろざまに見ゆ。此所にいつき祀れるかしこき神霊は、天正のころ、あまたのますらたけ男にたちこえて、すみやけく都へ登り、皇居のあさましき

有さまなりしを修営し、朝儀のすたれたるをおこせるいさをはさるものにて、八洲のみだれもやゝ治りぬべき基を立てられしかば、今の大御代の初、湊川・藤島など、もろ〳〵功臣の社に先だちて、祀らせ給へりしは、げにさる事とおぼゆ。北野神社ををがみて、其あたり近き宮司田中尚房を訪ふ。あるじいたくよろこびて、近き頃草稿したる、冠服考二之巻をみせて、何くれとかたらひ、ねもごろにあるじせんといへれど、ま昼もいたく過ぎぬるに、けふは嵐山までとの心がまへもあれば、しひて分れぬ。平野神社も、近きあたりなれど、まうでずして金閣寺へ行く。庭のさまおもひしにまさりて、いと興あり。ひろき池に臨みて、三重の高閣あり。その三重なるを、究竟頂といふ。こゝの柱、また壁には、こがねを押したる跡、いさゝか残りたるをおもふに、世ごとにつくろひはしぬれど、全くは昔ながらの物なるべし。庭の奥に、金森京《（宗）》和の建てたりといへる数寄屋あり。寺の客殿にてさま〴〵古書画をみる。その中にて、心にとめたるは、東坡の肉筆の詩、古法眼・兆典司の画、一休・一山・沢庵の筆、足利義政の遺物の釜、半弥郎の水こぼしなどなり。此ごろは、あまたの宝物を、日ごとにかへて、かく蟲干せるほどなりといへり。仏殿の襖も、こと〴〵く探幽が画がける墨がきの人物なり。見あかぬものから、こゝを出づれば、日かげいとあつし。等持院に入りて、足利十三代の将軍の木像をみる。常の人の坐したるほどにて、面貌のさまをおもふに、肖像なるべし。仁和寺にまうづ。こひて御殿をみる。今の建物は、織田信長の大臣の、新内裡を造られし時、もとの清涼殿を、こゝにうつして、仁和のみかど〔光孝〕のみかたをませまつり、金堂も、その時の南殿を移せるものとか。げにあだし寺とはさまかはれり。金堂の前に、桜あまたあり。花のころおもひやらる。白雲のこゝのへにたつとよめる大内山も、其うしろざまなり。これより鳴滝の里にかゝり、やゝ山路をたどれば、広沢の池みゆ。やう〳〵嵯峨の地にして、げに幽邃の所なり。清涼寺にまうづ。かゝる所ともいはず、門前は、物売る家立こみたり。小倉山は、これよりうしろにて、二尊院は、其ふもとにあり。往生院も、近きほど、聞けど、まうでず。天竜寺は、元治のみだれに焼けて、たゞ礎のみなり。こゝより大井川へほど近ければ、すなはち渡月橋のもとに出でぬ。楼めく家あるに登りてみれば、嵐山は、たゞまむかひにて、画にかけるがごとし。例の水にて渡月橋も落ちぬ。此家の前より舟をやとひて、十町あまりさかのぼるに、けしきいはん方なし。亀山を右にて、左には法輪寺の大悲閣、はるかに松の木の間にみゆ。右ひだりの岸にも、川中にも、大きなるいはほ並みたちたる、かの赤壁にあそぶらんこゝちす。南の岸に、近きころ、炭酸水のわき出るを、見出しゝ所あり。やがて風呂にわかして、湯あみせしむ。あはれ紅葉の時ならばと、おもふもかひなし。

松にだに契りてゆかんあらし山
　紅葉の秋もみんとたのみて

こゝよりやどりへは、三里に近きほどなれば、かへるさの道の、いくほどもなくて暮はてぬ。広隆寺へもまうでず。二條の城は、たゞ壁の白きをのみ見つゝ、たゞに過ぎぬ。

廿一日、榊原長敏やどりへたづね来。鴨河の石にて作りたる硯を、おくり物にて、

石のおもに墨すり流しかも川の
　千鳥のあとは君ぞみるらん

とあり。九時過ぐる頃より、木村ぬしとゝもに、衣服をあらためて、九重へと出でたつ。いにし日、宮内省の支庁へ申置きぬれば、けふは、たゞに御台所門より入りて、殿掌の詰所に休らふ。殿部案内して、屛重門を過ぎ、さらに平唐門を入れば、神嘉殿、向ひに見ゆ。まづもとの公卿・諸大夫の間に昇り、みちびきの人にともなはれて、清涼殿に行く。よるのおとゞ・石灰の壇・藤局上の御局、萩の戸・朝餉の間・台盤所・殿上の間など、年ごろ書にのみ見て、かしこくも又ゆかしくも思ひわたりし所々を、けふはまのあたりに見るうれしさに、涙こぼれたり。

河竹のよゝのむかしのしのばれて
　大宮雀かしこみか鳴く

年中行事障子、日給の札は、今も殿上の間にあり。櫛形の窓も、むかしのさまなるべし。長橋をわたり、南殿へおもむく間に、昆明池の障子たてり。紫宸殿の額・賢聖障子・負文亀の画など、すべて書にて心得たるがごとし。たゞ御前の庭の、いとしも広からざるに、後の世のさまみえて、今さらしたに歎かるれど、日花月花のふたつの御かどにつゞける東西の土廊のさまは、大内裡のむかし覚えたり。御学問所・小御所より奥つかたは、許されねばえ参らず。もとの職事部屋・麝香間などいふを過ぎて下りぬ。さてつら〳〵思ふに、もゝしきの作りざまは、

前にいへる古寺のさまとは、又やうかはりて、檜はだふきわたし、屋根うらの、さながらあらはれたるは、上代の、千木・勝魚木のさまとはかはりたれど、猶その名残ありて、己が国のいにしへぶりを、考ふべきよすがとやいはまし。もとの御門を出て、三条通より、東山のかたへ行く。真昼になりぬれば、八阪神社の傍なる、中村屋といへる家に入りて昼餉す。こゝは、もと二軒茶屋といへる中のひとつにて、豆腐をむねとして、酒食をすゝむる家なりしを、近きころ楼をうるはしく作りて、此国と西洋との料理を、とゝのふる所とはなりぬ。八坂神社宮司鳥居亮信の、饅頭屋横町といふに住めるをとぶらふ。古き心しりの友なれば、さま〴〵かたらひて出でぬ。四条五条わたりのふみ屋のみせにてめづらしき書やあると尋れど、ふつにあらず。粟田口なる錦光山・帯山・清水の三年坂なる幹山などいふ名高きすゑもの作りの家に至りて、何くれと買ひもとむ。

廿二日、八幡なる宗家をたづねんとて、おのれのみ、七条より電車に乗りて出でたつ。山崎より下りて、八幡宮にまうづ、天王山は、其うしろにて、宝寺は、山のなからなれば、たゞをちになん見ゆる。川をわたれば、八幡へ壱里に近し。此わたりは、いつも水の患ある所なれば、ことしはことさらなり。男山は、あまたの石段を登りて、七八町行く所なれば、老の足困じたるを、登りはてゝ見わたせば、けしきよし。本社ををがみ、山を下りて、町はづれなる小中村尚志を訪ふ。あるじよろこびて、物がたりに時を移せり。小中村といふは、もと紀伊郡羽束志郷にありて、淀に近き所なりしが、今はその名絶えぬ。清水村・古川村などいふあたりや、その跡ならまし。むむかし八幡の神領なりしかば、他生座といへる神官七家、そこに住みて本社に仕へたりしを、織田家のころ、神領を収められしかば、ともに八幡へ移りしとか。古文書に、他生、又他姓に作る。八幡に住まずして、あだし所にありしをもて、かくいへりとぞ。始祖は、他姓弥五郎とて、応永のころ、五位に叙爵せし神官にして、それより世々家を継げる系譜を伝へ、徳川家康より、社領の配当を受けたる朱印のしるし書をもてり。おのれが家の始祖は、勘三郎といひて、宝永のころ、此家より、江戸にいでゝ、別に家をなせるものにして、余も其筆のあとを伝へたり。さていとまを告げんとせし時、

とし久におもひわたりし石清水

おなじながれをけふぞたづぬる

とふところ紙にしるして遣しぬ。山崎より、又汽車に乗りて七条につきしは、五時なりき。車ひく男を案内者として、東寺に詣づ。大師堂に、人あまたまうでたる方のみをしへたれば、金堂の方へは、心あてにぞゆく。終に塔と大門とをみずなりにき。四ツ塚、羅生門の跡など尋ねんとおもへど、暮かゝりぬれば、帰るをいそぎつ。

廿三日、都へ帰るべきほどの定りあれば、つとめてやどりを出でたつ。七条より、大津へおもむく汽車に乗る。深草・山科・大谷などの里々は、車のまどよりして、それかとうち見やるのみなり。粟田口につぎたる大路を横折れて、逢坂山の隧道へかゝる。いとくらきは、十町あまりがほどなるべし。大津に近よれば、岸によりたるみづうみの中をはしる所いさゝかあり。町へあがりて、四日市までの車を雇ひて昼餉す。粟津の義仲寺に入れば、義仲と芭蕉との墓ありて、うしろあはせの寒さといひけん、翁の発句もおもひ出でぬ。三井寺の観音は、いと高き処にて、湖上のながめすぐれたり。堂の傍の小高き処に、いにし十年の戦に、討死せしものゝふのために建てたる紀念碑あるは、鎮台ある処なればなるべし。金堂ををがみ、傍なる大鐘をみる。弁慶のもちなやみつる事のみ、里人のかたり伝へて、秀郷の竜宮より得て来つる物語などは、しらず顔なり。食堂の大鍋は、今も縁にあり。唐院のかたへは行かざりしを、後におもへばくちをしかりき。彼の御井も、金堂の傍に在りしを、それともしらで、後にこそ心づきたれ。すべて旅のほどは、かゝる事多し。此寺、山をやゝ下れば、滋賀県庁あり。もとは円満院の宮のましましゝ所なればうるはし。勢田より、湖ばたにそひて、石山にまうづ。さがしくあやしき岩山のさま、さながら縁起の古画巻をみるこゝちす。御堂に参りて、名だかき源氏の間をみる。九尺四面ばかり、さゝやかなる所にして、堂のはしつかたなり。狩野右近が画がける紫式部の影像を掲ぐ。近衛三藐院殿の讃あり。式部のかけりといふ法華経、又魚と獣とを彫れる古き硯を、その前に置けり。こは此寺にて、源氏物語を作れりといふ説行はれてより、何れの頃にか、いにしへをしのぶ人の、かゝる所をまうけたるものなるべし。山のいたゞきの、うちはれたる所に家あり。観月亭といふ。湖のけしきの隈なく見えわたるこゝちして三井の観音堂のながめにまされりとおもへり。この寺の鐘も、むかし竜宮よりあがりしものといふ。まうづる人の、おのがまに〳〵つき鳴らすことを許せり。此ころの暑さのつよきに、真昼ともいはず車をはしらすれば、いとねぶたくして、ようせずばまろび落ちなんこゝちのせらるゝこと、しば〳〵なりけるが、此岩かげの清水をむすび、かゝるよきけしきを見つれば、とみに心もすがやかになりぬ。勢田の橋をわたりて、東ざまに行く。これより伊勢神宮への道は、八とせばかり前つかたも過ぎぬる所なりしかば、久しく見ざりし書を、さらに読みわたるこゝちす。こよひは水口にやどる。

二十四日、けふは暑からぬほどに、鈴鹿越せんとて、朝とく出でたつ。朝霧のまよひに、行くてもわかずして、旅の衣手いとひやゝかなり。稲川をわたれば、車ひく男、あまた並居て、山越えのほどをたすけんといへば、二人を雇ひて、綱とらせぬ。土山を過ぐるほど、八時ばかりになりぬれど、けふは照りわたらざれば、暑からず。鈴鹿山のたうげの茶屋にいこふ。こゝは近江と伊勢との界なり。是よりは、すべて下る道にて、いとけはしく車やりがたし。紅葉は、まだき頃なれど、梢にかゝれる蔦かづらの、やゝ色付きたるも見ゆ。二十日に近く旅せしかど、かゝる深山をわけつることはなかりしかば、ことに目とまりて覚ゆ。

　鈴鹿山わがこえくれば岩もとの
　　松よりかよふそでの秋かぜ

下りはつれば、鈴鹿の神社あり。神官の家は、谷川にそひたる処なれば、いにし月の出水に、そこなはれし跡、あらはに見ゆ。金岡が筆捨山と名におふ所は、坂の下のうまやより、五六町ゆくてなるが、近きころ、みだりに山の木を切りわたしたれば、けしきをそこなひたり。関の駅より横折れて、参宮道をゆく。一身田といふ処に、高田山専修寺といふ真宗一派の大寺あり。本山ととなへて、本堂・あみだ堂・祖師の霊屋まで、いときら〳〵し。けふは陰暦の七月十五日なれば、田舎は盆供のわざすとて、ことにまうづる人あまたにて、にぎはしかりしが、こゝより一里あまりにして、安濃の津につく。そのかみ藤堂氏の、年久しく治めたりし所にて、七十あまりの町に、人家ひまなく立ちつゞきて、今もおとろへず。こゝの若狭屋といふはたご屋は、ことに清げなれば、入りて昼餉す。雲つ川の橋をわたり、松坂に至れば、日くれはてぬ。すなはちこゝにやどる。

二十五日、暁がたに立出づ。山室山へのしるべの石もみえたれど、こゝより五十町も入る所といへば、ゆかしけれどもらしつ。櫛田川・祓川、いづれも橋あり。神服部機殿・神麻績機殿も、此あたりなるは、しるしの木にて知らる。斎宮村にて、ひとむら木だちの繁れる所を、斎宮の森とよびて、むかしの宮所なりといふ。

をしへずばそれともしらじ跡たえし
いつきの宮の露のひかりを

明星、小俣などいふ里を過ぎて、豊宮川わたる。山田の町につきて、まづ豊受宮ををがむ、来ん廿二年は、御遷宮の年なれば、宮木どもつみかさねて、袴はきたる工匠ども、たくみわざするかたはらに、浄衣きたる神官たちの、事とり行ふさまみゆ。高の宮・風の宮・土の宮など、摂社をがみて、内宮ざまへゆく。一里ばかりのへだゝりといへり。此あはひに、豊宮崎・あひの山・古市・館などいへる名所あり。宇治につきて、鳥居を入り、五十鈴川に下りて御祓す。

玉くしげふたゝびまでもいすゞ川
なみのしらゆふかくるうれしさ

神路山松のときはにつゝみなく
来てぬかづくも神のめぐみぞ

いとこちたけれど、おもひあまりてなん。正殿ををがみをはりて、摂社荒祭宮にまうづ。少宮司鹿島則文は、ふるき友にて、その子則泰は、古典講習科の生徒なるが、此ごろ家にあり。せちにとゞめたれど、いそぐほどなれば、立ちながらかたらひてわかれぬ。その家は、神宮司庁の傍なりき。山田の町にて昼げして、もとの道を行くに、雨すこしふり出でぬ。津までと心ざしぬれば、暮はてゝ、若狭屋につきぬ。けふの道は、十六里なるうへに、両宮に参りて、いとまいりぬれど、車ひく男をはげまして、こゝにつきしは、この家の清らなる故なりけり。まことや、木村ぬしの、内外の宮にて、よまれつる歌とて、聞きたりしを、おもひ出づるまゝに書きつく。

大神のをしへのままに豊受の
神の御前をまづあふぐかな

いくたびかをろがみつれどたふとしと
思ふ心はつきせざりけり

廿六日、四日市までは、十里あまりなれば、けさはのどめて出でたつ。上野・白子・神戸のさと〳〵を過ぎて、追分に出れば、東海道の大路なり。昼過ぐるころ、四日市なる汽船宿につく。此湊は、三菱と共同とふたつの会社より、日をへだてゝ舟出するに、けふは三菱の東海丸の、くれかゝるほどよりはしらすといへば、はしけといふ舟に乗りて出でたつに、もと船まで、近からざる舟路にして、すこし風のたてば、うち入るゝ波に、衣もひたりぬ。甲板に登りてみれば、風静まり月さやかにして、尾張・三河の浦々、よく見わたさる。こよひはおだやかになりつれど、船酔の性しるくて、こゝちあしければ、猶うちふしがちなり。

廿七日、伊豆の大島ちかくなりぬといへば、起きいでゝ甲板に登る。けふも空よく晴れたるに、やう〳〵浦賀・横須賀の湊、また安房・上総の山々もよく見えわたりて、家路に近しとおもへば、こゝちもおこたりぬ。真昼に横浜へつく。皆人例よりは早うつきぬといふ。清らなる家に入り、ゆあみし、のどかに酒くみかはして、ながき旅ねに、つゝがなかりしを、かたみによろこびぬ。五時過ぐる頃家に帰る。此ほど京都よりあす帰るべういひやりしかば、むかひにも出あへずと、家人はいひあへり。この旅よ、年ごろ夢にも見んとおもひわたりし処々を、よく見しのみかは、ふる事考ふべきたよりとなれる事、はた少からぬを、船窓のかたはら、又は京難波のやどりにて、たゞかりそめにかいつけ置きぬれば、いとらうがはしう、又くだ〳〵しきを、かいやりすてんもさすがなれば、後に又くりかへして、その折をしのぶよすがともせんとて、名をもおもひ出の日記と、うは書しておきぬ。

明治十八年

おもひ出の日記終

磯部の日記

〈七月廿五日〉

ことしの夏は、年頃の病〔腸胃加答児〕によしといふなる、上野の磯部の湯あみにとて、移りてよりいまだいく日もあらざる金杉村大塚のやどより出でたつ。相ともなふ人三人、親族なる松田の豊刀自〔年七十五〕、同じくよね女〔年四十九〕さては常に病がちなる三男三作〔年廿四〕とうちつれて、七月廿五日の朝五時廿五分よりはしらする上野の汽車に乗る。井上図書頭ぬしも、下野わたりへとて、けふ出でたつに逢へりと、送りせし義象はいへり。十時三十五分ごろ高崎につきて磁部へ行く車に乗りかはりぬ。あしたのほどは、雨少し降りて涼しかりしが、やう〳〵晴れわたりて、あつさ此日ごろのごとし。十一時ばかり磯部につきて、共寿館といへるを、しぼしのやどりとす。ことしの五月、家づくりを終へて、開業したりといへり。家居つき〴〵しう、よろづの調度、よるの物まで、皆あらたに調じたるものなれば、清らをつくしたり。湯風呂も家内にありて、湯もとより日ごとに汲み入るゝとぞ。この所にて、当今第一等の家なるべし。

辰巳のかたにむかひて、おもての方を見はらす楼のうち、一間をやどゝしておちゐぬ。この家の外、鳳来館〔大手万平〕といへるは、三階造にして広らかなれど、家づくりのうるはしさは、共寿館のかたまされり（こゝは他家に先だちて、三月ごろ、造り終へたりといへり）。そも〳〵此地は、塩のくぼとあざなして、やゝ降りて、碓氷の川べりにそひたる田園なりしが、その田の中より、塩気ある温泉の流れ出でたるを、冷泉なれば、村人はさる效ありともしらで、わづかに疵ある所をいやしなどして、年ごろをへにけるが、開明の御代となりて、いにし十四年に、内務省の衛生局より、国々のつかさにおふせて、もろもろの鉱泉どもを、残りなく書記して奉らせ給ひしより（此事のおほかたを集録したるもの、同局より発行せる鉱泉志あり）、やう〳〵此霊泉ある事を、官にも知り、十七年には、東京の根岸の鶯谷に神泉亭をまうけたるが、汽車の便にまかせて、温泉をつみおくり、広く人のゆあみしたるより、病に効ある事の世にあらはれ、十八年の十二月には、更に衛生局にて分析のわざありて、食塩亜児加里性炭酸泉と定りしより、ことしは湯あみの客の、つぎ〳〵にかよひくるほどに（いにし年、磯部に、中山道の鉄道の停車場を置かれしも、便利のひとつなり）、これまでは、あばらなる賤がふせ屋の、処々わづかにたてりしを、田はたをたひらかになして、われも〳〵と家づくりすれば、けふはたこゝにもかしこにも工匠等うちつどひて、営作のわざをいそげり（ある新聞に、火事場のあとの如し、といへるがごとし）。又井上大臣、大木議長、また県令のあそび所にとて、建てたりといへる家は、あるひは高きところ、又は川の瀬にのぞみて、広くはあらねど、おもむきありと見えたり。かゝれば三とせ四とせの後には、伊香保につぎたるにぎはしき所となるべしとおもひやらるる。

海ならぬ磯部のさとに来てみれば
塩ゆあみにと人はつどへり

といふほどに、宿のあるじのいふやう。此あたり野菜に乏し、（畠はあれど、もとより、多く作らぬなるべし。）又汽車の便はあれど、此つよき暑さのほどなれば、海魚はとり入れず、たゞ川魚のみなれば、膳部のまうけなど、いとおろそかなるべしと申せり。おのれがともがらは、なか〳〵に麁食こそ身の養ひに便あれ、いとよき事なりといひあへり。酒は地酒にて、胸につかゆべうおぼゆれば、麦酒をもとめて、晩酌のまうけとす。かゝる物、はた牛の乳、罐詰の物など売る家のあるは、やう〳〵都より上等の人の来りあそぶ故なるべし。夕つかたになれば、風いと涼しう吹き入る、月もなきほどなれど、

まくらべにかよふうすひの川の音に
あつさもしらぬたぎつ岩なみ

とよみていねつ。

廿六日、半晴。となりなる室に、神祇官のころ同僚なりし、筧元忠のやどれりしにあふ。十五年ばかりがほど逢はざりしかば、かたみに昔がたりす（今は判事にて、大審院詰なり）。夕つかた少しく雨ふる。令の講義筆記をはじむ。華族伊達宗陳ぬし、此やどに来る。

廿七日、晴。午前九時三分の汽車に乗りて、高崎へゆく。同じやどりなる陸軍中佐沖原何がしも、岩鼻へ行けばとて、ともに出でたつ。田島尋枝をたづねたれば、よろこびて、何くれともてなし、おのれが好める令・格・国史の中の事などとひたゞす。学士会の雑誌・大八洲学会の雑誌などもて来ぬるを、おくり物とす。午後四時ごろいさゝか雨ふる。帰りの汽車に乗らんとて、停車場に来てみれば、松田の刀自、よね女をともなひて、此所にあり。

きのふより顔いたみて、腫物など発すらんとおもへば、様子により、都へ帰らんと思ふと、わが出でたちのほど語られしが、さまではいかにと思ひて有りしを、ゆくりなくこゝにて逢ひて、かへるさの由を聞ける程もなく、磯部の車の出でたてば、心ならず別れぬ。沖原ぬしに聞けば、磯部の温泉は、すべて皮膚の外部に病ある者には、感ずる事速にて、刺衝を覚ゆ。わがレイマチスも、こゝに来てより、甚しく痛めり。されど、漸く一週を過しゝほどなれば、今こゝろよからんとかたりたれば、刀自も、今しばしとゞまりて、試みたまひたらばとおもふも、六日の菖蒲になりぬ。義象より今朝出しゝ郵書、夕つかたにとゞきぬ。

廿八日、晴。横浜なる勝野正満より、諺百首の稿本を郵逡して、見せにおこせたり。かねての約なればなり。序文をもとこへるまゝに、けふ書きしるして、夕つかた郵便函へをさめぬ。義象への返書は、正午頃さし出しぬ。河合きさ女よりのきのふの端書、松田勘兵より、老母昨夜九時三十分頃帰宅せし事の端書、今朝出したるが、共にとゞく。筆記いさゝかす。けふも、夕つかたに少し雨ふる。此地に来てより、九十度と思へる暑さの日はなし。おほよそ、暑き日にても、八十四五度と覚ゆ。それも午後二三時が程にて朝夕の涼しきは、雨気あるによるものか、筧ぬしのかたるを聞けば、いにし十四五日の頃には、こゝも九十度と覚ゆるばかりの暑さなりければ、来客も困じて、多くは伊香保へおもむき、十一日より今日までとゞまりたるは、おのれのみならんといはれき。されば、その日は、東京とさしてかはらざりし事なるべし。館のあるじ宮田何がしとひく。

廿九日、半晴。此所へ来てより、快晴と覚ゆる日はいまだあらず。江沢より、きのふの書とゞく。返書したゝめて、けふの夕つかた郵函へ入る。筆記いさゝかす。沖原ぬし、俄に用ありとて、けふ午後帰京せらる。こゝはいまだ玉突・揚《(楊)》弓などいふ遊びの場なければ、たゞ夕ぐれには、たち出でゝあたりを遊歩するのみをわざとす。新聞を見れば、東京は、廿七日のゆふべ驟雨あり、廿八日は快晴なりしも、暑熱やゝ減ぜしうへ、午後十時頃より雲を起し、十一時半頃は雨盆を覆すがごとく、本日四時頃に晴れたり。府下も、井水に乏しき所いたく水を増せり、まして田舎にては、既にしほれし作物も、又色づきたりといへり。

三十日、晴。令を筆記す。義象より、伊沢編輯局長の書をおこせたり。すなはち返りごと郵函に入る。温泉のわき出づる所は、大手の家のかたはらにして、水田有りし処なりといへり。今は石垣いかめしくして、傍に広やかなる家を作り、男女をわかちて湯風呂をまうけ、済生社と名づけたり。去年の夏成れりとか。大かたの宿にやどれる人たちは、皆こゝにつどひて湯あみす。

三十一日、半晴。けふは暑さつよし。江沢より、けふの書状とゞく。午後西村宮中顧問官訪はる。きのふ出でたちて、ようべ高崎へやどり、けふ大手へやどれりと語らる。筆記を勉強す。

八月一日、〔日曜〕、半晴。けふはことにあつし。寒暖計八十七八度に及べり。午前大手へ行きて西村翁をとぶらふ。此家は、作りざま狭くかつあしくて、風向もよろしからざれば、あすは伊香保へと語らる。午後となりの室へ、本尾敬三郎ぬし、多くのやからをゐてやどらる。いにし年、制度取調局にて知る人なれば、やがて対面す。けふも筆記すれば、暑さに困じて、はか〴〵しからず。たゞはかなき草子・新聞などみて、日をくらせり。この家は、大小の新聞を求めて、客の便とす。すなはち、けふのは、午後四時頃にとゞけり。便利の地といふべし。夕つかた聞くに、きのふ伊香保なる千喜良何がし〔温泉宿の中にて戸長をも勤めたりといへり〕、横はまより帰りて、虎列拉病をやみて死せり、この外にも病者出で来たれば、木暮八郎の家に、小松宮のまし〳〵たるも、ようべ俄に東京へ帰り玉へりといへり。当今かの地には、二千人あまりの客ありといへば、蔓延の患はかりがたし。けふ此地へも、警部・郡書記など来り、宿ごとに注意のさとし有りぬとぞ。新聞を見れば、東京も、二十七八日の頃は、此病者八十人あまりに至れり、されど、俄に多からざるは、とりわきて官の注意の行届けるによれるものなるべし。

二日、あしたの程よりよく晴れたり。夕つかた、日は照ながら雷なる。けふもあつし。筆記もようせず。

三日、晴。高崎の田島よりせうそこして、上野名跡志と、酒弐瓶をおこせたり。此ほど約したるによりてなり。ようべより、三作こゝちあしければとて、けふ十二時発の汽車に乗りて帰る。けふはこゝも寒暖計九十度のうへにて、此日ごろの中にて、とりわきてのあつさなり。後に新聞を見れば、東京もけふは八十九度の余なりき。夕つかた雲おこりて雷なる。日くれて夕立あしくふり、やゝ涼しくなりぬ。けふは筆記いさゝかす。薄暮田島へのかへりごと郵函へ入る。

四日、晴。此ほどより、金洞の山ぶみせんと思ひつれど、日ごとの暑さにおもひたゝざりしを、ようべの雨に、やゝ涼しくなりつれば、八時頃より、車にていでたつ。磯部より、妙義山のふもとまで、二里に余れり。ゆくての右のかたは、榛名・相馬の山々をみはるかし、左はしもと林多く、八城などいふ村々は、家少なし。やう〳〵行けば、真むかひに、浅間が岳はるかにみゆ。煙少くたつが如みゆるを、きけば、風のむきによりて、かなたへなびく時は、いつもかくみゆといふ。

浅間山たてるけぶりもふくかぜに
　おもふかたにはなびかざりけり

此あたり古戦場なりといふ。こゝより金洞の第一門はるかにみゆ。妙義の総門にいたれれば、坂道いとけはし。門を入りて少し行けば、家居十七八戸あり。菱屋といふ、はたご屋、新造の座しき清らかにて、眺望もよろしければ、入りていこふ。上信日記に、妙義総門を入れば、人やどす家居、いとむね〳〵しとあれど、今は然らず。されど、貸席といひて、遊女あるはかなき家もまじれるは、猶そのかみの名残なるべし。こゝにて昼食のつゝみいひなど用意し、まづ中のたけへとて、駕に乗りて、妙義の楼門の下より、左ざまの細道をわけゆく。やう〳〵行けば、妙義の山の巓は、削りなしたる如く、あやしく右のかたにむらだち、金鶏の山は、少しはなれて左ざまにたてり。その中つかたにことに目とまりたるは、すなはち金洞のむら山にて、天柱峯・天燭峯・筆頭峯など、あやしき峯なみたてり。中の茶屋といふ草の屋にいこふ。こゝより三十町ばかり、けはしくさくみたる岩道をのぼりくだれば、第一の石門へ登る所にいたる。かへるさのほどゝ輿夫のいへば、たゞちに五六町行きて、武尊の社ある所につきぬ。こゝに神官の家たゞひとつあれば、座敷に入りて昼食す。やどの妻帳簿をもて来て、後のしるしに、姓名を記さんとこふ。かたはしより見れば、此三年ばかりに、井上大臣・吉田清成・谷大臣・井上図書頭・股野琢・鍋島直大・井上・山県の夫人、その他の顕貴の、こゝに至れる事しるし。しばしいこひて社にまうづ。石磴をあまた登りて、あやしき大岩の下に社あり。こゝは天保のころと、又五とせ六とせ前と、ふたゝび野火の災にかゝりしかば、社いとあさましげなり。傍に此所の開山といへる長清法印の事跡を記し、、安永中の碑たてり。これより猶峯に登る道あれど、さのみはとてもだしつ。此あたりにも、仙人が岳・朝日が岳などそびえ、あやしき岩なども多し。麓に大国天の社ありて、もと岩高寺といへる別当持の所なりしを、維新より、神官のみになれりといへり。一時頃こゝをたちて、第一の石門を見る。大路よりいさゝか登りし処にあり。思ひしよもしるく、見あぐれば、山のかたしたるいはほの、いたゞきは雲にそびえたる、下つ方に、広さ十間あまりのおのづからなる門あり。そこを入りて少し登りてこなたざまを見れば、門のあはひより、あやしき峯どももみえて、えもいはれぬけしきなり。これより二町ばかり、細くけはしき岩かどを登れば、第二の門に近し。そこへ登るには、ふとき縄を下げたるをよぢて、足のたてどもなき処をつたひて登るが、いかにもあやふげなれば、よしやとてやみぬ。彼岸ちかき処にて、舟こぎもどしたるこゝちして、いとくちをしけれど、いかゞはせん。第二第三の石門は、ちひさくて、第四なるは、広さ一の門に倍し、此わたり、実に此世の境とは見えず。我身いつの間に、仙人に身をかへけんと、山吹日記にしるせるを見て、いたづらにおもひやるのみなり。されど、沢氏の漫遊文草などに記せるおもむきを、年ごろこゝろに入れて、ゆかしくおもへるが、けふはたしぬるをよろこびて、

白雲の八重にかさなる岩とをば
　ひとへにこえしもうれしかりけり
おくまではたれかこゆらんみつぐりの
　中のみたけのくしきいはとを

もとの道を帰りて、中の茶屋のこなたより、妙義の山へ入ること十四五町にして、楼門の前へ出でぬ。これより石磴あまたを昇り尽して、本社に至る。松杉深くおひしげりて、いと神さびたり。中門の外に、湯釜三口あり。行嚢抄に、巫女数十人なみ居て、湯の花といふ事をして、参詣の人に託宣を聞かする由をしるしたれど、今はかゝる事ありやなしや。此神は、もと妙義権現と称して、叡山の法性房尊道を祀れる由なるが、上野名跡考に、尊道は丹生氏なるが、此わたりに丹生村ありて、和名抄の郷名にもみえたれば、其地に住める氏人の、其祖先なるをもて、祀りしものなるべしといへるは、拠ありげなり。維新の前は、白雲山高顕院石塔寺と、本坊をいへりしか

らに、今も楼門の額には、高顕院とあり。されど、仁王は取払はれて、空しき室のみなり。この山も岩山にて、峯々とがりて、鉾を立てたるが如く、画にかけるもろこしの山めきたり。式内なる波己曾神社も、此傍にありと聞きしが、帰るをいそげば、まうでずなりぬ。空かき曇りて雷なれば、車を早めて、四時三十分ばかりに帰る。程もなく雨ふり出でたり。

五日、曇。いさゝか暑さ薄らぎぬ。中村ぬし・河合きさ女、竝に義象のもとへせうそこす。筆記いさゝかす。夕六時過より、近きあたり遊歩のかへるさより、雨降りいづ。やうやう雷鳴す。十時頃は、雷雨ともにつよし。雷は止みたれど、とゞろく音のやまぬをいかにとおもへば、碓氷川の水かさまされるなりけり。

六日、晴。起きいでゝ、楼の東の窓あけてみれば、岩かどをたぎり流るゝ川水、矢をつくがごとし。音はようべにもまされり。雷にていをねぬに、腰のいたみも起りたれば、筆記もえせず。本尾氏より借たるいろは文庫などいふはかなき書どもをみて、日を暮せり。新聞を見れば、東京の虎列拉病者、昨今は百人にあまれるほどになれり。けふ家よりの包物届く。もと大学の学生たりし岡倉何がしに逢ふ。三日四日前より、毛利元徳ぬしの若君に従ひて、此処にあり、あすは甲州の方へ出でたつといふ。

七日、半晴。伊達君に対面す。奥方のこふにまかせて、旅中の歌ども書きしるしてみせぬ。筆記いさゝかす。いさゝかこゝちあしければ、早くふしどにつく。

八日、晴。あしたより暑さつよし。九十度にも及びつらん。夕かたより、日は照りながら雷鳴す。

九日、半晴。けふも暑さつよし。東京にもまさりぬべしなど、人々いふ。されど、朝夕は涼しきこゝちす。旅やどりのほど、職員令の弾正台の条より筆記をはじめぬるが、後宮職員令のをはりのほどまで成りぬれば、しばし止めて、神の御蔭〔藤井高尚〕菅笠日記など、道の記をみる。いとまあるほどに、去年西京をはじめに、遊びたる日記、作らまほしくおぼゆればなりけり。まことや、きのふ中村秋香ぬしよりの消息とゞきたり。此ほど、まくらべにかよふの歌、かきおくりたるにつきて、

夏衣うすひの川の岩波は

おとにきくだにすゞしかりけり

といひおこせたり。義象、三作よりの消息もとゞく。

十日晴、暑さつよけれど、風すゞし。高崎へ行かんとて、

九時汽車にて出でたつ。田島へ行きて、此ほどの贈物のよろこびをのべ、名跡志を返す。午後四時二十分ばかりの発車にて、安中へ行く。停車場を出でゝしばし行くに、こゝは中宿といへる所にて、本駅とは、三町ばかりへだゝりたり。湯沢といへるいで湯も、駅よりはつかの程にて、疝気、腫物に効ありといへり。駅はあれど、むかしの城下のおもかげもなし。中ほどより折れて、磯部へ行く道あり。十町ばかり行けば、碓氷川にて、鉄橋かゝれり。此あたり、うちひらけて眺望よし。一里あまり、桑畠を右ひだりに、細道を行けば、下磯部村にて、妙義中の岳は、右のかたに見ゆ。東上磯部村を過ぎて、やう〳〵西上磯部村に至り、温泉宿に帰りぬ。時は六時もや過ぎぬらんかし。けふもいさゝか遠つかたに雷鳴れど、雨ふらんけしきもなし。

十一日。あしたのほど、霧たちこめて、近きあたりまでおぼ〳〵しかりしに、やがて晴れゆきて、暑くなりたれど、北の風吹けば、よく吹き入るゝにより、いと涼し。新聞を見れば、いにし八日には、都下の虎列拉病者百七十二人、九日には百八十四人と、日ごと数加はれるにおどろかれぬ。

十二日、晴。けふも、夕つかたに、雨ふらんとしてふらず。

十三日。あしたよりいとあつし。明日は帰らんとおもへば、去年の道の記も、なかば成れるを、まづとて筆をとゞめぬ。海軍大佐本山漸、きのふこゝに着かれたるに対面す。歌よむ人なりければ、学問のうへにも、かれこれとかたらひあひぬ。伊丹議官も夕つかたこゝにつかれたりといふ。

十四日、よく晴れて、あつさきのふにまさりたれど、九時五分にこゝを発する汽車にて出でたつ。本尾ぬし、停車場まで送り給へり。汽車の中にて、もと参事院の議官たりし山口尚房ぬしに逢ひてかたらふ。これも磯部よりのもどりにして、林といふ家にありしといふ。急行の車なれば、速にて、午後二時よりも前に、上野へつきぬ。

明治十九年

磯部の日記終

明治二十年〜二十八年日記・旅日記

「丁亥日乗」
明治廿年一月一日～八日、四月一日～六月一日、七月一日～七月廿一日（欠あり）
「相模伊豆の旅日記」
明治二十年七月廿四日～八月九日
「明治廿年日乗」
明治廿年八月九日～十二月三十一日
「明治廿一年日乗」
明治廿一年一月一日～七月十八日、八月十二日～十二月三十一日
「陸前下野常陸下總紀行」
明治二十一年七月十八日～八月十二日
「明治廿二年日乗」
明治廿二年一月一日～七月廿六日、八月廿日～十二月三十日
「西遊日記」
明治二十二年七月廿七日～八月十九日
「明治廿三年日乗」
明治廿三年一月一日～一月廿八日、二月十一日～廿一日、三月廿五日～十一月廿二日

「明治廿四年日乗」
明治廿四年一月一日～四月廿日、五月十一日、五月十四日～九月八日、九月または十月廿七・廿八日、十一月十日～十二月三十一日
「明治廿五年日乗」
明治廿五年一月一日～十二月三十一日
「明治廿六年日乗」
明治廿六年一月一日～七日、十二日～十二月三十一日
「明治廿七年日乗」
明治廿七年一月一日～十二月三十一日
「明治廿八年日乗」
明治廿八年一月一日～七月三十一日

（表紙）

丁亥日乗

明治廿年〔甲〕

一月　　六十五齢二ケ月

一日　晴。

朝拜ニ不出。

静なるさとにしすめばあら玉の
としのはじめもことにのどけし

神足・飯田〔武夫〕・清水等之来客ニ逢。○西村・栗田・河鰭・伊藤〔圭〕・田沢・松田・福羽・手島・足立〔寛〕等へ郵書出ス。

二日　快晴。

梳浴〔磯部〕の後、昨年被頼の中山〔八束より書状〕よりの絹弐枚・唐紙三枚染筆、并東宮より被頼の短冊七枚共。○物集・島田・原・柿沼・源助・松岡調・八幡小中村・西京榊原・妻木等へ郵書出ス。○三作近隣及木村・黒川・山勘・加藤〔国三郎〕・寺川・吉川・小島へ年礼。

三日　晴〔午前九時三十七度〕。〔○義象より去一日房州保田より之書状届く〕。

午前十時頃より栗原・柏木・新岡・水野・狩野・大槻・佐の・今泉・中根・田中・水島・河合〔短ざく本〕・久米〔本〕・関根・佐伯〔玉子〕・宮川・小杉〔のり〕・内藤・丸山〔のり七〕・同藤助〔金米〕・鈴木〔のり〕・蒲河田・半井・大沢〔くわん詰〕・村岡〔玉子〕・筧〔本〕・湯もと・飯田・井上・三河や〔玉〕・三輪〔玉〕・中村等へ年礼、晩景帰る。寺川入来ニ逢ふ。寒甚し。直チニ入浴。○三作・神田・加藤〔弘之〕・渡辺〔洪基〕・南摩・重野より木挽丁まで行。○平尾八束来。不逢。染筆物渡し。

四日　晴〔午前九時卅六度〕。

午前十時前出宅、文部省へ出。御用始也。正午退出、零時三十分を期して鹿鳴館行。同志奏任官集会也。辻・服部・手島・伊沢・穂積・矢田部・物集・丸山・出浦・桜井・元山・山下〔葛飾郡長〕・股野・谷森・金井・岩谷・重野・筧・河村・折田・落合・吉村・長松・永井・江木・秋月・世良・広瀬・菊池等ニ面会。午後二時頃より日のや〔さとう〕・大田〔くわし〕・笹又〔さとう目録〕等へ年礼、五時前帰ル。若松甘吉来り居ニ逢。長井らく女同様。

五日　晴、午後曇〔午前九時卅二度。○小寒之節ニ入〕。

午前十時卅分頃出宅。江沢〔目録持〕・本居・大須〔玉子持〕・長塩〔玉子持〕・神足より〔若松〕飯倉御邸・長井・高橋・鵜沢・松岡〔くわし持〕・清水〔切手〕・森大臣・丸山等へ年礼。午後二時過、星ケ岡茶寮行。皇典所集会也。久我・桜井・大河内・井上・大谷・奥島・大関・阪・松野・平山・山田老人其他四十名斗来会。暮はて、出、七時斗り帰宅。○三作、吉川行。出井泊。

六日　朝曇、八時卅分頃より雪。午後四時頃止ム〔午前九時卅度。午後三時卅二度〕。

西京尾越・田中・大阪平山・神戸原田等へ郵書出ス。三浪一覧、新聞などミて日を暮す。○午後四時頃よしかた帰宅。今日鎌倉より発足之由。○大阪渡辺・長崎大須等へ郵書出ス。○新太郎来。藤井行麻呂撰の日本歴史刊行ニ付、序の哥をと乞ふ。○本居先生入来。不逢。

七日　晴〔午前九時卅五度。午後四十三度〕。

仙台井上・小田原高田・豊前渡辺〔玄包〕・千葉三谷・鹿嶋大谷・越後桂等へ郵書出ス。○平岡好文・須永球来ル。面会。日野屋来ル。不逢。○朝よしかた下宿行。

八日
午前十一時前大学へ出頭。和文及古典科生徒既ニ退出の後也。穂積・富塚ニ面会、正午帰る。岡田やへ年礼。○新聞幷ニ〔末松〕文章論・周遊雑記などミる。

〈原欠。以下「丁亥日乗」は、「原欠」の表示を略す。〉

二月
三月
四月(1)

一日

大槻古事類苑編纂委員ヲ解カル。
十日
午前十時過三作同道、工部大学行。教育物会なり。午前退出、開花楼行。玉鉾会なり。孝徳紀講義。夕刻よし丁万菊行。さゝ又里開也。今日ハ日曜にて晴天なれば、上野の花見又弁天の開帳をかけ、群集近年ニミざる所なりし。〇学士会日、不参。
十四日
香取宮司のもとへ伊能霊祭哥短冊九十八枚・懐紙二枚、通運京やへ托ス。
十六日
午後一時(空欄)分の気車にて神奈川なる高島別邸釈奠行。四時ノ気車にて島田と同道にて帰る。〇此遺物わり七十五銭。
十九日頃
三浦山口県教員ニ転ニ付、後任之義、服部ト丸岡へ申込候処、廿一日返書来ル。推挙ニ応兼候旨也。
廿日
謹吾、江沢行。巻煙草談也。根ぎしへ廻ル。
廿一日
辻清二郎より手紙。山形県学校方、至急之運ビニ不至旨也。
廿一日
午後(空欄)より延遼館行。此ほど宮内大臣より案内状到来。観桜御会也。華族公侯爵者・外国公使・勅任官・奏任官・三等已上三分ノ一也。主上皇居行幸。栄誉此上なし。(空欄)帰ル。
廿二日
岩ぶち臼倉おきく君廿三回に付、大学休、気車にて行。
〇今日かやば丁又さんへ妻来ル。
廿四日
好古会之処、断。午前十時頃より西新井行。大師開帳なり。さんや廻り五時頃帰る。
廿五日　おミち送籍。役場よりふきや丁、己ノ役所へ廻ル。
廿七日権蔵より請取さし出候旨、郵書。
廿六日
栗田へ文学論持参、一閲を乞。廿八日帰る。
廿七日
過日諭之旨により国書三年生より退学之者十名連名書、郵便にて来ル。

廿七日
午後五時前本居行。波子一週年祭也。花一箱たむけ。

廿八日
来卅日丸山欧州へ発航に付、送別行。不逢。

廿九日
烈風なれど木挽丁行。巻煙草一条也。器械と丶のへ候由。

卅日
黒川行、古事類苑事談ジ。

五月一日　晴、和。○日曜
大久保好伴・長塩来る。午前柏木・大槻・佐乃等行。○加藤（空欄）に逢。今日亀崎丁兄方へ同居之由。○磯部温泉へ入。○山サキや頼の大黒画軸へ賛哥した丶め。○午後より井上図書頭依托ノ東宮御配偶称呼云々之件取調、夜ニ入る。○銀二富士見丁遣ス。幟遣し并ニ鯉建る。○夜ニ猫産ス。○石神・岡松へ郵書。

二日　曇、冷。

文部省へ出。大久保来ル。校合本渡。辻次官并寒沢へ黒川承諾之旨談ジ、加藤へ書状出ス。○お晉来〔四時前帰る〕。今日お信夫《ノフ》来候義に付、問合せ也。今日藤右衛門上州行之由。○岡田やより老父病気全快。蒸物来ル。○平田へ郵書出ス。

三日　曇、午後雨。冷。午後三時五十五度六。

十時大学出、夕顔巻講尺。十一時制度沿革徳川氏ノ始ヲカキトラス。午後十二時三十分より上田ニ賦役全テ授ク。二時帰宅、新聞及カブキ新報ヲミる。○謹吾ト皇典講究所へ郵書出ス。○謹吾トよしかたより郵書来る。○本居へ新聞わか遣ス。

四日　薄晴、冷。

中学校・師範学校教員学力検定請持、当日ニ付、午前八時前大学修文館へ出。物集も来る。十二人試験。午後三時過に了ル。木挽丁行、煙草ノ事ニ付、大畑某に逢。陸軍会計吏之由。帰路江沢へよる。

五日　曇、冷。

和文読本編輯取調。○朝平田来ル。昨日高等女学校へ出候様、箕作より申渡。月資廿円にて一週十時間之由〔切手賜〕。○午後一時大学行。編輯例会也。チヤンバレン眠気不参。惣長より関根・平田之事談有。終て三時卅分退出。四時過富士見丁行〔チヤンバレン尋〕。清名初幟立ニ付、飯田・神足・お道等招く。おたつも行。夜ニ入九時頃帰る。○謹吾より郵書。巻煙草業、江沢帰迄見合せノ事也。

六日　薄陰。

十時大学出、法曹至要抄を講ず。十二時文部省へ廻る。
○白河河合より郵書、蒙古襲来画詞之文中質問あり。
七日
十時大学へ出、応神紀を読ミ、儀制令を講じ、又賦役令を授け、刑志質問を受く。○中村より新著評論雑志刊行按廻る。○足立より追悼哥短ざく廻る。
八日　○日曜
午後一時過学士会院へ出。本日ハ中村・細川両人演説なり。晩饗して六時過帰宅。○河合へ返書出ス。○柿沼広身来ル。不逢。帰県之由。
九日　薄陰。午後七十度ニ及ブ。
△本日大隈重信外十六人、伯爵・子爵を賜り華族ニ列ス。
○文部省へ出、大久保ニ画ノ事命ズ。三時退出。今朝淡路丁出火ニ付、佐々木・依田を訪ふ。帰路山崎やへ寄。過日頼の大黒賛哥したゝめ分持参。○夜石川治兵手代某・土岐政孝手紙持参。国民ノ教育祝詞頼ニ来ル。
十日　雨、冷。

十時大学へ出、夕顔講義、徳川氏官制を口授。午後講尺休、物集へ廻り同道、二時有栖川宮参る。観牡丹御会也。福岡・外山・伊沢・湯本・大久保一翁・河鰭・西山・足立・千家等ニ逢。五時帰宅。森大臣邸へ祝ニ廻る。

十一日　曇。

十一時大学出、儀制令より衣服令へかゝり講尺。午後仁徳紀をよむ。二時皇典講究所へ廻る。軍防令講義、儀制・衣服二令質問。了てふじ見丁行。鈴の屋同じ文字なき哥幷春海・千蔭・宣長書翰ノ一軸等譲与。七時過帰る。

十二日より卅一日迄欠。大略。(2)

十八日出之書状ニ付、ミの、国関村塚原次郎兵衛より土産合口・小刀贈来。過日短ざく遣し礼也。

日失念
天神下三河やより旧冬認遣る碑文謝物として、金五円・玉子一箱贈来ル。短ざく二葉認遣ス。十四日出ニて、さぬき松岡調より書状来ル。禰宜拝任悦なり。十五日書状ニ付、中村へ印刷事件材料ノ書送ル。

十二日
森川丁行、関根同道、明《ママ》地見分。

十五日
宮島おちか来ル〔半ケチ六ツ賜〕。

廿日
第一銀行へよしかた同道。
廿五日頃
ふじ見丁行、吉川手紙見せ。入費三分一御持候旨也。
廿六日
女学雑志社より発行停止之達有之旨郵便。
廿八日
大槻を暮春亭同道、内談。
卅日
夜同人来。捜兵衛事談ジ有。
卅日
中村行。哥会也。丸岡・千家・足立・本居等面会。九時過帰る。
卅一日
石神へ手紙遣ス。山口ニ逢候手続シ。

六月

一日　細雨。暖気七十二度ニ及ブ。
十一時大学出、捕亡令講尺。午後より文部省へ廻る。修文館にて渡辺総長はじめ験定員一同会議、及第人取定ム。国語験定十二人ノ内及第者七人アリ。二時卅分頃退出。
○富士見丁へ色紙・短冊認分贈る。皇典所へ不参断。○夕五時さんや角中村行。大槻も来。オモチや面会。十一時帰る。○永井光景七回忌逮夜ニ付おたつ行。○藤井行麻呂より請取証来ニ付、神妙堂寄附半円渡。

七月

一日　薄陰。
文部省へ出。
二日　微雨。
須永来ル。喪葬令取調。○河合より郵書。
三日　雨。○日曜
正午過富士見丁行。萩野宅へより〔短冊遣〕、二時九段坂鈴木真一行、漢書課卒業生一同の請により、諸教員共ニ写真す。終て富士見軒行。宴会アリ。加藤議官・渡辺惣長・中村議官・外一（山）学長等席上演説あり。此事別記[3]ニ悉し。○諫早より来書。三本某ノ事也。本居よりも。
四日　薄陰。
文部省へ出、退出後、富士見丁行。五時卅分頃より新花丁浅井行、面会。○文部省より諫早へ返書。○夜井上政二郎来。
五日　半晴。

須長（永）来ル。今日にて喪葬令終ル。○本居入来。玉鉾集幷
返却本御持参〔玉子賜〕。○義象来ル。直チニ浅井行。
佐藤も来会し閲。○丸山より郵書。○文科大学会議之処、
断。
六日　雨。風を交ゆ。冷気。
午後富士見丁行、金十円渡。二時より皇典所行、獄令講
義沿革口授。○冷気にて症を覚ふ。帰路磯部入浴。○お
たつ日本銀行行、公債当籤廿五円請取。
七日　快晴。暑気八十度ニ至ル。
よしかたより一昨日之事書通。片野より山沢養子極之事
書通。○国書三年生宿題制度沿革書取調。○夜十二時頃
文科大学より卒業証書来ル。調印ノ為也。○三作、吉原
行。○豊田伴来。面会。常盤公園図志を恵る。○井上政
二郎へ郵書。明日文部にて面会ノ為也。○中島勝彦来る。
八日　陰。
文部省退出後水道丁行。過日臼倉おミち殿の事、赤塚へ
養女の報ありしニよる。先頃同家法会費金ノ助へ金一円
贈ル。于信より書通、増田ト改姓。○卒業証書調印幷点
数書文科大学へ廻ス。
九日　朝雨、陰、午後晴。
内藤来ル。農政座右恵ル。○三本より郵書。浅井よりも。
○今日元工部学校にて大学卒業証書授与式有之処、疝ニ
て断。
十日　陰、午後薄晴。暑気八十五度ニ至ル。○日曜
午後四時より学士会院行。臨時会議也。晩饗。了て帰る。
十一日　薄晴。
文部省出。午後四時頃浅井道房来。義象同断。出板物之
事談じ。○午後七時上野西洋軒行。六時之処延刻にて既
ニ会食半の処也。是先達て教員検定の慰労也。文部大臣・
次官一同出席。
十二日　陰。午後二時過雨。南風つよし。
十三日　夜来雨、暁三時前止。薄陰。
十四日　昨夜ヨリ雨、正午過止。薄陰。
十五日　暁雨後天晴、南烈風。午前九時廿三里。●午後六
時頃より時々降雨。
十六日　薄陰、南烈風。午後三時廿壱里。
十七日　薄陰。午後六時頃暫時疎雨。南烈風。午前九時廿
五里午後三時廿九里。○日曜
朝関根来ル。午後平田来ル。教科書落成。午後上古文は
し書を草す。下書を不用、直書。

十八日　陰。南風つよし。午後三時雨雷、六時虹を現す。九時頃止、陰天。

午前十時大学へ出、平田来ル。教科書十一巻永井へ渡し。○午後中村入来、石坂其外之事談ジ。○義象来る。古礼考渡。

十九日　陰。

午前八時役場行、所持税書付之事談ジ、夫ヨリ文部出勤。銀座〔反物之事〕へ廻ル。○丸山藤助より書面。昨日黒門丁地処売却之事也。

廿日　薄陰。午後半晴。午後三時八十七度。

午前九時前役場より西黒門丁新井行。十時南佐久間丁渡辺行。招ニよりて也。教科書ノ事談じ、正午前帰る。△古事類苑編輯局、明日より八月廿日迄閉局。

廿一日
午前九時浅草〔一円切手持。□□〕大槻行。帰路柏木へ廻ル。明日新富見物之事、過日堀越より申来候処断也。○おミつ入籍届役場へ出ス。

相模伊豆の旅日記

〈廿四日〉
ことしの夏は、箱根よりあたみへかけてとて、七月廿四日、暁がたより出でたつ。
すゞしさの深山べゆくとおもへばや
　めぐるもかろき朝の小車
六時四十五分に、新橋よりはしらする汽車にのる。いにし十一日より、国府津へゆきかふ汽車はじまりてより、ことに賑はし。横浜にて、あらたなる車にのりかふ。けふは日曜といふ日なりければ、藤沢の停車場より下りて、江の島鎌倉へ行く人多し。金沢あたりにやどりもとめて、あす都へかへるもあるべし。九時四十分頃、国府津へつきて、海ばたにまうけたる草の屋に休らふ。こゝより車に乗りて行く。此ふつか三日、天気よく晴れつゞきたれば、いと暑し。小田原にて昼げし、午後一時過、湯もとの福住につく。正兄の翁よろこびて、談話に時をとはざりけるに、賑はしさは、そのかみにまされるこゝちすれば、
大御代を時とにぎはふ家の名の
　さちは翁ぞ早くしめたる
又、

いつかまた聞かんと思ひし山水の
　早瀬の音もさながらにして

やがてふところ紙にしるして、翁におくる。翁いはく、さいつ頃より、はじめて塔の沢より宮の下までの山をきりひらきて、小車のかよふべき新道をつくりたるが〔この工事に、金壱万円ほど費ゆべし。全く温泉場へのたよりよからんとてのわざなれば、湯宿のたれかれ、其費金を出し、工事なりて後は、道銭とて、旅人より、何ほどかを乞はんと思ふなりといへり〕、大かた成就したるに、七曲りといへる処、ことに大岩の多ければ、つくりわづらひしに、賑はしさの時となりぬれば、心いらだちて、此ほどは、夜をかけて、あまたの工匠どもを催せば、たきつらねたる篝火の、早川にうつれるが、螢は物かは、長柄川のひかりをも、思ひあはせられぬべく、いと興あるさまなれば、暮はてゝ、いざとすゝむるまゝに、さらば運動がてらにもと、うちつれてゆく。塔の沢を過ぎて、猶三四町ばかりあなたこそ、その処なれとをしふ。行きつきてみれば、翁がいへるひかりは、いとうすし。こは、きのふけふ、故ありて、たくみどもの少ければなりといへば、思ふにたがひぬとて、翁のつぶやくもをかし。こよひは闇なれば、翁のもてるいさゝかなる灯火のひかりをたよりとして、土ほりおこし、材木らうがはしき中を、たどり帰るも、近ごろあゆみならはぬ身は、なか〳〵にめづらしきこゝちせり。

廿五日、朝のほど、堂が島ざまへと出でたつ。まづ塔の沢なる玉の湯をあみて、しばし休らふ。この家は、東京にて、紳士の聞えたかき子安晙《峻》が建てたりといふ。家のさま、湯風呂、いとつき〳〵しう、清らを尽したり。こゝより駕籠にて、つゞら折の岩ねさくみたる山道をなんゆく。九とせ前つかたは、あへぎながらも、壱里あまりの岩かどの道をばたどりたりしが、今はひと町のほども、あゆみぐるしからんを、そのかみは、いかにしてとばかりあやぶまるゝも、足のみかは、心までもつかれたる故なるべし。かの新道は、此山道より、たゞ目の下にみやらるゝ処にて、多く川にそひたり。今ひと月ふた月を過ぎなば、

小車のうへゆあふげばこゞしさの
　岩ねのみちも今はふる道

となんいはるべしと思ふも、まだきのくり言なりや。壱里あまりゆけば、とある家のかどにわき出る泉を、姫が

井となんいふ。いにし年、箱根へ行幸ありし時、此水を供御とせりといふ。やどりとすべきかどにはあらねど、そゞろ寒きみもひなり。

玉もひにかげもなつかしそのかみの
　契りわすれぬ姫がゐの水

十一時ばかり、堂が島の近江屋につく。こゝも、いにし九年の夏、十日ばかり仮のやどりと定めし処なれば、ふるき友にあへるこゝちす。この家を、水楽楼といふによりて、そのかみのすさびに、書きてとらせたる記文を扁額として、今も恥かゞやかしに掲げてあれど、十とせあまり四とせがほどに、家あるじは、三たりかはりたりときくも定めなき世にこそ。教部省のころ同僚たりし中山宗礼の、塔の沢より、かりそめのすさびに、こゝに休らひたるに逢ひて、しばしかたらふ。正兄の翁もとぶらはれて、話のうちに、此地のしらべの滝といふは、奈良屋といふふせやのむかひなる、たかき岩間より落ち来て、いとうるはしきさまなれば、近きころ、平松何がしといふ人、其地とふせやとを購ひて、おのれがしめの内とし、その家はこぼちて、更におもしろく家づくりせるが、残る処なく、茶人の好にて、風流を尽せりといへば、いとみまほしくて、翁より、その家にこひ、入りてみる。滝のもとを清きながれとして、その中になみたてる岩を、つたひてなん行く。おも屋は、かやぶきの楼めく所あり。又温泉を引きいれて、華清のすさびにならへる間もあり。もとの宮の下道を、さながら庭の内としたる、つゞら折を登れば、清らなる小家たてり。それより又登れば、あづま屋ありて、木磬をかけたるは、こゝにて、おも屋の人よばん料なるべし。こゝより、ふもとの家も庭も、よくみさけられて、おも屋より程もなき、夢窓国師の堂さへも、ひとつ構の内なるがごとし。げに風流を尽したるけしき容体をくだ〳〵しくいはんは、言さましなるべし。その大かたは、仙境ともいふべくして、田舎源氏の画にかきたる家のさまにかよひたり。家あるじは、銀行の長にて、時として、東京より通ふとぞ。其妻はこゝに有りて逢ひたり。いでや、

こゝろさへとはにすむらん山姫の
　しらべの滝の音を友にて

としたに思ひてかへれり。

廿六日、朝七時ばかりにたちて、宮の下へゆく。けはしき坂道を登る。十町に足らざる道なれど、汗あえたれば、

奈良屋に入りて湯あみす。十時過ぎて木賀の亀屋につく。中村秋香ぬしと、家とへのせうそこしたゝめて、此宿の門にかけたる、郵書の小箱に収む。

廿七日もよく晴れたり。宮の下の藤屋にやどれる、英国人チヤンパレーンぬしをとはんとて、山道を行くに、太閤とて、川中のいはほより、けぶりのたてる処のあなたにて行逢ひたり。そは、おのれが木賀にやどれるをきゝしりてのわざなりければ、うちつれて、宮の下へゆく。藤屋は、外国人のむねとやどれる所なりければ、西の国ざまの家むね〴〵しく建ちなみたれど、風すゞしう吹き入るゝは、猶やまとの国ぶりの軒こそよけれとて、ぬしは、ことさらに、かゝる所もとめてやどれりとぞ。かたみに、さまざまの物がたりするなへに、耳とまれるひとつふたつを書きつく。西洋にても、曲節ありて、物の音にあはする詩と、物に書きつけて、人にみする詩とのふたくさある事、此国にかはらず、それも、初は、うたふ方のみなりしを、後にかくことゝなれりといふも、西東のかはりめなき心ちす。又ぬしは、煙草をたしまず、英国などの婦人は、たしまざる方多しとぞ。又大かた三十以上ならでは、妻をもたず。ぬしも、三十六になりぬれど、いまだ無妻なり。又今も北海道の人は、山をはこねといへば、こは武蔵・相模わたりの、いまだ蝦夷にて有りしころの詞を伝へたるにや〔ふたゝび聞けば、北海道にて、かしらともいふべきをばといひ、こんねとは、黒きをいふ、されば、ばこんねとは、かしら黒といふ事になりて、山のいたゞきの黒みたる義といへり〕。又日本の地震は、むねと太平洋をつたひくる火脈なり、故に東南によりたる地に多くして、全国の中央なる山脈のあなた、北陸道のかたは少し、すべて地震は、此箱根の如き山をへだつれば、いたき違ひあるものなり、およそ東京の地は、いづ方より震ひくる筋をも、免れがたき所なるよし、関谷の類の地震学者は、常にかたるなりといへり〔能登の国は、地震なしといへり、されど、越後には、前年大地震ありつれば、ぬしの言信じがたし〕。又旅寝のつれ〴〵なぐさまん料にもともたらしたる、わが国古今の名画を、写真石板、又は木板を、さながらいと精好にうつしたる一帖を、とりいでゝみせらる。こは英国人何がしの物せるにて、近くわが国にても行はれて、共進会などへも出して、売物とせる石板画とは、はるかにまされり。其一ツ二ツをいはゞ、兆殿司、古法眼、応挙、狙仙などより、北斎、勝章の浮世画に至るまで、縮写にはあれど、彩色など、真にせまれり。又呉道子の仏画の類、支那人のもまじれり。かくて正午も近づきぬるにより、昼のあるじせんといはるれど、暑さのさかりにならぬほど〻て、たちわかれぬ。

へだてなき友とはなりぬことの葉も

こゝろもかよふ西の国人

とぞおもひつゞけらる。さるは、ぬしの、よく此国のこと葉づかひをあやまたず、応対のたよりいとよきまゝに、帝国大学の学生も、授業の恵みをうくる事の深く、はたわが国の語学に心をいれて、その方の著述などもありて、なま〳〵の国人は、心恥かしきまでなるを思へばなりけり。夕つかた文科大学の学生三上参次、理科大学の学生神崎何がし打つれてとぶらひ来。此日頃、小涌谷の温泉宿にありしが、わがやどりと、チヤンパレーンとをとはんとて、出でたちたりといふ。

廿八日も雲あれど、晴れしかたなり。是までは楼上にて、よく風吹き入るゝ処なりけれど、いと狭かりしが、けふは南にむかへる下座敷にうつれり。眼の前に滝あり。（人造なるべし）小亭ありて、おもむきよろし。チヤンパレーンぬしとひ来。しばしかたらひて帰れり。小田原の高田嘉章来る。此ほど郵書せしによりてなり。十とせばかり前つかた、僕とし使ひたる者なるが、今は巡査となりて、大磯の分署にありといふ。短ざく扇などもて来て、歌をとこふ。けふ中村秋香ぬしの端書とゞく。八月の四日頃には、あたみへおもむけば、かしこにて逢はんとなり。

廿九日、ようべは曇りて、近き山もみえわかざる程なりしが、けさは又晴れたり〔後に新聞をみれば、此日東京は午前六時前より雨ふりて、一時は盆を覆へすほどなりしが、八時過ぐる頃より、漸く晴れわたりて、涼しくなりぬとあり〕。朝七時出でたちて、あしのゆざまにゆく。小涌谷へは、十八町の廻り道なりといへど、まだ見ぬ所なれば、行きてみる。少し小高き所にて、あたりに大木もなく、いと暑げなる地なれど、三四戸の家なみたてり。そが中なる大和屋といふは、ことに清らにて、温泉風呂あり。こゝにかの学生神崎何がしのやどりたるをたづねて、暫くかたらふ。此地も硫黄のけぶりたてど、たゞ空の曇りたる時のみにて、常たつにはあらずとぞ。こゝより山道けはし。十時ばかり、あしのゆ村なる紀の国屋につく。こゝは駒が岳のふもとにて、きはめたるあら山中なれど、温泉宿五六戸あり。そが中にて、此家と松坂屋とは、たかどのいかめしく建てつらねて、西洋料理もあるは、外国人も多く来れる故なるべし。こゝはわが二十の年、親族につれられて遊びし所にして、四十六年をへて又来れり。近きころ、火の災ありて、皆焼けたりといふ。げにむら山は、昔にかはらねど、住める人の家のさまは、いたくたがへるこゝちす。そのかみは道ばたにて、いときたなげに、小屋たてる惣湯なりしが、火災の後、県より命ぜられて、皆内湯になれりとぞ。前年、宮の下も焼けたり。伊香保も、度々の火災に罹れるを思へば、温泉宿は、かゝる山中にても、かぐつちのあらび給ふ所とみゆ。あしの湯の性質は、硫黄の気つよくして、外の温泉と異なり、もてる銀かは時計、眼鏡のわくなど、一夜のほどに黒くなりぬ。

三十日、ようべも曇りて、いさゝか雨降りたりと聞けど、けさは又やう〳〵晴れわたれり。風は此二日三日北になりしかば、朝のほどは、給ぎぬをかさねたり。朝起きいでゝ、たゞちに此家のかとべに近き熊野の社にまうづ。いさゝかなる岡の上にあり。真淵の箱根の歌をゑりたる碑あり。七時前出でたちて、箱根ざまへ行く。草むらの中にたてる、曾我兄弟と虎女との石浮図、多田満仲の墓などは、むかしみたるにかはらず〔これらの石塔は、皆菩提の為に、後の人の建てたるものにして、亡骸を葬りし地にはあらざるべし。すべて箱根山は、間道の開けざる已前、仏者の例の神を勧請して権現とし、仏体を石に彫りたるが、所々にあるなり。されば権現などには、古き仏像も有りつらんを、維新の際、こと〴〵く僧の売却し、またはこぼちたるも有りとぞ。をしむべし〕。生死の池水も、いと清らなり〔生死の池は近き頃みし西京の嵯峨のおむろの池を、ちひさくせしさまと覧ゆ。物すごき処なり〕。こゝより少し行けば、右のかたに湖水みえわたりて、塔ケ島の離宮もあざやかなり。左には賽が池とて、いさゝか窪かなる所あり。

春ならでつみはやすべき影もなし
　なづなが池はむかしながらも

すべて此あたりは、何となう物すごきに、むかし仏者の、大岩に仏をゑりつけて、賽の河原、血の池など名づけて、其道ををしふるたよりとしたるに、維新の時、河原の石仏は、こと〴〵く水に投げ入れ、銅の仏は他へうつして、かゝる物なくなりにたれど、猶山によりたる方には、岩に仏像をゑりつけたるがあるなり。東海道の大道に出で、箱根の神社にまうづ。御あらか神さびて、高き処にあり。寛文・元禄の頃の古画の額、あまたある中に、狩野安信の画がける武者の額、目とまりてみゆ〔むかしまうでし時、浅みどりの太刀、赤木の短刀などいふ什宝を、別当のもとにてみしが、いづれも贋造とみゆ。其別当の家は広くして、昔覚えたりしが、今は廃して草むらとなれり。又鳥居のもとに、大きなる釜二ツありて、古き年号を鋳つけたりしが、今は小屋の内に納めて、神官に乞はざればみせず。元さいの河原より駅のかたへ行く所を元はこねといふ、湖にそひて、家少したてり〕。この境内にて、宮島信吉夫妻に逢へり。その妻は、わが外孫にて、ことに親しき中なりければ、こよひの宿をともにして、あしの海の舟遊びせんとかたらふ。離宮は、むかし関門有りしこなたに設けられたるが、塔が島といふは、湖水につき出でたる半島なり。関もる家の有りし所とて、松ひと木たてり。

はゞかりの関もあらぬをほとゝぎす
湖さへこさで声のきこえぬ

駅のはぶ屋といふは、湖にそひて、いとけしきよき家と、福住より聞きたれば、こよひのやどりとす。宮島夫妻を来ぬれば、ともに舟出す。水のおもて、塵ひとつあらで、あそべる鳥もなし。

あしの海のあしさへみえずうちめぐる
山根によする八重のしき波

深き処は、紺青の色に似て、みどりいとたひらかなり。離宮の島をあとべにて、三里ばかりこぎゆけば、湖のはてにて、牧めく所よりあがり、いさゝか行けば、姥子の温泉場なり。此湯は、眼疾を癒すに名ある処なれど、僻処なるゆゑに、浴客少し。大岩のあはひより、温泉のわき出る所に、浴室を建てたり。温度は六十度已上にて、あつき方なり。左の方のけはしき坂道を登り、大涌谷（俗称大地獄）へ行く。十町ばかり行けば、皆焼け石のみにて、更に樹木なし。やう〳〵硫黄の気立登るがみえて、にほひ又深し。谷へ下る処へ行けば、煙みち〳〵て、下つかたのさまみえず。駕籠かく男案内して、岩かどを下り行けば、道の中の所々の岩のはざまより、煙立登れり。先年外国人のこゝに至れるが、案内によらず、心のまゝにはせ廻りけるに、ある処の地中に、両足を深くふみ入りたり。そこは熱湯のわく所なりければ、長沓のあはひよりしみこみて、いたく足はただれにき、つひに横浜へ帰りて身うせぬ。さるにより、案内する道の外へは、かならずふみ出づべからずといましむ。こゝの土中には、熱湯あり。常の水もありて、うはべより、其音きこゆ。此谷道は、木賀より登り来る所なりとぞ。もとの道をもどりて、又舟にのる。夕陽やゝ傾きて、風いと涼し。時の間に、箱根の宿につく。昼過ぐる頃より、雲立ちわたりたれば、月のひかりうすし。

三十一日、暁がたより晴れわたりたれば、しばしみえざりし富士の高嶺も、たゞ真向ひにて、朝のながめとなりぬ。七時、宮島らは、日金山をこえて、熱海へおもむけば、こゝにてわかる。東海道の大道を行く。例のさくみたる岩かど多し。山中の立場より、左へ折れ行く。山のがけ道にて、右のかたに、三島の家居遙にみゆ。やう〱日照りわたりてあつし。十時過ぐる頃、八ツ溝といふ所につく。こゝより、駕籠を車に乗りかへて行く。是よりは、すべて平地にて、村つゞきなり。肥田・江間の里々を過ぎて〔御門・田原・吉田・大仁・今福などいふさとざとあり〕、北条に至る。今はいさゝかの戸口なり。堀越御所時政の屋敷跡などの古跡あり。又蛭が小島、山木判官の跡なども近きわたりにて、韮山につゞきたりといへば、行きてもみまほしけれど、車夫にまかせたる身をいかにせん。此わたり石多かる処なれば、平石を道路に敷きつめたり。あゆむにはよろしけれど、車ひくにはよろしからず。一得一損は、何にまれある事なり。南条大仁などよぶ里を過ぎて、狩野川をわたれば、瓜生野なり。こゝにおもしろき岩山ありて、松たてるむかひの茶店に入りて休らふ。こゝより修善寺へは、一里に足らざれば、午後一時三十分ばかりに行きつきて、浅羽といふ川に臨みて、ながめよろしき家をやどゝす。こゝは、もとより閑静なる山中なるに、此ころは、浴客の少き程にて、こゝろのどかにゆあみして、日をくらしぬ。古き人の、無事にして日を過せば、ひと日もふた日の如しといへるごとく、年ごとの夏のいとまには、此清閑を得るも、また君のめぐみにこそ。けふこゝに着きたる由、家にせうそこす。

八月一日、よく晴れたり。此わたりの事ども、書きしるせる物あらばと、家あるじにかたらへば、此ところの図と、桂谷紀聞といふ巻の写本をみせたるを、朝夕のまくらごとゝす。紀聞は、いにし十七年に、伊豆の岩城魁といふ人の、漢文にて著したる者にて、地誌の料にあつるに足るべし。則其書によりて、此わたりを逍遙するたよりを得たり。すべて此村は、東西を縦とし、南北を横とす。中央にありて、岩間をたぎち流るゝを、修善寺川とも、桂川ともいふ。其両岸に温泉宿民舎立なみたるが、渡月橋・虎渓橋のふたつをかけわたして、往来の便とす。南北は、すべて山なるが、其巓より望めば、あたかも一長画巻を展へたるが如しと、紀聞にいへり。げに深き山ふところなれど、温泉宿は、西洋作りに物せるもあり、民戸は、大かた瓦ぶき、板ぶきにして、茅屋稀なれば、いさゝかなる都会のこゝちしたり。温泉は、所々にわき出づれども、川中の岩間よりわく獨鈷の湯を、濫觴の地とす。そこには、石にて、獨鈷の形を、大きく作りてたてたれば、かく名づけたり。其岩をきりて、たゞちに湯槽とし、上にあづま屋を覆ひたり。惣揚なれば、人たちこみたるに、川中なれば、北の岸より、いさゝかなる橋をまうけて通ふ。其湯ぶねより外は、冷なる川水なり。此他、新湯・箱の湯・石の湯など名目をまうけたるが、七ケ所ばかりありて、いづれも近き温泉宿へ引入れて、内湯とす。すべて腸胃加答児・僂麻質斯・子宮病・肺焮衝の類の病によしといふ。此村は、古く泉といひ、又桂谷といへるが、大かた修善寺の境内となりてより、今の名にかはれるなりと、秋山氏の伊豆志にいへり。桂谷の称は、村の南一里ばかりの谷に、桂川の源ありて、ふた木の桂たてるより起れりとぞ。修善寺はたゞこの家の東隣にして、禅宗の曹洞派なり。空海を開祖として、真言宗なりけるが、建長のころ、蘭渓といふ唐僧、鎌倉より来り住みてより、禅宗となれり。此地、楊州の廬山によく似たりとて、肖廬山とつけたりとぞ。一山、隆渓も、此寺に住めり。北条・徳川の両氏、三十石の田を寄附して朱印とす。将軍頼家の墓は桂川の南の岡にあり。いさゝかなる石塔に、雨覆ひの屋あり。蒼山子といふ人の詩なりとて、畢竟股肱払地空、一朝策漏達姦雄、豈思赫々征夷字、埋在荒山荊棘中と、紀聞に載せたるがごとくなる実境なり。その側に、四間四方ばかりの、茅ぶきの堂あるを、納経堂といふ。大きなる金身の弥陀の座像を安置せる下は石函にて、半は地より顕れたりそのかみ政子の尼、将軍の冥福のために、宋板の大般若経を納めたる所なるが故に、此名ありとぞ〔此経、今修善寺に在りて、堂には、たゞ其箱めく物あるのみ」。其石函は、頼家の亡骸を納めたるものにして、墓塔は、後にまうけたるものといへる説あるは、拠あるこゝちす。堂前の左右にたてる二金剛神は、そのかみ村口にありて、修善寺大門の遺跡なりしを、近きころ、こゝに移せりとぞ。背に運慶作の銘ありといふ。古きものとは見えたり。此境地、十年ばかり前までは、松杉日をかくし、昼もふくろふの鳴く処にして、物さびしかりしに、三須何がしの、官より買上げて私地とし、荊棘を剪り、花を植ゑ泉を引きて、三洲園と名づけ、諸人の遊び所としたり。夫より此かた、楊弓場・大弓場の類をまうけて、いたく昔にかはれる所となりぬといふ。夜に入りて、望に近き月影の、すゞしうさし入りたるに、

山のはにゝほへる影をまちてみん
月のかつらの谷かげの宿

水にやどれる影は、ことさらなるに、かのどこの湯は、たかどのより、目の下に見えわたさるゝ処なりければ、

かつら川かつら男もさよふけて
ひとり湯ぶねに影をみすらん

二日、すこし曇れりとみるほどに、晴れて、こよひも月いと清ければ、虎渓橋をわたりて、あたり近き、南の山を遊歩す。

三日、宿の老僕案内して、源範頼の墓にまうづ。宿より西の方、部田へ行く道を、一二町行けば、民家の奥に、小高き処ありて、いさゝかなる石のほこらなるを、八幡宮といふ。その傍に碑あり。則ち桂谷紀聞の作者岩城氏、此処の地主小山氏にかたらひて建つる所なり。文にいはく、村老の口碑に、此地を公の葬所と云ひつたへたれど、東鑑、其他の書に徴なければ、疑ふ事年久しかりしに、近年、此地、小山氏の所有となりしより、社のあたりを開墾せしに、ゆくりなく石櫃を掘出せり。開きみれば、花瓶の如き陶器に、火葬の骨を納めたるものなり。これこそまさしき公の遺骨ならめと、感慨浅からず、かくて打過ぎなば、後の世に、其実跡を失はんと思へば、其事を石に記し、社の傍にたつとあり。此地、従来木立繁りたる所なりしを、皆伐りはらひたれば、いと物けなくなりぬといへり。こゝより少し行けば、芝山小学校あり。猶山道を壱里ばかり南へわけ登りて、行はつる処に、一院あり。修善寺の奥の院といふ。石阪を登れば、すこし窟めきたる処に堂ありて、大師の像を安置す。樹木立ちこみて、いと幽邃の地なり。下れば小庵あ

るに、休らふ。清水いときよくつめたし。眼をあらへば、疾を治すといふ。宿へもどり、しばし休らひて、午後三時過る頃より、牧の今村なる飯田守年をとふ。こゝより壱里ばかりもや有りつらん。あるじは農家なれど、わが古典よむ事を好みて、前つ年、三島神社の禰宜となりしが、年七十に余りたれば、辞して家にあり。又歌をこのみよみて、月ごとに、此わたりなる神社の拝殿につどひて、歌の会すといへり。故内遠翁の門なるゆかりもあれば、ふりはへて訪ひしかば、いたくよろこびて、こよひはとゞまりてなどいひしかど、しばしかたらひてわかれぬ。修善寺へ十二三町あなたより、雨ふり出でければ、袂もそぼちて帰りぬ。夜に入れば、やう〳〵やみて、薄月みゆ。

四日、半晴なり。宿のあるじのこふまゝに、いぬる日よみ出でたる歌二首を、からの紙にかきてあたふ。飯田の孫庸雄とひ来。もたらせたる消息の奥に、

小中村大人、修善寺のゆあみし給ふついでに、わが柴の戸を訪れて、夕つかたより帰らせ給ふに、その道の半ならむと思ふ頃、ゆくりなく雨ふりければ

くるしくもふりくと雨をいとふらん

君をばしひてとむべかりしを

とあり。かへり言の奥に、

ゆふだちは佐野のわたりにあらねども

わかれし君が家しおもほゆ

とよみておくりぬ。修善寺は、たゞ垣ひとへをへだてたる程なりければ、鐘の声もたゞまくらがみなり。

松風のふく音きけばいにしへに

はかなく折れしふた枝をぞ思ふ

と口ずさめど、聞く人もなかるべし。今の住職は、此わたりに稀なる碩徳なるが、此ほど遠州の可睡斎へおもむきて、あらずといふ。いにしへしのぶべき什物どもゝ、見まほしけれど、又もやとてもだしぬ。

五日、けふは、つとめてより、熱海へたゝんとの心ぐみなりけるに、ようべ雨いたくふりて、けさも、霧ばかりなるがやまざりければ、しばしとゞまりてありしに、昼前より、やゝ晴れて、日のさしわたりたれば、家に帰るべき日もせまりたるにとて、やがて出でたつ。いにし日過ぎたる村々を行きて、南条より横折れて、韮山道に入る。蛭が小島なる頼朝の旧跡に、近きころ、ある人の、碑をたてゝ、記念とせりといふ。江川英武ぬしをとふ。ぬし

の疱厨は、六百年ばかりの昔のまゝにてありと聞きたれば、知る人にはあらねど、たづねて対面したり。仏蘭西へわたりて学問したる人にて、先つとし、大蔵省の書記官となりて、しばし在京したりしが一昨年の冬、非職となりて、家に帰れりとぞ。祖先何がしは、保元の乱に、新院の御みかたしたりしに、いくさ破れて、伊豆へ落ち下りしより、廿余代、血統をもて相続し、徳川幕府の時は、世襲の代官にて、江川太郎左衛門の名氏を知らざる者なき名家なり。その厨は、ひろき土間ありて、ひとかゝへも有りぬべき丸木を、生ひたるまゝ、たゞちに柱とし、その上へ、梁をとりつけたるが、いとめづらし。その他の柱はさらなり、壁代にはりわたしたる厚板にも、こと〴〵く手斧めありて、かんなといふ器、いまだなかりし時を知らる。又つけかもゐの類もなくて、壱丈あまりの板を、壁とおぼしき処にしわたしたり。土間の梁の上は、屋根うらまで、壱丈あまりも有りて、天井なければ、梁の上に組わたしたる縦横の木ども、よくみわたさる。厨より座敷の次の間までは、皆古屋にて、柱と板との黒みたるさま、筆に及びがたし。かゝるさまは、奈良わたりの寺などにこそあれ、常の家の、数百年をへて、さながらなるは、奇といふべし。弘安の頃のあるじは、法華の信者なりければ、日蓮を請じて、鎮護の法を受けたるしるしなりとて、その方に心ある人は、かたるなり〔家は、日蓮の時代よりも、いたく古き物なるを、われ加護して、猶後世にたもたしめんとて、護法したりといふ〕。又あるじのいふ、此座敷よりは、ことに富士よくみわたさるれば、そのかみ白河楽翁公の、谷文晁におほせて、此処より写さしめたるより、写山楼と、谷氏は称したるものなり。けふは、あやにくに曇りてみえざるは、くちをしとかたる。かくて立ちわかれんとするに、

　君が代の千代にときはとことほぎし
　たくみのまことしるきやどかな

としるして残しぬ。につ田といふかたざとより、車を駕籠に乗りかへて行く。修善寺よりこゝまで、四里なり。是よりは、近ごろ道をひらき、又は道はゞひろくしたる新道にて、平井といふを過ぐれば、軽井沢とて、わびしげなる家のみたてる小駅あり。こゝにてしばし休らひ、これより熱海越の山道にかゝる。新道よりは、古道を行かん方、道はけはしけれど、近ければとて、九折の草むらをぞ行くなる〔日金山の山越にそひたる道なり。日金

の地蔵も、今は旧処にはあらで、新道のかたはらに移したりといへり」。日はや、傾きたれど、たうげへ登る高みなれば、轎夫の汗もしとゞなるにかへりみすれば、富士は裾の方のみあらはれたり。折々は、木立いやが上にかさなりあひて、昼ともいはぬ処あり。新田より熱海までは、五里の山道なるに、三時のなかば過ぐる頃より出立ちぬれば、あたみへ四十町ばかりの処にてくれはてぬ。よひ闇なれど、ともし火も用意せざれば、海の音する方を、ゆくてとたどられぬ。馴れぬる道とて、日暮れても、猶古道の道ともなきかたを下り行きて、九時に近き頃、熱海につきて、鈴木の家をやどりとす。

六日、ようべ夜中過ぐる頃より、風まじりに雨つよかりしが、けさも猶同じきさまなり。ま昼の頃、やう〳〵やみて、暑さの空になりしかば、海辺にちかき小林といふ家に、中村ぬしのやどられしをとふ。いにし四日、こゝにつきたれど、夫より前つかた、通運にておくりこし荷物の、いまにとゞかねば、何せんわざもえせで、いとはしたなしといへり。理科大学教授関谷清景も、かねてより此地に遊べるが、此宿へとひ来て対面す。夕つかた、うちつれて、あたりのちまたに遊歩す。こゝの年前遊びしころとはかはりて、火災の後、温泉宿の家づくり、大かたうるはしくなりて、大厦高楼軒をつらねたり。たゞ道路のみは、むかしにかはらず、石かどをふみあるけば、木履にては、いとくるし。温泉寺の境に入れば、さきつ年、地震に倒れたる古跡の碑を、更にうるはしうあらためたてたり。又も雨ふり来れば、ふたりの友をやどりにいざなひて、しばしかたらひぬ。

七日、晴れたり。あしたのほど、加藤議官の、富士屋にやどられてあるをとふ。昼過ぐる頃より、海辺へ行きて、潮をあむれば、もろともになどいはる。筧判事にも、道にて逢ひぬ。これも不二閣にやどれりとぞ。午後一時頃、小林へ行きて、中村ぬしと、もに、海水浴せんとて出づ。海辺には、さゝかなる小家ありて、衣を脱ぎすつる処あり。おのれは、まだうひ事なりければ、沖のかたより、岸へ引わたしたる縄にすがりてあむるに、ようせずば、まろびなんこゝちせり。されど、此浴は、つとめてあらき浪にうたるゝをよしとすといへば、しばし試みるに、心さはやかになりて、おそれげもなし。近ごろ、松本軍医總監の説を筆記せる海水浴法概説をみるに、能く皮膚の知覚神経を鼓舞し、血管系統の弾力を亢進し、游泳して四支《ママ》を運動するが故に、知らず識らず、数多の体操を為して、人に益あること僅々ならずとみえたるも、さる事と覚ゆ。ともなへる孫清道は、十五年あまりのわか者なれば、おもしろがりて、とみに岸にあがらんともせず。おのれは、廿分ばかりも試みつらんか。こゝにて、加藤ぬしに逢へり。もとの仮屋にて、真水をあみて帰る。小林にて、中村ぬしとゝもに、題をさぐりて歌よむ。

温泉寺　　ぬし
千とせへて朽ちぬ其名にくらぶれば
松のよはひは限りありけり

木の宮神社　　おのれ
おりたちしみたらし川に影みえて
夏もはらへる木の宮の森

楊弓店　　ぬし
梓弓やどりかるとはなけれども
心ひかれているにぞありける

熱海細工　　おのれ
あたみ山こりて作れるくさ〴〵の
楠のかをりもつとゝなさばや

吸気館　　ぬし
何となく心ぞかろきいつしかも
身はやま人となりやしつらん

海水浴　　おのれ
うちかづく人のやまひもうせぬべし
よせては帰る波にひかれて

魚見岬　　ぬし
世の中はかくてこそへめいざやをぢ
魚見のいほり我にゆづりね

日金峠　　おのれ
日金山のぼればしるき富士みても
都の方ぞまづはとはるゝ

あそびくらして、やどに帰りぬ。

八日、晴れくもり定らず。をり〳〵小雨ふる。やどりせし家のむかひは、かの大湯のわき出づる処なりければ、寝覚のまくら、ことにさわがし。

しらみゆく閨のひまもる影さへも
けぶりにくもる有明の月

加藤ぬしとぶらはれて、くさ〴〵かたらふ。昼より又海ばたへ行きてみるに、けふことに風つよく浪あらくして、あむる人もみえざれば、たゞに帰る。中村、関谷（樋口といふ西洋づくりの家を宿とす）のやどりをとひて、明日出でたつべきことをいふ。けふは隣の座敷にて、物の音らうがはしく引きならして、いとかまびすしかりしが、程もなくやみたれば、中村ぬしのとはれしをとゞめて、又も題をさぐりて歌よむ。

初島　　ぬし

雨はるゝ沖の初島はつかにも
あらはれそめぬ雲の絶まに

烏帽子岩　　おのれ

あまがこはもとゞりをだにつかねぬを
いかに捨てつるえぼし岩ぞも

梅林　　ぬし

とことはに人こそつどへ梅ばやし
梢のはなはさけどさかねど

はしり湯　　おのれ

あやしくもわきていはまをはしり湯は
神のみいづにいづるしわざか

また　　おのれ

ながれては年の早瀬となりぬらん
月日の駒もはしり湯にして

これは、寄走湯述懐などいふに近かるべき歟、

大湯　　ぬし

わきいづる湯のけは雲と立ちまよひ
空にしられぬ神ぞとゞろく

伊豆神社　　おのれ

みづ垣の久しき世をもしのぶかな
今も栄ゆる山のなぎの葉

九日、晴れたれば、六時四十分ばかりに出でたつ。吉浜より、ふたつの車にてはしらせたれど、午後一時前に小田原につきたれば、一時四十五分発の汽車に乗りおくれぬ。しばし休らひて、国府津に行く。道すがら、雨盆をこぼすがごとふり来ぬ。風さへあらくて、いとわびしきを念じて、停車場につく。五時五分発の車に乗りて出でたつに、やう〳〵雨やみて、夕日かゞやける八時過ぐる頃、新橋につきて、九時三十分ばかり、根岸の家に帰りぬ。

相模伊豆の旅日記終

（表紙）

明治廿年日乗

冬秋

〈欄外〉寒暖計は午後三時のもの。夏ハ八十六度より以上を記す。冬は三十五度より以下也。風は同時十五里以上、風つよしと記す。廿里以上、風はげしと記す。

明治廿年八月九日

夜九時過、あたミより帰る。

十日　薄陰。午後晴。南風つよし。〈頭書〉大学と学士会院へ帰京届。

十一日　快晴。八十六度二。

昨日より留主間の新聞・雑志等をミて日をくらす。〈頭書〉戸長役場へ帰京届。

十二日　快晴。八十六度九。

内閣官報局長高橋健三ぬし、近日出板月評発行の催あるにより、中村秋香ぬしを介して小言を乞はる。今日草案成たるにより郵送。○常陸真壁郡板橋村斎藤麻之助より、関の城跡へ前年碑を建たれば其哥をとて、去年十二月、本年四月再度郵書にて懇願あるにより、詠じて郵送す。〈頭書〉留主中、帝国大学運動会委員より、会員加入之事文通あり。五円出金すべき事、今日申贈《ママ》ル。○夕刻新坂磯部入浴之序、水野へ留主中心得頼の礼による。夫妻共留主にて逢はず。○きのふ岩手県尋常師範学校教諭畠山太郎より七日出の手紙届く。詠草あり。添削し今日答書出ス。〈十四日条頭書〉〔此事十二日也〕留主中、千葉三谷義一よりの書状届く。今日返書出ス。又湯本福住へも郵書して、此ほどの厚遇を謝す。

十三日　陰、後晴。八十七度。

午前お栄来る。晩景帰る。○朝、文部省御雇画工狩野友信来る。学位紙之義ニ付、留主中江木氏の書翰持参にて来し由也。面談の末八岳椿、丹雀図譜等二本貸し渡し。○午後、浜丁梅やしき相鉄ニて鶴久子哥会あるに出席。一昨日郵書によりて也。黒川・小出・あミ野・三田其他の人々ニ面会。兼題ハ萩露也。但し兜丁銀行へ立寄。和泉屋へも。〈頭書〉井上政二郎より稿本もたせおこす。
／宮川大三来る。官位考写料壱円五銭渡。
十四日　晴。八十七度二。　日曜
一昨日頃より少し腰痛を覚え、起居常の如くならず。○
笹川何がし来る〔尋常中学校教師のよし〕。兼て頼の藤
嶋神社奉納哥よミたるをあたふ。○旅中の日記の残たる
を書終ふ。○あたミ中村ぬしへ郵書出ス。〈頭書〉清水
穀来る。短冊恵る。
十五日　晴又半晴。風あり。八十六度八、極度八十九度六。
午前愛媛県松山士族府下浅草七軒丁四番地中島基といふ
名簿を持来て、突然対面をこふ者あり。年齢四十余り。
酒気を帯たり。雑話の後「一盃御無心申タイ」と云出し
たり。一面識も無き者なれど、面倒なれば廿銭をあたへ
て帰しぬ。漢学・仏学を業とし穂積・藤野・大槻・古市
の類の知る人云々をいひたてたり。磊落の乏者と覚ゆ。
○おミち来る。〈頭書〉新井保五郎来る。店借より歎願
書の事件也。
十六日　午前二時頃より霧、五時頃より薄陰、午後零時よ
り日はさしながら雷鳴、二時前より西北に黒雲あるをミる。
三時過俄然大風雨。雷電三十分頃甚しく落雷処々〔後ニ聞。
府下廿七八ケ所ニ及ぶ〕。近辺ハ竜泉寺村及ビ上野公園地
内へ落たるを近しとす。四時過雨止ミ軽雷となり、六時頃
全く止む。八時後半晴、九時過より快晴。午前九時八十七
度九。午後ハ降れり。
十七日　半晴。八十六度三。
腰痛かたぐ〵猶新聞などミて日をくらす。きのふ落雷の
噂とりぐ〵也。○木挽丁へ銀二遣ス。
十八日　半晴。八十七度。
留主中より、明十九日日蝕ニ付、皆既観測のため白河へ
おもむく便利をはかり、同日ハ鉄道賃金、観測者へ限り
半額を以て往復切手発売すべき旨、鉄道会社長より大学
惣長へ照会有しにより、右出向く者ハ去十日迄ニ申出候
様、文科大学より達書到来あり。尤上野発第一車ハ午前
五時三十分、白河着ハ十一時五十七分。帰車ハ午後五時
三十分白河発、夜十二時上野着のよし。又去十二日日本
郵船会社よりも気船《ママ》名古屋丸にて皆既線内ニ出航致すに
より、観測者ハ無代にて乗船さすべき旨の達、大学より
来る。尤十八日午後六時横浜解纜、当日犬吠崎の北方に
停船、廿日午前横浜に帰着のよし。〈頭書〉大久保好伴
氏来る。鶏卵恵る。

十九日　夜来霧、払暁より薄陰。八十七度五、極度八十九度七。
今日ハ百年に一度といふ日蝕皆既の日にて、東京ハ九分九厘なれど、其期にハ灯火の用意すべしなどいひあへるに、午後三時廿分頃空ハ晴たるに日色やゝうすくなりぬ。庭中の盥《タライ》へ水を汲て観測の用意せしに、同四十分頃ハ写影新月のごとし。然れども猶楼上ハ日さしわたれる。同四十五分ニ至りてハ其影わづか斗りになれり。こゝに至て室中やゝくらくして、読書する事能はず。南方に二ツ三ツ星ミゆ〔此星ハ水土火金の四星なるべし。〕。又地上に何とハなく烟立登れり。三分程過ればやゝ明るく、四時ニ至ればたゞ日光の薄きを覚ゆるのミ。空晴て夕風いと涼し。後に聞く。銚子ハ東京と同じ観望なりしに、白河は曇りかつ小雨雷鳴して推《(ママ)》測を得ざりしといへり。〈頭書〉本居へ銀二遣し、新聞取よせ。○三作鉄道会社行、純益金請取。
廿日　半晴。
須郷久蔵来る。近日東京に移住して本郷福山丁に在といへり。十五六年ぶりの面会也。石川俊蔵来る。中学校教員試験の物がたりす。柿沼広身来る。日光製羊カン・葛椒ヅケ恵まる。ゆる〳〵物がたりの上、短ざく二葉したゝめ贈る。関根正直来る。榻鴫暁筆五本・日用文鑑二本貸す。○中村ぬしあたミよりの郵書届く。猶端書出ス。〈頭書〉高橋健三氏よりの書状届く。即日はがき送る。
廿一日　朝疎雨、午後薄陰。やゝ冷気を覚ゆ。日曜
此五六日ハ腰痛起居ノ時のミならず、坐しても猶引つるにより、本郷西かた丁なる伊勢錠五郎氏に診察をこひ、守田薬舗にて製薬をもとむ。久米氏をとふ。先頃より大洗磯前また水戸におもむかれて、いまだ帰らず。久々にて間宮八十子をとふ。養子大病危篤のよし。正午帰る。○仮名本日蓮注画讃をミる。
廿二日　陰。冷気七十七度九に及ぶ。
休暇後、文部省へはじめて出。井上政二郎出頭、古事類苑受持地理の部稿本の事に付談あり。書林斎藤より文部省へ公卿補任さし出ス。価三十五円。○正午退出後、富士見丁行。義象よりいまだ文通なき由。夕刻迄休ミ、本郷浅井道房氏行。留主にて逢はず。帰宅すれば、熊本よりの郵書届居たり。義象事過日より瘧病にかゝりたれば、来月ならでは帰京し難き由也。
廿三日　半晴。

熊本へ書状出ス。丸山へも。とかく腰・腹引つるゝにより、何事をもえせず。○宮垣何がし来る。本居ぬし入来、細川利義追悼哥の談あり。

廿四日　晴。八十八度六。七里の風にて、いとあつし。温度八十九度ニ至ル。

お晉来る。○夕刻浅井道房氏来る。音楽史出板之事談じ。

廿五日　半晴。八十七度三。極度八十九度二に及ぶ。

臼倉吉左衛門の手紙を持、使来る。飢餓に迫れる由により、半円恵ミもたせ遣ス。○画工長命へ郵書出ス。○浅井より郵書により、出板之板権願書弐通したため、江本嘉兵衛方へおくる。其旨浅井へ返書す。〈頭書〉国民の教育第二号恵る。一過。／夕刻讃岐高松人正木久芬来る。堀秀成の手紙持参、自作の語学問答を印刷するにより、おのれに序文を頼ミおこせり。了承す。かつぶし一箱恵まる。

廿六日　晴。八十六度。

文部省へ出。○晩景長命来る。画稿従来出来分、残らず渡ス。○白石井上可基よりの郵書届く。〈頭書〉大工重吉来る。庭廻り目隠し塀出来。

廿七日　半晴。八十八度五、極度八十九度六。

午前八時出宅、物集行、面会。須田丁にて傘、大丸にておのぶかたびら地すきや求、染物を頼ミ三十日迄には出来の約。ふきや丁さゝ又へ廻り、午後四時頃帰る。○お栄来る。○小杉より郵書。

廿八日　晴。八十九度四、極度九十二度一。午後七時頃より雨、大雷。日曜

新井保五郎来。店借人より再度歎願の事なり。○初太郎来る。○日やゝ暮はてゝより雨降り、南方より電之雷鳴る。後に聞く。十六ケ所に落雷。その中、谷中初音町弐丁め六番地雷火にて十一戸焼け。されど根岸辺ハ去十六日ほど甚しからず。〈頭書〉此節曝書。銀二に任ス。

廿九日　薄晴。雨後涼気を覚ゆ。

文部省出勤、正午退出。さゝ又行、入浴して休息し、三時前千とせ座前の橋向なる森本行。過日堀越より案内あるによる。三時より始る。一番目幡随意(ママ)長兵衛、中幕山縣三郎兵衛の酒戦、大切団洲新十八番の吉備大臣也。左団二(次　以下同)の三郎兵衛、再度の興行にて観るに堪たり。権十郎の井伊掃部頭ハ動作健なりと雖も作り着過て、戦場を経たる猛者とはミえず。団洲の長兵の風呂場ハ三度興行するよし。左団二の水野との立廻りははげしきもの也。吉備

大臣ハ先年芝の河原崎坐にて初て勤し時とはやゝ替りて、野馬台の詩を吟ずる時蜘の現したるハミせず。たゞおもいれのミなり。夜十時過に終る。黒川・岸・河辺・樋口・西村・長井等来会〔柏木氏ハ此節西京在留のよし。先崎頼にて営繕の事ニ付、古き家作りミん為ならんといへり。〕。松岡ハ別ニ来る。久々にて面会。

三十日　半晴。

宇都宮柿沼より写本加年奈考証一巻、郵便にておこせたり。落合直澄の作なる由。此ほど面会之時話しにより、写して賜るべく約したるによれり。即時一覧、礼状郵送。

三十一日　薄陰。

午前九時出宅、小杉・内藤より谷子爵を訪て面会す。帰朝・辞職の後はじめて也。子爵云、欧州巡回中各国にて此国の事を問はるゝに、古今社寺の取扱ひぶりなどを聞れたれど、あまり心得ざる事なるにより頗る窮せり。一体日本人など自国の事を知らざる者多きハ、宇内に稀なる事也。又今にてハ至て迂遠の業なれど、羅甸学など依然として今に行はる。今の日本人ハたゞ上ハすべりのかたち也。又わが国の古典学ハさら也。支那学とても更ニ無用にハあらずなど縷々談あり。五六日の中に土佐へ行かれ、十一月頃帰京のよし也。下田哥子をとふ。所労の由にて面会せず。筧をとふ。兼て頼の絹地へ長哥したゝめたるを持参して渡す。大悦なり。修善寺等道中の哥、短ざく・唐紙へ席上にてしたゝめ遣ス。井国（上）頼国をとふ。山口某来あひて、酌杯の程なりけり〔井上図書頭をもとふ。夏島に行かれたる程とて逢はず。〕。村田春門の自筆の日記〔何楽堂日記とか有しが忘れたり〕七十巻ほど、先年浅くらやにて求たりとて示さる。日記と抄録とを兼ておもしろきもの也。田中芳樹・加納諸平などの事往々ミゆ。木挽丁へ廻りすきや縮遺し、晩景帰る。○三作鉄道株又々一株売却。○曽我来る。逢はず。過日おミち療治頼しによる。○腰痛やゝ快きにより、服薬をとゞむ。モルヒネ剤なる由により長く用ゐず。

九月一日　晴。午後南風つよし。

久米幹文氏、娘同道にて入来。大八洲史第二の印刷成りたるを恵る。○絵入朝野新聞数枚をミる。○皇典講究所卒業証書授与式之所、不参。

二日　晴。午後南風つよし。

あら井保五郎来る。西黒門丁店借歎願ニ付、一わり増にて聞済。○文部省出勤、辻次官に対面、公卿補任七十余巻三十円にて御買入之事、聞届になる。午後島田氏をとふ。来ル九日集会之事談じ。本居をとひ、旅中詠草の評をこふ。古島勝五郎をとふ。先達て臼倉吉右衛門妹お広を養女とせしよろこびを述べ、鰹ぶし一箱を贈る。○おミち来る。美菓持参。○白河なる河合へ郵書出ス。

三日　薄陰、正午むら雨、後晴。風あり。午後八十七度。○物堀頼の語学問答はし書稿本出来ニ付、本居へ郵送。○物集・内藤・久米等へ郵書。来九日集会之事也。〈頭書〉佐藤定介より郵書、心事申越。○皇典所卒業生岐阜県清水保臣来る。面会。○蒲へ郵書、孝三郎の事頼。

四日　陰、冷気。時々雨ふる。

本居より両度之稿本を評し、郵送せらる。○午前九時頃三作を伴ひ薩埵をとふ。三作貸金之事相談。帰途雨に逢ふ。〈頭書〉鈴木弘恭来る。逢はず。つれ〳〵草講義第一号新刷を恵る。午後郵書あり。右書の批評をこふ旨なり。○神田女教師より願の竹絃の哥学びの窓成る。永井へ遣ス。

五日　半晴。

文部省出勤。○けふハ風なくしてよき秋晴なれば、退出後三作を伴ひ、向島花やしきへ行。秋草ハ萩三四分の花さきたり。外ハいまだし。さんやへわたり、公園地内伊勢源にて晩食し帰る。○午後三時廿三分つよき地震あり。震動の時間六分。いにし一月十五日の地震につぐべし。○清道来る。月の物渡。〈頭書〉萩原より郵書来る。石板払物あるよし也。○皇典所卒業生金鑽宮守来る。逢はず。

六日　薄陰。

朝関根来る。昨日中学校教科書編輯を免ぜられたる大学よりの辞令書を持参也〔ビール恵る〕。○さく日東京府より喚状来るにより九時出頭す。内務省よりの哥舞音楽略史の板権免許証を下附せらる。虎の門そと琴平社の事務所に行て浅井に逢はんとするに、逢はざる程也。あたご山に登て眺望す。三四十年も登らずと覚ゆ。正午帰る。○萩原・浅井へ郵書出ス。伊勢へも快気の旨郵書。〈頭書〉夜、おたつ・正蔵とゝもによし原見物。ことしハ仲の丁に灯籠をかゝげず、妓楼のさるべき所々にかざり物ありて灯をともせり。

七日　薄陰、午後半晴。

語学問答序板下したゝめ。幷ニ堀への答書も。○鈴木頼のつれ〳〵講義評出来により、書状とゝもに郵送。○お栄来る。○おミちより郵書。○吉野常盤来る。来十月九日初さらひちらし持参。○平田盛胤来る。大学編輯御免の事談あり。砂糖壱箱恵まる。

八日　午前雨、午後半晴。

おたつ、さゝ又行、金十円持参〔お道十日ニあたミ行由〕。○午後かた付物する。○夕刻さぬき人正木久芬来る。序文渡。○鈴木より謝状来る。○午前佐藤定介来る。府内尋常中学校嘱託を得る手続きに至りし由。鶏卵恵まる。

〈頭書〉関根へ学士会聴講券五葉贈る。○おさだより郵書。母に来てくれとの事。

九日　朝微雨、午後陰。冷気六十八度六を極とす。

文部省出勤。○午後長塩をとふ。五月頃より神経病をやむ。面会の処、外に替る事なし。たゞ佐藤何がし（もと隣家）の為に昼夜妖術をもて苦悩せしめられたりといひて、いかにしても神経病なる事を悟らず。○神保丁古本や三久にて難波職人哥合〔一〕・仏足石和哥集解〔一〕・開口新語〔一〕・梅がえ物語〔一〕の四種を四十銭にて求。文反古〔十五銭〕・作者店おろし〔十八銭〕の弐種ハ一覧の上とて借来る。○三時前神田社境内開花楼行。島田・物集・内藤・南摩・久米等の和漢古典科教師を集めて、本学年期授業の事を議す。到底従前のまゝといふに決す（和漢書課の生徒、卒業後教員となるべき下組ニ、かたミニ其筋を修業せしめば如何とおのれ発議せしニ、僅半年間にて其事成るべくもあらずとの集議也）。其他ハ卒業論文・考証文案の事を談ず。今日ハおのれ催主なるにより会費五円三十銭・婢両名纒頭五十銭立替。晩景帰る。○正木来る。逢はず。

十日　陰。午後半晴。

正木来る。堀語学書二書へ更に序をこふ。いなミてかゝず。○赤堀又二郎来る。○長井後家来る。養女おすミの事談あり。○丸山平助氏来る。一昨日・昨日、王子憲兵屯所より呼出しニ付、代人さし出候処、臼倉吉右衛門より小田切重路を告訴せしにより、問合せのためなり。大田亦同じく代人を出したり。其事ニ付、くさ〴〵の談じあり。○柿沼広身来る。昨日県庁より中学校へ出仕ニ及ばざる辞令書を受たる事談じ。○亀山玄明より郵書。こたび山形県中学校教員となりて赴任する旨也。○おたつ扇ばし右馬行〔夜お道来ル。明日はこねへ出立に付、福住への手紙をこふ。〕。

十一日　薄晴、暑気。午後三時八十六度六。風なし。日

曜

土岐政孝来る。カステラ賜る。近日千葉県より下谷の宅へ帰候由。○伊藤肇来る。○林泰輔来る。来ル十八日東洋学会例会に演説せん事をこふ。明治字典二巻を借る。○宮川大三来る。佩文韵(韻)府其他の書、小口書たのむ。妻近日出産之由。○午後一時より上野学士会院例会出席。大鳥印度史、重野史の話徳川吉宗の事演説。今日ハ近日之内にて殊ニむしあつき日をもいとはず、聴衆堂に満てり。終て去十九年九月より本年八月までの事務大略を書記朗読し、例のごとく西洋食晩餐の設あり。暮て帰る。

十二日　薄陰。

文部省へ出頭。今日より九時参省、午後三時退出となる。難波丁博愛堂をとひ、曾我面会。さゝ又へより同道、霊岸橋大黒屋行、晩食。曾我も来る。度々検尿又ハ昨年の病期(ママ)になりしにより予防の談也。暮て帰る。○長井後家入来。長塩老母同断。病人之事談ズ。純卿よりの手紙、別に使にてとゞく。○皇典講究所より教員服務規則廻る。留主中水野へ持参、写貰ふ。〈頭書〉大学より本学年和文生、小生受持授業時間書郵送。

十三日　陰、午後小雨。

十時大学出頭、物集・内藤・久米等に会して当学期授業之事を議す。外山も来ル。考証文案に代るに、略歴史をかゝすべき事とす。古典科ハ次週より、和文学ハ来る木曜より授業をはじむべき事とす。又古典科の授業時間各教員之分、一処ニしたゝめ書記へ出す。和文生・古典生へ渡すべき書籍証認書、図書館へ出ス。○丸山より郵書来る。臼倉家之事ニ付、近日何方にてか集会を催すべき旨也。○あしのゆ旅宿よりおミち端書来る。十一日福住泊、十二日あしのゆ着之由。

十四日　陰。昨夜より風。午前三時廿六里南烈風。午後三時十八里。

午後より皇典講究所へ出づべき処。今朝の模様、風雨のけしきなるにより欠席。又過日の規則により、来る十九日（月曜）別段出席補欠すべき由申送る。○日本紀武烈・継体の二紀下読。○午後右馬嘉十郎来る。来廿二日、母年忌備物(ママ以下同)持参。○丸山へ来ル廿日（火曜）池のはた林屋にて集会催すべき旨申送る。○白河河合より郵書。

十五日　晴。午後薄陰。

午後より富士見丁行。今日より神田大神祭礼ニ付、内外神田両国辺ことに賑はし。帰路だし(山車)数本をミる。神輿は来る十八日迄巡行の由。○夕刻長塩手紙持親類来る。〈頭書〉大須玄作より十三日出之郵書届く。今般大阪電信局へ転任、家族一同引移のよし。○高崎田島より郵書。○謹吾より郵書。／十時大学出頭。日本紀を講ズ。

十六日　晴。
文部省出頭。○退出より宮崎某同道、長塩行、診察をこふ。帰路同氏宅〔五軒丁〕へよる。○木挽丁へ加藤ニ月費もたせ遣ス。

十七日　半晴、午後晴。
大学出頭、十時より二時間和文学一年生にはじめて古事記を演説す。たゞし日本紀を交ゆ。午後帰る。○明日演説下調。○関根来る。不逢。○朝柿沼来る。〈頭書〉岡田・丸山・古島へ法事配り物する。宮川へも菓子料遣ス。／△井上氏外務大臣ヲ免じ宮中顧問官トナル。伊藤氏臨時外務大臣トナル。土方氏宮内大臣トナリ、黒田氏農商務大臣トナル。

十八日　陰。十時頃より小雨。冷気午後三時六十六度。
日曜
午後一時湯島麟祥院行。過日幹事頼ニ付、演説する〔位階の説〕。外ニ内藤耻叟〔天人合一論〕・日置政二郎〔道義新論〕演説。福住正兄も来る。三時過早出、木挽丁行。謹吾過日病気さし込、快方にハあれど、廿二日法会にハ参られずとの事也。〈頭書〉中嶋惟一より蔵板の雅言集覧五十七巻送致、代金十七円十銭渡。壱冊ニ付三十銭宛。○井上政二郎代来ル。諸国名義考貸ス。○古島来る。逢はず。○おたつ光明寺遣ス。来ル廿二日年回之事也。

十九日　雨。午後三時六十八度。
十時大学出、日本紀を授く。十二時に至る。午後一時より和文学二年生にはじめて源氏桐壺巻講義。了て、二時卅分皇典講究所行、獄令講釈。制度沿革史口授二時間なれば、四時卅分に至る。六時前帰宅。〈頭書〉午前十一時頃おたつ一行院遣ス。母年忌ニ付、別時念仏執行。水道丁隠居も来る。○村田・大田・さゝ、又へ法事配物する。○さゝ又来る。不逢。○小中村新太郎来る。専修学校へ入学ニ付、身元引受証書へ調印致ス。

廿日　陰。午後雨。冷気。
朝中野宣義来。面会。退学談也。○十時大学へ出、和文学二年生に始て職員令講義〔職員令講義前外日本法律起原及ビ官位令の大略を説く。〕。十一時より和文三年生に儀制令講義。午後一時より古典科四年生に獄令講義。○

退出がけ午後二時池の端林屋行、丸山・大田・小田切両家・佐野等に会して、臼倉家の事を談ず。今井ハ不参断の郵書来る。五時過相済、六時過帰る〔会議大要ハ、さしかゝり古島・赤塚両家より娘持参金之外預り金之事ニ付、各証書を取候事ニ取極。小田切条又、明日より四郎兵両家へおもむき候事。○過日より三作数日他行。〕。○おたつ学士会院行、前半年度手当金請取。○大学法・文科事務所にて過日チヤンハーレンより申入、買入之和書取調。

廿一日　陰。

文部省へ出。○午後一時皇典講究所行、獄令講義及ビ制度沿革口授。○村松母儀来ル。明日平五郎殿三回法事由。〈頭書〉島田重礼氏入来。外出中不逢。九十銭御持参。／皇典所帰路富士見丁へよる。義象事廿二三日頃熊本出立すべき端書届有。萩野ニ逢。

廿二日　陰、午後半晴。

母正忌日ニ付、大学不参。十三回年忌ニ付、九時卅分過新光明寺行。三作留主。十一時頃より法会をはじむ。大田令室・丸山・古島・岡田・笹又・右馬・村松及ビお晉・お栄・お信等来会。午後一時前ニ了ル。饗膳素食を供す。宮川諶五郎来、周施す。予ハ二時過より佐藤氏をとふ。不在にて逢はず。浅くらやへ寄。丸岡氏に逢ふ。○柿沼入来。逢はず。文稿持参。〈頭書〉井上政二郎代来る。古事類苑地理門武蔵国部浄書出来持参。／栗田使豊田伴来る。新刷神祇志料七巻を恵る。是にて全部也。

廿三日　陰。

秋季皇霊祭ニ付休暇。○朝岩本善(巌)治来ル。女学雑志へ登録すべき文をこふ。○関根来る。輿車図考之事談あり。○九時駒込清林寺行、村松平五郎三回法会に会す。了て一同万金楼行、昼食の饗あり。午後二時頃帰る。○宮島経吉来る。上茶一鑵を恵る。〈頭書〉長命晏春来る。音楽略史さし画出来分五葉持参。

廿四日　陰。

朝中野宣義来る。○疝気にて下腹筋はり胸つかゆるにより大学不参届出し、十時頃五軒丁宮崎氏行、診察をこふ。検尿する。子細なき由也。十一時兜丁銀行行。蒲に逢ふ。午後一時過さゝ又行。留主にて不逢。三時過帰る。○牧野退蔵来り短ざくをこふ。五枚したゝめ遣ス。近日紀州へ返候由、くわし恵る。○お栄来る。下女之事也。○浅くらやより過日申付し釈迦譜略及仏道演説書之類各種持来る。○あら井保五郎来る。三作縁談之事申込。

廿五日　日曜

柿沼来る。○さゝ又来る。三作の意見を問ひ、かつ諭す。○午後芝崎女教師田村与三郎（竹琴師）及び娘同道にて来る。過日頼ニ付、作り遣したる学びの窓の哥にふし附けしたるにより、今日琴持参にて来り、其一曲及び余曲を奏す〔お晉聴聞ニ来ル〕。○曾我来、はからず聴く。○大久保好伴来る。文部省教科書画工の事、談あり。○宮崎・右馬へ使遣ス。〈頭書〉女学雑志社へ八月中旅行記の内なる哥文抄出して寄書す。

廿六日　薄陰、午後薄晴、夜雨。稍冷気。極度五十四度ニ至。

十時大学へ出、和文壱年生ニ神代歴史口授、十二時ニ至る。南摩・物集・久米ニ逢ふ。午後一時より和文二年生ニ桐つぼ巻講義。帰路新坂磯部温泉入浴。○足立正声氏来る。面会。来ル十月二日別荘哥会之事談あり。○福岡県辻清二郎より郵書。○宮川大三妻出産ニ付祝かつぶし遣す。○午後お辰、丸山行。縁談問合也。富士見丁へ寄、帰る。

廿七日　陰。

大学へ出、和文二年に職員令、同一年ニ儀制・衣服令を授く。○午後一時卅分より入学生徒宣盟式あるにより古典科授業休。帝国大学行。総長はじめ諸教員（外国教員も）出席。式了て例日の会議あり。物集に逢ふ。午後四時過帰る。〈頭書〉江沢へ寄る

廿八日　快晴、午後半晴。

文部省へ出。○午後一時より皇典所にて獄令及ビ官制考を授く。○今晩より右腰いたむ。午前より追々つよくなり帰宅後ハ起臥共に痛む。過日松崎之談により塩湯にて洗足す。少し快し。○三作に金円渡。〈頭書〉音楽史活板分清書、清水受持分出来ニ付校合、佐藤〔定介〕に頼む。

廿九日　陰。午後一時頃より雨。

大学所労届。○今朝ハ痛ミしかど追々快気す。○午後松崎来る。三作も診を頼む。○けふハなす事もなく日をくらす。○朝宮垣鴨丸来る。文部省学務課へ紹介の手紙を附す。〈頭書〉おたつ木挽丁行。金円持。

三十日　陰。午後落陰。

文部省へ所労届。○富士見丁より、昨日よしかた神戸より電信、今日帰京之旨、申し越ス。○箱根あしの湯より、

お道来月二日頃帰宅の郵書来る。○昨夕より左腰の小腹、ことに筋はりて皮に感なし。〈頭書〉銀二を新橋ステイシヨン迄迎車遣ス。終に逢はず。

明治廿年九月廿二日法会入費

養祖父昨年正当　養父　五十回忌正当　養母　十七回忌正当
文次郎　三十三回昨年

一　壱円五十銭　岡の焼まんぢう百　一銭五厘ヅ、
一　壱円八十銭　同引物くわし十　折共
一　弐円　一行院別時念仏料
一　弐円　新光明寺施餓鬼料
一　三十銭　同　塔婆料
一　十銭　同　門番へ
一　三十銭　当日雇女　おのふへ遣し
一　六十銭　榛原日本盛酒弐升
一　拾壱円六十四銭　伊予屋払
　イヨヤ内訳(4)
　一　十円廿銭　六十銭ツ、本膳十七人前　肴三種吸物付
　一　壱円廿銭　廿銭ツ、　同次六人前
　一　廿四銭　さゝ折　十弐
一　三十銭　宮川へまんぢう料
合廿円ト五十四銭内四円五十銭香奠引
全十六円ト○四銭　外ニカキ落シ九十銭引物ガナキ也。風呂敷十　加ル

諸方ヨリ香奠分
壱円　丸山　壱円　右馬　半円　村松　半円　岡田
壱円　大田　半円　笹又
合計四円五十銭

十月一日　陰、時々雨。午後三時五十六度三。
大学所労届。○午前十時五軒丁松崎行、診を請ふ。小腹引薬すべしと云。帰路天神下木具やへ寄、本箱三ツあつらへ来る。六日までに出来の筈。○今日午後三時過浅草公園内某家にて〔久々に而〕喜楽会有之旨、過日中村より聞たり。但し今以回状ハ来らず。ともかくも所労中に付おもむかず〔後に聞。いまだ会ハ無かりし由〕。〈頭書〉江沢へよる。藤右衛門一昨日帰京にて面会。
二日　雨。低極五十弐度に至る。　日曜
蔵書目惣数を算す。一昨日に始り今日に終ふ。○丸山よ

り郵書来る。過日おたつより頼田辺某縁談の事也。○今日午後妙義坂足立氏別荘へ参るべき約束なりしが、所労かつ雨天なれば今朝久米氏迄郵書差出し、不参申送る。○文科大学書記川上博愛より金沢八景《(名勝)》題詠集新刷本〔木板〕かつ金沢生海苔・金米糖等を恵る。黒川・佐々木・鈴木へ贈る本ども届方頼ミ来る。〈頭書〉おミちより郵書来。今日帰宅候由。

三日　雨。

大学所労届。○午後十時文部省へ出、飯田送稿之神祇門神宮部修訂。井上持地理門修訂は黒川に托す。○午後四時義象来ル。去ル三十日午後六時横浜着にて十時頃帰宅候由。熊本土産陶器弐箇・朝鮮あめ持参。又村岡良弼首として催す所の如蘭社話巻一印刷成りて恵まれたるを持参す。夜灯火に一過す。〈頭書〉△文部省惣務局にて辻次官頼ニより、教育会ニ宮様御加入分の称を保佑会員と考へ送りたるが、大臣官房に諮られたる程なりければ、給仕にもたせて送りたるがいかゞのものにや。○後ニ聞、推戴会員と定し由。

四日　夜来雨、午前九時止、陰。午後三時より雨。

大学へ出、十時和文二年生ニ職員令、十一時和文三年生に営繕・捕亡の二令、午後一時より古典科四年生に獄令を授く。

五日　昨日より続て雨。午前風はげし、廿一里ニ至。午後猶つよし。三時ニ十八里。夜七時過止。

文部省いでず。皇典所ハ明日ニ延引ニ申送る。○午後二時過天王寺葬地行。矢田部教授妻死去ニ付、今日葬式なり。渡辺総長・辻次官・長松議官・服部書記官其他大学教授大かた来る。

六日　午前八時過暫時雨、後陰。午後晴。暖気。夜雨。

大学へ出、十時より和文二年生ニ継体紀、十一時より国書課生徒ニ法曹至要、午後十二時卅分より獄令を授く。○二時皇典講究所ニ至り、獄令及制度沿革を授く。終て富士見丁行。香取古文書之事ニ付小杉をとふ。逢はず。雁金屋にて熙朝楽事・首書七武・矮屋一家言の三書を十三銭にて求む。〈頭書〉お晉来る。錦画帖五帖持参。三円貸。○関根来る。古事類苑車部稿本三巻出来ニ付持参。／○節酒会小集之処行かず。

七日　陰。午前大風、九時廿八里ニ至ル。午後一時半頃より時々雨。風ハ猶つよし。

文部省へ出、三時退出、帰る。○清水へ音楽史活板下、清書料弐円ト十五銭遣ス。一枚五銭ヅ、也。○服部元彦文部出頭、神祇部稿本渡。○昨今銀二郎足痛。代人来る。〈頭書〉後ニ聞、此日各地共ニ暴風。

八日　大雨、時々雷、午後微雨、三時後陰、五時快晴。大学へ出、国書生官位考徳川条口授、和文一年生神代条講授。

九日　晴。暁冷気四十七度四。日曜

曾我来る。近日北海道空地集治監付医院副院長被雇ニ付出立。三ケ年在勤之由。○午後学士学（会）院行。三宅・外山演説。暮て帰る。○おたつ杵屋常盤さらひニ付、広小路蓬莱屋迄行。半円遣ス。〈頭書〉朝小杉来る。香取文書写候事談ジ。○今日より湯島天神祭にて出し（山車）など出て晴天になりたるにより殊に賑へり。

十日　晴、和。

大学へ出、和文一年生ニ神代之事、〔大略〕古事記により、日本紀参照、講授。午後同二年生ニ桐つぼ巻講授。○小杉より東大寺正倉文書之内三本・同続修縮写之内一本もたせよこす。大学、手ミせ（手見せ）の為也。〈頭書〉夜江沢来る。明日野州へ出立。廿日過帰京之由。

十一日　晴、和。

大学へ出、和文二年生ニ職員令陰陽寮以下講授、同三年生ニ獄令講授、午後国書四年生ニ獄令を講ず。○退出後さ、又行。来十三日堀江丁へ転居候由。橘丁柳瀬へ廻り、面会。小島丁河辺を訪ひ、面会。夕刻帰る。〈頭書〉小杉影写本木下迄さし出ス。／○寛より郵書、大八洲哥集へ入るべき哥おこす。／○本居より使、新聞おこす。幷代料書付共。

十二日　半晴。

文部省へ出。午後皇典講究所行、獄令講了ル。古代文学論演説。帰路富士見丁と飯田丁江刺をとふ。○今日より（空欄）まで銀二郎足痛ニ付、代人来る。依而見舞として壱円遣ス。〈頭書〉行がけ長塩を尋。

十三日　半晴。

松崎行、診をこふ。曾我今朝出立之由。大学へ出、和文二年生安閑・宣化紀口授、国書四年生法曹至要講義、午後同生ニ獄令講義了ル。○帰路、斎藤より江沢頼の錦画ミせる。三円ニ引取候由、江沢へより話す。〈頭書〉大学にて木下面会。弥小杉に影写頼度（月資廿円）旨ニ付、帰家早々、其旨小杉に郵書。翌朝一書来る。○おたつ雇婆同道にて富士見丁行。

十四日　快晴、午後半晴。

文部省出。退出後、南神保丁かなの会、会儀《（ママ）》ニ行。木村・清水・阿部・内田・元田其他の人々来会。物集発言にてかな学校を興すべき談あり。十三名より一円ヅヽ、寄附金ある由。木村其外動議者あり。暮て帰る。〈頭書〉去九日夜已来三作他行（去十二日ちよと帰る）、今日午前帰る。／関根来る。古事類苑車部参考之為蔵書閲覧のため也。午前ニ了ル。／雁金やより一九十銭池の藻屑、一七十五銭源氏講義持来りさし置。／今日岩手県ニ初霜の報あり〔廿日官報〕。

十五日　薄陰。

大学へ出、国書生ニ官位考徳川之処講ず。和文一年生ニ神代紀口授全了。○午後浅井へ寄。全家留主也。木挽丁行、十円渡。○天神下さし物や来ル。佩文韵《（韻）》府・雅言集覧・武蔵続風土記等を入るゝ箱三ツ出来、持参。金弐円十五銭払ひ。○おたつ、さゝ又行。〈頭書〉帰路文行堂より、韻鏡諸抄《（鈔）》大成借来る。／小杉へ古文書写、雁金やへ書籍もたせ遣ス。○朝戸長内田行。今日根岸小学校新築落成ニ付、開業式あり。わが家ハ仮住なれバ応分の寄附せず、たゞ本日入費之内として省三名前にて金五円を贈る。○長塩より郵書。横浜高島へ易断之事紹介呉候様との事也。

十六日　陰。午後二時半頃より雨。　日曜

午前さゝ又来る。三作を談ず。厚木三河や利永へ郵書出ス。○佐々木信綱来ル。菓子賜。金沢名勝集配本渡ス。○今日麟祥院にて東洋学会演説あり。西村・黒川・市村等演説之由。○清道来る。学校一同今日鴻の台へ運動ニ出たつ由、費用十三銭遣ス。○江刺来ル。近日又々南部へおもむく由。更ニ教導職拝命。彼地神宮支庁の事を行ん為といへり。○浅井へ音楽史さし絵《（絵）》五葉郵送。○韵《（韻）》鏡諸抄《（鈔）》大成泛読、并ニ画入朝野新聞をミて日くれぬ。〈頭書〉長塩母来る

十七日　陰、時々雨。風を止。○夕刻虹。

神嘗祭に付休暇。○厚木島崎永利よりさゝ又へのは書《（端書）》、お道持参。○長井誠より頼倫公并自己行記おこせ点削を乞。即日返書出ス。〈頭書〉物集へ木曜日時間替之事往復。○朝吉野妻入来、転居ニ付談じあり。○長命へさし画督責の郵書出ス。

十八日　晴、午後半晴。暖気。

大学へ出、和文二年生ニ職員令講授。閲覧室へ出、書目

開題再校。午後国書四年生ニ獄令を講ず。○帰路福田屋へ行、出板約定書之事談ジ、本居へ寄、新聞代渡。〈頭書〉夜ニ入おたつ同道、吉原俄見物。十時過帰る。七八番見物。

十九日　晴。午後薄陰。暖気。

文部省へ出、午後皇典講究所行、公式令講じはじむ。并位階之説演説。富士見丁へよる。足立行、面会。中村行、不逢。子息別居、妻娶之祝として鰹節〔金一円〕切手持参。〈頭書〉長塩へ使遣ス。横浜高島への紹介書をあたふ。○朝関根来る。古事類苑車部編輯ニ付、蔵書閲覧之為也。／○文行堂へ韻鏡返し、大和物語類聚本書入あるを借来。

廿日　薄陰、午後晴。暖気。

大学へ出、国書四年生獄令及法曹至要講受（授）。午後和文二年生ニ欽明紀を授く。○中村より郵書。昨日礼也。○曾我より函館出十七日之郵書来る。十六日午前五時着港之由。○大学帰路あら井行、同道、吉野家作見分。

廿一日　薄陰、午後晴。暖気。

文部省へ出。○明日漢書課授業標目取調。○夕五時浅井来る。出板之事種々談あり。書肆之都合ニより、来廿一年一月の発行と定む。川辺へ紹介の手紙認メ遣ス。〈頭書〉文部省にて関根調車部再訂。／浅井云。先日高松なる堀死去之赴音を聞と云々。

廿二日　陰、暖気。

九時大学へ出。漢書課四年生ニ始て歴史ノ大要を口授す。神代之事半にして鐘鳴る。十時より十二時迄和文一年生ニ神武紀を授く。古事記参看。〈頭書〉三作迄銀二遣し帰る。去ル廿日より他行也

廿三日　朝霧深し。陰、時々細雨。暖気。　日曜

松崎行、診を乞。十一時日比谷神宮教院行。今日福羽氏好古会也。塵袋・律末書・黍（黎）稷稲粱弁〔以上書籍〕及ビ古酒器持出し。神田孝平氏色々珍物持参也。午後三時頃帰る。○〔廿四日歟〕さゝ又来る。三作を諭す。〈頭書〉朝川田へ行。思出の日記持参。／小杉面会。道の記上木の事頼ミ。来ル。廿六日香取へ発足之由。同断。好古会にて村岡良弼ニ逢。如蘭社長之事及ビ第二編序文之事、諾す。

廿四日　薄陰。午後南風つよし。

大学出、和文一年生ニ神武紀より綏靖紀并ニ古事記崇神の条を授く。午後二年生ニ桐つぼ講了。

廿五日　薄陰。
大学出、和文二年生ニ職員令、午後国書四年生ニ公式令を講はじむ。了而閲覧室ニあり。午後五時頃浅井氏をとふ。庭前の菊花咲たりとて招による。夜ニ入帰る。○島田より郵書。運動会出金之事也。〈頭書〉本日平田盛胤、東京高等女学校教諭に任ぜられ、奏任官六等年俸三百六十円下賜。○中村秋香同校幹事に任ぜられ、奏任官五等下級俸下賜。
廿六日　陰。北風になりて今日より冷気。午後六十四度。文部省へ出。午後皇典所へ出でず。今日ハ試業により、たゞ問題のミ遣ス。○中村より郵書。栄転風聴且大学書記判任一等ニ兼任之旨也。○音楽史下巻清書済分佐藤より落手。〈頭書〉朝関根来る。稿本校合ニ付、蔵書閲覧之為也。○文部省へ関根・井上共に来る。出来分作料渡。各百枚余廿四五円ヅ、渡。○文行堂へ大和物語返し、和読要領其他地図等廿二銭五厘にて求。
廿七日　陰。午前より北風つよし。
大学出、公式令及法曹講授。午後和文二年生ニ欽明紀授了ル。○大学運動会ニ更ニ七円ニ改、出金すべき由申遣ス。○お道来る。今夜より泊。右馬より鮓切手賜、持参。○曽我より去廿日空知へ無事着の郵書来る。即日返書端書出ス。〈頭書〉皇典所より試業書おこす。／お晋来る。転居之談あり
廿八日　薄陰。午後半晴。
文部省へ出。三時退出後、木挽丁行、月の物渡。病人近日とかく昼夜せき出候由。○黒高シャッポ南金六丁にて壱円九十銭ニ求。○萩原より石板手札百枚賜。○林泰輔来る。嚶鳴集〔漢書課卒業生催詩文〕一本恵る。且教員寄合書、絹地持参染筆頼。○出板月評第三号郵送。〈頭書〉長塩より郵書来。昨日高島へ参候由。○文部省にて松本調官位ノ部訂正了。佐藤調農部へかゝる。
廿九日　朝六時頃より雨。午後三時冷気五十三度五。
大学運動会に付休暇。然れども雨天により延日。○八木氏入来、砂糖を賜ふ。○柿沼氏入来、鴨を賜ふ。○文部省より下附の雛形により覆歴《ママ》書草案。○おのぶ来ル。病人事本郷病院へ入たき由之談也。○皇典所より使来る。試業書へ点を加へて与ふ。○朝平田来る。拝命祝なり。〈頭書〉今日午後五時より大学にて文部省宴会有之。断て不行。／○文部省会計局へ来月三日天長節宴会不参届書出ス。／今日午後かなの会集会之処、不行。

三十日　晴。　日曜

朝山梨県人本居静衛来る。浅間神社ノ談也。○朝お道、堀江丁へ帰る。○お晉、子供つれ来る。○義象夫婦来る。子供一同つれ萩寺前岡野行、汁粉をあたふ。○夕東洋絵画会庶務係西村金一来ル。叢志へ何歟出し呉候様頼ミ。○履歴書成る。○萩原よりは書（端書）来る。病人事病院へ入とも無効之由、高木弟子診察之由。重体ニ相成、片時も油断ならざる旨也。○塙来る。官途頼也。〈頭書〉小中村新太郎来ル。

三十一日　晴。

大学出、和文一年生ニ崇神紀及垂仁紀〔半〕を授く。午後同二年生に帚木講授をはじむ。○中村へ栄転祝として酒三升幷鴨贈る。○長塩親族来る。頼ニ付、松崎へ診断書をこふ。手紙遣し。○あら井来る。吉野家貸滞分持。外ニも要談あり。〈頭書〉白石井上可基より郵書来ル。仙台英語学校にて和漢学教授入用之由也。依て豊田伴へ直ニ郵書申遣ス。

十一月一日　暁大雨、九時頃止。陰。

大学所労届。○村岡頼の如蘭社話序文成る。○清道来る。去三十日より木挽丁行。看病致候由に付、江東義塾へ欠席且外泊之届出ス。○豊田より返書来に付、井上可基へ返書送る。○塙より履歴書、長命より此ほど〔十七日〕の返書郵致。○理髪床に湯桶を設たるにより三作と両名にて半円炭代として遣ス。〈頭書〉長命より郵書。頼の画に取懸候由。

二日　半晴。

文部省出、午後富士見丁行。一時より皇典所行、公式令講義、制度沿革国司郡司之事口授。帰路中村へ悦ニ行。チヤンバレンをとふ。来客にて逢はず。林甕臣をとふ。速記大日本字幷ニ小学作文教授式等之自著新刻を恵る。手島文部書記官をとふ。塙氏之事頼、晩景帰る。○堀越より手簡。新劇見物をこふ旨也。○中村ぬしより謝状来ル。○本居ぬしより昨日送の文稿送致。○千家尊福代天津亘来る。不逢。大社保存会の談ニ来候由。〈頭書〉関根来ル。入用之蔵書を出して閲覧さす。ミ（美濃）の紙賜。

三日　快晴。　天長節

如蘭社話はし書稿、村岡へ郵送。○飯田丁三丁め明治女学校幹事より、来ル五日献堂式ニ付、来臨をこふ郵書来る。○正午より新富丁魚嶋行。来六日と堀越手簡ニ有之処、楚（粗）忽にて出車。あたら光陰を費したり。帰路福井丁海水浴に入り、柏木をとふに不在也。午後四時頃帰る。○青山勇入来。逢はず。○林泰輔頼の大学漢書課教員合作の絹地へ哥した〻め。○宮川大三招キ履歴書清書及び雅言集覧其他小口書を書しむ。○夜、青山・塙・富士見丁等へ郵書出ス。〈頭書〉今日ハ晴和の天により諸方群集夥し。／江川丁へあつらへ障子・屏風、取ニ遣ス。代壱円廿五銭。

四日　陰。酉の町

文部省へ出、水島之事、佐藤へ談ジ。同人より相論候事。○村岡より郵書来る。十六日如蘭社会之事幷序文礼也。○筧より郵書。○柿沼へ砂糖水もたせやる。○長井へ郵書。稿本此黄出来之事也。〈頭書〉今日大学にて運動会有之由。

五日　陰。正午頃より微雨。冷気。

大学出、漢書課生に歴史口授。神代の終より神武の御代に至る。○午後一時卅分富士見丁明治女学校献堂式行（献堂とハ新築の室を神に献るよりの称の由）。初而邪蘇教の祈祷を聞（此方の祝詞に類せり）。外ニ教員の演説女生徒の唱哥・奏楽・和琴・祝文・英文朗唱等有。〈頭書〉和文一年生に崇神紀を授く。／○今日高等女学校内新築西洋家事教場一覧可致旨、校長箕作より招状有たれど行かず。○平田より来ル十二日霊祭招状来ル。／大学庶務課へ履歴書さし出す。これハ大学・文部省官員一般の事也。但し奏任官斗もはかり難し。

六日　陰。日曜

午後新富坐行。一時より始る。三府五港写幻灯幷ニ中幕紅葉狩息女の浄るり共いとおもしろし。閉場おそくて夜十一時頃帰る。○筧へ返書出ス。○飯くら長井来ル。稿本渡。〈頭書〉林甕臣来。面会。○午前十時前出宅、青山勇行、面会。豊田の事也。

七日　陰、夜小雨。

大学へ出、和文一年生に垂仁紀及古事紀（記）を授く。同二年生に源氏品定を授く〔始〕。○古嶋妻養女つれ入来〔くわし賜〕。不逢。

八日　快晴。

大学出、和文二年生に職員令、同三年生に獄令、午後国書四年生ニ公式令を授く。

九日　薄陰。

文部省出。午後皇典所へ出、公式令及官制沿革を授く。富士見丁行。筧来る。面会。大日本学術共研会祝詞を頼まる〔会長新井章ハ大蔵省一（二）等属之由〕。○重野へ音楽史稿本三巻回す。序文頼のため也。〈頭書〉帰路チヤンバレン行、面会。当節所労にて引籠也。江沢錦絵之事談じ。

十日　朝雨、午前九時頃暫快晴、午後雨。

大学出、公式令及法曹至要講授。午後和文二年生ニ欽明紀を授く。○塙より払本もたせおこす。且忠宝ぬし遺筆風につれなき物語を恵る。○黒川へくわし贈る。〈頭書〉大学帰路浅井へよる。逢はず。

十一日　半晴。

文部省出。今日水島辞表差出候由。帰宅後其事ニ付、寒沢より来状あるをミる。依て夜返書郵送。○白石井上より豊田之事ニ付、状来る。○夜筧頼の祝文を草す。○田中頼庸より〔研文会〕来ル十三日芝公園内神宮教院にて催状来。

十二日　晴。

大学出、国書生ニ官制沿革全く授了。和文一年生に景行紀を授く。○午後一時卅分高等中学内講義室行。教員会臨時惣会也。員外員加藤〔弘之〕氏徳育の事演説あり。右ニ付、千家・島地・川田・重野の類、神儒仏の学者を招る。〈頭書〉教員会より築地平田へ廻る〔神道本局にて催〕。篤胤翁霊祭にて兼題庭菊也。本居・木村・井上・飯田・佐々木・久米・伴（阪）其他ニ逢。○堀越へ難船戯場の哥贈る。○木挽丁へ寄、月の物渡。○皇居観菊の日期なれど参らず。○堀越より故海老蔵一周忌祭折枢（櫃）入菓子幷風呂敷を贈る。○朝、筧へ頼の祝詞送る。

十三日　晴。日曜

午後一時卅分過学士会院行。加藤氏（空欄）杉氏（空欄）等演説。暮て帰る。今日ハ晴天に付、殊に聴衆多かりき。○朝水島来る。○田中へ研文会断の郵書出ス。○筧より謝状来ル。〈頭書〉午前塙来る。払本取極メ十円四十五銭渡、同道にて田中稲城行、面会。帰路柏木行、堀越へ可送分、柏木・樋口・岸・黒川・予等にて三千疋と定。○近辺道具屋にて懐中短ざく箱三十銭ニ求。

十四日　薄陰。

大学出、和文一年生ニ古事記を授く。午後同二年生ニ源氏品定を講ず。○豊田へ郵書。○田中へ塙本ミせる。○久米へ学規私言もたせ遣。○松崎へ薬代及謝儀遣す。○柏木へ一円半もたせ遣。〈頭書〉大学帰路浅井へよる。大学過日回の活板摺紙、心にかなはざれば、其事談じ。大学帰路関根行、売家之事談じ。行届かず。

十五日　陰。

大学出、和文二年生に職員令、同一年生に獄令、午後古典国書生に公式令講了。〇晩景臼倉吉右衛門外一人来る。寒天ニ袷一枚に付、無心により金一円遣ス。浅草神吉丁に被雇居る由。〈頭書〉関根来る。蔵書閲覧。

十六日　快晴。二ノ酉〔ことに参詣あり〕

文部省出。午後一時過今川小路玉川亭行。如蘭社会なり。三時よりの処、心得違にて早かりき。飯田・青山〔景通〕・伴《(阪)》・塙其他の人五十名程来会。今回予をして社長の任を托されぬ〔川田先生同〕。佐藤栄中に初て逢。義象・萩野・増田等にも逢〔暮て帰る〕。〈頭書〉昨日水島へ辞職許可相成由。〇田中より塙本代一円三銭来ル。

十七日　陰。

大学出、国書生に公式令〔終ル〕・法曹至要、午後和文二年生に敏達・用明紀を授く。〇午後二時卅分より皇典所行。昨日之代りなり。今日ハ先方都合ニ寄り、鎌倉役員のミ一時間授け、富士見丁へよる。夕刻井上図書頭ぬし行、面会。〈頭書〉おミち来ル。右馬又二郎殿より鰹節賜。


十八日　晴。

文部省出。今日局を元書籍閲覧所へ移す〔修文館脇〕、是迄よりハあかるくして都合よろし。〇チヤンバレンへ江沢絵帖ミせる。五円にて求。金円使ニ渡。〇松野へ柿沼之事手紙遣ス〔使〕。〇夕刻豊田来〔くわし賜〕。教育会へ之状を附す。〈頭書〉文部省へ外記日記五冊持。松本需用による。

十九日　朝薄陰、午後快晴。

大学出、古典漢書生ニ歴史口授、綏靖より神功の初ニ至る。九時卅分より十一時卅分迄也。了而和文一年生ニ景行・成務紀を授く。仲哀紀ニ及ぶ。〇塙より続類従本其他数冊もたせおこす。古本簾中抄を恵る。〈頭書〉午後四時池のはた長酡亭行。漢書生懇親会也〔七十銭ヅ、持寄〕島田・南摩も来会。席上演説の形、教員生徒共ニ有之。／今日より漢書課授業時間を弐時間と定め、内三十分を質問とす。／浅井より活板試弐枚ミせる。

廿日　晴。〇冷気低度三十八度。連日風少く、至て穏也。

日曜
大久保好伴来〔ビール賜〕。蔵書ミせ。〇塙来る。書籍売却之談アリ。拙家求分金五円六十三銭、外ニ五円用立。

○柿沼来る。近く宇津宮《ママ》へ一旦帰候由。○長塩外一人来る。重野へ談呉候様談也。○村岡来ル。不逢〔酒二升賜。序文の礼〕。〈頭書〉午後よりおたつ・三作同道、浅草公園内新筑《ママ》富士へ登る。一人前四銭ヅヽ、外ニ草履料一銭。晴天なれは眺望至て都合よかりき。○朝新井来ル。明夜同家にて重吉・豊二郎両人の入札を開く。重吉ハ廿九円九十五銭、豊二郎ハ廿六円五十銭にて落札之由、談あり。同人へ手附として十五円渡す。

廿一日　晴、和。

大学出、和文一年生之為ニ神功・応神紀をよむ。午後ハ二年生ニ源氏品定を授く。○退出より新井行、同道にて御成道明屋《ママ》見分。畳替之談あり。本居を尋。逢はず〔くわし持参〕。大社保存之事申置。黒川行、面会。晩食・酒を饗せらる〔三田来会〕。〈頭書〉重吉ニ酒代として五十銭もたせ遣ス。黒川へ行がけ川辺へよる。画の事催。○岩淵小田切四郎兵より臼倉家ノ事申出ル。春三郎別戸と成、吉右衛門へハ廿五円遣し、縁切同様之由。○村岡へ礼状出ス。○木挽丁より郵書。○浅井へ返書。

廿二日　晴、和。

大学出、和文二年生ニ職員令、三年生ニ獄令・公式令、古典四年生ニ厩牧令〔初り〕を授く。○退出より江沢行、絵帖代五円渡。○白石井上よりはがき来る。洋語を解さずとも苦しからざるにより、豊田に早々参り呉候由也。

廿三日　朝陰、快晴、和。新嘗祭

豊田・長命・石井・小田切（空欄）等へ郵書出ス。○木挽丁へ高木代診察料弐円五十銭もたせやる。富士見丁へも義象稿本朱書分もたせやる。チヤンバレンへも請取書出ス。○清道来る。書物代七十銭渡。○午前十時頃黒川来ル。塙払本ミせる。八円五十五銭程求高あり。○長命よりの画幷胡楽図返し等狩野より届く。○理髪店より不用となりし大鏡弐円にて求。○よしかたより郵書。〈頭書〉八木より郵書。来廿九日哥会事也。

廿四日　薄晴、午後陰。

大学出、国書生ニ厩牧令〔終〕・法曹至要、午後和文二年生ニ欽明紀を授く。○栗田より郵書。会院雑志礼也。○塙へ残本弐からげもたせ遣ス。○豊田より郵書。近々仙台へ出立可致旨也。

廿五日　晴、午後陰、三時過雨、四時止。

文部省出。○おたつ買物出、松屋にてお信冬物とゝのへ。○浅井より郵書。倭舞図彫刻成分ミせ。○内務省へ出板延期届郵便にて出ス。

廿六日　晴、和。

大学出、国書生ニ内裏式を大内裏図に照して教授す〔初〕。○午後中村入来。拝命礼也。如蘭社志贈る。○此節三作又々他行。〈頭書〉和文一年生授業休。内務省図書課行。招出し之為也。官吏面会。昨日音楽史出版延期届差出之事也。

廿七日　晴。日曜

田中へ塙本もたせ遣ス。塙より田中へ贈香取文書目同じ。○午前十一時前義象・お栄共来る。同道にて王子行、中食。滝の川紅葉をミる。もはや末の方也。予ハ分れて気（ママ）車にて晩景帰る。〈頭書〉塙来ル。古本歴代皇紀を恵る。

廿八日　朝陰、午後半晴。

大学出、和文一年生ニ仁徳紀を授く。午後ハ二年生ニ源氏品定を授く〔了り〕。○帝国大学にて中村ニ逢、三作事談じ、小硯を贈らる。○東京府へ音楽史出板延期届郵便ニて出シ。〈頭書〉所持税調査委員撰挙ニ付、大学行がけ戸長役場行。投票紙へ記し。

廿九日　朝霧、午後陰。

大学出、和文二年生ニ職員令、三年生ニ公式令、古典四年生ニ喪葬令を授く。〈頭書〉東京府より招出しニ付、三作出ス。出版延期届文面直しの事也。○八木ニて哥会有之候処、差支にて行かず。

三十日　晴、西北風つよし。

文部省出。午後皇典所行、公式令及鎌倉役員口授。了て富士見丁を尋ぬ。夫より浅井行。音曲史稿本清書下巻渡ス。○東京府へ出版延期届、銀二郎ニもたせ遣ス。○高松正木久芬より廿五日出之郵書来ル。堀翁十月三日死去の赴音なり。○長命より溯酔図・踏哥図・延年図等出来にてもたせよこす。〈頭書〉辻次官より中学校和文教科書校正を托せらる。

十二月一日　快晴。

大学出、国書生ニ喪葬令・法曹至要、午後和文二年生ニ欽明紀を授く。了て帝国大学行。総長不参ニ付、長井書記官ニ面会。帰路本居へ寄。留主ニ付、出雲大社寄附金之事申置〔くわし贈〕。

二日　晴。

文部省出、退出後、木挽丁行。お信冬物あたへ。○本居より郵書。昨日之事幷問合せ之事あり。

三日　快晴。

今日より教科書校正宅調ニ付、来る十日まで大学不参。○義象三番町三十一番地へ転居。○河合より昨日発の郵書来ル。御会始の哥、門弟共詠草ミせる。即刻点削返書出ス。○本居へ返書郵送。〈頭書〉夕刻長命来ル。音楽史さし画十一丁半料十七円廿五銭渡。一丁一円半ヅ、わり也。且年中行事画鶏合之所一巻貸す。

四日　快晴。　日曜

三番丁へ初て行。中村より招に付、四時より行。今度拝命祝也。足立・大森・鈴木〔魯怜〕・福田等相客なり。夜十時頃帰宅。○松崎尚忠、長塩之事ニ付入来之処、不逢。

五日　快晴。午後西北風つよし。

教科書宅調。○仙台豊田より昨日発之状来ル。去月廿八日東京発、本月一日着仙之由。去卅日彼地ハ降雪之由。○松崎へ郵書。○柿沼より郵書。宇都宮着之事也。○中村へ郵書。文稿意見を加候分送る。

六日　朝陰、午後晴。

教科書宅調。○河合より過日之礼状幷ニ写真郵送〔八日歟〕。〈頭書〉△官報号外来ル。島津久光公本日午前一時薨去。依て本日より三日間廃朝之旨、宮内省告示アリ。△式部次官高崎正風、右葬儀御用掛長トナリ発遣。侍従富小路敬直勅使として同断。

七日　晴。寒暑纎（鍼）低度廿九度七ニ至。稍寒し。

文部省出。午後皇典所行、公式令及足利役員口授。了而三番町行。八木へ廻る。不逢。〈頭書〉暁（空欄）上野俚俗すきや丁出火。依て山崎や本居尋。／○朝小杉入来。当節帰京中之由。香取宮司より被頼由伊能翁肖像一幅持参。予ニ賛辞を乞ふ。又横井時冬事談あり。谷千生著日本小文典批評を恵る。

八日　晴。

物集より教科書総論幷中古文之処来ル。則中古文第一冊を原書に引合せて校訂す。〈頭書〉東橋、鉄西洋形落成。今日渡り初也。内務大臣・東京府知事其他顕官出頭。本所・浅草の両岸出し（山車）を出し賑はしさ、いはんかたなし。

九日　晴。

文部省出。退出がけ依田行、如蘭社志贈、上野三碑考貸ス。佐々木へ寄。正木頼ニ付、堀門人引受候事談じ。○長命より興福寺延年舞図郵致。〈頭書〉朝松崎へより長塩之事聞。

十日　朝陰、午後晴。

朝九時過出宅。中村坐見物。おたつ同道。菊五郎因幡小蔵（ママ）雨の夜話、書おろし通し狂言なり。夜九時過帰る。菊五郎小間物や才次郎にて、蛇にのまれ腹をきり破り出る処、見物をよび物也。○田中より塙本代価来ル。〈頭書〉横井時冬より郵書。○中村より郵書。文稿一覧謝詞也。

十一日　快晴。北風つよし。　日曜

塙来ル。〔酒三瓶賜〕。田中より到来之由。金円渡。○午後学士会院へ行。黒川衣服ノ説・原動植二原論演説。○鵜沢正徳来。〈頭書〉三作八日より他行、今日帰る。午前猶教科書校正取調。

十二日　晴。午後北風十八里。

大学出、和文一年生ニ仁徳紀、二年生ニ源氏夕顔を授。○銀二郎を水道丁火事見舞遣ス。并塙へ本もたせ遣。転居ニ付鰹節切手〔半円〕贈る。

十三日　晴。

大学出、和文二年生ニ職員令、三年生ニ公式令、古典四年生ニ喪葬令を授く。退出後、浜丁梅やしき鶴久子納会行。兼題冬梅也。久々ニ而鈴木翁に逢。三田・黒川・網野同断。○夜ニ入浅井来る。すり手間之事談じ有之。〈頭書〉お晋来り、三作を談じ。○物集より郵書来。国書生文章上木の事也。／○皇典講究所より規則改正之事達書来る。〈十二日条〉○〔十三日ナリ〕長命へ金一円銀二郎にもたせ遣ス。

十四日　薄陰。午後二時頃より南大風廿五里。雨を交ゆ。四時過雨止ミ晴。風猶つよし。夜ニ入やまず。

文部省出。午後皇典所行、公式令及鎌倉役員・応仁以来割拠役員口授。弐番丁へ廻らんとするに、あれ（荒）になるべくおもへば止ミぬ。○浅井より郵書。木板摺手間一枚四毛（ママ）五朱（ママ）之由。〈頭書〉文部省にて関根調の船部閲。○修史局板古文書并考証共出来、予約物ニ付今日請取。よく出来たり。○村岡・青山より郵書。曲水考ノ事也。

十五日　晴。午前南西風廿二里。正午止ム。

大学出、古典生に法曹至要のみを授く。今日ハ物集試験なるによる。午後和文二年生ニ推古紀を授く。○新井家賃持参。長家処々つくろいノ由。○退出がけ江沢よる。夕刻お晋来ル。三作談ジ。○青山へ郵書。昨日之返事也。○夜白河河合より贈物椎たけ箱入届く。〈頭書〉時計を弐階より落し真柱を損す。仲丁時計屋へ頼。

十六日　晴。昨夜来南西風十八里。正午止ム。

文部省出、退出後三番丁行。夫より上弐番丁丸岡へ忘年会ニ招る。千家・三田・鈴木・鶴・伊東〔祐命〕・中嶋〔哥子〕等相客。画人某来る。席上画賛の興あり。鈴木・三田・黒川各画を揮ふ。おのれハ哥を賛す。〈頭書〉文部省にて関根調の船部閲。○村岡へ届の曲水考三番丁まで差出置。

十七日　晴寒。低度廿七度九ニ至。朝氷をミる〔五六日前より〕。

大学出、漢書生に大宝官制口授、和文一年生に履中・反正紀を授く。○浅井より浄すり二枚さし画三枚彫刻分来る。○帝国大学にて中村面会。三作ノ書三枚渡。○筧正養来る。学術共研会雑志第一号持参。〈頭書〉朝坂本中森鉄五郎来。金助町二売邸有之由也。○銀二郎、脚気ニ付今日より代人来る。

十八日　快晴。日曜

横井時冬来る。日本不動産法沿革史稿本下ノ巻持参。近日印刷ニ付、拙序をこふ。○川田先生入来。如蘭社話へ出ずべき文章軌範の説、漢字交り文御相談。伊豆七島画巻弐巻を貸ス。○箕浦恒吉来ル。万葉略解弐巻を貸す。○村岡入来。社話稿本幷川田の稿渡。○浅井へ稿本濁点之事申送、幷長命へ摺画郵送。〈頭書〉午後五時卅分浅草聖天横丁より出火。九時前鎮火。四百戸余。右ニ付観音の年の市大妨となる。

十九日　朝陰、午後晴。北風つよし。

大学出、和文一年生ニ允恭紀、同二年生ニ職員令〔了〕・推古紀〔了〕を授く。○重野へ使遣し、地頭考貸す。○おたつ、木挽丁へ月の物もたせ遣ス。○河合へ椎たけ礼書出ス。○長命より摺絵返ニ付、浅井へもたせ遣。〈頭書〉暁午前一時過、蠣から丁中島屋の後より出火、松島丁へ延、千六百戸余類焼。六時頃鎮火。／日本銀行頭取正四位勲二等吉原重俊卒。

廿日　快晴。

九時卅分大学出、国書生公式令試業。帰宅後小島丁河辺行。不逢。黒川へ寄、考古画譜一本返ス。馬道六丁め栗原方義へ火事見舞旁尋ぬ。埼玉県へ行、不逢。公園内にて晩食、帰る。あづま橋落成後初てミる。○重野へ使遣し音楽史原稿取寄。○筧より郵書。御会始詠草。〈頭書〉大学授業、今日ニ了ル。／石井小太郎より郵書。昨十九日、自今手当廿五円給与之旨拝命之由。○塙来る。田中へ売本目録持参。不逢。

廿一日　半晴。

文部省へ出。帰路新岡を尋ぬ。留主にて不逢。○図書館主幹手島精一氏より同館季報〔廿年七月より九月ニ至〕恵送。○学士会院書記より規則増加之事申来る。○皇典講究所試業問題のミ郵送。○お辰、江沢行〔十五円典物〕。藤右衛門より使有之由。〈頭書〉文部省にて井上調の地理門閲。

廿二日　陰、正午前より雨。

家居終日。○皇典講究所より昨日試業書弐綴来、即刻閲批。○筧・田中・大沢・河辺等へ之書状認め。〈頭書〉浅くらやより歳末砂糖来る。

廿三日　半晴。

文部省出、古事類苑脱稿分目録を製すべき用意。○退出後皇典所へ試業書届。○三番丁へ寄、チヤンパレンをも尋、音楽史草稿ミせ評を頼む。暮て帰る。○河辺よりさし画張直分四葉来る。○伊藤肇より郵書。昨日五円増給之旨吹聴也〔廿円給ニナル〕。

廿四日　晴。

九時卅分大学出、国書生ニ日本紀及法曹至要等試業、十一時ニ了ル。帰路磯部入浴。長井後家歳暮御入来。○お晋来る。○周達来る。擦療。○三作金円もたせ遣ス。○時計直る。手間六十銭。○高嶋嘉右衛門へ長塩事礼状出ス。浅井・伊藤〔肇〕へ郵書。○皇典所より歳末謝金来る。○井上図書頭より図書寮記録中編三巻を専使を以て恩賜。〈頭書〉福田屋より歳末鶏卵来ル。○石井小太郎来ル。鶏卵賜る。不逢。／△華族位階昇進。小西新右衛門外十一人ハ海防費献納ニより正従六七位に叙せられたり。但五千円より壱万円ニ至る。又金銀製黄綬褒章を賜ふ。△始審治安裁判所判事・判事補等数多く任ぜらる。

廿五日　晴。日曜

朝横井来る。不動産沿革誌稿本弐巻持参。閲をこふ。対話、正午ニ至る〔小鴨二尾恵る〕。田制の書其外種々出し示ス。○塙来る。不逢。○お道歳末の礼に来る。○音楽史さし画延年舞之処へ書入。○来陽年礼の門之取調。○銀二郎歳末ニ来ル。いまだ全快不致由。○佐々木信綱歳末ニ来ル。不逢。○小中村新太郎来る。〈頭書〉△保安条例公布。

廿六日　晴、午後薄陰。

文部省へ出、井上政二郎地理ノ稿閲。○帰路河辺へ行、潤筆金五円を贈る。〈頭書〉△今日も華族数多位階昇進有。△今夜七時過より旅人宿・下宿をはじめ大騒。退出人之事也。

廿七日　晴。

平岡好国入来。不逢〔歳末目録賜〕。○招状ニ付、午後四時森大臣邸行。歳末会立食の餐あり。或ハ新夫人のひろめを兼たりといふ。大学・文部省・学士会之外、勅奏任官来る〔夜七時過帰る。〕。〈頭書〉古典国書課試業書取調。

廿八日　半晴。午前九時三十二度二。

文部省へ出。古事類苑成功目録幷廿年成功目録落成。○退出後木挽丁へ廻る。金十五円渡。○夜十二時前萩原五平来。謹吾事十時過より危篤之容体と相成候旨なり。○朝阿部正言来る。退学を命ぜられしにより問合せなり。〈頭書〉△新聞紙条例・出版条例改正幷ニ板権条例・脚本楽譜条例・写真板権条例改正等公布。

廿九日　晴。

暁五時卅分過萩原又来る。四時十分頃終ニ落命之由。依て水野氏より新光明寺へ廻ス。さゝ又・右馬・村松・義象・源助・新太郎・田沢・甚五郎・村松・古島・大田・丸山等へ赴音出ス〔岡田やへハ銀二郎遣ス。〕。皇典講究所へ届ケ。○正午木挽丁行。田沢・よしかた・甚五郎等来ル。区役所へ寄留届〔いまだ済まざるによる〕、死去届とひとつニ出ス。萩原再度新光明寺遣ス。納金懸合なり。暮て通夜僧来る。おミちも来る。夜九時過かしこを出て帰る。○大田より弔書来ル。

三十日　半晴。

午後二時を出棺時と定む。よりて午後二時頃省三同道にて新光明寺行。今朝本居・中村・物集・久米・内藤・島田等へ端書出し、幷ニ文科大学・学士会院等へ忌二十日服・九十日之届出ス。式部職へ忌中ニ付、一月一日拝賀不参之届、何れも郵便にて出ス。○午後四時前、棺新光明寺ニ至る。親族一同及田沢・小西・資生堂其他出入之者会葬。埋葬はてゝ、義象・三作と共に帰る。○中邨より悔状来ル。〈頭書〉大田・島田御入来。（供以下同）備物賜る。不逢。丸山隠居入来。面会。

三十一日　半晴、午後三時後薄陰。六時過少初雪、後快晴。

中邨・物集御入来。面会〔共ニ御備物あり〕。久米・内藤・源助等より悔状来ル。○チヤンバレーン氏より頼の序文・訳文共もたせ来ル。○重野へ序文染筆料紙送る。○本居より御悔状幷御備物来る。○浅井へさし画六葉郵送。

歳末御恵贈物控

二色羊羹　一箱　本居
屠蘇酒　一瓶
鶏卵　一箱　関根　正直
巻煙草　二箱　井上政次郎
鶏卵　一箱
洋酒　一瓶　平田　盛胤
鶏卵　一箱　石井小太郎
鶏卵　一箱　福田　仙蔵
砂糖　一袋　浅くらや久兵
同　左官弥兵
同　大工重吉
砂糖一袋　車夫銀二郎
ハンペン　長井
巻紙一包　佐伯利麻呂
カステイラ一箱　佐々木信綱
酒壱升切手　渡辺藤太郎
金壱円　平岡　好国
同　好文
鶏卵一箱　佐藤　定介

本年之重事

十二月廿九日謹吾死

註

（1）四月分の記事は日付順ではないため、日付順に並べ替えた。原本の記載順は廿八日、廿九日、廿四日、廿二日、廿六日、十九日頃、廿七日（午後五時前本居行）、十日、十四日、廿一日、卅日、廿七日（過日諭候旨により）、十六日、廿一日、廿日、一日、廿五日である。

（2）五月の「十二日より卅一日迄欠」以降の記事は、日付順ではないため、日付順に並べ替えた。原本の記載順は、「十二日より卅一日迄欠、大略」、日失念、十五日、廿八日、卅日（夜同人来）、十二日、卅日（中村行）、廿五日頃、卅一日、廿六日、廿日である。

（3）「イヨヤ内訳」より「さゝ折　十弐」までは、頭書。

（表紙）

明治廿一年日乗

〈欄外〉午前九時三十五度以下の日を記す。

明治廿一年　　清矩六十六年二ケ月

一月

一日　快晴。風あり〔南西〕。日曜

　朝雀来鳴く軒ばもにぎはしく(1)
　　日かげのどけきとしは来にけり

本年は忌中ニ付、新年祝賀欠礼すべき旨、玄関へ張紙する。○宮島鈴吉、年礼ニ来る。共に対酌。其他年賀客之歴名、別帳ニ在。〈頭書〉越前人橘曙覧のしのぶの屋集をミる。飾らずおもし（ろ脱カ）き哥多かり。

二日　晴、和。○午前九時三十四度、低極十九度五。午後より木挽丁行。萩原も来合せ、面会。○午前鬚をすり、磯部へ入浴。○水野入来。不逢。〈頭書〉報知新聞に去卅一日赴音の広告を頼ミたるが、今日初摺に出して配達せり。／浅井より弔詞郵送。

三日　快晴、和。

よしかた・嘉十郎・長井誠・飯田・久米入来。何れも面会。今日到来の端書多し。別帳に記す。○久米幹文ぬし帰りての後、楼にあがりてミれば手札の落してあるに、家人をはしらせけれども及ばざりければ、郵便もて送るとて、

　もろともに物わすれずといひあひし
　　しるしは君ぞとミにミせたる

と書つけたり。○おたつ三番丁行。旧冬より清名所労によりて也。〈頭書〉読売新聞初配り。／夕刻新井保五郎年礼ニ来ル。対酌。去月分内家賃八円持参。

四日　快晴、和。○午前九時三十四度九。

文科大学書記より客年三十日差出之忌中届、学長宛なるを文部大臣宛ニ直し差出すべき旨文通ニ付、即刻したゝめ郵送。○鈴木重嶺翁御悔ミ入来。面会す。○午前十一時過新光明寺行。今日初七日ニ付法会なり。清道・お信・

さゝ又・右馬・村松母公・萩原・宮川等来会〔飯くら高橋渡氏弔詞郵送〕。午後一時前ニ了ル。公園内万梅にて酒食を饗し、三時前散会。○佐伯とし麻呂君弔詞郵送。〈頭書〉かぶき新報初配り。／○皇典講究所より試業前生徒独習ニ付、十二日迄課業無之旨郵書。

五日　晴。午後半晴。午前より南西の風はげし。午後三時二十八英里ニ至る。

清道来る。○午前史徴墨宝考証上巻をよむ。午後雑令下読。○おたつ、水野・長井等行。〈頭書〉出版月評第五号配達。／三作外宿。

六日　快晴。小寒節ニ入。

午前十時頃より江沢行。旧冬卅一日下総真岡より帰宅なり。昼食して午後本郷真砂丁辺遊行。貸地を尋ぬるにふつになし。計らず直江重成〔宮内省内膳課〕氏の表札をミる。訪ふて対面す。内藤耻叟氏を弔す。去三日母公逝去ニ付、四日故山水戸へ葬送のよし。依て逢はず。○平岡好文弔問。逢はず〔砂糖賜る〕。

七日　晴、暖気。

江沢来る。昨日木挽丁へおもむき談じたりとの事也。○佐々木弘綱氏弔問。○足立正声氏弔詞郵書来る。○昨日内藤虎一といふ人より臼倉吉右衛門事にて来書あり。今日、其寓居三橋丁東金屋まで返書郵送。○文科大学より大学総長宛にて更ニ忌中届差出すべき旨、郵書来る。即刻したゝめ郵送。○本居君御弔かた〴〵入来。不逢。○按摩師周達来る。療治了て磯部入浴。○長井後室年賀御入来。○義象より清名眼疾之事郵書。

八日　晴。日曜

午前清住丁佐藤行、関市令・雑令を質問す。○午後三番丁行。清名快方也。晩景帰る。○松野勇雄君御弔ニ入来。不逢。○古島勝五郎氏年賀入来。不逢。○夜浅井入来。チヤンバレン序文渡。さし画三四葉彫出来分御見せ、且校合之為原稿御持参。○臼倉使、印紙持参。金壱円貸与す。〈頭書〉三作外宿。／学士会院会日なれど、忌中故ニ参らず。今日ハ神田・重野両氏の講演なり。

九日　晴、和。

過日千葉三谷・四ツ谷篔等よりいかなる不幸にやといひおこしゝにより返書郵送。○関市令・雑令疏証四五葉したゝめ。○松岡明義君入来。菓子・海苔を賜ふ。○市村座主中村善四郎・同座頭市川団十郎より同座修繕後開業式ニ付、来ル十一日招請状来る。今日より開業式始り十一日ニ終る。○佐藤誠実君入来。御弔也〔香でん賜ふ〕。

十日　晴。

去十二月和文学・古典科等生徒試業点数取調。○音楽史稿本へ濁点を加へ、浅井へ郵送。○お晉招く。三作事也。○文部省より除服出仕辞令到来。〈頭書〉三作帰る。

十一日　快晴。

文部省へ出。午後三時頃市村坐開業式行。四時過始る。座主俳優惣礼の後、式三番幷新劇浮島原一幕、倭舞〔子役女巫〕一幕等あり七間ノ二三にて見物。弁当・菓子の饗あり。暮て帰る。〈頭書〉今日より二月十日過迄ハあとより記憶ノ分書入により、たゞ大かたのミ也。

十二日　快晴。午前九時三十三度。

大学へ出、国書四年生ニ喪葬令幷に法曹を授け、午後一時より和文二年ニ日本紀同。〈頭書〉横井来ル。不逢。

巻首之画、晏川筆出来候由。

十三日　晴。午前九時三十三度二。

文部省へ出。〈頭書〉久子会不参。哥幷目録もたせ遣。

十四日　快晴。午前九時三十四度。午後北風つよし。

大学へ出、漢書課生ニ歴史を授く。又和一年生ニ日本紀同。○夜川田より如蘭社へさし出し草稿来る。

十五日　快晴。午前九時三十弐度。　日曜

新岡行、音楽史巻首標幷外題頼候処、即日したゝめおこす。○川田入来。横井も。午後村岡入来。面会。〈頭書〉三作外泊。

十六日　陰。

大学出、和文一年生ニ日本紀二時間、同二年生ニ源氏夕顔を授く。〈頭書〉文部省にて今日、重野・末松・伊沢・物集等、応募編纂小学校用歴史審査委員を命ぜらる。

十七日　今暁五時前より微雨、少シ雪交り。九時頃雨止、陰。

大学出、和二年生神祇令、和三年生公式令、国書課ニ雑令を授く。了て萩野行。足痛中也。重野序文之事頼ミ、三番丁へ寄帰る。○出板月評編者福本誠より郵書。頼事有。○江沢、今日同村三百三十弐番地へ転居。○お辰池端行。〈頭書〉三作一寸帰る。

十八日　陰。朝霧深し。夜ニ入微雨。

文部省出。午後三時如蘭社会ニ付築地行。○横井頼不動産沿革史序草案成る。○千葉県三谷より弔書来る。○皇典講究所へ試業問題廻ス。○萩野より郵書。重野へ申通候由。〈頭書〉博物館を図書寮に属する旨、宮内省達あり。

十九日　陰。

大学出、国書四年生ニ雑令幷法曹、午後和二年ニ孝徳紀。帰路本居へより面会、福本より頼候事談ジ。○久子来。不逢。

廿日　午前十一時頃微雪、後陰。夕六時頃微雪。

文部省出。○夜甚五郎来、三作ニ対面。是より度々来り月尾に至る。○退出後村松より大田へ年礼かた〴〵行と覚。〈頭書〉三作帰る。

廿一日　半晴。

大学出、国書生ニ内裏式、和一年ニ雄略紀を授く。○福本へ月評表紙へ記候哥文撰ミ送る。○おたつ、池のはた行。〈頭書〉重野より序文草案被示、即刻返書。／三作外泊。

廿二日　晴。午前九時三十二度七。日曜
横井へ序文浄書郵送。○年始状来る。地方知己へ挨拶之状、十二三通さし出しと覚。

廿三日　晴。午前九時三十弐度五、最低温度廿度九。

重野より序文番丁迄届居。○大学出、和文一年ニ雄略紀、同二年ニ源氏夕顔を授く。午後番丁行、序文受取。〈頭書〉三作帰る。

廿四日　晴。午前九時三十四度。午後西北風つよし。

大学出、和文二年神祇令、同三年公式令、国書四年雑令了。○丸山〔両家〕・中村・水の・長井・岡田・古島・新井・久米・物集・本居・神足・松の・南摩等へ配り物菓子もたせ遣ス。○浅井へ重野序文贈る。

廿五日　快晴。午後西北風つよし。

文部省出。○川辺よりさし画残一葉おこす。○行がけ重野へ過日之礼ニ行、正宗三ツわり〔三円〕・鶏卵一箱贈る。○黒川・島田・佐藤へ配物もたせ遣ス。三時退出より木挽丁行。米田・小西・萩原・森岡・小川・小林等へ配物遣ス。〈頭書〉鈴木真年より書状来ル。○高松正木久芬より廿五日出之郵書来。佐々木事也。○三作外泊と覚。

廿六日　晴或ハ半晴。

大学出、和一年〔雄略紀〕、二年ニ〔源氏〕。○大田・村松・田沢へ配り物遣ス。

廿七日　快晴。午後西北風はげし。廿里ニ至。

文部省出。退出後伊予紋行、中村・新岡に会し、小酌。暮て帰る。

廿八日　晴。
大学出、漢書課ニ歴史、和一年ニ日本紀を授く。午後さ、又より深川宮嶋行、洲浜埋立見物。暮て帰る。○出板延期届、江本まで郵送。〈頭書〉三作帰る。
廿九日　晴。　日曜
堀越より市村座〔トホカ之狂言〕招請之旨、昨日柏木より申来れ共、不参之旨、西村・長井迄郵書。〈頭書〉鈴木真年より郵書来。
三十日　晴。北西風つよし。午後やまず。
本居よりミかん一箱届く。紀州小賀直吉氏より之送物也。○平岡入来〔ミりん一瓶賜〕。○午後桶丁萩原行、甲州尾谷老母面会。おのぶ同道にて木挽丁行、宅引払相談。○神足より郵書。明日出立相成候由。○さ、又来る。〈頭書〉光明（ママ）天皇祭休暇。／水野行、印鑑証明之事頼。
三十一日　陰。
大学所労引。○夜浅井来る。摺本持参候処、画半丁不足ニ付、長命へ頼候事ヲ談じ。〈頭書〉午後八時上野西黒門丁出火、全焼卅九戸、半焼十九戸。
葬事入用　客年十二月より本年一月へ係ル

一月四日
一　弐円　初七日光明寺納
　出僧四人へ膳料共三十銭ヅヽ、住職へ八十銭勤分膳部共
同
一　十銭　同日門番へ
同
一　三円五十弐銭　同日酒食万梅払
　さ、又・右馬・萩原・村松・宮川・予・おのぶ・清道　八名
同
一　廿銭　同下婢へ遣ス
同
一　六十銭　十五銭ヅヽ、○印　引物くわし折四ツ
同
一　四十銭　十銭ヅヽ、○印　同風呂敷四ツ
同
一　廿銭　宮川へくわし料
一月廿五日
一　五十銭　くわし代り　黒川へ手袋代
一月廿五日
一　廿銭　森岡へくわし
同
一　廿五銭　米田へ添茶半斤
同
一　九円九十弐銭　岡野や払
同　三円　六十銭ヅヽ、上等三色五ツ　五円　五十銭ヅヽ、中等同十　壱円九十二銭　廿四銭ヅヽ、ソバマン杉折八ツ
〈頭書・欄外〉
　去十二月木挽丁にて出金分
廿九日
一　三円四銭　こし台一式
同
一　壱円廿五銭　パン五十人前
同
一　十八銭五厘　白木綿一反
　以下内より出金
卅日
一　五円　光明寺渡

内　三十銭　向僧一人
五十銭　通夜僧一人
八十銭　当日所化四人
弐円廿銭　住職へ百ケ日迄
壱円　穴堀へ
廿銭　下男門番へ
一卅日　五十銭　土びん茶わん料まき代共
木挽丁にて出金
一一月五日　三十銭　七日逮夜住持へ
一同　十　銭　車代
内より
一廿五日　三十銭　甚五郎へ配り物代り
一同　三十銭　銀二郎へ同断
一十二月三十一日　四十銭　報知社広告料二日分
一一月二日　廿銭　読売新聞広告一日分
〈以上頭書終り〉
上層共惣計廿九円ト四十六銭五厘
内十三円三十五銭　諸方より香奠
差引　十六円〇六十一銭五厘　金出金
外ニ壱円墓直し料　六十銭塔婆立直し　十銭右埋立料

此外あとより来ル香奠壱円アリ　△印
謹吾霊前御備物控　下ノ○印有物。杉ハ杉折ソバマン十八ヅヽ。大ハ上等折。小ハ中等折
金壱円　○黒川真頼殿　大
金壱円　○丸山平助殿　大
金壱円　○大田惣吉殿　大
金壱円　○中邨秋香殿　小
金七十五銭　○水野陽一郎殿　大
金三十銭　・長井らく殿　○
金五十銭外ニ練一包　○岡田忠兵殿　小
臘（蠟）燭壱箱　○古嶋勝五郎殿　小
同上　・新井保五郎殿　杉
金壱円　○久米幹文殿　小茶
蠟燭壱箱　○物集高見殿　小
同上　○島田重礼殿　大
同上　○本居豊頴殿　小
西洋蠟燭弐包　○神足勝記殿　小
くわし一箱　○松野勇雄殿　小
金五十銭　○佐藤誠実殿　小
茶一瓶　・丸山藤助殿　杉
くわし一箱　○南摩綱紀殿　小

金五十銭
〈頭書〉
木挽丁へ到来分
金壱円
金五十銭
金五十銭
金三十銭外ニすし一皿
金五十銭
金壱円
金三十銭
金五十銭
金壱円
金五十銭
金廿銭
一水油切手三十銭
蠟燭壱箱
同上
同上
同上
五十銭

△長塩純卿殿
・小中村義象
・米田　茶杉　○
・笹又権二郎殿　○
・小西信八殿　杉○
・村松安吉殿　杉
○萩原五平殿　小
△宝田清八殿
△早川　手袋○
・右馬嘉十郎殿　○
江沢藤右衛門殿
・森岡　殿　○杉
・宮川諶五郎　料
・田沢耕殿　杉
・加藤銀二郎　料
・小川　○杉
・小林政友　○杉
△臼倉おます殿

茶一瓶　　内藤耻叟殿

二月一日　陰。午前九時三十三度。夕五時過降雪、同八時止。

清道今日義塾へ帰候由。／○文部省出。○水野より印鑑証明来る。○行がけ荒井行。過日類焼ニ付、金五十銭見舞遣ス。〈頭書〉大隈重信、外務大臣に任ず。○夜零時五十分浅草聖天丁出火。全焼百十三戸、半焼十三戸。

二日　快晴。午前九時卅三度六。午後西北風つよし。

今日木挽丁引払。荷物ハ昨日より根岸両丁両処へ送る。依て銀二手伝遣し、おのぶハ桶丁へ引取。○大学出、国書課生徒へ貞永式目始候処、いまだ本不渡ニ付、法曹のミ授く。午後和二年ニ斎明紀を授く。〈頭書〉萩野より古事類苑編輯之事郵書。○午後三時より錦丁斯文学会出席。課業廃止之議也。谷・井上〔毅〕・重野・川田・股野・広瀬・根本・萩原・大給・奥・岡本・野口其他ニ面会。晩食アリ。晩景帰る。

三日　晴。昇低（ママ）温度十七度。

文部省へ出。（空欄）○長命よりさし画不足舞楽ノ図半葉出来にて来る。〈頭書〉皇典所より来六日より始業之事郵書。
四日　朝七時頃より雪。午前九時三十一度二。○節分大学所労引。○浅井へ画郵送。○来十二日演説古代宗教論下案にかゝる。
五日　午前四時頃雪止、漸々晴。午前九時三十三度。日曜
○清道桶丁行ニ付、甲州老母へ短冊二葉、おのぶへ写真贈る。○今日も演詞下案幷摺本校合。
六日　陰。午前九時廿九度八。
おたつ大学行、月給受取。○おのぶ暇乞に来る。○文部省へ出。今日より金曜を月曜に改る。〈頭書〉仙台豊田より弔書届く。
七日　陰。午前九時三十三度。
清道を錦丁へ遣しおのぶ面会。遺物・金廿五円遣ス。○銀二桶丁へ遣し典物出ス。○今日より十日迄大学所労届ケ、日々演説案取調。〈頭書〉銀二ニ㊀払ノ内もたせ遣ス。長命へもさし画料五十銭遣。
八日　朝霧深し。半晴。
おのぶ送籍之事ニ付、萩原へ郵書。即刻返事来ル。○文部省幷皇典講究所へも出頭、専ら下調す。〈頭書〉三作外泊。／○丹波篠山鳳鳴義塾池上幸二郎より五日出質問之郵書来る。
九日　快晴。
おのぶ送籍届、役場へ出ス。○夕刻長塩再来、謹吾香奠を備らる。○筒井・松島、如蘭社入会之事、村岡へ郵書。〈頭書〉三作へ㊀払金之内もたせ遣ス。／登記所へさし出し、書物あら井迄もたせ遣しと覚。
十日　快晴。
演説調全落成浄書〔此事九日ニアリ〕。○午後佐野利兵へ行。不逢。○午前関根行。阿部邸内売家有といへば也。至れば昨日売了といへり。帰路切通し畑河行、蔵板印あつらへ。はからず同家にて小田原小川の後家ニ逢。悴幷自身修業之為出京といへり。〈頭書〉番丁へ如蘭社話よしかた分稿本廻ス。
十一日　晴。午後西北風はげし。廿八里。紀元節
佐野利兵宅行、同道にて元三崎幷坂本村売家ミに行。正午帰る。○本日工部大学にて今般新製の紀元節の哥を音楽にかく。森大臣より招状ありたれど寒風故不参す。○物集へ去月中森大臣へ遺物わり合七十銭もたせ遣。〈頭書〉清道橘丁行一泊。／○柿沼より悔状来る。／○小杉

へ郵書。江沢事也。／○清道来。今日萩原行一泊致候由。

十二日　陰。日曜

午後学士会院行。今日ハ小生演説なれば、先づ古代宗教論を述ぶ。述尽さゞれば後会ニ又述んとす。了て杉氏飢の説を述らる。晩饗了て夜ニ入帰る。○田沢耕より経済新報第三号二部を恵る。〈頭書〉おのぶ、甲州隠居萩原と共ニ、午後一時発之馬車にて発程。○箕浦恒吉来る。父蔵書公事根源信友書入転写本恩貸。／○サヌキ高松正木久芬より八日出之書状来ル。古川躬行詠草取調之事也。○小杉より答書。去月廿五日香取旅宿近火之旨也。十四五日頃にハ又々出立由。

十三日　午前陰、後晴。午前九時三十弐度二。夜霙ふる。文部省出。○黒川より本返る。○退出がけ水野へ寄、夫より利兵宅行、同道にて石川邸向売家ミに行。江沢へよる。○今夜東京府知事之夜会也。過日招状有たれど不参す。○田沢へ礼書出ス。○夜浅井来ル。音楽史摺本持参。〈頭書〉佐原清宮より古学小伝五部通運にて贈来る。

十四日　午後陰、後晴、夜微雪。

大学出、和文二年生ニ僧尼令、三年生ニ厩牧令を授く。○退出がけ光明寺へ参。謹吾四十九日明日なれば也。近辺石工ニ墓直し申付〔廿日迄ト云〕。○夜利兵来。売家事明日午前ニ挨拶致呉候様との事也。○摺本校合及広告浅井郵送。〈頭書〉三作外泊。／あら井来る。家賃内金持参。○松岡より郵書恵る。大内裏縮図之事問合答書也。

十五日　晴、午後陰。

文部省断。午前再び売家ミに行。利兵をも招く。弥取極之事ヲ談じ。午後皇典所行、職員令〔初〕、制度沿革〔徳川初〕を授く。了て番丁行。暮て帰る。○田沢より郵書。両三日前清道参候ニ付、職工学校之義意見也。

十六日　半晴。夜十時頃より雪。午前九時三十四度四。

大学出、国書生ニ貞永式目〔始〕・法曹至要を授く。午後和文二年生ニ日本紀を授く。帰路磯部入浴。○夜利兵来。同道、斎藤行、売家代価之内五十円渡。三月十五日残金渡ス約。○郡長より所持税金額書来る。〈頭書〉三作夕刻、一寸帰り又出。／○萩原より郵書。去十四日午後五時甲州着之由。

十七日　雪。午前十一時頃止、曇。午前九時三十一度八。

大学所労届〔風邪也〕。○横井より郵書。○浅井へ稿本校合済分郵送。幷今日参るべき処断。○浅井より製本奥書〔編輯者等ノ名〕書式問合。即日答書。〈頭書〉夜十

二時頃三作帰ル。／○高林・五嶋来ル。三月十八日書画会相催候由。

十八日　晴。午後西北つよし。十九里。

大学所労届。○午前アンマ、午後磯部行。塙来る。不逢。帰路江沢へ寄、送籍其他之事談ジ。水野行、大工頼。○下谷区長へ登記願書、あら井へもたせ遣ス。○おたつ番丁行。清名見舞也。蔵板印出来、取寄。〈十七日条〉○〔十八日也〕江沢藤右衛門より郵書、送籍封入。

十九日　陰。午前九時三十四度。日曜

午前九時石川家出入之大工来る。同道斎藤行。共ニ売家傍（ママ）明地見分。義象も来合ス。○土井来ル。○塙来ル。書物代弐円、外ニ五円用立。○福島河合より郵書。○風邪ニ付、市川氏招き診を乞ふ。〈頭書〉三作外泊。

廿日　陰、午後晴。朝より北風つよし。午後十八里〔午前九、三十四度五〕。

文部省所労引。○かた付物する〔帳簿取調〕。〈頭書〉三作帰。

廿一日　半晴。

大学出、和文二年ニ戸令、同一年ニ仮寧・葬喪令、午後十二時卅分済。閲覧室ニ入、科条類典原本一覧。其他も。二時退出、磯部入浴。○市川氏入来、診察。○利兵来る。車置場借地之事談ズ。○浅井へ郵書。河合へ返書も。○おたつ番丁行。〈頭書〉佐原清宮より郵書、古学小伝一部五十銭ヅヽ之由、申来る。

廿二日　快晴。

文部省出、正午過退出。皇典所行、徳川職制及ビ職員令を授く。帰路万丁貯金銀行へ行、廿五円清道分預ケ、道具や巡覧。宮川へかけ物索ム。晩景帰る。○夜浅井来ル。製本三冊持参。ケイの事談ジ、幷納本分へ捺ス為、蔵板印渡ス。○江沢より来状、履歴来ル。○新ばし朝田組戸塚鎌三郎来。不逢。〈頭書〉○萩原来。面会。○荒井来ル。面会。金三円持。

廿三日　快晴、やゝ暖気。午後三時五十一度九ニ至。夜ニ入小雨。

大学出、国書生ニ貞永式目及ビ内裏式を授く。午後二時退出、小杉行、江沢履歴を托ス。平田行。第六天町へ転居後初て尋。老母〔鉄胤妻篤胤女。八十ニ近シ〕大病之由。盛胤ハ出勤中、不逢。妻女ニ面会。帰路宮川甚五郎尋、此ほど礼、花生一〔価十五銭〕・払物代〔七十銭〕を贈る。晩景帰る。○戸塚又来ル。おたつ面会。〈頭書〉

午前四時四十分四日市郵便局出火、全局焼失。

廿四日　陰或ハ晴。

早朝浅井来ル。江木へ廻り今日納本〔三部〕及定価六部分四円廿銭納候由〔一部代七十銭〕。○大学出、和文一年生ニ清寧・仁賢・顕宗紀を授く。二年生ニ源氏夕顔。十二時卅分退出後、印刷局へ寄、朱肉求。田沢行、面会。夕六時前帰る。○市川氏来診。○萩原より来状。妹婿官途頼也。

廿五日　午前二時頃雨雪、朝陰、九時頃より晴。

大学出、漢書課生ニ国史口授、和文一年ニ武烈紀を授く。○大沢より長等（柄）の山風借用。帰て壬申紀証注一覧。

廿六日　朝六時頃より雨、後暫時霰降。風ハ終日。午前九時三十三度五。　日曜
科条類典をミる。○浅井よりさし画郵送。鉛筆にて系を引、即日送る。

廿七日　晴。昨日来北風、今日終日廿二里ニ至ル。

文部省出。萩野出頭、外交部請持。井上・関根も来ル。退出後、桜井〔能監〕行。母不幸弔也。長塩行〔くわし折持〕、面会。寺川へ廻り炭代済、晩景帰る。風ことに寒く困難。○銀二、宮崎へ遣ス〔くわし送〕。

廿八日　晴。

大学出、和文二年ニ戸令、同一年ニ関市令・雑令、午後国書生ニ科条類典〔始〕を授く。二時丸山本妙寺行。桜井会葬也。浅草光明寺へ廻り、墓直し出来分をミる。晩景帰る。○浅井よりさし画わくの事、郵書来り居。即日返書出ス。○清道来ル。薬代渡。○田中芳男来る。古典科卒業生花輪時之輔之事、問合せなり。〈頭書〉丸山にて高崎正風氏ニ逢、かなの会之事談じ有。

廿九日　晴。風あり。

文部省出。午後皇典所へ廻り、徳川職制及職員令を授く。過日より物集も講師ニ相成、一週一時間ヅ、語学・文法を授ク由。退出後三番丁行。浅井へ廻、面会。製本弐部持参。

三月一日　半晴。午後陰。五時過より雨。

帝国大学紀念日ニ付休業。午前九時総長・教員・事務官等運動場に会す。総長祝詞を述べ、了て一同天皇陛下の万歳を祝し、帽を振りまはす。ビールの樽を置き学生々徒其他の飲むにまかす。いさゝかの肴あり。午前十時頃帰る。○午後柏木及大槻〔如蘭社説（話）巻二持〕行。不逢。帰て、木村行〔同社説（話）巻三持〕、面会。○中村両替店よ

り人来ル。行違にて三作逢はず。夜又来ル。当年九月より月賦之談あり。

二日　午前十時雨止、午後晴。

大学へ出、和文一年生ニ安閑・宣化・欽明紀、二年生ニ源氏夕顔を授く。帰路磯部入浴。〈頭書〉大学図書館より科条類典一部御払下ケ願。此代価廿四銭三厘納。

三日　晴。

朝柏木行、出板系《（ママ）》之事談《（以下同）》ジ。大学へ出、国書生ニ内裏式、和文一年生ニ欽明紀を授く。帰路磯部入浴。○水野長子、昨年来疲労之処、昨夜死去の赴あり。依て弔に行。○本居内室、孫子つれ御入来〔玉子賜〕。○清道并大久保好伴へ郵書出ス。○夜大工より積り書おこす。

四日　陰。午後二時過より雨。風を交ゆ。夜十一時頃雪。

日曜

午前十時福田屋行。中村待合せ、同道にて亀井戸観梅。臥竜梅ハいまだほころびず。橋本ニて中食。一同吾妻橋より分れて帰宅。あやにく雨天となりて興薄かりし。○帰宅後井伊谷宮奉納之詠哥、色紙へした、め。○水野葬式今日午前七時ニ付、清道遣ス。後れたり。〈頭書〉三作外泊。

五日　朝晴、午後陰、夕刻雨。

文部省出。帰路松葉屋へ寄、ズボン直し頼。佐伯丁通運会社へ寄、遠州遺物托し。○桜井へ霊前贈物沿《（ママ）》、香〔此料六十銭〕もたせ遣ス。〈頭書〉文部省にて大久保面会。系引の事談じ。

六日　晴、午後薄陰。風寒し。

大学出、和二年戸令、同一年雑令〔了〕、国書四年ニ科条類典を授く。帰路浅井へ寄、大久保ニ逢ふ。○白河河合きさ子出京、今日より泊。○午後大学退出より四時池のはた長酡亭行。島田・南摩・内藤・物集・久米等来会。暮て帰る。古典国書・漢書両課生、本年七月卒業の故也。〈頭書〉三作一寸帰、又外泊。／朝大久保来る〔かつぶし賜〕。

七日　晴、午後半晴。北西風つよく、いと寒し。

文部省出。午後皇典所へ出、徳川職員及び職員令を授く。午後四時前帰る。○お栄・清名来る。○臼倉後室入来。本年舅年忌之由。○地主島田直三郎構内の借屋へ移来り、入来。○大久保より郵書。系引断也。〈頭書〉三作帰る。

八日　薄陰。

大学出、国書生ニ貞永式目、和二年ニ孝徳紀を授く。帰路浅井へ寄、午後三時過帰ル。○清道来ル。水野初七日仏参。○昨日大工より積り書来るに付、今日榎本宅へ行、明後日より鳶方垣根にかゝり候様談じ。尤行がけ斎藤へも其事談じ。○夜お晉来ル。藤右衛門事談あり。○浅井より郵書。系引職人之事也。○手島精一より塙本令義解料弐円五十銭来る。塙代理受取渡。〈頭書〉浅井方にて系引人有之由。

九日　暁微雨、後陰、午後雨、夜半止。

大学出、和学生ニ欽明紀及源氏夕顔を授く。○大工寅五朗に金五十円渡ス。〈頭書〉夕常陸河村只助来ル。

十日　陰、午後晴。

大学出、漢書生ニ歴史、和文生ニ敏達紀を授く。午後一時永田丁鍋島邸行。かなの会相談也。会長高崎及び有住・内田〔嘉〕・井上〔頼〕・大槻・阿部・物集・橘〔良平〕・副島〔唯一〕・植松・木村・清水・元田其他の評議方数人来ル。事務所を皇典講究所に移す事、婦人部の会員を立る事、かな学校を所々小学校内に設る事、かなの教科書を作る事等其最要也。了て立食の饗あり。暮て帰る。〈頭書〉三作外泊。／きさ子桜井行、泊。

十一日　日曜

学士会之処、風邪にて不参。○今日より買宅垣直しニ付、午後見分。○高崎田島尋枝親族来る〔わた賜〕。不逢。○小川後家子息つれ入来〔くわし賜〕。○浅井へ郵書出ス。○皇典所より使来る。科条類典及山井追弔哥渡。○清道来ル。来十三日日附にて退校願した、め遣ス。

十二日　半晴。暖気。午後三時六十一度。

文部省出。退出より浅井へ行、系引出来ニ付、蔵印を捺す。暮て帰る。○おたつ学士会院遣し、手当金請取。○浅井より配本廿壱部請取。○早朝加州金沢田上陳鴻紹介書持参、黒本植入来〔白峯の苞といふ行記恵る〕。〈頭書〉三作一寸帰、又出。

十三日　晴。午後南風はげし。廿二里。暖（寒脱カ）計六十四度八。

大学出、和文生に田令〔初〕・貞永式目〔初〕を、午後国書生ニ科条類典を授く。○銀二郎大学へ送の後、浅井へ遣、捺印。大学退出後行てミる〔今日に了る〕。了て吉川行、製本之事談じ〔音楽史ハ明日頃浅井より吉川へ渡し、発行之運ビニ相成候由。広告ハ発行より五六日延候方宜敷由、吉川の談の由。〕。晩景帰る。〈頭書〉佐原清宮来、親父著述上木の哥をこふ。不逢。〈十四日条〉〔十三日也〕柏木行、音楽史一部贈る。

十四日　薄陰。
文部省出。午後皇典所へ廻、徳川職制授。了て位階ノ説をとく。又職員令講義。○中村より三番丁行、帰路浅井へ寄り、配本又々弐部請取。○早朝田島尋枝来ル。面会。音曲史一部贈る。○帰路利兵行、売家ノ事談じ〔利兵より売家人引払、来廿五日迄延し呉候様談あり。〕。○清道来ル。今日田沢塾へ引移候由。○村岡より来廿日〔火曜〕如蘭社会之事郵書。即刻大槻入社之事申送。〈頭書〉河合帰る。
十五日　午前十時頃微雹。西北風はげし。午後晴〔午後風廿五里ニ至る〕。
大学所労引。○真岡丁江沢へ郵書出ス。お晉頼による。○貞永式目下読、書入了る。〈頭書〉三作帰り。／○西村茂樹氏より郵書。明文匡正之為、集会可致旨也。其同志ハ依田・物集・高崎・大槻・西周等之由。即刻返書出ス。
十六日　晴。午前西北風はげし。十六里。午後三時十里。
大学出、和文生ニ用明・崇峻紀及推古紀半、又源氏夕顔を授く。帰路浅井へ寄、仕立本ニ可相成廿部請取。○加藤を読売社・日々新聞社・女学雑志社・出板月評社・毎日新聞社・朝野新聞社・報知新聞社・学海指針社・興文社・清水卯三郎等へ遣し、各新刷一冊ヅ、贈致〔吉川へ製本頼分もたせ遣し。〕。○夜三作ニ十五円遣しもたせ遣。○謙五郎来る。○臼井八弥来ル。親族内田隆昌同道、対面〔さとう賜〕。○塙来る。〈頭書〉戸長役場へ所持税十六円もたせ遣ス。井上頼文より父頼国五十賀、来ル四月一日開花楼にて催候由、郵書。
十七日　陰。午後五時頃より雨。
大学出、国書生ニ内裏式〔上巻了〕、漢書生ニ歴史口授、和文生ニ推古紀を授く。午後牛込飯田〔さとう持〕・丸山〔さとう持〕へ行。帰路江戸川丁佐藤定介寄宿行、音楽史弐部贈る。先般校正之礼也。晩景帰る。○鈴木真年へ預りの系譜三本、もたせ遣ス〔くわし添〕。○義象ノ書持、図書寮使来ル。
十八日　暁雨止ム。快晴。午後六十五度。日曜
午後三作同道、向両国中村楼行。高林二峰七十賀宴也。小山・蒲生・中井〔敬義〕・黒川・矢彦などに逢。中洲丁遊行。午後五時卅分千とせ座に入、米人ノアトン社中の奇術数番をミる〔奇術ハ電気の作用多しと覚ゆ。魔術と称する芸ことに奇也。〕。七時より始り十時ニ了て、十

一時過帰宅。○午前依田百川来る。面会。〈頭書〉午前義象頼の内親王之事取調郵書出ス。／西村吉叟より来廿日見物案内書来ル。

十九日　晴、午後薄陰。西北風つよし。十六里。

文部省出。辻より定額の談あり。淡路島田へ寄〔六十銭渡〕。本居へ寄、大社寄附金之内三円渡。夫より光明寺行、新造塔婆建をミる。晩景帰る。○下総清宮来る。不逢。

廿日　半晴、午後晴。

春季皇霊祭ニ付休。○関根〔玉子賜〕・箕浦来。面会。○午前十一時前さる若丁若万行。招請ニ付、市村座見物。鏡山三幕・千本桜道行一幕をミて、午後四時築地神道事務局行。如蘭社会なり。晩景帰る。

廿一日　晴。午前西北風つよし。十七里、午後十里。

文部省出。午後より皇典所へ廻り、職員令講義。二時卅分頃より本居へ廻り〔音楽史贈〕、如蘭社へ渡金残り返ス。晩景帰る。○夕寺川母入来。〈頭書〉栗田行、面会。音楽史贈る。自著荘園考之談あり。新石丁福岡やへ廻り、去四日観梅入費渡。

廿二日　晴。

午前十時大学出、中村面会。国書生ニ貞永式目〔了〕・科条類典を授く。已後試業。来月よりハ卒業論文取掛りニ付、授業ハ全く本日に終る。午後より関根・久米・白山・中井〔過日観光歿弔也〕・小杉・内藤〔母弔。砂とう持〕・平田・チヤンバレン〔不逢〕・中村・帯阪・加藤等へ行。大かた音楽史配也。寺川へ廻り晩景帰る。〈頭書〉朝吉川より音楽史上製本廿部来ル。／加州黒本より十九日出之郵書来。十八日帰郷之由。／平田へ寄候処祖母昨日死去。篤胤の女、鉄胤の妻之由。年八十余。

廿三日　晴。

在宅。○河合、橋場総泉寺遣ス。平田会葬也。○夕刻あら井来る。前月分給及本月分金五円持参。○過日来状之津軽谷山了海へ短冊弐葉した丶め遣ス。〈頭書〉過日前田円頼の色紙へ歌二首した丶め郵送。其他外より頼れの短ざくした丶め。

廿四日　朝霧あり。半晴。午後快晴。南風はげし。廿一里。

午前十時大学出、漢書生ニ歴史口授了。○銀二番丁遣ス。植松たにざく外もたせ。○真岡丁江沢より昨日出之返書来る。○チヤンバレンより過日謝状来る。前田円よりも同様。○浅井へすりはなし音楽史廿部之事、郵書申送る。

〈頭書〉扇橋おさだ来る。

廿五日　薄陰、夜ニ入微雨。　日曜

朝七時出宅、出浦行、面会〔音楽史持〕、三作事談じ。箕作行、面会〔音楽史持〕、宮島事談じ。神明前佐野行〔くわし持〕。過日〔一月末〕娘死去ニ付弔也。午後一時前新富丁魚嶋行。堀越招ニ付、新富坐見物〔三作同道〕。夜十一時過帰宅〔。〕。一番目土佐半紙〔左団二万二郎〕、次伊達〔菊五郎政岡・仁木二役〕、大切弓張月〔団洲為朝八丈島段〕。〈頭書〉塙来ル。不逢。／渡辺へ音楽史一部贈。

廿六日　朝濃霧、午後陰。時々微雨。午後東風十一里余。

文部省出〔文部にて関根・井上ニ当分編輯断〔。〕〕。○塙へ使遣ス。書籍返ス。○長サキ大須玄三郎より兄玄作去廿一日彦根ニ於テ死去之旨、廿二日発ニて為知来る〔即日大須へ返書出ス〔。〕〕。○桜井能監氏より過日之謝状幷鏡餅賜。○教育会事務所へ音楽史一部もたせ遣ス。○清道御成道登記所へ出ス。○宮島へ郵書〔箕作行事〕。〈頭書〉西村より来卅一日玉川亭集会之事。郵書来ル。

廿七日　晴。午後東南風十二里。

在宅。午後按摩。○朝中島勝彦来。面会。○お栄・清名来、一泊。○午後利兵行、家ノ事談じ。磯部入浴。番匠宮五郎宅行。来ル廿九日頃より地ならしの由。○甲州おのぶ〔尾谷氏〕へ返書。○昨日皇典所より郵書ニ付、今日試業問題を送る。○栗田入来、自著荘園考持参、序を請はる。

廿八日　午前八時頃より雨。夜ニ入午後南風つよし。十七里。夕刻止。

文部省出、午後帰る。○皇典講究所臨時試業之処出ず。○さゝ又よりふきや丁へ移転之旨郵書。〈頭書〉三作外泊。

廿九日　暁快晴。西北風はげし。廿八里ニ至ル。

午前九時大学出、令・日本紀試業。了て古典科終結の演説する。午後飯倉邸行、二位公拝謁。長井へ寄。逢はず。稲葉久通伯邸行、家令面会。先達て賜物之礼也。吉川へ寄り製本頼。四時神田川行、宮島面会、三作事談じ。夜ニ入帰る。○お晋来る。京橋区役所より藤右衛門御用召状郵送ニ付、午後六時過真岡丁広瀬方迄電報、本郷局へ頼。〈頭書〉三作一寸帰。

三十日　半晴。午前九時頃より漸陰。

在宅。三百三十一番地行。大工・植木や来り水盛し幷ニ植木かた付る。○午後お栄・清名帰る。明日市ケ谷へ転居のよし。○吉川より製本十九部来る。○夜斎藤鉄五郎代人来る。普請三日間相延し、来月三四日より取かゝりニ約ス。〈頭書〉区役所へお晉并老生連名にて来月一日迄藤右衛門出頭延引願出ス。／小杉へ右之趣郵書。

三十一日　半晴、午後陰、夜ニ入雨。

正午出宅、橘丁柳瀬行、新刷本二部贈る。午後二時過俎橋玉川堂行。西村〔茂樹〕催にて文章匡正之事談じ也。依田・大槻・物集等来会、会員を求、作文致し、書林に附し、上木之定メ。当四月末の土曜日に又々集会取極むべき事に決し、分手す。夕刻帰る。〈頭書〉三作帰る。／朝利兵来る。来三日より地引之事談じ。／午前河合頼㊩へ遣ス。三作同道にて帰る。夕刻三作ハ少し後れたり。

歌舞音楽略史配本控

上製　廿部

関根　同　チヤンバレン　同　中村　加藤　平田　出浦

簑作　西村〔吉叟〕　長井〔十足〕　堀越　渡辺〔惣長〕

外山　井上〔毅〕　柏木　内へ〔よごれ分〕　物集　辻

伊沢

又　十九部

柳瀬〔二部〕　重野　細川　河辺　鈴木〔弘恭〕　村岡

菊池　谷《(矢)》田辺　穂積　東京図書館　大学図書館　川田

大槻〔文〕　皇典講究所　大槻〔修二〕　森〔大臣〕　福羽　大成館

並製　十部

柏木　田島　河合　萩野　義象　佐藤〔定介〕　同　久米　小杉　本居　栗田　黒川　林　依田　足立　又三部

ト弐部〔此分柳瀬分〕

上製　六部

並製　五部

〈頭書〉吉川ニ代り製本配分。出版月評社、女学雑志社、報知新聞社、大日本教育会、読売新聞社、日々新聞社、国民之教育、学海之指針、水穂屋卯三郎、柳瀬喜兵衛、〔二部〕、〆十一部。

又朝野新聞社、毎日新聞社。

四月一日　陰。午後西南風つよし。十五里。夜ニ入ます〳〵はげし。日曜

午前十一時前出宅、弓丁辻〔本贈〕・北甲賀丁細川〔本

贈〕・小川丁佐々木等行。三時前開花楼行。井上頼国五十賀宴なり。兼題寄地儀祝、詠草尤多し。加藤安彦・阪正臣披講す。田中〔頼庸〕・藤波・水野〔華族〕・冷泉〔同〕・増山〔同〕・木村・鈴木〔重嶺〕・本居・物集・川田・飯田・青山・村岡・大沢〔悴〕・黒川〔悴〕・小出・鈴木〔弘恭〕・加茂・網野・橘〔道守〕其外知る人多く会し、尤盛会也〔二百人に近しと思〕。晩景帰る。○出井来ル。近日山下常名と共に新潟へおもむく由。三作其宅へ至、一泊。〈頭書〉文部省より昨三十日尋常師範学校・尋常中学校・高等女学校教員試験委員被命、辞令書到来。／江沢より昨日野州谷田貝発の郵書届く。明日歟明後日帰京之由。／大工宮五郎五十円渡。明後三日より地引取懸之筈。／真岡丁広瀬より郵書。／去月末試業了ニ付、当月八日学期始迄休業。

二日　晴。午前北風十五里、午後東風十里。
文部省へ出、三時退出、帰宅。○三作、(小)へ遣ス。○斯文会より来八日高島嘉右衛門饗宴之事申来る。学士会当日ニ付断郵書たゞちに差出す。○右馬より縁談之事郵書。〈頭書〉中村面会、文章会之事談じ。菊池・谷(矢)田部へ音楽史一部ヅ、寄贈分同人へ托ス。

三日　陰。午後東南風つよし。十六里。　神武天皇祭
落合直澄・亀三(二)郎同道にて来る。短ざく賜ふ。〈頭書〉三作外泊。

四日　晴。午後南風十五里。
文部省出、午後一時卅分退出。皇典講究所行、始て科条類典を授く。職員令同。四時退出後加賀丁行、村岡をも尋〔音楽史持〕、晩景帰る。○三百三十二番地建家地ならしする。〈頭書〉今日より皇典講究所〔音楽史寄贈〕、午後二時より二時間、四時迄之授業と定む。／○お晉京橋区役所行。

五日　晴。○午後二時三十分過地震七秒間。
借地建前上棟。○水野行時ニ地震。

六日　暁より雨。終日。
来八日演説案にかゝる。○藤右衛門帰る。○関根来、国文教科書新刷一部恵る。不逢。〈頭書〉三作迎ニ遣し帰る。

七日　昨夜来雨。午前九時止、後薄晴。東北風あり。
演説案成る。○〔六日歟〕河合阪本一丁目へ借宅、今日引移。○藤右衛門事ニ付、小杉へ手簡、同家へ遣ス。○清宮氏かきがら丁旅宿より使来る。音楽史贈る。菓子料

〔廿銭〕賜。○関根及加々丁へ名簿送ル〔学士会〕。

八日　朝陰、正午暫く疎雨、後半晴。日曜

午前十一時前出宅、開花楼行。玉鉾会也〔五十銭持〕。午後一時前影像を拝して上野へおもむく。今日学士会当日にて演説番也。一時卅分より川田剛氏自主説演説。四時前より古代宗教論余を演説す。晩食了て七時過帰宅。〈頭書〉上野の花満開、人群集。／○市川来ル。三作診察也。／○仙台豊田伴来る。不逢。

九日　陰。午後快晴。暖気六十七度ニ至。

文部省へ出。定額一件にて写字料渡らず。依て辻次官・伊沢局長等ニ談ズ。落合亀三《（二）》郎来。面会。○宮島、文部省迄来る。面会。過日頼之刑法云々之事、法律学校にて修行すべき旨談あり。○退出後、堀田・原・大槻行、同道、竹丁河岸にて小酌、五時前墨堤ニ遊ぶ。桜花や、満開也。晩景帰る。○大成館より明治字典巻九以下八本恵贈。○佐々木より縁談之事郵書来る。○かなの会婦人部興立ニ付、吉原・近藤両婦人催ニて今日吉原宅へ入会之婦人来会すべき案内あり。依て河合を遣ス。○夜萩野来る。○藤右衛門来ル。〈頭書〉三作外泊〔午後四時頃〕。／文部省行がけ松崎行、診を乞。

十日　昨夜三時頃より雨。今日終日。

大学出〔十時〕、和文二年生に田令、一年生ニ貞永式目を授く。図書館へ音楽史壱部献納、午後一時前退出。上野図書館行、音楽史献納。手島ニ逢。磯部入浴して帰る。○夜皇典所試業書取調。〈頭書〉穂積・伊沢・鈴木〔弘恭〕等へも音楽史一部づゝ送る。／行がけ松崎行、診をこふ。

十一日　朝ニ至雨やまず。午前九時止。午後陰。

九時大学図書館へ出、史学科学生ニ古事記・日本紀借渡之保証書差出。法文学科書記面会、国書課生徒本日より授業料有無之事談ジ。十時前文部省行、伊沢面会、編輯之事談ジ。井上〔政二郎〕・大久保・服部・肥田等へ面会。尚萩野・落合へ郵書出ス。○午後一時卅分過より皇典所行、科条類典及び職員令を授く〔夕刻大槻来る。㊗請取書渡。〕。五時帰る。〈頭書〉三作帰り又出。

十二日　薄陰、午後陰。南風あり。

午後より大学出、和二年ニ孝徳紀、同一年に推古紀を授く。退出がけ関根行、文章会之事談ジ。○大学より来十四日高等中学生徒催墨川競舟切符渡ニ付、清道方へ郵送。

十三日　半晴。午後快晴。三時六十八度ニ至。

朝七時出宅、八時森大臣邸行〔音楽史持〕、面会。十時前大学ニ至、和二年ニ夕顔巻、同一年ニ舒明紀を授く。午後一時より初て史学生ニ本朝歴史口授をはじむ。帰路浅井行。不逢。四時文部省出。検定委員集会なり。○新宅へ瓦を上る。大槻より郵書来ル。来ル十六日夕入来之由。〈頭書〉帰路岡田やへ弔悔ニ行。老父死去也。本年七十五との事。／丸山入来。夕刻帰宅之時面会。来ル廿四日臼倉法事之事也。

十四日　陰。

今日中村の浅井引払との由に付行てミる。いまだ引移ニ至らず。○午前九時過より第一銀行行、蒲ニ面会、金円受取〔貯金へもよる〕。帰路阪本河合へ寄。引移後初てなり。○午後一時岡田や葬式、浅草門跡添屋敷ニ付、江沢遣ス。○右馬より郵書来。奉公人之事也。〈頭書〉帰路松崎行、診ヲ乞。

十五日　朝晴、午後薄陰。南風つよし。十五里。　日曜

在宅。中村の浅井晩景迄ニ全く引移。○大工宮五郎来る。四十円渡。○夜車夫亀吉来。大病後ニ付、一円恵遣ス。○小川後家よりあミ物足袋を恵る。○清道来る。田沢起立テレメン商社規則持。〈頭書〉三作帰る。出井来ル。同道、花見之由。／大田喜春成来る。来ル廿一日新居開会之事也。兼題春暖。／林政寛入来。面会。

十六日　昨夜二時過より雨、今日終日不止〔午前南風つよし。十九里〕。

文部省出。○買宅取引ニ付、午前九時過おたつ、利兵同道にて登記所行〔戸長役場ニ隣る〕、斎藤の妻に会し金子渡証書受取。○中島老人来る。社会之顕象見本持参。○大槻より郵書。当節集会等にて繁忙之由。○栗田へ莚響録もたせ遣ス。〈頭書〉今夜より藤右衛門頼、新宅留主させる。

十七日　午前九時雨止、後薄陰或ハ半晴、暖気。夜微雨。

午前十時前大学出、和二年賦役令、同三年貞永式目、午後一時和一年皇極紀教授。二時退出より新宅ミに行。利兵宅行、手数料五円遣。小川へ酒二升切手贈〔利兵頼〕、斎藤へ寄〔玉子贈〕。○市川、三作の診察に来。○漢書課生徒黒木来ル。質問の事あり。○市谷義象より庭中桜満開ニ付招の端書来ル。夕刻返書遣ス。○大槻へ郵書。〈頭書〉岡田やへ寄、蠟燭壱箱遣。／浅井へ銀二遣し、音楽史三部取寄せ。是ハ図書館・大学・皇典所三所へ納分也。

十八日　朝靄、午前十時後晴。午後南東風あり〔午後七十一度〕。
文部省出。午後一時卅分皇典所へ廻り科条類典を授く。今日かなのくわい集会ニて教場差支により令講義ハ休。三時過より市谷行、義象に文章会之事談じ。暮て帰る。○おミち・おちか来る。○横井へ稿本もたせ遣ス。〈頭書〉文部省にて萩野・増田ニ逢。
十九日　陰。午後南東風あり。冷気。
午後大学出、今日ハ競漕会の下地ニ付、和文二年授業の日本紀ハ休、史学生に歴史を授く。○午前ハ斉明紀・源氏の下見す。童謡考参看。○帰宅後、萩野稿古事類苑外交の部検閲。○夕あら井来、家賃納。
廿日　陰。午後南東風あり。冷気。
九時前大学出、和文一年に皇極紀、十時より和文二年ニ夕顔巻、十一時より和文一年に孝徳紀、午後一時より史学生ニ歴史を授く。新宅へ廻り四時過帰る。○大槻修二来ル〔音楽史遺〕。三作面会。○元老院へ銀二遣し萩野稿本返ス。○西村吉叟来る。不逢。音楽史礼也。
廿一日　午前より雨。
在宅。○本日午後大学競漕会墨田川にて有之処、雷雨天ニ付廿八日に延行〔後ニ聞。今日行ハシ由《ママ》〕。○午後上野美術会見物。元信・雪舟・周文・安信其他明画及金岡・弘高等の仏画、貫之の古今集小倉色紙、道風・空海の書、御物ハ周の世の匜、外二種。其他ハ古器物・仏像也。いやはてに現時製の器物を陳列せり。これは売品なり。磯部入浴して帰る。○小川へ過日之返礼として鶏卵一箱手紙添送る。○仙台豊田より郵書。其内帰京之由。〈頭書〉セキノ通の経師に袋戸仕立頼。○井上政二郎使来る。編輯料之事也。
廿二日　午前三時雨止、漸々晴。最高温度七十四度ニ至。日曜
在宅。荘園考幷新編紫史の序文成る。西洋説の事あるを以て郵便にて加藤弘之君に問合せ。○お栄・清名来る。○村岡来る。不逢〔汁粉賜〕。○臼倉貞之助来。おたつ面会。無心断。
廿三日　午前六時より雨、終日。東北風つよし。十六里。文部省へ出。○おたつ本居行〔汁粉幷一瓶持〕。○加藤より返書来る。○小杉より郵書。江沢之事也。去ル十八日より在京之由。○大田喜へ懐紙幷半円もたせ遣ス。去廿一日新宅会之処、不参によりて也。〈頭書〉帰路佐々

木へ寄。過日よめ之事頼による。

廿四日　陰。

大学不参届。○午前九時の気車にて赤羽根行。真頂院参詣。臼倉の舅宝積院廿三回也。同家後家・貞之助・春三郎・大田・丸山・岩田や・小島其他来会。午後二時四十五分赤羽根発の気車にて帰宅。○銀二、本居へ遣ス。雇女同道にて来る。〈頭書〉物集より郵書。試験問題廻ル。

廿五日　朝陰、午後晴。

文部省出頭、午後三時森大臣邸行。緩話之為教員一同招也。大臣意見を述了て、菊池・大沢・三宅教授・法学生・医学生等若干意見を述ぶ。六時立食之饗あり。暮て帰る。〈頭書〉今日午後皇典所行之処、不参届出ス。権田一年祭哥も届〔二首〕。／○今日渡辺惣長・木下教授、古事類苑編纂所へ出頭、稿本一覧有之。／大工宮五郎招借地画図之事托ス。

廿六日　陰。午前南風はげし。廿四里。午後十三里。

午前十一時頃文部省出頭。落合請求書之事ニ依て也。午後大学へ回ル。一時より和二年ニ考徳紀より斉明紀、史学生ニ神代紀を授く。○婢お六解雇。岩淵へ帰る。○本居より令嬢並子三回祭烝物来。○本居よりの雇女帰る。

○落合より請求書来ル。〈頭書〉片山道顕《頼》来ル。金弐円返金。

廿七日　晴。

早朝谷中行、本居幷《並》子の墓参す。過日来状ニ付、役場へ出頭。所持税之事也。十時前大学ニ至、和二年生若紫の巻、同一年生ニ孝徳紀、午後史学生ニ神代紀授。二時退出後浅井行、面会。配本十一部請取。吉川行、六部製本頼〔前製本料渡〕、幷西村吉叟へ十部送候事談じ。夕刻帰る。〈頭書〉本居へ寄、幷《並》子追悼哥持参。／銀二、文部省へ石井への書状もたせ遣ス。落合請求書廻し。／井上政二郎使来る。編輯料ノ事也。／文部省石井より郵書。今日月給渡らざる事也。

廿八日　晴。南風あり。

昨日之来状ニ付より《ママ》午前十一時文部省出頭、伊沢へ面会。午後一時玉川堂行。文章会第二回也。西村・高崎・西・木村・黒川・依田・落合・同亀二・関根・萩野・義象等来会。依田執筆にて規則を草す。後会に取極の約。夕刻散会。○新宅二階天井を張る。○井上政二郎へはがき出ス。○林政寛来る。面会。〈頭書〉試験問題封書、検定事務所へ差出ス。

廿九日　雨。東北風あり。　日曜
在宅。○かなの会惣会芝弥生社にて催之処、行かず。○午前十時地震す。震動の時間八分。明治九年已来第一の強震といへり。○千東村経師来る。○大社教教会所千代田義融来。不逢。
三十日　微雨。午前九時止。なほ陰。
朝役場へ寄、十時前文部省出、辻物務局長ニ古事類苑継続之事幷月給之事談じ、午後三時退出より神田開花楼行。本居・久米・小杉等催ニて大八洲会宴会なり。木村・黒川・井上〔頼〕・飯田・栗田其他十二三名来会。晩景帰る。席上谷千生ニ初て逢ふ。○小杉、去十八日より出京。明日香取へおもむき候由。今回にて古文書写全く落成との事。〈頭書〉△枢密院を置かれ伊藤博文氏議長となる。黒田氏ハ内閣惣理大臣。榎本逓信大臣ハ臨時農商務大臣を兼ぬ。大木・川村・福岡・佐々木・寺島・副島・佐野・東久世・吉井・品川・勝・河野等廿二人枢密顧問官ニ任ぜらる。井上毅氏ハ書記官長、伊東・金子・津田道太郎等書記官となる。
五月一日　陰。
午前十時大学へ出、和二年生ニ賦役令、午後同一年生孝徳紀を授く。同三年生ハ科条類典いまだ渡らざるにより休。帰路磯部入浴。○右馬来ル。相州平塚より出京之下婢おふく・おきよ同道。〈頭書〉銀二、加々丁へ幟立ニ遣ス。／○鉄道会社より三作へ払込之事申来ル。
二日　昨夜より雨、終日やまず。冷気。
文部省へ出、物務局青木保面会。午後一時卅分より皇典講究所行、科条類典及職員令を授く。夕刻帰る。○堀越より来五日招帳《ママ》来ル。○本居より過日之文稿郵送。○渡辺惣長より古事類苑編纂始末返る。
三日　陰。午前北十三里、午後北廿四里ニ至ル。
午後大学出、和二年ニ斉明紀〔童謡の処〕、史学生ニ神代紀を授く。文部省より電報ニ付、三時同省へ廻り、辻次官ニ対面。古事類苑定額、当年度より千三百円ニ被定候旨談あり。○大学書記官長井より来書。乗馬之事也。
○帰後所持高取調。〈頭書〉午前天智紀下読。
四日　朝陰、午後晴。
文部省へ出、物務局青木保ニ対面、定額之事談ジ、正午大学へ廻る。史学生ニ神武紀を授く。○大学法学教師仏人アッペール及木下兼約にて図書館へ官位考八巻持参、佐伯ニ托し。○朝阿波人正見慎一来る。面会。○三作鉄道会社行、配当金三十七円五十銭請取。仮券状、本券状と引替。○加藤へ来る七日可参旨、郵書出ス。○文部秘書官木場貞長へ倫理教科書批評之義ニ付、意見無之旨書状送る。○小中村新太郎来る。九十銭用立。○文部省より来ル七日学位授与ニ付、出頭すべき書状郵送。〈頭書〉此節寒暖甚不揃也。／大学書記官室へ出、長井ニ面会。乗馬飼養届書出ス。／○栗田より荘園考序ミすべき由、使来る。／文部省高等学務長浜尾新、明日美術取調として大和・紀伊其他へ巡回ニ付、展観目録幷大和廻りの記等借（ママ）ス。今日局へ持参之処、不在ニ付、今泉ニ托す。／建具や新宅へ招相談。／○西黒門丁区役所へ地所所得書さし出分あら井へ托ス。

五日　陰。午後快晴。六十八度三ニ至ル。

午前十時より市村坐見物。一番目廿四孝。堀越八重垣姫無類の出来なり。弐番目八犬伝。同人墓六・道節・力二三役おもしろし。六時前打出し。夜ニ入帰る。○戸長役場へ本年分所持金高届出ス。

六日　陰、午後東北風十四里。　日曜

午前十時より上野華族会館行。今日福羽氏催好古会なり。来会者四十人に近し。神田・木村・物集・佐藤〔誠〕・鈴木〔弘恭〕・石河〔正養〕・久保・青柳・吉岡・松本・久米・飯田・藤浪・井上等知る人なり。会主ハ病気にて不参。よりて贈送のため持参せし音楽史幷ニ清宮より寄托の染筆頼短冊福羽君へ送る。午後二時頃より再び美術会見物。四時頃帰宅。○義象来る。○生田目より輿石死去之赴あり。〈頭書〉中郁への書、理科大学へ出ス。／○栗田より荘園考序附箋返る。

七日　雨。西北風あり。午後四十九度。

文部省出、午後一時過大臣官房にて学位記授与あり。法医工文理一科の学者五名ヅヽにて廿五人也。年歯を以て座席を順序されたれば、伊藤圭介翁第一にて次ハ老生なりき。授与了て大臣小演説あり（其言別にしるす）。三時過番丁加藤行、古事類苑之事談じ。〈頭書〉右馬・さゝ又両人同道来。大宮迄参り、鉄道にて帰路由。

八日　陰、午後雨。五十九度二。

午前八時文部省出。尋常中学校・同師範学校・高等女学校教員学力験定なり。国語の科十名（本年より注釈ハ三題とす）、午後物集氏受持設問（二題）。作文（同上）等なり。二時過に了る〔帰路山崎やへ寄。来十三日中村座見物之事談じ。〕。○夕刻後吐瀉す。近日不時候により胃に来したりとミゆ。〈頭書〉中郁より郵書。新編紫史拙序返ル。○吉川より音楽史製本（空欄）部来る。

九日　半晴。

文部省出、古事類苑事務変革之事を松本以下三名に内諭し（佐藤定介は不参）、其旨辻次官ニ上申す。○所労により皇典講究所へ出ず、午後帰宅、新宅行。松本・佐藤・石井来ル。請願之事あり。○水野行。大工はかどらざる談也。○夕刻愛媛県宇高三蔵来る。明治の初年昌平学校之生徒也。近日公使館に在といふ。徳川氏御料之事質問により、過日其書内藤耻叟氏に貸たれば、行てミるべしと添書をあたふ。○関根学位之悦に来る。不逢。〈頭書〉去四月分月給幷本月分、松本以下写字までの日割金七十円余渡候様次官ニ談じ。／○横井・落合〔亀二〕より学位之祝状来る。／山崎老母入来。／○物集へ試業書送る。

十日　陰、午後微雨。

所労引。過日後いまだ平ならず。又感冒気なるにより松崎行、診をこふ。○おたつ日本銀行へ行、公債証書利子請取、右馬へ廻る。○畳屋佐吉来る。○かなの会より大寄合入費不足ニ付、寄付金頼の状来る。○午前藤沢・竹中（漢書課生）来る。神代文字の事質問。○日の屋来る。学位祝也〔くわし賜〕。○去月分出版月評配達、一覧。〈頭書〉河合へよる。昨日隣地へ（山崎やのうら）転居なり。／中郁への一書理科大学へ出ス。荘園考序之事也。

十一日　雨、午後陰。南風十三里。

大学所労引。○製本師来る。同器械四円ニ払下ゲ。○学士会院古代宗教論演説、編輯にかゝる。○横井・落合へ学位悦之返状出ス。○夕刻井上政二郎来る。著述校合頼也。教課歴史なるにより断。○戸長役場へ戸数わりもたせ遣ス〈頭書〉清水・加藤〔弘之〕はがき出ス。／○中村より荘園考序郵送。／萩野より学位悦状来る。落合直澄より同断。

十二日　晴。南西風十九里。午後北風に替り廿六里。

古代宗教論編輯。○荘園考・新編紫史等序文清書、栗田・増田〔元老院〕へもたせ遣ス。○新井保五郎来る。肴屋厠直し之事談じ。○おたつ、かや丁典舗行。○加藤会長より郵書。古事類苑改革見込ニ任す旨也。〈頭書〉教育会物会之処烈風ニ付不参。○同会より事業区分ニ付、小生事、文学部門担任之事、中来ル。

十三日　薄晴或ハ陰。　日曜

学士会之処不参。○午前十時過三作同道、中物（村）座見物。

山崎隠居おすミ女〔国兵娘〕も来る。花井お梅の書おろしにて、中幕ニ菊五郎の姐妃狐となりて中乗（ママ）あり。午後六時に打出し。○〔十二日歟〕学士会より古事類苑編輯給料已来年金百廿円之由之書附来る。〈頭書〉清道テレメン油株書持参ニ付、田沢へ断手紙遣ス。

十四日　晴、午後薄晴。南風十六里。三時七十四度八。

文部省へ出。松本以下三名ニ去十日より編輯枚数之書附学士会より渡る。依て今日より退出心まかせ、不参届ニ不及事となる。三時過より神田川行。五時中村来ル。鰻を饗す。過日学位拝受之悦なり。○相州飛脚、婢おはるをつれ来る。お福ハ帰す。○増田より来状。過日礼也。〈頭書〉三作外泊。／日のやへ短冊もたせ遣ス。并吉川へ製本料・扶板送る。

十五日　快晴。午後七十八度二。

大学所労引。○大久保好伴へ先般之礼三十銭もたせ遣ス。○物集来る。不逢。試験調書持参也。○萩原五平より来書。過日短冊染筆并国華堂号取調の礼なり。〈頭書〉三島祭昨日より出し（山車）を引き賑ふ。

十六日　晴、午後陰。南風十五里。七十度。

文部省へ出。午後皇典所行、科条類典・神祇令を授く。四時前より築地神道本局行。如蘭社会也。義象ニ面会、晩景帰る。○上総人池田豊吉〔日のや親族〕来る。短冊其外染筆頼〔玉子持〕。

十七日　暁雨、後陰、午後薄陰。七十三度。

午後大学出、和二年ニ天智紀、史学科ニ神武紀を授く。○九鬼図書頭令室之事ニ付、鶴久子へ添書、文部省林正へ送る。○矢野万太郎より日本上古史評論〔チヤンバレン著〕、印刷出来とて弐冊恵る。○義象より来書。井上行之事也。○官報十二冊・学士会院雑志洋装本四冊出来、持参。〈頭書〉午後三作帰る。

十八日　薄晴。午後八十二度四。

午前九時大学出、和一年ニ孝徳紀、和二年ニ若紫、午後史学科ニ崇仁紀・垂仁紀を授。了て三時より真砂丁直江〔くわし持〕・金富丁永井久一郎行、音楽史贈る。馬飼料之事ニ付礼也。四時前加々丁行、村岡招き少酌。吉川も来る。暮て帰る。○宇高三蔵来る。過日礼也〔くわし賜〕。〈頭書〉三作外泊。／かなのくわい惣会入用寄附金弐円使へ渡ス。／中島勝彦来る。社会之顕象投書見合せ呉候様との事也。

十九日　晴。午後東風。七十度。

午前九時過山下鉄道会社行、新株三株分三十円払込、仮券請取。○午後古代宗教論を草す。○鵜沢正徳より来書。筆耕頼也。〈頭書〉今日より江沢駒込皆川某宅へ写本ニ行。河合之せわ也。

廿日　薄晴。午後南風十五里。七十五度。　日曜

古代宗教論稿本成る。○あら井保五郎来る。不逢。○清道来る。月謝遣し幷田沢へ玉子贈る。○塙来ル。不逢。○関根来る。不逢。

廿一日　陰。午前北東風にて五十八度五。気候甚あし、。夜八時半頃より時々微雨。

文部省出〔行がけ松崎へ寄〕、四時前帰る。○婢おはる下ル。親父迎ニ来る。○私立衛生会より来廿六日工科大学にて惣会有之招状来る。○北海道曾我より三作へ返書来る。○讃岐丸亀土居村大久保春野より学位拝受悦状来る。〈頭書〉朝三作帰る。

廿二日　薄晴、午後陰。六十二度七。

十時大学出、賦役令を授く。上田万年へいまだ科条類典渡らざるにより今日休。午後斉明紀を授く。帰路中村面会、水野へ寄。○あら井保五郎来、長屋屋根ふき直し料肴や厠直し共、二口廿（空欄）円（空欄）渡。○教員学力験定解釈文十名分取調〔枕草子・続紀・宣命・日本紀訳文〕。〈頭書〉夕刻三作外出。／中村より学位御祝としてすきや羽折地を賜ふ。／○鵜沢・塙・大久保〔サヌキ〕へ郵書。／○古代宗教論稿本、学士会院へ廻ス。／○皇典所へ明日試業問題郵送。／○片山道顕（頼）より郵書。病気ニ付近日箱根へおもむく由。

廿三日　陰。午前十一時前より雨。午後五十五度。

文部不出。○午前利兵宅行、面会。水野行、面会。何れも大工之事件相談。○宮川大三来。官報表紙小口書頼。○婢お政来る。○皇典講究所臨時試業ニ付、昨日問題差出。今日不参。〈頭書〉△昨夜十一時三十分神田鍋丁より出火。全焼七百七十九戸七ケ丁ニ渉ル。

廿四日　晴。午後六十八度。

午後大学出、和文二年ニ天智紀〔始〕、歴史生ニ垂仁紀より景行紀を授く。○朝大工招き本日中ニ落成すべき旨命ず。且廻り階子と門とハ余人ニ可頼旨申聞候処、来月六日迄ニハ門とも堅く出来候旨答ふ。○福田や〔火事見舞礼に来ル〕。〈頭書〉大学退出よりお晋同道、小石川植物園行。地学協会十年ニ相成ニ付祝宴なり。会長北白川宮・渡辺・大鳥・川田・高島其余貴顕ニ逢。午後五時頃

帰ル。○横須賀安枝来ル。縁談之事也。○平岡より鮮鯛鯵来る。学位祝也。○山崎隠居入来、江の島土産鮑かす漬賜ふ。

廿五日　快晴。午後七十三度五。

大学出、和文一年に〔二時間〕天智紀、同二年ニ若紫を授く。午後歴史生ニ景行紀を授く。○午後四時頃中村入来、新居へ同道。○文部省学力検定掛へ試業書廻ス〔物集分共〕。○平岡へ礼書出ス。○朝関根来る。面会。〈頭書〉古典国書生大久保初男卒業文法律編持参。これを第一とす。

廿六日　晴、午後半晴。午後七十九度二。

朝八時頃大槻修二行〔反物持〕。磯部行之談あり〔廿九日頃と言〕。○午後一時過玉川堂行。文章会也。大槻・中村・落合・萩の・関根・佐藤・丸山・よしかた等来会。緒言及規則草案一同へ廻し意見を問ひ、来月之会ニ持参すべき事ニ定む。○夜大槻来る。令の事、地理の事など談ず。〈頭書〉三作帰る。夕刻土井同道ニて外出。／○今日より大工四人ヅヽ来ル。車置場ニ取かゝり。／○夕刻皆川登一郎来ル。博士拝命の人の小伝を作るべき談あり。

廿七日　陰。午後七十二度八。　日曜

古典科及文学生去三月試業書取調、点を附く。○お辰、深川宮島行〔くわし・鮑持〕。○義象来る〔肴持〕。○午前横井時冬来る。面会。〈頭書〉皇典所試業書も取調。

廿八日　雨。

文部省出。○今日大工四人、左官六人来り中塗する。〈頭書〉朝三作帰る。

廿九日

午前九時（闕字）皇后宮御出門にて大学へ行啓。教官幷妻共拝謁を許さる。依て八時卅分おたつ同道にて大学へ出、九時卅分拝謁。御帰には六町目門にて奉送により物集と共に図書館辺にて消光。午後五時頃還啓。おたつハ二時過帰宅。〈頭書〉休業にあらざる旨、大学より達有といへども、生徒も御送迎いたすにより課業せず。

三十日

文部省出。午後皇典所へ廻り、一時より神祇令・科条類典を授く。三時退出、鈴木〔重嶺〕・柿沼（ママ）を問ふ。五時前帰る。○雇女おりん目ミえ来る。○古家へ連絡にかゝる。〈頭書〉三作外泊。

三十一日

大学出、午後一時より天智紀〔和文二年〕・景行紀〔史学科〕を授く。○車置場建つ。二階廻り階子出来。○江さし来る。近日帰京之由。不逢〔玉子賜〕。○夜十時前宮内省より御用召使来る。〈頭書〉三作帰る。

六月一日　半晴。

午前九時卅分宮内省出頭。先ヅ図書寮ニ在。十時過宮内書記官田辺氏より辞令書を下附せらる。左のごとし。

　帝室制度取調掛被仰付候事

十一時過委員長柳原前光君面会、此掛の事を談ぜられ、さし当り調物の事など問合せあり。昨日省中にはじめて此局を立られし由。爵位局今井に逢。江刺・林〔音楽史持〕を尋ね、午後二時頃帰宅。○大学不参届。○お栄、清名来る。〈頭書〉△今日より官報に東京気象〔海軍水路部観象台報〕を載せず。／三作一寸帰、又出。／細川潤二郎氏考古日本稿本御持参。不逢。

二日　晴。

文科大学へ去十九年九月より廿年七月まで一学年の申報書差出。○細川へ返書郵送。○午後出宅、小杉を尋。留主にて不逢。島田行。小日向台丁へ転居後初て尋。同道にて植物園行。矢田部良吉氏新婚後祝宴にて、大学・文部省其他朋友会集、立食の饗あり。夕刻帰る。○落合亀二郎より使来る。仙台より帰候由。壺の碑菓子二箱賜。○大工宮五郎来。廿円渡。〈一日条頭書〉〔二日也〕追て郵書来る(2)。

三日　陰。午後雨。日曜

小杉来る。来ル七日奈良へ出立。川田頼との事。○大久保好伴来る。刑罪図録稿本持参、序文頼。○午後より帝室制度取調第一着皇族考々案にかゝる。○三作をさとす。〈頭書〉三作帰る。夜又出。

四日　朝雨、後陰。

文部省出。退出後、神田川にて晩食。暮方帰る。○佐々木信綱卒業文詠哥論持参。不逢。○江刺〔さとう積《ママ》贈〕・落合〔音楽史贈〕へ使遣ス。○宮内省田辺新七郎〔書記官〕より料紙状袋等来る。

五日　快晴。

昨夜寐られず、終に夜あけぬ。よりて今日気分甚あしゝ。大学へ出、強て和二年ニ学令、三年ニ科条類典〔始〕、一年ニ天武紀を授く。午後二時退出後、磯部入浴。○須永球・鹿島則文《（泰）》卒業文出来、持参。○矢田部へ過日祝物かつぶし一円五十銭箱入贈る。但し島田と組合なり。中村へ煮山椒一壺贈る。○中村より戸塚たね子遺稿、柳の落葉印刷本寄贈。大学迄届く。〈頭書〉三作帰る。又出。

六日　晴。

文部省休、皇典所断。○皇親考草案ニ付、宮川招き清書せしむ。○岩本正方・和田英松卒業文持参。〈頭書〉出板月評配達し来る。音楽史の評よろし。

七日　陰。

午後一時大学出、和文二年ニ日本紀〔壬申乱了〕、史学生ニ仲哀・神功紀を授く。○帰りがけ水野へ寄、大工之事談じ。○四時前帰宅。宮川来る。清書落成。○夕刻より長命行、面会、三作之事談じ。△文部省にて又博士学位を授けらる。各科五人ヅヽ、廿五人なり〔△知れる人にてハ黒川・川田・中村・松井・木下・箕作〔佳〕・富井・桜井など也。〕。〈頭書〉三作帰る。又出。

八日　曇。午後雨。夜ニ入つよし。

午前九時大学出、和文一年ニ日本紀〔壬申乱〕、和文二年ニ若紫、和一年ニ天武紀〔下〕、午後史学生ニ神功・応神紀を授く。○帝室制度取調掛へ皇親考差出ス。夕刻鍋島委員より書状来る。○車置場幷長四畳あら壁付る。

九日　半晴。

川合〔河〕来る〔袴持参〕。○植木屋来る。新宅庭始てかゝる〔三人〕。○午後二時大学出。文科大学会議也。島田・物集・神田・外国人三名来会、来学年授業之事談じ。帰路笹又へより、六時帰る。○島田鈞一入来。面会。試業書持参〔重礼氏長子也〕。〈頭書〉三作帰る。又出。／佃島平岡へ返礼として鶏卵一箱・音楽史もたせ遣ス。

十日　晴。午後曇。　日曜

塙来る。逢はず。○午後一時芝紅葉館行。華族亀井茲監ぬし三週追遠哥会也。題者ハ福羽・高崎、読師ハ石河正養・伊東祐命、講師ハ加部厳夫・安部真貞等也。条公・東久世・近衛老公・伊達宗城侯・千家尊福其他華族の男女七八名、以下ハ木村・三田・黒川・大谷・小出・松波・八十子・久子其他当日掌事・接待掛十五六名也。暮て帰る。中ばし日のやへ寄、十三日之事頼。○右馬へ郵書出ス。十三日之事頼ミ。〈頭書〉朝三作帰る。又出。

十一日　曇。

文部省出。○黒川福蔵卒業文〔日本茶史〕持参。△本日午後一時より文部省にて大博士会議有之。辻委員及び惣博士出席。末松謙澄・富井成章・穂積陳重など尤口をきゝたり。秘密会議に決したれバこゝに詳ニせず。〈頭書〉

横須賀入来。

十二日　晴。

大学所労引。○明日転居ニ付弐階の棚をはづし書籍かた付る。夕刻清道来る。〈頭書〉三作帰る。又出。今日より常用大工来る。二人。

十三日　陰、後小雨。

転居ニ付右馬・村松手伝に来る。午前陰たれば暫時見合せ、や、晴口になりたれば取懸る。依て十時前よりはじむ。然るに午後雨降出したれど、つとめて運送す。薄暮に至りていまだ荷物残れり。○皇典所断、文部省へ出ず。△去十一日教員検定掛にて会ある処、散会にて今日となる。よりて昨日物集に頼遣ス。〈頭書〉三作午後帰る。夜出。／庭作休、大工三人。／長井後家転宅悦ニ入来。

十四日　雨。　三島祭
午前までに全く運び了る。○清道を近隣へ廻ス。○大学所労引。〈頭書〉大工・庭作休。

十五日　雨つよく風を交ゆ。　三島祭
納戸の屋根より雨もる。書籍をぬらすまじと片付る。○午後佐野招き談じあり。○午前九時大学出、和一年ニ日本紀、和二年ニわか紫を授く。転居の草臥、三作事心労等にて甚大儀なりき。物集に面会。〈頭書〉午前三作帰る。右馬及お晋と談あり。／大工・庭作休。

十六日　雨、午後半晴。

午後一時木村行。哥会也〔田家水鶏〕。千家・三田・久米等来会。黒川ハ美術会ニ所用ありて不参。○井上甲子二郎卒業論文〔日本上古史略〕持参。○佐藤定介来る。去十一日東京府尋常中学校助教諭拝命之由。〈頭書〉午前右馬帰る。清道同断。大工・庭作休。／佐藤外一二名申合、博士悦之為花瓶を送らる。

十七日　半晴又ハ陰。夜ニ入雨。　日曜
平岡来る。卒業論文〔文学論〕持参。○今井入来〔くわし賜〕。○三輪来る〔玉子賜〕。○義象来る。○本日午後一時鹿鳴館にて演芸矯風会開会ある旨、過日招状によりお晋同道にて行之処、独逸皇帝崩御之旨、昨日電報ニ付、延引となる。依田百川・伴(阪)正臣に逢ふ。帰路中山邸へ弔ニ寄、霊代を拝す。三時帰宅。〈頭書〉大工一人・庭作三人来る。／午後三作出。

十八日　雨、後半晴。

文部省出。○磯部入浴。○清道より郵書。○加々丁へ柳こり送る。○関根老父家之翁入来〔切手賜〕。○石村貞一より郵書。〈頭書〉三作帰る。

十九日　晴、や、暑気。　小野照祭
宮内省御用調する。屯倉条成る。○関根より来状。来廿四日東洋学会演説頼也。即日返書出ス。○石村頼猿沢池采女の事取調書郵送。○生田目来る。卒業文持参〔日本道徳論〕。〈頭書〉庭造三人。

廿日　快晴。　小野照祭
午後皇典講究所行、科条類典・僧尼令等講義。○西田敬止卒業文持参〔言語沿革考〕。不逢。〈頭書〉庭造三人・大工一人。

廿一日　曇。

新聞・雑志をミて日をくらす。○夜江沢・三作同道にて㊫行、当金月賦等之事談ジ。○井上政二郎より新著帝国史郵送にて恵る。○磯部入浴。○〔廿日歟〕あら井伊三郎来る。〈頭書〉三作外泊。庭造三人。○大工一人請負分。〈廿日条頭書〉○〔廿一日也〕職人へ酒代十銭ヅ、遣ス。

廿二日　曇。夕刻より夜ニ入雨。

左官来り弐階中塗〔上等〕するにより調物なし得ず。細川氏考古日本半冊斗ミる。○前田円、中村手紙持参、入来。来月七日書画会催之由。○箕浦恒吉来。○建具今日迄ニ皆出来。○宮内省幷物集へ郵書。来学年入学撰科生試業之事也。即刻返書来る。○庭へ敷く料の舟板、銀二遣し購求。大小三枚にて五十五銭也。○役場へさし出ス建築画図調。〈頭書〉大工半人・左官三人・土こね一人・庭造三人。

廿三日　曇。

今日より大工請負の表門下拵にか、る。○腸胃病起りしにより、市川招き診察を受く〔三作同〕。○漢書生藤沢碩一郎来る。来ル三十日教員を招じ、写真を取候由。

〈頭書〉庭造二人・大工一人〔請負分〕。

廿四日　晴。　日曜
清道来る。伊藤肇への手紙遣ス。○大久保好伴来。不逢。○夜江沢㊫行〔十一円三銭渡〕。○佐野行。不逢。○鶯横丁辺遊行。隣のさわがしきをわびて也。○横須賀へ使遣ス〔ぶどう酒贈〕。〈頭書〉左官三人・土こね一人・庭造三人・大工二人〔請負分〕。

廿五日　曇。午前より雨、後風を交ゆ。夜ニ入つよし。

文部省出。○清道来る。明日田沢を下り度由ニ付、同家へ手紙遣ス。○三作鉄道会社行。株券端数一株売立三分。

一分九円（空欄）請取。○よしかた招江沢と共ニ住居之事談じ。夜十時過車にて送る。○市川御見舞。〈頭書〉三作外泊。／左官二人・土こね一人・大工一人〔請分〕。壁ぬり今日に了ル。

廿六日　雨、午後止。

清道帰宅。明日戸張甚吉と共に和泉へおもむき候由。○午後一時過浅草公園内藤井行、福羽子爵面会。佐伯も来会。編輯之事ニ付談あり。夕刻帰る。気分勝れざれど酒ハのめる方也。〈頭書〉大工一人〔請分〕。／漢書生大作延寿郎（ママ）、北葛飾郡本郷村より試業書送来ル。

廿七日　曇或ハ半晴。

朝五時半清道発車。八時卅分新橋発車にて横浜より気船（ママ）ニ乗込の由。○午前十時文部省出。午後皇典所へ廻り四時頃帰宅。○山崎隠居家見舞ニ御入来。○田沢来ル。戸張之事談あり。○大沢小源太卒業文持参〔美術史〕。〈頭書〉大工一人〔請分〕、瓦屋来。建足し瓦置。○内藤耻叟入来、星野忠直卒業文持参。○宮内省帝室制度取調局より欧州各国王室家憲一冊・露国帝室制度雑纂一冊御恵送。○学士会へ半年分会費渡。

廿八日　曇。

午前戸張要吉入来。○市川御見舞。○浅井入来〔くわし賜〕。○江沢小あミ丁烟草店某行。来月一日より通勤之よし。○気分宜しからず。足に水気あり。依て酒をひかゆ。○座敷幷弐階居間へ額かける。○宮内省御用取調。〈頭書〉大工一人〔請分〕。／家屋建足し届、画図共役場へ出ス。○宮島善文来る。卒業文持参〔日本言語論〕。○清水彀来る。○大八洲学会事務所にて小集之処断。

廿九日　半晴、午後陰、夕刻小雨。

午前九時卅分大学出頭、来学年入学申込撰科生十名試験。神皇正統紀弁書也。物集も語学試業。懸違ひ逢ざるにより、午後其宅行。○女新聞社員鈴木半三郎来。面会。○唐紙今日迄に替出来。○昨今隣家仕事帰休にて静也。〈頭書〉大工一人〔請分〕。／馬術練習所へ本日分馬飼料渡。

三十日　曇、午後微雨。雷二三声。

午後一時九段坂写真師鈴木行。漢書課卒業生の請によりて也。加藤・外山・中村・島田・三島・岡松・物集・永井等来会。写影す。了て富士見軒にて饗宴。加藤・中村・小中村・外山演説す。四時過、俎橋玉川堂ニ至る。文章会也。依田・中村・黒川・伴（阪）・関根・萩野・村岡等に逢。

六時帰る。○松本入来。面会〔くわし賜〕。社会学引替貸ス。○今夜江沢を蓬萊楼遣ス。○午前市川御見舞。〈頭書〉今日神楽丁末よし楼にて、鈴木催にて聞子規懐時といふ題にて一会あり。これハ鈴木の知己の没したる若干名を祭るため也。哥幷ニ一封もたせ遣ス。／△根津遊郭今日限不残引払ひ、洲崎へ移転。

七月一日　半晴。南風あり。日曜

琴平宮々司琴陵宥常入来、該宮保存会協賛員たらん事を請ふにより、持参の帖紙へ調印遣ス。○大久保好伴来る。面会。○宮川大三来る。制度取調清書。○朝漢書生島田〔重礼氏息〕・黒木、昨日之謝詞ニ入来。

二日

文部省へ出。帰路栗田へより編輯之事談じ、薩摩図田帳〔建久八年〕・豊後図田帳・大隅図田帳・丹後国田数目録等借来。○和泉国尾崎浦より六月三十日発にて清道手紙来る。杉本七兵衛〔樽井屋ト云酒店〕方ニ落居之由。

三日

帝室制度取調する。宮川来り書写。○皇典講究所より半季分報酬来る。○清道へ返書出ス。山田〔同行人〕と杉本とへも礼状贈る。○田沢へ清道落居之地郵書。○久米より大八洲哥集姓名之事ニ付回章、木村より来る。

四日　半晴、午後曇、夜ニ入雨。

午前十時宮内省出頭、鍋島・桜井〔能監〕・尾崎〔三郎〕に面会。午後一時前退出、角筈村新町福羽邸行。面会、談話。時を移し晩食の饗を受く。此家ハもと別墅にて鶯花園といへば、

　うぐひすの老舌だミし我なれど
　　君がことばの花はさきけり

とよミて贈る。五時過分れて加々丁の家に行、やどりぬ。福羽氏より借用の開国始末をミる。〈頭書〉皇典講究所断。／図書寮にて丸山図書助ニ面会、洋行中の談くさ〴〵聞く。表門たつ。大工一人〔請〕、庭造一人。

五日　雨、午前やむ。曇。

帰路牛込若宮丁蒲氏の向なる売家をミる。正午前帰家。○午後宮川来る。調物する。○おミつ、江沢へ投宿。○鈴木半三郎来。逢はず。〈頭書〉昨夜茶にうかされて寐られず。今日気分あしゝ。

六日　半晴。

午前十時文科大学へ出、外山面会。特待生・貸費生の撰びとなる学生の談あり。了て事務室行、古典和漢生及和

文学、上田万年卒業証書へ調印。又漢書課生試業点数・和文学同上。書記へ出ス。○物集面会、国書課生卒業論文五冊渡。○午後一時前退出、関根へ寄、福羽談じ之事話す。○和泉清道より、去三日出之手紙来る。即刻返書・証明書封入さし出ス。○鈴木半三郎へ水天宮考郵送。○尾張人牧山佐藤翁米寿ノ賀筵、来八日中村楼にて催により出席をこふ状来る。水野遵・同忠雄・伊勢錠五郎など連名の中にあり。差支あれバ断。○柿沼広身来る。新居悦酒切手幷国語三則・手鏡一枚恵る。○ふきや丁おミち来る。

七日　半晴、夜雨。

宮川来ル。取調物する。○午後二時両国中村楼行。前田円書画会也。股野・依田・三島・黒川・大槻等ニ逢。三時帰路広小路浅くらやにて文芸類纂一円にて求め、阪本村水天宮にまうで、帰る。○宇高三蔵入来。面会。庭造古書の談あり。〈頭書〉物集より古典科卒業生点数来る。

八日　晴。南風つよし。　日曜

早朝文科大学へ古典国書卒業生点数書郵送。○小川すミ子来ル。息量平之事談あり。○午前十一時四十分頃鹿鳴館行。演芸矯風会開場式なり。午後一時卅分頃より松竹梅（琴三種・胡弓・尺八合奏）・義貞稲村ケ崎講談（桃林）・猩々（一中節都連）・将碁《ママ》の殿様（落語家小さん）・将碁《ママ》の諌言（講談如燕）・義経腰越状（綾瀬太夫）・四季三葉草（千歳藤間勘右衛門・翁花柳芳次郎・三番叟花柳寿助《輔》〔清元延寿〕）。是にて立食の食《ママ》あり。了て瑞穂の栄〔税所敦子作〕（堀越実子・同扶伎子二人の舞、長唄）・住の江〔物集作〕（尾上菊五郎浦島の舞）・かざしの景〔高崎作〕（市川団十郎舞）。午後八時了、九時過帰宅。

九日　半晴。

文部省出。大学へ寄、内藤点数之事談じ。○如蘭社集会築地にて有之処断。○大久保好伴頼ミの刑罪図録序成る。即日郵送。○おミつ今夜より引移、当分雇女として役場へ届。

十日　朝雨、午前九時頃止。半晴。暑気。

大学卒業式ニ付、午前八時虎ノ門工部大学へ出頭。大学総長五科の卒業生ニ証書を授了、演説あり。山田司法大臣代菊池秘書官演説書を誦す。文部大臣も演説あるべき処、差支ニ付不参。午前十時に事訖る。帰路日野や・吉川へ寄、神田川にて昼食。午後三時前帰る。○栗田へ荘園考其外借用書返ス。〈頭書〉あら井へ寄、御成道貸家西黒門丁屋根等見分。家賃金五円請取。

十一日　朝霧、後晴。暑気蒸がごとし。夜軽雷。
朝文科大学へ出。内藤行、卒業文請取。皇典講究所行、昼食、松野と暫く談話。午後一時九段坂鈴木行、国書課卒業生の請により例にまかせ写影す。木村・外山・岡松・本居・久米・物集・南摩等来会。了て茶菓を供す。帰路寺川寄、転居之事話し。

十二日　晴、暑気。風あり。
午後一時皇典所行、科条類典・僧尼・戸令を授く。帰宅後、帝室制度調。○黒川福蔵・須永球・卒業礼ニ来ル。○福羽へ郵書。関根之事也。○〔十一日歟〕裏門成る。表門戸出来。〈頭書〉お栄・清名来る。○直江内室入来。○大工二人今日ニ訖る。庭作一人。

十三日　晴。暑気つよし。九十二度に及ぶ。
帝室制度調終日。帝室御領考全く成る。○午前及夕刻新坂村勢行、義歯つくろい。○市川入来。近日旅行ニ付診をこふ。○福羽へ英訳古事記評配達にて送る。○国書課生徒卒業論文十八冊、文科大学へ送る。〈頭書〉皆川登一郎来る。写影遣ス。

十四日　快晴、暑気。
朝久米入来。新居悦として鶏卵一箱を賜ふ。○午前八時出宅、新坂行。義歯全く成る〔料半円〕。宮内省出頭。田辺新七ニ逢、御領考渡。足立ニ逢。帰路筧・大沢〔長等《(柄)》の山風返し〕・久米〔小川事頼〕小川等ニ逢。午後一時帰る。○義象来る。○大工・庭作ニ払金渡。

十五日　晴。正午八十五度。日曜
細川氏考古日本を再読し附説を草す。○皆川頼の自家小伝を作る。○片山道顥《(頼)》来る。○鈴木半三郎来る。水天宮考を草行したき由也。〈頭書〉今夜両国川開キ。暑気続きにより別て人群集すといふ。

十六日　朝曇、後晴。少し涼し。
朝細川議官入来。稿本渡。自説ハ清書後もたせ遣ス。○平岡好国・好文来る。例之謝儀及鰹節切手二葉を賜。○赤堀又二郎来る。○午前九時大学出頭、物集に会し来学年受持之時間取調、正午前帰る。○皇典講究所頼の日本文学起原を草す。○福羽より謝書到来。

十七日　朝曇、後半晴。
大久保初男来ル。○過日の稿、夫々三作ニ命じ清書さす。

十八日　曇。
○図書館より借用書籍証書へ調印。○旅行届夫々認め。

気車にて松島より仙台発途。以下旅中別記有。

陸前下野常陸下總紀行

七月十八日、曇。

松島のまつ人もなき旅なれど

こゝろのゆくをいかにとゞめん

朝六時卅分の汽車に乗りて、義象とゝもに出でたつ。大宮より横折れて、蓮田・久喜などいふ停車場を過ぐ。

むかしみしさとなつかしくきつれども

よぎりてぞゆく車路なれば

宇都の宮よりさきは、那須のゝ原にて、今も猶竪十三里ばかりは、草むらなりといふ。

影もなき車やかたにあぐみゐて

あつさをわぶるなすのしの原

白河を過れば、はじめて右と左とに山を見る。これまでも有りしかども、岡山のみなりき。郡山の停車場にて落合直亮の、此あたりを巡回せし帰るさに、はからず行逢ひぬ。ともに車に乗りてかたらふ。いにし十五日、盤梯山のやけいでゝ、岩瀬村の温泉宿のあたりには、ことに身まかりし者多く、二本松・福島辺まで灰降りしなど、くはしくかたらる。いとつかれたれば、福島へあがりてとまりぬ。

十九日、晴。

いにしへをしのぶのさとの明ぼのに

来てもなけかし山ほとゝぎす

〔落合云、信夫はもと篠生なるを、あらぬ字を書きしより、詞のもとまぎらはしくなれり。〕

六時ばかり出でたちて、七時の車にのる。白石・岩沼のあたりは山道にて、さとの家処々にみゆ〔白石より左にそひて阿武隈川流る〕。此あたりの民家の表ざまは、柱までを壁に塗りこめてあり。ようべ福島のやどりにて、人をよべば、アイヨとこたへて楼へ登る。大かたひなびたるに、仙台へつけば、又ことなる事あり。十時仙台に至る。石森和男・井上可基、停車場に待受けぬ。針生といふ宿へつけば、落合ぬし来逢ひて、何くれと談話す。午後五時頃牟田口通明を訪ふ。そのかみ文部の書記官を勤められしころ、相見し人なり。今はこの控訴裁判所の長なり。井上法制局長より託せられたる政談演説書をおくる。塩竈・松島の事などくはしく案内せらる。神宮教会所の、其あたりにあるをとひて、落合に逢ふ。三好・石森等来あひて対面す。井上可基もおくりきぬ。しばしかたらふほどに、落合、古画・古文書を見せて、此あたりの修験の家に有りしものといふ弁慶の書、後醍醐・伏見の帝の短冊など、まことゝも思はれず。顕家卿の太刀、田村丸の鎧なども、それにひとし。ほのぐらくなりて宿にかへる。

廿日、半晴。三好・石森・井上の三名宿へ来る。うちつれて十時五分の汽車に乗りて、塩竃へ行く。空晴れて暑気を催せり。勝画楼といふは、遠く海を望む所なれば、まづこゝにつきてけしきを見る。島は、籬の島のみま近くて、その他はいとはるかにみゆ。塩竃神社にまうづ。宮司芳賀氏は、上京中にて逢はず、禰宜佐藤伊加志は、明治のはじめ、家にも来し人なれば、よろこびて三社に案内し、宝物どもを見す。来国光・備前富成の太刀、ことに奇なるは伊達政宗の、朝鮮陣の時、家従にはかせしといふ長太刀五腰の内のひとつにて、長さも七尺にあまり、それが三尺ばかりは柄なり。その他、古文書もあれど、大かた延文已後の物にして、建久・文治のものは写なり。名だゝる和泉三郎寄附の灯籠は、武甕槌神・経津主神をいつける社壇〔塩土老翁の社は、本宮と称したれど、向ひて右にあたり、此二社は、門の真向ひ也、近頃塩土社に、志波彦社を合せ祭れり〕のもとにありて、年号の文字など、ことに鮮かなり。寛永年中、伊達政宗の納めたる南蛮鉄の灯籠も、社前に在り。文は、東照宮へ納めしものゝ如く、鋳つけてあり。勝画楼へ帰りて、人々と酒くみかはす。三好・石森・井上の三たりは、こゝよりわかれて帰る。午後三時過松島へと舟出す。佐藤禰宜事とりて、長田といふ神官をそへて、舟の中のまうけなどす。五時ばかり松島へあがりて、観月楼といふ家へやどる。居る処は三階なりければ、ことに眺望よろしく、風吹とほす所なり。夕つかた、あたり近き五大堂ある島に行きて見る。橋二つかけわたしたるが、あゆみの板をすかして懸けたれば、あやふげなり。但し、此あたりにおもしろし。郡長の家なりとて、新築したる所もあり。こよひはくもりて、月の影も、たゞそれかと覚ゆるのみなれば、いと本意なし。

廿一日、あしたの霧海の上にたちて、あやめもわかざれば、まづやどりせし家の隣なる瑞岩寺《(ママ)》に行きて見る。こゝはもと台宗なりしを、寧一山のすみてより、済宗になりたるとか。伊達家の信仰ふかくて、寺のさまいと広くうるはし。玄関などいと異やうにて、政宗のころ建てたるまゝとか。僧のすゝむるまゝに、政宗の木像を拝す。正殿の内陣めきたる所にあり。甲冑にて床机にかゝりたる、尤威厳あり。又宝物を見る。古き面四つ五つ、就山高麗いすか瓔珞手の茶碗古鈴〔開山の宋より持来しものといふ大形なり〕などさしたる物なし。これはたゞ二の町の物にて、古文書類も有りぬらんを、常には見せぬなるべし。仏殿其他の襖、皆画あり。其人をしらず。古き物と見ゆ。法華経の文字にて画がきたる羅漢の画四軸、仏殿の次の間に掲ぐ。趣ある画なり。この寺は、明治のはじめ、いたく衰へたりしを、奥羽御巡幸の時、行在所となりて若干の寄附金を賜りてより、修理も行届たる由を、杉宮内大輔のかきて、碑を門にたてたり。境内に開山の座禅せし処をはじめ、処々に窟あり。又仏像塔宇を彫付たる所もあり。すべて仙台地方の石は、やはらかにして穿ち易き質とみゆ。雄島に行きてみる。宿りせし処より五町ばかり、こゝにも窟あり。寧一山の書きて建てたる碑は、名だゝるものなり。宿に近き海岸に、観瀾亭あり。桃山御殿の内のひとつを、伊達家に賜りしものといへど、規模小くみゆ。去年までは、旅亭ともなりて在りしを、伊達家の所有となりて、今にては、切符なくては人に見せず。十時ばかり海のおもてはれわたりたれば、さはとて、舟人ふたりを雇ひ富山ざまにこぎ出づ。十二時きしにつけて、十五六町ばかり田圃の間を行く。右へ折れて山に登る。いとけはしく、暑さもくはゝりて、あゆみぐるし、三町あまり登りはつれば、寺あり。大仰院といふ。こゝの仏殿は、先つ年、行在所となりし所なり。さてこゝは松島の風色を、ひと目にみわたす所にて、晴れわたりければ、けしきえもいはれず、風のよくかよふ所なれば、暑さもつかれをも忘れて、しばし帰さのほども忘れたり。

富山ゆさほらひもなくまなかひに見ゆ
　はろ〳〵に緑さかゆる八十の松島

せどう歌の如きものを口ずさむ。又舟を出して、塩竈の方へゆくに、南風なれば、向ひの風にて、舟すゝまず。午後四時漸くつきて、大同屋といふ家に休む。

くが路ゆく車もよりて塩竈の
　うらさびしくも見えぬ御世かな

こゝにて佐藤伊加志に逢ひ、打つれて、車にて陸路をゆく。多賀城の碑は、行くての傍少し高き所に在り。

いしぶみは苔さへむさずいにしへの
　あともさだかにかよふ松かぜ

とかきて佐藤にあたふ。暮れはてゝ、仙台のやどりにかへる。塩竈より四里の道なりとぞ。こよひ牟田口氏に招れて、六時その家へ行く約束なりしかば、八時にもなりて、おくれしかど、たゞちに行きて対面す。晩食の饗あり。十時過帰る。

廿二日、雨ふる。けふは塩原へおもむくべき心がまへなりけるを、今ひと日と、三好・石森等にとゞめられければ、義象は、此ふたりと、此あたりを遊歩す〔後新聞をみれば、けふ東京大雨にて南風つよかりきとぞ〕。おのれは落合氏に招れければ、十時ばかり迎の人と共に、其家に行く。勾玉・管玉・石斧・古鈴・古瓮の類、所有の物くさ〴〵を見せられ、八座置、十座置と、種々の饗あり。十種神宝の事を、古物の鈴鏡によそへて語られたるが、珍らしく覚ゆれば、別に記し置きぬ。井上可基車もたせてこゝにむかへ来。打つれて其家に行く。土橋通といふ所にて、こゝよりは十町あまりを隔てたり。地酒野菜口にかなはずといへども、其志は美味にまされり。帰さのほど、殊に風雨つよし。夕つかた皇典講究所分所長橋本貞やどりに来て、あたり近き宮古川といふ割烹家に招請せらる。同じ分所の掛伊東一翁、又三好も来あひ、義象をもともなひて、酒くみかはす。晩饗にて、文学の起原といふことを談話す。やどに帰りたれば、かねて同行の約にて、おくれたりし萩野由之来り着て逢ひぬ。

廿三日、雨そぼ降りて、風にまじりたれば、猶こゝに止る〔後に聞く東京はけふはきのふよりも南風つよく、午前九時殊に強雨なり。然るに大洗・銚子の方は、雨ふらず〕。落合ぬしのとぶらはれたるに、かきておくる。

つゝみなくますとしらまし宮城野の
　露ふきむすぶ風のたよりに

ぬしのおくりたるは、

都人また来む折を松島の
　まちやわたらん秋のよの月

まことや、此ほど石森よりおくられたるは、

まつしまの月のみふねに雲の波
　こよひばかりはたゝずもあらなん

落合ぬしは、

こよひこそいかにうれしとてらしけめ
　君まつ島の秋のよの月

三好とひ来て、終日物がたりす。此人の親は、勤王に名高かりし仙台藩士三好監物にして、戊辰のとし、冤枉をうけて屠腹せし事を記したる印本を贈らる。義象は、萩野と共に林子平の墓にとて行く。

廿四日、曇れり。午前七時の汽車に乗りて出でたつ。萩野停車場まで送れり。午後三時卅分ばかり、那須野の停車場より下りて、塩原へゆく。こゝより二里ばかりは平原にして三島村〔三島栃木県令の野を開き道をまうけてよりおかれし村落なりといふ〕より外は、さらに人家なし。塩谷の原といふとぞ。関谷村人家いさゝかあり。こゝより山道に入る。左に渓流の音高く、右は岩石を切り通して、新に道をまうけたり。塩原まで二里ばかりが程更に家なく、折々右に瀑布をみる。仙境に入りたるこゝちす。此ほどの風雨にて、道ばたにたまり水深く、又かけ損じたる処々あれば、あやふしとて、関谷より車の綱引ふたりを増したり。雨ふり出でたるが、車をとほして、旅の衣もそぼぬれぬ。日暮れて、くらくさへなりぬれば、やゝわびし。八時前下塩原まで行つきて、古町の万屋といふにやどる。

廿五日、陰晴定まらず。此地に高崎式部官の別業ありて、近日来着なりときけば、午後たづねて行く。川を隔て、いと高き所なるが、此ほどの風雨に、橋も落ちたれば、十四五町ばかり、道もさだかならぬ山路を、宿のあるじにしるべせられて、たどり〳〵行きつきぬ。思ひの外なりと、ぬしのよろこばれて、新築の雨戸を開きて、こゝに勝地を撰びて家つくりしたるかひに、十分の眺望なりと、自賛して見せらる。名だゝる天狗岩といふ大岩山のむかひにて、渓流はたゞちにその下をたぎち流る。その流をへだてたるむかひの峯に家居したるは、田中頼庸ぬしにて、ぬしは家に在りて、ひとり酒を酌みぬるが、やがてひぢ枕せるさまなど、こゝよりよく見わたさる。物集教授、また演芸矯風会の幹事なる、岡野何がしも来あひて対面せり。あるじに書きて贈れるは、

　おもしろき山路ふみわけ君をとふ
　　いとまも御代のめぐみなりけり

松島・塩竈あたりの事かたらふに、松島とて、思ひし程にもあらず、また多賀城の碑も、墨本にて見たるよりは、中々に書体のおとりざまなるは、いかにとかたらる。前の谷川の水も、いさゝか落ちたれば、人におはれてうち渡り、田中ぬしをとふ。これもよろこばれて、酒くみか

はす。此ほどの旅中に、あかぬ心ちのみしけるとはたがひし良杜康なり

都にて常にはとはぬおこたりを
　此山ざとに来て申しぬる
折もよく逢ひぬとおもへば山水の
　音もさはらぬむつがたりかな

とたゞ言にひとしきを、たたう紙に書きてのこしぬ。

廿六日、山ざとのならひにて、朝のほどはくもり勝なるも、やゝ晴にければ、五時卅分ばかり出たつ。いにし日は日も暮て、眺望十分ならざりしにより、けふかへさの道すがらよくみんとす。近きころ、新聞にも載せたる高尾の墓は、この天狗岩のふもと近き処に有り、山本北山の文は、新聞にもみえたれば、車より下りてもみず。三島総監・吉井大輔、その外の人の別野《(墅)》、あれこれとみゆ。畠下戸といふ温泉場は、やゝ卑き処にて、二三戸あり。そこに物集・岡野はやどりてありとぞ。此ほとりよりは道もよろしくなりたれば、車夫もやすく行なる。新にまうけたる石門（通路半町もありぬべし）いと奇にして、さまぐ〵の奇岩怪石はさらなり、木曾の岨道の如き処もあり。瀑布の水の流れて道路に落る処あり。すべてから画のさまに近きも、松は皆赤松なれば和らけきけしきもまじりて、その上に二里あまりが永きほど皆かゝる気色なれば、桃源と云はんも過たる言にはあらざるべし。関谷まで二里廿五町、こゝより那須の停車場まで二里ばかりなれば、午前十時過にはつきぬ〔停車場やまとや〕。こゝにて大槻文彦ぬしに逢へり。けさ一番汽車にて出たち、是より塩原へと語らる。午後三時上り列車に乗て四時宇都宮につく。手塚屋といふ当処第一等の旅宿に荷物をあづけて、たゞちに尾張町（県庁近辺）なる源助の家をとひて対面す。案内をたのみて、官舎なる原近知ぬしをとふ。此ほど知事と共に出京せられしが、をとつ日折よくも帰たりと語らる。帰さの道のほど、夕立つよく降いでゝ、単も羽織もそぼぬれつ。ゆふべのほど源助とひく。夜に入り、原氏もとはれて、宿のあるじに談じて、上段の間にかりのやどをうつす事となりぬ。いと広らかに清き処にて、旅のこゝちせざるは原君のたまものなりき。

廿七日、朝のほど曇りたるが、昼より晴ていと暑し〔けふ家へせうそこす。中村秋香ぬしへも〕。二荒山神社にまうづ。高き処にて眺望よし。しばし休らひて町々を遊歩す。けふ消息をもて、原君より招れしにより、午後四時

頃より官舎へ行くさま〴〵もてなしにあふ。同僚井上真実も招れて対面す。原君時に四等属文書課長にて井上は其僚属とみゆ。佐賀人にて唐明律を好めれば、前年斯文学会にて、おのれが令の講説をも聞ぬといへり。国もとにて閑叟公の頃、経世文編の舶来せしを学びたりとかたる。福恵全書の類の学者とみゆ。さま〴〵談話の末、書てみせたるからうた、

天遺斯老作儒宗、振鐸不空吾道隆、得遂多年求識願、

一団和気座春風、

敢て当らずと謝したり。暮はてゝ辞して帰るさに源助をとふ。

廿八日、暁雨ふりたるが暫にして止たり。朝五時三十分ばかり出たつ。一里ばかり行けばきぬ川のはたに出たり。此ほど三日ばかりとまりて有きといふ。いまだ水かさまされり。西高橋・赤羽などゝいふ里々を行くに、大かた田圃の叢林にして平坦なり。十時三十分七井といふかた里にて昼食す。いとわびしき所なりけり。日やゝ照わたりてあつし。これより山路となる。飯村・小貫の里々其間にあり。五里ばかりゆけば、右のかたに高き山みゆるを仏頂山といふ。（俚言仏の山）是より山道を登り降る事二里、午後四時笠間に至る。折り曲りて、わづかの町あり。行きあたる処、もとの城跡にて高き処なり。此あたりの衆人崇敬の稲荷の社ありて、其社前はいさゝか賑ひたり。恵比須屋といふ旅店につきて、陶器の製造場を聞くに、町よりは五町も隔たりたる所といへば行かずしてやみぬ。けふうつの宮よりの行程十三里。

廿九日、暁より雨ふる。小止みたれば六時出たつ。是よりは総て山路なり。佐白山といふに佐志能神社たてり。杉崎といふ処より、やゝ平地もまじれるに、雨しきりにふりいでゝ風さへまじれり。大足といふあたりより鉄道敷地の成たるを見る。笠間より行程六里雨中道あしくして車行はかどらず。十時三十分ばかり、水戸上市泉町なる伊勢彦といふ家につく。午後栗田勤（寛ぬしの甥）西村金平とひ来。雨ます〳〵降しきれば公園地へも出たゝず。大洗の魚来庵といふ家は割烹家なれば、不意に客をやどさずと聞て、田口宮司まで明日参るべきはがき出す。水戸は上市も下市も近ごろ火の災に逢て、家居皆新らし、この伊勢屋はあまりよろしくもあらざる旅店なれど、ひと夜ばかりはよしやとてやどりぬ。

三十日、曇。常磐村の公園地はやどりより五町ばかりの処

ときけば、七時頃より行てみる。町をはづれて加茂の神社あり。所にては雷町といふ。川を左にみて行けば千波沼のあたりへ出ぬ。左の山には何がしの別業ありてうるはし。こゝにて栗田・西村の彰考館へ出仕するに逢ぬ。沼のはたは鉄道線にて工事盛なり。常磐神社はやゝ高き所にあり。

　ふた柱ふとしくたてしみいさを、

　　あふぐみかきにかをる梅が香

時の物ならねどあたり近き公園には此樹殊に多ければ思ひよせていふ也。栗田・西村来あひて、公園へ案内す。ふるき樹ども立なみたり。烈公の篆書にて記し給へる、偕楽園の碑たてり。うらに禁制の文ありて、衆庶縦覧のおきてとしたり。夫より奥は老杉叢竹しげりあひて竹は事ある時矢の用に備へんが為に植なし給へりとぞ。ことにたけ高かり昼もくらき所なり。少し下れば清泉ありて、しら玉にまがひ湧出たるをむすびて口をうるほせり。こゝよりかけ道を登りて、好文亭に出づ。はろ〳〵と四方をみはるかす処にて、千波沼はさら也、よく晴れば筑波山はま向ひにみわたさるといへり。其むかひの岡山には、昔義公の別墅ありし処にて、今は木立栄えたり。けふは月曜日にて亭をとざすを例とする日也といへば、たゞおもてのみをぞみわたさる。好文亭の上に高楼あり。又茶室ありて、いとわびたるさま也。彰考館は此山のふもとにて今はいとかりそめなる所なれど、文庫三つに和漢の書充満せり。近き頃本城の地より移しゝものといへり。庫の預り何がし出来て、鑰をひらき内に入れてみす。こは殊更なる厚意也けり。舜水の作りたりといへる大成殿の雛形も此中に在り。近年重野・井上毅両氏もこゝに至り、此上なる割烹家をやどとして書どもみられたりといへり。宿に立帰りて、さらに第二の公園みに行く。これは県庁のうしろに当り、いにしへ城内の地なり。むかしのまゝなるは鹿島・香取の神社、はた弘道館の碑也。こは大なる白石にて、廻りに八角の堂たてゝ八卦を画がき、外にも彫刻いとたくみなり。外にいさゝかなる建物あるは、近き頃まで学校ありし処といふ。こゝは高き所にて折ふし南風つよく日傘をも吹折ぬべし。県庁・警察本部・監獄署・中学校みな建つゞきたり。やどへかへれば、西村来て梅軸の筆一箱を恵れたれば、扇と紙とへ歌書てとらす。又やどのあるじにこはれて唐紙へ染筆す。いと暑くなりたれば、午後三時ばかり出たつ。下市より栗が崎・

大串などいふ村々を過ぐ。大かた田圃の道也。四里ばかり行きて少し山を登れば、あやしう風の冷かなるは、磯近き故也といふ。磯浜村は大村にて、二千戸ばかりありといふ。大かた漁戸にて、商家は少し。海岸に松のむらだてる所より入れば、山の上に国幣大洗磯前神社ましますそのふもとに旅店四五軒あるが中に、魚来庵はことに清ら也。こゝにつきて案内すれば、田口宮司来れり。兼ての知る人なる潮来の関戸喜右衛門の弟にて、十とせばかり先つかたは、本社の社格の事にて宅へも来りし事もあれば、ことさらによろづをけいめいし、此あたりに県知事の別業の預りてあるを、かきはらはせてやどりとさだめたれば、外に人もなくて、楼のみわたしいとよろしき処なりき。魚来庵には秋月種樹氏の対米楼といへる額字をはじめ、長岡・股野・山岡・桜井等の扁額ある中に、酒煖魚来といふ四字は、長与専斎のものせられしにより庵の名とせし也。ことに目とまりたるは高崎ぬしの、

あかねさしいづる日かげにわかれけり
おなじみどりの水とそらとは

といへる懸字なりき。

三十一日、半晴。けふ家へは書出《（端書）》す。河合きさ子へも。義象は井上ぬしへ郵便せり。ようべ歌よまんとせしがよくも出来ず、けさになりて、

かつをつる小舟にそへてわたの原
かぎりもなみにこゝろをぞやる

宮司の子勲・孫栄に逢ふ。案内せられてみやしろにまうづ。みたらしは階下にあり。いと清水にて明礬の気あるにより眼疾をあらふによしとて殊に人の集れる屋あり。石阪をあまた登り、広前にぬかづきて、

とつ国のあたまもらんとふた柱
神は磯辺によりて来まし丶

とぞおもひつゞけゝる。社のかたはらの森ある所を過れば、いと広らかに海のみわたしよき所に出たり。こゝを子の日の原《（ケ）》といふ。烈公の御歌を彫たる碑たてり。宿に帰れば伊能大人のみづから書給へる、みちのくの日記を、勲のもて来てみせたり。天保十四年松島に遊び給へる日記也、ひらきみればたゞ翁にうちむかふこゝちのせられて、はては老のなみださへさしぐまるゝ也。

なき人のみはかの露もはらはぬに
まづ袖ぬらす水ぐきのあと

夕つかたいそしのこふにより、短ざく又からの紙にえせ

歌したゝむ、又詠草をみる。

八月一日、空よく晴て暑さ強し。けふあすは酒列磯前の私祭なるにより、神拝に出たてば、もろともにと宮司のさそふまゝに、義象と共に出たつ。こゝより弐里ばかりの処也けり。磯浜の内にて別に一廓をなしたる所を祝町といふ。貸座敷・割烹店あり。行はつれば那珂川の岸に出づ。猶水かさまされり。わたれば那珂郡にて那珂湊也。こゝも二千戸ばかり、そのかみは舟つきにて、商業にも便よかりし所なれど、近きころ川口に暗礁の出来て、舟かゝりよろしからず、そを取のくるは、あまたの物入なるにより、おのづから衰へざまなりとぞ。酒列の社は大洗とは又かはりて、高き海岸にはあれど道よりの地つゞきなれば石阪などはあらず。そのかみの社地は、所たがひぬるに、義公のころ此地より瓮など多く掘出ぬれば、こゝこそむかしの社地なれとてうつし給へりとぞ。社務所にやすらひて、禰宜小神野治行、主典高木英武に逢ふ。やがて神事はじまりぬれば、本社にまうづ。社のかたはらを少し下れば、茶店あり。こゝは遠浅なれば、海水浴に便よき所といへり。こゝの海岸の涼しき地にても八十五六度の暑気といへり。さては東京は九十度已上なるべし。さてあたりの海岸にはめづらしき大岩どもゝありて、ながめよき所なれば、けふは朝より照り渡りて、家を出でゝよりはじめての暑さにもあり、殊に此所は日のむきにより、大洗よりも涼しからざる処といへばとゞまりぬ。酒列といふ義は、いかに宮司にとひしに、此あたりの岩石は、逆につらなりし所ある故ならんといへり（むかし僧侶の護摩壇をまうけたる所といふ）。されば逆列の義なるべし。おのれひそかに思ふに、文徳実録に載たる国司の上言は、其もと僧侶の言ふらしゝ事にはあらざるか、さるは彼文中に法師の形したる石ある事みえ、又延喜式には、大洗磯前薬師神社、また酒列磯前薬師神社などみえたるに思ひあはせて、試にいふ也。されど義公以来、社僧などいふともがらのふつにあらずときくは、外の地方と異なる所にして、はやく、仏体・仏具を取除きしものなるべし。十一時ばかり田口とゝもに湊なる近藤長四郎をとふ。此地にての豪富にて、家居すべて土蔵にて、楼上には三条公・副島・山岡・長岡其他貴顕の扁額をかゝげ、一双の広沢筆の屏風は、ことに見事也。商家にもあらず、今はたゞ地所よりの収入を産とすと云。立よりし故は、母もと子は久米ぬしの門人にて、歌を好むによりて也。然るにいにし廿四日、久米氏にともなひて、塩原におもむきしほどにて、本意なし。されどその子の家あるじのこふにまかせて短冊あまた染筆す。こゝにて酒のみ昼食たうべて、あるじの案内により、あたり近き小学校見に行く。高処にて那珂川のわたりをみはるかしてけしきよし。運動場いと広らかによろしき処也。校長何がしに対面す。午後三時前大洗に帰る。

二日、朝半晴。午後にいたりよく晴たり。おくれていふ、すべて福島・仙台わたりより、宇都宮わたりまで旅店に立はたらくものは、皆無骨の男子にして、食物の給仕にのみ女の出たるが、大洗にては皆女なり。さて此地の男の色の黒さは、ほと〳〵かの崑崙奴また黒兎などいふべくして、漁夫は皆チヨンマゲ也。女も色黒くして男かと思ふもある中に、魚来庵なる給仕女は色きはめて白し。これは此地の水すぐれてよろしきが故なるべし。然らば男女共原来は色白なるが、漁夫は明くれ潮水に入ひたり、日に照さるゝ故なるべし。けふは暇あるまゝに、師翁の日記の中より歌を抄出す。

　棚倉にやどる、那須山女の〇（ママ）也嶺には雪白う残れり

　いづる湯もけたずやあるらんなす山の
　　夏まで残るみねのしらゆき

武隈の松をたづねてみる、むかしの木にはあらざるべし、さらに年へし影ともみえず

　二木ともみきともいはじ植つぎし
　　はなわの崎の松の名たてに

松しまの歌とてよめる

　松島の松のときはの陰しめて
　　すまばやとこそおもひ成ぬれ

舟にてみるは、高き所に登てみるには及ばざりけり、されど

　こぐ舟のうちよりみれば浪の上を
　　松も行くかとおもひけるかな

　波まよりおひし松かと来てみれば
　　根ざしは白きいさごなりけり

塩がまにおりて名高き烟尋ぬるに、今は塩もやかずといふ

　しほがまのうらのけぶりも時しあれば
　　賑はふ民のかまどにぞたつ

これにて筆をさしおく、

義象を水戸へ遣す。為替金のため也。田口云、此地御浴

場になるべしとて、けふも県吏の来て検したり。大かた社地の高き処なるべし。

三日、晴。とく起て朝日の海原のはてより出るを拝す。いとこゝちよし。暑くならざるほどゝて七時過出たつ。きのふの頃、足立ぬしの来着あるべきよし魚来のあるじのはなしもあれば、歌よみて田口に頼み置たり。

君くやと磯辺のやどによかの夜を
ねの日の原のまつかひもなし

大貫といふ浦ざとは、磯浜に続きたり。成田・子生・椴山などいふ里々は、いとさびたり。三里ばかり来ぬらんと思ふ頃、足立ぬしのふたり三たりの車を先にたてゝ来るに逢ぬ。此頃の増水にて、鉾田に汽船来らずと語らる。十二時計、鉾田につきぬ。（大洗より六里）汽船も荷舟もいつ来らんか計り難しといへば、車行に定めぬ。いと暑き日の最中に出たちたれど、南風つよければいと涼し。烟田・安塚などいふ里々は、皆北浦を右にみる。横折れて汲上の浜海道を行く。山路と覚ゆれど阪もなき砂原にて、たゞ松のむら立のみにて、田圃もなし。飯島といふかた里にて、しばし休らふ。行ても猶同じ山道にて、角折れ・荒野など村の名を記せる標杭をみる。

波の音はとほく聞えて人影も
みえぬあら野を暑き日に行く

車の上も五里より多くなれば、尻いたみてくるし。鹿島より二里半ばかりこなたに大鳥居たてり。もとの神郡の界なるべし鉾田より宮中まで七里余八里もあらんか、午後五時過宮中村につきて、宮司大谷秀実をとふ。あるじ案内して、神宮の鳥居前なる家をやどとす。近きころは参詣の人もやゝ少ければ、いとさびたり。夜に入て大谷とひく。

四日、快晴。朝吉川久契をとふ。社務所に至れば宮司已下はやくこゝに来あひたり。神宮の御前にぬかづきて、

ものゝふのしわざは時にうつれども
ときはにち（ママ）はふかくしまの神

古文書を巻子としたるが十五本あり。建久天福の頃をはじめにて、摂政家政所幕府の政所の下文数種、降りては佐竹家同一門の書状多く、大かたは大宮司家に係れるが多きは、もと其家に伝へしを、神宮に納たるが故也といふ。正等寺に伝へたる駅鈴も、今は神宮にあり。兵乱の時寺も焼かれ、鈴も焼けたりといへり。いかさま昔みし折よりも、その音あさましくなりぬ。敦光の作といへる

立像の人丸いと古びたり。こゝにて短冊扇あまたしたゝむ。涼しき所をとて宮司以下の人たちと共に、みたらしのもとに筵を敷て酒のむ。こゝは近きころ、木を伐るを廃したれば、むかしみし頃より少しあたりのさまあさまになりぬ。厚意のもてなしの酒も、地にて製りたるものなれば、大かたのまずなりぬ。松露の砂糖づけは、こゝの名物なれば、いさゝかとゝのへて家づととす。さて宮司によみておくれる歌、

　むかしみしかしまが崎の波の音を
　　又きくけふは夢こゝちせり

義象に莫逆の浦のけしきもみせまほしけれど、行てをいそげば、午後三時頃車にて息栖ざまへ出たつ。皆砂道也。此道三里近きころ出水の折に分たんためとて、刀根川より海岸まで新川をまうけたれど、忽に砂に埋められて、させる効なしと、車夫のいへり。息栖はもとより物さびたる処なるに、先年火の災にかゝりたれば、昼食せん家も一軒ならではなし。社頭のさま、又川中の大鳥居の傍に男瓶女瓶の鳥居並たてるさまなど、昔にかはらず。汽船の通路絶たれば舟をやとひて蕪川へわたりてやどりぬ。

五日、朝霧たちたれど、やがて晴わたりぬ。七時頃より舟をやとひて、銚子へ行く。南風にてむかひて吹けば、舟すゝまず。屋形もなければ、日傘さしかけて行くに、風つよくあたりて困じたり。正午前漸く広野につきて、大新といふ家広く清らかなる割烹家にやどる。鹿島にて聞及びたればなり。こゝの楼をしばしの住処とするに、川ぎしなれば風よく吹入て、いと涼し。兼て心ざしゝ松本新左衛門方へ、まづ名簿を送りたるに、やがて孫なる郷知二郎といふ人到りて、あやにくに此ほどより脳病つよくて、床より起出がたき程なりといへば、家へは行かずして、もたらしゝ音楽史の摺本をおくりたれば、つぎて其人の兄なる松本新之助（当所の戸長也）来りて対面す。あす磯廻りの案内せんと約す。夕つかた義象と共に飯沼なる観音にまうづ。早器居士の墓をはじめ古き石卒都婆あまたたてり。此あたりなる来《クル》田弥門をとふ。野川屋といふ酒店にて、三十四年已前観音寺霞外とゝもにこゝにやどりし事あり。あるじは伊能翁の甥にて、年六十ばかりなるが、対面して、むかし今の物がたりす。むかし霞外翁の白旗の社の大幟、書し事など思ひ出れば、さばかり年をへだてぬるこゝちもせず。

六日、晴て暑つよし。義象は磯めぐりにとてまづ松もとの

家に行けば、おのれは新生なる宮内君浦がり行く。これもそのかみ遊歴の時、やどりせし漢学の先生なり。これはとばかり驚き迎てさま〴〵語らふ。（鹿島の吉川の兄也）これも六十あまりの齢にて、その長子は千葉の郡役所にあり。次子某は東京へ出て、英学の修行せるが、帰省の折にて対面す。やどりに帰れば、松本のきて唐の紙また短冊にうた書てよとこふまゝにしたゝめつ。とかくして義象は松本の弟隆三郎（これも東京にて商学修行中なるが帰省中也）とゝもに磯めぐりして帰りぬ。三里ばかりありきて海水浴もせしといへり。いさゝか脳いたむとて、あたりの病院にて薬を得て帰れり。

七日、晴て暑つよし。けふ家へのせうそこ出す。十一二日には帰るべしといひやる。あすは汽船のかならず出づべしと松本いへれば、その心組にて新生なる来田より田中玄蕃をとふ。これもそのかみ伊能翁とゝもにやどりせし醬油造の名だゝる旧家なり。今は歌よみし人の子の代にて、初対面なれど、しばしかたらひて、先代のもてる古鏡をよめる長歌の稿を出してみせたり。これは楠正成のえびらの矢留にせし由箱に書付あり。その子も東京のある学校に在しが帰省せりとて逢たり。宿より義象の書状をおこして、けふ午後に汽船出づといへば、俄にいとまをつげて帰る。松本・来田の外に、郷正蔵（新之助の父）・郷長二郎・山崎卓爾・谷下田茂樹・宮内君浦等来て、わかれの酒もりす。午後二時今宮より舟出す。松本・来田舟中までおくりす。（両人とも此汽船の株主なるよし）夕ぐれに佐原の川口につきて、汽船宿のけがらはしき家にやどる。清宮まで案内す。

八日、晴て暑ことにつよし。九時前清宮をとふ。こゝの郡役所なる郡長大須賀庸之助、また清宮氏の伯父なる文三、伊能学校の長木内惣三郎に対面す。翌日当所の高等小学校にて演説せんと約す。清宮とゝもに田中といふ所の川島といふ割烹家に至りてやどりとす。川島へ行がけに正文堂といふ書林に行て売本をみる。こゝもむかし知れる家なり。大須賀も来てもろともに酒くみかはす。香取の主典額賀大重来て、禰宜朝野泰歳のことづてす。村林繁枝とひく。歌よむ人なり、伊能翁門生のよし。夕つかたの涼しさに、香取へ車をはしらす。神宮にまうでゝ例のえせ歌奉る。

海山に国をまもりのますらをは
かとりの神のさちにやすけし

社務所にて朝野・額賀、又主典両輩にあふ。額賀案内して本宮の後なる桜の馬場を逍遙す。遠見よろしき処なれど、日暮なればそのかひなし。こゝにても饗応ありたれど、鹿島に同じければ程もなく辞してやどりに帰る。朝野おくりせらる。

九日、晴。きのふけふの暑は九十三四度に及ぶといへり。朝八時過牧野の学校におもむく、清宮、村林、朝野案内せり。郡長・戸長・校長・学生四十人ばかり）其他の人々来あひたれば、日本の文学といふ演説す。こゝにて伊能某に逢ぬ。これは魚彦また名だゝる勘解由の裔にて、所の豪族なり。事はてゝ十時過、村林・朝野案内して同村なる観福寺の伊能翁のおくつきにまうづ。養子某（翁の甥）は昨年歿し、翁の娘（養子に配せし人）は此春歿して、男女の幼童四人あり。今は本家も衰へて看護する事能はざれば、十四五歳の長男を、傘張の家に遣したり。遺物の調度は養子存生中、大かた売尽したり（蔵書は悉く生前香取宮に納めて保存せり）と村林のかたるを聞けば、たゞ歎息に堪へず。いとあつき日の最中、やどりに帰れば、大須賀・清宮来りて、けふのむくいにとて饗宴あり。夕つかた朝野は、香収へ帰る。涼しくなれるまゝに、人々よりこはれたる短冊・絹帛などに歌したゝむ。

十日、晴てあつし。朝のほど宿のあるじ案内して、諏訪山に登り、神社を拝す。こゝもむかし翁の家にありける頃、日ごとにまうでたる所なれば、そゞろにそのかみをしのばれぬ。高き処なれば潮来の方をみわたして、眺望ある所なれど、いまだ朝霧の晴れぬほどにて、さだかにもみわかず。石阪の中ほどに、文政三年に建てる双生竹の碑あり。小山田与清の和文を宣命書に記したるは屋代弘賢なり。これもむかしみなれたるまゝなりけり。帰さのほどに、町をみあるく。むかしに替らず賑ひて、本宿の鎮守なる八阪の社は、近きころ造営も出来てうるはし。けふはやどりにて、伊能翁の霊祭を形ばかり執行せんと思ふにより、きのふ朝野にかたらひたれば、けふ香取より額賀の伊能の本家に蔵めたる翁の霊代の鏡を持来りければ、やがてそを小床に安置し、酒米海山の物（五台）を備へて、正午ばかり拝礼す（祝詞は後にのす）。義象・清宮・額賀共にをがめり。事はてゝいさゝか直会のもてなしす。村林も来あひたり。旅中の日数も彼是にて、かねての定めよりは多く過たれば、けふ出たちて、名古屋へおもむかんとす。夕四時頃まづ本宿なる油屋四郎兵衛

（翁の本家にてあるじの親は翁の甥にてむかし知る人なり）をとひて、祭典に備へたる物を送る。老人出あひて、むかしがたりせり。おくりせし清宮・村林に別れて、町中を折れて野道を行く。日程なく山のはに入て、旧の三日の月さやかにさし出たり。あたりの田はたに螢飛かひていとすゞし。九時頃名古屋につきて小御門神社宮司沢田総右衛門をとふに、大洗へ行たる程にてあらず。兼て朝野より、けふまうづべき由通じ置たれば、社務所に至りて、禰宜尾形是真にあふ。やがて沢田総平（宮司の子にて戸長なるがかねて知る人なり）来りて、おのれの家へとていざなふまゝにそこへやどりぬ。

十一日、晴。例のこはれて短冊したゝむ。朝のほどに小御門神社に詣でゝえせ歌奉る。

君か代のさかゆる今は大宮の
　ちかきまもりの小みかどの神

こたびの道すがら官国幣社すべて七社にまうでぬ。いづれも心ばかりの幣しろ奉り、えせ歌さへそへて奉りしもかしこし。磯部・荒海の里々を過て、飯岡に到る。こゝは魚貫翁の在し里にて、むかし翁をとひて、ひと夜やどりし事もおもひ出ぬ。押畠・郷部をへて、九時前成田につきぬ。新勝寺も四十年ばかりむかしまうでし処なるが、堂舎のうるはしさと、門前の賑はしさとは、昔に変らず。昼過る頃佐倉にて中食しぬるついで、いとあつければ、三時頃まで休て出たつ。印幡沼をみわたしたるけしきよし。大和田原にはいさゝかの陣営ありて、兵士の演習する所なり。こゝを過れば日くれはてぬ。船橋にやどる。家居建つゞきて賑はし。意富比神社は駅の中にあり。

十二日、朝霧たちこめたり。六時前に出立て八時前行徳に至る（此道二里砂道なり）。三番出の汽船に乗こみて、九時頃東京大橋のあたりにつき、十時前根ぎしの家に帰りぬ。旅の日かずをかぞふれば、廿といひて六日になりにき。

陸前下野常陸下總紀行終

〈欄外〉寒暖計ハ新聞により正午を記す。但し八十五度以上也。

明治廿一年八月十二日　半晴。正午八十八度七。　日曜

午前十時前旅行より帰る（旅中の記事別日記ニ在）。義象ハ直ニ市谷行。

十三日　晴。正午八十九度八。
新聞をミる。前月已来分也。○水野行。旅中の礼也〔氷水持〕。○銀二文部省遣ス。宮川へ照会之為也。○大学へ帰京届。学士会院同。〈頭書〉夜江沢面会。／戸長役場へ帰京届。

十四日　半晴。正午八十六度三。
仙台落合・佐原清宮・香取伊東等へ書状出ス。○山崎屋行、預ケ物請取。河合へ寄、羽折単物仕立頼。郁丘《(村岡)》氏寄。〈頭書〉午後納戸の書籍かた付。／○芝萩原幷甲州おのぶへ郵書出ス。○夕刻関根来る〔くわし持〕。○帝室制度取調局へ帰京届出ス。

十五日　曇。や丶涼し。雨すこしふる。
文部省へ出。○夕刻萩野来ル。不逢。○鎌倉長谷川真杉より来書。去四日辞職之由。〈頭書〉本居へよる〔くわし持〕。

十六日　曇。正午七十三度に降る。雨すこしふる。
藤沢碩一郎・竹中信以来ル。○銚子宮内君浦より詩作郵送。〈頭書〉午後納戸かた付。／新井保五郎来ル。房租持。／古島勝五郎来ル。獲螢庵夫妻肖像持参。

十七日　曇。
山崎や貞氏入来。生田目来る。○宇都宮原幷小中村・水戸西村・大洗田口・鹿島大谷・銚子宮内・松本等書状出ス。〈頭書〉午後納戸かた付了ル。／筧正養より父正庸重病之郵書来。／水戸西村より郵書。／名古屋深田へもはがき出ス。

十八日　淡曇。
朝九時前木村行、入谷製造瓢箪をミる。尤も大きなる者米壱斗八升を入るべしと云。○女新聞社主鈴木入来。〈頭書〉旅の日記した丶めかけの分整。／○市川へ診察料薬価もたせ遣ス。○和田英松来る。夜又生田目来ル。○尾屋良作来ル。伊沢へ添書渡。

十九日　日曜
佐伯行〔くわし持〕、落合行〔水戸梅軸筆・くわし持〕。皇典講究所出、畠山面会。鈴木行〔短ざく一覧〕。加々丁行〔お栄反物遣し〕。村岡行。筧行。病見舞也。病者望ニ付、旅中の哥した丶め遣ス。丸山行。留主ニ付、正彦面会、神田川にて晩食。暮て帰る。〈頭書〉萩野へも寄。

廿日　晴。正午八十五度七。
文部省へ出。帰路貯金銀行よりさ丶又行、暫休息、黒川行〔くわし持〕。晩景帰ル。○車夫銀二所労。○大洗田口より鰹夕、キ鑵詰到来。○尾屋より郵書。〈十八日条〉○〔廿日也〕増田来る。不逢。新編紫史初帙二巻恵贈。

廿一日　半晴。正午八十八度一。

新聞をミて日をくらす。○宮島入来〔氷水賜〕。○鹿島大谷より廿日出之状来。○うつの宮原より同断。〈頭書〉佐原清宮より去ル十七日之房総新聞を郵送す。予が佐原行之記事幷伊能翁祭文を載るを以也。

廿二日

新聞見了。○井上頼国紹介状持、門人高沢瑞信・山岸恒治来る〔富山県人〕。雑志刊行に付寄書頼也〔くわし賜〕。依て文学之起原の草稿を貸す。○女新聞へ唱哥おくる。○田口へ謝状出ス。

廿三日　午前一時頃大雨。暫時止。濛雨、午後止。

仙台落合・芳賀より郵書来る。○福羽・三谷・本居へ郵書出ス。○佐伯来る。開国始末持参。不逢。○直江幷上総人よりの頼絹地たんざく・扇子・唐紙認め。

廿四日　曇、午後半晴。

来廿八日おかね十七回・謹吾一回法会ニ付、萩原・村松へ配物遣ス。○午前十一時四十五分王子行の気車ニ乗らんとて停車場へ至るに、十一時四十分の出にておくれたり。依て乗車して午後一時前王子扇やニ至、稲荷権現・滝の川・飛鳥山遊行。午後六時五分の気車に乗て帰る。三作・おミつ同道。○よしかた来。不逢。○柿沼来る。

廿五日　午前一時頃大雨雷鳴。三時頃止、晴。猶あつし。

開国始末をミる。○長沢資寧紹介状持、新宿人斎藤友吉来る。哥文添削之事頼ニ付断、鈴木へ紹介状もたせ遣ス。○(小)へ十円遣ス。○清道名古屋より之書状来る。紀州へ八日間滞留。是より信州・上州へおもむく由。○右馬・さゝ、又へ配物遣ス。水野・宮川へも。

廿六日　日曜

朝日村三百五十八番地松本何がし所有売家ミに行。地所共千三百円といふ。○夜おりん下ル。代りおこう来ル。○豊田伴来ル。仙台石硯及肉池・団扇二本を恵る〔学生会雑志三冊遣ス〕。〈頭書〉新光明寺行、明後廿八日法会之事談じ、浅草寺地内広隆寺聖徳太子木像開帳を拝す。衣冠にて手に香炉を持給へり。霊室ニて示しゝハ顕家より賜たりと云黄櫨櫃の御袍・花の下襲のミ。

廿七日

文部省出。松もと・石井も出。よしかた来ル。正午前退出。○甲州より尾谷おのぶ来る。不逢。○本居より旅中稿批評郵送。○井上政二郎、うつの宮より来書。地志調査長ニ被命由。〈頭書〉石井より井上付托和名抄地名索引入手。

廿八日

村岡来ル〔くわし賜〕。上田万年来ル。面会。午前九時卅分光明寺行。おたつ同道。水野・笹又・萩原・お晉・お信・宮川等来ル（日のやハ繁多ニ付寺の玄関までにて帰る）。正午過読経了、一同広小路松田行、昼食す。帰路夕立少し降る。午後四時頃帰宅。〈頭書〉おのぶ土産に松屋古瓦・くわし・団扇二本贈る。○新井保五郎来。三円持参。且豆屋雪隠修理之談有。

廿九日　雨。

留主中官報一閲、利根川図志一覧。○松野へ教員の事郵書。○村松・右馬へ法会引物もたせ遣ス。○井上より来状之旨ニ付、同人幷原へ郵書。

三十日　曇。夜十二時過より東南暴風。

松野来る。日本文学第一号持参恵る。○朝戸長内田行〔くわし持〕。松本行、八百五十円迄ニ相談。○留主中来翰之丹波・さゝ又・池上幸二郎へ端書出ス。○清道去廿五日夜付にて信州飯田之手紙来る。則おのぶ方へ郵送。文中ニ甲州尾谷行、養蚕修行云々の文あるによりて也〔後に聞。此日清道・山田、日下部村尾谷ニ至候由。〕。○横井時冬来る。尾張へおもむき両三日前帰京之由ニて養老製玉箒・釜敷賜る。○筧正養より郵書。父正庸今朝死去之赴也。○絵画叢志十六号配達一過。

卅一日　夜来雨。南風つよし。午前八時頃甚し。午後風雨共止ム。二百十日

弐階東南之雨戸大かた閉たれば、読書に便ならず。又むしあつければ、たゞ終日起臥するのミ。

明治廿一年八月廿八日法会入費

おかね　十七回正当　十八日ナレドモ暑ニヨリ今日ニ延セリ

謹吾　一周予修

一　弐円　新光明寺読経料

但霊饌料共　出僧七人

一　弐十銭　同　塔婆料

一　十銭　同　門番人へ

一　壱円十五銭　配物そばまんぢう

一箱ニ付廿三銭ヅヽ、水野・村松・さゝ又・右馬へ

一　廿銭　　宮川へまんぢう料
一　五円五十五銭　松田割烹料
　九人前払共　外ニビール一本　日本酒
　車夫一人分此内ニ在
一　三十銭　　同婢へ　纏頭
一　壱円四十四銭　引物くわし折　八岡野
一　七十弐銭　　同　風呂敷　八九銭ヅヽ
　合計十壱円六十六銭
　　内弐円五十銭　香奠引
　金九円十六銭
〈頭書〉(3)香奠分
　一円　右馬　　半円　水の
　半円　村松　　半円　さゝ又

九月一日　晴。正午八十五度
午前九時出宅。西片丁久米及上田行。不逢。本郷浅井・通丁松葉や・かやば丁麻や等行。麻やハ清道の事談なり。午後一時帰宅。○高崎田島・福岡県辻・宇都宮奥平等へ郵書返事出ス。○大工来ル〔忍びがへし其外〕。〈頭書〉午後中村入来。去月廿五日あたミより帰京之由にて時計かけ賜ふ。夕刻木村入来。明日松島へ出立ニ付問合せ也。賜暇遊記(覧)印刷成たるを恵る。／高橋(島)嘉右衛門へ音楽史一部通運にておくる。

二日　晴。日曜
上田来る。面会。松野之談を伝ふ。○生田目来る。面会。○学士会院雑志に出すべき古代宗教論余帰(ママ)草。○省三を本郷三丁め蒲団屋へ奉公ニ遣ス。〈頭書〉西京榊原より去月卅一日出之郵書来ル。近来神道教職権少講義拝命由。

三日　半晴。
文部省出。午後皇典講究所行、久保面会。加々丁行。此ほどより清名下痢によりて也。遊記の材料となるべき書類持参。よしかた外出。逢はず。○夕刻清道・山田両人帰宅。一昨日甲州を立候由。○大久保初男来る。ビール弐瓶を恵る。○内藤耻叟より郵書。昨日帰京之由。〈頭書〉筧及大久保子爵へ弔ニ行。

四日
清道、おのぶ方へ遣ス。○井上頼国頼ニ付、高沢瑞信発行雑志の祝詞したゝめ郵送。○大工来る。裏手しのび返し取付け幷表門脇袖搆。

五日

午後四時前出宅、車坂にてソープと丶のへ〔加々丁へ遣かへり〕中村行。兼約によりて也。足立も入来。西洋食の饗有。暮て帰る。○大工来る。○新井保五郎来る。四番地・十七番地等営繕料渡。○宮島東鹿来る。○浅井来。不逢。

六日

学士会（院脱カ）演説案清書。○出板月評配達。○小中村新太郎より郵書。肺炎ニ付多少救助頼なり。○けふハ秋晴なれバ三作・清道つれ向島八景園・花やしき等見物。鉄道馬車ニ乗、暮かた帰る。〈頭書〉花やしきの萩ハわづかに咲そめたるほど也。外ハいまだし。

七日

演説案浄書。○赤堀来ル。面会。○お栄・清名来ル。

八日

古代宗教論稿〔浄書〕全成る。○牛込新太郎方へ加藤遣ス。壱円見舞ニ遣ス。○皇典所より来十一日より授業始候事報じ来る。

九日　雨終日。夜ニ入。　日曜

赤堀来る。片山道顥（頼）、豊後別府より之書状持参。○午後一時上野学士会院行。西村（日本文学）・中村（報償論）等講演。暮て帰る。古代宗教論余、寒沢渡ス。○大八洲学会雑志配達。〈頭書〉文科大学より本月十一日より之授業わり書付郵送。

十日　雨。　二百廿日

文部省出、正午退出。○三作、左衛門河岸行。和助ニ不逢。○西京榊原へ返書出ス。○昨日小杉より去八日帰宅之旨郵書。今日返書出ス。○書類片付物する。

十一日　雨、冷気。

午前十時前大学出頭、文科大学書記及び和文三年生ニ面会。本日は図書課へ出、教科書証認証差出候のミにて授業致さず。午後一時前帰ル。○書類片付る。○谷崎久右衛門（和助事）入来。三作面会。依て手紙遣し書類返ス。〈頭書〉三宅米吉より郵書且文（雑志）二冊を贈らる。上古紀年考（那珂通世著）に考案を加へん事をこふなり。

十二日　雨。午前いさゝか日光をミる。正午前より南風をまじへ、あれのけしき有。されどさしたる事なし。雷鳴少しあり。

午前九時卅分過出宅。十一時麹丁三番丁落合直澄氏行、其著述訂正紀事をミる。正午前分れて招魂社紹鰻店にて昼食。午後二時前皇典講究所出、戸令一時間教授。卒業前ニ付、科条類典の教授ハ休む。但し次週より内裏式をはじむる事に定む。三時帰宅。○学士会院より年金之事書通。〈頭書〉清宮来る。逢はず。明日日光へ発足。両三日過再び着京之由。

十三日　夜来より朝ハ猶雨ふる。午前より半晴。

枕草子下見。午後大学へ出、一時より和二年生ニ職員令〔初〕、同三年生に枕草子を授く。○石井来る。逢はず。○古事類苑武伎部壱冊持。○清宮へはがき出ス。

十四日　晴。

大工来る。此ほどの長雨にて所々漏あればつくろいのため也。○銀二郎、文部省幷重野遺ス。史徴墨宝摺本もたせ遺ス。製本のため也。○文に答ふる日本紀元ノ正否を草す。〈頭書〉義象より郵書。文答書の事也。／○栗田より新刷荘園考幷大日本史食貨志十六巻を恵る。

十五日

十一時大学へ出、博言二年に源氏をはじむ。午後一時より史学二年・三年に教授之処、本の都合ニ寄（ママ）、日本文学の演述す。三時前帰る。○文答案全く成る。

十六日　雨。日曜

朝阪部只二郎来る。史徴墨宝の表装幷に九鬼氏古物石板摺ニ致や否、問ひくれよとの事也。○萩原来る〔くわし賜〕。○午前十時卅分過より加々丁、午後三時丸山行。招ニよりて也。両人にて星岡茶寮へ行、国学興立之事種々談じ、暮て帰る。

十七日

大学出、午前十時より十一時へかけ和三年ニ源氏若紫と選叙令、午後一時より和二年ニ職員令、二時より史学一年ニ日本歴史神代をはじむ。○夕刻製本師来る。学芸志林・かぶき新報其他の仕立本遣ス。

十八日　快晴。

午前十時大学出、和二年ニ職員令、十一時より和三年ニ選叙令講授。午後一時より帝国大学にて本年入学之学生宣誓式あるに臨む。三時前帰る。○お辰、扇橋行。先達てよりお道〔娘也〕病気、お定も勝れざるによる。〈頭書〉北海道空知曾我へ郵書出ス。／石川県黒本植より去十五日出にて、日用文鑑中文詞之事問合せの状来る。

十九日　曇。彼岸ニ入る。

午前十時宮内省出頭。図書寮にて丸山氏ニ面会。帝室制度取調局へ参候処、枢密院臨御にて局中へ入られず。依て御哥所及び図書寮にて暫見合せ。九鬼図書頭の帰京後初て面会〔同氏及丸山氏に音楽史おくる〕。午後一時卅分頃皇典所行、二時より一時間戸令講授、三時過より築地神道本局行。如蘭社会也。村岡・青山・青柳・清宮・大畑・吉川其他之人ニ面会。晩景帰る。○お辰加々丁行。○三作・おミつ深川其外遊行。〈頭書〉朝清宮来る。新撰年表袖珍本及び味附海苔恵る。○和名抄郷名索引并煮山椒を贈る。／文へ之答案丸山渡。図書寮にて近来陸軍より送し朝鮮現出古碑の写をミる。／維新史料第十四号、さるがく丁野史台より贈り来る。／よしかたより阪部へ昨日返書致候由。／曾我へ贈る短冊、佐伯丁通運会社出ス。

廿日　曇或ハ細雨。

春曙抄下見。○午前一時より文二年ニ桐つぼ〔はじめ〕。二時より同三年ニ枕草子講授。四時前帰る。○根岸学校へ省三退校届出ス。

廿一日　曇。

文部省出、午後四時頃牛込揚場丁石黒忠悳行。清道獣医志願によりて也。則駒場農学校長与倉東隆へ之紹介書兼石黒之名簿を得て帰る。○夕刻関根来る。過日華族女学校教諭拝命之由〔月資三十円〕。〈頭書〉関根より演芸矯風会第二回の哥曲を考くれ候様談あり。

廿二日　雨。

秋季皇霊祭ニ付休。○さく日関根頼の哥曲に付、土佐日記を種としいさゝか作り試む。○松平慶永侯より飯倉旧主病気之事ニより郵書。○三宅米吉へ文の答書繁忙ニ付、当分出来がたき旨郵書遣。○荘園考をミる。〈頭書〉伊沢修二へ郵書。天長節之事原由、申送。

廿三日　朝曇、細雨後少しく晴。　日曜

朝植木屋つれ、天王寺墓他行。松かり込のついでに左の哥をしたゝめたる捧杭をたつ

　有て世のはてハわが身をおくべきの
　　所としめし露の玉床

関根行、面会、哥曲之事談ズ。丸山〔正彦〕・伴（阪）〔正臣〕等に逢ふ。午後帰る。磯部入浴。同処も当月三十日限廃業。来月初旬より根津八幡楼あとにて営業之由、張出あり。○おミち来る。おちか事談あり。○慶永侯へ返書郵送。○高崎田島より質問書郵便。○朝横井時冬来る。入門致度旨にて束修持参〔一円〕。〈頭書〉演芸矯風会より哥曲本くさ〴〵来る。

廿四日

大学出、和文三年ニ若紫及考課令、同二年ニ職員令、史一年ニ神代紀等を授く。

廿五日

大学出、和二年に職員令、同三年に考課令を授く。午後皇典講究所へ廻り一時より戸令、二時より内裏式〔始〕を授く。○斎藤桜門より返書郵送。○三宅米吉より急がずとも上古年代之事、承度むね郵書。〈頭書〉岡松甕谷妻入来。おたつ面会。懇願事なり。／朝塙忠雄来る。沖縄県吏志願之談あり。よりて丸岡への手紙渡。

廿六日

枕草子下見。○萩原より郵書。おのぶ事昨日甲州へ帰候よし。○小川すミ子来ル。近日西小川丁へ転候由。○横井忠直来る。和文之事、談あり。

廿七日　曇。

早朝関口丁松平邸行、春岳老公に謁し斎藤返書の旨を申す。水道丁へ寄、十一時大学ニ出る。午後より和二年ニ源氏、同三年ニ枕草子を授く。参照のため丹鶴図譜調度ノ部・徴古図録等を示し、古器物の体を心得さす。午後四時番丁丸岡邸行。近日沖縄県へ赴任ニ付別宴也〔音楽史贈〕。高崎・千家・本居〔本居ぬしより古今集講義を賜ふ。〕・鈴木・足立・三田・物集・黒川・小出・伊東・雀久子・中嶋哥子等来会。送別の哥持参るもあり。夜七時過別れを告て帰る。○筧正養来る〔くわし持〕。忌明礼也。

廿八日

文部省出。古事類苑鏡の部成る。○朝大槻文彦来り、近日非職の命あるべき談あり。依て辻次官に懇談し、帰後大ツキへ文通する。○義象より郵書。皇嗣例之事也。〈頭書〉さく日足立ぬしの言により今朝より飯汁を止め、牛乳一合〔鶏卵一ッ入〕・道明寺湯一椀にカーヒー一椀を用ゆ。近日胸つかゆるによりて也。

廿九日　朝曇、後折々微雨。冷気正午六十八度。

頃日時気の故にや小腹筋ばり気分あしければ朝久河へ行、診察をこふ。○大学出、十一時より博言学生ニ源氏桐つぼ、午後一時より史学二・三年生ニ仁徳紀を講話す。三時今川橋玉川堂行。文章会也。西村・中村・関根・萩野及義象等にて不速（ママ）なれば会をとゞむ。〈頭書〉朝物集来る。高等中学和文科之事ニ付談あり。／今日玉川堂にて節酒会もあり。加藤弘之出席あり。文章会ハ来月第二の土曜に更ニ催すべき義に定む。

三十日　曇。正午六十七度一。日曜
義象来ル。近日出京にて弟遊亀同道。○久米より書状来る。昨日高等中学より嘱託の命あり。月資四十五円のむね也。○夕刻横井時冬来る。いさゝか酒飯を饗せんとて招し也。同姓千秋著天地（天）真中詞同人手筆并ニ鈴屋翁手筆の序文添示さる。外ニ千秋の手簡を恵まる。○朝松野来り、皇典所の事ニ付、種々談あり。且山田大臣へさし出すべき見込案を示さる。△大槻非職を命ぜらる。

十月一日　暁雨、後曇。冷気。
大学出、和三年生ニ二時間若紫の終まで講授。午後二年生ニ職員令を授け、かつ内裏図を示して指掌とす。史一年生ニ神代紀を話す。○岡松へ郵書出ス。

二日　晴。
大学出、和三年生に考課令、同二年生ニ職員令を授く。午後皇典所出、戸令及内裏式を授く。四時前帰ル。○清道今日より長井へ寄宿。近辺にて漢学・習字・数学等習業。

三日　快晴。
丸岡へ送別哥并母年賀の哥贈る。○長井誠より質問状并萩原より金策事郵書来る。即日返書出ス。〈頭書〉讃州高松正木久芬充（ママ）にて堀翁霊祭、対月思古人哥郵送。

四日　晴。
春曙抄下見。午後より大学出、和二年ニ桐つぼ、同三年ニ枕草子を授く。○根津新泉亭より来る六日開業の招状来る。○夕刻岡野来る。矯風会哥曲之談あり。小杉入来。松岡調古物帖并同氏届のからすミ持参。〈頭書〉平田盛胤より新刻印度蔵志略二本恵送。／文部省より博士学位記大学まで来り居、落手。

五日
文部省出〔黒川ハ宮内省へ出〕。午後退出より佐々木行、春曙抄書入本〔美隆〕を借用。其談により神保丁三河屋行、春海書入本数種をミる。其他雑書共凡百四十五巻あり（六国史の書入本ありといへり。ミず）。其中にて法曹至要抄其他、宅へ持参すべきよし申置。〈頭書〉文部省へ塙忠雄来る。山高へ之書状渡。○平田へ謝状出ス。○萩原より金策事再書来る。／○加々丁へ使遣し本取寄。其内にて日本古代文字考〔落合〕一過。

六日
大学引。○午後一時浜丁さるや行。守田・堀越招請により千とせ坐見物。宮本武三四三幕、祇園油坊主〔新物〕

壱幕、豊公矢はぎ橋蜂須賀住居弐幕、大切あたか関滑稽浄るりおもしろし。夜十時過帰る。柏木・黒川・西村・河辺外一人面会。今日演芸矯風会も同茶店より見物ニ付、関野・岡野に逢ふ。岡野を黒川に引合せ哥曲之事談ず。〈頭書〉朝塙来る。九鬼への書状渡。

七日　日曜

午後一時三田行。哥小集なり。木村・黒川来る。蔵品真ぶち翁帚木・品定手筆手本一帖、春海・千蔭・浜臣・定良等の奥書あり。又真ぶち翁書入本源氏湖月抄五巻あり。処々塗けしあり。珍物也。床の掛物ハ堀田正敦〔楽翁公ころの老中〕近体の哥二首なり。けふの兼題ハ堤上霧。

拙詠ハ

　霧の海をこぐ舟なくて音すなり
　　ながきつゝみをわたる小車

木村同行、暮て帰る。○臼倉お升どの入来。逢はず〔お升どの月々小遣として一円ヅゝも岩田やより参候様、水道丁へ廻り談じくれとの事也。〕。〈頭書〉朝末つむ花下見。／早朝塙忠雄来る。／小中村新太郎より郵書。帰国旅費ノ事也。中村より黒本日用文鑑疑問の弁したゝめ贈らる。〈六日条頭書〉〔七日也〕製本出来。

八日

大学出、和三年生ニ末つむ花・録（緑）令を授く。午後二年生ニ職員令、史学一年ニ神代紀口授。○臼倉吉右衛門郵書来ル。〈頭書〉文部省へ返書。仮学位記、大学迄出ス。

九日

大学出、和二年生ニ職員令了、三年生ニ宮衛令授。午後皇典所休。よしかた答案をミる。○夕刻義象来る。文へ答案之事談じ。〈頭書〉正午帰る。／早朝宮内省内豎（事）課山田岩二（次）郎来る。課長桜井之命ニて宮殿号之事問合せ。／新太郎へ加藤遣ス。旅費之事也。

十日

午前九時頃より三作・お晋・お光同道、吾妻座見物。松平外記のかき物・有原系図・お染久松等也。午後五時前に終る。タンボ本店にて晩食。夜ニ入帰る。雨降出せり。

十一日　晴

枕草子下見。午後大学出、和二年生ニ桐つぼ、同三年ニ枕草子を授く。三時過水道丁行、臼倉之事談じ。帰路古島行、お升殿面会。水道丁ニて許容のむね談じ。

十二日

文部省出。退出後三河や行、求之本代弐円八十五銭渡。

夫より丸岡行。明日出立によりて也。牛込山高行、黒川福蔵之事談ぜんとす。留主にて果さず。夜に入帰る。〈頭書〉黒川、美術学校嘱託拜命。年金三百五十円也。／本居入来。逢はず。

十三日

朝臼倉吉右衛門来る。面会。十一時大学出、博言生ニ桐つぼ、史学生ニ履中より允恭迄の帝紀を談ず。帰路本居寄。逢はず。夜郵書来る。母十年祭ニ付、小伝之事也。○秋晴美日ニ付、本居より独行、浅草観音辺遊歩。吉原ガス今夜よりツクニヨリ花火。人群集す。〈頭書〉山高へ郵書出ス。／植木や来る。松刈込。

十四日　日曜

午前九時過中村座見物〔大和屋より〕。団洲招による。浅間新狂言一幕、一ノ谷組討・陣屋二幕見物。了て午後二時学士会行。外山の演説長くして三時間ニ及ぶ。依て神田の演説ハ後会とす。暮て帰る。○お栄・清道来る。逢はず。浅草へ行候由。〈頭書〉大久保一岳来。逢はず。／晴雨計及び鳥画五枚恵る。／○山高より返書。黒川子息事之談成らず。／○夜義象東北日記添削。

十五日

大学出、和三年生ニ末摘花・軍防令。午後ハ休会。帝国大学ニて島田・物集に会し、高等中学教科書増加之事談じ。外山も来会。○本居より送来ル小杉稿一過。附箋。〈頭書〉三作二長丁簿記及英語ノ学校入門。明日より午後ニ通学。／佐伯へ開国始末廻ス。

十六日　曇。寒暖計正午六十度。

大学出、和二年ニ神祇令、同三年ニ軍防令を授く。午後皇典所行、田令及内裏式元日節会教授。○塙忠雄来る。逢はず。明日沖縄県へ出立之由。○加々丁より帚木其外帰る。○夕刻黒川入来。近日巡回を命ぜらるべき談有。〈頭書〉帰路京橋吉川行、シヤツ幷糸織とゝのひ。神田川へ晩食、夜ニ入帰る。○本居へ稿本もたせ遣ス。

十七日　快晴。神嘗祭

大久保一岳来る。霊代鏡之事談じ。○物集より外山へさし出すべき高等中学之事申立案来る。即刻島田へ廻し。○久米入来。○法律学舎生岡保三郎来る。博士伝記印刷之事談じニ付、兼て備置小伝貸す。〈頭書〉よしかた古代問答草案一過。

十八日　曇。正午五十六度之冷気ニ至。

枕草子下見。午後大学出、和二年生ニ桐つぼ了・帚木始メ。同三年生ニ枕草子二ノ巻を授く。物集面会、昨日之事談じ。

十九日　曇、後雨。

文部省出。黒川事、滋賀・京都・大阪・和哥山等之府県へ宝物取調巡回被命。又浜尾の局へ古事類苑若干冊さし出ス。退出後加藤行、黒川之事談じ。○夕横井来る。小杉托之文典批評持参。古事類苑返却〔棒砂糖賜〕。

廿日　雨、後曇。

午前十一時大学出、博言学生ニ桐つぼ、午後一時より史学二年・三年に安康・雄略紀口授。三時小川丁玉川堂行。文章会也。西村・西・物集・中村・大槻・関根・村岡及義象出席又前田夏繁初て出席。規則粗定る。〈頭書〉午前岡野へ、黒川作ニおのれが意を加へたる醍醐の花見の哥郵送。此次の矯風会ニ清元節附花柳勝二(次)郎振事ある由。○小杉へ郵書出ス。○河合行。同人来ル。語学談じ。／来月より文章持出し之事ニ成ル。○井上頼国より弘道叢録第一号賜。

廿一日　雨、風を交ゆ。　日曜
午前九時過黒川行。明日八時過之気車にて発足ニ付、送別也〔棒砂糖贈〕。其近辺之塩原温泉に浴し、昼食して帰る。○河合来る。八衢口授。○末積花下見。○小杉より郵書。来廿三日川田・山名と同船にて出立之由。

廿二日　雨、冷気。

大学出、和三年生に末摘花講授之処、文部省へ出頭可致沙汰有之。依て午前十一時過相回、惣務局へ出頭。辻次官より内閣辞令書授与。

　陞叙奏任官二等
又文部省よりの辞令。

　年俸金千五百円下附
右ニ付、森大臣・渡辺惣長宅迄談に行。午後三時過帰宅。○夕刻佐藤定介来る。借置たる本持参。○小川量平来ル。短冊渡。

廿三日　朝雨、後晴。

大学出、和二年ニ僧尼令、同三年ニ軍防令を授く。午後一時皇典所行、田令及白馬節会式を授く。外山・辻へ拝命礼ニ廻り、四時帰る。○宮崎道三郎独逸より帰朝、来訪。逢はず。○南摩綱紀・宇都宮奥平幷義象等より拝命祝状来る。〈頭書〉中根著都の花第一号発兌ニ付求、一過。／退出帰後板もとにて島田ニ逢。来訪の途中也。立談して別る。／△三島総監薨。

廿四日　快晴、和。
義象東北紀行添削了。○横井より拝命祝状来ル。○南摩・奥平へ答書出ス。○朝黒川真道、農史之稿附箋ニ付、質問ニ来ル。〈頭書〉植木や二人来る。
廿五日　朝晴、後淡曇。
枕草子下見。○午後大学出、和文二・三年生ニ帚木及枕草子三ノ巻を授く。○畠山健より日本文学へ入るべき詠哥頼の郵書来る。
廿六日　雨。
三島氏葬儀により午前八時出宅、九時青山ニ会葬す。物集に逢ふ。警部・巡査すべての半、会葬す。十一時頃拝棺。麹丁にて昼食。午後一時文部省ニ至、松本の稿校閲。横井来る。○小笠原常樹、兵庫県摂州奥平野村よりの郵書届く。
廿七日　朝曇、後晴。
大学運動会午後一時より有之ニ付休業。○末摘花下見。○日本文学へ詠哥差送、幷小笠原への返書出ス。○義象来る。近日自著大政三遷史、吉川にて印刷相成候分持参。依て如蘭社話稿本返し、幷中村依托妻木の事ニ寄、丸山への書翰を附す。〈頭書〉大成館より史徴墨宝二帖製本出来持参。此代価四円廿五銭也。
廿八日　快晴。　日曜
午前十一時より上野華族会館行。好古会也。社長福羽氏幷神田・久米・鈴木〔弘恭〕・佐藤〔誠〕・青柳・羽倉・井上〔頼国〕・佐伯・加部・宮崎其他の人々ニ逢ふ。神田氏出品中面白き物多し。午後二時三作・おミつ同道。天王寺葬地自家の分、過日松かり込分一覧。団子板作り菊二所を見、根津神泉亭開業後初て入浴。晩餐。夜ニ入帰る。○西田敬来る。逢はず。○文雑志配達。紀元考の欄、是に止る由ニ付、向後ハ配達せざるべし〔然るに後も相替らず配達あり〕。
廿九日　晴。
大学出、和三年ニ末つむ花・軍防令、同二年ニ僧尼令、史学生ニ神代を授く。昨日開業の新阪下〔元磯部あと〕塩原温泉ニ浴す。午後五時本居行。母公（大平翁女）三十年祭也。徳田・久米も入来。七時卅分辞して両国柳光亭行。演芸矯風会招によりて也。渡辺〔惣長〕・田辺〔会長〕・大槻〔修二〕・依田・岩谷・股野・物集・堀越〔団十郎〕・寺島〔菊五郎〕・岡野等に逢ふ〔岩倉にも〕。又関直彦・高田早苗・久保田彦作等には始て逢ふ。〈頭書〉△修史局廃止之勅令あり。尤修史之事務ハ帝国大学にて行はるゝ由。重野ハ元老院議官となり、久米・星野ハ文科大学教授トナル。／本居ぬしより大八洲哥集新刷二巻を恵る。／岐阜県藤井順太郎より八洲ノ花第二集贈来ル。又賛成員頼の来状来る。

三十日　快晴。

大学出、和二・三年生ニ戸令・軍防令を授く。午後皇典所行。臨時試業なり。終て四谷左門丁宮崎を尋ぬ。逢はず。加々丁行。帰路足立へ行。逢はず。晩景帰る。〈頭書〉△今日宮崎、法科大学教授に任ぜらる。

三十一日

土佐の波路（演芸矯風会頼分）全く稿成る。○婢おかう暇遣ス。

十一月一日

枕草子下見。○午後大学出、和二・三年生ニ帚木・まくら草子教授。退出後関根行、哥曲本渡。○羽倉光表より郵書。来ル十八日東麻呂百五十年祭有之旨也。○足立氏招之事ニ付、中村氏より来状。〈頭書〉今日より大学授業時間三十分づゝをくる。

二日

文部省出。落合・佐藤〔定介〕及び丸山作楽氏来。面会。三時義象来る。同道にて九段坂上売宅をミる。晩景帰る。○足立へ郵書。来十日中村共々招之事也。○婢おたけ来る〔越前人〕。右馬よりせわ也。

三日　曇。天長節

午前十一時前出宅。京橋辺行。座蒲団〔三枚〕・煙草盆〔二箇〕買求、午後三時前帰る。今日上野華族会館ニ於テ天長節歌演奏会ある由、辻文部次官より招状ありたれども遅くなりしにより行かず。○前島和橋新宅祝会、両国井生楼にて催により、三作遣す。帰路回向院詣内外国人曲馬をミたるよし。夕六時ニ始る。十一時頃帰る。江沢初太郎同行。〈頭書〉明日之料理伊予やへあつらへ〔五人前〕。／○岐阜県藤井へ返書。／夜明日之兼題哥考〔船中時雨〕。／加々丁扇橋大久保初男等へ郵書出ス。

四日　雨。西風を交ゆ。日曜

午後一時より木村・三田入来。亭番小集也。暮て帰らる。本居・久米も入来之筈なりしが、何れも差支ありて哥のミ来る。○宮川謙五郎来る。○宇都宮井上より来状。文部省募歴史之事也。

五日

大学出、和三年ニ末つむ花・軍防令、同二年ニ戸令、史学生ニ神代を授く。○おたつ大学出候処、不便にて帰る。○夕刻よしかた来。妻木事ニ付、丸山への状托し。

六日

大学出、和二年ニ戸令、三年ニ軍防令〔了〕を授く。帰路京橋吉川行、神田川にて晩食。○おたつ大学出、月給請取。

七日

大田喜春成来ル。面会。来ル十一日納会事頼也。○馬術練習所より郵書来ル。十一日幹事長殿下御臨場、卒業証幷及第証授与式施行由。○宮崎道三郎より来ル十二日富士見軒へ招請状来ル。〈頭書〉石川県黒本植へ日用文鑑之事ニ付、疑問弁解答書贈る〔十月七日也。中村氏出来之処、懈怠ニ候〕。○三作鉄道会社行。本月払込且純益割渡なり。

八日　曇。

午後大学出頭之処断。○午後三時より禁苑観菊御宴ニ陪するにより、二時図書寮より制度取調局出、丸山・鍋島面会、禁苑拝見。立食の饗をいたゞき午後五時退出。暮て帰る。義象より鍋島直彬より丸山へ之状受取〔妻木事也〕。〈頭書〉主上・皇后共ニ御宴へ出御。○哥舞音楽略史、主上・皇后・明宮三御所へ献納本、宮内省書記官局へ出頭、足立氏迄差出。／宇都宮奥平より大久保事ニ付来状。戸長役場へ戸数割税七十二銭三厘也。戸別割村費三十弐銭四厘、合壱円四銭七厘納。

九日　快晴。

文部省出。〈頭書〉久米来ル。中学和文教科書貸。

十日　曇。〔初〕酉ノ丁

大学出、史学二年ニ清寧紀、博言生ニ源氏桐つぼを授く。○大学惣長より植物園へ妻共招請之処不参。○大学総長より国家学会へ加入勧之状来ル。○福羽より過日之返書郵送。〈頭書〉中村へ、予より丸山へ鍋島より丸山へ之状示ス。妻木事也。

十一日　曇。　日曜

午後一時卅分学士会院行。神田・重野等講演。暮て帰る。○午前畠山来ル。日本文学へ投書之事頼。○関根来る。土佐の浪路稿持参。芸術叢志貸す。○渡辺藤太郎来ル。二撰科卒業証書之事也。〈頭書〉今日より鬚すり来ル。二日置にて来ル筈。料一度四銭ヅヽ。○大久保初男呼。奥平来状之事談じ。

十二日　雨、冷気。正午五十度。

大学出、和文三年ニ末つむ花講尺。二時間にて巻尾まで全く了る。午後和文二年ニ戸令、史学一年ニ神代紀を授く。○大田喜へ使遣し納会。残菊哥幷目録〔半円〕もたせ遣ス。〈頭書〉長井誠より郵書。友人松嶋剛の紹介なり。／国家学会へ加入之事、渡辺まで返書出ス。○宮崎招請ニ付、富士見軒へ行べき心得之処、風雨になりたれバ行かず。

十三日　曇。

大学及皇典所所労引。○日本文学へ出ス美術談の稿を起す。○古島夫妻肖像の上へ記すべき文成る。○義象より書状来ル。丸山図書助より要談有之旨也。○重野より地頭名義考返ル。△九鬼発足。〈頭書〉加賀黒本より郵書。／大坂如蘭社員加藤喜太郎より近々川田来着ニ付、懇親会催すにより祝詞贈り呉様頼幷弘道叢録賛成頼なり。○島田より郵書。国家学会之事也。即日返書出ス。○中村より郵書。妻木事本日九鬼ニ随行。宝物調客員相成候由。○宇都宮奥平へ郵書。

十四日　晴。

夜古島行。〔昼の内〕肖像二軸した、めたる持参。○午前十時図書寮出頭、丸山面会。制度局へ出る処、委員長不参ニより、午後元老院出頭。柳原面会、編輯之事談じ。三時頃帰宅。○おたつ日本銀行行候処、利札持参無之ニ付むだ足。〈頭書〉朝黒川真道質問ニ来る。／丸山ニ義象中学校拝命之事談じ。

十五日
午後大学出、枕草子講授。和二年生出頭せず。故に源氏の講授を果さず。○夕刻図書寮より使来るニ付、編輯書籍取調。○中沢完義来ル。外出中三作面会。○冷気ニ感じ腰痛。気分宜しからず。〈頭書〉かなの会より辰子へ端書来ル。此月十七日午後二時より月並集会有之、安藤夫人演説有之由。／水内喜次来ル。三作面会。博士列伝編輯之事也。／おたつ又日本銀行行、公債利子請取。

十六日　快晴。

文部省出。丸山入来、編輯之事談じ。帰路依田行。土佐の波路持参。岡野も来合せ面会。栗田行、学士会院雑志二冊贈る。

十七日　快晴。

十時過大学出、卅分より史学二年生ニ顕宗紀、博言生ニ源氏帚木を授く。午後二時頃帰る。○和哥山和田喜平二・

横浜中沢完義より郵書。〈頭書〉△昭宮豊島岡へ御葬儀。正午十二時御出棺なれど会せず。／おたつ七軒丁行、質請。

十八日　晴。　日曜

栗田・依田へ使遣ス。皇典講究所畠山へも遣し、日本文学へ入るべき古代銭穀出挙利子考の稿本遣し、又義象へも遣ス。今日羽倉光表其祖東麻呂年祭哥会〔題寒松〕之処、哥幷ぬさしろ〔卅銭〕のミ贈ニ付頼ミ遣ス。○午前青山英和学校教員松島剛来る。面会。○鈴木弘恭より校本土佐日記序頼ミ来ル〔くわし賜〕。

十九日　快晴。

大学出、和三年ニ紅葉賀〔初〕、令ハ休、午後和二年ニ戸令、史学一年ニ神武紀を授く。○内藤より片山卒業書之事ニ付来書。○小説都の花買求、一過。○〔十八日歟〕夕刻岡野教来る。矯風会徽号之事ニ付、大久保好伴へ之添書渡。〈頭書〉鈴木へ使遣ス。

廿日　淡曇。

大学出、和三年ニ儀制令、同二年ニ田令〔初〕。午後皇典所行、賦役令及内裏式を授く。○新井保五郎来ル。金円持参。〈頭書〉△農商務次官更迭アリ。

廿一日　暁より雨、午後大風雨又雷鳴、十時過止ム。冷気。

正午五十度七。

鈴木頼の竹取物語序、大阪如蘭社員加藤喜太郎へ送る。懇親会祝詞成る。○中沢へ返書出ス。○如蘭社会之処断。〈頭書〉△今日風雨中、主上・皇后、浦和へ行幸啓、近衛兵演習天覧。／○朝黒川真道、大嘗会之事質問ニ来ル。

廿二日　快晴、暖気。正午六十八度八。

午後大学出、和一年ニはゝきゝ、同三年ニ枕草子を授く。帰路おかち丁辺遊行、暮て帰る。〈頭書〉二ノ酉群集す。〈廿一日条〉〔廿二日也〕即日中村へ郵送。(4)

廿三日　快晴。　新嘗祭

午前新岡・中根行。初て鉄道線下鶯花園見物。冬枯にて花なし。塩原入浴帰る。○宇倍神社宮司岩崎田実也・水道丁松栄小学糸賀従忠来る。何れも初て也。逢はず。○松野へ学士会院規則郵送。〈頭書〉作文稿中村より郵送。堀越より郵書。

廿四日　曇。

大学出、史学二年ニ武烈紀より崇峻紀まで口授。又博言二年ニはゝ木ゝ（ママ）授く。午後二時玉川堂行。文章会也。西・木村・依田・大槻・落合・前田・萩野・関根・佐藤・落合〔亀〕・丸山等来ル。各作文を誦し投票す。帰路今川橋辺買物。〈頭書〉夕刻宮川来ル。面会。日当請取書調印。／朝柏木へよる。留主也。／小説萃金買求一過。

廿五日　快晴。日曜

午後三時前より中根・足立・中村・新岡等入来。兼ての招也。尚古図録の類閲覧。夜ニ入帰らる。○よしかたへ作文稿郵送。清書之為也。○堀越より今日市村坐招之処、断はがき出す。○大成館阪部より郵書来ル。〈頭書〉柿沼来る。逢はず。

廿六日　淡曇。冷気。正午五十一度一。

大学出、和三年紅葉賀・儀制令〔了〕、午後和二年田令、史学一年ニ神武紀を授く。○松野来ル。逢はず。

廿七日　快晴。冷気。正午四十九度七。

大学出、和二年田令〔了〕、同三年衣服令を授く。午後一時皇典所行、学会及内裏式〔中へかゝる〕を授く。松野氏に逢。来ル廿九日集会之談あり。○冷気にて気分あしゝ。○皇典所にて佐藤定介ニ逢、編輯料請求書へ調印。〈頭書〉夜よしかたより作文清書郵送。○北海道曾我廾文部省編輯第二課郵書出ス。坂部同断。寺尾紹介書添。○おたけ右馬へ遣ス〔くわし遣〕。○来ル廿九日古市公威外二名洋行ニ付、送別会之事学士会より郵書之処、今日断遣ス。／夜按摩。

廿八日

鈴木弘恭・大阪加藤等何れも作文郵送。○気分あしゝ。たゞ日録を記すのミ。

廿九日

午後大学出、和二年ニはゝきゝ、和三年ニ枕草子を授く。四時皇典講究所ニ至、副惣裁久我・幹事長桜井外、木村・飯田・松岡・井上・落合・久米入来。幹事松野より山田大臣意見を述、会議あり。終て洋食の饗あり。夜八時頃帰ル。〈頭書〉鈴木より礼状来る。

三十日

文部省出、松もと編輯国司の部一覧。

十二月一日

大学出、博言二年ニはゝ木ゝ（ママ）、史二年ニ推古紀・斎明紀口授。○大工一人来る。北向敷居・鴨居直し。○木村より大工之事頼来る。隣家大工を紹介。

二日　日曜

塩原入浴。午後紅葉賀下見。○村岡入来。逢はず。如蘭社志（話）第九巻稿本御持参〔のり賜〕。○紀州和田喜平二来

る。亀山神社へ寄附金壱円渡。〈頭書〉臼倉吉右衛門来ル。半円遣ス。

三日

腰と下腹いたミ、気分あしければ大学引。○宮島入来。去月牛込へ転居之由。○畠山来る。松野手紙持参。来ル六日集会之事也。○三谷入来。前県知事船越洋行ニ付、其家族を東京につれ来る由〔玉子賜。音楽史遺〕。○夜按摩〔さく日より通気なきが初て通ず〕。〈頭書〉診察をこふ為、市川氏へ郵書之処、夕刻来、診察。／○如蘭社話中、萩野の佐渡皇子皇女之考案あるにより、去明治六年教部省に有し頃の正院答書議案の故紙を索し附記す。

四日　晴。

昼四度、夜四度下痢あり。腸カタルのため也。依て雑書・雑志などをミて日をくらす。○義象蹴鞠の記一覧。○宮島心事により箕作麟祥へ郵書出ス。○日本文学をミる。第四ハ壱両日前配送。〈頭書〉大学行。○皇典所ハ今日より八日迄休業のむね申来ル。／古文真宝・俚諺抄辞類・賦類玩読。○今日午後大学月次会有之、本日ハ授業をさし置出席可致との事なれども所労により断。又宮城拝観の事、大学書記官より通達に付、来十日拝観願度旨申送る。

五日　晴、和。

蜘の糸巻・神依板などの雑書をミてなす事もなし。○市川来診。○下痢壱夜四度斗に減ず。○加々丁へ使遣し、村岡へ如蘭社稿返ス。大沢へ文通。明日皇典所集会之事也。〈頭書〉佐藤誠実へ郵書。明日皇典所集会之事なり。／○本日義象へ第一高等中学より国語・漢文授業之嘱托書来る。報酬月資廿円也。

六日　曇。

午後一時帝国大学へ出、文科学長はじめ同科の会員集議。学生指導之件なり。三時頃皇典所行。今日ハ山田司法大臣出席にて国典を起すべき演説有。久我・桜井はじめ九条・副島・千家・高崎〔両家〕・国重・丸山其他貴顕の人をミ受たり。学者にハ木村・物集・久米・本居・大沢・飯田・井上など也。鹿島神宮司大谷・奥嶋等旧知己にもあふ。夜十時頃帰る。〈頭書〉七時前伯爵入来。

七日　半晴。夕の風さむし。

文部省出、松本・石井の稿本一閲。宮島同所へ来り面会。○鶴久子入来。逢はず〔くわし賜〕。○又々下痢の気味あり。○横浜中沢より郵書。〈頭書〉市川来診。

八日
大学出、史二・三年生ニ孝徳紀、博言学生ニ帚木を授く。○長沢来ル。不逢。当節指ケ谷丁大社教分社教長之由。○佐野卓より郵書。〈頭書〉市川来診。

九日　日曜
午後一時過学士会院行、西村（日本文学第四次）・杉（統計）演説あり。夜七時頃帰る。○午前長沢来ル。面会。八王子女商つれ来る。○神奈川県蔵敷村内野杢左衛門より郵書。詠哥頼。〈頭書〉兼て堀越より今日新富坐見物申越候処断〔薄雪・吃又〕。

十日　曇、午後晴。

大学出、和文三年生ニ紅葉賀を授く。今日ハ宮城拝観ニ付一時間にて休む。午後おたつニ会し、一時過宮城大手より入、御車寄セ脇より登殿。豊明殿はじめ御表不残拝観。二時過坂下御門を出、帰宅。〈頭書〉三谷より礼書郵送。○市川来診。

十一日　晴。北風尤つよし〔後に聞く、損じ物ありと。〕。

大学出、和二年ニ賦役令、同三年ニ衣服令を授く。午後皇典所行、学令〔了〕・内裏式〔中〕を授く。三時後加々丁行。聊肴を携ふ。村岡招き小酌。暮て帰る。○清道今日より長塩へ転寓。〈頭書〉夜図書寮より丸山書状来ル。

十二日
腸カタル下痢のこゝちにてなす事もなし。○三作・お光新富坐見物、夜十一時過帰る。〈頭書〉新阪村勢行。留主也。

十三日　曇。

大学所労引。○宮内省出、丸山面会。図書寮記録幷制度局叢書之事談じ。制度局出、鍋島面会。午後二時浜丁梅やしき行〔相鉄〕。久子納会也〔兼題都歳暮〕。水野〔華族〕・鈴木・網野・三田・橘・小股・伊東・定子・哥子・佐々木等ニ逢ふ。〈頭書〉北海道曾我より三日発之書状届。／○夜市川来診。

十四日　雨。

文部省出、佐藤稿本人事部をミる。○京都北野田中尚房より著書男女頭髪沿革考を送り、意見を乞ふ。〈頭書〉三作・お光縁組届書、役場へ出ス。予も調印。

十五日
大学出、史二・三年生ニ孝徳紀口授。博言生ニ帚木講授。午後二時俎《(阪)》橋玉川堂ニ至ル。文章会也。高崎・西村・大槻・依田・伴幹事生五名来る。夕刻帰る。○阪部来る。

逢はず。歳暮として砂糖一箱持参。〈頭書〉夕刻畠山入来、山田伯演説筆記摺本持参。佐藤誠実への手紙遣ス。○大学へ行がけ午前九時新坂村勢行。

十六日　晴。北風つよし。日曜

新坂村勢行。義歯全く成る〔下歯〕。外ニゴム詰共にて全五円廿銭払。○萩野来る〔玉子賜〕。古事類苑外交部稿本渡〔当五日中より預り置分〕。○伊藤肇使として本郷下宿や妻〔もと赤堀妻〕小鴨一尾持参。○佐藤定介より歳暮として雉子一尾を賜る。○首唱者黒田太久馬・副長高崎五六より言語取調所仮規則幷来廿日創立会之旨等郵送。

十七日　晴。

午後大学出、和二年ニ賦役令、史学一年ニ神武・綏靖紀を授く。退出後久米行。義象拝命礼也〔雉子・砂糖贈〕。

十八日　曇、午後晴。

中沢・佐野へ郵書出ス。過日之返事也。○午後皇典所行、臨時試業す。帰路浅井へよる〔ビール持〕。○大成館より郵書。〈頭書〉早朝市川来診。

十九日　晴、和。

午後二時頃より田中〔尚房〕頼の男女頭髪考一覧。依て近代(世)女風俗考・時世修容等参看。○大成館へ返書出ス。○屋根師来る。押ぶち竹打。○本居へ暮年進物鶏卵一箱贈る。○山崎隠居来〔種々賜〕。

廿日　曇。

宮内省出、丸山ニ面会。法制局行、井上局長へ面会幷女帝論演説之事談也。午後退出、加々丁行〔お栄歳暮幷遊亀下駄送〕、宗十郎町大成館へ廻る。約束ニよる。中村・阪部ニ逢、弘暦之事談じ、夕刻帰る。神田市にて賑し。神田川にて晩食。〈頭書〉岩本来る。大嘗会部二冊稿本出来候て持参。くわし賜。

廿一日　曇、夕刻雨。夜ニ入る。

文部省出、浜尾面会。坪井正五郎に逢、九州より近日堀出したりといふ勾玉・金環の類をミる〔古小鏡一面あり。支那鏡と覚ゆ。〕。又近日同地にて模造したりといふ埴物の人形弐箇あり。人類学会へ入社すべき由談じ。○退出後、本石川河岸魚住行、大八洲哥集一部代価払、且音楽史広告之事談ず。木村著万葉集書目提要一部貰ふ。〈頭書〉○演芸矯風会より雑志一号並来廿三日第二回演習千とせ座にて催とて入場券弐葉を贈る。

廿二日

大学出、博言生ニ帚木、史学一年ニ神武紀を授る。○位階の説、演説下書取調。

廿三日　日曜

正午過ちとせ坐行。演芸矯風会第二回也。おたつ同道一時卅分頃始り。竹琴・加東節・清元・北洲の踊等済、演劇あり。仙台《（先代）》萩三幕・鞘当て一幕也。夜九時頃了。晩食して帰る。時ニ十一時過なり。〈頭書〉朝中村小兵来ル。服部への添書渡。○午前位階の説取調。○石井歳末ニ入来。不逢。○福地源一郎より自著訂正もしや草紙一部を使して恵る。

廿四日

文部省出、岩本編輯大学会ノ巻訂正。服部ニ逢、中村の事談じ。帰路長塩を訪ふ〔くわし持〕。近日発行の日本博士小伝求〔廿五銭〕、一覧。○市川へ郵書、薬価取調請。〈頭書〉頃日左の肩カイガラ骨の辺いたミ、手先までひどく、近々修善寺温泉の催あればと心だのミにす。

廿五日

午後大学出、永井ニ面会、旅行願書差出、総長面会。三時過皇典講究所行。五時頃より義象・井上・木村・本居・織田・久米・落合・飯田・阪・国友・高崎〔正風〕・藤井〔希璞〕・大沢・矢嶋・宮崎・三上・上田・久我・大谷〔順三〕等来会。六時過山田大臣臨席一同ニ対面、意見并規則書を述られ衆の意見を問はる。九時前ニ至、各退出。十時頃帰宅

廿六日

午前内閣へ出。小牧よりの書状による。則同人及牧野・渡辺の両秘書官に面会。罪人赦免復任之事談あり。図書寮へ廻り取調書したゝめ、牧野へ送る。丸山面会。帰路京橋辺にてカバン・テイラン《（提籃）》其外旅行用之品求。○市川入来。不逢。〈頭書〉△木村式部職勤務、奏任取扱拝命〔廿七日歟〕。

廿七日

文部省出。佐藤及よしかた来ル。古事類苑経費予算取調、并廿一年中成功目録を草す。○夕刻那珂通世入来。延喜戸籍其他ミせる。〈頭書〉帰路佐々木を訪、枕草子岩崎書入本返ス。

廿八日

佐野〔利兵〕及水野行。○よしかた来ル。図書寮へ古事類苑十二巻廻ス。并畿内之事調書出ス。旅行届も。〈頭書〉朝中村小兵来。渡辺之事談じ。

廿九日　快晴。

午前八時三十五分の気車に乗て横浜へと出たつ。十一時国府津に着。これより乗車、午後一時卅分頃湯本福住に着。正兄翁に対面、音楽史一部を贈る。今般ハ三作を同行したれば塔の沢辺遊行。〈頭書〉桑名星野・皇典所へ郵書出ス。／〇日報・読売・報知三新聞へ旅行広告頼。〇春岳老公へ願置る染筆物ニ付、目白邸へ使遣ス。〇寒沢へ成功目録廻ス。

三十日　快晴。

朝八時廿分山駕籠にて出たち、十二年ぶりにて箱根の山こしす。幸にあまり寒からず。巣雲川畑老平など嶮路を過て正午箱根駅ニ至り、はぶ屋にて休息、中食す。天よく晴たれば雪の富士の峰、いとあざやかにけしきよし。午後ハ殊に駕籠をいそがせ、三時に三島につく。かねてハ此駅に宿らんと思ひしかど、修善寺迄五里の道といへば、又車にてゆく。大仁の駅のこなたより暮て、六時過浅羽のやどりにつく。

三十一日　晴

やどのたかどのよりむかひのかたをミて

かつら川ふたゝびわたる橋の上に

としの早瀬もけふハくるかな〔再按　としのはやせもおもひこそやれ。〕

とうちうめかる。三作と共に此あたりを逍遙す。東京よりハあたゝかなるこゝちす。桜痴居士の賜物なるもしや草紙を愛読して、いとのどかなる除夜なり。たゞきのふ山駕籠に乗たる故にや、肩のいたミいさゝか増たるこゝちすれば按摩とりを呼びてもませなどす。家への端書さし出す。

本年の重事

六月十三日　根岸大塚より同処中村へ転居。

六月一日　帝室制度取調掛被仰付。

十月廿二日　陞叙奏任官二等〔年俸金千五百円〕。

七月十八日　発途。義象同行。仙台・松島・塩原・水戸・大洗・鹿嶋・銚子・佐原・香取・小御門・成田等に遊ぶ。

註

（1）上の句は見消で「むら雀　声もさかえて　軒ばさす」とあり。

（2）原本では一日条「細川潤二郎氏考古日本稿本御持参。不逢。」に続く。

（3）「半円　さ、又」まで頭書。
（4）原本では廿一日条「祝詞成る」の後より移す。

（表紙）

明治廿二年日乗

六十七年二ケ月

明治廿二年一月

一日　曇。東風つよく寒し。

　松風のしらべもたかきかた里の
　　明がたさむく歳ハ来にけり
　春もまだたゝぬ川瀬の岩波を
　　むすべばやがてけさのわか水

桂園一枝をミて心にしミて覚ゆる歌どもをぬき書す。常にハふつに得られざる、かゝるいとまもめづらしからんとて、三十里外の旅寐もする事よとひとりごちす。雑煮餅の調理もあまりにひなびず、あひ宿の人たちも官員諸生の類にてさわがしからざれば、家にあるよりハなか〳〵によきとしのはじめ也。

二日　日ハさしたれど猶曇りて寒し。牧の郷ノ飯田・二島ノ秋山・東京ノ中村・足立・佐原ノ清宮・銚子ノ松もと・鹿島ノ大谷へ郵書さし出す。○医科大学生徒桜井三之助〔佐賀人〕、けふ此宿につきて隣室にあり。来り訪ふ。

三日　朝の内日ハさしたれど程なく曇れり。午後に至てくらく寒し。夕かたより雨、又雪となり夜に入る。

日向ノ永友・能登ノ加藤・蔵敷村ノ内野等よりかねて頼れたる、懐旧幷ニ古物発出に付ての哥等考へ、夫々へ郵送。又うつの宮ノ原・小中村源助等へ書状出す。

四日　朝靄ふかし。八時過より快晴。和、暖。

午前飯田守年来る。明日大仁にて月次発会あれば、雪中雀といふ哥幷萩原正夫勧進富士幷伊豆名所の哥をとこふ。此宿に来あひたる渡辺富保〔立保〕もその社中なる由にて対面す。○もしや草紙をミる。此家に伊豆志板本〔二ノ上ノミ〕と写本とあるをミる。〈頭書〉飯田より手製のなま椎たけ一籠を贈らる。此わたりの産物也。

五日　晴。西北風つよくさむし。

飯田・渡辺幷ニ宿のあるじより頼の唐紙・短ざくした、

め。けふの兼題ハ渡辺に渡、午前より出張す。○高崎田島へ客年九月おこしたる質問書の答幷書状郵送。○夕刻飯田守年・鈴木・八木〔梅木〕・大道寺次郎〔韮山〕・萩原正夫〔小坂〕等来訪。哥がたりす。夜十時ニ至り、ミな〳〵一泊す。

六日　快晴。風ことにつよく寒し。

午前飯田帰る。午後熊坂村竹村茂正来り対面す。四代ばかり継ぎたる国学者にて、其はじめハ鈴屋翁門生なり。きのふの人々とゝもに泊るときけば、題を探りて各哥よむ。予ハ寒月を得たり。人々のこふまゝニ名所月山家水の哥巻六十首ばかりの中より四首抜出してあたふ。竹村の頼のたにざくしたゝめ。〈頭書〉東京中村よりの端書幷清道よりの郵書届く。／昨年韮山の江川に贈りたる哥を改たるを大道寺にたのミて更ニおくる。人々一同よりいきたる鶏一尾を贈らる。宿にたのミ調理させ家つととす。

七日　晴。午後よりやう〳〵曇れり。

午前九時浅羽を出たつ。来て泊居れる哥人五たりも門までミ送りす。十一時過仁田（修善寺より四里）といふ所にて車夫のこふにより山駕籠にかふ。人足来らずして一時間余もまち居れり。午後二時卅分軽井沢にて中食。是より山道ことにけはし。あたミより一里ばかりの所にて日くれて六時廿分熱海東町小林棟造方につく。かねて中村より端書して知らしたれば、新室のひと間に請じて待遇あつし。〈頭書〉中村より今朝此宿へあて参る郵書一覧。足立氏の詠哥のひとひらも此中ニありき。

八日　晴。

此やどりに三浦中将のありと聞て対面す。近ごろ学習院の長を兼られたれば学事の談などす。その妻愛子ハ小田切氏の女にて古く知る人なるが、近ごろいとよはくなりて、度々此地に来て療養すと語らる。○宿のあるじのこふにまゝに色紙・たんざく染筆す。○宅への郵書出す。十日ニさし出すべき大学への届書〔八日帰京の旨〕封入。〈頭書〉岩村・楠本両議官も此宿に在ときけど、ともに知らぬ人なれば逢はず。／午前三作とともに此あたりを逍遙す。

九日　快晴。西風あり。

熱海ハ修善寺にくらべてハ、いとあたゝかにて、げに東京の気候とハはるかに違ひたり。但しおもてへ出れば、風ある日ハ猶さむけれど、家の内にてハあまり火によらず。是ハ温泉に入る故にもあるべし。○香取伊東泰歳に郵書し、昨年の春頼れたる伊能翁の肖像のかたはらニしたゝむべき小伝の稿をおくる。〈頭書〉今日東京皇典講究所にてはじめて演説を開莚す。木村演説。山田伯をはじめ条公・副島・佐々木其他の顕貴臨席ありしといふ。

十日　快晴。

朝八時前発足。十時前画浦（江の浦）に至る道をいそがし、十二時前小田原着。片岡にて昼食。乗車、国府津ニ至。午後二時卅分中等気車ニ乗る。夕五時過新橋着乗車にて、夜六時過帰宅。○さゝ又年礼に来り居。面会。

十一日

十二日

帰京後はじめて大学へ出、史学二年、博言二年、史学一年に講授す。

十三日　日曜

午後二時前学士会院へ出、加藤弘之氏及杉亨二氏演説あり。晩食後夜六時過帰宅。

十四日

大学出、和文三年生ハ休、午後同二年生ニ学令を授く。○佐久ら丁鈴木芳太郎へ松岡ノ帖もたせ遣ス。

十五日

大学出、衣服・営繕令を和文三年生ニ授く。○午後皇典所行。試業後、いまだ休中也。よりて加賀丁行。

十六日

午後三時皇典所にて久米幹文文章、落合直文風俗を述ぶ。山田伯其他臨席聴聞人多し。

十七日

十八日

十九日

廿日　日曜

大久保好伴来る。女風俗考之事談じ。○正午前、加々丁より産のけ（気）つきたる由、使来るに付、おたつ行。

廿一日

大学出。〈頭書〉加々丁より手紙来ル。昨日午後八時男子平産之旨也。

廿二日

〈頭書〉西丁禊教本院ニ居堀あや子より郵書

廿三日

退出後皇典所行、位階説を述ぶ。次ニ有賀長雄、日本上古の政体を講ず。聴講者満堂により入場を停む。○岐阜県師範学校三浦純雄より廿一日発之状来る。〈頭書〉文部省出。

廿四日

加賀丁行〔廿二日歟〕。生児を清象と名づく。〈頭書〉夕刻中沢来ル。不逢。〈廿五日条〉〔廿四日ニ入ルベシ〕今朝加藤を牛込小中村方へ遣ス之処、行違にて同処ニ同居の青山小二郎入来。新太郎昨夜十一時頃死去云々。依て今日加藤取まかなひ、取あへず同村間近き世尊院へ夜十時過葬送す。三作清道遣ス。

廿五日

〈頭書〉夜竜岡丁火あり。加藤、横山へ参候由。○八わた小中村へ状出ス。

廿六日

昨夜十二時大学寄宿舎出火。○大学出。文科・医科の寄宿舎一棟、法科舎半棟に及ぶ。文科学生窓より飛下たる者七人怪我す。医科生之内一人ハ焼死。依て授業せず。和文学之学生ハ通学之者あれば怪我人なし〔高津鍬三郎幸にして免る〕。〈頭書〉伊豆萩原より廿三日発之状来ル。伊豆志之事也。

廿七日　晴。日曜

午後一時浅草大田喜行。子春正アメリカより帰朝ニ付、父春成六十一の賀莚あり。鈴木・三田・佐々木・定子・網野等面会。兼題梅花久薫也。帰路黒川をとふ。晩景帰る。

廿八日

文科書記より寄宿舎火災之為、更ニ通知迄授業見合せ候様文通来ル。○夕刻不二見軒行。昨年師範学校教員試験慰労として森大臣よりの饗也。島田・物集も来る。

廿九日

〈頭書〉浅くら屋より不忍文庫・阿波国文庫之印有し書籍引取しにより、一閲をこふ旨はがき来る。

卅日

〈頭書〉孝明天皇祭。

卅一日

大学所労引。午後一時頃より浅くらや行、払本ミる。暮て帰る。随筆・哥書・語学書之類多し。奥のひと間に充満せり。○石川県金沢黒本より郵書。○八幡小中村より廿八日発の書状届く。

二月一日

図書寮へ出、丸山面会。皇室典彙と題して皇室に係れる書取を集む。退出後浅くらや行、昨日の残り本ミる。図書寮よりも明日井上・義象等参候筈。○夕刻松岡菊四郎父手紙持参。不逢。図書寮編集之事也。

二日

大学より来る四日より授業始る由達あり。○午後二時皇典所行。物集・義象演説あり。了て山田伯より会議之談あり。常置委員を定むる等の事也。次の火曜に惣会議して定むる事とす。〈頭書〉本月より皇典所講演、火曜日ニナル。○図書館監理補猪俣昌武より不用本可払打合せ来ル。／○長沢資寧へ神代紀・あしかび貸す。

三日　日曜

浅くらやより、過日見わけ置たる本もたせおこす。○皇典所より井上毅演説書取廻ス。〈頭書〉松岡へ郵書。

四日

今日より大学授業始。〈頭書〉木村より刑法講義廻ル。

○過日之返事図書館へ出ス。

五日

おたつ大学行。二三月分年金請取。但し大学寄宿舎焼失之節、死亡・怪我人へ月給百分ノ一救金金十五円は引去たり。〈頭書〉石川県黒本より贈物之素酒通運にて届く。

六日　文部省出。帰路両替丁金港堂編輯所行、三宅・中根・狩野・美妙斎等ニ逢ふ。文発行之度毎ニ贈られ候礼なり。〈頭書〉黒本へ礼書出ス。○徳島県疋見より郵書来ル。

○沖縄県塙より去月廿四日出之新年祝はがき来ル。

七日　午後二時工科大学にて文部大臣演説あるにより、午後の授業休、臨席。学問ハ一己人のためならず、国家の為にすべき由演説あり。帝国大学いまだ不充分云々にての語ニ聴衆ノウンの声有しにより、大臣劇語ありたり。

八日

九日

大学行。○午後　時過皇典講究所行。飯田職官起原、上田万年言語ノ事演説。了て会議あり。今日ハ山田伯臨席なし。○夜有賀演説書木村より来ル。○黒本よりの一瓶中村へ送る。〈頭書〉宮内大臣より来ル十一日午後九時宮中の舞楽を陪覧すべき（闕字）叡旨の達来る。／今日欠席之講師へは松野より通ずるむねにてほゞ条件をさだむ。／○清宮より使来。田制考・度量考印刷分示し、明日学士会院へ出候由。

十日　曇。日曜

午後一時学士会院へ出。予女帝論演説。了て原坦山氏三

検金剛説演説。四時過に了て夜ニ入帰宅。○市中一般国旗幷新桃灯《（ママ）》出ス。所々緑門を飾り、出し《（山車）》を置く。明日引出すといふ。〈頭書〉午前有賀演説書一覧。直ニ木村へ廻ス。／夜大学より明日大学にて憲法発布祝之順序書来ル。幷右入用として年給千分ノ一を出すべき達あり。

十一日　雪。午前九時過止。午後晴。

午前第九時紀元節御親祭。十時正殿に於て憲法発布の御式あり。憲法を内閣総理大臣に御下附之間、祝砲執行。府内之寺院之内或ハ百八鐘を打ツ所あり。午後第一時卅分御出門にて青山練兵場観兵式へ《（闕字）》　陛下・皇后両陛下臨御あり。会社・学校の類の輩一同正門外にて御車を拝し帽をさゝげて、万歳をとなふ。市中所々の出し《（山車）》大かた正門外までねり込たり。○午後二時前官報にて憲法幷号外にて議院法・衆議院議員選挙法・会計法・貴族院令等配達し来る。○今日正午十二時大学惣長以下高等官・助手・学生・学士会員等、宮城正門外ニ整列御通輦の節、学生惣代頌徳表を惣長に差出し、一同万歳をとなふ（教員小礼服）。予不参す。午後四時卅分大学にて式あれバそれにハ臨席す。総長（不参）以下一同図書館前広場に参集。重野教授《（闕字）》　勅諭を朗読し、又憲法の事ニ付、小演説あり。一同万歳を唱へ、酒樽の鏡をぬき各自ニ与へたる陶盃にて飲ミ又附与之弁当を食す。夜に入七時より一同球灯を携へ楽隊を率ゐ徒隊進行し、再び宮城正門外ニ至り色火を点じ、万歳を唱ふ。予及び物集ハ六時前大学を出、予ハ明神坂より万代橋へ出、大通り之景況見物。本丁より曲り、小伝馬丁を横ぎり、和泉橋通より帰宅。風尤寒し。〈頭書〉伝聞。午前八時頃森文部大臣、邸宅にて凶者のため刃傷せられ頗る重傷と云々。／○今日国事犯にて罪にかゝりたる者一同特赦。又保安条例にて退去を命ぜられたる者も免さる。／○副島・井上外両三人之貴顕の父、年八十以上之者叙位〔物を賜ふ〕。又市中八十以上之者に賜物あり。

十二日　晴。

午前十時物集行、同道、永田丁大臣邸見舞行。玄関前市をなすにより、取次ニ名刺を渡たるのミにて帰る。物集に分れ虎門外より神明前に出、佐野を尋〔くわし持〕。芝口ステイシヨン前にて昼食、大通を帰る。今日ハ市民の懇請により《（闕字）》　主上・皇后両陛下〔正午より〕芝より大通を臨御。上野華族会館に至らせ給へば、道路拝観人夥しく広き上野も寸隙なかりしといふ。今日も出し《（山車）》を引き市中の賑ひ、昨日にもまされり。〈頭書〉大学及皇典所休。／大臣を凶行したる者ハ山口県士族西野文太郎といふ者にて、即時護衛者（又ハ家従共）のためニ刃殺せらると諸新聞にミゆ。

十三日　快晴。

文部省出、例刻帰る。○森子親戚より大臣事昨十二日午後十一時卅分（実ハ午前五時頃といへり）薨去。来る十六日午後一時出棺。青山墓地へ埋葬之赴音あり（黒べりの状也）。〈頭書〉村岡より郵書。十七日観梅事返事也。

十四日　晴。

藤沢碩一郎・竹中信以来る。文学《ママ》大学特許生之事聞合せ之為也。○午後一時卅分より和二年生ニ源氏帚木〔始〕、同三年生ニ枕草子を授く。○午朝《ママ》大学より、文部大臣薨去ニ付、同大臣平生之意志を体し虚飾に属する供饗を廃し、代るに奨学資金を集め霊前に奉らんとの状来る。其委員長ハ渡辺惣長にして、委員ハ辻次官外四十人、幹事ハ永井久一郎也。奨学資金使用之方法ハ追て定むべしと也。依て帝国大学へ出金五円、右資金として永井へ渡。○永井書記官より来十六日葬儀之節、教授・助教授・舎監ハ各其分科之学生之列首ニ就キ、葬儀ニ加候様通知あり。〈頭書〉物集へ森家遺物之事郵書之処、此事定りて物集も今日五円差出由。又島田教授よりも問合せありしニより此事申送る。

物集へ、森大臣のいたミの哥とていひ送りしは

　国のためまなびのわざにいそしめと

　　さとし、事ハ聞のをはりか

十五日

銚子松本新左衛門〔七十八翁〕より憲法発布之哥、はがきにて来ル。即日返哥端書出ス。〈頭書〉あミ野延平へ発会。期立春懐紙贈る。金三十銭附。大洗田口へ懐紙通運にて送る。

十六日　晴、午後曇。

大学休業。兼ての約により午前十時物集ニ至、中食の饗にあふ。十二時同行、永田丁森邸ニ至、午後一時過まで立処ニ控、一時四十分頃出棺、文科大学々生の先にたち棺をおくる。二時卅分頃青山ニ至る。四時前葬式終、退散。薄暮帰宅。○皇典所演説不参。後ニ聞。今日ハ講師本居所労ニ付萩野而已。外ニ井上毅講説書ヲ久保朗読せりといふ。〈頭書〉横はま中沢より郵書来ル。／皇典所より講演第一号印刷入来分送り来ル。

十七日　朝軽雷、曇。午前より風漸くつよし。午後晴。
日曜
午前十時過福田や行。村岡待合、同道にて亀井戸行。臥竜梅ハまだ一向也。柳島はし本にて中食。中村氏も約束なれど来らず。午後向島花やしき行。これも猶かたし。浅くらやへ寄、五時頃帰宅。〈頭書〉水戸豊田伴より昨日発之状来る。歎願事也。
十八日
〈頭書〉中邨氏より郵書。昨日断也。／京都田中より十六日出郵書。稿本之事也。飯倉長井よりも同断。平松へ貸たる本ノ事也。
十九日
大学出、和文二年ニ（空欄）、同三年ニ（空欄）授く。了て皇典講究所行、選叙令及始て枕草子を授く。帰路神田川晩食、帰る。〈頭書〉行がけ横山行。枕草子之事聞合。
廿日
文部省出。帰路黒川行、枕草子書入本三冊借。去十三日帰京。痛処大に快方なりとぞ。
廿一日
午後大学出、和文二年ニ源氏夕がほ、同三年ニ枕草紙授。
廿二日
伊豆熊坂竹村より廿一日発之郵書来る。文章会之事問合也。〈頭書〉佐原清宮より本日発之郵書来ル。序文之事也。細川議官之序、写来ル。
廿三日
大学出。史学一年ニ崇神紀、博言二年ニ土佐日記、午後史二年ニ官制を授く。午後三時前斯文学会に臨む。建築出来ニ付協議なり。谷・佐野・重野・股野・広瀬・亀谷・根本・島田・南摩・岡本・中村其他の先生達ニあふ。〈頭書〉皇典所演説不参。今日講師ハ三上・内藤・本居也。／○花雨吟社より筆の花十四集を送る。大競点之事中来ル。／佐伯より大学にて問合。井上政二郎卒業論文商業沿革等之事也。／○大畑弘国より琴平山十二景之内皷楼松翠ノ哥頼来る。かつぶし賜。
廿四日　日曜
午後二時平田行。遷宮式也。兼題梅花盛久之哥幷鰹節切手〔半円〕贈る。木村・内藤・青柳・角田・青山・佐々木・古川・鈴木〔弘恭〕其他知る人に逢ふ。帰路小杉をとふ。過日宝物取調より帰京也。魚住ニ逢。令講義筆記の談あり。〈頭書〉水原へ郵書、昨日之事断。

廿五日
大学休。千葉県山本房五郎頼の唐紙染筆、郵送。〇伊豆竹村・萩原等へ郵書出ス。〇大畑頼の絹地画賛染筆〔廿六日贈ル〕。〈頭書〉信濃奈良井巣山より昨日発之郵書来る。短ざく染筆求。
廿六日
大学出。和文二年生ニ（空欄）、三年生ニ（空欄）を授く。
廿七日
文部省出、松本稿郡司部取調。退出後浅くらや行、取極本代廿七円七十五銭渡。〇八わた小中村より廿四日出之状来る。入費之事など聞合せ也。〇京都博成社生田目より廿四日出之状来る。美術之雑志へ予が和哥沿革考を加へたき請なり。〈頭書〉三宮義胤より手簡来。少し不審之事あれバ請取ノミ送置。／〇鈴木弘恭より先頃序文したゝめ候竹取物語校本印刷出来ニ付二部恵贈。
廿八日
午後大学出、和二年ニ夕顔、同三年ニ枕草子授。〇重野より講令備考之事ニ付、書状来る。
三月一日
在宅。清宮頼の田制考序成る。〇千葉県山本より昨日出ニて染筆之礼状来る。〇足立より郵書問合せ之事あり。〈頭書〉大学紀念会不参。／生田目へ返書出す。
二日
大学出、史一年ニ垂仁紀、博二年ニ土佐日記、午後史二年ニ職員令を授く。三時前皇典所行、川田宝物取調ノ説、関根徳川氏風俗之内頭髪之事演説を聞。〈頭書〉重野より又々講令備考之事問ニ来ル。小杉よりはがき来ル。
三日　雨。風を交ゆ。午後晴。　日曜
小杉入来。買入之谷本ミせる。今日村岡入来。六国史其外ミせ候約束之処、所労ニ付断郵書来る。〇午後宇都宮奥平・加々丁義象〔坂下托し〕等へ郵書。〈頭書〉村岡より又々郵書。十日会の摺物ミせる。／〇八幡小中村へ新太郎遺物ガハン（ママ）通運にて出ス。此賃十八銭。
四日
大学出、和文三年生ニ続紀及厩牧令を授く。午後同二年生ニ考課令〔了〕。帰路あら井寄、御成道引払之事談じ。今日三作も御成道家ミに来る。
五日
大学出、和文二年生ニ祿令、三年生ニ厩牧令を授く。午後皇典所行、一時より二時迄枕草子を授け、二時卅分開花楼行。久保季茲三年祭也。兼題春夢。哥幷幣料半円贈る。五時頃退散。浅草大成《ママ》喜行。過日礼也〔音楽史贈る〕。春正ニ逢ふ。〈頭書〉学士会小杉等より郵書。／久保の会至て盛会なり。木村・鈴木〔重〕・本居・飯田・渡辺〔重石丸〕其他知る人あまたに逢ぬ。〈四日条頭書〉〔五日也〕三作下谷西丁辺貸地ミに行。

六日

朝内藤翁入来。逢はず。片山卒業文持参〔日本史通論〕。○文部省出、松本稿郡司ノ部一閲、即渡。黒川出頭。未ダ全快に至らざれど、あまり退屈とて小子に扶られて昇降す。退出後加々丁行、御成道家之事談じ。暮て帰る。〈頭書〉うつの宮奥平より今朝発之郵書来る。過日返事也。○斯文学会より端書来る。来ル十一日惣会之事也。△今日小石川植物園にて国家学会三年会アリ。不参。松方・伊藤両氏演説之処、後ニ聞、不参之由。〈五日条〉○三作根津七軒丁行。宮川隣ニ明《ママ》地あるよし〔六日也〕。

七日　晴。

大学差支届。○十時図書寮へ出、丸山面会。皇室典彙を整頓し、鍋島氏ニミせる。巻一・二・三、次ニ印刷ニ廻スにより、返り点・句読其他之事写字生ニ托し。午後二時退出、吉川へより、義象ニ逢ふ。三時七軒丁宮川行。三作来、会、隣明《ママ》地ミる。〈頭書〉民友社徳富猪一郎より郵書。／仲丁時計屋へ時計代十四円渡。

八日　晴、暖。

在宅。曲亭雑記二編の上〔昨日吉川より購求〕一覧。真葛女の事を記したるおもしろし。午後塩原入浴。大洗田口頼の懐紙した丶め郵送。○河合へ竹取物語校本幷愛育之友送る。○博聞雑志卅一号ニ自己の小伝ありとき丶て昨日本社〔弓丁〕より求来、一覧。〈頭書〉庭の梅花ことぐ〵く開く。／徳富へはがき出ス。○京都田中尚房より四日出の手紙届く。過日の礼也。○小杉へ返書出ス。江沢事也。／○新太郎墓出来。／○高等女学校矢田部・能勢等より国の基発行ニ付、賛成者たらん事を望む郵書来る。

九日

今朝大に下痢す。依て大学所労届。午後三時頃からしを加へて腰湯をつかひ、了て大に吐す。蓋し数日の溜飲ならん。其後も下痢あり。○毀誉相半書一過。○市川へ文通之処、横浜へおもむきし由、留主居より返書来る。〈頭書〉矢田部へ承諾之郵書出ス。／中沢より又々懇願之はがき来ル。
十日　日曜
けふも下痢しぬれば疲労を覚ゆ。午後松崎を招、診察をこふ。からしを紙に貼して腰のあたりへはる。○学士会院講演日、出席断。今日講師ハ重野・三島也。〈頭書〉七軒丁借地之事取極、三作行。家守へ五十銭遣ス。／△今日人類学会演説、理科大学地質学教室ニ有之由、昨日郵書アリ。
十一日
下痢止る。食欲を減じ、頻に喝（渇）を覚ゆ。食物の味かはらざれバ王余魚を食するにうまし。○俳諧哥論・松屋叢話の類をミる。○斯文学会惣会〔惣裁宮臨席〕不参断。〈頭書〉帝室制度局より急ニ参局すべき旨、鍋島書状ニより、所労ニ付義象へ申聞呉様、三作代筆にて返書。
十二日
食後とかく胸鬲のつかへを覚ゆ。○俳家畸人伝をミる。○おたつ学士会院行、年金請取幷女帝論速記受取。
十三日
松崎来診。大に快方なり。○義象来る。制度局より建言案及栗田宮号考案持参。○本居より郵書、詠草返ル。幷姓名通考借覧致度旨なり。○古事類苑掛より請求書之事ニ付郵書来ル。〈頭書〉香取伊藤泰歳より伊能翁小伝稿本郵送。
十四日
七軒丁借地に建家の図を製す。夜大工安五郎招き示ス。○中沢より又々歎願の書来ル。○宮川甚五郎より郵書。
十五日
病褥を離る。いまだ気力なし。○おたつ下痢、久河ニかゝる。○西隺一代男をミる。○三作七軒丁行。地主より近々地盛ニ付、借地之印をする。○女帝論速記を校す〔十六日送ル〕。〈頭書〉佐藤定介より類苑稿之事郵書。○文部省へ石井・岩本・松本等請求書へ調印分もたせ遣ス。
十六日
大ニ快方なれバ明日如蘭社会へ出べき旨、村岡及よしかたへ郵書す。○〔十八日歟〕制度局建言書へ拙案を添ふ。依て古事記伝・日本紀其他の書をミる。
十七日　快晴美日。午後三時過より南風つよし。　日曜
如蘭社惣会を昼後と心得たるに、午前九時なるに心付たれど、もはや及ざれバ断之使出ス。○午後あまり美日なれバ清道つれ浅草公園地遊行、奥山閣へ登る。江刺の娘

茶店にあるをミる。六時前帰る。〈頭書〉午後よしかた来ル。逢はず。／平田より国の基発行之祝詞を求る郵書来る。翌日承諾之書遣ス。○佐藤定介より使ニ付、稿本渡。

十八日　晴。

義象、藤田祭文添削。○水道丁隠居入来。○三作西新井行〔出井同道〕。○〔廿日歟〕制度局へ考案差出。○〔十六日歟〕田島頼関市令・獄令等之内質問の答書出来。翌日郵送。○新井来る。御成道移転料六十五円差出すべき旨話ス。〈頭書〉今日まで十日間大学所労引。○制度局より考案催促状鍋島より使にて来る。

十九日

大学出、和二年生ニ宮衛令、三年生ニ仮寧・葬喪二令を授く。今日皇典所ハ試業後休也。○三作今朝より吐瀉す。〈頭書〉帰路山崎へ寄。御成道家之事談ズ。

廿日　春季皇霊祭

黒川杖にすがり入来。奈良土産紅華蓋守二貼を恵る。○新井〔二月分〕房租持参。○大工安五郎池のはた建築画図幷代金積り書持参。○平田頼の国の基発行の祝詞を草す。○松崎より旅行願書に添ふべき診断書来ル。〈頭書〉小杉より郵書。文章会之文幷令講義筆記印刷之事也。

廿一日

午後大学出、和二年ニ軍防令、三年ニ続紀を授く。書記官永井ニ面会。あたミ旅行願書差出。帰路新井寄、移転料六十五円受取。〈頭書〉今日御成道の家、建具・畳、池のはたへ運ぶ。／理科大学へ廻、中村ニ逢、文稿示ス。

廿二日　晴

午前九時過文部省出。黒川も来る。辻次官面会。午後二時退出、高崎正風邸行。過日娘胤子〔十九才〕歿之弔也。○今日より御成道の家取こわし池のはたへはこぶ。○中村より文稿郵送。夜清書す。○養父霊祭する。○八わた小中村より十九日之書来〔去十三日五十日祭相済候由〕。〈頭書〉△今日榎本文部大臣ニ転任、後藤象次郎逓信大臣拝任。よりて物議匈也。／○大久保初男より鶏卵一箱賜。

廿三日　曇。風寒し。或ハ雨ふる。

大学出、史一年ニ景行紀、博言二年ニ土佐日記、史二年ニ職員令を授く。午後二時卅分皇典所ニ至ル。木村・黒川・菅喜田等之演説を聞、晩景帰る。〈頭書〉学期ニ付授業明日より暫く休。○平田より使来る。文儀。／△今夜高等中学講義室にて通俗講談会あり。不行。○堀越より来廿四日見物之事郵書来。

廿四日　曇。日曜

朝九時前榎本大臣邸（駿河台甲賀丁）へ拝任悦に行。佐々木へ寄、卅日年賀賀《ママ》不参候事話し、西京人払物短冊帖求（短冊両国にて百五十枚斗。此代価六円）。〈頭書〉午前十時過中村坐行。堀越招請也。一番目怪鼠伝、中幕琶《琵琶》景清、二番目八犬伝新作、三幕大切伏見常盤。常盤津文字太夫代替、団洲口上あり。午後三時先へ帰る。光明寺・泰宗寺墓参。○お栄子供つれ来る。逢はず。／大工安五郎ニ営造料内金五十円渡。

廿五日　曇、夜雨。

佐々木年賀哥幷大阪弾舜平頼の短冊八葉、佐々木へもたせ遣ス。○帝室制度局へ旅行届書幷過日議案、更ニ清書差出。○旅のよそひ支度する。

廿六日　朝曇、追々晴。

午前五時卅分過おたつ同道、熱海出発。三作新橋迄送りす。六時卅分前ステイシヨン着、同時四十五分発車。九時卅分国府津着、蔦屋に休。人力車を雇ふ。十時過小田原片岡にて昼喰。道あしければ、こゝより跡押しの車夫弐人を増し、十一時過出立。画《江》の浦に至る頃、全く晴て房総の山々よくミわたさる。伊豆山のもとにて小林の下男の迎に逢ふ。午後三時卅分あたミへ着。〈頭書〉学士会院・文科大学・戸長役場等へ今日発足旅行之事届。

廿七日　快晴。

享和三年片岡寛光が熱海日記（撰者自筆、斎藤彦麻呂の跋あり）、文政十三年山東京山の熱海温泉図彙をミて古今の変遷いちゞる《し脱カ》きを感じ、熱海日記の奥にいさゝかなる文を書そふ。○嫗をともなひて村内を逍遙す。此ころ　《闕字》皇大皇后宮離宮へ行啓ありて、いまだ御滞在なり。○根岸の家と修善寺村の浅羽とへ郵書出す。

廿八日　晴。西風つよく寒し。

かねて民友社（国民之友発行所）なる徳富猪一郎より依頼ニ付、嗜好書目に説明を加へたる書幷ニ三島の秋山光条（皇典講究所講演第二の巻と山田伯演説書とを送る）・牧の郷の飯田守年・東京の中郁秋香氏等へ郵書出ス。○午前十時頃不二屋に滞留の山田伯をとふ。来客の由に付、明朝参上すべき旨申置。○都のはな第六・七号をミる。〈頭書〉廿五六日夜熟睡せず。昨夜はじめてうまい《熟寝》したれば今日ハいと快し。

廿九日　曇。西風つよし。午後少雨。
朝八時過山田伯を訪ひて対面す。来月四日まで此地にいますよし也。◯日記取調。◯三作より今朝出の郵書とゞく。
三十日　快晴。
日記調了。◯貸本屋持参、小説残花憾葉桜をミる。◯午後二時遊歩。温泉神社・来宮参詣。来宮にて明治十一年楠細工遠州屋の精楠を以て製したる額の事跡を、田中芳男の発意にて黒川撰文・伊東祐命書の奉額をミる。◯おミつよりの郵書届く。〈頭書〉此文によれバ此地の楠細工ハ嘉永年中に始るといへり。再案。此説は非也。文政中の著あたミ温泉図彙に細工物の事あり。
三十一日　晴。北風つよし。　日曜
憾葉ざくら見了。◯学芸また人類学会雑志をミる。◯村岡・よしかた・三作等へ郵書出ス。◯滞留中時事新報・東西新聞を日々求てミる。〈頭書〉朝六時卅分。（闕字）皇太后宮御還啓、小田原御休。国府津より御気車。五時過東京御着。（闕字）皇后宮停車場迄御迎之由。

あたミ鮮饌日六（録）

三月廿六日着　　夕　あま鯛塩焼　椀つミ入
廿七日昼　鯛煮　　夕いさき塩焼　枕鶏卵とぢ
廿八日昼　めじ味噌つけ　ホウレンソウ・うど胡麻あへ
　夕　鱸煮
廿九日昼　ほうぼう塩焼　夕海老具足煮　ホウレンソウヒタシ物
三十日昼　ひらめ煮　夕　ブリ ヒラメ さしミ
三十一日昼　ぶり雉子焼　夕　鯛塩焼
四月一日昼　ぶりさしミ　夕　玉子とうふ椀
二日昼　玉子厚焼　夕　西洋食　ソーフ、ヒロ、ヒフテキコマ切　かれい煮　辰
三日昼　弁当　アジロ行　ぶり塩焼　辰（おたつ）　夕　ひらめ煮
四日昼　鯛煮　夕　ぶりさしミ
五日昼　ぶりさしミ　夕　玉子焼。海老椀
六日昼　鯛煮　夕　ぶりさしミ
七日昼　さわらてり焼　夕　ぶりぬた
八日昼　鯛塩焼　夕　鯵ギヨデン　小鯛椀
九日朝　シラス汁　小鯛塩ヤキ　ニテ出立

四月一日　曇。風ハなけれど波の音たかし。午後北風まじりニ雨ふる。あれの気味。

中邨氏より卅一日発の郵書到来。○朝山田大臣をとふ。学事の談に及べり。○旅装中に収め持参したる黒河本塵袋の奥書を蔵本に写しとれり。○中邨氏述文体の弁をミる。〈三十一日条〉○〔一日ナリ〕修善寺浅羽よりの卅日出返書届く。

二日　曇。西北風つよし。

夕樋口より西洋食取寄。〈一日条〉○〔二日ナリ〕寄酒祝花映水の哥成る。／○〔二日也〕中邨へ郵書出ス。祝の哥の事也。〈二日条頭書〉〔二日ナリ〕山田伯より小笠原産の珍菓三ツ・林檎十を賜ふ。夕刻富士屋行、礼を述ぶ。／円朝噺エゾ錦故郷土産《（蝦夷錦古郷の家土産）》をミる。〈三日条〉村岡〔二日也〕・義象〔同〕よりの書同じ。[1]

三日　暁まで雨。漸く晴和の天となる。夜に入南風つよし。

江沢晉よりの郵書届く。○今日はこと舟にはよき日なれば、午前九時頃より舟行す。東京人中村某外一人・横浜人《（空欄）》某・尾張人《（空欄）》某、外ニ小林の番頭〔政吉〕・下女〔お花〕七人同船す。烏帽子岩・犬くゞり・胎内くゞり・錦のいはや等（錦浦にあり）・観音のいはや等怪岩奇石の辺を乗めぐり、十時頃網代に上る（海路二里）。東南の山を昇降する事十町斗にして根越の観音堂に至る。長谷寺といふ。近年類焼して仮堂也。こゝよりミわたせば初島いと近くして観望奇絶なり。暫くいこひてこしかたの道を帰れば、網代の人家眼の下也（四百余戸といふ）。あく家に入て持参の弁当を開く。舟酔の人ありしにより三人は多賀村を経て陸行し帰らんといふ。おのれ外三人ハ猶舟路よりして午後二時過帰れり。○新聞をミるのミ所業なし。夜同行せし横浜人とひ来。〈頭書〉朝八時過つよき地震あり。尤長からず。

四日　曇。午前九時頃より雨、午後止。さむし。

山田伯の出立を送らんとて八時前富士屋に行けば、もはや発駕有しとの事也。帰ればきのふ同行せし東京人中村とひ来てしばらく談話す。毎日新聞をかしたるを泛読す。○請取書類取調。〈頭書〉珍菓幷あたミ細工等箱ニ入、東京へ運送す。

五日　半晴。

三作へ書状出ス。○江沢藤右衛門よりの郵書届く。○土佐の浪路再案。○貸本屋剛胆之少年〔竹田左膳著〕持参、一覧。○都の花見了。〈頭書〉朝四時廿五分に起出て楼上より朝日の昇るを拝す。

六日　曇。北風さむし。午後細雨、夜ニ入風雨。

当所の巡査高橋一弐・森・前田・勝野斎次郎・深谷政之・中村儀八郎等の求により短ざく数枚したゝむ。〇三作より大学図書館の用申来ル。即時同館へ之書封入郵送す。〇学芸の三をミる。落合直文文章論おもしろし。〇土佐の浪路清書成る。

七日　暁がたに起いでゝ聞けば、波の音とゞろきて雷のごとし。猶雨ふる。午後晴。南風はげし。　日曜

皇典講究所講演をミる。〇同宿なる中村栄二郎求により扇面したゝめ。〇沖縄県よりかねてはがき郵便にて月次兼題の報ある中、野外早梅より以下六題十二首の哥よむ。

八日　朝曇、後晴。

出板月評十七号・文二巻ノ五号をミる。〇明日ハ出立すべきにより旅笥等とゝのへ。

九日　朝曇、午前十時頃より細雨。

朝八時前出立。小林主人三四丁送りす。十一時頃小田原へ着。永島にて中食。あるじの乞により小帖へ初島の哥したたむ。土産・漬物などとゝのへ午後二時廿五分馬車に乗、三時前湯もと福住着。日高ければ塔沢に遊び、玉の湯に浴す。晩景帰る。正兄老人四五日胃病にて平臥の由。

十日　半晴。

宿の主管の乞により小帖へ春夢の哥したゝむ。午後十二時五十五分馬車ニ乗、二時国府津ニ至る。気車ニ乗て夕五時新ばしニ着、家よりの迎車ニ乗る。上野に至れば花ハ真盛なり。帰りの人群集す。六時過根ぎしへ帰る。

十一日　曇、午後小雨。

大学・学士会・戸長役場等へ帰京届出ス。〇高崎田島・平岡等へ郵書出ス。〇永井〔タバコ箱・ツケ物〕・水野〔針箱二・手遊二・ツケ物〕・山崎や〔盆菓〕〔巻紙〕等へ土産遣し、幷おたつ・水野・山崎行。〇本居へ手紙幷漬物贈ル。詠草も。〈頭書〉夕刻三作同道、上野花見物。満開にていまだ散はじめず。

十二日　雨、暖気。

昨日鍋島委員の手簡により制度局出頭。皇統護徴取調を命ぜらる。重野博士も両三日前同局掛り命ぜられ、今日面会。午前帰宅。直に調にかゝる。△皇后宮、高等女学校及共立女子職業学校へ行啓。

十三日　晴。北風つよし。午後曇、霰少し降。寒気。

取調する。本書へ附箋幷ニ附言したゝめ。〇本日より大学出勤之処、制度局調により断。〇午後より皇典講究所

行。萩野・物集・飯田等演説あり。五時前退出。本居より詠草落手。

十四日　曇、夜雨。　日曜

午前迄ニ取調出来。鍋島邸〔三田〕迄もたせ遣ス。○午後学士会院行。中村道徳論・田中教育と美術との関係演説。田中ハ幻灯を以て動植物画絵の誤を弁じたり。○お栄来る。〈頭書〉後に聞。今日墨提花群集せり。○今日臼倉氏法事之処差支に付断。夕刻古島入来。引物賜。

十五日　曇。

大学出、和文三年生続紀、史二・三年生ニ職員令、午後和文二年生ニ軍防令、博言学生ニ土左(佐)日記を授く。○水野入来。逢はず〔さとう賜〕。○中村へ練あめもたせ遣ス。○戸長役場へ所持届書出ス。〈頭書〉△上野美術協会へ行幸。

十六日　曇、午後雨。

大学出、和二年ニ令、史一年ニ景行紀を授く。正午ニ終る。三橋亭にて洋食。七軒丁行、営繕地をミる。上野に登り二時過帰宅、新聞をミる。○おたつ大蔵省へ行、文部省手当一二三月分請取。○あたミ小林より、浅羽より届の毛布通運にておこす。〈頭書〉庭の花や、散りかた也。／加々丁へ使遣しアナ、シ、系引紙送る。皇典講究所営繕中ニ付休。

十七日　晴。暖気六十八度。昨日迄ハ六十度以下也。

文部省出、始て榎本大臣に謁す。○けふハ花候となりてより以来之美日なれば、退出後五時頃より墨堤の花をミる。や、散たり。群集ハ前日に替らず。暮て帰る。〈頭書〉あら井へ御成道家取毀ニ付、登記所届書幷十七番地所持届書頼。／宮内次官より明十八日午前九時卅分赤坂離宮御苑にて官人乗馬。(闕字)天覧の達あり。依て夜ニ入不参届出ス。今日中に限れば也。但し不参にても乗馬ハさし出すべしとの事也。

十八日　曇。暖気七十度ニ至ル。

早朝永井久一郎氏へ使遣ス。乗馬飼養所、九段坂下乗馬飼養会社山島へ乗馬引出し之事を依頼の為也。則ち永井氏より申込呉候事ニ相成。○昨日宮内省へ差出候不参届〔出入鑑札二枚入〕、不足税にて返り来ル。依て八時過又々差出。○大学所労届。○皇典講究所にて演説すべき警察沿革取調。〈頭書〉七軒丁へ植木買入。

十九日　曇。南風或ハ少雨を交ゆ。

疝気により新聞などミて日をくらす。○去年春より頼まれたる伊能翁小伝を肖像画帖の上にしるす。○おたつ、右馬行。○柏木へ手紙遣ス。〈頭書〉庭のさくら皆散てさく日より雪の降しきしさま也。隣の八重桜また梨李の花や、盛也。

廿日

大学出、和三年ニ関市令、博言生ニ今昔物語を授く。午後皇典所行、萩野・本居・川田等之講演を聴く。

廿一日　日曜

午前九時頃より上野行。美術展観会見物。午後浅草鷗遊館行。玉鉾会也。木村頴鏡之事講義あり。夕刻帰る。○三輪入来、面会〔酒切手賜〕。

廿二日

大学出、和三年ニ捕亡令、史二・三年ニ職員令、午後和二年ニ軍防令、博言生ニ今昔物語を授。〈頭書〉七軒丁の庭木植了。

廿三日

大学出、和三年ニ続紀、同二年ニ公式令を授く。史一年ハ不参。午後皇典所へ廻り、考課令・枕草子を授く。○夕刻宮内省丸山図書助より来翰。

廿四日　晴、和。

午前九時過宮内省へ出頭、図書寮にて制度局取調する。退出後万町辺へ廻り、買物などして帰る。文部省不参。○退出後清水来る。面会。黒川幷古事類苑編纂所へ郵書出ス。

廿五日　快晴。

辻次官幷文部編輯局第二課へ郵書出ス。○大学へ郵書。不参断。○九時宮内省出、四時前帰宅尚又取調。○辻次官より返書郵送。〈頭書〉元文部参事官手島氏欧州行ニ付、送別会星ケ岡茶寮ニ有之旨、文科大学より申来、断。

廿六日　雨。夕刻ことに強雨。

九時宮内省出。今日にて取調草稿大体出来。丸山氏猶細密を要するにより、来ル月曜より又々取かゝる心組なり。但丸山より外山学長に右ニ付三四日差含呉様郵書出ス。〈廿五日条頭書〉今日古事類苑一条、宮内省事情丸山より承〔廿六日ナリ〕。

廿七日　晴。

大学不参。演説案再考。○午後一時皇典講究所行。演説当番ニ付、警察沿革を説く。其前落合直文文章の誤謬を説く。有賀長雄出席之処、不参なり。五時頃帰る。○文章会断。文章会第一集贈附有。〈頭書〉横井へ郵書出ス。

柏木へ紹介書封入。

廿八日　曇或は雨ふる。　日曜
本居氏紹介書持、山形県羽前西田川郡庄内大平信直来〔鰹節恵る〕。学事質問あり。○大久保好伴入来〔くわし賜〕。図書寮の談あり。○大槻修二入来。素人戯場脚本述作ニ付、蘇我入鹿時代之事種々談あり。正午ニ至ル。○川田剛氏頼ニ付、其舅大脇譲翁追悼寄衣述懐哥懐紙ニしたゝめ使ニ附ス。○細川潤二郎氏より新刊考古日本一冊を贈らる。即日謝書郵送。〈頭書〉七軒丁地礎居付。

廿九日　淡曇。

大学不出。宅にて御生母例取調、夜ニ入る。○学士会院雑志十一編之四来る。二月中演説の女帝論印刷なり。○西京博成社より美術第三号郵送。〈頭書〉七軒丁建前。

三十日　曇。

大学及皇典所不参。宅ニて御生母例取調出来分図書寮丸山へもたせ遣ス。午後廃太子例以下并右御生母例及立太子の典なき例等取調。

五月一日
午前九時図書寮へ出、丸山面会、尾張角田に逢ふ。午後一時前文部省へ出頭、黒川ニ逢。帰路十軒店にて小鯉〔チリメン仕立〕と、のへ七軒丁へ廻り、家作一覧。春陽楼にて晩食帰る。○萩野由之より北溟雑志贈り来る。○夜宮島鈴吉入来。頼置る澳州人書翰翻釈持参。〈頭書〉朝大工安五郎ニ五十金渡。／人類学会雑志卅八号・絵画叢誌廿五巻郵致。

二日
宮島善文来る。不逢。○午後大学出。和三年ニ枕草子、和二年ニ夕顔巻授く。三時退出後加々丁行。清象初節句ニ付、馬乗人形・縮面（緬）鯉等遣ス。義象は井上法制局長と共ニ山田大臣ニ招かれ候由ニて不逢。晩景帰る。○女新聞編輯者鈴木半三郎来〔くわし賜〕。不逢。○大沢より来四日三代実録会読之事郵書。〈頭書〉大学にて重野に面会。歴史上之事并澳国人手簡之事談じ。外山・菊地にも同断。／三作七軒丁行。屋根ふき出来候由。臼倉吉右衛門来る。不逢。おたつ面会。

三日　快晴。

御養母准母例取調、夕刻宮内省よりの使に渡ス。○塩原入浴。午後澳国人へ返翰の案を草す。○鈴木〔半三〕・大沢・宮島〔鈴木（吉）〕・宮島〔善文〕へ郵書出ス。○夕刻図書寮より使来る。〈頭書〉おミつ遣ス。紋付小袖裁縫出来。

四日　晴。

午後大学出、和三年生ニ獄令、博言生ニ今昔物語を授く。理科大学行、中村面会。三時前大沢行。三代実録会読なり。飯田・野口・三輪等集会。宮嶋へ寄、翻釈頼ミ晩景帰る。○輿石追悼会神田和泉町にて有之。不参。兼題雨中落花の哥のミ遣ス。外ニ幣物料半円添。○浮間村八五郎来、一泊。

五日　曇。正午頃より雨。日曜

好古会ニ付、午前十時上野華族会館行。会主福羽、幹事加部・井上・宮崎及松浦〔華族〕・中村・門脇・内野・飯田・大沢・片野〔邑平〕・小杉・佐々木〔信綱〕・石子其外不知人五十人斗来会。午後一時前おミつ・初太郎同道、木挽丁厚生館行。かなの惣会也。会長高崎及高崎〔五六〕・物集・関根・伊藤圭介・阪・魚住・女組長吉原其他不知人百名斗来会。高崎〔五六〕・色川・吉原・下田哥子〔代人〕・独逸人某〔内閣御雇〕演説。あら木古童尺八、市川団洲踊・常盤津長唄懸合にてかなの漆といふ新調をうたふ。午後四時散会。〈頭書〉今日発行之女新聞ニ水天宮考を刷入したり。

六日　半晴。

大学出、和三年ニ獄令、史二年ニ歴史のはなし、午後和二年ニ儀制令を授く。博言生ハ不参。帰路真砂丁肥田浜五郎邸へ弔詞ニ行。四時帰宅。○皇典所より廻りたる演説速記書訂正。○丸山より郵書。賤者考借用致度由也。○おたつ大学へ年金請取ニ行。

七日　晴。

大学出、和二年ニ儀制令、史一年ニ景行紀を授く。午後皇典講究所行、考課令・枕草子〔一〕を授く。

八日　晴。

図書寮へ出、丸山面会。午後三時前文部省出、黒川面会。夫より村岡行。園中牡丹盛により招請なり。川田・井上〔頼〕・加部・箕輪其他両三名来会。暮て帰る。○右馬来ル。三作祝金壱円外ニ菓子賜。

九日　曇

午後大学出、和二年ニ夕顔巻、同三年ニ枕草子を授く。四時神田川行。兼約ニより中邨来、会。今日神苑会幹事被命候由（有栖川宮惣裁・渡辺総長会長会長（ママ））。宮島も来る。隩人へ返書談じ。〈頭書〉婢お（空欄）来る。常陸取手の者。右馬せわなり。／（空欄）社より園遊会第六号恵贈。

美術の雑志なり。

十日　雨。

警察の沿革講演速記を修正す。いとま《（暇）》いる事多く終日にて果さず。○午前陝人返翰案修正。宮島へ郵送す。

十一日
大学出、和三年ニ獄令、博言に今昔物がたりを授く。○午後一時皇典所へ出。織田完之治水、黒川真頼東大・法隆二寺の事を演じる。了て山田大臣より教科書編輯之談あり。飯田不参外講師不残（廿余名）参席。御成道鈴木（洋服や）へ廻り晩景帰る。〈頭書〉乗附乗彦来る。逢はず。栗田へ出入せしもの、由。

十二日　晴、和。日曜
午後二時前学士会院行。黒川（家屋建築論）・細川（交際の説）演説あり。六時前帰る。○本日午前より帰宅後、夜ニ入演説速記修正成る。

十三日　晴。

大学出、和三年ニ獄令、史二年ニ天武朝物がたりを授く。午後ハ断。上野美術展覧会を再見す。過日とハ古画の方いたく変り茶席形を四・五席設け名物の茶器類を陳列せり。帰路新坂上なる園芸品評会をも一覧す。眺望よろしき所なり。○宮島より陝国人への返書独逸文にて出来したるをもたせおこす。○おたつ加々丁行。〈頭書〉南摩へ郵書出ス。／高等中学校義象方へ使遣し、姓名通考取よせ、又久米より今昔物がたり読法借ル。／大学より帰路七軒丁営作見分。三作・加藤と共に建具買に森下あたりへ行、夜ニ入。

十四日　雨。

大学出、和三年ニ続紀、同二年ニ衣服令、史一年ニ成務・神功紀を授く。午後皇典所へ廻り、考課令・枕草子を講ず。松野ニ演説速記渡。

十五日　雨。午後止ム。曇レリ。夕刻より細雨。

文部省出。古事類苑編輯費当分是迄之通との達し去五日に有たるを、学士会院の書記寒沢が通ぜざりしにより、編輯局にて渡金無之為めに、編輯人及写字生の差支を生じたる事、今日漸分解せり。黒川風気ニて不参。今日去年中辻次官より托せられたる中学教科書附箋之分、校訂了りたるを、惣務局へ出頭して次官に渡す〔計十一巻〕。○午後三時退出より築地神道分局行。如蘭社会なり。会主村岡・渋谷及び青柳・市川其他の諸氏に面す。秋月新太郎入会、出席す。川田ハ不参。○新井保五郎、去月より地代・店賃共改正ニ相成たる帳簿幷ニ金円持参。
十六日　雨。
○午後大学出、和二年ニ夕顔巻、同三年ニ内裏式を大内裏図に照して教授をはじむ。〈頭書〉午前十一時大学出。物集に集会せん為也。正午過同道、帝国大学行。渡辺総長ニ面会せんとするに果さず。宮崎道三郎ニ逢。日本法律学校設立の談あり。
十七日
皇嗣例改正終日す。○さく日岩《(巖)》もと善治より郵書にて、来ル廿八日皇后宮御誕辰に付、廿五日発の雑志へ予が女帝論を載んとこひ来る。今朝承諾之旨郵書す。
十八日　半晴。
大学出、和三年ニ獄令、博言生ニ今昔物語を授く。○午後一時過両国中村楼行。東洋学会惣会なり。市村瓚二郎（東洋学会将来の冀望）・加藤弘之（学ハ一ナリ）演説あり。原坦山・岡松・久米・星野・本居・井上〔頼国〕・落合〔直文〕其他六十人斗来会。浅草辺逍遙、晩景帰る。〈頭書〉細川潤二郎氏入来。逢はず。考古日本閲覧之謝儀として八丈絹壱反を恵る。逢はず。／豊田伴入来。鶏卵賜。逢はず。皇典講究所より演説速記清書之分廻る。

十九日　曇或ハ雨。日曜
演説速記再訂。○兼約ニ付西沢之助来ル〔初て〕。国の光〔雑志〕発行之談あり。尊王家とミゆ。○午後皇嗣例改正。晩景に至る。○長沢資寧より刀二本もたせおこし、三円五十銭借用したき由文通あり。刀ハ返し壱円用立。〈頭書〉言海第一冊配達来ル。
廿日　晴
大学出、和三年ニ雑令、史一年ニ歴史〔持統・文武時代〕。午後和二年・博言生共ニ休。三時過より斯文学会行。惣会なり。谷・佐野両氏演説。五時過帰宅。〈頭書〉宮川大三来る。地頭名義考写本ニ廻ス。／○西より郵書来ル。／○婢おたけ解雇。下宿。／○婢おちよ目ミえに来る。〔翌日取抱〕。／○皇典所へ演説速記清書訂正本廻ス。
廿一日　晴。風あり。
大学出、和三年続紀、同二年衣服・営繕令、史一年神功・応神紀を授く。午後皇典所へ廻り、考課令・枕草子講尺。四時退出、細川潤二郎氏を尋、暫く談話。夕刻帰る。○宮内省丸山へ使遣ス。帝室御領考返ス。○帰路あら井へ寄、地代店賃改正帳簿へ調印したるを返ス。且肴料半円贈る。○山崎や隠居来る。〈頭書〉植木や両人来ル。井戸辺タ、キ幷ニ荊込。／吉川半七より梅園奇賞正続取寄せ、則細川へ土産。／過日中村より一円参。今日残金四十銭余理科大学へ廻ス。

廿二日

文部省出。

廿三日

図書寮へ出、丸山面会。○午後大学へ出、和二年ニ夕がほ、同一年ニ内裏式を授く。

廿四日

皇嗣例編輯終日。や、稿を成せり。

廿五日　曇。夜十一時頃驟雨雷鳴、暫時止、又々大雨雷鳴。大学断。帝室制度局へ出。鍋島委員面会。典侍等之事問合せあり。○午後皇典講究所参席。関根小説歴史の講演を聞く。了て玉川堂行。文章会也。高崎・依田・中村・阪・萩野・落合〔直文〕・関根等来会。〈頭書〉後ニ聞。此風雨中深川扇橋辺颶風、家を吹巻きたりとぞ。○銀二郎胃病ニ付今日より一週間代人出ス。

廿六日　晴。日曜

午前十時せと物丁イ行。鰹節求（丸山遺物）。十一時前開花楼行。昌平校黌友会也。幹事ハ村岡・高橋等にて故教員ハ川田・岡松・木村・亀田・井上〔頼国〕及予にして旧生徒ハ廿何名のミなりし。午後一時卅分千とせ坐猿屋行。求古会也。加賀騒動に中幕布引滝実盛物語、大切上るり七人男。七人男居処代りにて手習鑑車引の段を演ぜり。〈頭書〉○西村金平来ル。不逢。ブドウ酒賜。

廿七日

大学出、和三年ニ雑令〔了〕、史二年ニ元明・元正紀、午後和二年ニ営繕・公式令、博言生ニ今昔物語かたり授く。午後ハ睡眠を催し、講釈大義《ママ》なりき。四時前永田丁丸山行、過日正彦婚儀ニ付祝也。令室及新婦に逢ふ（昨日招れたれど不参す）。〈頭書〉お栄子供つれ来ル。

廿八日

皇后宮御誕辰ニ付、午前十時過宮内省へ出頭、書記官局ニ集る（但シ奏任官）。十一時《闕字》皇后宮拝謁。立食を賜ふ。午後一時前退出。皇典講究所へ立寄（但シ休業）、二時帰宅。塩原入浴。○小田切仲太郎来ル。近日浅草公園内へ転居ニ付、入費差支之旨申により、金廿円用立（但シ七月卅日返済期）。〈頭書〉七軒丁の家、天井張ル。明日縁がわ出来候由。

廿九日

文部省出、岩もと稿する所の新嘗祭下一閲して渡す。黒川ハ手痛にて不参。

卅日

皇典講究所演説稿案に取かゝり。○午後大学出、和二年生ニ若紫、同三年生ニ内裏式を授く。物集に逢。談話す。

卅一日

在宅。皇典講究所稿案を筆する事終日。○三作・銀二と共ニ江川丁辺へ行、建具求。〈頭書〉今日よりおミつ眼科桐渕にかゝる。四月の末以来近辺の某医の療を受たれど、出来不出来ありて重るのミなれば也。

六月一日

大学へ出、和三年ニ貞永式目〔始〕を授く。博言生ハ不参。○午後一時前皇典講究所行、佐藤定介国史編纂の意見を述ぶ。了て予国学の先途といふを演説す。四時前ニ終て物集も講演の筈なりしが不参。〈頭書〉銀二郎出勤したれど猶快気ならざる様子なり。／東京学芸雑志久く送りこざる処、第九十二号発行恵致。爾来進呈するにより論説・雑録・雑報等寄贈すべき由、申来る。

二日　曇。午前十時頃より雨、夜ニ入る。　日曜

午前九時頃出宅、北伊賀丁宮崎を訪ふ。借用する所の地頭考を返し、哥舞音楽略史を贈る。十一時過角筈村福羽議官をとふ。あやにく今朝より頭痛にて逢はれず。昼饗を給せられて午後三時頃帰宅。○兼て郵便にて詠歌をこひし越後の菅与吉・美濃の土屋常蔭、又来訪にて寄竹祝の哥こひたりし美濃の深川・水野等への哥した〻め郵送す。〈頭書〉宮川大三、大臣補任謄写出来にて持参。

三日　晴。

大学出、和三年ニ貞永式目、史学二・三年ニ聖武・孝謙紀を授く。○午後十二時三十分より帝国大学ニ文科教員を会し、外山学長より来学年已来文科中ニ国史学科設立之談あり。島田・物集・神田・宮崎・穂積〔八束〕・重野・久米〔邦武〕・星野・木下等来会。時間等之談あり。漢和文学を国文学と改め、同じく時間改之旨も協議す。漢文学科を漢学科と改め、同様なり。○午後四時帰宅すれば岩手県師範学校教員畠山太郎来訪し居れり。一閑張金平糖入外二種恵る。文章会・皇典所演説一冊ヅヽ送る。〈頭書〉国家学会より同会発行、伊藤伯撰之憲法・皇室典範義解を配達し来る。美本也。

四日　晴。

大学出、和三年ニ続紀、同二年ニ公式令、史一年ニ応神

紀を授く。午後皇典所行、考課令と枕草子を授く。〈頭書〉畠山より履歴書来ル。

五日

文部省出、鬘の事取調〔古事類苑〕。帰路江川丁道具や行。過日求たる陳《ママ》二枚取替。〈頭書〉女新聞来ル。本月より五十ノ日発行となる。

六日

午後大学出、若紫巻と内裏式を授く。○午前西沢之助より依頼の国の光祝詞を草す。夕刻郵送。〈頭書〉根岸懇親会へ出席すべき旨幹事篠常五郎まで文通。

七日　快晴。

皇嗣例再訂。午前十時卅分宮内省出、鍋島・花房・丸山等面会。午後二時退出、九段坂写真師鈴木行。文科大学生徒之需により渡辺惣長・外山学長・予・島田・物集・神田・吉水〔僧〕外教員一名、外国教師五名及生徒十名斗りを写影す。○おたつ神田へ買物行。〈頭書〉福羽議官より郵書。／午後四時過新坂いかほ亭行。根岸懇親会にて前戸長内田氏の労を謝し、幷ニ市会議員ニ撰ばれたる森・益田両人を招請し、将来を頼むの趣旨也。森・益田・光明寺外一人席上演説あり。二百人斗集て盛会なりき。中根・大槻・大川・斎藤等も面会す。

八日　晴。正午七十度（空欄）ニ至る。

早朝鈴木重嶺翁入来。来ル卅日郷純蔵哥会へ出席の談あり。○午前九時過医科大学書記市川ニ依頼し病院行、教授青山胤通にレイマチスの治療を受く。近日左の肩痛むによりて也。ヱレキの療治する。〈頭書〉午前十時より十一時迄之講義ハ休。十一時より博言生不参。午後皇典所行、有賀・本居の講演を聞、帰る。○浜尾より寺社展覧目録帰る。

九日　朝曇、午前十時頃より雨終日。正午六十二度ノ冷。日曜

兼て蔵書をミせ緩談も致すべき約あるにより、文科大学生三上参次・高津鍬三郎・和田万吉〔和文二・三年生〕・下山寛一郎・磯田良・米林彦太郎・小川銀二郎〔史学一・二・三年〕・林外吉〔博言二年〕等来ル。酒食を与へ、午後五時過帰ル。〈頭書〉銚子人松もと新左衛門出京。麹丁旅町《ママ》旅宿よりは書《端書》来ル。即日返書出ス。

十日　晴。

大学出、和三年貞永式目、史二・三年ニ桓武紀より清和紀まで、午後和二年ニ公式令、博言生ハ休。二時過より

七軒丁新宅をミる。もはやよほど出来也。

十一日　晴。

病院行、ヱレキノ療を受く。大ニ快方也。大学出、和二年ニ公式令、史一年ニ仁徳紀を授く。午後皇典所行、祿令及ビ枕草子を授く。同所にて神園会あり〔桜井書記官ニ面会。神園会之委細を聞けり。〕。今日初て会議之由、会長有栖川宮・幹事渡辺洪基・書記中村秋香也。〈頭書〉午後四時頃松本新左衛門来ル。書画帖料紙二枚に哥書てとらす。

十二日　半晴。

文部省出。帰路黒川へ行、真道に古事類苑之事談じ。〇堀秀成後家あや子、子共五人同道入来。秀成遺稿日本小文典弁誤持参、并碑文頼。浅草七軒丁居住之由。〇河合来ル。明日久子哥会夏月短ざく届頼。〈頭書〉文部にて松本取調の施薬院使・内豎所御書所等の稿を訂す。〇夕畳や来ル。七軒丁畳あつらへ。

十三日　半晴。

梳髪。〇井田政一郎来ル〔旧藩人〕。雑志之談あり。浅草公園辺に居住之由。〇皇典講究所卒業生大宮兵馬〔山口県〕・平野弘治〔福島県〕来る。〇午後大学出、和二年ニ若紫、同三年ニ内裏式を授く。三時過退出、七軒丁新築をミる。三作来居。植木屋も来。植物さし図する。〈頭書〉福羽へ郵書出ス。／夜刊本更科(級)日記をミる。／細川議官より来ル十六日音羽別荘にて小集之旨郵書来ル。

十四日　晴。此ほど正午七十度斗にて冷気なりしが、今日ハ七十四度七ニ至。

午前更科日記一見了る。〇午後よしかた稿日本制度通一閲。附箋則面談すべき由、郵書出ス。〈頭書〉福羽より返書来ル。／細川へ返書出ス。

十五日　晴。正午七十五度ニ至る。暑気。

大学出、和三年ニ貞永式目を終まで授く。病院へ廻り候処、十時過に付診察せず。〇過日文科大学卒業生催し教員学生合室写真出来。三上・高津より贈らる。又自己より頼の写影一組、今日鈴木へとりニ遣し。則出来。〇午後お栄、子供つれ入来。〇長井後家入来。〈頭書〉国会準備新報解停に付、今日より配付。／国史会不参之旨、亭番野口へ郵書出ス。／黒川真道過日之礼ニ来る〔かつぶし切手賜〕。

十六日　半晴。日曜

鉄筆師星野・井田錦太郎来ル。面会。〇午前十一時より水道丁丸山行、あるじ病気を尋ぬ。目白坂上松平邸行、春岳公過日勲一等に叙せられしを悦び、且前月中より病大かたならざりし見舞を兼ぬ。家令某ニ面会。三時過音羽細川別荘行。招きに依て也。重野・川田・中村・島田・岡松・黒川・小山〔弘〕・四谷外両人来会。田津々をミわたしていと涼しき処也。盛饗あり。夜ニ入帰る。〈頭書〉村岡入来。逢はず。羊かん賜。

十七日　晴。正午七十七度三。初て夏めきたり。

来る卅日に持参すべき〔郷氏招〕随意荘の記を草す。○式部職より来十九日勲章授与ニ付、参内の奉書来ル。〈頭書〉日本法律学校設立に付、来ル十九日皇典所にて集会之旨、幹事横山・宮崎より来書。

十八日　半晴蒸暑。夕刻少雨。正午八十六度五。

午前十時前宮内省出、足立ニ逢、明日之事談じ。図書寮へ出、丸山及よしかたニ対面。午後一時前皇典所へ行、宮衛令と枕草子〔二了〕とを生徒に授く。中村へ寄、五時頃帰宅。〈頭書〉川田より先年貸す所の内遠翁小町考返ル。

十九日

午前十時前宮内省出頭。大礼服無きにより足立氏を代受に頼む（同人事も今日勲等を進めらる）。勲六等の勲章と勲記等を伝へらる。午後文部省へ出、松本稿本押領使の条一閲。

廿日

帝国大学出頭、書記五十嵐氏面会。理科大学行、中村面会。過日頼の文章二編の附箋成たるを受、且相談す。○帰宅後西沢之助へ郵書。過日之祝詞少々引直候也。〈頭書〉七軒丁の家をミる。今日頃庭地ならし也。

廿一日

午前八時過出宅、牛込鈴木行。外出中、逢はず。十時頃角筈福羽行、大政紀要総記之事閑談。了て午後同道十二社行。三時頃四ッ谷宮崎行。逢はず。足立行、面会。過日礼を述〔ブランデイ贈〕、五時頃帰る。〈頭書〉福羽ぬしより大貝の化石を賜。

廿二日

午後二時過お晉同道、中村座行。演芸矯風会第三回なり。文覚新劇三幕、市原野ダンマリ一幕、団洲好猩々一幕、若俳優の踊一幕にて、九時前了て今日ハ甲号の札ニてうづらを見物場とす。後ニ聞。条公・松方・榎本の類、貴顕も多く来られし由。○本居へ文章稿ミせる。〈頭書〉

今日大工二人〔寅五郎・助二郎小蔵共〕来る。納戸を縮め三畳を東方二畳と連結して小室とす。／朝鈴木へ使遣し。○朝法科学生清水市太郎来。質問之事あり。○光明寺三郎へ小町考并霊異記抄出等もたせ遣ス。

廿三日　晴。日曜

星野半酔来ル。石印渡。萩原和久々ニて来訪〔くわし賜〕。小山朝弘来る。宗牧之短冊ミせ、其人の伝取調をこふ。常野戦争誌略并蒲生伊三郎書簡の刊本を恵る。宮崎道三郎・村岡氏等継て入来。村岡氏にハ兼約により、宮崎と共に六史校本外蔵書をミせる。昼食を出し午後各帰らる。○午後納戸かた付。○大工一人小蔵一人来ル。○清水彀来ル。写本之事也。〈頭書〉畳屋来ル。

廿四日　雨。

大工一人・小蔵一人。今日に了る。○納戸かた付残り了る。○畠山よりビール三瓶を賜ふ。即日返書郵送。○荏原郡入新井村へ射的協会移転ニ付、来ル卅日開場式執行之むね会長彰仁親王の命を以、副会長伯爵川村純義より過日招状ニ付断書郵送。○国学《ママ》学会より来ル廿六日月次会并金子・中橋両氏洋行送別会、不二見軒ニて催之招状過日来ル。断書同断。○福羽氏へ過日礼書郵送。〈頭書〉夜七時過根ぎし会行。根岸学校ニて催也。幹事誉田・森外三名也。大槻・中根・大川・狩野にも逢ふ。凡六十人斗集会。大槻発言にて根岸町名の談あり。次ニ議長を定むべき談あり。幹事宮木経吉、仮ニ本日の議長となる。議長ハ臨時、其度毎ニ定んに（此会ハ懇親・談話を主とすれば也）又ハ三ケ月も置据に定んかの両説に分れたり。依て会衆の起立に問ふに、臨時に置く方多数により其方に定る。其他二三条の談あり。これハ今夜定らず。

廿五日　小雨、折々止。

来学年ニ入学撰科志願者試業ニ付、午前八時卅分大学行。日本歴史志願ニ付、史学四人・和文五人ニ正統紀弁書さす（八時卅分より十時ニ至）。和文三人ニ制度通三条書取さす（十時より十一時過ニ至ル）。正午皇典所へ廻る。宮衛・軍防令・枕草子を授く。物集ニ逢ふ。四時前帰る。○荒井保五郎家賃持参。

廿六日

宮内省より昨日御用召ニ付十時出頭、田辺書記官を以金三十円を賜ふ。帝室制度取調之慰労也。丸山面会。神祇官設立建言を示さる。帰路春陽楼にて昼喰。吉川へ寄、書籍代払。〈頭書〉文部省断。廿八日出頭之事言送る。

廿七日
午後来ル三十日郷氏哥会へ持出すべき随意荘の記を清書す。○午前池のはた中町辺遊行。七軒丁新宅の調度等買物す。三橋楓川亭にて中食。塩原へ入浴、帰る。〈頭書〉皇典講究所より国学の前途演説速記回る。
廿八日
文部省出。蔓鬠（髪）之部自稿成る（器用部容飾具なり）。退出後加々丁行、来卅日引移之事談じ。井上法制局長を訪ふて面会す。
廿九日
午後一時皇典講究所行、伴（阪）氏哥道の演説を聞て退出。其余吉徳氏（吉岡徳明）・木村氏之演説有之由。二時俎橋玉川堂行。文章会也。西・西村・萩野・丸山と予のミ也。文章持出しハ予と丸山と也。されど投票す。四時過散会。〈頭書〉朝黒川真道来る。宗牧之事取調書持参也。
三十日　曇。午後晴ロニナル。折々細雨。　日曜
三作・おミつ七軒丁へ引移、義象・お栄、加々丁より根岸へ引移、双方共晩景迄ニ相済。○正午前今戸松岡新居を訪ふ。衣服令之事問合せ午後二時過橋場なる郷純造氏別荘行。鈴木翁・佐藤誠・加藤安彦等幹事にて哥会あり。

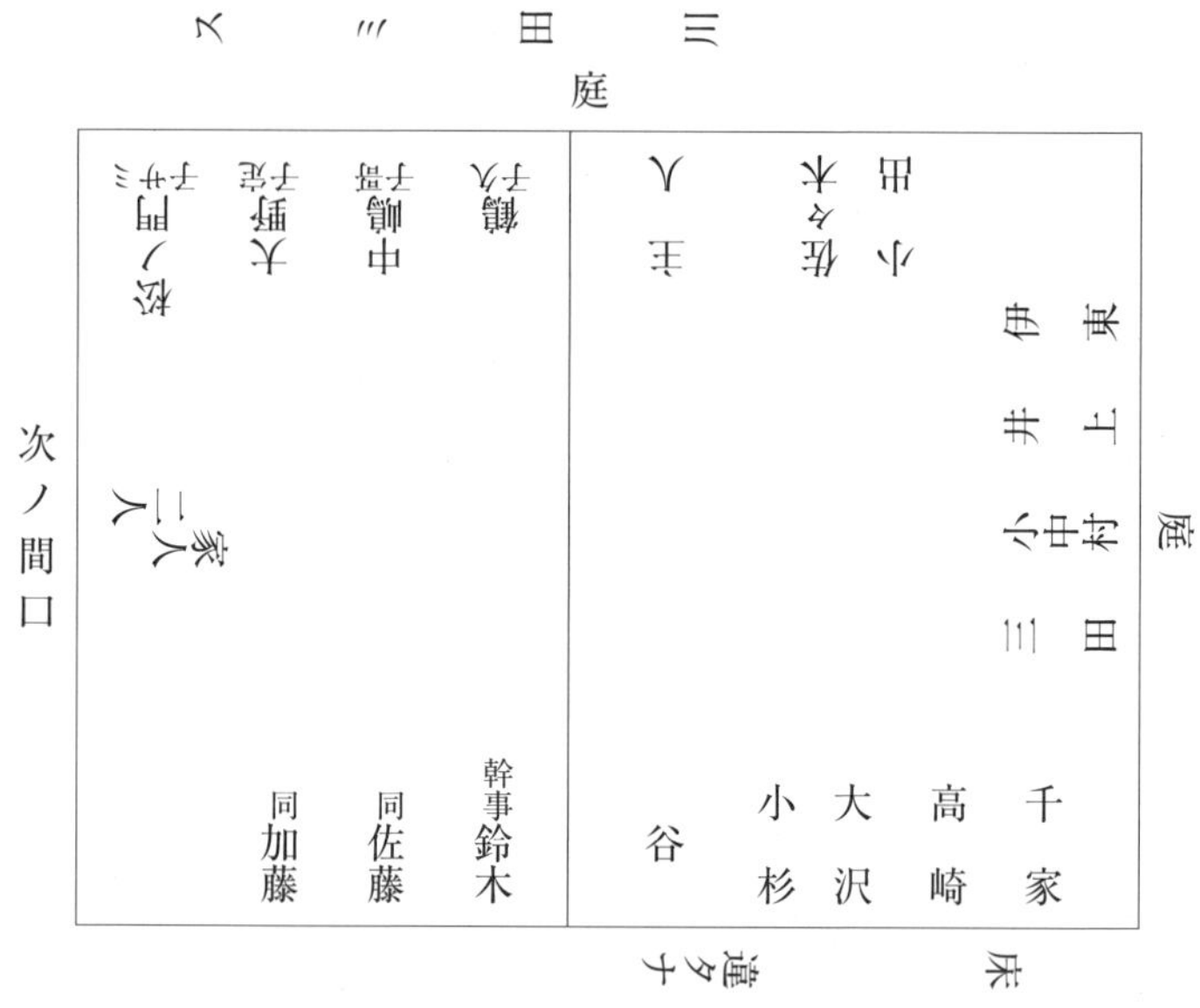

〈頭書図〉

来賓着坐の図頭書に記す。茶室にて抹茶の饗もあり。物て盛饌美菓也。袖裏奈智と名づけたる古屋谷の石をミせて、詠哥を乞はる。午後七時前帰宅。近書別席及弐階に

古書画の軸あまた懸られたり。皆、兆典司・雪舟・周文・元信頃の物にて山水多く、書ハ五山の僧多し。画賛も交れり。虎若丸といふ名にて哥三四首の軸あり。井上〔頼国〕言。これハある公卿の匿名なり。顕伝明名録にて取調べしと云々。○井上法制局長より朝鮮飴一箱を賜ふ。義象持参。○浅くらやへ則書籍代残金渡。〈頭書〉清水穀来る。履歴書清書頼。大久保好伴来る。鰹ぶし賜。

七月一日

正午過大学出、試業点数書幷特待生取調書、園田ニ渡、且卒業証書ニ調印す。二時過七軒丁行。当節ハ庭垣根造作なり。今日ハ経師二人来り障子張る。○帝室制度局より荷前考写本来る。○遠州井伊谷宮より昨日発の書来ル。

二日

午後一時皇典講究所行、軍防令及枕草子を授く。幹事より報酬金を贈らる。○岡野碩来る。市川団洲より之伝言にて文覚勧進帳摺物幷奈智深山誓文覚一冊と招状等持参。

三日　曇。折々小雨。

文部省出、松本稿修理職造宮省之所訂正。拙稿容飾具髪髻之部出来分、黒川へ廻ス。退出より木挽丁神道本局行。如蘭社会也。秋月・落合・青山・青柳・大畑其他の人々に逢ふ。晩景帰る。○皇典所より義象へ送金、使ニて来る。

四日　曇。

午前十一時賞勲局へ出、履歴書差出。諸陵寮にて川田・足立・大沢等面会。霊岸橋大黒亭にて昼食。万丁貯金銀行へ寄、七軒丁にて暫休息、午後四時過帰る。○磯田良より郵書。即日返書出ス。〈頭書〉随意荘ニ遊ぶ記、義象皇典講究所行ニ付もたせ遣ス。東洋学会へ出すため也。幷二荒日記も遣ス。日本文学へ出すため也。／○浅草公園小田切より郵書。

五日　雨。

来学年入学申込撰科生試業点数調。○午前十時文科大学教員控所へ行、同科教長・教員を会し（外国教師四名有）特待生及入学撰科之事の定めあり。正午帰る。○三上・白鳥試業書持参。〈頭書〉小山朝弘より郵書。即日返書出ス。

六日

午後義象同道、皇典講究所行。有賀・松岡・三上等講演。了て三時過より会議あり。山田所長・久我副惣裁も臨席。第一ハ同所ニ古書之講義を創る事。第二ハ大審院川目亨一の建議二条を会議す。晩景帰る。〈頭書〉川目の議ハ講演書を政事・法律等ニ区別する事、及国学の書をミる順序を立、書目を作るべき事也。／○萩原五平より郵書。金子無心之事也。断書即日出ス処、再来書あり。返書せず。

七日　快晴。日曜

法科大学撰科生神田貢助来ル。特待生の談あり。中根入来。関根入来。なまいき新聞返ス〔くわし賜〕。午後松岡入来〔さとう・色紙賜〕、一酌す。今日ハ来客等にてなす事もなし。夜河合より借たる改進新聞の濁世を読む。○義象、市谷行、井上氏へ画巻類三四種を貸す。〈頭書〉教育会より来ル廿日惣集会幷十五日柳原河岸書籍館開館式招状来る。／雇女おとミ来ル。子もり也。

八日　晴。

午後一時帝国大学行、島田・内藤・重野・久米・星野等ニ会し、国文科々業受持を定む。三時前に了ル。七軒丁へ廻り。四時過帰る。夜按摩。○吉川伊助来。義象面会。○堀越秀・守田勘弥より中村座見物、按内状来る。〈頭書〉午前濁世見了。

九日　半晴。昼より少雨、夜ニ入大雨。東西北の風を交ゆ。午後一時皇典所行、軍防令・枕草子〔二〕を授く。鈴木・本居へ廻り、晩景帰る。〈頭書〉高崎より過日染筆頼の小たんざくしたゝめ、義象迄渡さる。

十日　猶風雨。午後漸く静まる。夕刻雨止ム。

帝国大学五学科学生卒業証書授与式ニ付、午前七時卅分工部大学へ出。時ニ風雨中と雖も役員・教員ハ勿論、来賓多し。総長及文部大臣の演説ハ所隔りたれば聞を得ず〔後日官報に於て是をミる〕。九時過七軒丁行。昨夜より家の後なる相染川開きて水床下ニ入る事壱尺斗り。隣家宮川の釣堀も水溢れて魚逸せり。不忍池も開きて馬見所の前、湖となり、行人かち渡りす。二時まで二階ニ休息。芝紅葉館行。皇典講究所親睦会なり。山田所長・久我副長及び本居・井上・飯田・小杉・久米・小宮山・吉岡・萩の・落合〔兄弟〕・有賀其他数人来会す。義象も行けり。館女の舞二番あり。晩景帰る。

十一日　晴。暑気催ス。正午七十八度余。

午前十時鳥越行。堀越招ニ付中村坐見物。一番目誓の文覚、中幕根井上使、二番目お染久松也。今日哥よミて団洲におくる。

　ミくまのやなちの滝つせたぐひなき

わざをぎの名はよもにとゞろく
同人部屋にカジカ四・五頭を飼たる籠あり。又文覚の袈裟ハ糞雑衣にて好事なるもの也。同所にて高田早苗に逢ふ。午後七時卅分ニはて、、九時前帰る。〈頭書〉川田にて国史会之処郵書にて断。

十二日　半晴、夜雨。

去る九日頃より眼胞に熱ありて、胞内物あるが如く、目やに繋けれバ、おかち丁桐渕行、診察をこふ。器械もて胞中を洗ふ。読書・飲酒を禁ぜられ無聊なり。されど猶眼鏡をかけて、かく日記ハしたゝむ。○佐伯入来。中元御礼なり。鶏卵一箱を恵る。〈頭書〉日本法律（学脱カ　以下同）校幹事より金子・太田洋行に付、明十三日松源にて送別会之旨申来る。郵書にて断。／興石弓雄追悼かひかね集印刷成たるを甲斐人小沢幸民郵送。

十三日　曇。南風はげし。夜ニ入やまず。正午八十三度八。

文科大学より国史科授業時間割之書来る。夜取調。○本日三時より今戸松岡別邸へ招かれたれど、烈風ニ眼をさらしてはあしかるべく思へば、断之使出ス。拙詠幷ニ煮山椒一瓶をおくる。哥ハ

　さし入てまとゐすゞしきもち月の
　ミちたらひぬるやどのながめや

〈頭書〉読書を止メかた付物などする。飯田入来。皇典講究所にて本居の講演を常陸人若井平世質問書幷本居答幷ニ月番ニ付飯田調印。下官も同様ニ付持参也。蔵板神代系図恵る。

十四日　半晴。猶南風吹すさぶ。日曜

朝八時過物集を訪ふ。昨日上州辺旅行の由也。内藤行、時間わり之事談じ。小杉を訪ふ。不在にて逢はず。○高等中学校文科卒業生芳賀（空欄）・立花（空欄）来る。面会。○岡野清子来。前人著言霊実地概論三巻持参、序文を乞ふ。○長井おらく殿入来。○石井小太郎来ル〔さとう持〕。○国史科授業時間わり文科大学へもたせ遣ス。〈頭書〉午前十一時光明寺行。墓参也。三田へ郵書出ス。

十五日　晴。猶南風ふく。正午八十二度八。

朝寺尾熊三来る。札幌農学校の教授たりしが文科大学の史学へ入るべき志願ニより、問合せ等也。○皇典講究所生徒熊野季若来る。島根県へ近日帰ニ付、古典中質問之ため也。○義象起草日本制度通之内田制ノ部披閲。○午後五時頃より七軒丁行、月費幷鉄道株払込、金円持参。夜ニ入帰る。頃日夜も曇り勝なりしが、今夜ハやゝ晴た

り。〈頭書〉家屋台帳調製ニ付、所有建物略図来ル。廿五日迄に可差出旨、区役所より書状来る。

十六日　晴。正午八十二度。

朝清道来る。成城学校入学願書へ調印遣ス。○正午前出宅、皇典講究所行。試業也。二時過宮島行〔反物持〕。去十日の雨にて居地之涯崩れたるにより、其夜袋丁九番地へ転じ、引続キおちか流産ありし事談あり。番丁丸岡沖縄県知事を訪ひ、県地の事など問ひ聞く。五時富士見軒行。大鳥公使来ル九月頃清国へおもむくニ付、学士会院の諸員にて送別会なり。加藤・細川・重野・杉（以上幹事）寺島・西村・川田・箕作・市川・原・三島・村上・西等也。予のよミて送れる哥。

　から国の大御使にえらばれて
　　いそしミ行くハ誰ならなくに

九時前帰宅、今日足立より大礼服払物取よせ。〈頭書〉昨夕皇典講究所より回る所の丸山真（正 以下同）彦・物集・落合直澄等の講演幷若井平世より木村氏講演に付質問等、各披閲。即日皇典所持参。／眼疾愈たり。

十七日　晴。以下正午八十五度以上ならざれバ不記。

午前八時過文部省出、石井稿弓箭箋貝の部・松本稿記録所院司の部披閲、午後一時帰る。暑気ニ侭（ママ）てなす事もなし。○義象送籍届へ調印。○午後平岡好文来る。魚価及くわし賜。○大学院学生三上三（参）次学術考究ハ重野教授及老生の指導を可受旨達したる趣、帝国書記官（ママ）より報あり。○新井六月分房租持参。〈頭書〉本居文部省へ入来。古事類苑姓名之部稿本持帰。

十八日　晴。

朝御成道洋服師鈴木手代来ル。大礼服ミせ。○午前松本愛重来る。記録所院司等条取調のため、蔵本彼是ミせ。○皇典講究所演説速記刪正。〈頭書〉本居より頼置候画賛もたせ来ル。／小林雄七郎著薩長土肥をミる。／関根へなまいき新聞有合分送る。但し第一号不足也。

十九日　曇。午後少雨。夜も又降る。蒸暑。○土用ニ入。

黒川真道、相州湯河原より之郵書来る。即日返書。○遠州井伊谷宮献詠掛岡部譲へ献詠一首郵送。○皇典講究所試業書取調。○日本博士全伝をミる。○当節諸新聞に東西新聞被告賄賂公判事件略記あるを精読す。〈頭書〉本居へ演説速記廻ス。幷あざな考・名称通考等もたせ遣ス。

廿日　曇。

今夜両国川開。煙花上る。暑けれバ人群集せし由。東西新聞被告事件証人たる角海老主人宮沢平吉・引手茶屋大島屋大野善兵衛両人ハ偽証の廉にて昨日拘留になりたり。○学士会院会員杉田玄端、昨日死去之旨赴音あり。○正倉院御物拝観願図書頭宛にて経過の為、文部大臣宛の書添郵送。○舟曳哲四郎来ル。面会。○午後二時過より一ツ橋外大学講義室へ行。教育会惣会なり。有栖川宮・文部大臣〔榎本〕・重野博士・佐野顧問官等の演説を聞く。谷森・長松・西村・高崎・島地などをもミかけたり。四時過足立行。泊にて逢はず。中村行、面会。是より教育会宴会ニ不二見軒へ趣く由也。晩景帰る。

廿一日　曇。午前より雨そぼ降る。日曜

千家へ過日染筆礼はがき出ス。○星野半酔へ端書出ス。○あたミ小林・西京生田目より暑中見舞状来ル。○福岡県辻清二郎より去一日出ニて、郵書ニ有之頼物取調郵致ス。△昨日福地源一郎賄賂一件ニ付、拘引になりたり。〈頭書〉午前より印景取調。静室珍愛と定めて星野へ送る。取調ニ甚時を費たり。○杉田へ弔書出ス。三浦梧楼三女不幸ニ付、よしかた悔ニ遣ス。

廿二日　雨。

旧稿学規私言を改删し萩野へ送る。○松葉や手代来ル。大礼服ミせ。○夜寄居哥談をミる。○清道市谷成城学校入学試験行〔落第〕。試業は数学・漢文傍訓・作文ノ三之由。

廿三日　曇。

黒木・浜尾・湯川等へハ蔵書、鈴木券太郎へは松岡調古物帖返し呉候様、郵書出ス。○おミつ来る。○松葉や手代来ル。大礼服十七円余にて直し出来候由。依て直しを頼む事とす。〈頭書〉△宮内省官制改正ニ付、数十名の叙任又ハ交任アリ。足立ハ会計調査委員ニ転ず。諸陵助もとのごとし〈廿二日条頭書〉〔廿三日也〕△宮内省官制改正之達アリ。

廿四日　細雨。

文部省へ出。岩本稿月次祭神今食部一閲。帰路七軒丁へ寄、五時前帰る。○山県《(形県)》々亀山玄明来ル。羽織地一反宮城細工等恵る。逢はず。○山田大臣より郵書。日本法律学校之事ニ付、談ずべき間、来月二日入来呉候由也。〈頭書〉湯川寛吉来。姓名通考返し。不逢。○三田より頼置ク画賛・哥郵送。／○村上英俊より環遊日記求。可否之事、回章来ル〔廿五日学士会院へ返ス〕。／○朝あら井来ル。大村家賃持参。／○正倉院御物拝観願、図書寮より認可指令朱書下ル。／○中村・足立へ郵書出ス。○日本法律学校幹事より講師履歴差出すべき旨郵書。〈廿三日条〉○〔廿四日也〕住居家屋略図したゝめ〔廿五日区役所へ出ス〕。

廿五日　終日雨ふる。午後東風。雨又つよし。山田大臣へ旅行ニ付明日参邸之旨郵書。○中村より郵書。静岡旅店之事示来。即返書出ス。○三田へ礼書出ス。○鈴木重嶺翁より頼置候画賛郵送、即日礼書出ス。○三上三《（参）》次来ル。面会。大学院学生他へ講説等ニ出候事談じ也。○文科大学より大学院学生ニ旅行願之由、経過スベキ道筋及其日数等取調、取添添付相成候様書記官照会書廻ル。○星野より静居珍愛之印、雕刻成たるをもたせおこす。〈頭書〉制度沿革略史位階之部再訂。草稿へ書入。即日宮川へ清書ニもたせ遣ス。／久米へ今昔物語索引帰し。

廿六日　曇。やゝ朝光をミる。午後全晴。暑気催。皇典講究所講演飯田・有賀外一名分検印。明日届くべき旨銀二申付。○午後四時前山田伯行。既ニ大阪衛生会ニおもむかれし由、西京への土産など求。○三作来ル。大学・宮内省・区役所等届出したゝめ。○村瀬（阪正臣弟）入来。明日同行を約ス。○斎藤（図書寮員）賤《（ママ）》別入来。面会。〈頭書〉松葉屋手代新製チヨツキ（今般旅装）幷大礼服仮縫共持参。但職工同道。／帝室取調局より八月中は休暇之旨卅日委員長之書到来。

廿七日より八月十九日まで、名古屋・奈良・京都等へ旅行の事ハ別冊に在り。〈頭書〉△七月廿八日午後十一時四十九分熊本大地震。時間五分。八月三日午前二時十八分又震フ。時間二分。初震以来八月五日迄九日間之小震凡二百回。其震源ハ熊本市西山ト云ヘド詳ナラズ。市内死男十人・女九人、負傷男廿七人・女廿六人。家屋全倒二百三十四・半倒二百二十九（八月廿日官報）。

西遊日記

〈廿七日〉

この夏は、奈良の正倉院の御物を、八月のうちは、高等官・博士・学士、はた美術を研究せる人たちに、拝観を許されしかば、図書頭九鬼隆一に願ひ書を出して認可を得しかば、男義象をともなひて、七月の廿七日朝五時に新橋発第壱の汽車に乗んとて出でたつ。末子三作送りす。停車場の室にて、図書寮属山県篤臧、雇岡沢薫に逢ひ、やがて同車す。〔義象の友にて、元伊勢神宮教院の生徒なりける尾張人村瀬正裕も、名古屋までとて同行す〕。此日ごろは雨勝にて、さまでの暑にもなかりしを、きのふより晴々になりて、けさは少し曇ると見えしも、漸く晴れ行きて、あつくなれり。国府津よりあなたは、はじめての道なれば、足柄の高嶺もめづらしく見わたされぬ。御殿場といふわたりは、殊に隧道多き処なれば、

　とこよゆくこゝちせられてふしたれば
　　こゞしき山もまくらがみにて

といはる。浮島の原のこなたより、ふじのみね漸く見えそめたれど、なかばより上は雲かゝれり。薩埵山のこなたなる倉沢といふ所に、もとは遠くあなたこなたを見はるかす食店有りしが、汽船の便はじまりて、陸ゆく人の少くなりにたれば、今は其形もなしとぞ。十一時すぎ興津〔こゝにて山県らに別る〕よりあがりて、三四町ばかりの海岸に、海水楼といふ家のあるじは、中村ぬしの知る人なれば、こゝに休みて昼食す。此わたりの海にても、海水浴を行ふべきまうけの仮屋たてり。七八日前より、明宮殿下も、此所におはしまして、清見寺をやどりとし給へり。かねてのこゝろがまへなりければ、清見寺の本堂の前まで登りて眺望す。やう〳〵晴れわたりていと暑し。又汽車に上りて、午後四時九分、静岡にいたる。けふは此所にやどらんとて、大東館といふ旅亭に入る。三階造にて、ことしの春落成したるものとて、いと壮麗に、器物夜の物まで、清らをつくしたり。此家より七八町行けば、大年御祖神社の神門あり。こゝより内は、すべて公園なり。少しゆけば、もと摩利支天を祀れる社あり。今は東照宮をはじめ、多く此神を合せ祭れり。其あなたの高き所に、本社に棟たてるは、浅間神社・財部神社にして、其前なる広大の拝殿は、楼づくりにて、いとめづらし。左右に廊あり、楼門あり。其壮麗いはんかたなし。もと両部習合なりければ、すべて朱塗にし、欄にはこと〴〵しき彫物あるが中に、天人もまじりたるは、いまだ混淆をまぬかれがたし。もと摩利支天の社の傍に石磴ありて、そこより山上の社へ登るなり。日くれかゝりて、老足あゆみ難ければ、義象・正裕のふたりのみ登りて見る。社の上つかたに賤機山たてり。五町ほど登れば頂にて、眺望よしと語れり。やどりへ帰れば、神足勝記の、西京よりの帰るさに、此家に泊れるに逢へり。夜もろともに商家のさま見んとて、七軒町といふ所よりはじめて、

そゞろあるきするに、いさゝか雨ふり来りたれば、速にやどりへ帰りぬ。

廿八日、午前七時十五分汽車に乗る。空晴れて、あしたの程より暑し。うつの山その外にも隧道多く、大井川・天竜川、わたりもまた多し。

　久かたのあめの中川なか〳〵に
　　わたり安かる御世のかけはし

島田・浜松・豊橋・御油・藤川には停車場あれど、岡崎・池鯉鮒・鳴海にはなし。鷲津・大高・犬山など戦記に其名しのばるゝ所々、停車の所となれり。ことに目驚かれぬるは、今切の海を埋めて、通車の道となせる所にして、浜名の湖も、よく〳〵見わたされて、此車道の中に壮観のひとつなり。午後一時五十分名古屋につく。村瀬の案内にまかせて、田原といふ家にやどる〔処を富沢町又七軒町といもいふ〕。夕食はてゝ、村瀬を導として、町々を見物す。げに聞きしにたがはず戸口の多く繁華をなせるは、三都に次ぎたりといふとも、強言にはあらざるべし。此地の旅店にては、秋琴楼を第一とす。此ほど鉄道会社の宴会ありて、名古屋・大阪・京都・東京、四ケ所の名妓を集めしといへる所なり。

廿九日、晴。〔此地正午寒暖計九十度〕あしたのほど熱田神宮々司角田忠行の家をとふに既に、参社せしといへば、神宮に至り、社務所にて対面し、東京よりもたらし、古学小伝一部をおくる。はやう本宮造営〔造替〕の意有りしに、本年に至り、赤坂仮皇居内に建てたる神殿と、神嘉殿とを賜はりしかば、速に其着手にかゝらんなど語らる。参宮して、宮のうしろまでありき廻るに、楠の大木多し。三方の神門・勅使殿など、古風の建てかたなり〔校倉も有り〕。宮司より案内の人つけられて、知賀摩神社、源太夫社などをがみて、熱田の町へ出づ。町をはつれば海岸にて、鳥居たてり。こゝを神戸といひ、沖は則ち愛知潟なり。四町許り行けば、白鳥の陵といふ小山あり。道もあれど、奥までは登らず。こゝは宮簀媛の命の、日本武尊の遺物を納めし所にて、折々勾玉など掘出す事のありと、宮司語れり。そこより程もなきダンブ山といふは、宮簀媛を葬りし処にして、タブの木多き処なれば、タブ山といひしを訛れるものならんと、宮司はいへり。やどりに帰れば、当所師範学校の教員高木六郎とひ来、高木はもと古典講習科の生徒たりしかば、学術上の事、くさ〴〵かたらふ。師範校の生徒も休業となりて、今ひと日ふた日の間には、各々帰省すれば、大家の演説を聞きて、家づと〻せば幸ならんとこふにより、然らば校長にかたらへかし。我はうけ引たりといへば、歓びて帰り。村瀬のいとこなる佐藤理助〔酒造家〕・村瀬と共にとひ来。医学博士三宅秀、大阪の衛生会の帰るさとて、此宿に来れり。此処の判事何がし同行せると共に対面す。こよひ軽罪裁判所にて、裁判医学の講学有りとぞ。山田大臣も、大阪の衛生総会よりの帰るさ、午後四時すぎ、秋琴楼に来られ、暫休憩して、六時の汽車にて帰られたりと、あとにて聞きたり。こよひ村瀬案内して、大須の真福寺あたりを逍遙す。観音堂は、東京の浅草のおもかげあり、境内にみせ物小屋、氷店軒を並べ、群集いはん方なし。

三十日、晴〔正午寒暖計九十一度〕。角田宮司とひ来〔三宅博士は今朝東京へ帰らる〕。天守閣一覧のために、本県学務課より、第三師団参謀部への書状をもたらせり。又真福寺の古本閲覧のため、勝間田知事への書をといへば、義象のした〻めたるを県庁へもて行きて、やがて其寺へ達すべしとある旨をいはる。けふはことに暑しともあつき日の、正午すぎ、かの書状を持ちて旅団へ行く。弐葉の証票を得て、内城へ入れば、衛兵受取りて、第二の内郭へ案内す。玄関より登れば、襖に虎をゑがきたる広き所ふた間あり。画人は永徳・永真のふたりなり。これより次々上段の間に至るまで、山楽・光起・探幽・尚信、その他の筆にて、山水花鳥趣を尽せり。中にをかしと覚えたるは、土佐又平の筆といへるが、十五六枚ありて、摂州住吉・京都吉田・加茂の競馬のさまの類を画がきたるが、男子は大かた奴なる中に、いさ〻か前髪を残したる、女の帯のいと細きを見ても、寛永のころの風俗なる事いとしるし。すべて上段より、間ごとの造りざま、徳川幕府の城の規模に異なる事なし。たゞこれはちひさきのみ。ことに珍しと覚えたるは、奥つかたによりたる所に、織田家の清洲の城内に有りたるを、さながら引移したりといふ所ふた間三間、又浴室あり。きはめて質朴の体にして、浴室の入口、また瓦に桃の紋あり。さて天主閣は別にたてりて、左右に堅固なる石垣の間に小門あるより入る。すべて七層にて、其材いと堅固なり。登りはて〻四方をみわたせば、尾張・三河・美濃・伊勢までの山々、遠く並みたてり。けふの暑さにも、こ〻はいと涼し。案内の人いはく、近く軍隊の手を離れて、内務省の持に成るべしとも、又宮内省の管轄となりて、離宮になるべしともいひて、いまだ定まらず云々。宿に帰れば、師範学校長大窪実・高木六郎とともにとひ来。日くれて後、七時頃学校にいたり、歴史邦語二科の事に付、一時三十分ばかり講演す。聴衆の生徒弐百名ばかり。きはめて静粛なりき。九時頃やどりに帰る。

卅一日、快晴〔寒暖計正午九十三度〕。午前八時過、真福寺に行く。住僧ひと間に請じて、先づ目録を示す。すべて百十六合に収めたるが、大かたは釈書経典にして、和漢書は五六合に過ぎざるべし。依りて仏典をさし置き、先年印刷局長得能良介が、各寺院所蔵の古文書類を集めて天覧に備へたる時〔明治十六年の事なり〕、所謂御観本なるを、まづ一覧す。その目左のごとし。

琱玉集　残欠二軸天平十九年写ノ奥書アリ

巻の十二の裏に大弁正大広智三蔵和尚表制集巻第三とありて、朱字に、東南院本とみゆ。□（ママ）巻□（ママ）の裏書は表制集第二なり。此書復旧庫記一軸を添ふ。末に嘉永六年歳在癸丑正月浅井正翼謹識とあり

将門記　一軸

奥に、承徳三年正月廿九日於大智房実時拝書、同年二月十日未時読了

○字体精妙奇古愛すべし。刊本は影写彫顇したりとみえて、霄壌の違あり。影写刊本あり

漢書食貨志　四軸橘逸勢書といへり

字行十三字、或は十四字にて、民の字を欠画して、巳と記せれば、かゝる支那本に拠りて、いにしへ写したるものなるべし。裏は阿弥陀経なり。

日本霊異記　中下二軸

奥書なし。

古事記　大和綴三巻、応安四年僧賢瑜筆

奥書、本云、文永三年二月仲旬書写畢

神祇権大副大中臣定世之

同　六年九月廿九日於灯下一見畢、判

建治四年仲春廿七日彼岸中日又一見了

宿執之至、猶在神事、為之如何、判

借請親忠朝臣一本、吉田大納言定房卿被所望

之間、依若御命書写進畢、

又一本書写之止之

○三巻とも、上層に八尋殿事・卜事・御生国給事など見出しあり。中下二巻には、贄（特御本）持之子、答曰（白御）、

坂御本忍故大室など校合あり
倭名類聚抄巻一　三十三葉
裏に、建長三年、同八年の古文書あり。別に写出せり。外は大かた仮字の消息也。影写刊本有り
高宮盗人闖入怪異事　中一軸
奥書なし。
東大寺具書　五軸
東大寺と、東寺醍醐寺との間に事故ありし古文書の類なり。
和漢年代暦　残欠一巻
八幡大神顕給事、自百済国献尺迦金銅像云々、東宮而不即位人々、天子代々外、雖不即位、追後有天皇号人々、また夏代四百卌二年建寅之月為歳首、殷代六百八十八年、以今建丑之月年首周代以今建子之月為年首、
○書体の大かたかくの如し、奥書なし。
右は御覧本なり
口遊　一巻
影写刊本あり
本朝文粋　三巻　十二　一巻　十四　二巻
十四は、弘安三年、今一本の同巻は、建保五年の写なり。
神皇正統録　四巻
職原抄天正年中写　一巻日源筆
聖徳太子伝暦観応年中写、古点の訓あり、一巻淳円筆
遊仙窟文和二年写　一巻賢智筆
本朝詩合文治二年写　一巻
明文抄一之二、一之三、残欠二軸
和漢古文の抄録なり。匡房卿記を引きて内侍所の事あり。又神鏡事とある中に、璽事剱事もあり。
水鏡文武帝より廃帝まで、残闕、一巻祐円筆
尾張国解文正平二年写　一軸
将軍次第　残欠一軸
頼朝より宗尊親王に至り、叙任を記すこと詳なり
作文大体　残欠一巻
仏法伝来次第　残欠一巻
神道大意卜部兼直撰　一巻
御即位大事尭遍　残欠一巻
御即位、先金剛薩埵印明外五古、ナウマクサマンタ云々、頂四海領掌印明、咒云々次智拳印。○此書を見れば、近代まで御即位の時には、真言宗より咒を

授け奉る式ありしにや。猶尋ぬべし。

占法書　一巻　　方位書　一巻

遁甲書　一巻　相生相剋五行をもて占法とせり

六壬占私記　残欠一巻

奥書、建武五年七月三日廿《本ノマヽ》文にこれをとるなり。

円勢法師

さか月のひかりさしそふあきのよはつぼのうちこそ

すみかなりけれ

神道一、三、七、　三巻

永亨五年於尾陽朝日室寺書写了　権律師快叡

神祇秘抄俊融記　三巻

日本記三輪流　一巻奥書天文十七年

天照大神御天降記　一巻貞和二年沙門印隆書写

本朝諸社記　一巻伊勢白山熊野大峰の類

大日本記三　第二　一巻天文十一年授与阿源

三種神器潅頂　一通

神道大意より以下、皆両部習合の神道書なり。此類種々あれど、さのみはとて見さしぬ。

田畠売渡証文　二通一紙

東大寺古文書　三軸

太政官符類　三軸

延喜承平のころ、醍醐寺に関せる文書なり。

熱田講式　一巻奥書なし

新楽府略意巻七　一巻寛喜二年写、今入重親判、白氏楽府の注なり

七大寺年表　二巻奥書永万元年

はじめ欠けて、文武天皇より始る。多くは僧綱の補任なり。○和銅元年の条に、依詔造太宰府観音寺、又作法隆寺と見ゆ。

文鳳抄一二三五六八九十　八巻小形本奥書弘安元年

天象・地儀・人・歳時などに分類して、名称、及古事、熟字を挙げたり。巻十は、略韵と標し、平声の字を挙げ、音訓を加へたり。末に同訓平他字と標し、イ池沼家宅賤卑などみゆ。官庫に影写本ありといへり。

韻鏡珪玷集慶長写　一巻

これより漢籍をいさゝか記すべし。

新彫雙金凞寧二年刊　一巻

礼部韻略景祐四年刊　三巻上声欠

玉篇宋版　来部より冏部に至る　一巻上下欠

蒙求　古写本李札掛剱より二疏散金まで　一巻

右一過したる限の書目を記す。思ふに仏書経巻の裏書に

も、古文書類のみるべきがあらんかし。御覧本其他の、うら打表装したる物には、皆文政四年辛巳九月日令修理畢と記し、巻本の続目毎には、尾張国大須宝生院経蔵図書寺社官府点検之印といふを捺したり。やどりに帰れば、高木とひ来て、けふは大窪校長の午餐を饗せんといへば、近きわたりまでといふにまかせて、義象をともなひ、同じ町なる西洋料理店有隣軒へ行く。こゝは品忠とよびて、旅店をも兼ねたる家なり。師範学校教頭二宮正、ようべより事執りたる人にて、同じく来会せり。しばしかたらふ程に、夕だちのふりきて、鳴神少し聞ゆ。三時頃やどりに帰れば、村瀬・佐藤来りぬ。此人たちの求なる檀紙又短冊に歌したゝめてとらす。やどりたる室の壁にかけたるは、ある人の画がきたる頼山陽の肖像にて、そが上に、みづからの賛〔山陽文抄にみゆ〕を、頼復の書したるものにてめづらしきに、佐藤は画かく人といへば、たゞちに下画を写さしむ。うるはしく絹地に物して、東京へ送らんと約す。文科大学和文学卒業生高津鍬三郎とひ来、此地の人にて此ごろ帰省しつるなり。此やどりよりいさゝか行けば、広き大路にて、夕つかたより涼みにとて人の行かひ繁し。氷売る家、雑貨を並べたる鄽、軒をつらね、壮大なる勧工場も二三ケ処ありて、いと賑はし〔一閑張の机の類東京よりは廉価也。すべて物価は廉なる所也〕。東京よりは、ことに暑気つよきこゝちするは、川少くして、水気にうとき故にや、はたやどりは東西にむかひたれば、風入よろしからざる故にや。

八月一日、晴。午前九時四十二分の汽車にて出でたち、〔清洲・一ノ宮・木曾川の停車場此間に在〕十時五十三分岐阜に着きて、玉井屋といふ旅店に入る。間ごとの結構雅致ありて、襖の画は、光起・探幽などの名筆なり。此地の中学校教員三浦純雄は、古典科卒業生なりしかば、義象より消息せしに、とくやどりへ来訪ひて、こよひ鵜河みんしるべをといふ。夕つかたもろともに宿を出て、まづ此わたりを逍遙す。町すぢ賑はしからず。県庁などいと質素なり。伊奈波神社にまうづ。県社なり。そのうしろより稲葉山〔今は金華山といふ〕立ちつゞきて、ことに高からねど、よろしき形なり〔山上に斎藤氏の城ありといふ〕。少し行けば、神道中教院あり。五六年前、板垣氏の事ありし所にて、則門前に、板垣退助自由血痕記念碑設立所といふ切杭を建てたり。こよひは陰暦の七月五日なれば、闇をまつに、程あるべしといへば、しばし三浦の家に入りて休らふ。楼より外に涼み所をまうけたれば、そこに立出て見れば、長良川の堤は、たゞまうしろにて見わたしよく、月いと清らにさし出て、昼の暑さを忘れたり。此家よりしばし行きて、河原へ出づ〔此あたりには廻船を業とする商家みゆ〕。いまだ月の落ざる程なれど、かねて用意せしやかた船へ、三浦夫妻と共に、うち乗りてこぎいでぬ。盃あまたゝびめぐるに、漸く友舟どもあまたこぎめぐりきて、絃歌の声かしましきもあり。長良川また稲葉川ともいふ。長くかけわたしたる橋のあなたに、月は入はてぬとみるほど、下つ瀬のかたより、鵜舟七ツこぎ登り来れる〔宿のあるじのいふ、きのふは北白川宮御着にて御覧有りしにより舟もあまた出で、鵜つかひのほども長かりき。日毎に上中下三つの瀬の所を替へて、鵜をつかふなりといへり〕。篝火の影の、はじめはたゞつくし潟に有りといふなる、しらぬ火の類かとみられたるに、やがて舟ごとに、ひと筋づゝてる火の、水の面をこがし来れるさま、えもいはれず。さてこぎ来る其舟のかたはらへよせて、鵜つかふをみるに〔大かた十二羽づゝ遣ふと云。近きころは鵜舟会社といふがありて、そこより鵜飼を出ずといふ〕、大かた鵜飼ひとり、舟子ふたりなるが、あまたの縄にひかるゝ鵜どもの、水かづきて入もあり、又は水の上に、首長くかゝげてうそぶけるさましたるもあり。やがて魚くひたるとおぼしきを、舟の中にあげて、かた手に縄とりながら、咽のあたりをなでゝ、魚を吐かせ、たゞちに水中へ追ひいるゝさま、かねて聞きしがごとし。舟子は、もろともに声を揚げて勢をそふ。かくていくばくの時をも経ず、たちまちにこぎさりければ、

入る月もをしまぬほどを思ひやらば
　鵜舟のかゞりしばしとゞめよ

といへどそのかひなし〔廿分ばかりが程と覚ゆ。これは鵜舟の行過る間を、傍よりみる事なればさも有ぬらん。今暫くともに漕ぎつれて上らばよろしからんとわが舟のみさもし思へど、難きをいかにせん〕。十二時過しころ宿へかへる。

二日、晴。午前出車す。三浦停車場まで送りす〔大垣の停車場なり、笠松は下り車の左にみゆ〕。垂井より下りて、腕車を雇ひ、養老の公園へ行く。少し行けば、宮代村といふに、国幣社雨宮神社あり。栗原村より不破郡を離れて、多芸郡に入る長良川の支流ありて、此辺にも堤を築

きたり。島田といふ市街より少し行きて、石畑より山路に入り、廿町許登れば、多度山にて、白石村の中なり〔垂井よりこゝまで三里に近し〕。山腹より公園なれば、村上といふ旅亭に入りて休らふ。いまだ十時過なれば、まづ滝を見んとて行くに、ゆくりなく法科大学生川瀬彦助にあへり。打つれて十町ばかり登れば、止る処に滝あり。漸く近づけば、其のしぶきつよくして、面をおかせり。直下九丈にあまり、幅は九尺ばかりなり〔中間さはる物なく直下せり〕。滝壺めきたる所はなくて、下はたゞ岩石なれば、たやすぐ滝の下に入らるゝにより、男子はさらなり、手弱女も交りてかゝり居れり。飲み試るに、甘美清和にして、養老の名むなしからず。三町ばかり下れば、養老神社ありて、其社地にも、清水のわき出るを、菊水といふ。清き事物にたとへん方なく、冷なる事しばしも手を置きがたし。滝水とは反対にして、凜冽なる方といふべし。もとの所へ帰れば、川瀬案内して、千歳楼といふみわたしよき高楼に入りて昼食す。こゝは東京の紅葉館のごとく、此わたりの人の共立なるを、川瀬は此国人にて、社にも入りてあれば、便よく案内しつるなり。広間に掲げたるは、春岳老侯の筆にて、

老らくをやしなふ滝の白玉を
　宿の千とせの数とりにせん

また小座敷に、高崎正風ぬしの軸をかく。

大君の御手に結びし滝つせに
　帰らぬ老のなみやなからん

霊亀天平のいでましを思ひよせたる、感吟せり。おのれも、

まし水のすまばやとしもおもふかな
　老をやしなふ滝つ岩山

とかきつけて川瀬にとらせぬ。けふは日のくだるまでこゝに休らひて、夕つかたの月さし出る頃、垂井に帰りぬ。あやしき小屋にしばしいこひて、六時四十七分の汽車に乗りて出でたつ。いと涼しく、関ケ原・長岡・米原・彦根の停車場を過ぎて、草津に至りし頃は、既に月も入りたれば、湖上のさまもさだかに見えわかず。馬場より、粟田の隧道も、たゞ夢の間にて、十一時廿分西京七条の停車場につきて、十二時ばかり木屋町の万青楼に入りぬ。かねてより消息せし事なれば、此ほどより待ちゐたりといふ。

三日、晴。けふはひと日休らひて、あす奈良へおもむかん

とするに、義象は、昼より嵐山みにとて出でたち、夕ぐれに帰れり。おのれはなす事もなく、起臥を事とす。此やどりは加茂川に臨み東山に向ひて川洲に台をもつくり夕つかたよりは涼みする所なれば歌妓を携て来る人多し〔けふ東京の家へせうそこす。去月廿八日、熊本に大地震ありし事、岐阜にて、新聞にてみたり。よりて義象より、電信を出して安否をとふ〕。日暮れて、義象をともなひ、誓願寺前の賑はしき所みて帰るに、古典科卒業生生田目経徳の、近ごろ此地にあるがとひ来れり、水台にいでゝ一酌するほど、一台へだてたるあなたの台に、丸岡沖縄県知事あるをみたれば、やがておもむきて対面す。丸宇多主殿権頭・谷銕臣も同座にて、はじめて対面す。丸岡は、東京より土佐に帰省する行くてにて、廿日頃には、東京の家にかへり、沖縄へおもむくといへり。

四日、朝曇、後晴。午前九時前より宇治へゆく。東福寺・稲荷社・黄檗寺など、いづれも前年〔十八年の秋なり〕見廻りしを、ふたゝび来れば、ふるき人に逢へるこゝちす。十一時宇治に着きて、万碧楼に入る。あつき日を過して平等院にまうづ。鳳凰堂の扉の古画など、此度は殊に心のどかに観覧せり。先年は無かりつるを、いつの頃にか、池に橋をかけ渡したれば、堂のあなたより、堂を望むに、殊さらなる見ものなり。宇治橋をわたりて、橋寺の中なる断碑を見、宇治神社〔式内宇治神社・宇治御前神社と、二社並びたてり、式内のかたは、社いたく荒たり。御前社を離宮八幡ともいふ〕・興聖寺にまうで、薄暮宿に帰れり。月はおそく出で、螢はもはや無き頃なれど、風いと涼しくて、老の身は袷の羽織引かけたり〔夜熊本よりの電報届く。義象の家恙なしとなり。万青楼まで届きしを、宇治へもたせおこせたり〕。画人川崎千虎、此やどに泊りたれば対面す。同じ村に住みて、ことに近き処の人なるを、旅のやどりにて、はじめて逢ひて、打とけはなしするもをかし。奈良の御物を拝観しあすは名古屋より、東京へ帰るといふ。

五日、晴。八時出でたちて、長池・玉水などいふ町をゆく。これより先は、木津川の堤にそひたる所なれば、日をさゝふべき樹木もなき石原を行けば、いとあつし。木津町一之坂村をすぐれば、山城・大和の国境なり。奈良坂を下りて、十一時頃、今小路町なる角屋といふ旅亭につく。こゝは出たちの日に逢ひたる図書の官人山県・岡沢ふたりのやどりにて、こゝより日ごとに正倉院へ勤務すれば、まづ義象を其事務所に遺して、着の由を告ぐ。夕つかた、其ふたりと、文科大学和文学生和田万吉・岡倉由三郎の、けふ此宿につきたるとをいざなひて、猿沢の池のあたりへ、涼みに行く。賑はしき事、前年見しにかはらず。餅飯殿町といふは、商家立並みたる中に、奇古品多き骨董店柳生庄七の家に立ちよりて、種々の古器をみる。重ね箱のことに時代なるを贖ふ。その他の家に、根ごろ塗の器ことに多し。山県いふ、今は紀州に此塗工なし。皆此地の製造なり。古物を摸造する業、ことに巧なりと。けふ見たる中にも、硯箱書棚など見事にて、得まほしく思ふもありき。

六日、午前九時正倉院へ出頭す。まづ事務所にて山県に対面し、三倉に登り、南の御倉より拝観す。図書寮官人にて、こゝに滞在せる植村久道案内す。此御倉には、弓矢鉾銅陶の鉢の類を収む〔瑪瑙碁盤・御笏・御剱・皆南の御倉に在り。又玩咸・和琴・新羅琴・琵琶の類も、南の御くらなり。此御倉には、大小の鏡ことに多し。其中の鏡の裏に七宝を置たる、ことに珍といふべし〕。中の御倉にて、名だゝる鴨毛屏風・夾纈・臈纈・屏風〔元祿の開封目録に、御屏風もと百双、破損して今〇（ママ）双とみゆ。現今みる処は、其数よりも少し〕・練玉・シヤボン・蘭麝待・紅塵香、みなこゝにあり。北の御倉には、御衣絹帛の類あまたある中に、縑は今のすきや縮のごとく、穀は今の縦緬に似たり。白栲は今太布と称する物に類し、絁は全く今の秩父絹の類の精好なる物なり。其他、木蘭・香染も、はじめて其真色をみる事を得て、大に学問の助となりぬ。此御倉なる金具彫物〔此金具は破損せし品に付て有しならんといへり。鈴をつけたるもあり〕は、ことに西洋人の賞する物と、植村いへり。これらの御物は、古来皆櫃に納めたりしを、此六七年前より、ことぐ〵く類を分ち、ガラスの戸棚に収めて、其外より拝観すれば、絵画また模様など、たゞちにみるよりは、替りてあるらんこゝちす。此御倉中の古器の紋様絵画を、ことぐ〵く集めて精刊し〔或は写真石板ともすべし〕、官板とせば、大なる公益ならんと思へり。百聞一見にしかず、鴨毛を文字の中に植たるさま、其真をみて始て覚悟し、はた古人の精巧を感じぬ。三倉の緑の下の高さ弐丈も有りぬべきか。階高く狭くしてあゆみぐるし。弐時間ばかり御倉に在るほど、暑さ堪へがたく、こゝちのあしくなりげなれば、名残をしく立出でぬ。まことや、広瀬神社宮司山根蕊輔も、けふ来て共に拝観せり。はじめて逢ひたる人なり。大仏殿に至り、博覧会の出品物を見る。岡倉も同道せり。東大寺蔵といへる不動二童子の像、ことに奇古なり。次ぎては般若寺の四天王なり。同寺南大門の仁王は、運慶・湛慶の両作にて、其うしろなる獅子・こま犬、ともに奇古愛すべし。十一時やどりに帰る。義象は、午後より、招提寺・薬師寺・初瀬・多武峰・法隆寺・橿原御陵などを廻りて大阪に至り、一両日を経て、西京に帰らんとて出立たり。おのれは、夕かけて、春日神社にまうづ。神門既に戸ざゝれたれば、外より拝礼す。日既にくれて、月はまだ出でず。たどる〳〵猿沢へ出で、車をもとめて乗る。けふは日の中は殊なる暑気なりつれど、くれてはいと涼し。

七日、晴。朝とくやどりを立ちぬべくおもひしも、いたく寝過して、六時過、日高くなりて出でたつ。和田も、いさゝか心ちそこなひつれば、京へおもむきて、三本木なる兄の家にて、療養せばやとて、共にいでたてり。午前十一時過、三条の橋のもとにて別れて、万青楼へ帰る。程もなく、田中・鳥居の両宮司、生田目と共にとぶらひく。此わたりにて小酌し、ゆる〳〵語らんとて、三四家をへだてたる、西村といふ家の台にまねかれて、四時頃よりおもむく。近藤宮司・田中勘兵衛も来あひたり。北野の田中は、かねて近日国典学会を起すべき計算ありて、けふ列れる人々、ともに同志なりければ、旧冬已来、山田大臣の厚意もて、皇典講究所の講演も始り、はた本年中には、同所の組織を改めて、国学の学校とし、法制歴史文学の三科を立つべき事など、くさ〴〵かたれば、田中は、ことにいたく歓びて、此方にても、尾越書記官をはじめ、此事には尽力すべき約束もあれば、近日いづ方にてか、東京の様子を衆人に話しきかせ給へやといふに、そは帰京してのよき家づとゝもなればとて、うべなひぬ。人々皆酔ひて、いと愉快なりき。十時過やどりに帰る。

八日、晴。水台の下、水の上近きに、板敷したる所にて書よむ。水はたゞ眼の下なれど、日の近ければ猶暑し。生田目経徳とひ来。けふも暑さのがれに、川辺に遊ぶ人多かり〔榊原長敏、妻とゝもにとひ来。粟田焼の二瓶に酒をもりたるを恵まる。十日に尋ぬべき由約す〕。

九日、晴。朝生田目と共に南禅寺へまうづ。山門のもといと涼しければ、しばし休らひ、楼上へも登りてみる。釈迦十六羅漢の像生るがごとし。帰るさに鳥居をとふ。古学小伝を贈る。此やどりは涼しき所なれば、人さわがしきにわびて、いづ方へかと、此ほど奈良にて山県にかたらふに、さらば麩屋町通姉小路上る俵屋和助方よからんと云ひしにまかせて、けふ午前其方におもむかんと、旅笥をと丶のふるほど、義象帰り来れり。依て十時過、其家にうつる。夕つかた、八阪の塔を見、清水の観音にまうづ〔大阪新聞云、此日正午九十二度〕。

十日晴、朝義象北野より、大徳寺・下加茂・黒谷わたり見に行く。きのふ文部書記官色川圀士、此やどりへつきたるに対面す。岡倉も昼過るころ此宿へ来れり。午後四時より、生田目と共に、田中勘兵衛をとひて、蔵書をみる。其書目左のごとし〔田中より旅宿まで、ベルモット一瓶・手製の葛餅二重を贈らる。移りとして巻海苔一罐を送る〕。

色葉字類抄　元桂宮本○縦横系の中に記し、最も古色あり。　十冊
和名抄詳本　十冊
天正三年乙亥仲秋下澣　菅為名印
朝野群載十一行廿字　九ノ巻欠廿冊
又一本校合訓点あり塙本に類せり　廿一冊
政事要略下御霊神社祠官出雲寺起通蔵桂蔭芸窓の朱印あり。　廿七冊
これは、此家の蔵本ならで借物のよし、ことによき本なり
政事要略内十八冊は、勢田家の古本を写したるなり。　廿六冊
応仁記永録（ママ）六年古写、宗光　一冊
元秘抄天文六年写、山科言継卿　一冊
天台座主記正安二年写、増全　一冊
暦林問答文明十六年写、法印権大僧都祢済　一冊
年中行事大永四年写、什証、○公事根源の片仮字本なり残欠　一冊
年中行事秘抄天文廿年写、万里小路惟房、○目録のみなり　一冊
名目抄明応九年写、羽林翁　一冊
萬葉集時代不知古写本、慶元已前と見ゆ　廿冊
萬代集　六帖
奥書云、宝治二年夏云々、浅香山斗藪侶釈印

此あるじは、谷森の門人にて、ことに記諦類を好みてよく読む。東京人にも稀有の人なり。家富みて今はさせる商業もせねば、いと暇ありて、読書にいたづくといへり。とかくする程に、夕立降出で、雷も鳴りたれば、やむをまちて帰る〔岡倉の談に、此日宇治に宿りしに、平等院のあたりに、落雷ありといへり〕。

十一日、晴。朝聖護院村なる尾越書記官をとふ。義象をも伴ひたり。物がたりの次、国典学会の事に及びたりしに、ぬしも尽力すべしといふ。家広く、庭より比叡の山よく

みらるゝ所なり。昼少し前より義象とゝもに祇園社にまうづ。昼食のため、同所の中村屋に入りて、西洋料理をもとむ。外国人ふたりみたり来てあるに、骨董店の商人ふたりつぎて至り、古き新き装表（ママ）したるとたゞなるとを、あまたみせなどす。いかばかり買らんや知らず。午後二時頃、鳥井をとふ。田中尚房・中川武俊〔京都府四等属〕はからず来あひたり。十五日に、八阪の有楽館にて、演説すべしと定めたるにより、其むねを活版としたる端書を、各所に送らんといへり。この家にて湯あみしたる後、兼ての約なりければ、五時頃より、あるじ夫妻とゝもに、此あたり近き祇園座の芝居見に行く〔岡倉もとひ来て同行せり〕。座は壮麗にして、正面の桟敷は、ことに座敷の形なして、床の間あり〔天井は張らず屋根裏の榱をみる〕。下桟敷のうしろは、すべて運動場なれば、風吹いれていと涼し。此ごろ興行の俳優は、中等にて、立者を阪東利喜蔵といふ〔一行皆東京の優なりといふ〕。一番目皿々郷談、弐番目菊五郎の書おろしなる水天宮利生記〔貧に迫りて狂気する筋なり〕なり。すべてのさま、東京に異る事なし。見物人は、八分の入にて、西の桟敷は、すべて明きたり。十一時過に終る。此頃四条の芝居は休みて、北の芝居にて、竹本越路太夫の席となりて夜興行せり〔博多より、義象のもとへ電報きたる。母親出京により、同地まで来り、両三日中、西京へ来るべき由なり〕。

十二日、晴。午前九時、御所を拝観せんとて、義象と共に出でたつ〔高等官ならざるも、官位ある者は随行を許さる〕。まづ主殿寮出張所に至り、殿掌への書を得て参内す。通行門を入り、殿掌詰所にて、かの書を渡せば、殿掌一人、殿部一人案内せり。御車寄の傍より昇殿し、もと公卿間の机の上に、高等官観人の名簿あるを開きて署名す。紫宸殿・清涼殿・小御所までにて、一わたり拝観は終りぬるを、猶こひて、常御殿を拝観す〔小御所より以下は畳を敷つめ襖に画かきて武家の邸宅に類せり〕。申口間、ふた間は、そのかみ剱璽を奉安したる所とぞ。其次は御寝間にて、御上段・御中段・御下段はその南にあり。此御殿より北、申の口といふ所、少し低くて、それよりあなたは、長橋局・対之屋の類の女官の居りし所なりといふ〔されば申の口は、武家の奥向の錠口にひとし〕。五年前に拝観せし折よりも、こたびは、常御殿までも拝観しぬる、いと歓ばしきにつけても、御庭のさまちひさくて、今の世なる豪商の別荘の庭園にもくらべつべきに、そのかみの世の事思ひ出でられて、そゞろに涙ぐみたり。

　　こゝのへのくもゐの奥の花鳥は
　　　むかしいかなる色ねなりけん

殿掌等によろこびいひて下殿し、やどりへ帰りしは、昼過る程なり。けふはかねての約なれば、四時頃より下丸太町なる榊原へ行く。あるじ夫妻待ちよろこびて、楼へ請じたり。比叡の方よくみゆ。兼題、初秋露、

　　ふみわくる野べは露けくなりにけり
　　　花の千くさの初秋のそら

義象は、

　　よもすがらなきあかしたるまつ蟲の
　　　なみだの玉や秋の初露

当座、閑庭蟲を、

　　露はらふ人しなけれどよもぎふの
　　　むしのふしどやすみよかるらん

また観月といふ題にて、

　　東山月はてるなりめぐりあひし
　　　古き人どち老はかくれず

などいひて、もろともに面がはりせし事をかたらふ。床にかけたる短冊は、此ほど、小出粲の、京に来りし時、書きたるものといへるが、夕立の歌にて、

　　吹落すすだれとる間もなかりけり
　　　軒ばにかゝるゆふだちの雨

例の口かろなりや。志水鳩峯といふ人、外にふたりみたりの若き人来逢ひたり。ゆるゆるかたらひて、夜に入りてやどりへ帰りぬ。まことや、けふ松平信正ぬし、やどりへ尋ねらる。あす北野へ行きて、ともに古縁起みるべき由を契る。

十三日、少し曇りて、あつさはまされり。午前八時過より、生田目、岡倉をともなひて〔和田万吉も来て共にいでたてり〕北野へ出でたつ。義象は、此ほど画巻を見たればとゞまりぬ。社務所に至れば、松平ぬし既に来りて、宮司田中ぬしとかたらふ程なりけり。禰宜吉見資胤事とりて、縁起画巻を広間に敷きひろげてみす。高等中学校教頭松井直吉も来観せり。すべて八巻の内、弐巻は地獄変相・修羅帝釈の戦・天人の五衰などを画がけり。信実の筆にて、考古の資となるべき状多し。惜むらくは、画の具剝落せる巻あり。此縁起、故ありて一旦社を離れて、他人の手に落ちたるを、石田工匠尹〔三成敷〕事とりて、

ふたゝび社に復せし旨を、巻ごとの終に記したるが、慶長四年社務覚円親王の時なり。昼食のもてなしに逢ひ、本社にまうでゝ、広前なる加藤清正の日本図の大鏡と、近ごろ松浦弘の同じさまに新調して献りたる、北海道の地をうらに鋳たる鏡とを見る。一同車をめぐらして大徳寺に行く。かねて府庁属官中川氏〔社寺掛〕より書を送りたれば、知家の僧出あひて、宝物の画軸、くさ〴〵とり出で見す。

呉道子と云伝たる、楊柳観昔　下に人物あり。

牧渓　右猿の子を抱きたる　左竹に雀

金岡　楊柳観音　牧渓　上に同じ。蜀僧洪常と落款あり。

月壺　宋人　観音　その左右は龍虎にて牧渓

牧渓　芙蓉の画、小幅　太閤秀吉寄附なり。別に、利休の手簡、表装して一軸とせり。

禅月和尚　十六羅漢五軸

陸真忠　十王の図十軸

仇英と云伝たる　中岩頭禅師　左右山水

書院は遠く比叡をみわたしたるがいと涼しく、庭中の立石は、庭園家の模範とする所といへり。一休の常にすまれし真珠庵は、塔頭にて、近き処に在り。則禅師の木像を堂の正面に安置したり。こゝには一休の書、蛇足・相阿弥・祐清等の名画、掛物と襖とに在り。宗和好の茶室のうた後に出しつ。此わたり苔深くむして、幽邃いはん方なし。松井・和田は、こゝよりわかれぬ。いと暑ければ、下加茂のみたらしにて涼みせんと、松平ぬしのいはるれば、そなたへ車をむく。こゝより廿町ばかりの程なり。至れば、みたらしの上に、簀子めくものを置きて、昼寝するもあり。水の中にかづきて、魚流の戯をなすもありて、涼しとも涼し。しばしあるほどに、空くもりきて、雷も音すれば立出づ。本社を拝みて、松平ぬしに別れ、生田目と共にかへる。俵屋の家暑ければ、猶水を近くみん所とて、けふしもまた万青楼に移りて、義象の待ちたれば、やがてそこへつきぬ。こよひも隣なる家の水台に丸岡・田中のみえたれば、行て語る〔丸岡は土佐より東京へ帰る道すがらなり〕。午後曇り雨ふらんとしてふらず。

十四日、晴。義象を俵屋なる丸岡ぬしへ遣して、翌日の兼題の歌をこふ。此あたり近き女の歌よみ三輪貞信とひ来て、短ざくをとこふ。あす演説すべき下案を考ふ。風いとよく吹きとほして、夏をわすれたり。柳池尋常小学校長菅谷太郎、同訓導白神幸三郎のふたり、檀紙をもて来て、染筆をこふ。昼過より、生田目に件ひて、義象は、三井寺・石山わたり遊覧に行く。夕つかた熊本人井芹経平来る。義象の母と同行して、きのふ大阪まで来しが、明日西京へつくべき由なり。同氏は、こよひ一泊して、東京へおもむくといへり。

十五日、晴。人々よりこはれたる短冊檀紙をしたゝむ。午前義象の母来る。こたびの帰るさには、同行して東京みせんと、義象よりかねていひやりしによりてなり〔地震にていさゝか発足延引せりといふ〕。午後三時、八阪有楽館に行く。義象も同道せり。発起人河田景福〔非職滋賀県書記官〕・田中尚房〔北野神社宮司〕・木村時義〔京都府裁判所判事〕・中川武俊〔京都府四等属〕をはじめ、会衆は北垣国道〔京都府知事〕・富永冬樹〔京都裁判所長判事〕・冷泉為紀〔従四位伯爵〕・尾崎忠譲〔京都裁判所検事〕・鳥居川憲昭〔久邇宮家令〕・梅渓通治〔従三位華族〕・六条有凞〔加茂両社宮司〕・藤木保受〔出雲神社宮司〕・近藤芳介〔稲荷神社宮司〕・鳥居亮信〔八坂神社宮司〕・西村楯間佐〔大原野神社宮司〕・西洞院信愛〔敢国神社宮司正四位子爵〕・竹村藤兵衛〔下京区長正七位〕・谷鉄臣〔従五位儒〕をむねたる者として、惣計九十六人なり。三時四十分頃より、五時過まで、一時卅分ばかり、国典学将来の目途といふ題にて演説す。大意は、国学をして実業ならしめんには、奮来の学者の轍によらずして、機軸を出すにある事を、国学の起〔一〕・国学の必要〔二〕・国学の目途〔三〕の三段に分ち、後に文章言詞の事を論じて終れり。その後懇親会を開き、都月といふ兼題の短ざくを集む。但し、出詠は随意なり其座に列する者七十一人、短冊三十二葉、夜に入るまで、おの〳〵歓を尽しぬ。おのれは湯あみして、其席に列り、初対面の人と盃を献酬せり。十時過やどりへ帰る。おのれのうた、

　　加茂の川浪月すみわたる
　いにしへをしのぶ人をばまち顔に

義象、

　くまもなくてれる思へば大君の
　　みさとは月もすみよかるらん

四條わたりへ行て土産物かふ。

十六日、けふは如意がたけに、大文字の点火する日なるを、昼過る頃より曇りて、折々小雨ふれば、いかならんと思ひしに、夕つかたより晴れたれば、わきて夕涼の賑ひい

はんかたなし。田中・木村とひ来てきのふの礼いふ。また志水鳩峰とひ来て、帖に歌をこふ。此人により、菊地三渓の此地にあるを知り、昼過より、三輪・榊原をかけて、押小路の菊地をもとひて対面したり。ことし七十三年、いと壮健なり。たゞ足の運びわろしといへり。いにし十四年に、東京の竹中にて逢ひたるまゝなれば、東京なる旧藩人の事など、くさ〴〵物がたりす。手帖を出して、近作の詩をこへり。夕つかたより、榊原夫妻と鳥居とを招き、水台にて小酌し、もろともに大文字をみる。暮れはてゝ九時前より、それかと思ふ程もなく、文字の形明らかに顕はる。三十分ばかりにて消えぬ。舞子とうたひめとをよびて、三四曲を舞はせて興とす。

十七日、半晴。中川とひ来。三輪も来て、歌書きたる扇を餞とす。榊原の妻来て、大将軍の画〔こは八幡の橋本坊の蔵せる古旗の形を、さながら写したる物にて、義家朝臣の旗と云伝へたれば、やがて其像を画がきたるなり〕・貫之の木像の写・竹の杖を送らるゝにそへて、

ゆくりなく君をおくれば加茂川の
　浪のみ岸に立ちかへりつゝ
鳩の杖たまはらんまでは手馴して
　老の阪をも登りませ君

此かへしは、出立のあわたゞしければ、家に帰りおくらんと、さし置きつ。午後四時三十六分発の汽車に乗らんとて出でたつ。いぬる日来し程は、琵琶湖のあたりは、夜の十二時過にて、闇にても有りければ、たゞ漁舟のひかりのみを見たりしに、けふはよく晴れても有りしかば、見わたしいとよかりき。すべて中山道の汽車の、田づらのみを見て過るとは事かはりて、此道は、由井・興津の海路、荒井・浜名の今切れ、勢多・堅田の遠望、又宇津・佐夜・足柄の山麓、富士・天竜・大井の長橋ありて、ながめよき道々なり。彦根・米原わたりより暮れはてゝ、九時十分過岐阜へ着きて玉井屋にやどる。

十八日、雨風交れり。こゝの停車場は、九時五十七分の発なれば、朝のほど三浦純雄来りとふ。やがて停車場まで送りす。雨は止みたれど、風つよく吹入りたり〔名古屋よりこなた風はげしかりき〕。五時卅分静岡につきて、大東館にやどる。風呂場も広くてよき宿なり。

十九日、雨折々降る、風交なり。朝七時八分汽車に乗る。沼津より、鈴木重嶺老人・青木(山)医科大学教授と、はからずひとつ車室に乗る。けふは大かた雨勝なりければ、富

士がねもさらに見えわかず。三保の松原も、雲霧の中なりけり。国府津につきし頃より、やゝ晴れぬ〔沼津よりこなた、雨つよく降れり。後にきけば、きのふよりの風雨にて、和歌山・大阪・京都・奈良、処々満水したりと、加茂川の涼も止みたるべし〕。鈴木翁は、こゝより降りて、湯本の福住へといはる。横浜につきぬ。廿余日の旅なりければ、家路近きをうれしきこゝちす。午後一時廿分新橋へ着、三時前後に帰りぬ。

西遊日記終（2）

八月廿日　雨、午後暴風雨。
留主中の新聞紙をミる。○栃木原・西京榊原・畠山爽・福羽幷伊達道太郎・紀州清水喜一郎・中川竹陽女等へ郵書す。右ハいづれも留主中の来書の返答也。○花洛名勝図絵（会）・東海道名所図会・同名所記等をミる。

廿一日　快晴。
朝伊達道太郎来る。周碩の子にて此ころ商業学校を卒業せし由也。宮内省の官吏に望ありて其談じ也。○松葉屋手代大礼服縫直し幷礼剱鞘塗直し出来分持参。代金十六円廿五銭払。〈頭書〉大学・宮内省・区役所等へ帰京届さし出ス。○西京田中・熱田角田へ之謝状出ス。村瀬・三浦へハよしかたより出ス。○生田目経徳来ル。十八日着京之由。都名所図絵（会）貸ス。

廿二日　晴。いと暑し。正午八十六度、宅の楼上八九十一度。
午後四時頃より義象母親族加藤氏同道にて入来。六時過帰らる。

廿三日　曇、夕刻少雨。
けふまでに留守中の新聞紙見了。猶雑志あまたあり。○榊原より返書のは書（端書）来ル。○荒井保五郎家賃持参。○夕刻より七軒丁行、夜ニ入帰る。〈頭書〉植木屋両人来、庭垣直し。／新聞言。去十八日已来風雨にて京阪満水。和哥山水害。田辺・熊野洪水。流失死亡多し。

廿四日　快晴。正午八十八度三。
旅の日記の残をかく。○川崎千虎をとふ。博物館宿直にて逢はず。○義象、加々丁行。井上・村岡をとふ。同家より唐六典校本借来ル。○けふより加藤に命じ曝書。

廿五日　曇。日曜
日記書了。○黒川真道来ル。○村岡子息同道にて入来。

三代実録書入本引替貸し。○横井時冬来。西京にて逢ざりし事談ず。園芸史の談も有。○浅井道房来る。○奈良骨董店柳生より大阪熊谷回漕。店へ托したる古代蒔絵、箱内ニ種々入込之物、銀坐一丁め川岸三上熊三郎より届く〔近江丸ニテ去廿一日大阪出航ニ積込〕。運賃廿五銭脚賃八銭を払。外ニ奈良にて十五銭柳生ニ遣ス。これハ外箱を造り其他手数料なり。○北野田中・岐阜三浦・熱田角田等より来書。○福岡県辻清二郎より廿一日発之端書届。〈頭書〉村岡ぬしより水本著武家職官考弐巻新刊本を恵る。／明廿六日池のはた馬見所にて東京開府三百年祭あり。依て今日より各家祝旗及軒てうちん出ス。

廿六日　晴。

東京三百年祭ニ付、午後一時より不忍池馬見所にて祝砲・烟火・奏楽・消防夫梯子乗・中村勘三郎の舞獅子・手古舞〔芸者〕・幌引等の式あり。了て来客（切符一枚一円）に立食の饗。又氷の接待あり。華族以下来臨三千人ニ及べりとて、会場委員長ハ榎本子爵にして四十余名の委員周旋せり。東照宮にても臨時大祭あり。増上寺・伝通院・寛永寺の類にても法会あり。市中ハきのふより各家祝旗と軒てうちんを出し山鉾《タシ》屋台の挙有。夜に入烟火を挙ぐ。○お栄・清名等正午七軒丁へ遣ス。夕刻帰る。おのれも夜に入広小路辺遊行、光景をミる。山内いまだ群集せり。〈頭書〉駿河府志をミる。／消防夫ハ旧によりいろは四十八組の半天及小形の纏を作り、芝日影（蔭）丁に勢揃ひし、大通より上野へ操込ミ階子乗をなせり。〈廿七日条〉〔廿六日也〕中空日記・神の御蔭・東海道分間絵図・羇旅漫録など泛読。〈廿七日条〉○〔廿六日也〕夕刻よしかた母入来。

廿七日　曇。午後より雨。

○西京榊原より来書。演説目録をおくりこす。〈廿八日条〉〔廿七日也〕白井八弥来ル。本年八十一といへり。〈廿八日条〉○〔廿七日也〕午前十一時四十五分の気車ニて王子行。おたつ・義象・お栄・池辺老母・子供二人つれ扇屋にて酒食。稲荷へ参る。雨降出したり。夕六時十五分之気車にて帰る。〈廿八日条頭書〉〔廿七日也〕停車場にて江戸会志第一号を求。価十銭。王子にて泛読。小宮山の編輯也。

廿八日　曇或ハ雨。冷気正午七十一度。

○榊原へ返書出ス。〈頭書〉○義象図書寮より丸山氏恵贈のスタイン氏講義持参。〈廿九日条〉文部省出。黒川真道稿居所門家部一閲。正午引。
廿九日　雨。
○日本演芸協会々長子爵土方久元・副会長子爵香川敬三より同会文芸委員嘱托依頼状来ル。○梅村実雄来る。高松氏断腕之哥頼也〔氷砂糖一箱賜〕〈頭書〉物集入来〔ビール二瓶賜〕。来学年授業日取之事談じ。／生田目来る。／黒川へ往復はがき出ス。
卅日　曇。
西京演説書取ニかゝる。○夕刻三作・おミつ来る。○内藤へ郵書出ス。明日西京行之事也。○秋田県今井彦三郎来る。○義象母飯田丁へ帰る。○午前区役所行、区会議員選挙権を有する者の資格調書へ調印。〈頭書〉演芸協会へ承諾書出ス。／史学生小川銀二郎来る。／大橋佐平来ル。書肆博文堂也。江戸会志を恵る。〈卅一日条〉〔卅日也〕河合へ寄都月の詠哥色目扇ニしたゝめ遣ス。
卅一日　半晴。
演説書取。○午後より大学出、小泉ニ逢。一時卅分西ケ原物集別墅行、来学年之事談じ、夕刻帰る。○西ケ原帰路、白井八弥を尋、先般官より養老金恵賜のよろこびとして金半円を贈。

△去ル十八・十九両日の強雨水害紀州熊野の景況の分りたるを聞くに、西牟婁郡ハ田辺町をはじめにて死亡八百五十四人〔岩田・生馬・朝来ノ三村何レも百人余也。〕、東牟婁郡ハ新宮町死亡九人、本宮其他ハいまだ詳ならず〔九月三日読売新聞〕。
九月一日　雨。日曜
演説書取成る。○生田目来る。山城名勝志貸ス。○岡倉由三郎来る。○夕刻おミつ来る。大蓮根持。○清道来ル。明日より数学館へ通学す。○萩野より蔵書返る。〈頭書〉佐藤へ往復は（端書）書出ス〔二日返書来ル〕。
二日　雨或ハ止。
義象本日より高等中学出勤。十日間斗りハ入学試業之由。○かた付物する。○梅村・松本・平野弘治〔皇典所卒業生〕等依嘱の絹紙短冊へ長短哥したゝめ。○演説書取再訂。〈頭書〉法学撰科生神田貢助来ル。特待生志願也。因て試験ノ為物集へ紹介手紙渡。／松本へハ本日郵送。／佐藤誠実より問合せし事答来ル。アドルフグロートノ事也。
三日　昨夜より雨。
夕刻、演説筆記宮川へ清書頼遣ス。

四日
文部省出、佐藤稿本人事部を閲す。
五日
夕刻、宮川来る。清書持参。〈頭書〉丸山藤助より千倉平助ぬし午後三時死去赴音也。〈四日条〉〇〔五日也〕銚子松もとより昨日出のは書《端書》来ル。唐紙今朝着候由。
六日
午後水道丁悔に行。帰路七軒丁へよる。〇西京田中かたへ筆記郵送。〇おミつ・おちか同道にて来る。前月中より伊香保の島田ニ三週間入浴。両三日前帰京のよし。
七日
おたつ水道丁行。〇愛知県師範学校にて去七月卅日演説の筆記にかゝる。
八日　日曜
午後一時卅分水道丁行。葬式也。家族多く焼香手間どれ《ママ》三時出棺。茗荷谷之寺へ送る。四時過人ニ前立て寺を出、同卅分西五軒丁松野行。親父三年祭也。鴻・木村・松岡・井上・村岡・佐藤・大畑・吉岡其他来会。七時前帰る。
〈頭書〉うつの宮原へ郵書。
九日
演説筆記来る。即日自ら清書。うつの宮原へ送る。兼て頼の青年筆叢へ収る為也。〇午後五時富士見軒行。来ル十五日嘉納治五郎・湯本武比古欧州行ニ付送別且教育会第六紀念日相当祝を兼、同会杉浦・色川など発起にて催。〈頭書〉大学より今学期授業時間表来ル。／〇おミち来る。／〇西沢之助使永井義尚来ル。国光へ寄書之事頼也〔八日歟〕。／〇朝三上来る。逸号年表之類貸ス。／〇大学長より明日出頭すべきは書《端書》来ル。〈六日条頭書〉〔九日なり〕皇典所へ寄、講義控本講義録之事、松野不参ニ付、余人へ談じ。帰路梅村へ寄、認物渡。
十日　二百廿日
午前大学出頭、外山面会。物集授業時間事也。尚小泉へ授業時間之事談じ。処々改ム。物集ニ逢、相談。〇おたつ扇橋行。お定病見舞也〔お定へ片身金遣ス。〕。〇演説書清書。更ニ一通を義象ニ写させ、即日名古屋大窪方へ送る。〇在西京井上円了より八日発之郵書来る。臨時講師頼之礼也。〈頭書〉湯もとへ送別哥もたせ遣ス。
十一日　朝よりむら雨ふる。午後止ミて風ふく。五時頃より大風雨。十時頃より雨止。
午前十一時過茗荷谷ノ寺へ行。丸山初七日法会也。帰路

小杉へよる。四時頃帰る。○今夜の風雨ハ非常にて府内も潰《ツブレ》屋破損屋あり。塀のたふれハ数を知らず。自宅ハ幸ひニ楼の樋〔ブレーキ〕を吹落したるのミ〔始夕ツミ風後西ニナル〕。七軒丁の庭樹ハ新しければ多く倒れたり。〈頭書〉文部省出頭十三日ニ延ス。／九時卅分大学出、物集より国語書取請取。○湯もとより返書来ル。お晉頼之事も書中ニ有。

十二日　晴。むしあつし。正午八十五度ニ至ル。

物集使高宮止来る。人類学会雑志渡。○西京榊原へ契沖師へ献詠寄道祝哥贈る。さる楽丁水原へも同招寄玉言志の短冊〔致来分〕したゝめ郵送。〈頭書〉畠山ニ逢。授業時間談じ。午後皇典所行、松野不在ニ付五軒丁宅へ行。猶不在にて逢はず。／○林泰輔より郵書。山口県高等中学へ赴任によりて也。

十三日　雨。

早朝富阪丁大槻行。留主にて逢はず。九時前文部省出、岩もと稿之祈年祭・祈年穀奉幣をミる。四時前帰る。○今日六時井上円了招請にて富士見軒へ行べき処、会主西京より帰らざるにより〔十一日の風雨にて〕延引になる。○皇典所へ使遣ス。講義控本講義録開板、十七日出席前後等事也。

十四日　細雨、折々止。午後四時頃より曇。

九時大学出、国文一年生ニ官位令〔一時〕、歴史口授〔一時〕、源氏物語〔一時〕を授け、了て七軒丁行、昼食。午後三時過芝離宮ニ至。演芸協会会議也。土方会長小演説あり。会議了て立食を饗す。夜九時過帰宅。○大槻より土佐の浪路郵送。○原より郵書過日礼也。〈頭書〉朝奥並継来ル。岡松事也。／○土方会長演説の旨。追て往々畏き御あたりの尊覧もあるべけれ、改良の趣失ふまじき由也。会議ハ来月小演芸其後大演習あるべき事其他三田件也。事務員高田・関・岡倉、文芸員依田・黒川・相場（饗庭）・関根・河竹其他にて、演芸員ハ堀越・寺島・森田其他諸芸人也。皇典所より講義控本印刷之事問合せ。

十五日　半晴。日曜

横井時冬来る。関白秀吉の印（熱田神宮所蔵）を捺したる紙を持参して題辞をこふ。菓子持参。国光一冊移（移）りニ遣ス。○午後一時卅分学士会行。杉・川田等講演あり。暮て帰る。本日杉田跡会員を投票ス。岡松・木村〔正辞〕・大沢〔謙二〕等凡六票の多数を得たり。規則により年長たるを以、岡松甕谷と定る。○午後七時過西京中外電報社より不得已論〔条約改正論也〕を郵送す。去十三日イ号発也。〈頭書〉皇典講究所昨日返書出ス。○宮川へ来十九日手当を請取之事ニ付は書《（端書）》出ス。／午前木村行。万葉集ミふぐし幷巻一略解補正等借来ル。／内藤へ授業之事郵書ス。／中村ぬしより西片丁へ転居之旨はがき来る。

十六日　曇。

十時前大学出頭。十時より特約生志願者六名に神皇正統記を以て試験す。十二時に至る。午後一時より国文一年生ニ歴史、二時より職員令を授く。三時過西片丁中村をとふ〔かつぶし切手持〕。横山へ寄、尚古図録之事談じ。四時過帰る。○三作来る。〈十七日条頭書〉〔十六日也〕井上円了来ル。不逢。

十七日　快晴、好時候。正午七十五度。

午後一時帝国大学行。入学生宣誓式に付休業。三時皇典講究所行。講義始日により、令の緒言及官位令を講ず。了て久米氏栄花物語月の宴を講ず。五時過に終る。〈頭書〉皇典所講義控本所持なき人多きにより講義の所だけ各書を印刷して聴衆に与ふ。

十八日　淡曇。

大阪攻《（ママ）》法会々主田山宗尭来る〔くわし持〕。税法雑志発行ニ付考説頼なり。○九時過文部省出、松もと稿本内侍司の条閲覧。○三時退出後、元園丁今井をとふ。○六時兼約ニ付、井上円了のあるじせる富士見軒饗宴へ行。加藤〔弘之〕・島田・黒川・島地・高嶋〔嘉右衛門〕・三宅〔雄二郎〕・岡本〔監輔〕・辰巳・棚橋・松本・関根・萩野其他の人々三十人斗来会。日本大学を起すべきニ付、講師依頼の談なり。九時前散席。七軒丁へより帰る。小野照祭にてさか本賑はし。〈頭書〉さく日柳原殿より手簡ニ付、今日吉川へ通じ音楽史二部送る。／皇典所畠山へ洋々社談一冊もたせ遣ス。日本文学ノ種也。／○辻次官より岐阜県氏家某学位願に添たる語学書を示さる。黒川と共に一覧。／○今日如蘭社会之処不参。後日よしかた社話持参。

十九日

皇典講究所畠山より洋々社談の旧稿なる押字花押ノ沿革を写し来る。日本文学へ登載ニより一過頼也。○気分うす眠く成す事もなし。時候の替りによる歟。たゞ新聞・雑志など取調、綴本とす。○三作来る〔廿日歟〕。〈頭書〉西沢之助より国光へ寄書懇請郵書来る。／昼過、宮島来る〔廿日歟〕。

廿日　快晴。
午前一寸文部省行、古事類苑文学門印ノ部借受、帰る。先年の稿を増補し直チニ畠山へ送る。○来ル廿六日〔イセ〕山室山神社遷宮式有之ニ付、兼題秋月明寄玉祝哥考へ夜ニ入て成る。〈頭書〉おとみ下宿さす。／今日より西黒門丁長屋根継に取かゝる由、大工保五郎より報じ来る。

廿一日　曇。
宮川来ル。写本持参。○午前九時大学出、国文一年生ニ職員令・神代歴史・源氏物がたりを授く。十二時ニ至ル。退出後午後一時哲学館行。館主〔井上〕頼により、歴史国語の話といふ題にて一時間演説す。四時神田川行。中村君招也。足立も来ル。〈頭書〉皇典所より令講義筆記とすべき首段、先年したゝめ分写廻る。／○象牙印材出来〔代廿五銭〕。／哲学館ニある程、国光社頼の寄書、文武天皇即位の詔注解を作る。

廿二日　日曜
国光へ之寄書成る。直チニ郵送。○山室山奉献哥浄書、本居へ贈る。○横井頼熱田秘庫なる豊臣太閤の印影を写したる紙に哥をしたゝむ。○伊達道太郎来る。逢はず。〈頭書〉内藤へ郵書。〈廿三日条〉〔廿二日也〕○よしかた母公来ル。

廿三日　曇、冷。夕かた前より雨。　秋季皇霊祭
大槻修二来る。檀林皇后の学館院へ行啓ありし所の画組に付相談あり。有職の書種々ミせ御装束の事談ず。○正午過宮城に登り神殿を拝す。大礼服出来後始てなり。帰路七軒丁へ寄、夕刻帰る。○伊達道太郎へ郵書。○宮川写す処の愛知演説・土佐の波路一校。〈頭書〉おさだへ郵書出ス。もり女之事也。／熊本人井芹頼たにざく幷小杉頼の絹・紙等へ哥したゝめ。

廿四日
午後大学出、一時より国文三年枕草子〔初〕、同一年神皇正統紀を授く〔初〕。三時過帰る。かた付物する。○おさだ、子供つれ来ル。一泊。もり女、おかよつれ来ル。○小杉及横井へしたゝめ物遣ス〈頭書〉山形県亀山玄明より郵書。月俸卅円にて教諭ニ昇候旨也。／井上政二郎より郵書。近日帰京致候旨也。福岡県片山道顕〔頼〕、十七日出郵書、大学まで届居受取。

廿五日
文部省へ出。退出より丸山行。外出に付真彦面会〔くわ

し持〕。晩景帰る。○おさだ・お新・お栄、大学医院より七軒町行。夕刻、おさだ帰る。○星野半酔へミとめ印彫刻頼。印材幷印影折本遣ス。〈頭書〉帰路西黒門丁うら長屋根継見分。／横井より詠書来る。

廿六日

木村使来る。万葉ミふぐし取替、略解補正返ス。播磨の家つと恵贈。○旅中書類幷費用調。○西京田中外発起人より来書。日本学会規則五部添。○三作、水道丁悔ニ遣ス〔さとう持〕。〈頭書〉仙台井上可長より返書来ル。／皇典講究所へ来月一日講義ハ神祇官大（太）政官条なる由申遣。

廿七日

旅中費取調済。○おたつ大蔵省行、学士会院年金、文部省手当等請取。○三作おミつ来る。○おかま宿へ行。○西京万春楼へ郵書出ス。勘定之事也。○尾原亮太郎来ル。不逢。〈頭書〉三宅米吉へ講演四冊送ル。／川崎千虎来ル〔玉子持〕。不逢。夕刻行て訪ふ。音楽史送る。

廿八日

大学出、国文一年ニ神皇正統紀・古事記・源氏物語を授く。〈頭書〉おかま帰ル。

廿九日　日曜

三十日

万葉集下見。十一時大学出、国文三年生に〔博言三年生同〕始て万葉集を授く。午後一時より国文一年ニ古事記及職員令を授く。

十月一日

十時大学出、国文三年生ニ枕草子、午後一時より公式令、二時より同一年に職員令を授く。史学科小川銀二郎傍聴。○夕刻帝室制度局より調物之事通じ来ル。〈頭書〉読売新聞本月より日刊になる。

二日

文部省出、二時退出後内務省社寺局へ廻り、八木・中山ニ面会、調入用ニ付神社覈録之内熱田ノ所一冊、熱田問答外二書合本一冊借用。〈頭書〉隣家菅沼行蔵芝愛宕丁へ転居。

三日

帝室制度局取調物ニかゝる。昼より宮川来り抄書す。

四日

午前熱田神宮起原全落成。午後一時持参、宮内省制度局へ出、柳原委員長面会。児玉図書頭及丸山にも面会。○税法雑志之事ニ付、田山宗尭より郵書。○京都田中より郵書。近日小生演説、印刷分相廻スベキ由也。〈頭書〉午前宮川来ル。三十箋《(銭)》遣ス。

五日

朝島田来ル。内藤伝言にて木下外数名上書之旨談有。○九時大学出、国文一年生ニ神皇正統紀・古事記・源氏物語等を授く。○夕刻木下へ承諾之書郵送。○田山来ル。雑志へ入るべき考来ル。十日迄と約す。〈頭書〉京都生田目より三日出之郵書来ル。去ル一日京着之由。

六日　曇。午前十時頃より小雨。　日曜

朝五時卅分起、六時卅分出宅。七時卅分新橋停車場ニ至て、三作・おミつニ逢。八時乗車。大森より降り池上本門寺へ詣、傍なる光明楼に休、温泉へ入ル。八幡まで人力ニ乗、鈴ケ森辺遊歩。品川宿により又々乗車。二時過気車ニ乗込。新橋より鉄道馬車、四時前帰ル。〈頭書〉おさだ・長十郎来る。一泊。／○島田より内藤の書状添、明日正午工部大学にて集会之旨申来ル。連名ハ木下広次・岩谷光太郎・小金井良精・白石直次・青山胤通・山川健二郎なり。／○社寺局三木貞健来ル。人丸事跡考・同弁等借用之ため也。

七日　晴。

朝島田入来。十一時大学行。島田同行にて山下を尋んため高等中学行。逢はず。十二時工部大学にて面会。両人共、承諾書取消之事談ず。○午後一時国文一年ニ神代紀及び職員令を授く。夫より皇典所へ廻り授業之処失念す〔帰宅後、如蘭社話加部説へ加入すべき東大寺聖武天皇詔書取調〕。〈頭書〉おさだ帰る。帰路樫村行、診を乞ふ由。

八日

十時大学出、国文三年ニ枕草子、午後一時より厩牧令、同一年ニ職員令を授く。帰宅後横井著園芸美術考閲覧。○京都生田目へ返書出ス。松井直吉へ送る書封入。○村岡へ返ス。如蘭社話稿内閣まで送る。

九日

文部省休、所労届。○園芸考見了。夕刻横井来ル。○社寺局八木まで借用書返ス。

十日

税法雑志へ入るべき講義を記さんとて租税志・食貨志等何くれとミたる上にて起草す。

十一日　晴、和。

田租沿革概略成る。田山へ郵送。△伊藤議長辞表ヲ出ス。

十二日より三十一日まで欠。大略左ニ記。
△時事　十四日、井上毅氏、臨時帝国議会事務局惣裁に兼任。十五日、内閣会議（闕字）天皇親臨。京都行幸・行啓御延引仰さる。大鳥公使支那へ発す。十九日、午後四時過大隈大臣内閣より官邸へ帰り、入らんとする時爆発弾を馬車中に投入れし者あれど、幸ひにして左脛ニ二ケ所の傷を負ひたるのミにて別条なし。賊ハたゞちに自殺す。福岡県人にて来島恒喜といふ者也とぞ。廿日、井上大臣旅行先より辞表差出ノ風聞あり。廿五日、黒田惣理大臣枢密顧問官に転じ、三条内府惣理大臣兼任。諸大臣一同辞表を出す。卅一日、伊藤枢密院議長を免ぜられ。更に宮中顧問官に任ぜらる。〈頭書〉廿四日、義象第一高等中学校教諭ニ転じ、奏任官五等に叙せらる。月資三十五円。同廿八日、博物館兼勤嘱托を命ぜらる。手当月ニ十五円也。／十三日、鹿鳴館にて演芸協会あり。学士会院へ出るを以会せず。

十一月一日　曇。正午五十五度。
午後一時三十分文科大学行。史学会開業也。発起人下山寛六郎先ヅ開会之旨趣を演ぶ。次に予、史学の話を簡短に演ず。皇典所授業あるを以て中坐す。故に重野議官の演説を聞かず。二時皇典所行、軍防令・儀制令を授く。〈頭書〉丸山隠居入来。／△黒田伯・伊藤伯を待つに特に大臣の礼を以し、元勲優遇の意を昭かにすとの詔あり。

二日　曇。
九時大学出、国文生ニ正統紀・歴史〔崇神・神武〕・〔はゝき、〕品定めを授く。午後堀越・森田招により新富坐見物。壱番目仙台（先代）萩、中幕荒木柳生対面、弐番目弁天小僧也。夜九時に訖る。

三日　曇。折々日影さす。　日曜
天長節及立皇太子ニ付、十時卅分東御車寄せより昇殿。南溜の間に参集。十一時御廊下に列立。（空欄）御通路を拝す。十二時文部省出頭、酒餅を賜ふ〔西洋食〕。再び宮中へ参ル。立太子祝賀のため也。〔名簿をしたゝむ〕。午後二時過花御殿へ参り、皇太子を拝す〔勅任官及び宮内省勤仕奏任官に限る〕。立食の饗あり。四時過帰宅。

四日　快晴。正午五十一度。
十一時大学出、万葉集〔一〕を国文三年、午後歴史〔崇神〕を同二年に授く。午後二時卅分斯文学会行、三時より本朝法律起原沿革を講演す。四時過退出。○下谷区公民会より委員ニ当撰之旨并七日集会之事申来ル。〈頭書〉

山崎や隠居御入来。／多田親愛入来。不逢。貫之筆墨本二巻持参。○お晉花御殿へ祝賀ニ上る。此ほどの献物としてキンカン植たる鉢を奉る。此代金壱円五十銭。／○高崎田島来る。わた一包恵る。不逢。

五日　雨。正午四十五度。初酉参詣少し。

大学にて立太子祝賀之ため運動会あり。且祝酒を行ふに付休業。○伊藤圭介翁頼、同人所有之薬種記・穀類記・香薬同・北野縁起其他古文書四通の鑑定書取調贈る。○堀越へ土佐の浪路郵送。○下谷区公民会へ委員之辞退書を送る。〈頭書〉おたつ大学行、年金請取。／朝清水入来。

六日　晴、和。夜に入陰。暦十四日の月くまなし。

文部省出、松もと国造稿、黒川真道家ノ稿訂正。○国光第四号送来。○日本帝国小銃射的協会より賛成之事申来る。〈頭書〉おたつ日本銀行へ行、公債利子請取。直ちに貯金銀行へ廻る。／国華第一号義象方へ来ル。一覧。

七日　快晴。風なし。こよひも月晴わたれり。

皇典所演説速記訂正〔大宝令ノ事〕。○美日なるにより午後二時よりお栄と子供つれ団子坂菊見に行。作り菊、時勢につれ年々格好よろしくなりたり。三所ほど見物、神田川にて晩食。夜ニ入帰る。

八日　夜来南風つよし。曇或は日さす。

皇典所演説訂正成る。○おミつ来る。帯代足て遣ス。○萩原和手簡持、群馬県尋常中学校教員岡部新三郎来る〔くわし持〕。国語の質問あり。黒川へ手紙付ケ遣ス。

九日　曇、南風。正午七十二度。午後北風となる。

大学出、神皇正統紀・歴史〔垂仁紀〕・は、き、を授く。午後久米を訪ふ〔菓子折出〕。○帰宅後、史学会演説案を草す。○長崎恭三郎来ル〔ビール持〕。文明の母新刷持参。〈頭書〉言海第二冊配達し来る。

十日　曇。

午前九時過岡倉を尋、哥舞音楽史を贈る。土佐の浪路ミせ、十時華族会館行。好古会也。福羽外幹事松浦・神田・楫取・本居・松岡・小杉・川崎・佐藤〔誠〕・青柳・横井・内野・村岡等面会。午後一時美術展覧会見物。応挙の画幅多し。川田・山名〔貫義〕に逢。二時学士会行。重野・三島演説あり。終日会議あり。晩食後、夜ニ入帰る。〈頭書〉朝大久保好伴来ル。玄旨法印外寄合書・源氏物語合本二冊持参にて被示。／○高崎田嶋来。逢はず。

十一日　曇。

大学出、午前十一時国文三年ニ万葉、午後一時同一年ニ国史〔景行紀〕を授く。二時卅分皇典所ニ至、儀制令を授く。○帝室制度局より僧侶・官位及待遇之事可取調旨、鍋島書状来ル。〈頭書〉皇典所へ演説速記訂正分持参。

十二日　曇。

午後一時大学出、国文三年ニ仮寧・喪葬令、二時より四時迄同一年ニ職員令を授く。○文科大学より続史徴墨宝請取。○帝室制度局へ明後十四日より写字生一人を請求郵書送る。即日承知之旨返書来ル。〈頭書〉中邨より来廿二日高等女学校へ出、演説頼之事申来ル。

十三日　曇。正午四十五度。

文部省出、松もと元日朝賀稿訂正。○退出より黒川同道、駒込曙丁哲学館郁文館開業式ニ行。二時より之催なれば遅刻す。榎本大臣・加藤議官演説有之候由。谷中将・辻次官・重野・矢田部其他ニ面会。能囃子・同狂言等有。○昨夜九時、物集妻死去之赴音ニ付、六時頃弔ニ行く。当地ニ親族無之により、元田・色川・松野等万端を処置す。産後腸チフスにて没候由。物集も熱気にて打臥、対面せず。子供六人あり。気の毒の事也。〈頭書〉中邨へ返書送る。演題ハ学びの山口と申送る。

十四日　朝霧深し。快晴。

帝室制度御用宅調。朝八時卅分より元老院写字生吉村修太郎来ル。○午後二時天王寺葬地行。物集葬式也。井上〔毅〕・高崎〔正風〕・辻・服部・内藤・黒川其他ニ逢ふ。五時過帰宅。

十五日　朝曇、後晴。

宅調。吉村写字生来る。○三作・お光来る。月費渡。○浅くらや比売鑑其外女教書持参。兼て注文による。○よしかた、物集遣ス。花料一円を贈る。○植木や三人来る。○庭の松其外苅込。

十六日　晴。

大学断、宅調。○植木屋来る。〈十四日条頭書〉〔十六日也〕系引紙四十帖出来。

十七日　晴。二ノ酉。日曜

宅調夜ニ入。○田島尋枝来ル。不逢。○越後人石丸忠胤来る。面会。三輪田元綱、建碑義捐金求ニ付、金壱円。外ニ疋田断書石丸刊行之標注播磨風土記六十五銭ニて求。頼ニ付短ざくしたゝめ遣ス。

十八日　晴、和。

宅調。今日ニ了ル。吉村事今日迄五日相詰、夜ニ入帰る。

加藤を張立に手伝はす。○大学断。〈頭書〉国家会（学脱カ）会月次会之処行かず。／〈頭書〉女学雑志中立皇太子式を載たる処、柳原殿へ廻ス〔よしかた〕。

十九日　風、雨、午後止。
宮内省出頭、制度局へ至、柳原・鍋島・花房等ニ面会、古代僧尼法制一斑を呈す。図書寮へ寄、捜索し得たる皇嗣例稿本・写本共井上ニ渡。○午後大学へ。国文一年生ニ職員令を授く。一ノ巻了ル。

廿日　快晴。
文部省断。○明後日演説案取調。午前ハ比売鑑・婦人養草・大鳥氏の女子教育などをミ、午後より筆を下す。○井上円了より移転式始末に載すべき哥文を乞ふにより哥を贈る。

廿一日　快晴。
演説案取調。○午後三時皇典講究所へ出、職員令中務省より大舎人寮までを講ず。本居・青山ニ逢ふ。〈頭書〉久保田譲洋行ニ付、今日午後六時鹿鳴館にて送別会あり。会せず。新設の木挽丁かぶき坐開場。

廿二日　晴。
演説案取調。昼迄ニミる。○午後三時高等女学校へ出、学びの山口といふ演題にて一演す。谷（矢）田部校長・中邨教諭・平田同其他の人に逢ふ。女生徒弐百名ばかり列席す。夕四時卅分頃に了る。帰路万代軒にて晩饗。

廿三日　曇。午後三時雨。　新嘗祭
黒川真道・越後人小宮山容庵・生田目・藤沢碩一郎〔山高へ手紙渡〕等来ル。面会。○西京榊原へ桂の花、山県々（形県）亀山玄明・高崎田島へ大家論説集壱部ヅヽ、尾張清洲河村清縷へハ頼の折句・哥・短冊等送る。又福岡県片山道頴（頼）及亀山・奥並継等へ郵書出ス。○来ル廿九日謹吾三回法事之旨書状幷蒸物等、萩原・村松へ加藤ニもたせ遣ス。○長崎恭二郎来る。白石を祭る文を文明の母に加へたき旨、請により許す。〈頭書〉如蘭社話第十四号配達。

廿四日　晴。日曜
水野・さゝ又・右馬へ蒸物もたせ遣ス。○皇典講究所演説速記訂正出来ニ付、午後四時同処使之者ニ渡。○田山宗尭来る。議事出板之談有、断。〈頭書〉大成館より新演説贈来。

廿五日　晴。
大学出、午前十一時より国文三年ニ万葉、午後一時より同一年ニ歴史〔景行紀〕を授く。○大成館へ郵書。○本居入来。不逢。古事類苑其他返却〔くわし賜〕。〈頭書〉大学より切符渡ニ付、退出後上野美術展覧場行。是真（空欄）をミる。

廿六日　曇、午後雨。夜ニ入風雨となる。南風暖気。

午前十時大学出、国文三年ニ枕草子、午後一時より関市令、二時より四時前迄同一年ニ神祇・僧尼令を授く。○大学にて義象稿本日本制度通巻二をミる。○朝塙来。次男放蕩にて難渋之由ニ付、金十円用立。〈頭書〉出版月評配達。

廿七日　朝晴、午後曇。

文部省出。午後二時卅分退出、七軒丁へ寄。三時過美術学校行。文部省小集なり〔一円半席費〕。同校生徒の絵画・彫刻幷古画・古像等陳列也。夜ニ入帰る。○神保丁本屋春海蔵本栄花物語其他ミせ。○文部省にて総務局長の命により、中根氏日本文典検査委員を命ぜらる。黒川同じ。則一閲、同氏へ渡。〈頭書〉日本文学・宇つの宮青年学叢配達。／文部省より借用古事類苑釈教ノ部返納。

廿八日　晴。

区会議員撰挙ニ付、投標（ママ）書持参、下谷泰宗寺撰挙所行、懸りニ渡。今日ハ必本人持参之事也。○本居へ使遣ス〔玉子贈〕。○田島より郵書来ル。本恵ミたる礼也。〈頭書〉岡倉・饗場（庭）外両三人発起にて根岸へ集会所を設くべき旨廻状来る。

廿九日　晴。

謹吾三周忌取越法会催ニ付、午前九時卅分光明寺へ行。三作・清道・お定・おのぶ・同妹〔萩原代〕・おミち・甚五郎等来ルニ付、十時法会をはじむ。おたつ・村松母おしん・お栄等ハおそく来ル。十二時墓参了。一同広小路松田にて中食、則去ル。今日水野ハ主用ありて不参也。おのれハ蔵前両国辺遊行。午後三時過黒川行、門跡伝・官位俗訓・光台一覧等を借て帰る。

三十日　快晴。正午寒暖計三十四度五。

大学出、国文三年ニ正統紀・歴史〔景行紀〕・帚木を授く。退出後七軒丁へ行、月並金渡。岡倉を訪ふ。過日廻状之事承知之旨也。留守ニ付由三郎ニ談ズ。

謹吾三回法会入用控

壱円　法会料 五人出席僧　三十銭　霊膳料・塔婆料

十銭　門番遣ス　壱円廿五銭　配り物そばまん 五軒分

壱円　引物ふろしき十　萩原　右馬　さゝ又　水の　村松
六円六十八銭五厘　松田割烹料、上十二人・下三人・遣物
一人分
壱円廿八銭　引物羊かん八ツ十六銭ヅヽ。岡野也
　合計十一円六十一銭五届
　内　壱円右馬　五十銭水野　五十銭村松　五十銭さゝ又
　　合弐円五十銭香奠引
　金九円ト十壱銭五厘　全出金　外廿銭　松田婦遣ス

十二月一日　快晴。日曜
帝室制度局御用ニ付、門跡・准門跡之事取調、終日。○村岡へ使遣ス。六典残幷唐律書入書借受、自園菜類賜。

二日　晴。
大学出、国文三年ニ万葉集二ノ巻始め、午後同一年ニ歴史〔仲哀キ〕・源氏品定めを授く。○宮内省へ調物差出。○松本信正より郵書。

三日　午前八時頃より雨交りの氷雪ふる。初雪となる。正午過止。
大学出、国文三年ニ枕草子、午後関市・補亡令。同一年令の授業ハ生徒不参之者有ニ付休。○柳原委員長より釈家官斑（班）記之事問合有之ニ付、帰宅後答書出ス。○松平信正へ官位考四冊もたせ遣ス。〈頭書〉佐々木信綱来ル。歌の栞序文幷短冊染筆且某雑誌へ寄文等頼〔くわし賜〕。○降雪ニ付、正午三十七度之寒気。

四日　雨。
文部省出、黒川真道殿取調を検す。松もと歳時四季ノ部同断。神田川にて晩食、帰る。○小田切仲太郎より来書。近日根岸へ引移候由。○河合裁縫ニ来る。○山県（形県）々亀山玄明より二日出之書状届く。〈頭書〉柳原伯使へよしかた立皇太子演説書贈る。

五日　曇。
斯文学会にて講演之本朝法律起原沿革を起草す。○河合来る。

六日　快晴。
法律沿革を草す。○おミつ来ル。三作通信学分一円廿銭遣ス。○博文館より国文学を修る順序の文を大家論集に転載致度由、郵書来る。○増田于信より使ニ付つれ〴〵草大成三冊貸す。

七日
大学出。国文壱年ニ正統紀・歴史〔神功紀〕・源氏品定

等授く。○午後帰宅法律沿革全く税稿。○博文館へ承知之由郵書。○小山朝弘より袋之事問合はがき来ル。即刻返書。

八日　曇。日曜

斯文会へ稿本もたせ遣ス。○午後学士会院行。今日はハースクネヒト（独逸人）、中学校教授法之事ニ付同院にて演説あり（平常の如く傍聴人を許さず）。招により文部大臣・同次官・書記官・大学教授等十五人来会〔学士会員十七人出席〕。〈頭書〉今日之演説ハ種々有之内何ごとも日本を基として授業すべき旨、懇に論説あり。訳者堤某也。／○制度取調局へ慶長廿年禁中条目中僧侶之事ニ関候分、抄出送る。○博文館より送来る江戸会誌二三四号泛読。

九日　晴。

大学出、国文三年ニ万葉集〔二〕、午後同一年ニ歴史〔応神紀〕を授く。二時退出後皇典講究所行、衣服令・営繕令を授く。晩景帰る。寒甚し。〈頭書〉国華二号送来る。一閲。

十日　晴。朝霧深し。

大学出、国文三年ニ枕草子、午後獄令、同一年ニ僧尼令〔了〕を授く。退出後中村家見舞行〔かつぶし切手・くわし持〕。不逢。晩景帰る。○大成館伊東へ演説筆記掲載断端書出ス。○柳原委員長より過日差出之門跡事稿本返却。

十一日　半晴。夜ニ入雨。

文部省出、黒川稿殿部再訂幷に成巻目録をミる。四時帰る。○須永へ郵書出ス。萩原へ返書も。〈頭書〉堀越・守田より来十五日桐座案内状来る。／史学会之処不行。

十二日　暁雨つよし。明けても終日雨ふる。午後五時大風雨。後止む。

朝須永来る。養蚕史稿本渡。○佐々木信綱頼歌の栞序文成る。意見を乞ふため中むらへ郵送。○午後三時皇典講究所行。職員令・図書寮より内礼司まで講義。暮て帰る

十三日　晴、寒し。

午後二時過薬研堀相鉄行。鶴久子納会。兼題冬の雀、当坐冬月也。黒川・小出・水の〔忠敬〕・井上〔正直〕・鈴木・橘・三田・梅村・小朕（俣）・佐々木・大田喜・哥子・定子・ミさ子等に逢。晩景帰る。○佐々木頼たにざく七葉認メ。

十四日　晴。

大学出、国文一年ニ正統紀・仁徳紀・源氏品定等を授く。○午後一時木挽丁三丁め歌舞伎坐茶亭三州屋行。新築の坐にして、よほど趣を替へ画看板なく狂言の名を記した る札のミかかり、桟敷ハ三階造にして表弐階の裏ハ運動場也。音人こゝにあり。狂言ハ黄門記にて幕府桜の間の場ハ新作なり。大切六歌仙。団洲光国（圀）卿いとよし。康秀もよし。こたびのハ試にて開場ハ来春行ふ由也。堀越の部屋にて福地源一に逢。此座ハ専ら同人の担当也。柏木・長井・狩野・岸・岡もと父子等来る。夜九時過に了、帰れバ十時過也。〈頭書〉中村より序文郵送。

十五日　晴。日曜

今日も堀越・守田の招にて午前九時より新とみ坐行。妹背山弐幕、ふか七芝翫、おミわ福助の出し物。鈴ケ森一幕、権八菊五郎・長兵衛団十郎。廓文章一幕、夕霧福助、伊左衛門菊五郎、難船場御返し共一幕紀文左団次。大切ハ六哥仙にて芝翫一手持にておもしろし。夕六時に了ル。晩食して八時頃帰る。〈頭書〉中村秋香ぬし長子東一昨夜死去の赴音あり。／哥の栞序文板下義象したゝめ本日郵送。／昨年根岸学校新築費五円寄附ニ付、東宮（京）府知事より賞状を賜ふ。但省三宛也。／天王寺墓地戸こわれ候付大工安太郎つくろい料渡。

十六日　晴。

十一時大学出、万葉二ノ巻を授く。○午後休講。中村葬式ニ付午後一時より浅草行。いまだ早ければ浅くらやへより、公園を遊歩す。二時過本願寺行、八木・大森面会。三時前着棺。五時頃帰宅。〈頭書〉西田敬より郵書。去四日片山道顯（頼）郷里にて死去ノ赴なり。

十七日　晴。

大学出、枕草子〔三ノ巻〕、午後ハ獄令・戸令〔初〕を授く。授業ハ今日に了り試業は廿五・六日迄ニ宿題をしたゝめ宅へ持参すべく申渡。○午後三時卅分授業了、七軒丁行、燕尾服ニ改め七時鹿鳴館行。榎本大臣の招状に依てなり。晩食の饗を賜ふ。渡辺・外山・穂積・辻・木下・三宅・川田・重野・三島・久米・星野・黒川・中川〔元〕・山口〔半吉〕・杉〔亨二〕・原・長井・矢田部其他外国人を併せて七十名斗りの来客とミ請たり。物集にも不幸後初て逢ふ。夜十時過帰る。〈頭書〉柳原殿より皇典所講演返ル。

十八日

文部省出、黒川真道殿舎附録一見。○帰路佐々木行、借用之枕草子美隆書入本帰ス。

十九日　晴、和。

須永頼の養蚕史序文稿成る。○浅くらやより光台一覧来る。依て一ノ巻読了、二ノ巻半ニ至ル。○鶴久子来〔鳥子餅賜〕。不逢。○丸山図書助より御生母例入用之旨書状に付、即刻使ニ渡。〈頭書〉臼倉吉右衛門来ル。廿銭遣ス。

廿日
午後二時大学図書館行、佐伯面会。福羽君より松本著書謝礼の談あるによりて也。三時過中村行。亡子初七日逮夜ニ付招請なり〔いたミ哥三首送る。〕。大森・相原〔東京府吏〕・鈴木・富士・内藤・加藤・大谷木等に面す。大谷木左京ハ東一ぬし友人也。夜七時過帰る。〈頭書〉よしかた皇典所行、半季謝物五十四円持参。

廿一日　晴。風寒し。

文部省出、清水ニ会し、本年成功目録取調。○午後二時俎橋玉川堂行。文章会也。西村・西・高崎・依田・前田・小杉・伴(阪)・丸山・落合〔直文〕・萩野・よしかた等来会。今日ハ五十銭持参、晩食す。黒川・村岡・落合〔直澄〕ハ退会之状来。〈頭書〉村岡入来。くわし賜。不逢。○佐藤定介より歳末蒲ぼこ賜。／足立へ礼服周旋礼三ツわり日本盛切手を送る。／○佐伯入来。不逢。鶏卵一箱賜。／よしかた高等中学行。昨日迄にて休業。試業取調也。／物集より葬送謝状来ル。

廿二日　快晴。日曜
松岡調の古物帖に題する伊豆石哥体七首詠出。○関根・岡野碩・福田仙蔵〔くわし持〕来る。廿日面会。○午後よしかた大八洲学会行。雑志編輯之事落合直文と共に本居・木村より委托されたる由。〈頭書〉村岡へ使遣ス、六典返ス〔ビール三送〕。／足立より礼書郵便。／横井より園芸考送致。／本居より転居悦之粢かつぶし賜。

廿三日　曇。寒甚し。

掃除する。○中村より過日頼の養蚕史序稿本返ル。○数日間懈怠之日録を記し幷ニ十月中欠文を補ふ。〈頭書〉読売新聞去七日停止を命ぜられし処、今日より解停発行。／後に聞。今日午後より横浜降雪、積る事数寸といふ。／沖縄県知事丸岡より去十四日出之書状到来。塙忠雄事也。

廿四日　曇、夜雨。

午後よりよしかた著述の新年の旧事近世ノ事改造す。○

皇典所より試業問題問合せニ付遣ス。即日試業書相廻る。昨日参所すべき処、失念によりて也。○横井時冬より鴨一双青籠入賜る。不逢。○西京田中より来書。〈頭書〉大久保初男より生大口魚二尾を賜。／△勅令内閣官制発布。〈廿三日条〉△〔廿四日ナリ〕井上大臣・大隈大臣被免、青木周蔵外務大臣、岩村通俊農商務大臣、大木喬任枢密院議長。山県内務大臣、内閣総理大臣を兼任。其外更迭あり。

廿五日　晴、暖。
文部省不参届。○昨日来る処之皇典講究所試業書取調。○平岡好文歳末入来。面会。目録及砂糖賜。○本居へ使遣ス〔くわし・玉子送〕。仏足石体哥削正をこふ。中村へ使遣し鴨送る。○須永球へ序文板下送る。此ほど本所外手丁佐藤氏養子となる。依てそこへ郵送。○松平信正へ郵書官位考之事也。〈頭書〉図書寮丸山より来書。御生母例稿本之ことなり。／よしかた博物館出。国華第三号来ル。夕刻三作来ル。よしかた時計之事也。

廿六日　快晴、晴、和。寒暖計正午五十九度六。
皇典講究所へ試業書廻ス。○日本学会雑志祝詞成る。即日西京田中へ廻ス。○夕刻芳賀（空欄）立花（空欄）入来ニ付面会。○朝黒川真道〔くわし賜〕・宮野春雷入来。面会。

廿七日　晴。西北風吹。
職員録（本月十日現在）来ル。応用美術・読売新聞・日本等披閲にて午前を終ふ。〈頭書〉文部省第十六年報来ル。よしかた博物館出。今日にて納。〈廿六日条頭書〉〔廿七日也〕応用美術第一贈致。

廿八日
弐階書棚手箱類かた付る。諸方よれ（ママ）頼れ物、漸く八分相済ミたるにより、漸く整頓にかゝる。

廿九日
中村入来〔鶏卵・小瓶賜〕。明日静岡辺へ旅行之由。○午後参内。歳末御礼なり。七軒丁へ廻り、暮て帰る。○西より鰹節大箱を賜ふ。○石井小太郎・松本愛重入来。不逢。〈頭書〉銀座にてケット求。此代価五円。襯衣上下にて弐円廿銭也。

三十日　晴、和。
西沢之助へ謝状出ス。○午後新光明寺墓参。公園遊歩、挿瓶の梅花を求め、晩景帰る。○松飾する。○山崎や隠居入来。

廿二年歳末到来控

鴨壱双　青籠入　　横井　時冬
目録　砂糖　　平岡　好文
鶏卵　諏訪産砂糖積（ママ）　　岩本　正方
大口魚弐尾　　大久保初男
鶏卵　　松本　愛重
砂糖　　石井小太郎
鰹節大箱　　西　沢之助
砂糖　子供手遊　　山崎や隠居
鶏卵　海苔一箱　　河合　きさ
懐中汁粉　　福田　仙蔵
砂糖　　浅くらや久吉
葡萄酒弐瓶　　吉川　半七
砂糖　　青　山　堂
同　　大工安太郎
ごまめ　　同　虎五郎
源平植分梅壱鉢　　植木や音五郎
カステーラ　　本居　豊頴
鶏卵　　佐伯利麻呂
カステーラ　　黒川　真道

註
（1）原本では三日条「江沢晉よりの郵書届く」に続く。
（2）巻末に「明治廿二年八月　ことし六十八歳」とある。

（表紙）

明治廿三年日乗

明治廿三年一月　　清矩六十八年二ヶ月

一日　曇。風寒し。正午半晴。夕刻より雨。

午前十時参朝、同卅分拝賀。

　こゝのへの雲ゐをよぢて老が身も
　ミかげかしこミあふはけさかな

青山御所花御殿等へ参賀。午後一時前、麹丁岩井行。昼飯を餐せらる。榎本大臣・丸山・細川〔潤二〕・重野等へ門礼ニ廻り、三時頃帰宅。清水穀の来り居しに逢ふ。継て飯田武夫・三輪彦輔・増田干信等来賀ニ面会。

二日　曇。風寒し。午後日さし出。夜ニ入雨。

午後出宅、山田伯官邸及渡辺総長等年賀。飯倉御邸へ参、若君ニ拝謁。長井・高橋・鵜沢等へ寄、神明前佐野〔のり持〕・和泉丁村松〔ミかん・鶏卵〕等年賀。夜ニ入伊予紋にて晩食、帰る。〈頭書〉西ノ凹にて車の膝かけ綿羊の皮を価ふ。代壱円七十銭也。／水野へ年礼行〔くわし・のり〕。山崎やへも〔鶏卵持〕。黒川真道来〔のり〕。不逢。

三日　曇。午後日さし出。夜ニ入雪少し降。寒気。

在宅。年賀はがき・松岡調への書状等したゝめ。〇三作来る。近隣永称寺、柏木・狩野・川崎〔千虎〕・多田・大槻・中根・佐乃・近藤〔軌四郎〕・木村等へ年礼遣ス。

〈頭書〉水野入来〔くわし賜〕。

四日　曇、午後晴。北風はげし。晩景やむ。

関根正直入来〔鶏卵持〕。面会。〇午前十一時文部省出頭、榎本大臣・辻次官等ニ面謁。祝詞を述ぶ。零時三十分鹿鳴館行。例年ノ如ク奏任官歳始会合なり。席費壱円廿銭也。兼てハ小日向辺へおもむかん志なりけれど、風つよく寒ければ帰宅す。〈頭書〉福田や仙蔵〔くわし持〕・吉川伊助〔鶏卵持〕入来。逢はず。／文科大学より本学期時間表来ル。

五日　朝氷厚し。快晴。おだやかによき日也。

午前十一時過、中さるがく丁国語伝習所行。招によりて也。会主飯田永夫。杉浦鋼太郎に逢ふ。飯田武郷・元田直・落合直文・義象等来会。請によりて簡単なる説話す。了て飯田丁御堀ばたなる温泉ある家に入て、饗宴あり。午後二時前辞別、本居・松野・小杉・島田・鈴木〔弘恭〕・萩原・内藤等へ年賀。暮て帰る。おミつ肴持参。今日行くつもりにて在しによる。〈頭書〉村松・神足・大田等年賀入来。いづれも逢はず。／鈴木重嶺翁入来、郷純造印刷の老の友垣御持参。不逢。／午後六時頃江沢お晋男子を産ス。死体也。〈四日条頭書〉〔五日也〉水戸西村へ音楽史郵送。大久保初男へ旧冬之礼系引紙十帖送る。

六日　晴。

午前十時過大礼服にて出宅。物集・辻へ年賀。十一時文部省に至る。昨日ハ日曜に付、新年宴会今日となる。文部省にてハ判任官までも集堂して奏任官と共に立食の宴あり。依て日本酒も饗の中ニあり。午後退出、新右衛門町より福田や仙蔵へ年賀。三時過七軒丁ニ至、宮川幷三作をとふ。四時過帰る。扇橋おさだ、子供つれ来居。〈頭書〉国光第六号を恵る。聖上・皇后の御製を印刷したるを附す。義象へも一部恵る。／今日市川団十郎・中村福助、祇園館へ七条停車場より馬車にて乗込之由。開場式ハ十二日にて十三日より興行。

七日　晴。

花雨吟社発会。雪似花の短冊同社へ送る。○西京榊原へ一種物合稿本幷手簡を郵送。○宮島入来〔ボケート賜〕。○夕刻より江沢・三作夫妻・清道を招、義象と共に小宴。了て哥かるたなどとる。○大磯高田嘉章へ短冊封送。其他新年之端書賀帖数葉したゝめ。〈頭書〉皇典講究所より明八日より授業始之由、端書来る。

八日　晴、和。

十時前出宅、新井〔保五郎〕・鈴木〔重嶺〕・宮島〔ビール持〕・神足・八木・三輪〔玉子持〕・三河や〔のり持〕・大沢〔のり持〕・村岡〔ビスケート〕・井上〔毅〕等年賀。午後三時紅葉館に至ル。皇典講究所新年会なり。山田所長・久我惣裁・桜井幹事・国重局長・寺島副長・黒川・木村・阪田・井上〔頼国〕・落合両人・阪・大津・織田・市村・村岡・青山・三上・萩野・久保其他四十名斗来会。女楽三番あり。獅子の曲新曲といへり。夜九時頃帰る。

九日　快晴。

文科三年、一年生の去十二月試業書点験。一年生ハ万葉

集哥注解、三年生ハ天皇に姓氏あらざる弁等也。○宮木経吉来る。逢はず。
十日　朝曇、後晴。
朝宮木来ル。河合来合ニ付同家女子入門之事談じ。○文部省出頭、松もと時刻之稿取調。退出より大八洲学会事務所行、魚住面会、鈴木入会金渡。黒川〔くわし持〕・佐藤〔誠実〕へ年始行、晩景帰る。○御哥所へ御会始哥詠進。
十一日　曇。寒暖計四十一度四。
午前九時大学出、三年生ニ戸令・仁徳紀・帚木・品定〔了〕等を授く。午後一時卅分浅草鷗遊館行。古典科国書課生同窓会也。木村・本居・飯田・久米等来会。生徒ハ廿名余也。薩摩琵琶二曲・能狂言三番之余興あり。六時頃帰宅。
十二日　晴。日曜
十三日
十四日
十五日
十六日
十七日
大鏡下見。
十八日
午前九時大学出、三年生ニ初て大鏡を授く。幷仁徳紀。
十九日　日曜
午後二時千家入来。兼約也。近日華族会館へ出席。皇室典範講演之事依頼也。卅一日よりと定む。
廿日
万葉下見。○午後大学出、一時より万葉之筈之処、今日ハ休、一年生ニ仁徳紀及田令を授く。
廿一日
午後大学出、三年生ニ枕草子、一年生ニ大鏡・田令を授く。大鏡今日より始り。依て午前ハ此下見を業とす。
廿二日
文部省出、三時前退出。皇典講究所出、公式令を授く。
○小説歴史序文中村へ廻ス。
廿三日
皇室典範之内御継承之章考案。終日。○夜浅井来る〔さとう持〕。魚住・岩本等へ音楽史送候事談じ。○華族会にて講演之義伺書幷渡辺へ手簡添、帝国大学へ出ス。
廿四日　曇。午後北風つよし。夜ニ入ことに。

御継承取調成る。兼約ニ付、午後四時過足立へ持参、相談。酒食を饗せらる。夜ニ入帰る。風寒し。○小説歴史序中村より郵送。○帝国大学より昨日伺書聴届之指令来る。

廿五日

午前十時大学出、一年生ニ田令及源氏〔夕顔〕を授く。今日より九時の一時間、火曜日ニ廻る。○午後一時前帰宅。夫より御継承之事取調〔再稿〕。

廿六日　晴。日曜

典範稿本〔再調〕。昼後迄ニ成ル。夕刻足立へ送る。○三輪来る。左衽之事ニ付、参考本求。亀相記・大八洲学会雑志・人類学会雑志・釈奠画巻等ミせ〔酒切手賜〕。○関根来る。小説歴史序料紙持参。則稿本を示ス。〈頭書〉井上甲子二郎・宮島東吾来る。不逢。

廿七日　曇。夜ニ入雨。少雪を交ゆ。

万葉・大鏡下見。○午前十一時大学出、三年生ニ万葉、午後一年生ニ大鏡・賦役令、三年生ニ獄令を授く。四時退学之後、同朋丁伊予屋行。妻木と兼約、面会。美術歴史著述之談あり。／○根岸会不出。〈頭書〉外山ニ逢、物集事談じ。○山口県都濃郡須方（ママ）村期成会へ去十八日出之書状返書出ス。

廿八日　暁大雨、後少雨少雪。霰を交ゆ。折々止。

枕草子下見。○河辺来ル。不逢。陸実に頼れたる神武天皇の画の事の談じならん。○午後大学出、三年生枕草子、一年生ニ履中・反正紀。記を併せ授く。賦役令は休。〈頭書〉物集ニ逢、外山ノ事談じ。

〈原欠〉

（二月）十一日　曇。午前十一時頃より雪、少しも止む間なし。積ること四五寸、晩景に至り止む。

午前十二時、大礼服着用参内、参賀幷神拝す。御車寄せ前幷ニ殿上名簿したゝめ所等混雑せり。昇降口には馬車・乗馬等立並ミ其間を歩行せり。一時文部省へ出頭、宴会あり。次官・伊沢・服部・中川・野村・江木・永井〔以上文部官人〕・南摩・星野・三宅・古市其他不知人一二名をミ請たり。洋食ハ極上等を賜りたり。一旦七軒丁へ返り、夜九時ニ参内。舞楽拝観の栄招を蒙りたれど老身寒ニ堪へざれば、残念ながら雪紛々の中を帰宅せり。時ニ午後四時斗。車夫困難せり。帰路文行堂へ立寄、懐炉の火を用意す。山科道安の槐記十四巻をミ受たれば持参。夜ニ入玩読す。内四巻ハ殊ニ雨しミあり。代料壱円廿銭といへり。〈頭書〉旧冬より雪降らず。作物にいかゞやと人々云ひあへりしが、今日に至り珍らしく大雪となりたり。／来ル十五日女新聞満百号ニ付、兼て頼れたる祝之哥郵送。

十二日　晴。

文部省幷皇典講究所不参断。今日午後三時より森家へ大臣一周年祭に招かれたれど、道路あしく且風も寒ければ、午後備物菓子折（物集と組合八十銭斗）・手紙そへ銀二ニもたせ遣ス。○皇室典範下読する。○京都府尾越書記官より来状。〈頭書〉萩原正之明日帰郷ニ付郵書来ル。本居附托文章加朱郵送。／麻布英人へ来ル十五日文科大学にて可逢旨返書郵送。○後廿二日ニ延ス。

十三日　晴。

皇室典範下読。○午後一時過より蓬莱丁哲学館出席、本朝法律を講ず〔始〕。生徒百五十名也。松もとニ逢ふ。帰路七軒丁へ廻り〔途中にて肩懸求めおミつニあたふ〕、五時前帰宅。

十四日　晴。

朝成瀬大域来ル。博覧会場へ道風の秋萩帖と貫之の堤中納言集とを臨書し、屏風とし差出すニ付、紀氏を朝臣としたゝむべきや否との問合せにより、大日本史に寄（ママ）、位を示し其可否を答ふ。○午後三時華族会館行。皇室典範講義第二回也。四時過帰宅。〈頭書〉熊もと母公御帰り。

十五日　曇、暖気。

午前十時大学出、国文一年ニ雄略紀及ビ夕がほを授く。午後一時飯田丁国史・国文講習所開校式ニ臨む。発起人元田直及講師黒田太久馬・高津鍬三郎・三上参次又檜垣某〔何れノ歟教員〕演説す。入学者男女五六十人来集。終て立食の饗あり。五時頃帰宅。○おたつ右馬行。〈頭書〉夜成瀬来る。臨書帖持参。／山口県期成会より更ニ十日出之書状届。大学へ英人の手紙届居。

十六日　午前九時前より雨、終日やまず。最も暖気。日曜

中村・村岡等と臥竜梅ミに行約なりつれど、雨天によりやむ。○本所関へ使遣し、かよ子霊前備物幷ニ詠哥をおくる〔関の邸ハ数年前ニ他へ売て其居処知れずとて使ハむなしく帰れり。〕。

朝ゆふにあふげば人のしのばれて

神のミかたをそれかとぞおもふ
○丸岡沖縄知事へ返書郵送。○史学会雑志第三号・風俗画報第十三号一読。〈頭書〉栃木県朝倉村大内由伎雄へ
返書郵送。

十七日　雨、終日暖気。

十一時大学出、国文三年ニ万葉集（二）・人丸の高市皇子殯宮の長哥を授く。午後二年生ニ雄略紀・学令、三年生ニ獄令を授く。四時に了る。○七軒丁へ月費もたせ遣ス。○長井十足より西京祇園坐の番附を贈来ル。守田勘弥よりの届なり。〈頭書〉中村より郵書。

十八日　雨。

午後一時より国書三年ニ枕草子を授くべき処、学生不参。

二時より同一年ニ大鏡・学令を授く。

十九日　晴。暖気七十度ニ至。午後九時著シキ雷鳴。

大内由伎雄より学の栞（内稿）郵送。○文部省出、辻次官の命により信濃人小宮山容庵の著せる新初明以呂波文字・新初明万国通用文字の弐巻検査。榎本大臣に面会。談話あり。黒川と共に見込書差出。〈頭書〉下婢両人来る。千葉県人也。／右馬来ル。蒲へ之手紙渡。

廿日　曇。寒冷を催ス。正午五十度。

皇室典範講義録をミる。○今井彦三郎来ル。すミ鯛并貂の皮二箇を恵まる。近日千葉県師範学校へ教員赴任之由。
○お辰第一銀行・貯金銀行等へ行。
廿一日
佐藤球来ル。会館講義之掲紙揮筆頼。○午後三時華族会館行、典範第五条より九条迄を講ず。了て五時西紺屋町地学協会行。国家学会常集会也。花房義質朝鮮ニ付ての談と標して、朝鮮と維新来通交の始よりして仁川開港の困難なりし由を陳述あり。○おミつ来ル。

〈原欠〉


（三月）廿五日　曇。

朝六時の気車にておたつと共に出たつ。九時過、高崎に着く。田島の妻、孫を背負ひ車二挺を用意してこゝに待受けたり。カバン弐箇上野よりこゝに着せしをのせ、田島へ行く。鶏卵焼・さしミ・吸物等にて酒くミかはす。鰻を焼て昼食に供せり。懇篤謝するに余りあり。こゝにて車を雇ひ十二時三十分過出たち、渋川道を行。金子村にて休（高崎より二里廿四丁）、渋川町（金子より二里

廿八町）より綱引弐人を増す。山道にか丶れば也。こ丶より横折れて伊香保道行。大かたハしもと林・高野にて枯落、処々にたてり。御野立の松の傍なる茶店に休ミ、少し行けば、雨降出て小止ミもなければ、霧立こめてあたりの山もミえず。漸く地蔵河原へ出づ。こ丶ハ渋川道・柏木道落合ふ処也。こ丶より坂路を八九町登りて伊香保に至り、木暮八郎の家につく。時に五時過也〔渋川より二里七丁〕。

廿六日　曇、午後晴。

やどりの楼のあかり障子を明けて、七年ぶりにてはるか向ひなる子持・小野子両山に対面す。三国柞（峠）の方の山々ハ雪にて銀をはりたるが如くミえ、右の方にハ赤城山の裾長く引は延たるさま、すべて昔の人に逢へるこ丶ちす。○昼後おたつと共に市街を逍遙す。向山ハ近き頃岩崎氏の所有地となりて、別荘めきたる家を建つらねたり。湯元へ行く道の傍にハ所々に家を建て、已前の面目を改たり。湯の湧口の大岩のとこなめなるさまは昔にかはらぬ。○カバンより伊香保志をとり出して一覧す。○思ひしよりまだ寒ければシヤツ〔上下〕二襲・衣三襲と羽織とをかさね着ても何となく冷気なり。極寒の頃思ひやらる。さればいまだ浴泉もあらず。西洋料理店・割烹店ハ閉店し、生魚ハ稀に来れど、さはけあ（気悪）しければ至て高価也。よりて野菜ともて来りし牛肉のつくだ煮にて食料をなせれば、衛生のためにハ却てよかりぬべし。〈頭書〉東京上野内国博覧会開場式ニ付、午前十時主上・皇后臨幸し給ふ。天気もよく殊の外の賑ひなるよし。宿へ配達せる東京日々新聞にて知らる。

廿七日　曇。

午後根岸七軒丁黒川・清水・中村・松野等へ郵書出す。日毎に午前十時卅分を限り発行する由なれバ、右の書どもは明日東京へおくらるべし。○さく夜宿のあるじ東京より帰りたりとて面会す。近日此あたりに御料地の定まるにより、其公用にて近日ハ度々出京するといふ。○史徴墨宝第二編考証一ノ巻をミる。長慶天皇の御事、忠義王・平清盛・同重盛などの事跡に付き、新説ミゆ。〈頭書〉此宿よりさわら味噌漬五片を贈らる。あるじの東京よりもたらし丶物とぞ。又生椎たけ七ツを贈らる。近村より送りこしたりとぞ。

廿八日　雨そぼ降て、冷気まされり。

史徴墨宝考証二ノ巻をミる。○到着以来の日記をした丶む。○おたつ眼疾〔ものもらひ〕ニ付、近隣医師森本（空欄）を招き診をこふ。当地尋常小学校教員中村正富来ル。もろともに近日一夕の演説をとこふ。〈頭書〉午前七時卅分（闕字）主上御発輦。午後五時名古屋東本願寺別院行在所へ御着。大演習の将校・第三師団将校勅任官以上に拝謁を賜はる。

廿九日　晴て暖気を覚ゆ。
伊香保神社祠官堀口貞敏来ル。旧識なり。○当所青年会員木暮（空欄）〔武太夫男〕・永井（空欄）来ル。来四月一日当所ホテルにて演説をとこふ。歴史国語ノ話と題を定む。○岸又太郎来ル〔陶工〕。旧識也。○当二月中大内由伎雄頼の旧稿学びの栞一過、拙序添郵送。○大和新聞附録雪の森下一覧。○夕刻伊香保神社にまうづ。近来常宮御参詣の時御手植に成たる松弐もと社頭に在り。〈頭書〉午前ニハ参謀会議有シトゾ。／午後三時名古屋御発輦、四時廿分半田停車場着御。御立寄無く直ちに武豊港へ御出発。三四分間御小休之後、八重山艦御乗船伊勢へ向はせ給ふ。

三十日　よく晴たり。
去冬中、岡野清子頼ニ付、其父伊平の著はしたる言霊明証実地概論三巻をミる。則序文したゝめ。○隣の温泉宿のあるじ郁松秀茂訪ひ来。○東京駒込石塚英蔵より国家学会演説の稿をこひ来る。〈頭書〉郁松より容斎筆の一軸をミす。上野君形名の妻の画なる由示す。／○昨夜より志州鳥羽辺にて大演習始り、東西軍攻撃あり。西軍高雄艦沈没。本日午後西軍武豊港を占領し、夜衣浦にて激戦あり。○午前二時（闕字）主上鳥羽へ向て御進行、午後四時半田へ御還幸御駐輦。

三十一日　雨ふる。
明日演説案をしるす。○宿のあるじ来る。今夕前橋へ泊、明日出京。御料地定之件の由。○堀口貞敏来る。クキといふ魚十尾を恵る。是ハ渋川藍園翁よりの贈物也、刀根川より漁せるものといふ。○東京黒川より来書。○宿より西洋食オムレツ外弐品を調理して送らる。此家なる島田の塩梅なりとぞ。〈頭書〉〔午後〕半田近傍陸戦盛也。正午西軍一ノ宮より名古屋へ来り熱田に進軍す。東阿野に泊し明朝より開戦すべき手筈也。／午前八時半（闕字）主上御出馬、半田陸戦天覧、正午還幸。時に大雨頻也とぞ。二時半名古屋へ御発輦。

四月一日　晴。

町長島田多朔来る。○演説案を草す。○午後一時卅分木暮・島田の迎により当所ホテル行、演説す。凡三時間斗り（一時半にて一休す）。青年会員廿名斗り、外聴衆六七十名も有ぬべし。中村・森もと・郗松町長等も来る。五時頃宿に帰る。○東京国語伝習所幷ニ三作方より来書。三作・おミつ明日当地へ来候由也。○夜按摩。

二日　雨ふる。夜ニ入北風さむし。

日本制度通の序、弐た通書試む。○堀口より日本紀借用、舒明紀なる形名の妻の条を郗松に示す。○堀口来る。郗松も礼ニ来る。梅酒一瓶を送らる。○夜八時頃三作・おミつ幷おしん来着。今朝六時前停車場へ到る処、池辺遊亀来り（尚養母と共に根岸の宅ニ在）、今晩三時半構内車部家焼亡ニ付、来呉候様にとの事ニ付到れバ、警部・探偵等来会、始末尋問あり。多分放火ならんとの事也。書斎とハ纔九尺を離れたる所なるに、大工始近隣の防禦によりおも屋へ附かざる段大慶々々。依て弐番気車に乗り、出立たるにより、遅参と云々。頗ル驚愕す〈頭書〉山崎や老母より懐中汁粉、宮川諶五郎より佃煮を送られたるを持参す。

三日　よく晴たり。

昨日の報によれバ速に帰京を決す。正午前おたつと共ニ出たつ。午後四時廿分前橋着。三時五十分発の気車ニ乗おくれたるにより、五時五十分の汽車ニ乗らんと暫時小亭ニ休息し、日本紀通釈をミる。乗車後新町にて日暮る。九時廿分着。卅五分ばかり家に帰る。義象も去一日ニ静岡へ出たちし由。同母子池辺氏に留主中火災にて注意のほどを謝し、かつおどろかれしを慰む。〈頭書〉田島と堀口とへ郵書出し、帰宅之事を報ず。

四日　晴。

庭の一重ざくら既に満開にて少し散かた也。上野もさぞ有るべしと想像す。○火災を助けられし隣家杉氏〔玉子持送〕・大工安太郎〔弐円送〕、幷ニ尋られし水野氏〔くわし持〕へ礼ニ行。加藤をもて紺屋・榎もと・牛乳屋某・永称寺門番・世尊寺門番等へ謝物卅銭ヅ、送る。車夫長次郎同断〔廿銭〕。○黒川へ帰京のむね郵報。榛名祠官一宮栄樹へ今般尋ねざりし事郵書す。○日本制度通序草稿清書。さきに伊香保にて清書せし今一通幷ニ岡野頼の分、清書出来有之と共ニ、理科大学へもたせ遣し中郗氏が評をこふ。

五日

皇室典範講義巻二の削正にかゝる。纔か弐葉にして止む。○午後一時前出宅、三十分皇典講究所行、松野面会、古事類苑更始候事を談ず。去月末講師一同を会し相談有之候由、就ては来ル九日第二会合を催すべき由談ず。本日講演ハ有賀・市川なり。三時過黒川へ廻る。面会。〈頭書〉物置罹災之事始て官報に顕る。因て諸新聞にも記載せり。／水道丁手代、御見舞手拭地一反賜。

六日　曇。午前十時頃より漸々晴。午後南風はげし。日曜

午前九時前上野博覧会場行。東門より入、第五本館よりミはじめ、第一館まで回観見物。書画ハ別所なれバ見残したり。丹波縮面一疋〔二円〕を約定せり。十一時過構内小亭にて昼食。門外にて所沢木綿三反を購ふ。池辺母〔八十一才〕・遊亀殿〔九十二才〕・お栄〔八十一才〕ニ与へんため也。おのれハ帯地をも求〔二円四十銭〕。午後一時過歌舞伎座行。堀越招也。一番目二代平氏繋馬、二番目五人男之内、文七・庄九郎之事、大切団洲道成寺見もの也。押戻し及取手出す。祈僧能がゝりなど改良なるべし。夜十時卅分頃帰宅〔来会ハ柏木・加納・長井・岡本・岸等也。〕。昨日市村座始り、権十郎・松之助かけ持にて遅参也。〈頭書〉夜ニ入雷鳴。／おミち火事見舞ニ入来。／関根入来。逢はず。兼て頼ミ置たる土佐の浪路河竹黙阿弥点削本持参。

七日　曇或ハ雨ふる。午後晴口にミゆ。

和田英松来ル。画工小出某来ル。過日義象頼にて高等中学校へ掲ぐる菅公・田村丸画図持参。文武の対也。○松本愛重入来、文部省古事類苑局なる小生硯箱書類等持参。○旧主家在大垣戸田氏貞旧臣中村治郎兵、旧主の手紙幷養老酒一瓶持参。御通輦ニ付上進の国文頼来る。○文部省・帝国大学・帝室制度局・学士会院等へ帰京届出ス。幷中邨・文科大学・関根等へ手簡もたせ遣ス。○米人ジヨン・ウィッグセアーへ来る十二日より法律講義はじめ可申郵書出ス。○国家学会幹事石塚英蔵へ過日講演之日本法律起原沿革稿本郵送。○村岡へ来ル十三日小金井行之事郵書出ス。〈頭書〉夜義象帰宅。

八日

九日

午後三時皇典講究所行、初て職員令を授く。了て古事類苑之義ニ付会議あり。黒川・飯田・吉岡・落合〔直澄〕・松岡・井上等来会あり。

十日
皇室典範講義録第二訂正。○朝川崎千虎来る。右講義録へ載る御即位及大学会の画頼ミ。
十一日
午後三時華族会館行、皇室典範を講ず。〈頭書〉午前典範下見。
十二日
戸田より頼の表文稿成る。○中村入来。団通、シヤボン・手巾等を恵る。対酌中、表文相談。
十三日　晴。日曜
墨田川に於て大学々生競漕会あり。特別切手三枚・並弐枚わたる。お栄・お晉・三作・才二郎等見物ニ行。○午前十時頃より博覧会見物。第二回也。今日ハ美術舘をおもニミる。青柳支店にて昼食。二時過学士会院行。細川・川田等演説あり。暮て帰る。〈頭書〉朝中村治郎兵来る。またせ置、表文清書して渡ス。／○関根来る。不逢。小説史稿一部幷ニ糸一包を恵る。
十四日
大学出頭。法文学科仮場ニ移てより初て也。学生昨日のくたびれにて出頭せざるにより、午後弐時過帰る。七軒丁へ寄、晩食。くれ方帰る。○関根へよる。昨日之小説史序文とぢ違ひあるにより製本取かへもらふ。〈頭書〉午前伊香保人頼の色紙・短冊・扇子したゝめ。(空欄)村(空欄)氏頼の新居祝哥幷渋川藍園ニおくる短冊もしたゝめ。
十五日
午後大学出、国文三年生ニ枕草子を授く。二時已下二時間。一年生授業ハ休。
十六日
午後出宅、諸陵寮行、足立面会、過日預ケ置たる書類受取。三時皇典講究所行、職員令を授く。○松野ニ面会。今明両日文部省より古事類苑稿本引渡ニ相成候由。開業ハ来月初なるべしといふ。帰路神田川にて晩食。○よしかた所労。今日より引。
十七日　曇。
制度沿革略史鎌倉足利条一覧。来十九日演説之料なり。東鑑三十五・三十六両巻披閲。○おたつ水道丁行。過日火事御見舞之礼也。
十八日　晴。暑気催ス。
清水来る。書物小口書其他書物頼。朝九時より午後四時に至る。○雑志類かた付物する。○お栄大田行。去月よりお福殿病気ニ付見舞也。○朝内田新三郎来る。日本文華学会を設立し、詩哥・俳句等之添削批評を諸大家ニ乞ヒ、文芸上の雑志を発刊す云々。成績をミたる上にて賛成すべき由返答す。〈頭書〉斎藤へ地代もたせ遣ス。

十九日

午前十時大学出、一年生ニ欽明紀及源氏若紫を授く。午後一時皇典講究所行、武家の職制演説。四時帰宅。国文学へ出すべき文草案〔廿日送〕。〈頭書〉雇女おきん免遣ス。

廿日　朝曇。南風つよし。追々晴。風ハ夕刻までやまず。

日曜

午前七時過出宅、八時卅分新宿停車場に至。中邨・福田ニ会し、九時五十三分発車、中野停車場を過、堺に至る。是より腕車ニ乗、十一時前小金井橋ニ至る〔堺より三十町ニ近しと思はる〕。橋傍の家ニ入て村酒を酌ミ鶏卵焼・筍の煮附ケにて昼食す。花ハ皆散過て新緑しげれり。

　ほとゝぎすなくらん空にちりくなり
　花のあとゝふ野路のむら雨

中村ぬしのハ追て書つくべし。午後二時過堺ニ至る。小亭に休、四時十分の気車ニ乗る。新宿より昇り大久保の躑躅園をミる。既ニ盛り半ば也。神田川にて晩食、夜九時過帰る。○清水来ル。写物持参。○川崎来ル。不逢。

廿一日　晴、午後曇。冷気。

午前十一時大学出、続紀・宣命を和文〔博言生へも〕三年生ニ授く〔始業〕。午後壱年生ニ敏達・用明紀及考課令、三年生ニ貞永式目を授く。四時より練瓦室ニ至り米人ニ法律書目を談ず。六時ニ了ル。○木暮八郎妻入来。したゝめ置ける色紙其外渡し。〈頭書〉博文社発行。日本文学全書第一出来ニ付、よしかた方へ一部来る。

廿二日　小雨。冷気。正午五十六度八。

午後一時大学出、三年生ニ枕草子、一年生ニ大鏡〔二〕・考課令を授く。○四時理科大学行、中村を誘て七軒丁行、饗応す〔一円かつぶし切手・くわし折賜〕。夜九時過帰る。

廿三日　曇。

区役所へ家屋税出ス。○廿一年九月より廿二年七月に至るまで教授の申報を草す。○午前川崎来ル。面会。〈頭書〉朝井上円了来ル。来ル廿七日哲学館臨時講義頼也。

廿四日　小雨、後曇。

皇室典範下見丼講義録考案。○根本通明門人吉野忠太郎

来ル。日用便編輯之為国学者之事問合せなり。○廿七日玉鉾会哥出来ニ付、はがき郵便にて本居へ書通。○三作日本銀行遣し、文部省手当金受取。〈頭書〉江刺来ル。祝哥をこふ。○河合より玉鉾会哥添削をこふ。即日遣ス。

廿五日　曇。北風つよし。

正午出宅、諸陵寮行、足立氏及丸山図書助ニ面会、皇室典範御継承之事を講ず。三時華族会館ニ出て講義す。晩景帰る。○斎藤より境の板塀及ビ路次（ママ）口戸修繕。○義象難波津会行。

廿六日　晴、冷気。

午前大学出、推古紀及わか紫を講ず。○正午退出後、村岡売家尋ニ〈御行松辺〉遊行。○お栄子共（ママ）つれ博覧会見物行。池辺母同行。○夕田中稲城手紙持斎藤精輔来ル。教科書編輯事談あり。○小出粲来る。先年新太郎世話になりたる巡査也。

廿七日　曇。日曜

午前十時駒込哲学館行、日本古代法律を演述す。臨時講義第三回によりて也。終て七軒丁行、昼食。午後二時前須賀丁鷗遊館行。玉鉾会なり。兼題有花遅速。当節皇典講究所会議（去廿一日より始り未終会せず）ニ付、諸県より分所役員上京せしため例年より殊ニ繁多を覚ふ。晩景帰ル。熊坂良平妻来るに逢〈板ばし娘なり〉。〈頭書〉岡田（野）碩より貸したる本返ル。

廿八日　曇或ハ小雨。

午前十一時大学出、国文三年ニ宣命、午後同一年ニ推古紀・考課令、同三年ニ貞永式目を授く。四時退出、日本橋辺へ買物ニ廻る。福田行、過日之会計金渡し、暮て帰る。根岸会出席。どぶ浚之事、東京市へ申出幷ニ当春懇親会之事等談あり。墨田・篠・石井・大槻など其首たり。○去十日より夜番人頼の処、今日止む。〈頭書〉文科大学へ去廿一年九月より廿二年六月までの授業申報書出ス。／万代軒にて晩食。

廿九日

午前十時前より皇典講究所へ出、書庫中にて古事類苑凡例取調。午後四時大学へ廻り、米国人ニ日本法律書目を授く。○裏口塀へしのび返し付る。○おとく病気ニ付下宿。○曾我欽二郎出京来訪。鶏卵一箱を賜ふ。〈頭書〉三作、中村へ遣ス。ビール二・蒲鉾一箱贈ル。村岡へ使遣し、唐律返し幷如蘭社話に加ふべき内遠翁小町考稿本廻ス。玉子一箱贈。

三十日　朝半晴、後曇。

午前十時図書寮出、児玉・丸山・花房・足立・井上〔頼国〕等ニ会して、皇室典範なる御継承の事を討論す。午後一時に至る。二時退出。〈廿九日条〉〔卅日也〕朝御隠殿近くなる宇治紫文の宅ミに行。

五月一日　雨。

午前九時文部省出、青木面会。今日図書館より西村出張。皇典講究所へ書籍貸渡也。依て三正綜覧返ス。十時皇典講究所へ行、庫中にて凡例草案成る。同所いまだ分所長の会議終らず。午後三時過錦丁一丁め国文語学専門学校開業ニ廻る。林甕臣校主たり。監督元田直・講師辰巳小二郎・臨時講師黒川・木村等演説有。鈴木重嶺・同弘恭・中村秋香・関根・丸山・東宮・平田・松本・黒川光長等出席。生徒ハ男女三十人斗也。松野・井上〔頼国〕遅く来会。○岩ぶち小田切へ郵書。父住居聞合せ也。〈頭書〉文部次官にも面会、古事類苑之礼申す。／島根県能義郡長田中知邦より祖母七十賀哥こひに郵書来ル。／下谷区役所へ出、所持金高届出ス。

二日　曇。

午後三時華族会館行。皇室典範講義今日ニ了る。天神一丁め芝東館ニ旅寓の曾我を尋ね、同道にて神田川晩食。暮て帰る。

三日　雨、冷。

午前十時大学出、国文一年ニ舒明紀とわか紫巻とを授く。正午過帰る。○名古屋佐藤理助に皇典所講延（ママ）〔八ヨリ十三マデ〕六本、高崎田島ニ雑志五本〔田島へハ史学会一号・斯文学会七号・皇典所講演三本也。〕、榛名一宮栄樹ニ官国幣社職員録等ニ手紙を添郵送ス。○斎藤へ地代渡。〈頭書〉元老院三輪より皇親ノ事取調書廻り一覧を乞。

四日　雨、冷。　日曜

午前十時浅草三社事務所行。好古会也。福羽社長出席なし。至て不速（ママ）也。午後三時頃帰る。○三輪義方より回りし正親司幷皇親考一覧、返ス。

五日　風、雨。

午前十時大学出、十一時より宣命講義。午後国一年ニ皇極紀・祿令を授く。国三年之講義ハ休。○熊もと池辺源太郎氏出京に付来訪。義象之兄也。

六日　少雨。

午前大学出、年金請取、午後枕草子・大鏡を授く。一時間講義を休、午後三時皇典所行。古事類苑編纂審査会員

定りニ付、集会也。審査長川田をはじめ木村・黒川・内藤・井上等出席。事務規則編纂条例を議定す。晩景帰る。○お栄・お晋・池辺母公つれ春木坐見物。○本日御還幸ニ付新橋まで奉迎之順ニ当りし旨、さく日文部省より通知有之処、近日之雨にて鉄道破壊に付、昨日御発輦今日ニ御延引被成、名古屋御泊。〈頭書〉国華第七号配達。／榛名へ送る。職員録郵便ニ出ス。

七日　曇或ハ少雨。

午前十時浅草須賀丁熊坂行、初て面会。洋食を饗せらる。妻女ハ芝別宅へ参候由。午後一時卅分辞して皇典講究所行、松野面会。三時卅分文部省ニ至、四時新橋停車場ニ着。川田諸陵頭・細川議官等としばし談話。五時五分両陛下御着輦を奉迎す。晩景帰る。○今日午後三時日本法律学校教員時間割等にて富士見軒へ集会之処、奉迎に付不参。皇典所三時より之授業も休。

八日　終日雨ふる。

通俗講談会ニて哥舞音楽演説聞書訂正。○名古や佐藤理助より過日之礼状来る。○下痢の気味にてこゝちあしければ、たゞ新聞をミるのミ。〈頭書〉宮木より明日懇親会出席有無聞合せ。出席之旨返書ス。

九日　晴。久々ニて日光をミる。

江刺（空欄）入来。小笠原競祝の哥渡。鶏卵賜。彝徳篇（論）一冊送る。○中村次郎兵衛来る。戸田氏ノ手簡并過日頌徳表の謝物として金弐円肴料持参。○多田親愛来る。売家之談有〔四百坪斗り弐千円余ノ由〕。〈頭書〉本日図書寮行御系統之事議すべき旨、一昨日児玉図書頭ニ新橋にて約束之処、所労により来ル十四日ニ延引之旨郵書出ス。／久川入来、診察。／午後三時より村内岡野貸席にて、根岸懇親会有之。庭中ニ居酒団子店之趣向あり。宴会ニ雛妓来て舞ふ。光明寺・中根・大川・稲田・饗（庭）場其他四十人斗り来会。幹事ハ誉田・大槻・宮木・石井・篠等也。六時過帰る。／行がけセキノ通遊行、陸氏寓居之所などミる。多田談じの家也。

十日

午前十時大学出、国文一年ニ皇極紀とわか紫とを授く。午後池辺外一人大学へ出ル。理科・工科・図書館・帝国大学等を按内す。三時過より米人ニ法律之事質問を受く。対話全く今日に了る。因ておのれの写真を贈る。知己となりし験也。○饗場篁村、大田道灌事跡尋に付、野史一冊貸す。〈頭書〉大学より帰路七軒丁行。三作留主也。

上野売店をミて帰る。

十一日　日曜

午後二時卅分過学士会院へ出。西村・重野演説あり。終て会員の欠を再撰す。木村・鳩山いづれも九点にて多数なるが、年長なるを以て木村と定る。晩景帰る。○朝大久保好伴来る〔くわし・鰹節賜〕。

十二日

午前十一時大学出、国三年ニ宣命、午後同一年ニ孝徳紀・禄令・宮衛令〔初〕を授く。三時より一時間分休業、皇典講究所行。本日古事類苑編集員を集会也。山田伯も出席せらる。検閲長川田、検閲員木村・井上・小生出席。黒川・内藤ハ不参也。編輯員廿一人。校者両人も出席。明日より着手に定む。暮て帰る。○朝和田英松来る〔くわし賜〕。○本日午後二時より上野音楽学校開業ニ付、招かれ候処、おたつ・お晉遣ス。義象も招請にて行。

〈頭書〉早朝より詔詞解下見。

十三日　小雨。正午止ミ、後半晴。

午前枕草子・大鏡訂正書入。○午後一時大学出、国三年ニ枕草子、一年ニ宮衛令〔了〕・大鏡〔三〕を授く。○三作夫妻来る。月資遣ス。○清水来ル。

十四日

午前御継承の図取調。十一時前図書寮出頭、児玉図書頭・足立諸陵助と共に御継承ノ事討議す。午後三時前皇典講究所ニ至り、古事類苑事務書類取調、且職員令を教授す。晩景帰る。○神足妻の母来る。薩人也。〈頭書〉清道来る。夏服代遣ス。

十五日

哥舞音楽沿革草案訂正。○萩原五平久く病気に付、見舞として金一円もたせ遣ス。○おたつ日本銀行行、公債利子受取。貯金銀行・本家等へも廻る。

十六日

哥舞沿革草案訂正成る。午後大学小原までもたせ遣ス。○午後より皇室典範講義録第四訂正ニかゝる。○三作来る。

十七日

大学出、国一年ニ孝徳紀及源氏を授く。○午後帰る。皇室典範講義録を訂す。夜九時に至る。第四全巻を終ふ。

〈頭書〉△本日内務大臣ニ西郷伯、海軍大臣ニ樺山子、農商務大臣ニ陸奥氏、文部大臣ニ芳川氏親任せらる。榎本子ハ枢密顧問官、岩村氏ハ宮中顧問官に転ず。内務次官ハ愛知県知事白根専一任ぜらる。
十八日　朝曇、午後雨。夜ニ入。　日曜
午前国光社へ文章送る。十時出宅、三島辺小田切へ行、面会。夫より博覧会行。今日ハ本館はじめ緩々見物。和田平にて昼食せんとするに込合て一時間ばかり待たり。京都鳥居夫妻ニ逢、赤堀又二郎・生田目・梅野兵二郎〔高等中学〕等に逢ふ。売店にて若狭塗弁当箱一円廿銭にて求、帰路雨に逢ふ。〈頭書〉本家より床上ゲ祝、鳥のこ餅・かつ節を賜ふ。／遊戯雑志第四号、河合持参。／清水よりはがき来ル。昨日より皇典所出席之由。○色川へ郵書出ス。来ル卅日昌平黌友会出席之事也。昨日之返書也。
十九日　雨。
午前下見。十一時大学出、国三年撰科ニ続紀・詔詞、国一年ニ孝徳紀〔了〕・軍防令、国三年ニ貞永式目追加を授く。午後四時に了て、池辺源太郎大学まで来ル。同道、神田開花楼行。義象も来ル。宴酌、両三日中帰途によりて也。池辺母公も招きしが一両日目白行、滞留ニ付会せず〈頭書〉△東京府知事高崎五六、元老院議官となり、議官蜂須賀茂韶、知事ニ転ズ。△本日より皇典所内大日本法律学校なる科外講義始る。当分夕六時より始る。
廿日
午後一時国文三年ニ枕草子、同一年は試験ニ付休。帰路華族会館行、醍醐・勘解由小路両公ニ面会、講義録第四稿本渡。夫より美術協会行〔美術館ニ古代棚飾の所、茶室・茶器陳列所、西洋腰かけ類を置く室、三所ニ分れて飾たり。〕。古画軸及古器一覧、筆者不知大坂陣及豊国社祭等大幅〔屛風也〕二軸見もの也。〈頭書〉△加藤議官、大学総長ニ転ジ、渡辺氏ハ公使ニ転ズ。△日本新聞停刊を命ぜらる。
廿一日
午前十時皇典講究所出、午後三時より職員令講義。〈頭書〉日本学雑志第四号西京より来ル。
廿二日
皇典所演説案法律史考究書目ニかゝる。○生田目来ル。国文へ加ふべき文稿遣ス。○西京日本学会へ文章廻ス。○秋田人佐藤信夫来る。著述の助字例のはしへ哥をこふ。○式部職佐藤弘毅より紋処之事ニ付書状来る。〈頭書〉米国人ウィッグモアー来ル。不逢。過日中之礼として塑像一幷書籍一本を恵る。

廿三日
きのふに同じ。○池辺源太郎氏、老母とも今日京橋旅宿まで御出。明早朝気車にて熱田へむけ出発、明後廿五日伊せ参宮、夫より西京へ廻り本月末帰国候由〔反物・団扇〔二〕・雁皮紙・のり五・博士列伝など送る〕。○松もと愛重入来。類語ミせ。〈頭書〉東陽堂手代来る。講義録さし画三葉渡。持参之日本全図求。代価壱円廿銭也。／茶ノ間六畳表うら返ス。／○佐藤弘キへ返書郵送。

廿四日
大学出、国一年ニ皇極紀及わか紫を授く。午後一時過大学講義室行。教育惣会也〔今日之演説ハ富井・西村〔貞〕・長井〔長義〕等なり。長井は化学にて即時ニ染物したり。○佐藤弘キより再手簡来ル。〕。惣裁熾仁親王・芳川文部大臣・辻会長・西村茂樹・伊藤〔圭介〕・岡松・伊沢・永井、其外西洋・支那・朝鮮人等をミ受たり。万代軒にて晩食。〈頭書〉△上野・秋葉原間鉄道廃止歎解願の対審を開く。

廿五日　日曜
下痢之気味にてはか〴〵しき事もせず。○佐藤信夫頼の哥出来、稿本の首にした〵め送る。○続後紀長うたの解・詞林采（葉）要抄・頼朝自筆日記などミる。○夜木村入来。古事類苑松もと受持分持参にて談あり。〈頭書〉陸奥弘前人協日熈頼の短ざく二葉した〵め郵送。／岩もと正方来る。古事類苑斎宮ノ部稿本持参。ブドウ酒賜る。△大同団外二党合同の祝宴を開く。

廿六日　雨。終日降くらす。
福岡県今村積海子息同道にて入来〔国産するめ・手巾・くわし賜〕。○去月物置半焼届、区役所へ差出之ため午後持参。○取かへばや物がたり一巻をミる。巻を終へず。〈頭書〉所労に付大学引。△金子枢密書記官ハ貴族院書記官長、曾根法制局書記官ハ衆議院書記官長となる。

廿七日　暁かた雨止て南風つよし。夕かたより又降る。
演説案を草す。○国文世々のあと・散木集標注・百人一首宗祇抄〔古本活写〕などミる。〈頭書〉大学行。

廿八日　暁かた雨つよし。明はて〵止む。猶曇れり。
皇后宮御誕辰ニ付通常礼服着用、午前十時四十五分参内、十一時（闕字）拝謁。立食を賜ふ。一時皇典講究所行、授業演説張出しを清水ニ託し、憲法志料をミる。飯田用事有て来る。○三作来る。月費渡。〈頭書〉右馬より婢之事、（端書）は書来る。△江湖新聞停止せらる。

廿九日　曇。

演説案稿し終る。○宮木信吉、府知事蜂須賀侯へ送る書の稿をミせて添削をこふ。附紙して返す。○佐藤弘毅へ大八洲学会雑志もたせ遣ス。○三宅米吉へ皇典講究所講演を送る。

三十日

尾張人佐藤理助頼ミ義公御筆の詩取調。懐風藻よりミ出し（藤原史公の詩）、したゝめ遣ス。○午前十一時哥舞伎坐行。長井・岸・狩野・楓川亭・柏木等来会。実録忠臣蔵、中幕大閤（太）記十段目（光秀団十郎。青隈ならず）、大切左甚五郎新狂言（新十八番内）。団十郎、甚五郎とおやま人形妙ニ、午後八時前ニ終る。

三十一日

大学出、皇極紀及わか紫〔了ル〕を授く。○尾張佐藤より礼書はがき来る。○午後三輪義方より古へ帝室制度取調局の如き職掌類似有無問合せ来る。即刻返書渡。〈頭書〉右馬よりせわの雇女来ル。常陸筑波近辺之由。

六月一日　晴。日曜

午後一時上野桜雲台行。東洋学会惣集也。川田演説。予祝詞をよむ。中村・張滋昉・原坦山・星野恒・大槻〔文彦〕・村岡・伴（阪）・三上・高津其他四十人斗来会。晩景帰る。〈頭書〉午前祝詞を考へ清書す。／文学士添田寿一来る。不逢。黒田家より講義頼の事也。

二日　快晴。夕刻風あり。

大学出、続紀・宣命、午後ハ天智紀・軍防令及科条類典〔始〕を授く。徳川氏職制之事を演ぶ。四時過ニ終ふ。○弘前本行寺日熈より礼書来る。去廿九日発にて五日目也。○夕吉川来る。会館之画等彫刻頼ミ。〈頭書〉添田へ郵書出ス。

三日　曇。

午後大学出、枕草子〔巻七初〕・大鏡・軍防令を授く。四時過に終。○夕生田目来る。○松平茂昭侯より養父春岳翁、昨二日午後五時三十分薨去之旨報書来る。来八日品川海晏寺にて神葬之由。○夜熊もと池辺より電報来ル。昨日帰郷之由。

四日　快晴。夕刻風あり。

午前九時皇典所へ出、岩もと編輯神祇門斎宮部検閲。二時より一時間職員令授業。三時過より古事類苑編輯人・検閲人一同会議あり。河田も出席。解題を一同ニなすべく定む〔夕大久保初男来ル。古事類苑編輯之事也。〕。五時より目白台松平家へ弔詞ニ行、晩景帰る。夜松もと入来、歳時門一冊持参、調印を乞ふ。〈頭書〉松岡より来書。直ニ返書出ス。

五日　快晴。暑を催す。

来十二日史学会にて演説すべき御子代御名代考草案のため彼此れ披閲。○皇典所演説案法律史考究書目訂正もたせ遣ス。○佐藤信夫助言例刻本持参。不逢。哥を添たり。

日に月にあらたまりぬる大御世に
わがことの葉もたゞさくらむや

○岡野碩代木村某来ル。元祿武鑑貸ス。○三作・おミつ来る。〈頭書〉朝佐藤球来る。洋々社談持参。古事類苑引受地理門之事相談。添田寿一より来書、即日返書出ス。

六日　晴。正午七十六度。

御子代御名代考草案、終日す。○皇典講究所より松もと稿歳時部回る。○言海第三ノ巻配達。〈頭書〉おさだ来ル。〈八日条〉○〔六日也〕黒田長成家令奥山亭来ル。十三日より参邸之旨談じ。

七日　曇。

大学出、天武紀〔壬申乱初〕・源氏末摘花〔初〕・国文一年生ニ授く。午後一時魚島行。新富坐見物。上野戦争五幕、中堂焼ける処実地の如し。カンシヤリ大王を日押上より度々打懸ケたり。釈迦八相御殿場、団洲、勧進状・近江源氏〔鴈二(ママ)郎御目見〕等、三幕を添ふ。夜八時に了る。今日宮内大臣花房及び演芸協会連も見物ありたり。〈頭書〉△今日親任式あり。山県惣理大臣及び彰仁親王陸軍大将ニ任ぜらる。

八日　快晴。日曜

午後二時前学士会院出。加藤・中村演説あり。了て会長幹事投票。従前之通と定る。今日より木村出席す。○織田完之来ル。質問之事有り。○川崎・小堀来ル。〈頭書〉本日春岳公葬儀、品川海晏寺にて有之。神葬ニ付、稲葉教正斎主たり。○佐々木弘綱来る。不逢。

九日　曇。

大学出、大祓詞〔国三年〕・天武紀〔壬申乱了〕・軍防令〔了。○以上一年〕・科条類典〔国三年〕等を授く。行がけ華族会館行、醍醐・勘解由小路等ニ面会。さし画彫刻之事談あり。講義筆記第四巻収。〈頭書〉小堀より大嘗会ノ画出来、持参。／午前皇室典範講義筆記校合。／雇女おつゆ取極メ。／△定期米十(ママ)一円を出づ。

十日　終日大雨ふる。

午後大学出、試業前ニ付、国三年ニ枕草子を授く而已にて外ハ休業す。○生田目催文会、無極庵にて有之。不行。〈頭書〉博覧会売店にて四畳半団通敷物求。代価四円五十銭也。／△貴族院議員当撰として今日東京府にて多額納税者十五名の互撰あり。渡辺治右衛門当撰す。

十一日　暁雨、後曇、午後雨。

御子代御名代考草案。

十二日　暁雨。あけて曇。

草案成る。午後三時法文大学第八号教室にて史学会の演説す。久米幹文氏も藤原氏之事を述らる。了て重野博士、頼朝自筆の俊芿坊へ贈りたる手簡の一巻を衆に示さる。柏木貨一の蔵物の由にて至てめづらし。七軒丁へ寄、暮て帰る。〈頭書〉△日本新聞今日より解停。三週間休。／よしかた、井上法制局長宅行。／△農林学校、大学へ合併、農科大学となる。

十三日　晴。

華族会館へさし画送る。是にて皆出来也。○史学学《（ママ）》へ雑志稿本を送る。○昨日下谷区公同会より過日議員撰挙ニ当標《（ママ）》之旨申越し、により、今日辞退之書を同会（区役所中）まで差出。○午後二時卅分赤坂黒田長成侯爵邸行、日本法律の大要を口授。書留しむ。神田川にて晩食、七時前帰る。〈頭書〉よしかた、博物館より鶴久子哥会行。小生も哥さし出ス。／夕松もと愛重来る。蔵書返ス。

十四日　半晴。南風つよし。午後四時頃より細雨。

大学休。○午後一時三田鋼丁蜂須賀邸行。今日苑遊会之旨、招によりて也。小杉・古筆〔了悦〕・楓川亭取持に来りしに逢ふ。三時頃より広坐敷にて踊始る。翁・藤娘・浜松風・靭猿の四番也。市川団洲の娘実子・ふき子、外門弟の男子六七人・長うた常盤津の大夫来る。五時頃散去、神明前より通町へ出、帽子求、蝙蝠傘張かへ頼。六時過帰る。〈頭書〉四時頃苑中にて立食。雨降出したれどさまでにもあらず。学士会之会員ハ岡松・原・市川・黒川・三島・伊藤老人などミ受たり。

十五日　曇。午後三時頃より細雨。　日曜

松もと稿歳時の部門松・曲水・重陽等取調、夕刻もたせ遣ス。○和田英松来る。古事類苑伊勢別宮摂社之部持参。○鈴木半三郎来る。下谷区衆議院議員撰挙之談なり。○午後一時光明寺墓参。浅くらや行、とりかへばや・成氏年中行事返ス。○夜杉原栄三郎来ル。下谷区公同会議員之事談ニ付、承諾之旨申遣し。

十六日　曇。

佐々木頼の枕草子標注序草案成ル。中村へ郵送。〇伊香保島田・木暮等へ歴史国語演説筆記郵送。〇川崎外一人之画工より画料書付来る。

十七日　曇。

大工弐人来る。座敷ゆがミ直しの為、根太取放ち。〇皇室典範講義筆記第四訂正。〇和田英松来る。古事類苑神祇部・伊勢両宮別宮摂社之部持参、披閲をこふ。〈頭書〉井上甲子二郎頼の寄亀祝の哥外二葉色紙した丶め。

十八日　曇。正午八十度。

午後二時皇典所行。華族会館行、勘解由小路殿ニ逢、職員令授業。三時九段坂鈴木真一宅行、文科大学卒業生催にて教員一同之写真を取る（庭中）。加藤・渡辺両惣長・外山学長・重野・島田・物集・星野・久米〔邦武〕・神田〔乃武〕・張滋昉・吉谷外西洋人三四名なり。五時に了る。〇大工弐人来る。床板張、畳敷込。〈頭書〉雇女おもと取極。／中村より一昨日之文来ル。／皇典所より古事類苑検閲料受取。三作来る。不逢。

十九日　半晴。

少々所労気にて何事をもせず。〇岩もと正方来ル。古事類苑斎宮部三冊出来、検閲の印をこふ。〇大工壱人雨戸直し。玄関脇壁・下路幷ニ蔀拵へ。〇文科大学特約生米山長太郎・谷本富来ル。試業之談也。〈頭書〉夜省三来。一泊。

廿日　晴。

皇室典範講義録第五回筆記削正。〇華族会館より画料六円九十銭回ル。即日小堀へもたせ遣し。〇今村積海来る。明日福岡県へ帰郷之由。音楽略史幷大家論集老生写真入一冊、餞別ニ遣ス。〈頭書〉学士会院雑志第十編・十一編、勘解由小路君へ進物分、会館へもたせ遣し。／よしかた蔵前十一屋（旧蔵宿）行、古文書類一覧。

廿一日
内藤耻叟より撰科生試験之事問合せ。返書出ス。〇黒田家より所労之由、家扶手紙来る。依て不行。〇講義録訂正。〈頭書〉夜宮木経吉来ル。公園会部長当撰之談有。断遣ス。

廿二日　快晴。近日稀なる日也。暑気強く正午八十六七度ニ及ぶ。午後南風あり。　日曜
公園会員市川貞二郎来る。猶部長之談有。〇赤堀又二郎来る。上田万年著国文学を恵る。〇松本来る。類語の一

覧をこふ。○典範講義録第五訂正成る。○丸山藤助来る。

正光寺大仏寄進、半円を托す。〈頭書〉雇女おさく取極。

廿三日　晴。暑気殊ニつよし。正午九十度余に及ぶ。南風殊ニつよし。座敷に塵砂吹入る。

公園会員宮川盛・石川楳之介〔下谷区私立小学校組合長〕来り、教育部長の談あり。謝絶す。○午前皇室典範講義録第六訂正ニかゝる。○皇典所より古事類苑稿本第十一号を回ス。〈頭書〉枕草子標注序清書出来ニ付佐々木へ、皇室典範講義録第一贈ニ付三上へ、同録稿本第五もたせ華族会館へ遣し。○午前十時過本郷春木丁三丁めより出火。烈風ニて九百余戸を延焼す。春木座芝居も尻火にて焼く。○昨廿二日午後六時松岡明義死去之赴音あり。依て午後三時出宅、弔ニ行。清水ニ面会。帰路石井へ寄。明日葬式は午後一時にて目黒祐天寺なるにより頼ミ置。松岡へ香料一円送る。

廿四日　淡曇。暑気殊ニつよし。正午、計《ケイ》さく日ニ同じ。夜ニ入十一時頃むら雨ふる。暫時やむ。

講義筆記を訂す。朝新聞にミ入るれば、九時頃となり、それよりハ暑気にて筆を採るに懶し。夕五時過ニ至り少しく取懸れば、纔にして晩景に至る。それ故朝むくき《(ママ)》に筆を採る事としたり。

廿五日　曇、後晴。何かたか雨ありしか、少し凌ぎよし。

講義筆記第六訂正成る。○正午過出宅、文科大学へ行、小泉ニ面会。撰科生申込試業来七月二日と定む。三時前皇典所行、一二年生ニ職員令・公式令の試業する。近藤活板所へ寄、六時頃帰る。○下谷区役所より七月一日同所にて衆議院議員撰挙投票あるにより、入場券を配布し来る。〈頭書〉よしかた難波津会行。烏丸光広卿哥仙書画軸持参。

廿六日
講義筆記第七訂正をはじむ。○松田老母入来。○華族会館へ講義筆記六、岩もと正方へ古事類苑遷宮の稿本もたせ遣ス。

廿七日　淡曇、午後驟雨。雷鳴三十分にして止む。

午前七時前出宅、八時黒田邸行、大宝官制之条を説話す。十時卅分前ニ了ル。十二時前帰宅。○午後一時前榛名神社祠官一宮栄樹来る。小酌す。○皇典講究所試業点数調〔廿八日義象もたせ遣ス〕。○夕三作来る。費用渡。

廿八日　曇。暑気。正午七十二度ニ減ず。

午後二時桜雲台行。下谷区公同会発足式也。これハ兼て下谷公民会有しを衛生会と合併せし也。自治部長鈴木信仁・教育部長稲垣千頴・衛生部長武昌吉各演説あり。終て貧民給助方法の議あり。村勢松筠の女外一人・尺八師一人にて合奏あり。卒業音楽師某女オルガンをも奏せり。箱入菓子のミ之配にて酒食ハなし。五時過帰る。○よしかた皇典所講演当番にて出席。○司法書記官・諸《（ママ）》務局長出浦力雄氏周旋にて憲法志料三十七冊を贈付せらるゝに付、銀二郎遣し請取。〈頭書〉元老院写生川村より講義筆記第五清書廻る。／千家より制度沿革略史三巻帰ル。／天野にて雷。枕草子をよむ。書取持参。／福岡県辻清二郎より廿五日出郵書来。辞職にて来り出京之由也。

廿九日　風雨午前止む。日曜

左脳いたむにより何方をもせず。豊国社祭礼記其他雑書とも泛読す。〈頭書〉京都日本学会雑志第五号配達。去廿四日発行也。／古川豊彭、本日死去赴音来ル。七月三日葬送之由。

三十日

皇室典範講義録第七校正。けふも怠がち也。

七月一日　曇、午後雨。

衆議院議員撰挙当日なるにより、立こまざる内にと、朝七時下谷区役所へ行。十一番に当れり。菊池大麓氏をミかけたり。鐘を打つとひとしく楼上の控所を下り、投票所に行。岡本区長正面ニ控へ、立会人五六名左右に控へたり。左右の窓のもとハ投票記名所なれば立依て、益田克徳氏を記名し、紙のはしニごむのり《（ゴム糊）》をつけたれバ、封して岡本氏の前ニ持行、筐へ入れ、たゞちに退出す。○午後黒田邸行、二時卅分頃はじめ四時四十分頃に至る。職員・神祇・僧尼三令の大要を説き聞かしむ。五時過一番丁土方大臣玄関行。父君卒去ニ付弔詞也。皇典所へ寄、講演受取、憲法志料返ス。夕刻七軒丁寄晩食、暮て帰る。

二日　雨。

朝八時大学出、文科大学撰科志願者廿三名を試験す。神皇正統紀弁書・日本法制問題三条等也。十一時卅分ニ終る。直ニ帰宅。○皇室典範講義録巻七校訂成ル。○皇典所より黒川真道居所部稿本回る。〈頭書〉全国共今日議員投票を開く。東京第八区本郷・下谷ハ津田真道氏多数にて議員ニ定まる。／よしかた、落合同道にて大宮温泉万松楼行、泊。

三日　雨。

講義録稿、華族会館へ回ス。○午後三時皇典講究所行。

古事類苑集会也。検閲員木村とおのれ、編輯員ハ九名来ル。松野・久保共古川葬式行、会せず。六時卅分出車、下谷区役所行。今夜窮民救助方法相談会あり。区長岡本ニ逢。七時卅分上野精養軒行。渡辺前総長送別会なり。諸教授凡八十人斗来会す。戸（外）山教授先づ立て演説有。夫より重野・穂積・矢田部・青山〔医科〕・古市・清水舎監等、替る／＼演説あり。島田・物集・久米・星野等和漢文の教員来会す〔今日会費三円也〕。十時過帰宅。〈頭書〉午前渡辺公使頼の日本法律及歴史書目一応取調。／朝佐藤球来ル。古事類苑地理の部持参。／講究所桑原芳樹来ル。学校設立ニ付区役所へ差出ス小生歴履（履歴）書へ調印遣ス。新倉錠二郎試業書持参。

四日　雨。

朝宮木経吉より閣下と認候事に付問合書状来ル。即答す。○和田万吉試業書持参。○東陽堂来ル。講義録さし絵銅板出来、一覧。書入之為蔵書貸遣ス。○さく夜寐られず、鶏鳴に至る。依て午前少眠、午後撰科試験取調并国文学生分同断。〈頭書〉夕刻よしかた帰ル。

五日　曇。

黒川真道古事類苑居所部稿本取調。○菟道春千代〔本庄子爵邸ニ寓〕来ル。国文雑志発行に付、賛成をこふ。成績の上と断。○矢掛弓雄来ル。墨田川八景画巻に序をこふ。○三作・おミつ来る。○皇典所より類苑外交部毛利稿本回ル。○おたつ貯金銀行へ行。〈頭書〉土方大臣父〔従四位〕葬式に付、午前八時過染井墓地行、会葬。木村・物集・島田・井上〔頼〕・大沢など来逢ふ。十一時前理科大学ニ至、中村ニ面会。文科大学出、本年卒業証書、国文・博言・史学等ニ調印、試験点数小泉ニ渡。正午過帰る。／井上円了入来。留主中不逢。当年末講義謝物として絹単物地一反恵る。帰後郵報あり。哲学研究会起立ニ付、特別委員加入頼なり。

六日　朝曇、後晴、暑気。南烈風。夕刻やむ。　日曜

村岡入来。続紀書入本引替貸ス〔茶一壺賜〕。○午後一時須田丁朝日や行、香竄葡萄酒半ダース切手もとめ出浦持参。過日之談也。不在不逢。三時過赤阪（坂 以下同）八百勘亭行。岡部家名跡人反町鉎二郎〔養老母〕はじめ周旋人丸山・平田・会主本居・羽倉等ニ逢。鈴木重嶺・井上頼国・木村・加茂〔水穂〕・大沢〔小源太〕・松野・吉岡・青柳其他両三名来会。晩景帰る。〈頭書〉宮川大三来、官位考巻八清書持参。家屋雑考写頼。

七日　雨。

林外吉来る。試験点数之事也。今朝、銀二郎ニもたせ、文科大学遣ス。○午前十時帝国大学行。外山学長・重野・久米・島田・星野・物集・内藤・神田其他外国人三名来会、特待生取調、三人其撰ニ当ル。芳賀も其一なり。○午後入浴後眠くなり休息。何事をもえせず。○大学寄宿舎大和久菊二郎へ博士列伝一冊遣し、グモアー氏の著書示ス。○赤阪黒田家扶より謝物来る。〈頭書〉橋爪宗右衛門試業書持参。

八日　雨。正午六十度。ことの外冷気なり。

皇室典範講義録第八訂正。○午後四時頃出宅、芝紅葉館行。日本法律学校主任者主催ニて、校長金子堅太郎洋行帰朝祝幷賛成員渡辺洪基陝国行送別を兼ての宴也。山田大臣・渡辺・金子・辻次官、其外大審院・司法省の高官人数名来れど名を知らず。北畠治房氏に初て逢、親しく談話す。其他、木村・高野〔司法民事局次長〕・本尾・穂積〔八束〕・水野〔道〕・宮崎・松野等ニ逢ふ。来客凡四十名斗り。金子氏洋行中、スターイン其他名士に逢ふごとに、我が国の古代法律の大意を述べ、幷ニ現行法律を以法学の旨とする事を談じたる趣其他の事を演られたり。夜十時卅分頃帰宅。〈頭書〉大槻修二へ駅鈴伝符之事抄出郵送。

九日　曇。夕刻より雨。夜ニ入。

朝八時黒田邸行、戸令・田令の旨を授く。帰路吉川寄。神田川にて昼食。帰宅後午睡、四時に至る。依て何事をもえせず。○依田雄甫来。不逢。試験書持。○皇典所使へ毛利稿本返ス。○黒川真道来。稿本渡。不逢。大槻修二より標注折たく柴の記恵贈を伝ふ。○東陽堂さし画校合持参。不逢。○反町鉎二郎此ほどの礼ニ来ル。不逢。〈頭書〉車坂丁児玉友三郎印行全国文人名家一覧ニ拙名を加へたりとて一枚寄贈。

十日　雨。

午前十時工科大学行。帝国大学本年卒業生証書授与式なり。加藤総長はじめ学長証書授与。了て総長及ビ文部大臣演説あり。ビール、サンドウイチの饗あり。十一時過に了ル。七軒丁行、昼食。午後三時過皇典所行。古事類苑集会也。川田長はじめ検閲員一同、松野・久保等にて会議あり。六時帰宅。青山稿本受取。〈頭書〉内藤翁ニ清宮田制考・千代のためし二巻贈る。

十一日　半晴。

皇室典範八巻講義校了。会館へ廻ス。○学士会惣会、今夕植物園にて有之。不行。○公園会経費予算会議今夕有之。不行。

十二日　晴。漸く晴口となり、暑も正午八十二度となる。午前九時御出門、大学へ行幸。依て八時卅分より相詰、工部大学へ近き処にて車迎。工科・理科両所へ入御、理科楼上にて拝謁、正午前還御。直ニ帰宅〔フロックコート礼帽〕。○青山稿古事類苑検閲。〈頭書〉朝須永来ル。／石井菊次郎よりは書《（端書）》郵送、且写真来る。／出版月評配達。

十三日　晴。正午八十二度。

青山頼母稿古事類苑人品門検閲済〔十四日朝迄か丶る〕。皇典所へ手紙遣ス。○大工保五郎・写送《（ママ）》生外一人幷江沢（空欄）等頼の絹地短ざく認メ。播磨西野村石井弘観頼の唐紙同断。即郵送。〈頭書〉岡倉由三郎来。質問也。／○枕草子序文之事ニ付、本居へ郵書。問合せ。○三上より米国人書訳文郵送。

十四日　晴。正午八十七度。

午前九時新坂村井行、入歯つくろい。夫より博覧会行。褒賞後一覧なり。先ヅ園芸部（盆栽のミ也）農林館・博物館・参考館をミて正午前和田平にて中食。美術・水族館より逆ニ四五三二一の諸館をミる。午後四時頃出場。尚徳尚古博覧場へ廻り、徳川家の諸造物さま〴〵をミる。神君幼稚の時手習机・硯石箱等めづらし。けふハ照こミて、いと暑し。○宮嶋おちか産後肥立あしく、和泉橋佐々木病院入ニ付、おたつ・おしん見舞行。〈頭書〉朝和田英松来ル。／図書館へ沿革史筆料書付出ス。

十五日　晴。夕かた雷気あり。

朝吉田《（川）》寿来る。古事類苑政事部編輯問合せ。○午前十時前光明寺墓参。直ちニ帰る。休息。新聞・雑志をミる。○三作・おミつ来る〔単物代渡〕。〈頭書〉哲学館卒業証書授与式あり。不行。○よしかた国史国文講習所試業行。○国光郵送。皇典所講演同。

十六日　晴。

朝七時前出宅、新坂村井行、入歯直し。八時卅分赤坂黒田行、田令・賦役令・学令之事授く。十一時過ニ了ル。吉川半七へ廻り収蔵書をミる。松葉やへ寄、午後三時過帰宅。○佐伯入来〔玉子賜〕。〈頭書〉史学会書記より演説一回分金弐円廿五銭送り来ル。

十七日　晴。少しく涼気を覚ゆ。さく日いづ方へ雨降しならん。此気候にてハ豊熟の年と人悦びあへり。石井菊二郎へ写真、新潟県蒲原郡田中勇吉へ語学返書。山梨県尾谷ミつへ返書。米国人ウイツグモーアへ栗田・重野の書添郵送。○書林大倉頼の省亭画譜題詠の哥したゝめ、よしかた送る。○平岡好文来ル。三輪素麺幷魚価持参。○夕丸山真彦入来。くわし賜。博士列伝、うつり（移）ニ遣ス。〈頭書〉史学会雑志配達。／石井小太郎入来〔さとう持〕。不逢。／吉川より大鏡・増鏡古写本・日本藩史・室丁（町）殿日記・白石書目等持参一覧。

十八日　晴。正午八十五度三。

暑さに困じて何事をもえせず。○依田雄甫・安村治義来る。撰科試業点数聞合。○宇都宮源助入来。三田難波の妻〔娘也〕産後病ニ付、先月中より滞留之よし。夕刻帰る。〈頭書〉文雑志、国本と改号配達。

十九日　晴。正午八十五度三。

曝書をはじむ。○本居〔手巾・シヤボン〕・丸山〔素麺〕贈る。○夕石井へ稿本幷競物名彙もたせやる。○夕五時よしかた香取へ船出ス。落合同行之由。○夕宮川来る。家屋雑考写出来持参。○昨今暑気強けれど、盛暑にてよき気候也。〈頭書〉宮内省内事課近藤久敬より、祖父芳樹十四追祭ニ付、印行寄居文集弐巻吉川半七托し寄送。

廿日　朝曇、後晴。正午八十六度七。風なし。日曜

朝八時久米行〔くわし持〕、大鏡序之事談じ。中村行〔ベルモト持〕、面会、大宮行之事談ず。十時過帰る。○三輪彦助（輔）入来〔酒二升賜〕、不逢。○団々社岡田松三来る。不逢。唐紙持参、染筆乞〔手巾一箱賜〕。

廿一日　朝曇、後晴。南風あり。

宮川諶五郎暑中来〔さとう賜〕。○宮内省近藤・佐藤〔弘毅〕使遣ス。両人共出勤無く不弁。○兵庫県石井弘観へ又々頼の唐紙染筆送る。○石井小太郎より郵書即日報。○小原、学芸雑志校合摺持参、即日報。〈頭書〉皇典所より検閲料二口来ル。

廿二日　晴。正午九十一度四に及ぶ。されど北風にて凌よし。

朝お栄、子どもつれ入谷朝がほ見物。○久米入来。不逢〔砂糖・玉子賜〕。○林泰輔入来。○午前文科大学出。年給渡之事談じ。○石井入来稿本持参。

廿三日　曇。正午八十一度九。やゝ凌よし。

早朝渡辺公使宅行、面会。送別哥渡。八時黒田邸行、考課・継嗣・祿・宮衛之事談じ。吉川寄、正午帰る。○山

口高等中学校教員湯原元一入来。不逢。林紹介也。○福岡県今村雅海より去十九日出之状届。〈頭書〉臼倉来ル。近日舟方村石神勇三郎方へ参候由。

廿四日　朝雨、後曇。正午八十二度。

石井稿本取調。夕刻もたせ遣ス。○朝黒川真道来る。清書本へ調印。○生田目来る。古事類苑地理の部取調之談あり。○加部厳夫より郵書。好古会之事也。〈頭書〉朝おかち丁稲垣行〔ビール持〕、来ル廿七日慈善書画会不参候事談じ。猪瀬東寧扇面亭主方へ。帰路山崎へ行〔うちわ・カステラ持〕。○玄関脇蘆戸出来。

廿五日　小雨、折々止。夜雨軽雷。

曝書休。朝中村入来。明後日大宮行之事談じ〔手巾十二・カラスミ賜〕。○朝遅く起し上、雑志類何くれと来るニ付、弄読。外ニ何事をもせず。○香取笹川屋滞留義象より書状来。卅一日帰京之由。○東京百事便幷附録慰労の友配達。〈頭書〉ふきや丁さゝ又使遣ス。鮑・ホヤ塩から贈。手巾二渡。国文学（空欄）号。国華（空欄）号。〈頭書〉△集会政社条例発行。

廿六日

物集・榊原昨夜出京、石丁旅宿より端書。

廿七日　朝小雨。暫時止、曇。

午前八時上野停車場行、中村・福田両氏と共に八時四十五分之気車ニ乗て大宮へ出たつ。九時四十八分公園着。槙の尾と云ふ家にやどる。〔含翠楼〕家あるじ出京開店中にて、閉戸せしを云ひ入れて酒食ハ近隣なる高島〔万松楼〕より取寄せたれバ、いと静にて調物せんの本意にかなひたり。かくひと日、事なくしてあるハめづらかにもあるかなとて、中村ぬし

　いつしかも身ハ仙人となりぬらん
　　けふのひと日に千とせへにけり

かへしとハなくておのれ

　いざといひし君にひかれて千とせへぬ
　　春のねの日の松ならなくニ

かくて夜ニ入れば万松楼に行て寐ぬ。中村ぬし

　しづかなる夏の日影の松ばやし
　　うれしく君と子の日しにけり

　おのれ

福田とゝもに氷川神社にまうづ。たゞこの家の前にあり。

　波たゝぬミたらし川に影ミえて
　　梢高くも飛ぶ螢かな

蚊のことさらに多きやどりなりければ、中村ぬし

　多しとハかねて聞しをしかするに

　　かばかりまでハ思はざりけり

三句をさすがまたとせばいかにとおのれの云たれバ、ともにはとわらひぬ。

廿八日　暁雨ふる。朝曇、正午前より晴。夜月よし。

中村・福田二氏ハ午前九時の気車に乗て帰らる。おのれハ調物せんの心がまへなれば、三四日と止る。家へ端書幷ニ水野・森・矢掛へ郵書さし出す。○寄居文集をミる。○皇室典範講義録巻五清書本再訂。〈頭書〉夕つかた大宮駅へ鬚すりニ行。／○含翠楼主の東京より来れるに逢ふ。

廿九日　半晴、午後曇、遠雷。夜雨。

講義録巻二訂正に終日かゝる。楼上閑雅にしてかゝる業にハいとよき処なり。けふハさまで暑からず。

三十日　半晴、夜に入、月清し。

講義録巻三訂正。柿丸人（本）丸考弁・惟神教会雑志などミる。八月の一日ハ氷川の社の大祭なれバ、その評議にとて此あたりの村長・県会議員の類、楼下につどへり。○中村より書状来る。早々大洗へ旅だつ由也。けふハ暑気を催せり。万松楼ニ温泉あり。此地に出る鉱泉を汲て来てわかす也。

三十一日　半晴、暑気。

講義録巻三訂正。○午後五時出立、同三十五分の気車に乗る。六時廿五分ばかり上野へ着て帰宅す。

八月一日　半晴、夕刻遠雷。夜ニ入風雨。

曝書。○黒田邸行之処、侯爵君旅行之由にて断の書、さく日来り居。○同邸より今日も使来る。月謝幷令疏証返却也。○おさく下ル。○榊原寓所へ郵書出ス。

二日　午後折々ざんざ降。夜ニ入風つよし。正午七十四度三。

和田万吉を尋、久米へ寄、田辺新七郎宅行。売宅之事也。山崎やへ寄、午前帰る。○窮民救助ニ付、発起人へ当テ金十円義捐之申込書。区役所迄出ス。○午後四時榊原入来。画巻等種々ミせ六時過帰らる。○夜義象帰宅。〈頭書〉午後上総人勝呂正近来ル。短ざく弐葉染筆を乞〈かつぶし賜〉。平岡村にて木更津より弐里斗之処といへり。国文学一冊遺ス。○雇女おきよ来ル。

三日　風つよく細雨、又ハ日さし出づ。後曇。風やまず。

辻清二郎来ル。過日着京之由。福岡織ふくさ・半襟恵る。

○下総人木内惣三郎来ル。短ざく持、染筆を乞。
四日　曇。正午八十四度九。夜雨。
正午、久米行。義象同道にて田辺行、面会。売家一覧。○帰宅後三時頃広小路浅くらや行。物産書、種々払本をミる。弁天山にて晩食。夕かた帰る。〈頭書〉須永球来る。不逢。さとう賜。／○よしかた曹子（司）前日除拵。
五日　快晴。正午八十六度九。
曝書。○おたつ大学へ年給請取遣ス。○浅くらより取寄内外謡曲百番・枕本好色五人女〔西雀か〕・画本徒然草其外画図等一覧。○午前浅井入来〔山椒賜〕。三谷来ル。島根県収税吏と転じ、来ル十一日頃赴任之由。〈頭書〉成瀬大域来る。色紙・短ざく書法聞合せ。○矢掛弓雄来ル〔さとう賜〕。過日遣し文章之事也。
六日　曇。正午八十八度二。風ありて凌よし。
朝関根行、父子共同道にて西かた丁宅ミに行〔不逢。夕刻再行面会。〕。田辺へ寄、面会。売価之事談じ。同人明日頃安房へ遊行之由。十時前万丁銀行行、照降丁にてフランネル単物地求、さゝ又へ寄、権二郎面会。霊岸橋大黒やにて中食、午後一時過帰る。
七日　晴。正午八十二度八。
朝新阪行、入歯はめ。夫より博物館行、買品引取。但よしかた同道。○午後三時過皇典所行。古事類苑集会なり。終て木村・内藤と日本法律学校授業等之事談じ。晩景帰る。〈頭書〉吉川暑中ニ入来。鶏卵賜。／福田入来。過日割合壱円六十銭渡。○座敷壁塗かへ。／○おもと下ゲル。
八日　曇。正午八十二度二。夕刻軽雷、又雨つよし。
曝書。○午前九時佐原純一入来。河村売家之事也。外国人へ貸たるにより立退之事談じ。○宇都宮原并琴平松岡へ返書郵送。
九日　晴。正午八十三度上。
朝七時過榊原入来。柏木・中根・狩野・川崎〔不逢〕・岡倉等を尋ぬ。美術学校行、教諭兼書記今泉ニ就て、絵画・彫工二ケ所之教場及教画・教板等をミる。十一時根津にて別れ七軒丁行、昼食休息。改進新聞をミる。晩景関根へ行、売家之事相談。晩景帰る。○義象、井上・佐々木等邸行、一泊。〈頭書〉赤堀又二郎入来。ミ（美濃）の紙三帖賜。／○雇女おたけ来ル。おりせせわ也。
十日　半晴。夕立あり。
朝関根入来。暑中也〔くわし賜〕。○臼倉吉右衛門来。

面会〔廿銭遣〕。〇曝書。

十一日　曇、折々ざんさ降。又日さし出。正午七十九度七。

曝書せし処、雨降ニてぬらしなどせり。

清水穀来〔くわし持〕。〇新右衛門丁大田へ使遣ス〔さとうもたせ〕。〇茨城県大洗滞在中村へ郵書。

十二日　曇、折々雨。正午八十一度。又日さし出。

曝書。〇皇室典範講義録第二以下再訂。〇佐原純一より返書。廿四五日頃入来之由。

十三日　半晴。午前折々雨、午後同。

講義録一覧済。榊原頼の画帖絹へ哥したゝめ、又年来収蔵せる法隆寺竹帙の写を贈るとて

うつしけんそのいにしへのかた糸に
あミし竹をばかたミともせよ

としたゝめて、午後旅宿本郷附木店阿部正利の家へ持参せしに、急に用事出来ニて、昨日午前帰京之由也。依て竹帙の送り方を内室に頼ミ、四時薬王寺前町井上法制局長を訪ふ。鎌倉別荘へ趣き明朝帰京之由。〇村岡入来。面会。続紀引替へ十巻貸ス。〈頭書〉朝六時新橋発の気車にてよしかた伊勢へ行。落合同行、先づ沼津・静岡等へ一夜ヅヽ泊候由。／〇大槻・饗庭へ貸したる本取寄。／〇妻木入来。不逢。貸本持参。／石井小太郎入来。遊戯部清書本へ調印。

十四日　折々雨ふる。午後曇、夜晴。

榊原へ文学全書巻二・雁皮書翰箋三括・伏見稲荷宮司近藤芳介へ哥舞音楽史共ニ通運に托す。〇近藤へ送る古体せうそこ幷榊原へ之書共郵送。〇三時出宅。四時井上三位邸行、面会。講義録所々質問。六時前村岡邸行、面会。同書一過、附箋をこふ。暮て帰る。〈頭書〉古事類苑大塚彦太郎稿本逸年号之部校訂。／イセ四日市よりよしかたへ電報届。演説始聞合せ也。／松岡菊四郎、忌明礼ニ入来。

十五日　折々雨。或ハ日さし出。

大塚稿本校了。因ニ紀元通考・改元物語・逸年号考などミる。〇よしかたより静岡にて昨日出し手紙届く。本日伊勢へおもむく由。

十六日　朝雨、正午晴。東南風あり。正午八十四度六。

大塚来ル。稿本渡。

明治廿三年[1]

八月十七日　出たつ。おたつ・おミつをともなひ、新橋より午前八時の気車ニ乗る。此ころのならひとて、晴くも

り定まらず。けふも折々むら雨ふる。十時前鎌倉の停車場より下りて八幡のミやしろの前なる三ツ橋といふ旅店につく。宮の神つかさ長谷川真杉を招きて物がたりす。ふるくわが家立ならしつる人にて、七十二の翁なり。昼食したゝめて参宮神拝し、宮司箱崎氏の家をとふ。あるじハ古物好める人にてくさ〴〵めづらしき物持たるを座敷に飾り取出てもミす。その中にて近きころ伊豆の国願行寺の土中より得たりといふ文覚の願書、頼朝・政子・時政等の持たりといふ古鏡ことにめづらし。すべての品ハことに書附て置たり。ことしの春新笙《(ママ)》せりといふはなれ家に行てミる。ふとき丸柱を用ゐ茅葺屋根にて千木を載せ、楼上にハ凡そ百畳に近からんとおもはるゝ広間に畳を敷つめ、天井には淳和法帖の墨本を貼し、長押の上にハやまと画の巻物をはり附けたり。窓の障子ハ皆ガラス也。ことに奇なるハ楼上にかけて家の中央に立たる丸木の柱ハふたかかへにも余り、枝をおろしたる跡よくミえて、少しづゝハ切残したる所もあり。すべて作りさまめづらしき所多し。ホテール様に設けたる所といへど、皆坐席のしつらひなれバ講堂めきて演説などには似つかはしからず、とおもへり。前ハ広き庭にて池もあり。うしろ三方ハ皆山にてかこミたり。長谷川案内して小袋阪《(ママ)》より建長寺・円覚寺にまうづ。むかしミしよりもいたくあれたり。まして尼寺などハミる影もなしといへり。いと暑き中に折々ハむら雨のふりて衣もぬれたり。くたびれたれば宿に帰り、車をやとひてふたゝび立出づ。頼朝の墓、石阪を少し登りたる所にあり。鎌倉の宮ハ其近き処にありて荏柄の天神も道の左なり。宮ハ明治三四年頃に作りたるものにて、作りさまいにしへめきたり。かの土の牢ハ、むかしミし頃ハいとあさまなる物なりしが、今ハ垣ゆひめぐらして、たゞ口もとよりミせるのミなり。底は深くて横ざまに広しといふ。禰宜何がしに逢て社務所にて休息す。先つとし古筆了仲の勧進にて詠て納めたる愚詠の事を聞けば、外の短冊どもあまた取出てミす。皆月の結び題なり。条公・高崎をはじめ名ある人々は大かた納められたり（おのれのハ寄月祝なりき）。外ニ誹諧の宗匠永機を巻頭としたる誹諧のひと巻、又ハ前宮司木曾源太郎の納めたる太刀・鎗の穂、福住正兄の納めたる常信の画の親王のミかたなどミせたり。由比が浜ミばやと、海辺におもむく。光明寺にまうでゝ門前の家より横に折るれば、即ちはる〴〵とミわたさるゝ所なり。此わたりに宿りて、海水浴する人あり。又山田伯・芳川大臣、さてハ毛利侯の別荘など此辺にあり。宿に帰れば長谷川酒さかなもたらしたれば、酌かはす。はせ川のよめるうた

いはし水神をいづくもとし頃の
　君か御蔭をくめば也けり

これは教部省のころ、おのれとり持て鎌倉の宮の神つかさとなりて、十とせあまりをへ、更に此宮守に去年うつりしこゝろをいへる也けり。此かへしハ折もあらばとて、もだしつ。

十八日　やゝ晴たり。八時前出たつ。大仏長谷の観音いづれも五十年ばかり、としをへだてゝまうづ。はせの詣内ハ、海をミやりて眺望よろし。此わたり又稲むらが崎あたりにも顕貴の別荘多くしてむね〳〵しき家立並たり。

かまくらのさと来てミれば
　こゝの海にも人かつく
ふるきてらには草むして
　なり所こそにぎはへれ

七里が浜の道ハ新に上つかたニ開けて、今ハ波うつ所のミならず腰越・かた瀬などのさとハ昔ミしまゝなり。潮の干たれバ絵の島へかちにて渡る。ゑびす屋といふにつく。はなれ〳〵に家をたてゝ、いづれも眺望をむねとしたるが、山によりて立たれば、いと高き所にもあり。三社の弁才天をかミて児が渕より下る。かげへ作りつけて、板かけわたしたる細道をわたりて崫に至る。此入口より中つかたの口までも板道わたしたり。こゝのむかひを板にてへだてゝ、いさゝかなるふしをがミ所あり。これより奥ハともし火をとりて行く。三四十間斗りむかひにもミあかしの光ミえて神のます所とミゆれど、そこまでハ行かでかへる。毛利侯に逢たり。おもしろき処也などいはる。海ばたの岩まをつたひて行けば、海士も子どもゝ海に入て、あわびとらせよとて物こふがいとうるさし。下の社のふもとより、あまたの石阪を登り降りてこゝに至り、又もとの道に帰るまでハ廿四五町あまりも有ぬらんに、老の足いとくるし。宿に帰り塩湯ニ入り酒のミて休らふほど、西にさしむかひたる楼なれバ日のさし入てわびし。やうやう暮はてゝ、相模のきしの方にともし火の光のミえたるなど眺望をそへたり。こよひハ二日月なればほどもなく入ぬ。

十九日　曇。朝六時過出たつ。さし潮の時なれバ、島の口

を壱町あまり連台に乗て渡る。七時過藤沢につく。一番の気車は今発し、弐番発ハ九時四十五分也といへば、しばらく茶亭に休らふ。十時三十五分国府津につきて是より鉄道馬車に乗る。十二時前湯もとに着て福住に入る。正兄翁に対面し、文学全書一編二編二冊を贈る。入浴中食の後、翁と同行してあたり近き滝の前遊園へ行。湯飯山を原として其ふもとに落くる玉だれの滝といふハちいさけれど、日光なる霧降の滝の形あり。木蔭の滝といふハいと細し。あたりハ木草を植え亭をたて丶、いこふべき所としたり。こ丶へ来る道に三十間ばかりが程、隧道《トンネル》としたるハ遊園をまうくる折のしわざとミゆ。午後一時過より新道を登りて木賀の方へおもむく。大かた渓流に臨みて道を作りたるものにて、いと平らかなり。名におふ姫の水の所ハ今ハ通らず。此道の成てよりこなた、おのれハ始て通へり。四時頃木賀の亀屋へつく。客あまたにしてよき座敷なければ、隣なる伊勢屋へ移る。近頃新筌《(ママ)》せし西洋作りの家あり。此家を建し為に亀屋の表口ハ昔と違ひたり。亀屋にて箕作佳吉ぬしにかりそめに逢ぬ。

廿日　晴。午後四時頃より両女を伴ひて遊歩す。宮の下より木賀への道ハ、むかしハ山を登りてはるかに木賀の里をミて下る事なりし故、廿丁あまりも有たり。去廿ノ年に来りし時ハや丶近くなりて十二三町に道を作りたりしが、こたびハ僅か五六丁となりて、山の下にそひて平らかなる新道となれり。故ニむかし下の方にミたる底倉のさとも上にミやり、太閤の温泉といふ所にかけて渡したるむかしの橋ハあれども、朽て渡るに危しといへり（こなたに新なる橋出来たり）。堂が島へ下りて平松の別荘《(ママ)》にやどれる木村ぬしを尋るに、あしの辺へ遊行のあとにて逢はず。傍なる阪道を登れバ中途に滝の湯あり。これも平松の家なるを、近ごろ温泉宿とせりとて宮の下の奈良屋にて一浴し、藤屋なる英国人チヤンバレンをとふに、過日西京へおもむきて、けふの暮にハ帰るといへば、あす訪はんといひ置て出ぬ。

廿一日　朝より雨ふる。寄居の哥がたり・国の光などミて、日をくらす。

廿二日　朝雨ふる。八時頃やミて少し日陰もミえたれば、車を命じて出たちぬ。十時塔の沢にて下りて玉の湯へ入り、沐浴酒食す。十二時頃より雨ふり出て、風さへ交へたり。湯もとに行て福住をとふ。此ほどミし滝のうたしたゝめて贈る。

湯阪山ふもとの木々にうづもれし
　滝の玉だれたれかかゝげし
馬車に乗て国府津まで行くにます〳〵降しきりぬ。午後二時四十五分の気車に出たち五時十分新橋へつきぬ。かねてハ大磯の海水浴場へとおもひしかば、八時頃迎の車をと一昨日家へ告おこししかば、そを待つも程遠ければ、と辻車雇ひて七時頃家につきぬ。道すがら風雨小やミなし。

箱崎氏蔵品概略

大勾玉弐ツ　大  壱　質緑石
小勾玉三四　同質  壱
ダイヤモンド廿斗　 帽ノ飾也ト云フ
銅銭ノ類　 表教師《ヤソ也》并十二徒説法ノ図、裏一面ニ文字ノ如シ
コレニ五銖銭ノ形銹付アリ。（空欄）氏云、ヤソ曾テ職人トナリテ支那ニ入込タル事アリ。故ニ此銭形ヲ写シタリ云々。去年イタリヤ婦人至て懇望ナリシカド譲ラザリシ云々。
伊豆国願行寺石ノカラフトヨリ得シ品々
文覚願文　頼朝ノ筆　政子・時政・義時写経　一巻
親房卿筆一巻　イヅレモ紺紙金泥
時政蔵漢鏡　同摸政子鋳造鏡
丹渓大硯彫刻アリ。青色を交ゆ　頼朝蔵古鏡少シ小也
親《藤》房念持仏小ヅシ入楠父子菩提ノ為エリ付アリ 仏ノ下ニ佩山トアリ
穂積親王印　管《菅》是善印　管《菅》道真印　其他
大神宮司書之ノ印笥模造中ニアリ

廿三日　淡曇。日曜
関根・佐原等行、中村へ回り面会。去十一日甥廉平福島県にて水死之旨留主中郵書ニ付悔也。○おミつ・三作来ル。〈頭書〉昨日の雨に六郷川満水、気車通ぜず。鉄道処々破損す。／村松平二郎来。祖父卅三回ソバマン持参。
廿四日
夕刻加藤を村松遣ス。法事逮夜備物もたせ遣。○佐原より手付金証書案文さし越ニ付、一応関根へミせ〔廿五円遣ス〕。○妻木より来書。音楽史借用之事也。
廿五日　晴。
博覧会残品去十八日より十日間本館にて売払にす。見物行、正午帰る。○午前九時おたつ駒込清林寺行。村松法会也。了て根津磯部温泉にて昼飯の饗あり。○留主中秦政二郎より来書。今日返書出ス。〈頭書〉曝書。

廿六日　折々むら雨。又ハ日さし出。

曝書。○義象方より京都万青楼より昨日出之書状届。○お栄、子どもつれ、お晉同道、浅草辺遊行。○お晉に形見金遣ス。○村岡へ郵書。留主中講義録返却。○大垣戸田氏貞へ文添削郵書。〈頭書〉内藤耻叟より来書。／皇典講究所より寄稿之事申来ル。幷内藤ノ稿廻し。

廿七日　折々むら雨。又ハ日さし出。

曝書。○長崎県音楽教師吉田象子・村松娘同道ニて入来〔くわし賜〕。○滋賀県中学校長村田源三来〔始〕。国文・漢文教員入用との事ニ付、大久保初男招示談ス。○西京義象へ郵書出ス。○島田博士より来書。内藤事也〔回書ハ廿八日物集へ廻〕。〈頭書〉内藤へ返書。〈廿六日条〉○〔廿七日也〕河合きさ子来ル。

廿八日

蔵書調。○三作転居之事談。○佐原より手紙来ル。明廿九日手附金渡呉候様事也。依て関根へ手紙遣ス。○乗馬毛附等可書出旨大学より達ニ付、馬術練習所山島久光方へ加藤問合せ遣ス。〈頭書〉皇典所より編輯料廻ル。右馬へ水見舞郵書出ス。

廿九日　折々むら雨。又ハ日さし出。

九時出宅兜丁銀行行、三百円受取。直ニ関根行。今日錦丁行、代理頼。○午後四時過関根七吉入来。川村行、手附金渡、証書持参。来月三日家屋引渡候由。○鎌倉はせ川へ礼書出ス。〈頭書〉ミとしろ丁寄宿吉岡信一より郵書。

三十日　風雨正午ニ至る。午後漸々止、曇。

午後七軒丁行、来月始引移之事談ズ。久米へ寄、四時中村行。甥法会也。足立・八木・大森外二名来会。暮て帰る。○午後よしかた帰宅。今朝静岡より出立之由。〈頭書〉大学へ乗馬毛付差出。／皇典所より編輯料来ル。幷大塚稿本送来ル。／右馬より水見舞返書来ル。

三十一日　日曜

東宮御誕辰ニ付、午前九時赤阪御所へ参、拝謁。立食を賜ふ。帰路吉川・日野平・松葉屋等へ寄。午後二時前帰る。按摩。○中村より文章郵送。即日西京日本学会へ廻ス。〈頭書〉皇典所より佐藤寛稿本送来ル。吉田象子へ送音楽史、日の平ニ托ス。

九月一日　晴。二百十日。いと空のけしきよろし。

午後七軒丁行。宮川より鯉をおこせたり。則洗鯉とす。

其前兜丁銀行へ行、金九百円受取。○来ル七日紅葉館にて小集之旨、渡辺公使より郵書〔二日返書出ス〕。○村田源三来ル。大槻宅を指示す。大久保に直談、然るべきによル。〈頭書〉古事類苑有住編布帛部送来ル。

二日　曇。午後雷鳴、夕刻雨。

○河村・佐原来ル。金五百円渡。○水道丁丸山より平助殿一周忌ニ付重ノ内茶等送来ル。○朝比奈（空欄）〔近隣〕来ル。矢掛手拭持。画巻請取之ため也。

三日　晴、暑気。

午前九時富士見丁区裁判所内なる登記所へ出、河村ニ面会。残金四百円渡、登記済之証書請取。午後一時頃帰宅。○義象・お栄幷子共西片丁《(ママ)》の家へ移る。

四日　曇、折々雨。

午前植木や同道、駒込行、午後帰る。○七軒丁三作・おミつ、今日根岸へ移る。○駒込より午後三時過皇典講究所行。古事類苑会議日なり。五時過退出。錦丁勘解由小路殿尋。不在中不逢。典範講義録第二・三・五取次へ渡置。〈頭書〉関根へ礼ニ寄〔酒二升切手送〕。

五日　晴。

午前大工保太郎同道、駒込行、修繕模様替之事談じ。○朝吉岡信一来。面会。○駒込より午前十一時小石川茗荷谷源光寺丸山法会行〔九時定之処駒込にて用事遅刻せり〕。午後二時前法会了、饗応あり。帰路新小川丁本居寄。面会。

六日

午前おミち来ル。形見金廿五円遣ス。○桑原芳樹来ル。国学院創立ニ付、保続頼母子講方法書持参。○勘解由小路殿より来書。○岩ぶち小田切重路ハ四郎兵へ水見舞端書出ス。○来ル十四日伊東祐命追悼会之事小出・中島より申来ル。〈頭書〉古事類苑青山編人品ノ部送来ル。

七日　晴。暑気つよし。日曜

午後三時出宅、松葉や行。洋服仮縫試也。四時卅分紅葉館行。渡辺公使より招請也。来会者凡八九十人と見請たり。村井貞吉バン団左衛門と〔前坐某也〕加州大槻伝蔵・織田某之講釈アリ。了て宴会。暮て帰る。○村岡郵書〔十四も〕。如蘭社惣会事也。〈頭書〉車修繕成る。今日より植木屋一人来、庭つくろい。義象・三作両人ニ伝来物之小道具幷掛物を遺物之配分申聞。／午前中村氏入来。蔵書御屯《(托)》し、筆墨を賜ふ。幷武村千佐子より紫式部日記返ル。巻紙状袋を恵る。／島根県三谷より来書。○小田切より返書。

八日　晴。暑気つよし。
朝八時出宅、深川公園内古川を尋。去六月廿九日豊彭死去之弔也。近藤瓶城を尋。須崎遊廓地初て一覧。霊岸丁藪蕎麦にて中食、午後一時過本所弐葉町吉村新七〔黙阿弥〕を尋。先達て土佐の浪路点削の礼謝す〔佐渡屋キウス・茶一鑵送る〕。其近き程なれバ栗本鋤雲を訪て面会す。此辺近日割下水より出水にて両三日往来に困りぬといへり。向島花屋敷行。萩ハ既ニ末かた也。竹屋を渡りて今戸松岡を尋、石井へより公園惣菜にて晩食、夕刻帰る。〈頭書〉文科大学より来学期授業時間わり廻ル。／あら井来ル。家賃六円持参。／上田万年近日洋行ニ付さく日桜雲台にて落合・畠山送別会催しあり。不参ニ付よしかたニ申遣し、且万年堂により写真遣ス。

九日
黒田家扶より来書。即日返書出ス。○正見慎一来ル。一昨日出京之由〔阿波縮一反賜〕〔博士列伝遣ス〕。○岩本正芳（方）来ル。古事類苑談あり〔鶏卵賜〕。

十日
今日より大工保太郎駒込之修繕にかゝる。玄関よりはじむ。依て駒込行。

十一日
豊田伴来ル。茨木（城）県師範校教員拝命、近日出立之由。依て博士列伝一冊遣ス。○大久保初男来ル。○福島県今泉丈助へ頼之絹地揮毫送る。

十二日
青山頼母編古事類苑人品之部検閲〔十三日渡〕。○井上円了より招請ニ付、午後五時富士見軒行。加藤・島田・黒川・関根・萩野・松もと・島地・岡本〔監輔〕などに逢ふ。

十三日
十時大学出。今日より授業始、国文二年生ニ源氏末つむ花を授く。退出後根津田中正彝行、庭石之事談じ。夫より駒込行。

十四日　曇。正午夕立、午後晴。日曜
午前十一時開花楼行。内藤氏演説あり。午後二時桜雲台行。伊東祐命追悼会也〔小出粲・中島哥子催〕、高崎・東久世・津軽・醍醐・水野・増山隠居及黒川・三田・小杉・定子・佐々木其他七八十人に及べりとミゆ。晩景帰る〔兼題夜露〕。〈頭書〉今朝渡辺公使任所へ出発。上田万年も出船。駒込おきよ下ル。代り女来ル〔根岸より〕。

／午前有住編輯古事類苑布帛部検閲。

十五日　晴。

十時大学出、国文一年・国史学一年・政治学三年ニ日本法律沿革を口授す。正午過駒込行、四時頃帰る。○夕刻左官弥兵来る。土蔵之事談じ。○有住駒込へ来ル。稿本渡。種々談ズ。〈頭書〉〔十六日歟〕おたけ親病気ニ付両三日暇遣し。尤両国之宿来ル。／石工鈴木、駒込へ来ル。庭石之事談ズ。田中手紙持。／駒込帰路久米へ寄。／今村総太郎来。不逢。

十六日　雨。

十時大学出、歴史口授、源氏物語桐つぼ始〔共国書・博言一年〕、午後枕草子〔国一・二年・博言生〕・大鏡〔国二年〕を授。三時ニ了ル。駒込行。御成道石工丹羽岩太郎行、同道にて柳原河岸ニ至石をミる。神田川にて晩食し帰る。○加藤を森もと松岡遣し板倉仕法帳借受。〈頭書〉今村来ル。理科大学へ入学ニ付証人頼ニ付、三作を証人として調印遣ス。

十七日

午前十時大学出頭、万葉集始〔国書二年〕。公式令ハいまだ図書館より生徒へ本渡らざれバ休。十一時過駒込行。午後二時黒田家行、軍防令を授く。晩景帰る。但し俎橋石屋へ廻り、庭石見分す。〈頭書〉国家教育社より雑志初号祝詞頼ニ来ル。

十八日　快晴。

午後有住斎入来。稿本残渡。○大久保初男手紙来ル。滋賀県之方不調之由。〈十七日条〉○〔十八日也〕岐阜人金森吉次郎来。不逢〔くわし賜〕。

十九日　朝雨、後半晴。

金森来ル。絹地持参。染筆を托さる。○午前三作同道。斎藤善夫行。送籍〔我〕、転籍〔三作〕之事調印頼。入谷の（空欄）温泉に浴して帰る。○佐藤寛編古事類苑楽舞・同壱越調之部検閲。○宇都宮原氏母死去之赴音来るに付、今日弔状出ス。○有住来る。布帛稿本渡。〈頭書〉大工保五郎、左官弥吉宅行。始て板倉造之事談じ。／すり工へ系引紙すりニ遣し。／小野照崎神社大祭日に付、夜ニ入参詣賑ひ甚し。／石工丹羽、積書持参。○夜石工鈴木来ル。今日駒込へ石納之由ニ付代金渡。

廿日

大学出、国文二年に末つむ花を授く。正午駒込行。左官来ル〔廿二日歟〕。土蔵之事幷おもや壁つくろひ談じ。

〈頭書〉下谷区役所出。本郷区へ転住届、并三作七軒丁より移居届等差出。

廿一日　晴。　日曜

午前木村行。土蔵之事談じ。○午後二時日本法律学校開校ニ付出席。宮崎道三郎学校設立の趣旨・校長金子堅太郎此学校当今必要之趣旨等演説あり。続て山田伯・加藤博士・辻次官・渡辺国武〔記文〕等の演説有り。五時頃了て立食の饗あり。久我・西成度・佐野〔常民〕・箕作・高木・高崎〔正風〕・島田〔三郎〕・九鬼・木村・黒川・内藤・本尾等をミ受たり。其余姓氏を知らざるが多かるべし。本日加藤博士の演説、山田伯の頂門に針する事ありて、伯の面上青筋を顕したりと、後日の新聞にミゆ。余は群集に紛れてよくもミざりき。来賓及び聴聞者三百名などゝいへり。〈頭書〉桑名三崎民雄来ル。面会。桑名神社祠官也。／古事類苑楽舞部持参、桑原渡。中村より郵書。来廿五日妻木招請事也。○芳賀真咲入来。不逢。／○夕刻横井時冬入来。不逢。名古屋製魚引煎餅賜。／○金森吉二郎へ表文之尾に記す文、旅宿迄郵送。／○雇女おたけ駒込へ帰る。／○島根県田中知邦へ老母賀哥たんざく郵送。

廿二日

○午前大学出、十時より二時間古代法律沿革を説く。正午駒込行。〈頭書〉妻木へ郵書出ス。

廿三日　晴。

秋季皇霊祭ニ付休業。○午前饗場（庭）篁村を訪ふ。土佐の浪路一覧をこふため也。近日求たりとて馬琴の遺書数種を示さる。抄録・手写の物に序を添たるがあり。家の昔物語・犬夷評判記二篇・雑記五冊。張り交ぜ弐巻等最もおもしろきもの也。祭日休業にて昼酒を許されたりとて饗に逢ふ。佐野へ寄。七軒丁売家之事談ず。○雀久子久く病気ニ付、忰光美まで見舞手紙送ル。并魚煎餅送る。○夕刻大塚彦太郎代吉田（川）寿来ル。古事類苑政治（事）部稿本之事也。〈廿二日条〉〔廿三日也〕午後木村行。土蔵石引受之事談じ〔代十円〕。

廿四日

大学出、国文二年に万葉・公式令を授く。正午駒こミ（込）へ行。○大槻修二来る。不逢。来廿八日音楽会催ニ付、由縁書一巻持参。○お栄、子供つれ来る。〈頭書〉午後二時過黒田行之所、侯爵君所労に付授業休。帰路内藤へより留主ニ付、二男へ五人組之事取調頼置。

廿五日　朝ことの外冷気、曇。
兼約ニ付、午後四時小石川久堅丁なる妻木新宅へ招請せらる。合客ハ中村及河村何がし〔徳川家令、妻木親族〕也。饗応。夜ニ入て帰る。至て僻地ながら眺望よろしく閑雅なる住居なり。○朝正見入来。鰹節一箱賜る。○留守中黒田家扶梶原寛入来。皇室典範講義録之事也。〈頭書〉右馬・お定より郵書。山崎雇女之事也。○三崎民樹来ル。過日之礼ビイル一ダアースを賜る。

廿六日
午後駒込行。今日より左官来り、壁つくろい書斎直し。則大工方ハ出来也。三時過法文科大学九番室にて史学会の別会あり。重野・外山・久米・星野其他来会。徳川時代の書物ニミえざる事跡勘考之為也〔此会合の結末ハ来月十日迄ニ各自問題を定め小川銀二郎迄差出ス事となる。〕。○赤阪梶原へ郵書出ス。〈頭書〉土蔵料材木根岸普請場へ引込ニ付、大工同道、行て一覧す。土蔵経費内金六十円渡。○石工丹羽へ石代六円七十五銭渡。／午前国司・郡司之事取調。明日演説之ため也。内藤より過日質問之答書駒込迄届。

廿七日　晴。
大学不参。三崎頼の桑名神社・中臣神社明細書序を草す。○午後二時過皇典講究所行、国司・郡司本末演説。高津鍬三郎国文之事演説。近藤活版所へ寄、晩景帰る。○慶応義塾グモーアへ五人組之事其他、質問答書郵送。○山崎老母又来。〈頭書〉三崎へハ皇典所にて稿本共渡。／○本込《ママ》区役所へ同居入籍届出ス。

廿八日　快晴。和日。日曜
大久保初男来る。過日徳川島《ママ》知事〔桜井〕より尋常中学校教員之事頼来ニ付、礼し即日其承知之旨桜井へ返答。秦へも同断。〈頭書〉伊せ吉村春樹来。近日出京之由。両宮写真賜ふ。

廿九日　晴。
大学出、十時より十二時迄職員令を授く。正午駒込行。三時華族会館行、醍醐・勘解由小路面会、皇室典範講義録第二・三の稿本訂正を渡、第四書印刷分五部請取。〈頭書〉今夜九時頃内閣書記官より御用召あり。何事やらんと思ふ。但通常服着用。午後二時出頭也。

三十日　晴。
大学出、十時より日本歴史、十一時より源氏桐つぼを授く。正午駒込行。午後二時内閣出頭。四時頃左之辞令書を賜ふ。

従六位勲六等文学博士　小中村清矩

貴族院令第一条四項ニ依り貴族院議員ニ任ス

明治廿三年九月廿九日

内閣総理大臣従二位勲一等伯爵山県有朋奉

天皇御璽の御印文あり。五時頃帰宅。○大学にて加藤総長面会。独逸学校国文教員之談あり。依て義象ニ談ず。○熊阪良平夫妻来ル。今日之祝宴を開く。○愛媛県秦政二郎より廿七日発郵書届。老母不幸及び徳島県教員等之事也。〈頭書〉御用召ニ付、大学午後の授業休。

十月一日　曇。

午前十時大学出、大学《ママ》と公式令を授く。正午駒込行。二時過黒田家行、軍防令授了。夕刻帰る。

二日　快晴。

大塚彦太郎編古事類苑政事部〔官物〕検閲。○午後おたつ、宮島行。宇都宮原・太田・丸山等へ議院拝命之事風聴状出ス。○朝芳賀真咲・三上参次来ル。面会。〈頭書〉△官報ニ多額税者議員四十五名之姓名を始て載らる。駒込へ左官来り、中塗する。

三日　微雨。

○伊沢修二より、近日国家教育会雑志発行ニ付、祝詞を乞ふにより、草案。○早朝新小川丁箕輪行。三作事頼之為也。〈頭書〉朝新坂村井行。義歯つくろい頼。○臼倉事ニ付今井へ郵書出ス。○宮木過日拝命之悦ニ入来。不逢。○平田盛胤より来ル八日霊祭之事申来ル。

四日　雨、甚冷。正午六十五度六。

十時大学出、末つむ花講説。了て駒込行。午後二時皇典講究所行。古事類苑集会也。内藤辞書差出ス。夕刻帰る。○伊沢へ祝詞郵送。○島根県田中知邦より卅日発にて礼状来ル。〈頭書〉今日臼倉家一条ニ付集会有之旨、去二日太田より申参。依て飯田丁より帰路、四時頃集会所池端林屋へ立寄候処最早散会之由也。／大阪朝日新聞より貴族院議員表調製ニ付、申来ル旨あり〔五日返書出ス〕。／原より拝命之事悦状来ル。

五日　大雨。正午六十一度九。　日曜

伊藤圭助《介》翁八十八賀筵ニ付、午後三時過上野美術協会へ行。品物書籍等八十の賀筵の時の如く陳列せり。五時より其辺花山亭行。支那料理の饗あり。七時前退散。新坂村井へ寄〔伊藤へ学士会員より各二円ヅヽを贈る〕。〈頭書〉今日迄にて駒込修繕及表門新造全く了ル。／女新聞去月限廃刊之事申来ル。

六日　強雨、正午六十度四。

午前八時過出宅、村井へ寄。義歯の修理全く成る〔料一円六十銭〕。十時大学出、二時間、国文一年・政治三年・国史一年・史学一年凡二十五六名ニ職員令を談ず。正午駒込行、昼食。午後二時過下六番丁議官津田出を訪ひ、始て対面す。四時富士見軒行。勅撰議員懇親会也。伊丹よりまづ開会之旨趣を述べ、次で細川・重野・田中〔芳男〕・村田〔保〕・外山・三浦等之演説あり。七時退散。今日議官其外初対面の人多し。柳楢悦・渡辺驥・渡正元・福原実・安藤則命・村田保・山川浩・川田小一郎〔日本銀行頭取〕其他猶多かりき。〈頭書〉箕輪へ三作履歴書を贈る。／生田目より議官祝状来ル。

七日　雨。漸く止たれど猶曇れり。

今明日ハ大学不参届出ス。○おさだ来ル。七軒丁宅之事。○石井小太郎古事類苑稿動物部取調。○桑原芳樹来ル。頼母子講之事断。序ニ移転届出ス〔皇典所へ〕。○午後四時太田惣吉来ル。来ル十一日臼倉家事ニ付集会之談也。〈頭書〉朝宮木行。夫より河合を尋。／村岡へ続後キ、井上へ皇室典範為持遣ス。／連日の強雨にて府内の溝開き通行に困難せり。下谷徒士丁・浅草北三筋丁・浅草松葉丁・北島丁辺尤甚し。／△官報ニ昨日小学校令御裁可を載せたり。今日刑事訴訟法法例財産取得編・人事編等発行。／本月一日太田両親、根岸之別荎《(ママ)》へ引移之由。○徳島県知事より大久保事教員免状有無問合せ電信、午後三時頃来ル。即刻大久保へ申遣し、文科大学まで頼可然旨談じ。

八日　曇。少しハ日させる。

車物置取壊し、駒込へ運ぶ。○黒田授業日なれど、引移前なれバ不参断。○大久保来。近日証書受取候由なれば、其旨たゞちに徳島県へ電報す。○引移ニ付品物取調。今般ハ土蔵出来まで根岸ニ置据之品多ければ其区別をなせり。○新阪村井及大工保五郎方書生ニ短冊したゝめ遣ス。〈頭書〉石井来ル。稿本渡。／今日より土蔵地引ニかゝる。／平田盛胤例祭幷鉄胤十年祭今日催之処、出席断。／大久保春野より議員拝任祝書状来ル。

九日　雨。

今日駒込へ引移之所、雨天により止メ。○徳島知事より大久保事廿五円ニ採用すべき由、電信にて来ル。依て即刻大久保へ廻し。○大久保春野へ返書出ス。

十日　午前曇或ハ微雨、午後晴。
駒込へ引移ニ付、夕五時頃おたつ同車にておもむく。右馬嘉十郎殿手伝ニ入来。○太田よりくわし来。過日礼也。○諸方へ転居之事印刷したる端書を出ス。〈頭書〉左官来ル。座敷向上塗出来。

十一日
大学出、末つむ花を授く。十一時帰宅、本箱など整頓。○小川銀二郎へ史学別会問条見込出ス〔郵送〕。○午後二時頃池のはた林や行。臼倉家事ニ付、内会也。太田・丸山〔代半兵〕・今井等入来。晩景帰る。〈頭書〉岡野碩祝ニ入来。不逢。

十二日　日曜
中村・久米・内田〔嘉一〕・伊勢・佐原等へ引移後尋。○午後一時卅分上野学士会院行。木村日本文字ノ説、三島古礼則法令等演説。暮て帰る。〈頭書〉関根祝ニ入来。程なく親父も来ル。○反町鉒之助来ル。（空欄）赴任いたし候由。

十三日
大学出、職員令を説く。正午ニ了ル。根ぎし行。水野へ寄、三作へ家屋譲る証書調印頼。午後三時過芝離宮行。今日貴族院議員惣集会也（三条公・九条公首唱）。九条公先づ本日開会之旨趣を述ぶ。次ニ細川議官、議員ハ誠実に議事を為すべき旨を述ぶ。了て立食あり。庭上へも椅子を設く。黄昏に及び、福羽議員、維新の時神武創業の始に基く聖詔ハ玉松操の建言なる由を述て、終に今年議院を開く事に及べり。夜九時前帰宅。△伝に聞。今日多額納税者議員之内、辻車にて芝組合の挑（ママ）灯を附けたるが、多くの馬車に列りて入門せりといへり。諸新聞にも其人の名を載せず。〈頭書〉土蔵建前。

十四日
十時大学出、午前日本歴史・桐つぼを授く。午後枕草子・大鏡を授く。五時前皇典講究所行、今日より日本法律学校にて一時間制度沿革をはじむ。聴衆弐百名ニ近し。六時了て上野松源楼行。両三日已前井上哲二郎帰朝に付、哲学館主井上円了の催にて、こゝに宴を開けり。島田・南条〔文雄〕・岡本〔監輔〕・内田〔周平〕・関根・三宅〔雄二〕・吉水其外廿名余来会。井上と種々談話せり。夜十時頃帰宅。○お栄、根ぎし太田別業を尋。

十五日
十時大学出、万葉集及公式令を授く。○午後黒田行、儀

制令・営繕令を授く。○黒川真道転居祝ニ入来〔鰹節切手賜〕。〈頭書〉水戸栗田より転居悦之状来ル。／南摩綱紀氏より同断。

十六日　晴。

岡山県人岩崎田実也来ル。氏神及天社〔大社とある本に拠る〕・国社之事新考あるにより質義《ママ》す。○午後三時帝室制度取調局へ出頭、皇太子殿下御真影拝戴〔鍋島議官事を執らる〕。諸陵寮にて足立氏面会。夫より花御所へ御礼ニ出、五時過帰る。

十七日　晴。　神嘗祭

午前根ぎし新坂村井行、奥歯へゴムツメ下地する。清名同行、旧宅行、昼食。午後浅草光明寺へ詣づ。公園遊歩、晩景帰る。〈頭書〉当節根岸の家厨直しにかゝる。

十八日　晴。

十時大学行、末つむ花を授く。○午後万町貯金銀行行、金弐百円請取。神田川にて昼食。午後三時過池端林亭行。臼倉家事相談也。太田・丸山〔代〕・小田切〔四郎兵〕・佐野等入来。小田切〔重路〕・今井不参也。○江刺・秦、祝ニ来る。不逢。

十九日　日曜

吉村春樹来ル。面会。国学院入学之談あり。○村岡入来。日本後紀渡。○午前十時頃より根岸行、新坂ゴムツメ成る。旧宅にて茶器取調。晩景帰る。○佐々木信綱、新宅悦且哥学全書二編序文頼ニ来ル〔玉子賜〕。福田悦ニ来ル〔かつぶし切手〕。共に逢はず。○清道来ル。○吉岡信一手紙おこす。

廿日

十時大学出、職員令を授る事二時間。○帰宅後太田・丸山より今井・小田切両家、小中村・佐野に対する九百五十円・春三郎分六百円等之預り証書案文を草し、太田へ郵送す。○山川健二郎より兄浩の白虎隊ノ碑ニ附する哥ミせにおこす。〈頭書〉土蔵あら打する。弥兵衛ニ三十円渡。○玄関前タヽキ出来。／△元老院廃セラル。／△帝室制度局廃セラレタル旨、委員長ヨリ達来ル。／○廿五日新築落成ニ付、開講式執行之相談有之旨、斯文学会より端書。／○去四日井伊谷宮岡譲より申込之旨有之ニヨリ、心の哥短ざくに認メ本日郵送。

廿一日

十時大学出、日本歴史・桐つぼ、午後枕草子・大鏡等授け。五時日本法律学校ニ至ル所、隔週との事故、授業せずして帰る。○夜おミつ来る。

廿二日

十時大学出、万葉集・公式令を授く。○午後黒田行、此次週より月曜ニ致くれとの事也。○常陸大谷より転居悦之状来る。〈頭書〉朝日本法律学校（空欄）来ル。爾来火曜日各週ニ出席致呉候様頼ミ。

廿三日　曇。

山川頼の哥添削郵送。○午前十時根ぎし行。三作同道、十一時千住登記所ニ至る所、もはや事務執行せずとの事ニ付帰る。三谷鮒儀にて昼食。公園地の方より帰る。

廿四日

朝九時根ぎし行、三作同道、千住行。午後二時登記済調印成る。帰路根岸水野へ廻る。昨日義象より清道へ送る借金証書調印付、今日同氏ニ加印頼、四時頃帰宅之処大学より再度来書有之、文部大臣面会致度ニ付、即刻参省との事也。則税駕参省。面会。調物依托之事あり。晩景帰る。

廿五日

大学休、取調物にかゝる。出来の上ハ私邸へ持参すべき由、大臣の親書あるにより、夕五時頃迄ニ落成。木挽丁の邸へ行。外出ニ付、侍ニ渡し、八時頃帰宅。

廿六日　日曜

朝中村行。義象証書ニ加印頼。間宮八十子病をとふ。大に宜敷かた也。午前十時福羽氏催好古会ニ付、浅草大畑宅行。松浦伯の出品をはじめ種々おもしろき物あり。先会ニ会員吉村氏建議と次第有之。予め幹事加部厳夫ニ談じ、同氏見込も有之ニ付、福羽社長に談ず。来ル日曜ヲ以更ニ公園藤井氏ニ幹事及吉村氏来会し再議すべき事となる。帰路水野行、証書渡、預り証書受取、柏木へ寄。私蔵の烏丸光広卿斎宮女御の一軸預ケ。福原実氏の頼により同氏ニ影写を頼まんため也。川崎行、皇室典範講義録を贈る。巻四に同氏の画あるによりて也。〈頭書〉法学院より十一月二日卒業式執行ニ付、招状来る。

廿七日

十時大学へ出頭、法律の講義をはじめんとするニ文部省より電報あり。外山学長と共ニ参省すべき旨なり。依て休業しておもむき、大臣ニ面会。依托之事あり（重野博士にも逢たり）。帰宅後、午後二時又々参省すべき旨、秘書官永井氏の書を持参して属官来る。依て即刻参る。大臣質問之事あり。かく参省しぬる上は依托之文ハ省にて作るべしと申、硯紙を乞ひて大臣官房の次室にて作り了り、五時頃永井氏に渡し、夕刻帰る。〈頭書〉今日黒田家へおもむく約束の処、芳川殿頼之事ニより断。来ル卅一日を代日とす。／吉岡信一より懇願書来ル。／本居氏入来。転居御悦也。かつぶし切手及雁皮紙を賜ふ。

廿八日

十時大学出、歴史・桐つぼ、午後枕草子・大鏡〔一年生ハ今日よりはじむ〕を授く。午後五時日本法律学校出、制度の沿革演説。第二会也。○留主中桜井能監氏より来書。三条内府よりの嘱にて来月七日同族集会ニ演説すべき由也。〈頭書〉八幡小中村より廿六日出之書状来ル。転居悦也。

廿九日

午前十時大学出、万葉集・公式令を授く。○丸山隠居入来、鹿島氏より養子申込之事相談あり。○午後三時過より鍛冶丁唐物や買物行。福田へ寄、過日の礼を述。夕刻小石川青山堂行、書籍をミる。内藤耻叟氏にも逢ふ〔夜青山堂より求来ル寛永板三体詩・古抄物玩読。〕。○清道来ル。過日塾内班長を命ぜられしにより、来月より無月謝ニ相成候由。

三十日

朝中村氏へ過日調印の礼ニ行。裏毛上下内服を贈る〔此代一円六十銭〕。○午後一時大学本部へ出。哲学科変更ニ付会議なり。島田も入来。外国教師多分也。○久々ニて古事類苑検閲。松もと人事部・佐藤音楽門等也。〈頭書〉桜井へ返書出ス。／青山堂より雑書さま〲持参。○朝大久保初男来。今朝庚申塚ニ滞京せる桜井氏を尋候由。／○桜井勉氏より教員周旋之礼書来。

三十一日

今日も古事類苑をミる。○午前十一時御用召により宮内省内事課出頭。股野書記官より白七々子一反、京織易（ママ）一反を恩賜として渡さる。これ帝室制度取調局奉職中の慰労なり。妻娘など殊ニ欣悦せり。○夫より麹丁ニ出。昼食。十町目出店にて吉見幸和の神学弁疑廿巻を購ふ〔教部省の印あり。不審〕。八木へ寄。午後一時過黒田家ニ至、公式令講授。

十一月一日　晴、午後曇。夕刻より雨。

十時大学出、末つむ花を授く。十一時惣長の命により教員生徒一同運動場に会す。教育の聖詔を下されしにより、明後日天長節を以、工部大学に会すべき旨惣長の談あり。

○午後一時皇典講究所行。古事類苑会合也。木村・井上面会。○午後四時過、向島植半楼行。落合・丸山・増田・萩野等幹事となりて古典課卒業生より今日議員拝命の祝宴として招請あり。丸山議員も来会にて席上演説あり。おのれもいさゝか答辞す。是より先まづ増田于信祝辞を述べ丸山真彦祝文の朗読あり。一同歓を尽し、夜八時過散会す。学生の本を忘れず。道のため光栄あるを歓べる。こゝろざし最も厚しといふべし。〈頭書〉大久保初男来ル。今日大学より教員免状下附ニ付、明日徳島へ赴任ノ由也。

二日　日曜

文科大学々生一同遠足会の催あるにさそはれて、老足ながら出たつ。行てハ武州多摩郡高尾山なり。朝六時五十五分之気車に乗て新宿より発す。八時八分八王子ニ至る。こゝより星野教授と共に腕車にて二里近く行き浅井村（元ハ椚《クヌギ》田といへりしとぞ）を過て山の麓に至る。こゝにて下車し登山す。さのミ嶮岨にはあらざれど上り坂なれば行々て廿五丁と標石ある処に至れば、既に疲れたり（これハ山上よりの路程にて一町ごとに立たるもの也。すべてにてハ三十二丁あり）。これより少しけはし。五六丁登れば八王子わたりをミわたして、ことに眺望よく腰かけある処に至る。こゝよりやゝ平らかなる処多し。本社を飯綱権現といふ。石階を登りたる処にあり（不動の如く釼を持、鼻高にて狐に乗りたる形を彫りたる小石を建つ。庚申塔のごとし）。奥の院ハ猶数丁を登りたる処にて眺望尤よしといへど行かず。別当の家奇麗《（ママ）》也。門の傍なる茶店にて一同休憩し、サンドウイツチなど食す。午後一時過下山。下り坂にて疲れざれど、靴すべりてあゆミにくし。麓より又乗車し三時前八王子の角《カド》屋といふ旅店に着て酒食す。八王子ハ一部落をなしたるよき所也。町をはづるれバ、千人町とて千人同心の住したる所にて今も士族の標札多し。かどやの楼上より屋の上に出てミわたす所あり。相模の大山ハたゝむかひニミえて眺望よろし。五時卅分の気車ニ乗て六時四十三分新宿につく。日暮はてゝいとくらし。腕車を求て九時頃帰宅す。いとくたびれたり。今日の同行ハ教員にてハ外山・星野・久米・中島〔洋学〕・神田などにて生徒ハ四十二人なり。○本日浅草公園藤井宅にて福羽社長催、好古会之相談会あり。断手紙加部迄出ス。〈頭書〉平岡好岡《（ママ）》入来。白魚賜。／石井小太郎古事類苑動物部検印こひに来る。何れも逢はず。

三日　天長節

午後九時フロックコート着用、工部大学ニ至ル。総長出坐、書記官和田垣をして詔を朗話せしめ、終て演説あり。次に重野博士、我国人の忠孝の志に厚き事は漢籍渡来をまたずして固有せし演説を述ぶ。終て学生惣代某（法学生といへり）漢文の祝辞を述ぶ。音調清高なり。〇午前十二時参内〔大礼服着用〕名簿を記す。文部省にて宴を賜ふ〔西洋食〕。辻次官・伊沢・服部・島田・大沢・三宅・星野・江木・永井其他の人々に逢ふ。午後四時前帰宅。〇三浦千春ミの、国上野人太田倉雄同道にて入来。

〈頭書〉朝、桜井勉書状持、使来ル。封中ニ勝浦郡勝占村高田欽二郎著す国光哥一巻ありて添削をこふ由也。即刻加朱返ス。さくら井ハ昨日出立。帰県之由。／甲州尾谷より二日出之端書来ル。新宅悦なり。

四日

九時大学出、日本歴史・桐つぼを授く。午後枕草子・大鏡同断。〇一昨日の疲労いまだ止まざれバ、日本法律学校之講義ハ断。〇松もと愛重来る。古事類苑稿本へ検印。

〈頭書〉茂木光実といふ人勅撰議員祝として開花楼へ集会する由はがき来る。不行。

五日

大学休。昨日御用召ニより十時爵位局へ出頭。左の辞令書を受く。

叙正六位

宮内大臣従二位勲一等子爵土方久元宣

明治二十三年十一月一日

宮内省の印あり。〇今日東宮職よりも御用召あり。代人にても苦しからざる由ニ付、義象を出す。去年十一月立太子之節、諸人の献じたる詩哥発句等を集めて千歳の菊と名づけ給ひぬるを印刷して、壱部ヅヽ賜はる。それに添たる御書付にハ

一千歳之菊　壱部

従六位小中村清矩

右ハ昨廿二年十一月三日

立太子盛典被為行候節詠歌奉呈致候ニ付下賜候事

明治廿三年十一月三日

東京(宮)大夫子爵曾我祐準

六日

田辺図書助より皇嗣例二冊・御生母例二冊を送りこした

り。これハ当今宮内省調査課に収りたるを、過日井上頼国氏をもて借用之事頼たるによれる也。○正見慎一へつれぐ〵標注一部贈る。岩もと正方へも書状遣ス。

七日

午後一時頃文部省行、浜尾普通局長ニ面談。栗田万二郎之事聞合之為也。折よくわれを迎の使出たる処なりき。そハ宮城県より過日聖詔の文の事ニ付、伺有るにより問合せのため也。三時三十分頃芝紅葉館へ行。本日三条内府親族御集会ニ付（春秋二度といへり）、演説御頼によりて也。依て本朝法律起原沿革を講ず。来賓ハ嵯峨公父子。河鰭・姉小路・風早・園池其他家令の代人五六名あり。内府公ハ五時頃参会せらる。了て饗宴あり。九時頃帰宅。〈頭書〉本日三時より国学院開院準備等之事ニ付、皇典講究所ニ会議あり。山田所長ニも臨席あり。紅葉館行之差支あれバ不出。〈八日条頭書〉〔七日也〕宮島鈴吉来ル。近日判事拝命、大阪府へ出立の由也。

八日

大学出頭候処、生徒不参により休。依てさく日文部省より御召之書状有しにより十時頃出頭。学科之事に付、会議あり。大臣・次官・大学惣長・外山・穂積・三宅・古市・富井・重野・中村・山川・木下〔以上教授〕、浜尾・服部〔これハ書記官〕、秘書官及官房諸の官員四五名出席し、午後三時頃ニ了る。夫より根ぎし行。新岡行、標札記名頼。おミち・おちかも同処へ来ル。暇乞也。当節根岸ハ家ゆがミ直しにて至て取込たり。〈頭書〉岩もと正方、其父尚賢と共に入来〔二種賜〕。

九日　日曜

十時宮島行。送別也。肴料として千疋を送る。午後一時過斯文学会出席。新築落成ニ付、開講式及び第十一年会を開く。谷・佐野の両長、重野・島田・金井・松平〔信正〕・三島・岡本〔監輔〕・岸田〔吟香〕・野口其他の漢学老生来会せり。重野博士演説あり。此次に島田博士も演説あれど聞かずして三時頃退出、学士会院行。会日也。杉氏の演説済たる処にて田中芳男氏之演説あり。了て学士会院規則改正の会議あり。夜七時過帰る。○本日国学院より辞令書廻る。時間割書同断。

国学院講師嘱託致候也

明治廿三年十一月九日

皇典講究所副総裁久我建通印

小中村清矩殿

〈頭書〉皇典講究所行。一昨日不参ニ付、松野面会、議決を承る。来ル十日より国学院授業始ル。予ハ水曜日午後一時一時間と定る。／○〔九日歟〕溝口源八郎来ル〔大学撰科生〕。鶏卵一箱を賜ふ。よしかた面会。／今日までにて工事全く了ル。六七日已前より大工一人ヅヽ来れり。

十日

大学休。九時文部省出頭。一さく日の続きの会議あり。午後一時に了る。○神足内室入来〔生肴賜〕。新宅御祝也。○熊阪内室入来。同断〔鶏卵賜〕。○晩景宮嶋夫妻暇乞ニ入来、来ル十二日・十三日之内ニ発足之由。○銀二郎根岸より千束へ遣ス。

十一日

大学出、日本歴史〔大己貴神・幸魂・奇魂之談〕・は、木ヽ〔品定前日よりはじめ〕、午後枕草子・大かゞみを授く。五時日本法律学校へ出、制度沿革を説く。文学の沿革より位階の説に至る。○美濃大垣金森吉二郎より松簟《ママ》一籠を通運にて贈らる。〈頭書〉おしん入来。○今日午後二時愛宕山愛宕館に於て、勅撰議員再集会あり。予差支を以て断状出ス。○饗庭篁村ニ頼ミたる土佐の浪路ニ附箋あるを根ぎしより届く。

十二日　朝半晴、午後雨。○西ノ丁

大学出、万葉集・公式令を授く。午後一時過赤阪黒田行〔去十日の代日也〕、公式令授了。○夜大学よりもたらす所の国史眼第一ノ巻一覧。〈頭書〉大工保太郎へ八十五円渡。是にて土蔵請負金皆渡也。／〈十一日頭書〉〔十二日也〕今日も文部省ニ会議あり。出頭すべき事なれども数日授業を休たるにより次官へ申して不参す。

十三日　晴。

今日も文部省ニ会議あり。予、所労不参候むね、永井秘書官まで書状出し。○国司・郡司始末講演の稿訂正、皇典所へ廻ス。○播磨国多加野村吉川房一郎・内山隆保へ染筆物。富山県越中泊丁九里愛雄へも同断。大垣金森へ礼状出ス。○村松平五郎妻より、絹地ニ都鳥を、をかしく画かきたるに、前々月中賛を乞はれたれバ

ながれつゝうき瀬もしらぬ鳥ミれバ
　わがこゝろさへ行くこゝちして

と書つけて今日もたせやりぬ。

十四日　快晴

吉川寿受持古事類苑政治門・官物之部検閲。○午後一時

より貴族院議員集会あるにより虎ノ門内旧学習院（当今華族会館）行。席上の状ハ別記にあり。四時卅分頃帰る。〇三作・おミつ来る。〇佐々木枢密顧問官六十賀宴ニ付、午後四時過よりよしかた星ケ岡茶寮まで行。〈頭書〉経師来ル。あかり障子張替。／〇議員集会所にて書記官長より左之参考書を受く。

法規提要　三巻

法規便覧　一巻

貴族院議員氏名表　一巻

十五日

大学出、紅葉賀を授く。△本日より毎日午前九時より正午十二時迄虎ノ門内華族会館にて議員懇話会を催す旨、滝口・吉良始十一名ヨリ報アリ。〈頭書〉高等中学にて校友会雑志発行ニ付、祝詞を書呉候様過日木下校長より頼ニ付、今日草案。〇貴族院書記官長金子方へ法規便覧下附頼遣候処、余分無之旨にて断。

十六日　晴。日曜

校友会祝詞稿、久米へ添削頼。夕刻出来、もたせ来ル。中村へも頼遣ス。〇美日ニ付、午後二時頃より団子坂作り菊見物行。面会。議事堂之作り物をかし。夕刻東片丁物集を尋ぬ。九月頃営作出来にて転居之新宅也。〈頭書〉佐々木信綱頼哥学全書二編之序成る。よしかた清書。たゞちニ博文館へ廻ス。

十七日

大学出、神祇令・僧尼令を授く。〇文部省会議之処断。〇午後二時過黒田行、厩牧・仮寧・喪葬の三令を授く。四時三十分過ニ了り芝公園内熊坂別業行。兼約によりて也。饗饌了て七時頃辞して帰る。

十八日

大学休、午前八時過、文部省会議に出。尋常中学校・小学校等之学政也。正午退出。〇夕五時日本法律学校へ出、大宝官制を説く。〈頭書〉午後三時帝国大学行、議会幷学政之事ニ付惣長より諮問あり。四時卅分退出。

十九日

大学出、万葉集・厩牧令を授く。〇午後一時三十分より大学会議室にて外山学長始、文科之教員集会ありて学科改正（むねと哲学に係る）の談あり。予二時三十分頃辞して紅葉館行。今般国学院長ニ高崎正風子、幹事ニ色川国士氏を懇請し、評議有しにより懇親の宴を松野はじめにて催也。久我・高崎・色川・木村・島田・本居・井上・

宮崎・三上・落合・楠其他四十人斗り来会せり。夜八時前帰ル。〈頭書〉佐藤式部属より大八洲雑志帰ル。

廿日

佐伯有義受持古事類苑神祇門但馬国神社之稿本検閲。○午後太田惣吉入来。臼倉家預り金一条之事ニ付、小田切四郎兵より公訴になりたるを願下ゲ之談にして証書案など相談之為也。○おたつ、熊阪妻と歌舞伎坐見物。〈頭書〉よしかた難波津会納会行。条公も御出席之由。／建具や来ル。縁がわ障子あつらへ之為、中村へ同行。障子ミせ。／朝中村入来。心事之為也。

廿一日

午後一時鹿鳴館行。貴族院議員懇話会也。三時根岸行。長命一周忌ニ付花料〔半円〕もたせ遣す。暮て帰る。〈頭書〉今日頃根ぎし表垣根廻り全出来。

廿二日　小雨。

〈原欠〉

本年の重事

十月十日根岸より駒込西片丁へ転居。根岸之家ハ三作に譲与。七軒丁の家は貸家とす。

註

（1）廿二日条まで用箋異なる。

（表紙）

明治廿四年日乗

明治廿四年一月　七（六）十九年二月

一日　昼よりことに晴て、いとのどかなり。

はるかにもおもひしとしのなかぞらの
けさの日かげにむかひぬるかな

と口ずさむ。午前九時四十分東御車寄せより参内、十時十分（平出）両陛下を拝す。麹丁にて昼食、東宮・皇大后の御所へ参賀。飯倉徳川邸行、旧主に拝談し、長井・高橋・鵜沢等へ廻る。まだ日高ければ、加藤物長・足立・外山・本居・松野・島田等へ廻る。小杉を久しく訪はざれバ、音羽丁九丁目之宅へ行、面会。小石川妻木へ旧冬の礼幷所労尋かた〴〵立寄、晩景帰る（賀客人名別冊にあり）〔以下同〕。○夕三作来る。明日根岸・浅草之知己へ〔年礼ニ廻らず〕。

二日　晴。きのふより風寒し。

午前九時卅分皇典講究所へ出頭。新年式也。久我副惣裁・桜井幹事及飯田・内藤・井上・黒川・松野・奥島・桑原・久保其他の人々に対面す。十時過済。萩野より水道丁丸山行。昼食を饗せらる。木挽丁西村・今井・村松・大田・福田等へ廻り、晩景帰る。〈頭書〉初荷の景気ハ質素多し。

三日　晴。

諸方への賀状したゝめ差出す。○夕四時前より田辺・佐原内田〔嘉一〕・伊勢河村・高山〔医〕、久米・間宮・中村・内田〔周平〕・関根・岩もと・佐伯・松もと等を廻り、晩景根岸ニ至。

四日　曇。午後三時頃より雨、夜ニ入。日曜

根岸にあり。庭の梅三分の一は花さけり。○宇都宮奥平清規来る。中村教授も入来。かねて釜かけたれバ点茶出し、昼食を饗す。午後岡野亭同行、雑煮にて小酌。午後四時前帰宅。

五日　晴

今井継道君入来。縁家宮本小一頼の由にて、彰義隊の墓へたむくる寄松懐旧の哥をこふ。〈頭書〉去一日小山春山歿（大学病院ニて）。今日午前十時天王寺へ葬る。清道遣ス。

六日

七日

駒込へ帰る。

八日

貴族院開会ニ付、午前十時出頭。弁護士法案第二読会第二条より第十弐条までを議決し、午後四時四十分閉会。

○中村ぬしよりわた子を賜りぬるをうれしミて

　君が其心づくしの綿子をば

　　とりきてしたにめぐミをぞ思ふ

〈頭書〉今日おミつ、右馬行。帰路より悪寒、夜発熱。流行之インフルエンザなる由、九日三作より報じ来る。当節右病大流行、病者なき家ハ稀也。／国学院開会不参。高崎院長も流行病にて不参。最も重き由。／水原へ発会之哥〔庭椿〕賜る。

九日

議院へ出。午前十一時十七分開場。弁護士法案ハ政府ニ於テ撤回トナル。依て仮議長選挙の事を議す。思ひの外むつかしく、午後二時卅分までかゝり散会。

十日

議院休。

十一日　日

十二日

大学出。学生少きにより休講す。〈頭書〉正見慎一より知事へ申込之事頼参ル。

十三日

議院不参。△本日午後より近衛公爵仮議長として出席あり。○夕刻法律学校へ出。○鶴久子発会之哥もたせ遣ス。

〈頭書〉妻木頼矩昨十二日死去の訃音有。

十四日

議会休。○大学出頭之処、学生不参により休講す。流行病によりて也。○国学院不参。○法律学校講義録来る。

十五日

議院不参。

十六日

十時過議院出、度量衡法案第二読会之継也。午後四時散会。

十七日
午後一時哥舞伎坐行、見物。守田招によりて也。一番目稲葉幸蔵〔菊五〕。中幕金閣寺、松永芝翫・雪姫福助。大切菊五郎風舟《(ママ)》乗丼ガス人形の踊。好評にて大入也。後段凌雲閣の上るりハいまだ出ず。夜十時頃帰る。〈頭書〉学士会院書記より講録転載之事問合せあり。十九日返書遣ス。／本日皇典所講演発会。元田・川田・木村・有賀・三上等演説あり。不参。○議院不参。

十八日　日
久米氏へ過日頼之哥数首の批評来る。○鈴木重嶺翁発会之懐紙したゝめ、もたせ遣ス〔庭上松〕。

十九日
大学出、国文一年生・史学一年生・国史一年生等ニ戸令を授く。政治学生徒ハ不参。○妻木へ弔ニ行、いたミの哥贈る〔半円添〕。雁金屋へ寄、夕刻帰る。

廿日
暁二時頃、門を叩く者あり。起て問《(カ)》へば警部某也。一時前より集《(衆)》議院出火、今ハ貴族院にも及ぶべし。依て報ずと。○本日午後一時、華族会館に参集すべき旨、書記官長より報あり。少恙により不参す。○日本法律学校講義録を草す。〈頭書〉△これより両院焼亡之事ハ諸新聞ニ報じ。よりて略す。当分之内貴族院ハ華族会館、衆議院ハ元工部大学にて事務を行ひ委員会を催せり。◎今夕法律学校不参。

廿一日
来ル廿四日皇典所古事類苑集会之処、病気不参多ニ付休之旨郵書。○同所より来廿四日講演本居之処、差支ニ付代講頼来る。承知の旨返書。○黒田より侯爵君不快ニ付、全快まで休講之事申来ル。○国学院不参。〈頭書〉文科大学より学生感冒ニ罹り、多人数欠席之節ハ其段ニ限り教員より申立、休業不苦旨郵書来ル。

廿二日
来ル廿四日講演の下調する。〈頭書〉義象両三日前鎌倉行、今日帰ル。銃猟の兎持参。

廿三日
午後、根岸へ移る。旧宅あたゝかニ付、四月の始まで在留之つもり也。△午前八時廿分吉原京丁〔二丁め〕出火。六十戸斗り類焼。△貴族院の仮議場ハ帝国ホテル、衆議院ハ元工部大学と定りて近日開会之由。〈頭書〉大垣戸田より昨日発年賀状来ル。／根岸へ行がけ横山行、青山堂之事話し。
廿四日
午後一時過皇典講究所行、三時前より度量衡略説演説。四時過了ル。帰路神田川にて晩食。寒甚し。〈頭書〉本日工学博士岩谷定太郎死去之訃あり。○午前講演下調。
廿五日　日
江刺恒久発会ニ付、午後一時過上野八百膳行。鈴木・佐々木・三田・黒川出席。兼題梅始開也。きさ子并金原妻面会。晩景帰る。〈頭書〉神戸星野忠直廿一日出之状、廿三日届く。返書詠哥秘訣長哥規則へ序文頼也。断遣ス。
廿六日
大学出、国文一年其他ニ田令を授く。正午駒込行。○夕刻おたつ根岸へ移る。当分逗留。○釜懸け、江刺招く。午後三時過入来。狩野晏川翁をも招きしが、流行病にて来らず。子良信氏も同患之由。〈頭書〉水野加以智より昨日父忠雄死去之訃アリ。
廿七日
徳島県知事へ正見之事申やる。○日本法律学校講義録を草す。
廿八日　晴。
仮議場にて午後一時卅分より開会之処、例ノ如く十時開場と日程の報をもよす。早ノミコミニ出頭（菊池・伊集院等も同様なりし）。依て会期まで京橋辺遊歩。本日ハ度量衡法案第三読会也。午後四時卅分散会。〈頭書〉加藤、今井へ遣ス。継道氏より頼の短ざくもたせ。
廿九日　晴。
所持税法ニ付、東京府へ移転届、下谷区役所へ出ス。○正見入来。此ほど出京之由。○十時議院へ出。戸籍法案第一読会のはじめ也。伊藤議長差支ニ付、又々近衛公仮議長也。〈頭書〉義象あたミ大光館より郵書来ル。両三日前同所へおもむき、明後日ハ帰宅之旨也。△衆議院開会。従来午後一時開会なりしを午後十時《(ママ)》ニ改る。
三十日　孝明天皇祭
史学会へ事実質問ニ付、玉川堂集会あり。不参ニ付問題のミ遣ス。〈頭書〉大垣金森より出京之旨郵書。
三十一日
〈頭書〉去廿八日塙忠韶より風俗画報へ掲載筋之事申込。今日断状出ス。○夕塙入来。不逢。○岐阜県青墓村今井佐太郎へ旧冬の返書出ス。○議院不参。
二月一日　昨夜の雨、雪となる。されど積らず。本日晴。

日
中村より郵書のはしニ
　ふしながら君やミるらん呉竹の
　　根岸のさとのけさの初雪
○有住斎稿古事類苑下襲部検閲。〈頭書〉金森旅宿へ来
八日尋くれ候様郵書す。○大久保春野より新年郵書。
二日
議院不参。大学出、国文一年生其外ニ田令・賦役令を授
く。行がけ駒込へよる。○有住招き稿本渡。〈頭書〉津
田道太郎より母千世子の訃音有。中村へ明三日之事申や
る。／桜井徳島県知事より昨日出書状来ル。
三日
夕刻法律学校出、講義。夕六時に終る。兼約ニ付伊ヨ紋
行、中村に会す。同氏旧冬拝命祝也。十時前帰る。○午
前十時議院出。戸籍法案第二読会之続也。午後三時閉場。
夫より皇典所へ廻り法律講義迄之間、菅喜田稿本をミる。
四日　立春
議院不参。法律学校講義録終日かゝる。○皇典所より過
日演説の速記回る。○大学国文二年生もはや快気之由通
報有たれど、今日不参す。〈頭書〉正見へ書状遣之処、
もはや帰県之由ニ付、徳島まで郵送。
五日
島田三郎手紙持、毎日新聞社員丸毛利恒来ル〔棒さとう
持〕。度量衡説を新聞ニ記載を乞ふ。来十五日発行之事
ニ承諾す。○議院不参。○今日より皇典所演説速記をミ
合せ、新たに議録草案〔度量衡略説也〕。〈頭書〉村岡よ
り梅見誘引の返書来ル。
六日
議院ハ休なり。○略説を草す。終日大勉強云々。
七日
午後麹丁津田出行。過日妻を喪し今日葬儀也。一時廿分
皇典所行。古事類苑集会也。木村・黒川・井上に逢ふ。
晩景帰る。講演稿本山田ニ渡。清書頼これハ本日の午前
までニ仕上ケたるもの也。但しまだ五六葉稿足らず。
〈頭書〉今日より駒込玄関前敷石ニかゝる。
八日　晴。日
感冒之気味にて声枯れ少し熱気あり。されど明日迄之約
束なれば、皇典所講演度量衡略説残を草す。○今日木村・
村岡と梅見の約なりしにより、福田まで断手紙出ス。村
岡・福田も今日ハ不参之由。○学士会断。〈頭書〉夕刻

皇典所より講演稿清書もたせ来ル。

九日　西風つよし。

感冒引籠。久河ニ診を乞ふ。八九度の熱気之由。○昨日皇典所よりおこし、講演清書校合済草稿、残冊とも夕刻来りし使ニ渡ス。○貴族院今明日不参届。○黒田使黒田直躬来ル。面会。○大学不参届。〈頭書〉独逸伯林上田万年より新年状届。一月廿二日発也。文部省へ来十一日紀元節不参之むね申送ル。

十日　烈風きのふに同じ。

度量衡概覧稿本にかゝる。○小沢芳兵外一人来。請願書改正をミせる。明朝田中へ持参候由。○菅喜田和三郎来る。古事類苑事也。○琴平丁末広へ概覧之事書通。○法律学校不参。〈頭書〉午後五時飯倉丁一丁めより出火、二百戸近く焼る。○下厠営繕。○駒込敷石出来。

十一日　紀元節
国家教育社定会鷗遊館にあり。不参。○概覧成る。○末広より返書。○感冒快方声音もやゝ直る。○川田先生ヱンフルにて過月末にハ危篤なりしが少し快方之由。今日見舞状并棒砂糖弐本贈る。

十二日
今井継道氏過日短冊之御礼入来〔さとう持〕。不逢。○飯倉徳川家・マミ穴清水へ近火見舞使遣ス。○概覧の稿を毎日新聞社に送る。○貴族院、今明日不参届。○桑原入来。古事類苑印刷之事并国学院寄附等之談也。

十三日
概覧の稿を国会新聞社に送る。○小沢芳兵外二人来る。煙草税則改正請願書に調印并紹介状共遣ス。○菅喜田来る。催馬楽条調印渡。

十四日　曇。

貴族院届出ス。○おさだ来ル。○お辰貯金銀行遣ス。○金森吉次郎より使来ル。干柿一箱を贈ル。絹へ染筆附与。○新聞をミるのミ。何事をも為さず。○朝駒込よりおたつ迎ニ車おこす。夕七時過に行く。〈頭書〉仮車屋芥溜、営造成る。／夕水道丁火あり。

十五日　晴。日
石川県黒本より質問二条を答書。郵便出す。○かた附け物する。○正行寺過日物故ニ付、佐藤まで弔詞并花料半円を贈る。〈頭書〉駒込より西沢之助・田村義質之名札。／京都榊原・清水等之は書《(端書)》廻る。／三作、亀井戸より今戸辺行。

十六日　快晴美日。
貴族院へ来ル十八日迄不参届出ス。○大学へ不参届。○森元丁松岡へ土蔵仕法帳返ス〔さとう遣〕。○新年始より日記を怠りたるを思ひかへし、しるす。○午後入谷行、入浴。○皇典講究所より講演第四十九号、常例講者三部之外、十五部を贈る。過日桑原へ頼ニよる。○夕刻日本法律学校事務員長高橋坤二見舞ニ来る。○法学生熊倉操来る。兼約ニ付講演一部遣ス。〈頭書〉△此節毎日二三ケ所ヅ、出火アリ。されど大火に至らず。

十七日　晴、午後曇。
法律学校講義録民部・兵部条七葉を草す。○きさ子来ル。下谷清賞会之事申入。不逢。○皇典講究所より和田英松神祇門稿本送来、かつ明日国学院出席有無聞合せ。〈頭書〉一両日已来庭へ鶯来鳴く。

十八日　半晴。風さむし。
午前十時大学出、国文二年生ニ万葉〔二了〕・獄令を授く。正午駒込行。午後一時過国学院へ出、職員令内蔵寮より民部省まで講義。三時過帰る。○千葉県香取頼之寿碑銘文ニ付、香サンブドウ酒一ダーアス来ル。〈頭書〉間宮八十子、昨日物故の訃音あり。○駒込小児此節替る〳〵風邪。又下婢おさだ足痛にて下宿に付、当分代人来る。／△三条内府所労危篤ニ付、午前十一時頃行幸あり〔正一位を授らる〕。右ニ付、貴族院会議午後休。

十九日　晴。
午前十時貴族院へ出。十二時前に至る迄開会なし。これ内府公薨去の報を待つ也。十一時四十分号鐸鳴る。場に出れば昨十八日午後七時十五分条公薨去之旨、副議長より報ぜらる。今日より三日朝廃朝仰出されしにより即時散会。弁当を喫して退出す。飯倉片丁水野加以智行、親父の弔詞を述ぶ。徳川御邸行、家扶堀内氏ニ面会。過日御近火御無異の悦を述ぶ。三時頃帰宅。○留主中黒田家より来状。質問之事あり。依て義象方迄郵書出ス。○和田英松古事類苑神祇門讃岐国名社部検閲了。〈頭書〉三条公親戚河鰭子爵より黒縁の訃書到来。／△本日より三日間廃朝之旨宮内省告示あり。

廿日　晴。
水野陽一郎氏入来。有住・和田来ル。いづれも稿本渡し。○朝黒田へ質問之答書出ス。是より先き駒込より返書来れり。○午後按摩。今日より南風や、暖になる。○今日もさしたる事もなさず。

廿一日　晴。

貴族院出。蜂須賀請願委員長より緊急動議を出されしニ付、けふハ其事の議のミにて四時過退散。○清道来ル。今夜泊る。○稲垣千頴来る。不逢。○桑原来ル。面会。古事類苑ノ事也。〈頭書〉駒込下婢おさだ帰ル。

廿二日　晴、和。暖気正午六十二・三度ニ至る。午後曇。

日

松浦伯爵頼ミ色紙、金原妻同様之短ざく、千葉常善紹介守田室母五十賀哥白絹等したゝめ、使又ハ郵便にて送る。林氏頼のたんざくも江さしへ。○午後三時頃柏木行〔松たけ鑵持〕。出がけニ付、早々対面。○四時頃よりおミつ同道、入谷薬湯行。○五時前おたつ駒込より帰る。〈頭書〉宮川甚五郎へ明廿三日貴族院傍聴券贈る。○吉岡信一来。廿七日同断券贈る。／小杉氏駒込へ今日来訪之由。／○きさ子へ短ざく認メ贈る。くわし送。

廿三日　曇。午後微雨。

貴族院不参。○十時大学出、賦役令を授る事二時間。了て西片丁行、間宮・久米・中村等へ寄、五時帰る。但し須田丁へ廻り、明日条公邸へ献備味醂弐箱求。此代価弐円也。〈頭書〉三作、右馬行。おさだ同道。第一銀行へ行、夫より貯金銀行へ寄ル。但おミつ同道。

廿四日　晴、北風つよし。午後四時頃止。

昨日黒田家より手紙ニ付、西片丁之宅行。婦人生前正一位を授候事実調（文武夫人宮子媛のミ）、即刻郵送。○午後義象、菓箱持参、三条邸へ行。○今日午後より貴族院出席之心得之処、あまりに風強ければ不参届。

廿五日　快晴、風なし。

午前九時条公尊棺出邸之定なれば、同時少し前音羽に至り、設の休場〔寺の学校〕に暫くあり。十一時前や、音楽の音聞ゆれば、門前に并立して尊棺の至るを拝す。又暫休ミて午後一時頃より壇上左の幄内につく。二時過、勅使家属の拝礼。了て勅奏任官一同榊をさゝげて拝礼す。其混雑いはん方なかりき。四時頃帰宅す。けふ拝観の人、いつくも／＼立錐の地なきほどにて、近在より鉄道に乗て来れる人多しといへり。途中所々ニ公立学校の生徒并立して拝をなせり。〈頭書〉今日ハ国喪なれバ諸官衙及議院共休。

廿六日　晴。

貴族院へ出、予算案議定細則案を議す。内閣より廿七日より三月七日まで議会延長の命を達し来ル。五時前散会。

廿七日　曇。
法律講義録取調。
廿八日
貴族院へ出。酒造税則廿一条改正請願。岐阜県分合請願を議す。今日ハ出席員定員ニ満たず。漸く十一時過に開場ニ至りたり。〈頭書〉守田室母より祝哥礼状来る。
本年一月已来インフルヱンザにて歿せし知己〔○ハ知己ならざる人〕。
三条実美公　柳楢悦　○元田永孚
正行寺　水野忠雄〔老病〕妻木頼矩
間宮八十子〔老病〕津田出妻　落合直澄
三月一日　曇。風寒し。日曜
何事をなすに懶ければ、午後佐藤誠実行、兄正行寺弔詞を述ぶ。浅くらや行、公卿補任五十一冊、十七円ニ求。外ニ皇居年表・物語分類・筆の御霊・文録（緑）清談其他取よせ。○黒川家より駒込まで前月月謝贈来る。〈頭書〉大学公布紀念日ニ付、午前九時帝国大学行。運動場にて総長演説あり。一同へくわし折を賜。○清水来ル。写物頼。
二日　晴。
大学出、選叙令を授く。正午駒込行。○清水駒込へ来。筆の霊〔浅くら本〕原書渡。
三日　曇。
夕刻日本法律校行、講義。神田川にて晩食、帰る。○貴族院へ出。蜂須賀氏の衆議院より回りたる予算案を来ル五日正午までニ調了るといふ議に不同意の人もあり。したが多数にて決したり。次に外国ニ於て日本婦人保護案の秘密会議ありて四時頃散会。〈頭書〉今日松方大臣出席演説中叡慮云々の言あるにより、議場や丶動揺せり。
四日
大学出、万葉集・獄令を授く。午後国学院行、職員令を授く。
五日
貴族院へ出。〈頭書〉桑原より手簡。外交門校正、米村引受候由。
六日
貴族院不参。○法律校講義録取調。
七日
十時過貴族院へ出、午後三時過休憩之節、退出。後ニ聞。

本日は四時四十分斗にて散場ニ相成候由。帰路猿楽丁水原行。哥舞音楽史一部送る。〈頭書〉紹介之煙草税則請願書、願人肩書無之ケ処有之、下附となる。

八日　日曜

議院閉場式ニ付、午前十一時参内。今日ハ出御無之、西郷大臣、聖詔を朗読さる。○午後一時卅分学士会院行。細川・加藤演説あり。暮て帰る。夜江沢招。請願書返ス。〈頭書〉鷗遊館にて久保季茲五年祭有之。不参す。／清水来ル。筆の霊写出来。

九日

十時大学出、選叙令・継嗣令・考課令〔初〕を授く。了て駒込行。○午後三時川田行。古事類苑印刷之事ニ付協議なり。木村・黒川・本居・久保・桑原等来会。六時過帰ル。〈頭書〉本日内閣大臣一同にて赤阪離宮を拝借し、議員一同を招、園遊会催之旨、去ル五日山県総理大臣ヨリ招状あり。不参す。／川田ハ漸く離床。近日鎌倉地方へ転地療養におもむく由。／黒田侯爵眼病ニ付、十五日頃より近県旅行、来月一日頃帰京之旨、執事より申来ル。

十日

〈頭書〉和田英松古事類苑印刷校合之事、皇典所より談有。

十一日

十時大学出、万葉集〔三〕・獄令を授く。午後一時国学院行、職員令雅楽寮より主税寮に至ル。〈頭書〉貴族院書記官長より来ル十四日観音崎及富津砲台縦観之事、衆議院議員より出願により本院議院にも可差許旨、陸軍省より通知之由、報あり。／横井より来書。

十二日

古事類苑文学部再訂。○午後四時横井入来〔コップ賜〕。商業史編輯の談あり。○田沢耕母、北海道より六年ぶりにて入来。○小杉へ古語拾遺新注八本もたせ遣ス〔岐阜柿送る〕。〈頭書〉小堀より筆の霊画写出来。／平田より来廿一日祖母并胤雄霊祭之事申来ル。追て不参之旨申遣ス。

十三日

西沢之助入来。○制度講義録を草する。終日。夕刻使之来るに渡す。〈頭書〉貴族院議院懇親会延遼館にて有之。不参す。

十四日

十時大学出、久々にて紅葉賀巻を授く〔一時間〕。了て駒込行、午後二時頃帰る。久米より借用せし本を以て大鏡へ書入。〈頭書〉金子書記官長より宮中遺失の眼鏡襷飾送り来ル。

十五日　晴、北烈風。午後止。　日曜

如蘭社惣会ニ付、午前十時過開華楼行。今度江戸会と合併にて開会ニ付、主幹内藤・河瀬より江戸旧事考一冊を出席員ニ贈る。村岡・渋谷ハさら也。松平〔信正〕・野口・大川〔通久〕其他四十人斗り来会。○国会新聞社員小原太衛来る。○帰後入谷行入浴。○おさだ過日之礼ニ来る。〈頭書〉朝和田・岩もと来ル。古事類苑法律部談じあり。

十六日　曇。

十時大学出、考課令を授くる事二時間。○本日午後三時工部大学にて総長演説ある由なりしに不参。○帰宅後、朝野氏寿蔵の碑文に取かゝらんとして、まづ唐類函太平御覧取調。○夕刻松本来ル。大学より書籍借用ニ付、証紙へ調印遣ス〔二枚〕。○文部大臣へ来ル廿一日招請に応ずる書、華族会館へ貴族院規則調査ニ関する費用割合廿三銭一厘為持、萩原去月廿五日死去ニ付遺族へ香奠五十銭贈る。〈頭書〉皇典所朝倉柳二郎来ル。古事類苑文学部紙員取調。おしん、熊坂行。

十七日　細雨。

十時大学出、歴史神代・帝木・品定、午後枕草子・大鏡〔国文一・二年生〕を授く。三時過駒込へ廻り、賀会之事談じ。清名幷福〔犬名〕をつれて帰る。〈頭書〉堀越より来廿二日按内状来ル。／皇典講究所より古事類苑印刷わり見本出来分廻ル。即日小堀へ遣ス。

十八日

十時大学出、万葉・獄令を授く。午後一時国学院へ出、生徒質問を受く。○午後工科大学にて惣長演説ある趣なれど不参す。後ニ聞く。定額減少〔五万円〕により向来の談也と。○三時過帰宅。朝野氏碑文草案成る。○お栄来る。清名帰る。〈頭書〉来廿日法律学校試業問題出ス。

十九日

法律学校講義録草案。○松田隠居入来。○夕高橋坤二入来。試業三十日ニ延候由。○朝和田来ル。法律部附箋一覧。○朝野碑文駒込へ廻ス。条公御事哥清書共。○夜年賀哥幷はし書稿成る。○桑原来ル。校正料之事也。〈頭書〉鳩、家の内に飛入る。ふせこに飼ふ。／小堀に古事類苑大学条一巻渡。帰後法律部さし画もたせ遣ス。

廿日

稲垣来る。明日之会之事也。○大鏡かき入。○午後二時永田丁芳川大臣邸行。小集也。立食之饗有。文部省・大学のミならず、他省の奏任官をもミ受たり。四時過帰宅。〈頭書〉鳩を浅草寺詣内に持行、放す。／佐原清宮より古学小伝料請取書、去十八日出之は書《（端書）》届く。／川崎へ近世年中行事画巻返ス。

廿一日　雨。　春季皇霊祭

万葉集巻三かき入。○午後二時無極庵行。下谷清賞会有志祝寿会幹事催ニて老生七十賀・中根半嶺還暦賀・守田室母・沢田雪渓・松岡緑堂・益井春芥五十賀等の祝宴也。来会者区長辻吉亭氏をはじめ五六十人。坐定り配膳了て稲垣氏立て祝宴催の大意を述ぶ。次に予哥文をよむ。老人何がし詩及通常文をよむ。幹事杉原・区長辻立て小演説あり。三時卅分辞して哥舞伎坐行。二番目より見物。団十郎葛の葉、所作にコンクワイを交へたる、妙也（常盤津・竹本・長唄等列坐）。夜八時打出し。九時過帰宅。〈頭書〉今日史学会にて徳代《（ママ）》時代質問会、不忍池長酡亭にて有之。小俣景徳出席之由。

廿一日　雨。正午前止。　日曜

小川銀二郎外一人来る。近日遠足会催、相談也。○古事類苑神祇門佐伯有義稿本一閲。

廿二日

大学出、考課令・録《（禄）》令を授く。正午過駒込行。〈頭書〉朝木村行、古事類苑之事種々談じ。

廿三日

大学出、午前神代史・はゝき、、午後枕草子・大鏡を授く。三時過駒込行。お栄他行申也。晩景神田川にて晩食、帰る。〈頭書〉駒込へ佐伯招稿本渡。／朝出がけ稲垣へ過日礼ニ行。

廿四日　晴。

大学出、万葉・獄令を授く。正午過帰る。○二時頃より木村行、面会。古事類苑改号其他之事談じ。光明寺墓参。浅くらや行、書価廿五円渡。公園内岡田にて晩饗。計らず大槻文彦氏に逢ふ。晩景帰る。〈頭書〉第二期授業本日に了ル。稲垣答礼ニ来ル。不逢。

廿五日

朝岩もと招談じ。○皇典所桑原へ種々申遣ス。松野事近日帰京したりとの報来る。〈頭書〉小堀さし画持参。着駄政也。／庭作来ル。牡丹花壇を作ル。

廿六日　晴。
大学生第一期試業書取調。終日。○おたつ万丁銀行遣し金百円取寄。○夜雇女お幸下ル。今朝代女おきよ来ル。下落合村之者也。
廿七日　晴。
試業書調了。入谷行入浴、帰る。昨年営繕費取調。○夕日本橋法律学校生徒三名惣代として入来。試験延期懇請にて事務掛へ之書を与ふ。○義象来ル。明日奈良へおもむく由。〈頭書〉華族会館より月曜会之報有。／貴族院永田丁へ移転之報有。／切抜通信を加藤ニ命じ貼立。
廿八日　曇。午後より雨、夜ニ入。
朝増田来ル。謡曲注摺本持参、序文頼。今日午後九時之夜気車にて義象同行発途、明日午後三時には西京へ着候由。○法律学校教務係長谷川吉次来ル。懸違ひ逢はず。○午前十一時文科大学出、学生ノ歴名取調。夫より帝国大学行、加藤総長面会。経費節減之事ニ付談あり。○十二時駒込行、文部省へ辞職願書、大学まで差出。○一時卅分法律学校行、二時より試業、三時過までニ了ル。たゞちに点数取調、四時卅分頃帰ル。○おたつ駒込行。今夜泊。よしかた九時出発。
廿九日　晴。日曜
千住奈良屋栄二郎・讃岐琴平山松岡調等久々ニて入来。○芳賀矢一来ル。明日文科学生百草園へ運動会ニ付、金弐円送る。○午後駒込行。明日頃より演説下調ニ付、材料之書持来ル。〈頭書〉過日松平確堂君薨去。今日寛永寺へ葬儀ニ付、近辺見物人群集す。
三十日
辞職願ニ医師診断書添ふべきにより久河行、頼ミ。
三十一日
夜、依願免本書辞令《（ママ）》書幷大学より嘱託講師之辞令書廻る。
四月一日
二日
三日
四日
五日　日曜
根岸武香入来。古文書一巻持参。印刷ニ付奥書頼。
〈頭書〉大学総長、本日西京へ発途。
六日
七日
〈頭書〉夜文部省より永井添書にて聖詔衍義稿本一覧頼

来ル。
八日
永井より之稿本へ附箋。○租調庸略説下調。
九日
永井入来。稿本渡。○御用召ニ付、午前十時爵位局出頭。特旨を以、従五位に叙せらる、辞令書を受く。即ち東御車寄せより参内、拝礼す。
十日
朝、永井秘書官入来。稿本持参。○演説下調成る。○今夜十二時義象帰宅之由。奈良・吉野・大阪・播磨道・西京・大垣等へ廻りし由。〈頭書〉庭桜散かた也。
十一日
午後二時久米行。静見花といふ兼題にて哥会なり。小杉・飯田・魚住・本居・高平等入来。晩景帰る。〈頭書〉木村世継の孫死去の訃音あり。△墨川にて大学競舟。
十二日　日曜
午後一時前、学士会院出、租調庸略説演説。杉亨二富国強兵の演説あり。○朝永井入来、稿本渡。○松岡入来。琴平霊験記稿本持参之処、不逢。〈頭書〉木村へ悔ニ行。
△墨川にて高等中学競舟。

十三日　晴。
休暇後初て大学へ出。祿令・宮衛令を授く。十二時ニ了て(1)○夕刻佐藤行。根岸古文書持参、相談。〈頭書〉午後おたつ、木村葬式ニ天王寺行。／朝松岡入来。落合へ之添書渡。
十四日　雨風を交ゆ。
大学出、古事記・源氏品定・枕草子・大鏡を授く。了て駒込行。五時法律学校出、徳川条演説。了て久保面会。〈頭書〉庭のさくら皆散たり。〈十三日条〉〔十四日也〕
出がけ帝国大学行、五十嵐ニ面会。恩給願書之事談じ。
十五日　曇、冷気。
大学休。○三作に命じ歴史書した、めさす。○根岸頼古文書印刷の跋、草案。○臼倉より来書。
十六日　曇。
午後一時前出宅、本郷区役所へ出、戸籍写へ証明書頼ミ即刻出来。通一丁目大倉書籍店にて省亭画譜一・二求。○音楽略史・少年歴史等取添二時卅分斗黒田邸行。武家役員条を授く。五時過帰宅。〈頭書〉皇典講究所へ古事類苑廿二冊返ス。
十七日　曇。夜雨。

恩給願書・履歴書・戸籍写共帝国大学へ出ス。○法律学校講義録勘解由使以下原稿成る。

十八日　暁小雨、後曇。

〈頭書〉正見慎一より去十五日出郵書来ル。

十九日

正午駒込本宅へ全く帰る。おたつハ少しおくれて帰る。

廿日

〈原欠〉

〈五月十一日〉

〈五月廿五日条〉○〔此事ハ去十一日也〕午後三時和泉丁琴平出張所行。松岡氏明日出立ニ付招請也。小杉・村岡・井上頼国其他面会。

五月十四日　晴、和。暑気催す。

本日は黒田家授業日之処、露皇太子御見舞の為、国家学会物代として今夕京都へ出立之旨、午前郵書来る。○客冬已来初て少閑を得たり。依て新築建増之座敷辺諸物を整頓す。〈頭書〉おたつ日本銀行行、公債利子半年分受取。○福羽子爵より郵書問合之事あり。即日返書。／△貴族院より露国皇太子御見舞として、議員惣代両名、西京へ去十二日発にて近衛・千家出発之旨報知来ル。

十五日　晴。南風つよし。

昨年来諸方より頼まれ候染筆する。小杉〔帖〕・松本〔八十年賀哥・唐紙〕・桑原〔七十年賀哥。外ニたんざく〕・関禎太郎〔長野県人。たんざく〕・萩原〔哀傷唐紙〕・長井十足〔たんざく二〕・英学校生徒〔色紙・たんざく〕・西村〔室母。絹地〕等也。此内本日新ニ詠出之哥七首あり。夕四時頃小杉同道にて徳島福岡朋八来ル。哥人之由〔本居門か〕にて短ざくをこふ。二葉したゝめ遣ス。〈頭書〉おミち来る。大阪宮嶋より年賀祝目録持参。／高崎正風妻去十三日死去の赴音有。依て今日よしかた弔ニ遣ス。両人にて蠟燭一箱送る。／京都榊原へ花料一円、今日貨幣早達便追分取次所へ差出ス。

十六日　小雨。暖気正午六十九度に至る。

花の宴の巻下見。十時大学ニ至り授業。午後五時根ぎし行、一泊。○大久保春野より祝之贈物として反物・詠哥賜ル。明後日より十日間千葉県へ出張之由。〈頭書〉△凶行人津田三蔵勲七等を褫はる。／△新聞・雑志又ハ文書・図画ニ外交上に係る事件を載る時ハ、予め内務省ニ草案を提出せしむべき勅令あり。／△学士会院より御見舞惣代三宅秀より慰問書差出し電報来由報知。

十七日　晴、冷気。　日曜

根ぎしにて松岡依托により、琴陵草する処金刀比羅霊験記序・崇徳帝御震翰・六字名号添書等書あらたむ。○正午帰る。午後一時高崎正風妻葬式〔去十三日逝去〕ニ付、青山葬地行。三時過帰宅。〈頭書〉△高島中将陸軍大臣に転じ、大山氏ハ陸軍大将兼枢密顧問官に任ぜらる。／西村へ清道遣ス。

十八日　晴。

大学出、公式令をはじむ。正午了ル。○長井誠より老母昨夜二時死去之赴音あるにより、午後弔ニ行。奈良正・斎藤悴・片山・妹尾悴等ニ面会。〈頭書〉△露国皇太子明十九日御帰国之報昨夜宮内省に達したる旨、新聞にあらはる。○阪本山崎国兵娘おすミ死去〔十六日〕ニ付、香でん送る。○山梨県尾谷三右衛門より昨日出之郵書届く。機嫌聞ナリ。

十九日　曇。

大学出、神武紀・はゝきゝ・枕草子・大鏡を授く。五時日本法律学校へ出、今日より財政の制度をはじむ。帰路神田川にて晩食。〈十八日条〉○〔十九日也〕加藤、黒川へ遣し、集古十種返ス。根ぎしへ廻ス。八史経籍志・四庫簡明目録取よせ。

廿日　快晴。

大学不参。○陰陽道考下調にかゝる。○午後一時国学院へ出、職員令を講ず。○大槻修二、桜雲台より手紙来ル。年賀之事ニ付、よしかた・中村・関根等へ往来。〈頭書〉大垣金森へ古事記総論郵送。

廿一日　快晴。暑気正午七十九度ニ至る。

黒田不参断。○陰陽道考草案にかゝる。夕刻根ぎし行。○朝関根来ル。近日年賀催ニ付、堀越方懸合之談なり。○京都榊原より廿日之郵書届く。過日弔詞進物之礼也〈頭書〉皇上京都御発輦。／清道書付出ス。

廿二日　晴。

根ぎしニ在。終日陰陽道考を草す。夜八時に至り落成す。○夕刻清道来ル。堀越方都合宜敷により年賀弥々廿七日ニ催ス事ニ相成候由。○琴平出張所へ松岡へ送る一封頼ミ。〈頭書〉△本日十二時新橋御着。（闕字）御還幸大学教員一同二重橋外へ奉迎之処、不参す。／○熊阪良平年賀入来。ふくさ賜。／○大久保春野より使を以年賀祝物賜。

廿三日　晴。寒暖計正午七十七度。

大学不参。午前九時帰宅。○御還幸ニ付、天気伺として正午過参内。貴族院議員は別ニ御門鑑を要せず、徽章を験とす。午後一時皇典講究所へ出、三時過より陰陽道考演説す。四時過了て帰る。今日伴(阪)正臣聴聞面会。〈頭書〉今朝よしかた吉川行。往復端書弐百七十枚あつらへ夕刻出来ニ付、夜中村氏入来。義象幷おのれと共に各氏名したゝめ即刻郵筒へ入ル。／○大垣金森より廿二日出之書届く。柳(梁)川翁霊祭文頼也。即刻返書出ス。〈廿二日条頭書〉○麹丁沢柳次郎八年賀ニ来ル。目録幷正宗弐瓶を恵る〔廿三日ナリ〕。

廿四日　晴。南風つよし。　日曜

午前十時虎ノ門琴比羅事務所行。好古会なり。福羽氏出席にて、爾来会長を松浦詮氏ニ改る由を演らる。楫取素彦・小杉・岸田〔吟香〕・藤井・東宮・松本其他ニ面会。○早朝雑戸考訂正清書のため岩本へ送る〈頭書〉香川県近藤秀太郎来ル。大学撰科之事聞合ナリ。

廿五日

大学出、公式令を授く。

廿六日

大学断。○黒川量考稿、皇典所へ送。○文部大臣官房より、恩給履歴書之事ニ付、問状来ル。即日返書出ス。○島田博士より祝章を賜。○南摩氏入来。祝章を賜。〈頭書〉史学会雑志原稿出来。岡田正之へ送ル。

廿七日　快晴、和。

年賀当日ニ付、午前十時過義象・三作・清道幷ニ来会之おミち・おさだ幷孫・おしん・藤右衛門・初太郎・斎二郎・お栄・清名・清象・おミつ等ニ寿盃を廻らす。昼飯了て午後十二時過桜雲台行。義象・三作幷幹事大槻兄弟・中村・関根・増田・落合・萩野幷書肆吉川・青山・福田等早く来る。次で小杉・博文館主・浅くらや等来る。午後二時頃より来賓続々絶えず。三時過諸座敷の来賓にあいさつす。四時卅分頃上下の賓客を皆弐階の広間に請じて謝辞を述べ、了て福羽従三位の祝詞あり。おのれ答辞す。了て余興之踊子宝三番叟〔染五郎・雷蔵〕・鶴亀〔堀越娘両人〕・祝神楽〔堀越連中〕・瑞穂の栄〔堀越娘〕・神楽勧進帳〔堀越連中〕等の舞曲あり。六時過了ル。堀越も来会す。本日晴天なりしかば、意外賑々敷来賓弐百名、幹事及家族堀越連を併せて弐百五六十名に及びたり。八時前衆客皆帰らる。幹事諸君を集めて後宴す。おのれ八十時頃帰宅。よしかた八十一時頃に及べり。目出度相済。

廿八日

義象桜雲台遺ス。大槻如電ニ会し会計を済ます。○市村瓚二郎より東邦協会之事申込。〈頭書〉萩原正平より過日追悼哥の礼書来ル。

廿九日

午後黒田行、財政之事を述ぶ。五時頃了て飯倉邸行、正二位公拝謁、過日の礼を申す。高橋面会。帰路斎藤行、面会。夕刻帰る。〈頭書〉朝辻次官ニ礼ニ付田村へ寄。／池のはたにて買物する。

三十日

大学出、葵巻講義。○大須金森頼し来月七日柳《（梁）》川星厳《（巌）》翁霊祭祭文を草す。○福羽へ使遣し、年賀之哥幷鰹節料〔二円〕、まが玉・くわし遣ス。○村岡入来。同道、大学図書館行、続後紀借用。〈頭書〉義象・関根と共ニ堀越行、娘へ紅一函を贈。神楽料ハ五円送る。

三十一日　日曜

守田・堀越招請ニ付、正午より森田座行。一番目菊五郎三条公にて七卿落、桂小五郎にて京師危難大宰府の夢にて菅公天拝山祈等、何分人品あしく不受也。大切愛宕館浄るり半にも至らしすて《（ママ）》打出し。守田氏困窮ニ付、俳優一同無給にて勤候由。夫故か始り遅く午前二《（ママ）》時頃漸開場なり〔追書七月二日閉場〕。○大槻如電氏へ過日礼反物弐反送る。関根・中村等へも同断。○如電氏より近世偉人伝一冊給。愛国偉跡《（續）》一冊を借用す。祭文料也。〈頭書〉福羽より返書来ル。／吉岡信一より来書。

六月一日

大学出、公式・厩牧二令を授く。○金森へ祭文を郵送。○吉川信一へ返書。○大槻文彦氏へ過日礼反物二送る。

二日

大学出、崇神紀・夕がほ・枕草子・大鏡等授く。○五時より日本法律学校出、財政之事を演ぶ。

三日

大学出、万葉集・貞永式目を授く。○午後国学院出席、職員令を授く。帰路加藤総長を訪ふ。不逢。日本制度通を贈る。

四日

午後黒田行、法曹至要抄を説く。夕刻根ぎし行、泊。

五日

根ぎしにて法律学校講義録取調。
六日
大学出、葵巻講義。○〔五日歟〕当一月中国家教育社長伊沢修二より依頼之聖諭大全取調書出来候付もたせ遣ス〔八日渡〕。○皇典所より陰陽道考浄書来ル。○讃岐松岡より郵書来ル。○加藤総長より来書。〈頭書〉午前手書到来に帰宅後返書。夕四時松浦伯邸行。茶事也。上客は西四辻・由利・拙子・石黒〔医〕、ツメ伏見や〔忠二郎〕・清水等也。夜ニ入帰る。
掛物　定家卿記録キレ　花　夏椿
茶杓　遠州　水さし　人形台
茶碗　ト、ヤ　茶入
七日　日曜
堀越招請ニ付、哥舞伎坐見物。七日目也。一番目春日局、弐番目播随長兵衛、村山座にて坂田金平〔新蔵〕演劇之処尤興あり。八時散場。十時前帰宅。〈頭書〉平岡より来書。伊か保行之事申遣。
八日
大学断。〈頭書〉△中村博士、昨日午後二時死去之赴音有。
九日
大学出、崇神紀・夕がほ・枕草子・大鏡〔三了〕等を授く。○午後菅喜田手紙持、小篠清根来ル。国文書編輯之事也。○磤稲綺道秀来る。高松保郎より頼まれ断腕記材料持参〔くわし賜〕。標注徒然草一部を送る。〈頭書〉大学総長ニ内情談じ。／○三田・小山、難波まちより明十日出立、広嶋県呉港へ一同転住之事申参ル。
十日
大学出、万葉集巻三了・貞永式目了。○午後国学院行、職員令を授く。○三時より上野不忍畔長酡亭行、竹本要斎出席にて、旧事諮問会アリ。暮て帰る。重野博士に逢。恩給之事問合せ。
十一日
午後黒田行、財政之事了。細川潤二郎行、日本制度通贈。根ぎし行、泊。○金森へ詠哥、幷祭文訂正之稿送る。〈頭書〉租庸調略記ツヾキ取調をはじむ。
十二日
租庸調略説ツヾキ取調。○中村博士葬式、午後天王寺墓地にて神葬之処、取調中不行。義象行。
十三日

大学断。根ぎしより午後一時浜丁相鉄行。鶴久子哥会也。三時九段鈴木行。文科大学卒業生一同写真之ため也。夕刻黒川行、面会、田地之事問合せ。今夜根ぎし行、泊。○根ぎしにて増田頼謡曲新評序成る〔十四日駒込持〕。〈頭書〉帰路佐々木弘綱見舞ふ。近日危篤なり。○今日外山ニ内情談じ。

十四日　日曜

朝駒込へ帰る。○午後二時前学士会院出、租庸調略説の続キを演ぶ。今夜根ぎし行、泊。〈頭書〉△本日午後一時日本法律学校にて講談会有之、山田伯はじめ出席之処、学士会演説に付不行。

十五日

根ぎしにて学士会院雑志原稿調。○足立より菊御紋之事問合状来ル。○佐々木へ見舞物遣ス。病中も猶哥をよミし由。

十六日

駒込へ帰る。○夕刻日本法律学校出、財政之事談〔今日了〕。○学士会院雑志原稿調了。○十七日迄当一月中国家教育社長伊沢修二より頼ミ聖諭大全取調。〈頭書〉足立へ返書出ス。

十七日

午後一時国学院出、学年学期之試験する。○午前学士会院雑志取調書、寒沢宅迄送る。○南摩より日本紀之事問合有之、即刻返書。〈頭書〉○〔十五日頃より歟〕今日より土蔵内営繕にかゝる。棚板戸棚の類なり。〈八日条〉〔十七日〕当一月中国家教育社長伊沢修二より依頼聖諭大全取調書にかゝる。

十八日

午後早々黒田行、法曹至要を授く。二時過紅葉館行。三条内府百日祭〔今日ニ延行〕。哥会兼題春後思花懐紙を備ふ。徳大寺・九条・松浦・三条西・西四辻・東久世・鍋島・高崎氏など幹事也。佐々木顧問官・毛利公其他宮内省の人を専らとす。〈頭書〉黒川・木村・久子・多田・小杉・哥子等来会。すべてにて八五十人ほど也。(闕字)　両陛下より霊前御備物葛ちまき出席人へ配分。

十九日

頼まれたにざくなどしたゝめ。○物集より近日撰科入学試業問題を要候旨来書ニ付、歴史法制分取調即答。○近日旅行ニ付、雑用くさ〴〵あり。〈頭書〉黒川へ集古十種返ス。

廿日
国学院試業点数并皇典講究所寄付金之内十円、今日義象出席ニ付もたせ遣ス。○清道午後帰ル。吐血致候由。依て廿二日迄欠席之事、成城学校出ス。高山ニ診察を請ふ所、気関《ママ》をいためし由。〈頭書〉大学へ一寸出ル。夫より南千住もミ療治行、根ぎしへ泊〔一度十銭〕。午前平岡来ル。生魚を賜。○今日より便所直しニかゝる。
廿一日　雨。夜九時頃雷雨、又つよし。　日曜
午前永井久一郎行。熊坂尋、夫妻共他行、不逢。吉田賢輔氏尋。松浦行、公爵面会。午後二時本郷大八洲学会行。昨年亡せし会員之祭也。兼題夏月・当坐道の哥よむ。本居・久米・木村・小杉・飯田等之幹事并伊藤〔圭輔《ママ》〕・松本〔新右〕・大槻〔文彦〕・三浦・吉岡其他ニ逢ふ。〈頭書〉久米頼ニ付、いさゝか演説す。○伊勢錠五郎をこひ清道診察頼。
廿二日
旅装する。○午後五時前出宅。中村・伊セ・横山へ寄〔南千住行。療治〕、面会。夕刻根ぎし行、一泊。おたつも別に来ル。○清道向三十日引籠療《ママ》用届、成城学校へ出ス。○今日にて営繕全く出来。〈頭書〉今日聞。昨夜三ケ処ほど落雷有し由。いかさま初メ一度ハ出しぬけニつよかりし。
廿三日　晴。寒暖計正午七十七度。
朝曇りたれど、やがて晴たるハ此ころの空合也。四時卅分頃朝餐を喫し旅装す。おたつ同道、五時出たちて停車場行。こゝまで三作同行せり。六時発の気車ニ乗、九時三十五分前橋着。茶店にて車二輌を誂ふ。一昨夜の雨にて本道なる舟橋損じたれバ脇道を廻るといふ〔小一里遠し〕。総社・大久保などいふ始ての村路を経て、午後一時前渋川へ着〔車中都新聞をミる。〕、昼食す。こゝより綱引二人を雇ふ。然らざれバ道はかどらざれば也。伊香保に近づく頃少し雲たちたれど、又晴たり。四時頃木暮八郎の宿につく。夫妻とも出京中なれど、主管その外知る人なれバ都合あしからず。滞留中雇入の婢おとく、これも知る人也。〈頭書〉今日夕刻紅葉館にて大槻氏言海落成祝、高崎・富田両名催有之。予出立ニ付、会せず。後日聞。伊藤伯はじめ名士出席。盛会なりしとぞ。
廿四日　曇、冷気也。
川田博士の得閑隙録を一過し新聞をミる。外いまだ何ごとにも着手せず。此ほどより下痢の気味ありていさゝか

疲を労《（ママ）》えたり。但しいつも温泉行にハ着の翌又ハ翌々日までも何事も手につかざるは常の事なり。○暑中前と世間の不景気なると、又いつも夏霜枯とて客のなきとにて、いづれの温泉宿も浴客少し。されど町中にて二百名ハあらんといへり。○夜同じやどりなる設楽禎作とひく《（来）》。碓氷郡里貝村の人にて、同所高等小学校在勤のわか者也。〈頭書〉駒込根岸両所へ郵書出ス。追て駒込へは書《（端書）》ハ午前市中散歩の時入筒せり。

廿五日　さく夜より雨ふる。午前十時前より晴口ニなり、山漸くミゆ。

高保《（松）》保郎頼の断腕記のはし書かゝんとて、まヅ貴紳学者より寄せたる漢文詩哥幷愛生館記、同処設立説明書を一読す。午後木暮金太夫のうら手の方を散歩す。此右の山ハ近きころ御料地となれる標木たてり。○平岡好国頼の彦火々出見尊をよめる長哥を稿す。〈頭書〉家に在たる頃より日ごとに下痢したるが、今に止まざれば此町に住める医森本何がしを招きて診察をこふ。

廿六日　曇。夕かた雨ふる。夜ニ入る。

断腕記のはし書初稿成る。凡六葉ほど。○寄居文集をミる。○高松へ郵書す。問合せの事あれば也。又高崎田島へもは書《（端書）》贈る。〈頭書〉午後湯もと道を散歩す。／晩杜鵑の声を聞く。

廿七日　半晴。この所へ着ての後、遠山を全くミしはけふを始とす。

はし書を再稿す。○三作より廿六日出之状とゞく。○よしかたへ来卅日手当金請取の事いひやる。〈頭書〉森もと来る。

廿八日　半晴。午後いさゝか雷鳴す。後晴。　日曜

はし書第三稿成る。これにて殺青也。○午後郵便を出しながら町の東方を散歩し、遂に田歩に至る。帰路温泉山に登るころ頗る暑気催す。○午後茨城県真壁郡下妻町なる青木弥一郎とひ来。同宿の者にて呉服商のよし。扇面四本に哥かきやりたる礼也。○設楽生とひ来《ク》。断腕記摺本愛生館趣旨書等貸す。○午後内藤より頼之温知叢書序文を草す。〈頭書〉都新聞社石川慶三方へ聴雨堂書画記はし書の事ニ付、郵書幷右画稿等送る。／文科大学生菊池寿人より試験書取郵送。／○後ニ聞。今日駒込にて赤飯配る。卅日同。

廿九日　よく晴たり。

温知叢書序再案成る。清書して過日の長哥と共に義象か

たへ送る〔卅日発〕。○高松へ断腕記はし書の成稿を清書して送る〔卅日発〕。〈頭書〉森もと来る。散薬をも贈る。／高崎田島より返書来る。

三十日　曇。小雨ふる。午後半晴。
設楽生来り談ず。幷ニ按摩等にて午前ハ休息す。○午後三時過駒込より大学々生々徒試験書、読売新聞等到着。因て試験書取調。○夜十一時過木暮夫妻東京より帰る。〈頭書〉下痢漸く止む。設楽生ニ短ざく一葉した〻め遣ス。

七月一日　曇。
義象方へは書出ス。試験之事也。○試験書取調。夕刻までニ終る。○東京増田于信より謡曲新評を送らる。○よしかたよりは書来ル〔昨日発〕。○夕刻やどりより鶏卵茶碗むしを贈らる。〈頭書〉本日より当所より午前午後二度の郵便使出るときく。

二日　雨、冷気。午後曇。
東京大学生竜口了信より試業書郵送。○文科大学へ試業点数書中村・増田・三作等へ郵書出ス。○午後より日本法律学校講義録原稿十葉斗を草す。晩景に至る。〈頭書〉東京より去廿六日出にて通運より小袖一枚と〻のへ。速ニとりかさねたり。／夜按摩す。

三日　雨、午後止。
よしかた昨日発にて月尾会計之事申来る。○文科大学生中山再二《（次）》郎より試業書郵送。○法律学校幷駒込へ郵送。佐々木弘綱翁去廿五日死去之由、承知ニ付、信綱へ弔書送る。○皇室典範講義巻六訂正取か〻り。〈頭書〉文科大学へ中山・瀬根の点数送る。文科大学撰科生下野遠光より郵書。〈四日条頭書〉〔三日也〕政治学生瀬根重二郎より試業書来ル。本課生ニ付即刻取調。

四日　曇。
華族会館へ郵書〔勘解由小路君まで〕。別ニ講義巻六を郵送す。○典範講義巻七訂正成る。○下野へ返書出ス。○文科大学より中山点数其他之事にて郵書来ル。即刻返書出ス。○茨城人青木の室をとふ。下妻町の人斎藤幸三に逢ふ。○設楽生本日帰家ニ付来訪、氷飴一包を恵まる。榛名道をか〻り是《コヽ》より七里ほどの路といふ。△按摩云く。此所ハ确土なるにより壁土を麓より運ぶに便あしく、かつ価高し。故ニ然るべき家も大かた板ばり也と。小暮の家なども皆紙にて貼せり。屋根も西洋まがひを除く外ハ皆こけら也。町中の石階損したる所ありて、老足にハ至てあゆミにくし。〈頭書〉国史一年撰科生堀常二郎より試業書来ル。〈三日条頭書〉〔四日也〕伊香保神社祠官堀口貞歆とひ来。ますの魚鑵詰を恵る。

五日　昨夜より雨。午前九時頃より晴口になる。　日曜

三作より昨日発のは書《(端書)》并都新聞数葉今朝届く。○典範講義巻八訂正成る。巻七と、もニ今夕差出。○此ほどより折々文則をミる。〈頭書〉中邨秋香氏の来状とゞく。／茨城人に新聞貸す。

六日　夜来細雨。今朝より霧たちこめて、わづかのほどもミえわかず。冷気也。正午頃晴口になる。

向ひの客舎に宿りせし高等中学生徒〔法科〕橋本豊太郎・高崎小学校教員西群馬郡大類村の人新井盛多とひ来。扇・短冊の染筆頼。○此やどの番頭ふたりより頼の絹地たにざくしたゝめ。○客年家作営繕の会計書取調。○高田早苗氏美辞学上巻泛読。〈頭書〉皇典講究所より講演検閲月番の事ニ付、郵書来る。即日返書出ス。

七日　朝霧きのふのごとし。正午ニ至り少し山ミゆ。三時頃より雨。

島根県三谷・徳島県大久保・長野県矢野口・京都市榊原等へ郵書さし出すに付、午前より午後二時過迄かゝりたり。但し哥二巻即案を加ふ〔矢野口・榊原〕。○午後普請経費取調を終ふ。〈頭書〉高松保五郎・華族会館・高崎の田島等より昨日発之書状、今朝とゞく。／東京よりおたつ羽折其他とゞく。去三日発なれバ、通運ハ五日かゝる也。／橋本生来ル。今日郷里越後へおもむく由。

八日　さく夜より雨。明かた止。朝霧こめたれど、めづらしく日光をミる。午後晴、夕かた曇。

新倉錠二郎とひ来。きのふ小暮金太夫の家に着候由。○岸又太郎とひ来。大和芳野人土《ト》倉何がし去年此山の麓の地（官林にて馬草《マクサ》場と称へし処）を拝借し、杉檜の苗を多分植たるが風霜にて枯たるも多し。大かた一坪へ六本位の苗を植たり。常よりも多きは大きにいはれ有る事と語れり。こなたへ来がけ岡山に新築の家をミたるが、住居にて折々其家へ廻り来るとぞ。○午後めづらしく晴たれバおたつ共………《(ママ)》湯もと辺遊行。途中の店にてアケビの蔓にて製したる花生籠・手提籠、また湯石にて彫たる硯・竹製の提菓子器など求。岸の家（高き処）をとふ。留主にて逢はず。湯もとより向山を廻る。新道にて随道の形したる処などあり。岩崎別業の門前より坂を昇降して町のうら道へ出たり〔三作方へ来十三日帰京之事

申遣〕。○けふは大学生の試業書四通を披見したる外なす事もなし。帰宅後風俗画報・日本文学史泛読、夜ニ入る。〈頭書〉諏訪忠元・依田雄甫試業書届。光岡正彰同断。

九日　曇。霧こめたり。午後三時頃より雨。夜ニ入つよし。去五月廿五日已来目録取調。○午後木村入来。昨夕武太夫方へ着候由。〈頭書〉茨城人出たつ。／文科大学へ試験点数追加郵送。駒込へ来十三日帰京之事申遣ス。／下野鹿沼原方へ郵書。賀章を乞。

十日　細雨霏々。冷気。
日録取調成る。○落合直澄帝国紀年私按をミる。○好古会規則案之事ニ付、加部案をミる。○午後二時雨中ながら木村氏をとふ。同道にて水月亭行、小酌。晩景帰る。〈頭書〉清道幷依田雄甫より来書。／三作よりはがき来ル。

十一日　朝半晴、午後全晴。夜南風つよし。
朝八時前出立、はる名山行。木村氏同行。伊香保平に至るころ晴て日さしわたれり。十一時前榛名山一宮氏ニ着く。あるじハ前橋の皇典所分局に出張之由にて不在なり。昼食の饗あり。詞《(祠)》掌原田氏按内して社参す。拝殿にて大塔宮の短刀〔釼也。金輪と銘アリ。梵字あり〕・正宗刀〔信玄奉納〕・銘失念〔勝頼奉納〕・大身鎗〔滝川一正納〕・井伊直政鞍・武田家四半などミる。猶社務所にて建久の古文書始数通をミる。社前の古灯籠久々ニてミる。当社へハ八年をへだて、参詣せり。帰路全く晴て遠山もよくミわたさる。湖の眺望愉快なり。二ツ岳に登り十分間斗り燕風呂ニ入る。わづかなれど胸のすく事、妙なり。六時卅分頃帰る。○夜一宮氏とひ来。前橋にておのれの滞在を聞かれたる由なり。〈頭書〉西群馬県《(ママ)》豊秋村狩野利房より郵書。詠哥あり。

十二日　よく晴て、朝より暑気を催せり〔本日の暑、此地にて八十六七度ニ及ぶ〕。
此家のあるじの頼唐紙三・茶孺子・ふくさ・扇子二本・書画帖等した丶む〔医生森もと頼の唐紙、一宮・原田頼のたにざくも〕。一宮来て談話す。○榛名原田御礼持参にて来る。○夕四時過より木村・一宮・原田ニあるじ八郎をも招きて小宴す。〈頭書〉芳賀矢一書状と丶く。

十三日　晴いと暑し。東京正午八十八度五。
朝七時発足。一宮・原田・森本及八郎、坂口まで送りす。八時前渋川ニ至、藍園翁面会。その孫と弟貞歙と馬車の出口まで送りす。九時鉄道馬車一輌を借切〔途中利根川べりにて下り、三町程歩行〕十時前橋に至る。こゝにて中食し、十一時三十五分の気車にて高崎着、午後一時前田島着。あるじ夫妻待歓びて緩々談話す。尋枝子昨年五月頃より脳神経を煩ひ読書・飲酒を止む。此ころ快方のよし也。六時之夜気車ニ乗、九時三十五分上野着。今夜根ぎし一泊。〈頭書〉堀口にて狩野利房ニ逢。／㊍中村正直氏五十日祭菓子来ル。

十四日　晴。暑し。正午八十五度五〔以下八十五度以上のミをしるす〕。

根ぎしにて休息。夕六時前駒込へ帰る。〈十五日条〉〔コレハ十四日夕也〕アセビツルの籠送る。

十五日　晴。夕刻少雨。

行裏(李)中の物を出し整ふ。○夕刻鬚すり。入浴の後中村氏をとふ。〈頭書〉貴族院・文科大学・皇典所等へ帰京届出ス。／熊阪へは書(端書)。(空欄)落合・増田の来ルニ面会。芳賀へ返書。〈十六日条頭書〉〔十五日也〕中村より鶏卵一箱賜、諮問録返さる。

十六日　曇。

支那軍艦定遠号〔横浜停泊〕へ帝国議会之議員を招き、午前十時懇親会相催度旨、去十一日北洋海軍提督丁汝昌・欽差大臣李経方より申来旨、貴族院より沙汰有しニ付、午前七時卅分出宅、八時停車場ニ至る之処、もはや出車にて間ニ合不申、空しく帰る。○旅費を経算(ママ)す。○夜関根・萩野来ルニ面会。○昼市村・安井の来ルニ面会。○昨日内務大臣秘書官より青山重澂外四名教部省にて退官事由問合せ書来ル。依て今日午前右答書郵送。〈頭書〉岡野鉦二郎より試験之事問合来ル。即刻返書。○足立へ御紋章之事ニ付郵書。／熊阪よりは書(端書)来ル。令室過日落車、怪我致候由。／香取憲章外四名より先達て頼の寿蔵碑落成ニ付墨本幷謝儀として金五円・なら附(ママ)弐樽・干海老一袋通運にて贈致。／過日内親王殿下御殿落成ニ付、詠進之事、高崎・佐々木より申参ニ付、一書出ス。／おミつ来る。金円渡。

十七日　曇。午後雨。

岡田正之入来。史学会原稿料持参。○午前高山行。清道転地療養之事談じ。○断腕記再訂。○山田岩二郎入来短ざく弐葉したゝめ遣ス。〈頭書〉加藤、あら井へ目録もたせ遣ス。／○一二日以来の日録調。

十八日　曇。

午後一時華族会館行。貴族院議員懇話会也。幹事ハ一柳末徳・岡内重俊両氏也。正親町・細川・山口・長谷川・佐竹・小松外一名来会。予、来月の幹事たらん事を約す（小松氏同断）。吉川より駿河台高松行、稿本持参。外出ニ付磤稲綺ニ面会。四時頃帰る。○中村氏入来。明日自宅にて文章会之談あり。○夕刻帝国大学書記榎本勝多入来。恩給之事談あり。過日差出之添書ハ無用ニ付返さる。〈頭書〉おミつ来ル。○あら井来ル。八円持参。京都榊原より去五月九日亡妻五十日祭ニ付、自詠染出しの風呂敷郵送。／斯文学会より葬礼略説速記書廻ル。／国文学へ旅中哥三首送ル。／久米氏より新刷校本大鏡四本、吉川ニ托し恵送せらる。／伊香保より十三日出之包物届く。

十九日　曇、蒸暑。雨ふらんとして降らず。

午後三時過より中村行。久米・落合・萩野・関根・よしかた等来会にて、各二題ヅヽを出し探り得て作文す。予夕立の題を得たり。夜八時頃退散。関根ハ明日千葉県成田より香取へおもむき一週ほど滞在。国語演説ある由。尤服部同行。因て香取憲章外四名に贈るたんざく染筆托ス。〈頭書〉朝久米行、イカホ石硯一箇贈る。幷梳浴。

廿日　曇、涼し。土用ニ入。

高山の談にて清道三週間ほど酒匂川松濤園へ滞在、転地療養するにより今日十一時発の気車にて出立。尤高山同行。○午後根ぎし行。光明寺・世尊寺・泰宗寺等墓参。〈頭書〉磤稲綺来ル。断腕記訂正増補之事談有。

廿一日　雨。冷気正午七十一度七。

根ぎしにて法律学校講義録起草。即日郵送す。○桑原、根岸へ来ル。古事類苑之事ニ付明日皇典所へ集会之旨報あり。

廿二日　朝雨ふる、午後止、半晴。正午七十九度。

午後一時前駒込へ帰る。○午後三時皇典所行。川田・木村・井上・松本等来ル。松野・桑原・久保等会合。編輯方法改正。常置委員を置き先づ検閲せしめ、次ニ検閲員ニ廻す事となす。則松もとを以其任とす。六時前退散、神田川にて晩食。○今朝六時新橋発の気車にてよしかた・萩野・落合・増田等修禅(善)寺村行。かしこにて編輯之事有る由にて書籍多分持参。〈頭書〉根岸にて松浦伯頼手むけの森の哥考へ幷好古社改正案にかゝる。成城学校より月謝之事ニ付先払郵便来る。

廿三日　晴、暑。

成城学校へ行んと思ふニ、俄照にて暑ければ止まりて、白阪生を代人として退学願差出ス。身元引受人自ら出頭する規則によりて也。月謝ももたせ遣ス。○横山後家并娘す賀子来訪。○午後三時おたつ根ぎし行、お晉同道にて熊坂妻見舞行。不逢。○夕刻内閣記録局図書課より兼約之和書目録三冊送り来ル。〈頭書〉朝磤稲綺来る。断腕記の事也。／香取憲章外四名より寿蔵銘文之礼金五円、今日森川丁かわせ郵便局へ加藤殿ニ遣ス。／加部へ郵書出ス。／よしかたよりは書（端書）来ル。昨夕修善寺村新井平八方へ着候由。／酒匂松濤園在清道より書状来ル。／黒田へ帰京之事郵書。／福島県棚倉阿部正三郎ヨリ来書。

廿四日　曇、蒸暑。

朝諏訪忠元氏入来、入谷朝がほ三鉢を賜ふ。○高松保郎入来。頼事二件あり。手製洋酒五瓶を賜ふ。○夕刻詠哥。○午後三時過より中山公・徳太（大）寺公を訪ふ。中山公ハ過日詠哥を賜ひし御礼、徳太（大）寺公ハ哥の請願也。〈頭書〉内閣記録局へ本代もたせ遣ス。／松濤園清道より郵書来ル。追々快気之由。法科大学生水野錬太郎来ル。雑志之事頼。／帰路佐々木へ弔ニ行、信綱及其母ニ逢。

廿五日　快晴、盛暑。正午八十七度四、宅の八九十二度。

午前佐渡相川町大神宮神官井口方城とひ来。同所明治会員味方友二郎重成よりの書并養気会雑志附録順徳天皇御遺物の事しるしたるを持参。三十年已前の知己なれば昼食を饗し味方へ送ると共ニ、短ざく弐枚ヅヽ、したゝめ遣ス。鉱山図をミる。○夕刻久米行、詠哥の事談ず。明日頃はこねへ出立之由。〈頭書〉修善寺よしかたより来状。／好古社規則改定案を草す。／夕刻福岡県師範学校教諭宮島善文来ル。

廿六日　朝曇、後晴。正午八十五度三。風ありて凌よし。

高松頼の胎（ママ）教の事の一巻、有栖川宮・土方大臣・南摩教授等の筆あるに哥二首〔はし書有〕、したゝめもたせ遣ス。本居へ使して詠哥ノ評頼〔一瓶贈〕。○斯文学会にて講演の葬礼略説速記訂正。終ニ一葉にして日暮たり。〈頭書〉よしかた・清道へ返書出ス。／加部来ル。古事類苑并好古社之事談じ。／松浦家扶まで主人御在京否聞合。

廿七日　晴。

断腕記、尚又本人より聞たるに拠て訂正す。○大学政事学科卒業生山本兼太郎・村木正憲・鈴木誠治・柳生一義・瀬脇寿二（次）郎・佐々木多門等礼ニ来ル。○夕刻中村行、断腕記一覧頼。〈頭書〉△今日官制改正之勅令発布。／熊阪より郵書。即日返書。〈廿八日条〉○今日より〔廿七日より也〕正午過ハ片付物する事とす。

廿八日　晴。寒暖計正午八十五度六。夜雨雷鳴。
午前長井誠入来。忌明之礼なり。昼飯出ス。○朝葬礼略記四葉程訂正。客来後、暑さに侭（ママ）て果さず。○東京府より明日呼出し状来ル。○成城学校より清道退校願聞届書郵送。〈頭書〉中村より稿本返ル。

廿九日　晴、夜急雨。雷はげし。
朝宮川大三来ル。断腕記清書頼。○午前八時本郷区役所行。印鑑証明願なり。九時東京府第三課出頭、恩給証書下附。清書ハすぐニ認メ係官へ渡ス。帰路停車場前にて西洋食する。十一時過桜田本郷丁馬場行、面会〔ビール玉子持〕。酒肴之饗あり。午後三時過帰宅、物集へより旅中試業之事など聞合せ。〈頭書〉貴族院より第一回議事速記録送付。／おたきへ郵書。清道へも。／堀越より暑中団扇二本来ル。

三十日　晴。
朝磯稲綺来ル。稿本清書并画賛渡。○岩もと・松もと来ル。並ニ古事類苑編纂用也。○午後熊阪祥子来る。四時過同行〔おたつとも〕。神田川行、晩食。○おたつ大学へ手当金請取ニ出。〈頭書〉△昨夜の雷四ツ谷又ハ三河台へ落候由。さく日高山弟清道手紙持参。今日返書頼み。／○本居入来、頼置候詠哥稿御持参。東鑑類語貸ス〔金米恵〕。／佐々木信綱より菓子来、配。

三十一日　曇、涼。
朝和田英松来る。○松もとより条例草案来ル。○加部より郵書来る。古事類苑編纂之事断也。○関根来る。昨日服部と共ニ香取より大洗を経て帰宅のよし。○黒田直躬来ル。八月より来講頼度むね、侯爵よりの意也。○よしかたより本日修善寺発之状来ル。明一日西京へおもむく由。○皇典所別科卒業生一同〔十二名〕請侍（ママ）ニ付、午後一時上野桜雲台へ行、教員一同と共ニ写影す。了て饗燕（ママ）あり。予立て簡短に演説す。副長久我殿・川田・木村・物集・井上其他の人々来会す。〈頭書〉平岡へ郵書出ス。

八月一日　朝より晴。
足立氏より年賀之哥郵送。○岐阜県金森より郵書〔二日届〕。○かた付物する。〈頭書〉本居より書目返ル。榊原弔哥及万葉類語二冊送致。

二日　曇。日曜
朝永井・辻・重野等行。過日恩給証書下附之事談なり。

青山堂にて一二品求。午前熊阪行。

三日　朝より晴。正午八十七度一。正午東南風あり。

栃木県原郡長より桜井氏年賀哥送致。○葬祭略説速記訂正果さず。○高松より序文稿廻ル。訂正之上近日多田へ持参之筈。〈頭書〉吉岡信一より郵書。近日埼玉県雇ニ奉職之由。

四日　朝晴、正午曇。南風あり。

熊阪へ来七日中村坐見物誘引之状差出候処、本日家内一同にて見物致候由返書。○おたつ東京府直税署出、恩給六月分迄切符請取。○かた付物する。○加藤総長より親展書来ル。来学年時間之事也。〈頭書〉義象へ之贈書西京万青楼迄出ス。

五日　朝晴、正午曇。涼。

おたつ日本銀行行。○夕刻秦政二郎来る。面会。○かた付物する。〈頭書〉木村より根ぎし迄、夏草霞短冊贈らる。

六日　曇。

午前八時前黒田行、二時間法曹至要を授く。十一時前飯倉徳川邸行。暑中伺也。家扶高橋面会。長井へ寄、山口子爵邸へも寄、面会。芝山内三縁亭にて洋食。午後三時頃多田行。序文浄書頼。今夜根ぎし泊。〈頭書〉○留主中勘解由小路氏来訪。／○おたつ第一銀行行。／○山形県亀山玄明来る。不逢。先年用立金弐円持参。不在ニ付おたつ渡。

七日　曇。

朝多田入来〔さとう賜〕。九月十日已後ならでハ、細字むづかしき由也。九時鳥越伊豆川行、中村座壮士劇見物。三作・お晉・おミつ等同道。五時過に了ル。駒込へ帰る。○今日も勘解由小路入来之由。不逢。〈頭書〉△宮内省より今日皇女御降誕の告示あり。

八日　朝雨、正午曇。八十六度。

午前八時皇典所行。古事類苑条例改定案ニ付会議なり。川田・黒川・木村・井上・松本・桑原・久保等来会。午前帰宅。○夕刻錦丁勘解由小路行、面会。高御座立御之事ニ付記録を示され談あり。〈頭書〉途中オタキニ逢、多田之事談じ、午後手紙来る。小野鵞堂に相頼候由。／よしかた播州舞子浜武田方より来書〔九日着〕。

九日　朝曇、正午快晴。　日曜

○午前清道帰る。所労大かた快気也。○法律学校講義録を草す。〈頭書〉△朝日新聞解停祝として本日中鉄道馬車を無賃にて乗車さす。人群集す。

十日　朝快晴、正午曇。

午後一時前華族会館行。貴族院議員懇話会にして小松男爵及予幹事たり。細川〔潤二〕・岡内・山口・中川・宮本・伊丹・富田其他十四五名来会。○去月卅一日撮影出来ニ付、卒業生持参。其裏に哥をこふ。〈頭書〉午前大学図書館行、礼儀類典をミる。松浦伯より来書、又々旅行卅日頃帰京のよし。○島根県海湖（ママ）村字須賀諏訪氏より受取書来郵。

十一日　曇。正午八十六度二。

○鹿沼原より年賀詩稿送致。○皇典所卒業生頼の写真十二枚のうらへ詠哥、平岡頼の長哥・堀口頼の絹地・松浦伯絹地其他たにざく数葉したゝめ。〈頭書〉今日より植木や二人又三人ヅヽ来る。樹木かり込也。／山形県荘内ノ井上可基より暑中尋状来る。即日返書ス。／よしかた西京より之手紙届く。

十二日　快晴。正午八十六度。

おたつ永久丁行。小崎老母訪。○午前水道丁隠居入来。午後帰らる。○銀二、平岡へ遣ス。したゝめ物もたせ。○京都榊原・浦和吉岡等へ郵書并短ざく送る。○大垣金森氏へ返書出ス。〈頭書〉備中北川村木山清名より明治佳調集校閲及序文之事頼郵書届。去十日出也。〈十一日条〉〔十二日也〕午後四時勘解由小路行、面会。日本制度通贈る。

十三日　朝晴、正午曇。九十度。○宅のハ九十五度。

午前根ぎし行、午後より書籍取調。駒込へ送るべき分結ぶ。○畷稲綺より郵書。去十一日小野へ行。清書頼ニ付、謝物之事問合也。○神津仙三郎来ル。不逢。○村岡入来。不逢〔くわし賜〕。〈頭書〉黒田へ可行処、十七日ニ延。／皇典所卒業生阿比留来る〔五島人〕。写真返ス。／今日中村氏熱海へ出立之由にて入来。逢はず。

十四日　晴。正午八十六度七。東南風あり。

朝八時より車送。三車也。十時駒込へ帰る。銀二外一人ニ命じて庫中へ運送す。○原へ礼書出ス。〈頭書〉平岡より過日之礼書郵送。

十五日　朝より快晴。正午八十八度五、宅のハ九十三四度。南風つよし。

終日庫中ニ在、書籍整頓。○夜落合より来書。昨夜帰京之由。義象ハ萩野と共に十七日頃帰京之旨也。○皇典所より古事類苑編纂条例改正之分印刷にて廻る。○村松安吉来る。不逢〔さとう賜〕。〈頭書〉佐々木信綱代、忌明礼ニ来ル。

十六日　朝より晴。正午八十六度。南風あり。夕刻暴風となる。　日曜

在庫在外の蔵書整頓。今日ニ了ル。○備中木山・松江三谷等へ郵書出ス。○三上来ル。面会。○山形県亀山玄明来ル。面会。制度通贈ル。○神津来ル。面会。著書之序文頼也。○江沢来ル。面会。〈頭書〉△後ニ聞。今日午後二時頃より高知・和哥山辺暴風大雨。午後八時頃より横浜暴風、海上大あれ。／△官制改定本日より発行ニ付、諸官補任数名を十七日の官報にて一覧。木村正辞氏も文部書記官に任ぜらる。第四級俸にて已前と同じ。今日日曜なれど予定の期日なれバ、諸官衙にて執行あり。

十七日　朝快晴、後曇、正午雨。暑気漸く減じ、七十九度七。夜に入暴風雨を交ゆ。

午前八時出宅、黒田行、法曹至要を授く。正午前帰る。〈頭書〉△後ニ聞。午前六時頃京都暴風。／植木や今日ニ了ル。／榊原・吉岡等より礼書来ル。

十八日　晴。風雨の後やゝ涼し。

大畑弘国より年賀之哥幷鰹節送恵。音楽略史贈る。○お晉・おなか来ル。○去一日より已来日録を怠りたるを思ひ出るにまかせ記す。○夕刻根ぎし行、泊。

十九日　朝曇、後快晴。

午後五時過駒込へ帰る。○木村へ拝官祝として鰹節壱箱を贈る。○午前九時頃よしかた帰宅。昨日夜気車にて西京出発之由。○根ぎしにて法律学校講義録したゝめ郵送。○多田へ小野之事申送る。〈頭書〉仕立本色々出来にて来る。

廿日　朝晴、後曇。

午前九時前黒田行、法曹を授く。帰路榛原にて表紙求め、一時前帰宅。○岳麓の友発行人へ郵書。○出雲人安部綱太郎幷松波資之へ短ざく贈ル。

廿一日　曇。正午前より雨。

渋川堀口へ絹地したゝめ物郵送。○逆上右頬はれたるにより高山行、診治頼。其母に逢ふ。仙台女学校教師なり。○夕刻三作来る。○雇女おしげ来る。宿は霊岸島にて小学校のよし。〈頭書〉坐敷飾・三角棚買入。価弐円廿銭、明神阪《(ママ)》にて求。職工の家也。○磤稲綺へ当分序文難成旨、郵書出ス。〈廿二日条〉○〔廿一日ナリ〕京都榊原へ状出ス。

廿二日　雨、午後曇。蒸暑。
今朝沼津へ旅たゝんとするに雨甚しければバ、明日ニ延ス。
○備中木山清名・信濃米山真一郎ニ状出ス。
八月廿三日　曇、午後半晴。

朝八時新橋発の気車に乗て沼津におもむく。三作・お光・清道同行す。九時三十七分大船の停車場よりおのれハ分れて十時廿分過一色村なる井上顧問官をとふ。昼食を饗せらる。広島裁判所詰古荘何がしニ逢。こゝハたゞちニ海べたにて、金子堅太郎氏の別荘も其あたりにあり。十二時過たち出て一時前もとの大船に帰ル。三時四十七分の発車まで一時三十分ほど茶亭に待、沼津へ発車。雨降出したり。夕七時五分沼津へあがりて桔梗屋といふ茶亭に休。こゝにて人力車を雇ひ夜道を廿五六丁斗りひかせて、七時四十分ばかり牛ぶせの世古へつく。世に我入道といふ所にて牛ぶせは其小字なり。海ばたにてけしきいとよく。波おだやかなれば海水浴にハよろしき所也。

廿四日　晴。

晴わたりて伊豆の山々もよくミゆれば、午前十時頃より舟を近きあたりへ出し乗て魚つる。小鯛十尾あまりを得たり。岸に近き所へいさゝかひたりて試む。昼頃あがりて釣魚を吸物として酒のむ。〈頭書〉旅寓にて神津仙三郎著音楽利害稿本をミる。序を頼まれしニよる。

廿五日　半晴。

朝九時過出たちて、沼津の町をミる。近日沼津案内といふ小冊を印行せるを買ふ。十時三十七分の気車ニ乗て静岡へおもむく。けふハ雲たちこめてわづかに芙蓉峰の頂をミしのミ。十二時十二分大車館へつく〔此ほど左団次等が当所寺町の芝居にて興行し大入なりし時、此家にやどれりとぞ。〕。三時頃より町をそゞろありきし公園に至り三社へまうづ。一昨年も此地に至りしかば、案内に及ばず。こたびハはじめて静はた山に登りて遊歓す。町中をひと目にミわたしてけしきよし。夕刻帰る。夜に入、又市中を遊歩す。〈頭書〉留主宅にておたけ暇遣ス。

廿六日　よく晴たり。

八時五十五分出たちて乗車す。けふハ富士をはじめ興津・江尻のながめもよろしければ、気車のはしに立出て眺望せり。

　行かへりミともあかめや庵崎の
　　清見が崎のゆたのしき波
とぞいはる也。此あたりハふたゝび行かひぬれどいつも曇りたるか又ハ雨ふりたれば、浮島が原の広さもけふはじめてよくミわたして、夕立さむしといへる八田翁の名吟もおもひ出さる。十時五十九分佐野の停車場へつく。こゝはいまだ山中にもあらざる小里也。いにし月五ツの滝ある所に庄園を造りて広く招請状を東京の貴紳におくり開業せし所なり。停車場より十二丁行て此園に至る。五滝園の名あり。こよひハこゝに泊る。家狭くてはしなる所にやどりたれば、さわがしさに滝のひゞきもそひて、寐ぐるしかりき。

廿七日　晴。

七時廿六分の気車に乗て足柄の山中をゆく。随道あるハ小山と山北との間にて、大小十ケ処もあるべし。渓流のながれ・山ざとのさまなど、画にかきたらんやうなり。九時四十分国府津につく。十四五丁乗合馬車に乗て酒匂の松濤園に至る。去年より開業したる由なるが、離れ家所々にあり。おのれも其ひとつを借てやどる。塩湯あり。

廿八日　晴。

夜半ばかりより三作下痢にかゝりたれば、おミつともに十一時五分発の国府津よりの気車にて家に帰る。おのれハ此宿の離れ家の静なるにめでゝ、今ひと夜とやどりぬ。夕つかた海岸に行てミる。宿より一町までハなし。〈頭書〉午前別の離れ家に四月よりこなた滞留せる渡辺議員〈驥〉のもとニ行てしばし物がたりす。／○留主宅へ勘解由小路殿入来。義象対面。武官図並抄録等御持参。

廿九日　晴。

国府津九時四十分の車に乗て、十二時十五分新橋につく。けふハむしあつし。午後一時過家に帰る。

三十日　晴。　日曜

朝八時過黒田家行。法曹至要の講義今日に了る。十二時前帰宅。

三十一日　晴。

経済雑志社発行大日本人名辞書予約金〔再板也〕六円もたせ遣ス。九月ニ入れば七円なり。

九月一日　朝曇、午後晴。あつし。二百十日

朝九時三十五分の気車にて、義象・お栄・遊亀・子共弐人江ノ島へ出立。今夜泊。○高松頼の民間治療法後篇の序稿成る。〈頭書〉午後一時出宅。音羽弐丁目山田伯邸行。過日より重忠に係（ママ）られたれバ見舞なり。内藤へ寄、対面。五時前帰る。増田于信同番地へ転居。

二日　快晴。暑さきのふにまされり。新聞ニ寒暖計八十六

度九とあれど、家なるハ九十度を三四度過たり。
高津鍬三郎来る。○午後一睡、四時根ぎし行、今夜泊。
川崎行、御即位図改正頼。○内藤燦衆来る。蔵書渡。○夜九時義象・お栄等鎌倉六時発にて帰宅。〈頭書〉さく日草稿の文、久米氏ニ閲をこふ。備中人木山清名より再三の郵書。去ル卅一日発、今日とゞく。／神津仙三郎へ著書稿本四巻返ス。／中村より使。あたミ土産巻煙草入小盆二を贈らる。

三日　晴。旧八朔。まことにのどかにて暑つよし。
朝八時帰宅。たゞちに赤阪黒田行。今日より貞永式目を授く。十二時過帰宅。○夕四時磯稲綺来る。稿本渡、並先達て高松持参の孝経を返ス。

四日　晴。
九時出宅。井上哲二郎氏を訪ひ、過月独逸人よりの短冊を示す。書肆の書目なる由也。外邦人の書ニ日本の美術絵画を加へたる書を種々示さる。宮崎道三郎氏を訪ふ。逢はず。十時大学総理室へ出、外山・高津・小泉等に会して来学年時間割の談あり。了て物集行、面会。中村へよる。あたミより帰京後始て面会。

五日　快晴、寒暖計正午八十八度九。
午前九時出宅、小石川源光寺行。丸山平助氏三四回忌法会なり。十一時頃より法会始る。僧侶九人阿弥陀経訓読之中折々礼拝あり。一時頃了て昼食の饗あり。鹿島・三家・大田来会。店内以下五六十人ミゆ。いと暑き中を三時頃帰る。青山堂へより少憩、浅井狂哥ばなし・条目式等購ふ。○夜高橋坤二来ル。日本法律学校長（マヽ）なり。来学年ハ制度国文休ミ事談あり。〈頭書〉文部省折戸亀太郎来ル。学士会員投票ニ付、根本通明之事頼也。原坦山へ紹介名刺渡。

六日　曇。日曜
午前宮崎道三郎来る。○いと暑ければ午後暫時午睡す。
○夕刻青戸波江来る。国学院来学年の談あり。

七日　曇。正午八十八度ニ及ぶ。
黒田頼の公家大名考取かゝり。○織田完之入来。逢はず。自著利用厚生集（厚生利用集）（詩集なり）を恵る。○午前鈴木弘恭入来。暫く緩話。○神津仙三郎入来、音楽利害印刷分持参。〈頭書〉磯稲綺より序文したゝめ料紙廻る。外山学長へ木村・久米之事書通。／大学より来学年授業時間割取寄。一週三時間となる。

八日　半晴。

雲州三谷より年賀の哥幷青石印材紐等運贈。

〈原欠〉

廿七日　曇。

午後より租調庸略説の続きを草す。○細川潤次郎氏より女学校之事ニ付来書。○文科大学へ手当金請取方之義ニ付願書、高等女子師範学校へ嘱託承諾書、下谷彫刻会社大森惟中氏へ過日秀郷勲功記贈致の礼として蜂腰送る。

廿八日　朝六時頃地震。二三分間にして最も長し。さく夜より雨ふる。

細川へ答書出ス。

〈原欠〉

十一月十日　曇。午後より雨。夜ニ入る。

正午過春木丁行。同道にて日本橋大倉書店行。三時過松浦邸行、伯殿ニ面会、好古社之事種々談ズ。三田をもそこへ招く。了て月次哥会席ニ臨む。稲葉・水野・鈴木・小俣・江刺・鶴・林〔信立〕・小出・植松・松波・伴〔阪〕等来会。兼題夜木枯なり。晩景帰る。〈頭書〉右馬お貞春木丁へ祝ニ来る。義象・関根・落合・萩野等歌舞伎坐見物。

十一日　快晴。北風ふく。

十時春木町行。いまだ見世・からす棚居附け後全く出来せず。職人来り居り大工・植木屋も入て台所及庭廻りを修理し混雑せり。十一時大学へ出、獄令を講ず。正午帰宅。二時国学院出、四時まで戸令講義〔完結〕。今夜根ぎし行。

十二日　雨。

清道同道。九時猿わか丁若万行、市村坐見物。一番目石川五右衛門実録、中幕佐野常世〔権十郎〕着到、二番目伏見地震の加藤を焼直したる安政の地震に蛇の目鮨の清蔵〔左団次〕、大秀家族立退の田中へ懸付の段、大地震出火の状三十七年の昔をさながらミるが如し。去月十八日頃よりの興行にて一時ハ大入なりしが、もはや見物落たり。五時半打出し。

十三日　雨。

十時根ぎしを出て春木丁へ寄る。見世戸棚出来せり。十一時大学出、獄令を授く。正午駒込へ帰る。二時黒田行、土佐日記講尺。晩景帰る。

十四日　晴。

高等中学校演説筆記にかゝる。○午後河合同道紀州山田正来る。常典の次子也。其子に国学を学ばすべき事などいろ〳〵談有。義象も面会す。

十五日　晴。日曜

演説筆記成る。○午後二時桜雲台行。瀬戸久敬三十年祭ニ付、門人小出粲催哥会なり。兼題夕時雨。稲葉・冷泉・水野・澤山〔以上華族〕、鈴木・三田・黒川・小杉・江刺・鈴木・大野・鶴・水原〔ミさ子〕其他御哥所の人等彼是にて六七十人来会。山田正も河合同道にて出席。晩景根岸の家に帰る。昨今少々胃病気にて飲酒を節す。〈頭書〉碬稲綺・中村来る。逢はず。／○下谷清賞会あり。出席せず、哥のミを贈る。／○昨日小原重哉より万葉古今講義書、又和語大成の書目問合せあり。本日答書出ス。／○出がけ中村へ寄、面会。今朝新著哥かたりを恵れたるにより礼也。／○高崎田島広吉、今朝死去之赴あり。

十六日　曇。

根ぎしより十時大学へ出、大鏡・職員令を授く。菊池ニ逢。議員研究会之談あり。○秦政二郎来る。教育史料・文芸類纂を貸す。○午後二時より黒田行、土佐日記講尺。暮はてゝ帰る。〈頭書〉昨日より三日之間議員紹介人ハ議院参観を許さるゝにより人群集す。

十七日　晴、美日。

朝三浦録之助来る。職原抄質問。○古事類苑内藤稿本徳川政局之部検閲。○夜管喜田来ル。香川門人文集序之事談あるは断。〈頭書〉高崎田島雄太へ弔状幷香奠として金壱円郵便為替書贈る。／三浦千春へ震災見舞行。／三河林栄清より扶桑新聞数葉贈来ル。／法律学校より原稿之事申来ル。断。

十八日　曇。風寒し。

十一時大学出、獄令を授く。○本日国学院ハ断、午後二時過華族会館行、貴族院懇話会也。三浦・谷〔陸軍恩給令事〕・丸山〔勤倹之事〕等演説あり。帰路松葉屋へ寄、洋服あつらへ、暮て帰る。○今夜宮崎・鈴木を会し〔好古社之事談之処差支あり。果さず〕。〈頭書〉今朝東京堂主人春木丁へ来り、見せ棚書籍飾付、十二時ニ至ルと云ふ。／華族会館にて醍醐氏ニ逢。皇室典範講義を乞ふ。／貴族院より来廿一日議会召集当日手続書廻る。

十九日　晴、美日。

古事類苑政局之部取調成る。○春木丁開店ニ付、午後行。今日より東京堂手代一人来、当分すけ。○貴族院研究会〔過日菊池勧ニ付入会〕不参。〈頭書〉二ノ鳥人群集す。初酉に較ぶれば少しといへり。／三河林栄清・宮崎等郵書出ス。

二十日　晴、北風。

宮本小一氏より年賀漢文幷杜鵑啼血帖を送らる〔菊池代申添〕。○午後三時女子高等師範校へ出、国文沿革幷源氏桐壺を講ず。五時卅分了ル。春木丁へ寄、帰ル。

廿一日
議員招集ニ付、九時貴族院へ出。当籤を以部分《ぶわけ》定る。予ハ第三部員となる。午後部長・理事を定む。予年長者たるにより規則に遵ひ管理者を勤む。松浦伯部長・加納子理事に多数なるにより夫と定る。帰路松葉屋へ寄、モウニングカートあつらへ。〈頭書〉吉川へも寄、春木丁事礼述。

廿二日　日曜
○夕刻根岸行、泊。
廿三日　雨。風を交ゆ。新嘗祭
午前竹取物語下見。○午後二時過黒田行、竹取講釈。夜ニ入帰る〔駒込〕。
廿四日
古代法典之内律残篇緒言にかゝる。○午後四時頃宮崎・鈴木入来。好古社之事種々談ズ。編輯員を定むべきを急とすべき事に決す。
廿五日
十一時大学出、獄令を授く。○午後二時国学院行、二時間田令を授く。夜ニ入帰る。
廿六日
貴族院行幸ニ付、十時参着。同三十分過（闕字）着御。議事堂に於て親ら詔詞を宣らせ給ふ。両院議員謙て拝聴す。了て蜂須賀議長に詔文を給ふ。午餐後新右衛門丁大田行、大礼服を羽織袴に着替、四時星ケ岡茶寮行。松浦部長催にて部員の集会也。前田・伊達の最貴族を始として廿名余来会す。予立て簡短なる演説を述ぶ。六時過散会。〈頭書〉親王・大臣・式部官ハ式場、勅任官以下閣上に参する者多し。
廿七日　晴。風いと寒し。
八時三十分議院へ出。議長、勅答文を草したるを議員に示さる。了て参内。勅諭を受たるを更ニ申通す。其後指名点呼を以全院委員長無名投票あり。近衛公爵最多数にて定る。午後各部ニ於て常置委員の投標（ママ）あり。再び議場へ出れば書記官長撰定、常置委員の名氏を朗読す。三時頃退出。〈頭書〉編纂課行、萩野に逢、石井建言之事談ず。〇議場了て華族会館にて研究会あり。不参。

廿八日　晴、和。

議会休。されど十時議院へ出、半ケ年分ノ手当金を現金にて領収す。会計課にて西山氏の計ひにて、そこより議場へ人を遣したれば早く領受せり。たゞちニ退出。万丁貯金銀行行、三橋春陽楼にて洋食。午後根ぎし行、大鏡下見。〇旧事諮問会あり。不出。〇音楽学校にて音楽会ノ招あり。不出。〈頭書〉朝松葉やより洋服出来、持参。〇旧事諮問会より（空欄）来ル。義象と両人にて金三円寄附す。

廿九日　曇。日曜

根ぎしに在。竹とり下見。午後過日松本よりおこしたる古事類苑武伎・兵事・外交・礼式等之目録書へ附箋する。〈頭書〉太田へ使遣ス。議院傍聴券弐枚贈る。／神津仙三郎氏より新刷音楽利害贈られ、幷拙序謝礼として糸織一反・鶏卵一箱を賜。

三十日　快晴。

議院断、十時大学出、大鏡及職員令を講ず。午後二時過黒田行、竹とりを講ず。夜五時頃兼約ニ付、神田川行。中村氏来、会、哥がたり及枕草子事ニ付晤談あり。暮て七時頃本郷四丁めニ出火あり。因て中村氏同道。帰路布美乃屋へ寄、駒込本宅へ帰る。

十二月一日　曇。

十時議院出。組合法案政府提出ニ付、品川内務大臣解説あり。因て其委員を撰ぶ議ニなり林宗之助氏、例ニ違ひ十五員たらんと云ふ議多数なり。午後右を無名投票としたるにより唱名の間三時間の長きに及び夕五時前帰宅。〈頭書〉夜おミつ来ル。春木丁昨一日売れ盛り。十円余之商高に及ぶといふ。／〇お栄、根岸太田へ娘大病之見舞ニ行。依て清道を留主居ニ駒込へ遣ス。

二日　曇、後晴。

議院休。〇中村へ枕草子類・哥がたり材料の書、十六部を貸す。〇神津へ過日之礼書出ス。〇古事類苑文学部秦氏目録へ附箋之処、恰も皇典所使来ルにより渡し。〇夕、上州渋川町人石阪弥市・宮下羊太郎、郡分請願之事ニ付、来る。藍園翁親族之由なり。〈頭書〉一昨日黒田侯質問六国史之事、本日したゝめ郵送。

三日　晴、夜雨。

議院へ出。砂砿採取法案、去卅日堤出ニ付、第一読会。陸奥農商務大臣演説あり。了て右委員ハ議長の撰出と多数決す。十一時卅分過散会。昼食後談話室にて研究会の集会あるに参席す。十二時過退出、根ぎし行。○丸山後家・太田惣吉氏入来。臼倉より公訴〔預金取戻〕ニ付、来ル十日麹丁裁判所へ両家共出頭の招状来ルによりて也。○諏訪忠元君入来。哥添削の事也。四時入谷温泉行。微瘡あるによる。○高等女子師範学校にての議《(講)》義録少見。〈頭書〉朝井上哲二郎紹介にて東片丁一乗寺住職来ル。僧徒徴兵之事也。○黒田より書目取調の礼幷ニ買入周旋頼の直書郵送。

四日　晴。午後より南風はげし。夜ニ入止む。

講義録をミる。○午後二時出宅。三時女子師範学校行。弐時間桐つぼを講ず。五時過、春木丁行晩食、八時頃駒込へ帰る。〈頭書〉議院断。

五日　晴。

議院へ出。弁護士法案第一読会ニ付、田中司法大臣の演説あり。了て委員撰挙ハ議長の撰出と決し、即定る。十一時卅分散会。昼食して駒込へ帰る。○国文学講義録訂了。〈頭書〉朝、神津仙三郎、礼ニ来ル。／東京堂頼ニより傍聴券弐葉春木丁へ遣ス。七日・八日分也。／研究会、爾来日々会議後政府委員室にて会合あるべき談あり。

六日　日曜

根ぎし行、大鏡下見。〈頭書〉法学生水野錬太郎来ル。来ル九日・十日傍聴券遣ス。法学協会雑志寄書料持参。

七日

議院断。大学出、大鏡・職員令を授く。○午後黒田行、竹取物がたり了り、源氏桐つぼをはじむ。帰路吉川へ寄、夜ニ入帰る。○辻次官より明日貴族院会議之事ニ付郵書。〈頭書〉女学校講義録、使に渡ス。／○文科生芳賀・新倉・竹村等へ十一・十二・十四日傍聴券遣ス。／○石井小太郎へ前頃建言之事郵送。

八日　雨。夜ニ入大雨。

議院へ出。廿四年予算案追加〔米国博覧会による〕衆議院可決回送分を即議す。陸奥大臣の演説あり。多数にて決し、政府へ廻ス。○本日ハ一日《(ママ)》よりの所、心得違にて十時参院。依て午前ハ古事類苑神祇ノ部目録に附箋し即日郵送。○議院帰路午後三時松浦行。好古社之事ニ付会合なり。宮崎・鈴木・前田〔夏繁〕・青山堂来会。夜八時頃根ぎしへ帰る。〈頭書〉西京より昨七日正午田中尚房病死の旨訃音あり。

九日　雨或ハ止。

議院断、十一時大学へ出、獄令を講ず。○午後二時国学院行、田令・賦役令を講ず。五時帰る。○岡野碩より使にて哥舞伎新報特別寄書員之事申来ル。承諾之旨返書す。〈頭書〉高田嘉章へ返書郵送。／法律学校二年生奥貫由五郎来。請により来十五日議院傍聴券一葉遣ス。／大槻修二へ土佐の浪路ノ事郵書。／高田より色紙・短冊通運にて来ル。／石井より礼書郵送。

十日

議会休。○午後二時松浦行。惣会也。兼題冬夜長なり。暮て根ぎし行、泊。

十一日

議会へ出。帆船検査廃止案第一読会の続きなり。否決となり政府へ返ス。三時散会。○夕松本順乗子息来ル〔くわし賜〕。僧侶徴兵免許之請願書紹介依頼。〈頭書〉大槻修二来ル。不逢。土佐浪路持参。

十二日

議会へ出。戦歿軍人遺族恩給案〔谷干城提出〕を議す。忽ち第三読会まで相済、衆議院へ廻ス事となる。了て鳥尾子爵、政府委員河津逓信次官、昨日説明ニ付、議アリ。秘密会議ニなる際早退。〈頭書〉九鬼隆一より来ル十四日議事之事ニ付郵書。○岡野へ土佐の浪路郵送。○太田より根ぎし迄郵書。今朝一時妹元子死去之赴也。

十三日　快晴。日曜。

根ぎしニ在。○崔久子納会ニ付、哥丼肴料送る。昨日鈴木も同断ニ付、哥丼包物送る。○午後一時太田葬式。三谷広徳寺執行。お辰遣ス。○午後一時過学士会院行。細川・原演説。暮て帰る。〈頭書〉大洗田口勲より郵書。／菊池大麓より郵書。明日議院ノ事也。○春木丁より赤飯配る。七軒也。

十四日　晴。

文科大学へ不参断。○黒田へ不参断。就テハ来ル十六日参候筈。○十時過議院へ出、那覇へ裁判所設立ノ議、一読会。委員撰定ハ議長ニ任ズ。廿二年法律廃止案〔衆議院撰出〕一読会、委員同上。右了て谷子爵建議施政の方針を議す。論者こもぐ〳〵起り夕五時過迄決せず。散会後駒込へ帰る。〈頭書〉築地諸芸演習会事務所より明十五日集会之旨郵書来る。不参断。／○江刺納会之事にて来ル。不逢。／○神足駒込へ来ル。面会。／○松本順乗頼請願書今日庶務課迄さし出ス。／○九鬼隆一より郵書来ル。明日議会之事也。

十五日　快晴。

議院へ出。昨日の続きの議あり。到底記名投票となり、可ハ白、否ハ青色の票を投ず。青九十七、白七十八にて逆に建議案ハ否決となれり。夕刻根岸行。

十六日　快晴。

議会不参。今日議院にて鳥尾氏発議、政府委員更任の建議秘密会有り。否決せし由。○午後根岸より黒田行、桐つぼ講義。晩景神田川にて晩食、駒込へ帰る。

十七日　半晴。

朝根ぎし行。学士会院之長より郵書に付、同会にて演説せる租調庸略説の続きを草す。大勉強にて十三四葉を草し完成す〔十七日郵送〕。○議会不参。〈頭書〉清道貴族院傍聴。

十八日　晴。北風寒し。寒暖計正午四十五度七。

議会休なりしを心付かず、十時過根ぎしより参院。たゞちに退出、駒込へ帰る。○古代法典之内律疏残篇の緒言を少々草す。○午後三時高等女子師範校行、桐つぼ講義了る。○夜三作来。雑志売之事談有。〈頭書〉大田娘初七日ニ付、お栄三谷広徳寺へ仏参。／○本居より本返ル。ビール・雉子ヲ賜。

十九日　晴、和。

朝三谷来ル。宮城県庁ニ転任ニ付、昨日着京。今夕仙台へおもむく由。○十時議院へ出。砂鉱法案第一読会了。政談政社法改正案・新聞紙条例改正案第一読会をはじむ（いづれも衆議院より回送也）。農商務大臣・小松原内務書記官等参院演説あり。正午過右委員を各部にて投票し退出す。根岸行、泊。

廿日　日曜

根ぎしにて新筆会唱哥説明を草す。

廿一日

議院へ出。海上衝突予防法案第一読会の続きなり。午後第二読会を開く事となス。予欠席。○午後二時前黒田行、源氏品定講義始。駒込へ帰る。

廿二日

義会不参。砂砿採取法案第一読会也。○皇典講究所、来

一月始之講演に出すべき古代小説を草す。終日、夜ニ入。翌日使ニ附す。〈頭書〉中村より鯉魚二尾を賜ふ。夜入来。枕草子之談あり。来卅日頃出立。休暇中大磯ニ在留之由。／△本日松岡康毅はじめ十八人貴族院勅撰議員に任ぜらる。大沢健《(謙)》二・木下広次・沢管徳・小原重哉・富井成《(政)》章なども其中なり。／△本日樺山海軍大臣、衆議院にて演説中薩長政府云々の語あり。議員沸蕩《(ママ)》す。／黒田家より鶏卵大箱、歳末ノ賜あり。

廿三日

議院へ出。那覇裁判所設置案第二読会より三読会に移り、即日可決す。十一時卅分散会。午後一時頃皇典講究所行、松もと面会、同所にて哲学館講義録訂正。五時富士見軒行〔富士見軒集会ハ外山・重の・井上・高津・三上・元良・張滋昉・星野・久米其他三十人程。〕。文科大学当期懇親会也〔駒込へ帰る。〕。〈頭書〉皇典所へ金廿円寄附。

廿四日

議院へ出。帝国議会開期改定案（林宗右衛門提出）を議す。委員を設る事となり零時廿五分散会。根ぎし行、泊。

廿五日

議院不参。○根ぎしにて哲学館講義録訂正成る。午後もたせ遣ス。○今夜七時過衆議院解散、貴族院停会之勅令出ル。○今日一番気車にてよしかた熊本行。今夜奈古《(ママ)》屋泊。〈頭書〉貴族院今日之議事ハ府県会改正・府県制改正にて何れも林提出也。／江さし納会ニ付、無極まで哥もたせ遣し候処、間違にて使持帰り。

廿六日

午後零時根ぎし出宅、一時過帝国ホテル行。演芸協会なり。琴・浄るり・噺・長哥〔勧進帳〕・藤間・花柳の踊等七番あり。七時に了ル。春陽楼にて晩食。九時過駒込へ帰る。〈頭書〉今日より当分遊亀子来泊。

廿七日　日曜

宮本小一君御入来。○村岡氏入来。三代実録引替。○平岡好国歳末入来。〈頭書〉よしかた神戸よりの状来ル。昨日ハ西京泊之由。／今泉定介より鶏卵賜。／おミつ来ル。金港堂等へ遣ス。鶏卵二箱・砂糖一袋遣ス。

廿八日

かた附物する。〈頭書〉銀二郎貴族院遣し、書類取寄。／あら井来る。宿料持参。／本居へカステーラ贈ル。草稿閲頼。

廿九日　晴。

春木丁へ寄、根ぎし行。午後早く出宅。二時黒田行、源氏品定講義。晩景根ぎしへ泊。○根ぎしお悦下る。〈頭書〉よしかた門司よりの電報来。午前九時着之由。／根ぎしへ細川来訪之処不逢。／同所へ河合入来之由。雀久子頼くわし持参。山田正之談あり。

三十日　晴、和。

午前九時過出宅、十時過参内、歳末御礼の名氏帳簿へしたゝめ〔皇后宮共〕。十一時過春陽楼にて中食。品々買物し、午後細川行、面会。随筆稿本一閲を托せられたれば持帰る。三時過駒込へ帰る。〈頭書〉村松後家入来。不逢。近日浅草千束へ転じ、養子ハ離縁致候由。／松浦家より来一月十一日好古社評議会員同宅へ集合之旨郵書。／井上哲二郎氏より野鶏一双を賜ふ。／本居より哥稿郵送。／横山いさ子よりくわし来ル。／遊亀子新年郵書等したゝめ。

三十一日　曇。南風つよし。時ならず暖気。

廿日よりこなたの日記したゝむ。○夕刻春木丁へ行、八時前根ぎし行、按摩す。〈頭書〉岡野碩より土佐の浪路廻る。／黒川真道子入来。鴨一尾賜。／遊亀子、井上毅君へ遣ス〔雉子持〕。／佐伯より洋酒三瓶賜。

註

（1）以下、原本では十四日条の「〔十四日也〕出かけ帝国大学行。五十嵐ニ面会。恩給願書之事談じ。」に続く。

（表紙）

明治二十五年日乗

明治廿五年一月　　七十年一ケ月

一日　朝曇。やう〳〵晴。暖気。
根ぎしの楼上にて試筆。ことしハ令義解の講義をかきはじむべしとおもへば、

　うちむかふ硯のうミにこのとしは
　　筆のうへなるさちのあれかし

古代法典律疏の緒言を記し、また土佐の波路を訂し郵送す。五時駒込へ帰る。

二日　暁より雨。夜あけて止む。猶くもりて時々小雨ふる。
午前九時参内。十時前、華族嫡子及奏任待遇之神官、門跡の住職と丶もに御通路にて拝謁す。夫より東宮御所・青山御所へ拝賀す。正午過、飯倉徳川邸行。家従高橋渡に拝賀を述べ、小公子ニ謁す。芝山内三縁亭にて昼食。築地今井・新右衛門丁大田へ年礼。夕五時前帰る。清水彀の来りたるに逢ふ。〈頭書〉清道を杉・狩の・多田・佐の・柏木・大槻・斎藤・川崎・成瀬・木村・黒川・稲垣・佐藤〔誠〕等へ回礼出ス。／昨日遊亀君頼名刺包端書等、総て五十軒近く今日郵送。

三日　半晴、夜雨。
朝剃鬚。十時過より田口・内田・関根・三浦・佐伯・宮崎・高津・井上〔哲〕・伊せ・小杉〔恒〕・高山・久米・田辺・中村・和田垣・増田・落合・木下・内藤・久保田・伊沢・浜尾・萩原・今泉・丸山〔藤〕・本居・外山・鈴木〔重嶺〕・飯田・丸山〔平〕等へ年礼。夕刻根ぎし行、泊〔根ぎしへ行がけ春木丁へ寄。今夜三作根岸へ来、泊。〕。按摩。〈頭書〉清道を午前野口・三上・物集・井上〔円了〕、午後細川〔潤二〕・勘解由小路・高松・辻〔新〕・長塩・桜井・重野等へ年礼ニ遣ス。

四日　曇、夜小雨。
新聞・雑志をミて日をくらす。又は端書を郵送して年賀の答礼す。〈頭書〉夜駒込より廻る土佐の浪路清書一覧。

○諏訪忠元氏来ル〔たにざく・巻紙持〕。不逢。○夕おミつ根岸へ来ル。今日三作・吉川等へと年礼ニ廻候由。

五日　曇。

釜かける。○午後一時頃より光明寺墓参。浅くらやへ寄、公園地遊歩、岡田にて一酌。六時頃帰る。宇都宮源助来る。〈頭書〉土佐の浪路午前十時過郵送。午後及夕刻行違にて使来る。再度／。○諸方へは書（端書）出ス。／○駒込へ今井・大田入来。不逢。／○大田廉斎等駒込へ入来。不逢。

六日　晴。

釜かける。○午前十一時頃平岡好文来ル。杜蠣あまた恵る。○源助、難波氏の孫同道にて来ル。○午後二時根岸を出、新井〔かつぶし持〕・河合〔新撰哥典持〕・岡田や〔くわし持〕等へ年礼。五時頃駒込へ帰る。〈頭書〉根ぎしより諸方へは書（端書）出ス。／午後二時前諏訪忠元氏尋。新撰哥典送る。不在にて不逢。

七日　曇。冷気。

午後より黒田行之約せしが、今朝より下痢してこゝちあしければ断。○細川氏稿名なし草一閲。○水原発会、雪満群山、松浦同断、翠松遠家の哥考へ。○河合年礼ニ来る。面会〔ふくさ・漬物賜〕。○国学院掛青戸波江来ル。明日国学院授業始ニ付、講義せん事を求む。所労之むね申す。〈頭書〉午前九時廿分よしかたより神戸発之電報来る。明後日帰宅之由。／○銀次郎〔同居〕舅死去ニ付、引。

八日　晴。

国学院授業始。不参。○午後横山〔のり持〕・浅井〔ビール持〕・佐々木〔信綱〕等行。三時前高等女子師範学校へ行、土佐日記〔はじめ〕二時間講義。根ぎし行、泊。〈頭書〉花雨吟社発会、雪満群山の哥河合までもたせ遣ス。／○辻新次より議員候補者津田之事申来ル。郵書。

九日　晴。

根ぎしにて清賞会〔二〕・（空欄）〔五〕金子有卿〔三〕・（空欄）〔四〕頼のたにざく松平康民外一名、絹地ニ松本愛重頼の年賀哥〔鶴遐年友〕、（空欄）頼の絹地〔祝哥二〕松浦発会懐紙・御会始竪詠草等したゝめ。〈頭書〉宮内省へ御哥始之哥〔田土山〕、河合・金原分共ニもたせ遣ス処、十二時に付受付ず。よりて午後足立へもたせ遣ス。○大畑弘国より来十五日神道学友会有之旨。○午後九時頃よしかた熊本より帰ル。○哥舞伎新報改正後始て配達し来ル。此内に土佐の浪路あり。

十日　半晴。日曜

午後水野へ年礼、一時三十分学士会院行。西村・杉演説あり。島田重礼会員ニ撰挙され始て出席。夜七時前根ぎしへ帰る。○午後よしかた根岸へ来。不逢。〈頭書〉皇典講究所より来ル十六日講演頼之状、根ぎしへ来ル。／○松浦哥発会ニ付、翠松遠家懐紙贈る。

十一日　半晴。

午前十時大学へ出、大鏡〔国文二・三・博言〕を講ず。国文一・国史一・漢文一へは後宮職員令講尺。正午過駒込へ帰ル。午後一時過、皇典講究所行、松もと面会。秦氏文学門之事談じ。松野・久保・松野・桑原ニ逢。来ル十六日講演ニ付ての事談ず。三時前松浦行。好古社評議員集会也。黒川・小杉・久米・川崎・加部・三田・大槻・中村・鈴木・宮崎・青山・前田等来会。木村・本居・井上〔頼囶〕ハ不参。七時頃晩食はて、退散。根ぎしへ帰る。〈頭書〉井上円了根ぎしへ来ル。短ざく頼。／鶴久子根ぎしへ来る。不逢。／下谷区清賞会より過日頼の短冊弐葉した、め置、今日使之者へ渡ス。稲垣千頴催にて連月新阪伊香保温泉にて催なり。

十二日　朝七時頃より雪、漸くつもる。十一時前止む。午後晴。夕刻あられふる。

午前十時過駒込へ帰る。おたつ同道。是ハ区役所より東京府行。恩給金請取之ため也。○祓禊沿革取調にかゝる。

十三日　晴。

十一時大学行、獄令〔了〕・雑令を授く。○午後一時出宅、浜丁相鉄行。雀久子発会なり〔兼題会友・当坐庭梅〕。夕刻根岸行、泊。〈頭書〉国学院講日之処、断。／おたつ今日も又東京府行。さく日不弁之故なり。

十四日　晴。

午前十時過出宅、十一時赤阪大久保大佐へ年礼、一ツ木町にて昼食。午後一時黒田行、はゝき木・品定の講尺。今日に了ル。四時出邸。山元丁井上頼国氏行。祓禊之事ニ付相談なり。晩景駒込へ帰る。

十五日　晴。南風つよし。終日。

祓禊沿革を草す。明日講演の料也。午後大宮宗司招き右抄録など頼ミ。○大倉孫兵衛頼の梅（楳）嶺画譜次篇のはし書題詠、よしかたニ清書させ今日郵送。〈頭書〉中村より来ル十九日之事申来ル。

十六日

講演稿本成る。午後一時三十分皇典講究所へ出。今日講演はじめ也。内藤耻叟氏まづ国体論を講じ、次に予、次に西村茂樹氏の講あり。四時三十分頃畢る。今日ハ久我副長・稲葉教正も出席あり。今夜根ぎし行。

十七日

講演稿を整頓す。夕刻駒込行。

十八日

御会始御式拝観願（闕字）聞し食され候由、過日奉行〔堀川・裏松〕よりの来書ニ付、九時参内。まづ御歌所へ出、松浦・黒川・宮地其他同所懸りの人々ニ面会。暫時にして奥殿なる休息所行、こゝにて高崎・東久世・水野〔忠敬〕などに面会。十時頃鳳凰の間へ着座す。同十分頃（闕字）主上・皇后両陛下御出坐。講師・読師・発声等中央のテイブルを囲ミ着坐す。其他の人々、上層の図（1）の如く出坐。読師北小路氏懐紙の哥を読ミ揚ぐ（ママ）。其声最も大なり。終て発声。まづ初五文字をうたふ。次句より講頌六人同音にて朗誦す。其ふし最も優なり〔僧家にて修する伽陀といふふしに近き歟〕。預撰哥より始て講読師、点者、宮内の官人、親王に至る。凡十四五枚と覚ゆ。但し親王の哥ハ二遍朗誦す。畢て東久世、皇后陛下の御前に候して、御懐紙を受け復座すれば三遍朗誦す。畢て同氏又主上の御懐紙を請ひ復坐、五遍朗誦すり（ママ）。これにて御式畢る。十二時過退出、京橋辺にて昼食〔洋食〕。弐時前黒田行、夕顔を講じはじむ。晩景駒込へ帰る。○夜国文学へ送る文を草す。落合来ルニ付ミせ。〈頭書〉今日大学断。

十九日

宮地頼の真福寺本御即位咒文抄録幷明治のはじめ神祇官より四方拝之事建立したるを取調。即日郵書す。○夕五時より神田川行。中村氏招によりて也。足立氏も来る〔足立氏去（空欄）日東宮亮に転任也。〕。晤談。七時頃までに至り、中村氏同道帰る。〈頭書〉細川潤二郎氏稿名なし草をミる。黒田氏稿近世史料之事ニ付、演説一閲〔廿日返ス〕。

廿日　晴。風つよし。

十一時大学出、獄令・雑令を授く。○午後二時国学院行、賦役令了。今夜根ぎし行。

廿一日　晴。昨今寒気つよく氷厚し。

根ぎしにて小田原高田頼の絹地色紙短冊、又陸軍歩兵軍曹田中楠次頼の短ざくしたゝめ。○女子師範学校源氏講義録を訂正〔第一〕〈頭書〉名なし草ミ畢る。

廿二日　晴。少し寒気ゆるみたり。
正午駒込へ帰る。○午後高等女子師範学校行、土佐日記を講ずる事二時。細川校長ニ無名草、懸り官ニ講義録訂正本を渡す。今夜駒込ニ在。〈頭書〉午後熊阪祥子駒込へ来ル。不在ニ付、根ぎし行。／夜三作来る。義象と発行物の談あり。

廿三日　晴。
大鏡かき入。○午後二時前斯文学会行。今日講演発会にて谷氏足食足兵民信之、井上哲二郎氏漢詩和哥之将来等と題にて演説あり。四時頃畢て宴会あり。久々にて根もと・奥・蒲生・南摩・亀谷・金井・萩原・岡本〔監輔〕・野口・松平〔信正〕・小原〔重哉〕諸先生に逢ふ。三島・島田にも逢ふ〔去廿日黒川妻弐階より落、怪我せし由ニ付帰路立寄、真道に見舞を申す。〕。夕刻根ぎしへ帰る。〈頭書〉午前奈良や浄雲来訪。鮒雀焼を恵る。家庭教育一冊送り、たんざく二葉贈ル。

廿四日　晴。日曜
佐々木・鈴木・江刺等発会の懐紙たにざく認め。○午後二時前上野八百膳行。江刺発会也。小出・三田・増山〔三雪子〕・定子・平岡・矢掛ニあふ。当坐水辺わかな哥読《ママ》畢る。三時退出、室母ミせへ寄、あるじ面会。天神公園地魚十行。古典科前後卒業生懇親会也。木村・久米も来会。幹事ハ関根・生田目にて松本・落合・萩の・丸山・増田・佐々木・平岡・佐藤〔球〕・よしかた等出席。各趣向の景物ありて福引する。題ハ国学にて銘々古事記・日本紀・万葉集其他之事に寄せたり。夜ニ入根岸へ帰る。

廿五日
十時大学出、大鏡・職員令・神祇令を授く。正午駒込行、中食。午後二時過黒田行、夕がほ講尺。晩景根ぎしへ帰る。○お栄風邪、一両日前より打臥。義象も同断。これハ寐る程ならず。〈頭書〉文部書記官青木保、駒込へ来ル。栗田学位之こと問合せ。

廿六日　頃日寒気ゆるみ、氷なし。
午後より内藤耻叟翁編古事類苑評定所の部検閲。○清名来泊。○やゝ日の延たるを覚ふ。日の入少し遅くなりたり。○午前下総沢田総平へ郵書。年賀の哥送りこしゝ礼也。〈頭書〉中村〔過日礼也〕・関根〔坪内之事〕等へ手紙遣ス。／千家へ研究会総会之事、文科大学へ水曜教員会之事手紙出ス。／高田の短ざく・色紙幷長野県有明村送る色紙等通運と郵便に托す。

廿七日
十時過宮川甚五郎行、年礼也〔くわし持〕。十一時大学出、雑令畢、貞永式目をはじむ。正午駒込にて中食。二時国学院行、学令を授く。春木丁へ寄、暮て根ぎしへ帰る。〈頭書〉岡松甕谷妻死去の赴音あり。

廿八日　晴。

八時三十分清名同車、春木座見物。おたつ・お晉・三作も来る。茶屋ハ槌屋なり。大岡政談の狂言にて駒之助・芝雀・雀右衛門・松之助・勘五郎・富十郎などにて興行。夕五時過打出し。根ぎしへ帰る。〈頭書〉丸山作楽より来卅日贈位者祭典にて有之書状来ル。よしかたより断状出ス。さゝ又おミち来ル。不逢。

廿九日　朝曇、午後晴。

古事類苑検閲。正午迄に了る。午後三浦録之助大化已前之事考の稿幷ニ熊田子之四郎哥稿点削。○駒込より鴈壱尾来る。一昨日黒田より壱双到来ニ付、壱尾ハ留め、壱尾を送りこせしなり。〈頭書〉貴族院より過日来書ニ付、文函之鍵もたせ遣ス。皇典講究所へ古事類苑同断。高松保（ママ）郎へ教の園贈る。旧冬鮭弐尾貰たる礼なり。／春木丁頼ニ付、松浦へ紹介書したゝめ。古代切レ写印刷局板本見せ。

三十日　晴。

源氏物がたり講義録第二回訂正。○清名一旦駒込へ帰りし処、又来る。〈頭書〉村岡氏駒込へ来訪之由。くわし賜。宮川大三根ぎしへ写本持参。

三十一日　曇。氷ハなけれど冷ゆ。

午前十時過、坪内雄蔵〔春の屋〕来ル。旧冬稿本を送りし礼なり〔玉子持〕。○午後大鏡かき入。○新年来始て釜懸る。○夜臼倉右吉衛門来る。近日近隣へ移住之由〔弟春三郎後見談あり〕。〈頭書〉広島難波より源助あてにて書留郵書来ル。即日うつの宮へ送る。／政事科三年生（空欄）来ル。七十年賀寄松祝の哥頼。／根ぎしの庭の梅咲そめたり。

二月一日　さく夜来雪、暁やむ。少し敷松葉に残れるさま画にかゝまほし。午後まで曇。

十時大学出、大かゞみ・僧尼令を講ず。午後二時黒田行、夕がほをとく。駒込へ帰る。

二日　晴。

駒込にて書斎かたづけなどにて日をくらす。〈頭書〉松田お花殿根ぎしへ来ル。過日紙雛画賛哥書たる礼。松の鮨一折恵る。

三日　曇。朝風さむし。九時出宅、竜岡丁松平子爵〔康民〕をとふ。逢はず。旧冬頼の絹地染筆家令へ渡し。十時前大学行く。図書館閲覧室にて朝野新聞・黄鸝談〔西南紛事〕をミる。十一時貞永式目講義。一旦帰宅。午後二時皇典講究所行。国学院にて選叙令・継嗣令をとく。晩景根ぎし行。〈頭書〉清道さく日駒込へ帰候処、今日又々根岸行。

四日　曇。午前九時頃より雪、正午には霏々たり。夜ニ入猶やまず。けふ立春なりければ

　はるたつとおもへばあはき雪ながら
　　めづらしきまてつもりぬるかな

と口ずさむ。けふハ寒さのつよければ〔三十三度ニ及ぶ〕、山科道安の槐記・都新聞などをミてなす事もなし。釜かける。〈頭書〉おミつ雪中あんがし《（餡菓子）》を重ニいれて持参。／宮川大三写本持参。

五日

根ぎしニ在。短冊などしたゝめ。午後大鏡下見。

六日　朝曇、暫時にして晴。

源氏講義録訂正。過日もなどか心に協はざるにより御局は桐壺也云々の条より更に書直しにかゝる。此五六日朝下痢の気味にてこゝちあしかりしが、午飯後阪もとの薬湯に入りてより気力つきたり。

七日　日曜

猶きりつぼ講義録を稿す。

八日　曇。南風はげし。猶々暖気。

十時大学出、大鏡及僧尼令を授く。○今日ハ黒田行之日なれどあまり烈風に付断。大学より駒込へ帰る。

九日

書斎之雑志その外取かた附け。

十日

十一時大学出、貞永式目を授く。駒込にて昼食。午後三時前松浦伯行。月次哥会なり。兼題若菜知時、当坐は霞雪探題なり。夜ニ入根ぎしへ帰る。〈頭書〉午後国学院断。／赤堀より郵書。

十一日　晴。

きりつぼ講義録第二回稿了。更ニ第一回を訂正す。○中村より枕草子類帰る〔駒込へ〕。鶏卵賜。〈頭書〉根ぎしハ庭の梅三分一咲たり。両三日前より鶯も来、鳴く。

十二日

土佐日記下見。午後三時高等女子師範学校出、同書講尺。五時過了。神田川にて晩食、駒込へ帰る。○夜中村行。面会。

十三日

大鏡〔了〕下見。○午後二時過黒田行〔去八日代日也〕、夕顔了、若紫の講をはじむ。駒込へ帰る。

十四日　午前九時頃より小雨、午後大風雨となる。夕刻止。よる天気よろし。日曜

午前十一時前かぶき坐三州や行。三作も来ル。十二時過より始る。菊五郎塩原多助おもしろし。夜九時過了る。明後十六日終劇のよし。去一月十〔二三〕日頃よりの芝居也。十時頃根岸へ帰ル。〈頭書〉○朝白井八弥来。八十五六にて旧冬妻を亡し養子も離縁之由。守田室母の手紙持参に付金弐円遣ス。／学士会院断。／○朝大阪書林三木来ル。面会。橋本返書渡。○浄土宗僧伊達霊堅来ル。古代宗教論転載之事也。○根ぎしへ赤堀妻来ル。過日手紙おこス。無心之事云来ル〔半円遣〕。

十五日　曇。

朝駒込へ帰る。眼胞に熱気あるにより大学・黒田及今日ハ過日の代り国学院におもむく約の処、是以断。○午後一時過下谷区役所行。衆議院議員撰挙なり。則津田真道を投票す。河辺御楯子白鶴過日死去ニ付弔ニ行〔一円贈〕。〈頭書〉皇典所より古事類苑勘定所部廻ル。／黒川へ妻病見舞ニ廻る。三時過帰る。／○夕松本順乗子来ル。学士会院雑志帰る。

十六日　晴。北風つよし。正午卅三度の寒也。

読書を休ミ牛込辺へ行んとおもひしが、烈風により止まる。○きりつぼ講本第二回分再訂済。本日女子師範学校へ廻ス。〈頭書〉過日曾我欽二郎より根ぎしへ綿おこせたり。帰京にて深川木場ニ在。依て今日郵書出ス。

十七日　晴。朝霧ふかく寒し。

正午出宅、本居行、面会〔白井事談じ〕。大沢見舞行。大きに快方也〔中風〕。村岡行、留主。八木行、同断。麹丁三河屋へ寄、夕刻帰る。○今日大学・国学院とも断。○来ル廿一日根岸にて哥会ニ付、黒川・三田・平岡・木村へ郵致〔本居へハ今日話し、中村・久米へハ手紙にて遣ス〕。〈頭書〉大山石板所へ頼の哥郵送。／文部省沢柳政太郎より来書。大木大臣の用なり。／黒田より来書。来十九日可参返書スル。

十八日　晴。夜十時過より雪。

梳髪剃鬚。○午後江沢来ル。小沢へのたんざく返ス。○午後五時前根岸行。〈頭書〉文部省へ返書出ス。

十九日　夜来雪ふる。午前八九時、尤霏々大雪となる。凡六七寸ハ積たらんと覚ゆ。午後止て日光をミる。

源氏講義第二回分訂正。○釜懸る。○宮川来る。十五銭渡。〈頭書〉今日の大雪にて道路あしからんとおもへば廿一日之会ハ廿八日ニ延引之旨、六家へ申送る。

廿日　朝少曇、後晴和。

きりつぼ講義二回分訂正成ル。女子師範学校へ送る。○藤沢碩一来る。万葉類語写本頼。〈頭書〉黒田より郵書。廿二日月曜さし支之むね也。依て廿七日可参旨申遣ス。

廿一日　日曜

午後二時過より光明寺墓参。久々ニて凌雲閣ニ登る。岡田にて晩饗、帰る。〈頭書〉今日深野坐招待之処、断。／神作浜吉来ル。菅公ノ哥頼。

廿二日　曇、大風。

十時大学出、大鏡〔了〕・戸令を授く。○大風により黒田断、駒込に在り。○鈴木弘恭へ郵書。耕学社ニ於て和文受持云々と認候事也。〈頭書〉奥並継添書持、木村信治来ル。写字之事頼ニ付、皇典講究所添書渡。

廿三日

駒込にて日本法典緒言を草す。〈頭書〉鈴木より返書来ル。〈廿四日条頭書〉〔廿三日也〕法科大学政事科恒岡憲之助頼祝哥、事務所までもたせ遣ス。

廿四日　晴。風つよし。

大学断、午前十時貴族院出、後半季手当金請取。夫より貯金銀行・第一銀行等行。右馬を訪ひ、午後二時国学院行、考課令を授く。夕刻駒込へ帰る。○夜萩野来る。建武式目其他之事談じ。○島地黙雷より来書、令知会雑志送来ル〔即日返書郵送〕。

廿五日　曇。風さむし。

物集より伊藤肇之事ニ付来書。即刻返書出ス。○午後四時頃根ぎし行。〈頭書〉細川議長より山内一豊夫人伝一閲頼ミ来ル。即閲覧。／横井時冬より商業史稿弐冊送来ル。

廿六日

竹取物語下見。○午後三時高等女子師範校行、竹取をはじむ。根ぎしへ帰る。○夜江沢来ル。春木丁の事相談。〈頭書〉根ぎしへ伊藤肇来ル。面会。／臼倉鼎之助来る。弟春三郎、札幌にて死去のよし。

廿七日　晴。風つよし。

枕草子下見。○去月曜日之代り黒田行之筈之処、風つよければ断。○夜三作来る。○おさだ来ル。〈頭書〉長酡亭にて旧事諮問会有之処、不参。

廿八日　晴。風つよし。　日曜
兼約ニ付、午後一時より平岡・久米・三田・黒川・中村等入来。各松上鶯を賜ふ。釜かけ、抹茶出ス。烈風。夜ニ入るを憚り当坐はよまず、談話のミ也。午後五時過各帰らる。風少し和らぐ。〈頭書〉本居・木村両君ハ御断。

廿九日
十時大学出、枕草子四の巻より先年の講を継ぐ。国文・国史一年生にハ戸令を授く。午後黒田行。夕刻駒込へ帰る。○夜萩野来ル。科条類典之事ニ付、抄録物持参。

三月一日〔大学祝日休〕

駒込にて日本法典緒言取調。○夜中村入来。婚礼書の談あり。○飯田永夫来ル。国文へ著す記事文二篇頼。〈頭書〉木村信治へ学士会院雑志写本頼。／皇典講究所より古事類苑勘定所分来ル。

二日　曇。

十一時大学出、貞永式目を授く。午後二時国学院出、考課令・祿令を授く。夕刻駒込へ帰る。○師範学校長高嶺秀夫へ手簡送る。伊藤之事也。○西京河田景福外三名より来書。日本学会再興之事也。〈頭書〉木村信治へ西京送り分写本頼。あら井家賃持参。／丸山隠居入来。春木丁之事聞合。

三日　雨。正午前止。寒冷。午後又ふる。

伊藤肇へ手簡遣ス。○去月廿一日已来日記した〻め。○古代法典附録貞永式目に付たる消息弐通に緒言を加ふ〔四日萩野廻ス〕。○夕五時過根ぎし行。〈頭書〉山梨県里吉盈晴へ返書出ス。／久米幹文家初節句ニ付白酒贈る。赤飯来る。

四日　曇。南風はげし。夕刻止。夜ニ入雨。

午後壱時出宅、西村喆叟過日より水腫病ニ付見舞、二時黒田ニ至る〔過日代日也〕。わか紫講義。五時前神田川行、晩食。根ぎしへ帰る。○おたつ・お晉・お仲、春木坐見物。駒込よりもお栄子供つれ来、会。〈頭書〉おミつ来ル。考三郎資本之事談あり。○中村へは書(端書)出ス。来六日遊歩之事也。△久米邦武著神道ハ祭天の古俗といふ文、差支ありとて史海と史学会雑志にミえたる所、発売を禁ぜらる。并ニ久米氏より取消の広告、新聞ニ出づ。

／○京都木村時義へ日本学会への投書郵送。過日之返書ハよしかたより送る。

五日　細雨。

内藤稿古事類苑勘定所部上下検閲。○有住斎へ郵書、駒込へ托ス。○本居へ郵書。哥二首披見頼。○神作浜吉へ菅原神社詠哥成たる由申送る。○佐藤球来る。万葉類語写本頼。〈頭書〉日本法律学校より、講師松崎蔵之助洋行ニ付、来八日開化楼にて送別会之事申来ル。不参断。／庭の梅花盛り過て雨に散かた也。去月末より鶯近辺へ来て鳴。やゝ日永く暖気にもなりたるにより都合よろし。

六日　日曜

〈頭書〉皇典所へ古事類苑二本送る。

七日　曇、暖気。

大学出、枕草子・戸令を授く。午後黒田行、末つむ花講義。夕刻駒込へ帰る。○午前十一時義象出立。校長の命ニより愛知県行、中学視察。今夜ハ静岡へ泊候由。〈頭書〉△久米邦武非職となる。

八日　晴、暖気。

古代法典緒言取調。○京都日本学会へ寄書郵送。○日本赤十字発行所馬場六之助来ル。同雑志へ載詠哥贈る。〈頭書〉有住より返書、駒込よりとゞく。年賀の式書取一冊幷ニ問目ニ附箋あり。〈頭書〉本居より返書郵送。

九日　晴、風。

大学休、植物園行、御下払下ゲ樹木ミる。植木や音五郎同道。午後皇典講究所行、年賀之事書取。山田伯も二時より国学院出、宮衛・軍防令講義。夕刻根ぎし行。三田へ寄、明日松浦会、兼題たんざく托し。〈頭書〉伊藤肇根ぎしへ来ル。不逢。／足立へ皇室典範講義巻二以下六本送る。〈十日条頭書〉〔九日也〕萩野へ古代法典稿本もたせ遣し。

十日　曇。

根ぎしにて源氏きりつぼ講義録したゝめ。終日。○有住へ過日調物之礼、くわし箱賜る。○美作院荘（庄）人（空欄）来る〔斎藤紹介。根ぎしへ〕。児島高徳碑墨本を恵る。作楽神社寄附ハ断、詠哥之事諾す。〈頭書〉よしかた名古や広小路山田よりの郵書、九日出にて届く。

十一日　さく夜より雪。あけて雨となる。十時頃より晴。

竹とり下見。午後三時女子師範校行、講義。六時前伊予亭行、晩食。根ぎしへ帰る。〈頭書〉△枢密院副議長副島種臣、内務大臣となる。前大臣品川弥二郎、枢密顧問官となる。

十二日　晴。

教育会より頼まれたる岡山県（空欄）郡長嘱の菅原神の賛哥、江刺頼の哥、矢掛頼の哥等唐紙へ、清賞会の短冊二葉、博文館頼のたにざく弐葉認。○大学第一期試業書取調。○お道根ぎしへ来候由〔考三郎頼金十円渡〕。〈頭書〉木村信治根ぎしへ写本持参。此ほどよりの写料払。／○熊もと米野一馬《カツマ》、今日より寄宿。／○お栄、水道丁廻。

十三日　さく夜より雨。午前大風雨。正午頃より漸々晴。日曜
試業書取調済。○午後二時学士会院行。田中芳男・木村正辞等講演。了て例の会食。六時過帰ル。〈頭書〉午後ことに暖気。／雨にて諸方の梅、見はぐれたり。／さく夜初雷、雨中に鳴たり。

十四日　曇。風さむし。

十時大学出、枕草子・戸令〔了〕を授く。駒込へ帰る。○午後黒田へ行くべき処、寒風ニ付、延日のは書（端書）出ス。○有住・京都木村より過日の礼書届く。○国会社員榎もと某・中村某より頼れたりとて国語稿本校閲頼来ル。断。○木村信治来ル。写本渡。〈頭書〉△枢密顧問官河野敏鎌、農商務大臣となる。前大臣陸奥宗光、枢密顧問となる。／教育会神作へ菅神賛哥唐紙もたせ遣ス。

十五日　晴、和。

国語伝習所より依托の明治御即位記を草せんため、戊辰年太政官日誌を取出し一覧。〈頭書〉臼倉春三郎北海道にて死去ニ付、小田切四郎兵遺骨持参、さく日葬式有之ニ付、今日香奠もたせ清道遣ス。

十六日　晴。

十一時大学出、貞永式目を授く。午後国学院出、軍防令を授く。夕刻根ぎし行。〈頭書〉大学にて佐伯に逢。御即位の時の事、聞合せ。

十七日　晴。

午前八時卅分斗猿若丁若万行。おたつ同道。十時より始る市村坐見物。川上芝居なり。一の瀬復讐にておもしろし。大切ニ川上のオツペケペイ筋（節）あり。岡田にて晩食。夜八時過帰る。

十八日　雨、冷。

午前九時卅分黒田行〔十四日代り也〕、末つむ花をミて、昼食の饗有。午後三時女子師範校行、竹とりを授く。〈頭書〉△本年五月二日帝国議会を東京ニ召集幷ニ議会

ハ四十日を以て会期となすべき詔下る。

十九日　雨。

源氏講義を草す。

廿日　曇。さむし。後ニ聞。大宮辺ハ雪ふりたりと。日曜
根岸より飯田丁富士見亭行。如蘭社・江戸会惣会なり。川田社長・穂積・大川・小宮山・落合其他四五十名来会。午後黒川博士出席演説あり。予、午後二時早出、深野座行。守田招によりて也。一番目天一坊、中幕芝翫の熊谷陣屋の場、大切芝翫・家橘・九蔵にて不破・名ごや鞘当なり。夕七時ニ了る。神田川にて晩食、駒込へ帰る。〈頭書〉女子高等師範校へ源氏講義第三を送る。○木村信治へ写本を回ス。／朝中村氏根岸へ入来。正妻・継妻墓地之事相談あり。／如蘭社会にて岡松撫松と云人ニ始て逢たり。旧幕人にて白山裏門辺に居る人のよし。〈十九日条〉○〔廿日ナリ〕東京府中学校教員田村某根ぎしへ来ル。先年文部大臣の命にて物集等とともに起草せし国文書之事ニ付、聞合せ也。

廿一日　晴。

大学へ出、枕草子及田令を授く。○午後万丁貯金銀行行、七十五円受取。三時前黒田行、源氏末摘花了、古事記をはじむ（日本紀参考）。五時過駒込へ帰る。〈頭書〉植物園より百日紅・サンシユー・クルミ等の大木購求、今日引取駒込庭ニ植ル。夜中村へ左尊右卑の弁送る。同家より兼て貸本戻る。／夜おミつ養女つれ来ル。

廿二日　晴。

眠を催し何事をも得せず。○皇典講究所より講演二冊検閲ニ廻る。〈頭書〉夕三番丁斯馨館之者帝国名士録発行ニ付入来、履歴をこふ。

廿三日　曇。午後より雨、夜ニ入る。

十一時大学出、建武式目をはじむ。春期授業今日ニ了る。○午後神作浜吉ニ贈る菅原神の賛哥の説明をしたゝめ郵送。〈頭書〉甲斐北巨摩郡穂足村里吉盈精へ再び祝の短冊郵送。去ル三日差出分届かざる旨申越たるによりて也。／植木や今日ニ了る。廿一日已来六人ヅ、十八人かゝる。

廿四日　雨、午後晴。

栗田寛氏丹生神告詞考証・飯田武郷氏修史撮要等泛読す。共に皇典所講演稿本也〔廿五日廻ス〕。○午後三時頃より大学会計課行。春木丁へより根ぎし行。〈頭書〉臼倉舅氏廿七回忌ニ付、清道岩ぶち遣ス。

廿五日　曇。午後半晴。風あり、寒し。
明日清賞会催。年賀会之哥幷はし書したゝめ。○明治御即位の記を書はじむ。〈頭書〉根岸にて養父霊祭する。養母を配す。

廿六日　曇。
午後二時広小路無極庵行。清賞会中五十以上の者六名を招き賀筵あり（内三名不参）。稲垣幹事立て開筵の主旨幷ニ記文の朗読あり。夫より前、余に乞ひてしたゝめ行たる哥幷はし書等を朗読せしむ。余興として舞女二人（内一人ハ無極庵の娘。年十六七）、鶴亀・鏡山の仇討・狂獅子等三番を舞ふ。来客にて知りたる人ハ区長辻氏・亀谷・夜雪庵など也。市川三兼・関本・宮・黒澤・巻山〔根岸八十一番地〕その他文人一両人初て逢たり。晩景帰る。○夕五時頃服部判事来ル。春木丁養女の父也。帰宅後面会す。三作も来ル。共ニ七時頃帰る。○皇典講究所生徒岡野武五郎試業之事にて来ル。不逢。

廿七日　晴。朝八時頃より西北風はげし。終日。夜ニ入止まず。　日曜
堀越より招請ニ付、哥舞伎坐行之処、さく日会中より悪寒し感冒の気味なる上、烈風にもあれバ柏木迄断書出し、且過日会費残金壱円長井へ可渡分依托。○本日ハ足立・中村入来有之、何方へ歟同行之約有しが断郵書出ス。○佐藤球、万葉類語写本持参〔不逢〕。〈頭書〉山崎隠居孫女つれ入来。／庫中百家説林中の兎園小説・閑窓自語など泛読す。

廿八日　半晴。風ハ今晩止たり。
都新聞去月分一覧。○風邪ニ付黒田断。○夕五時上野春陽軒にて文科大学教員懇話会有之旨、幹事星野より過日通知有之処、風邪ニて断。〈頭書〉本居へ使遣ス。万葉類語残本借受、かつ詠草一覧をこふ。

廿九日　曇。
明治御即位記を草す。○風邪快方なり。○山崎隠居御入来。

三十日
源氏講義にかゝる。○国学院試験日なり。義象をして行て代らしむ。○三作来ル。〈頭書〉本居より類語来ル。

三十一日
源氏講義を草す。○おたつ大学及学士会院行。手当金請取なり。

四月一日

朝九時根岸を出、西村を弔し、稲垣を訪ひ〔過日哥改正之事談じ〕、あら井より春木丁へ寄、午前駒込へ帰る。昼食後出宅、日本銀行・貯金銀行等行、夕刻帰る。○夜中村行。

二日　さく夜より風雨、午前止。

御即位記成る。木村呼、清書頼。○旧冬村岡範為馳より嘱之新嘗祭哥解釈中村へ廻ス。○国学院生徒試業書取調。○桑原来ル。群馬県皇典講究所分所にて発行の斯道ニ入るべき文頼ミ。〈頭書〉長井十足より詠哥頼の短冊・根岸より届く。

三日　晴。午後三時頃俄雨ふる。暫時止。　日曜　神武天皇祭

朝七時出宅。同三十分新橋停車場ニ至ル。三作送ニ来ル。同五十分発車、十時国府津着。たゞちニ鉄道馬車ニ乗、十二時湯もとニ至る。正兄老人面会。石造屋の三階をやどりとす。眺望よく閑静にて意に適せり。〈頭書〉後ニ聞。此日東京ハ午後三時頃俄ニ雨及雹ふり、雷鳴せりと。／○小田原高田嘉章へ郵書出ス。

四日　晴、和。

土佐日記講義ニかゝる〔八葉〕。○午後近辺遊歩。○湯もとハ西北ニ高山あれバ風を防ぐに宜しく、存外暖気にて、かつ温泉ハ和らかなれバ度々入浴するに都合宜し。〈頭書〉老人、早雲寺なる早雲入道の画像を持来てミす。修史局重野よりの頼にて暫く局へ借《(ママ)》たりしが返り来れるなりといへり。／○駒込留守宅へ文部大臣秘書官より花瓶一個を贈らる。従来時々教科書図書ノ検閲に従事したりし報酬也。

五日　晴、風。

講義、昨今にて廿三葉を草す〔十五葉〕。○夕刻高田来ル。○夜、絵島の波をミる。景樹画讃集なり。

六日　晴。少し冷気を覚ゆ。よりて足冷る。

講義八葉を草す。○あたミ大光館より義象の郵書とゞく。前日より落合・関根と共に滞在之由。○駒込留主宅より松浦伯昨日之郵書届く。来月一日好古会之事なり。○午後塔の沢玉の湯行、入浴。○夜按摩。○鬚をそる。〈頭書〉松浦泊・よしかた共即時返書出ス。／今夜同楼二階の客小田原の妓二人をつれ来り夜十時過まで絃哥し、眠られざりき。

七日　曇。

土佐日記講義を草す。五葉斗り。

八日　晴、和。
出立前桑原より頼まれの前橋分所より発行する雑志斯道の祝詞を草す。○午後当所玉だれの滝を行てミる。美麗の楼閣また茶室あり。当節八千円の価にて売物ニ出せる由、正兄老人かたれり。又。小田原へ二宮尊徳翁の霊社建立の談あり〔一円寄附〕。〈頭書〉駒込と根岸へ明後十日帰京たゞちニ学士会院へ廻る由。郵書出ス。／○佐々木信綱駒込へ留主宅へ来ル。新著哥の栞幷鶏卵を恵る。昨年序を出たる礼なり。
九日　快晴、西風つよし。
祝詞成る。添削のため久米氏へ郵送す。○東京依田雄甫幷皇典講究所講演掛より郵書来る。たゞちに返書す。文科大学へ依田氏試業点数之事も郵書す。○午後向山ニ火事あり。烈風にて数丁を焼き、余炎小田原へ飛び、又酒匂川へ飛び人家を延焼したり。〈頭書〉老人より直日霊を借てミる。参考のためなり。○あたミ義象より本日帰京之旨郵書来る。○駒込留主宅へ千葉県金江津村橋爪正作訪来ル。不逢。
十日　晴。西風つよし。　日曜
朝七時四十分発の鉄道馬車ニ乗る。正兄老人、小田原まで同行す。九時十分国府津へ着、相仙へ休、同五十分乗車。車中にて松永ニ逢ふ。近来国府津鉄道懸りとなりて彼地に在る由。藤沢にて分る。横浜より司法秘書官栗塚省吾ニ逢ふ。さく夜一時頃猿楽丁より出火〔後ニ聞。近来稀之大火にて凡四千戸斗焼亡。小川丁勧工場当《ママ》五人十人ばかり死亡せしとぞ。〕、今に鎮火せず、本石丁辺まで焼出たる由を始て聞たり。十二時十五分新橋着。風ことにはげしく且つ寒し。松田にて昼食、二時学士会院に廻ル。加藤氏演説了て早く退出。四時過松浦邸行。哥会也。今日ハ弐階之会席にて久我・高崎・南部・丸岡其他の貴顕両三輩・黒川・鈴木・同弘恭・阪・大口・安藤・江刺・三輪・橘・林〔五位〕等をミ受たり。七時前根ぎし宅へ帰る〔夜三作根ぎしへ来ル。〕。〈頭書〉○はこねより去八日出にて細川潤二郎氏よりあたミ旅宿へむけたる手紙廻り来ル。
十一日　曇。
十二時前根岸出宅、本郷へ帰る。午後二時前より火事見舞行。勘解由小路殿類焼にて三番丁裏松邸に寓居あるを訪ふ。先頃より所労、今に全快せられず。加之眼疾あり。一昨夜ハ最も早く延焼したれば、土蔵の外なる書物類も焼たりと語らる。神保丁長塩をとふ。類焼したれど土蔵ハ無難なり。佐々木を訪ふ。家の向がわ迄焼たれど遁れたり。依田ハたゞ門口より取次ニ申込たり。途中より銀二をさゝ又へ廻す。歓（ママ）工場の荷ハ皆焼たる由也。四時前帰宅。〈頭書〉河合根ぎしへ帰る。／○湯もと福住より駒込へ来書あり。一昨日紙入・銭入紛失之処宿泊人中わる者有之、同人居泊の隣室の額のうらより出たる由報じ来ル。尤本人ハ一昨日、外之事にて警察所に拘留となりたる事ハ既に福住にて聞たり。／臼倉吉右衛門駒込へ来り面会。家事ニ付集会之旨談あり。来ル十五日都合よき旨申す。／根ぎしの桜一もと二もとハ過日より咲初たり。残り五もとばかりハいまだし。すべて例年より十日程おくれたり。

十二日　雨。

赤十字社員長野県長丘村高山九市来訪。絖布持参。先頃同社へ贈りし哥の染筆をこふ。○大槻文彦氏入来。去月仙台中学校々長拝命に付、両三日中赴任するニ付、松本胤恭之事問合せなり。○斯道発行のほき言清書、桑原へもたせ遣ス。○旅中の書翰其他取調にて日をくらす。〈頭書〉根ぎしよりおたつ、区役所より東京府直税署行。恩給切符請取。／福住より紙入・銭入届く。依て礼書さし出ス。／臼倉更ニ来る。新右衛門丁大田を以て集会処と定め、午後三時打寄候筈。

十三日

来十六日皇典講究所講演。古代習俗の材料調。○国学院断。

十四日

古代習俗講義録を書はじむ。〈頭書〉三作、日本銀行・第一銀行等行、金子受取。〈五月十四日条頭書〉〔四月十四日ニ入ルベシ〕○長酡亭にて旧事諮問会あり。不参〔答者谷村〕。

十五日

講義録をかく。○午後三時卅分新右衛門丁大田行。今井・丸山勝子・大田主人・臼倉母子等にて春三郎遺跡之事相談。到底長姉おたかを相続と定め、差当り小田切四郎兵ニ後見中収納之精算幷七百円之金子等可掛合事ニ決。〈頭書〉中村事過日より所労ニ付、見舞状送り、且小田原製の長牛蒡（ママ）贈る。

十六日　晴。

講演調。○午後二時過皇典講究所より丸山真彦先づ片桐且元之事を講じ、四時よりおのれ講演す。五時前ニ訖る。池の端春陽軒にて晩食。上野の夕ざくらをミる。満会《（ママ）》なり。八時前根ぎしニ至る。〈頭書〉丸山勝子へ郵書。昨日頼之写経之事断。○貴族院より同所記録類印刷駒込まで送り来る。／○飯田丁より春木丁へ廻り三作面会。来ル廿一二日頃本郷勧業場開業候由。

十七日　曇。日曜

本日兼題花似雲并牧野僴翁六十賀す。祝之哥考へ、午後一時出宅、三田へ寄。過日長女不幸弔也。二時過鷗遊館行。玉鉾会也。稲葉・丸岡・丁野・飯田・久米・江刺をはじめ六七十人来会なり。夜ニ入根ぎしへ帰る。〈頭書〉向島の花満会《（ママ）》、本日ハことに群集す。丸岡、此四とせばかり花をミざれバ帰路に廻らんとて、おのれをもさそはれたれど陸ハ雑沓ものうければバ舟にてと宿へあつらへて三十分間斗待たれど、間に合はざればやめたり。／○お栄、子供つれ、お晉、才二郎つれ、ともに向島花見ニ行。よしかたも同志と舟行せし由。○小原内儀来る。面会。古代文章論を近日発行の評論新聞第一号ニ記載したしと頼。

十八日　曇。雨となる。

枕草子下見。十時より大学へ出、枕草子・田令講義。正午駒込行。小原来ル。学士会院雑志貸ス。三時黒田邸行、六時まで古事記を講ず（日本紀参照）。七時前根ぎしへ帰る。〈頭書〉庭のさくら散はじめたり。／○臼倉来る。不逢。近日又々大田にて集会有之旨なり。○長井十足へ郵書出ス。頼の哥の事也。

十九日　晴、和。

午前九時前浅草吾妻座行。茶亭大和也。粂八の遠藤盛遠、文覚となりて那智滝の段まで、丸で団洲也。弐番目子持山姥の八重桐ハ故半四郎のおもかげ有。大切山姥の舞ハ又堀越也。五時にはて、岡田にて晩食、帰る。〈頭書〉○今井へ郵書。来廿二日都合宜敷旨也。／○江刺根ぎしへ来ル。不逢。／○今日午後久米氏文会之旨、よしかた迄書通なれど会せず。

廿日

十一時大学出、建武式目を授く。駒込にて中食。午後二時国学院行。軍防・儀制二令を講ず。〈頭書〉○さく日丸山より返書、駒込より届。／○春木丁おミつ・おみ乃の籍之事ニ付実家服部行。

廿一日　曇。

長野県高山九市頼報国恤会哥白ヌメニした丶め。其序短ざく等彼是染筆。○午後駒込へ帰る。〈頭書〉庭の桜残り少く散たり。

廿二日　快晴。
古代習俗講義録残調。○午後三時女子師範校行、竹取残り及国学大意講述。帰路稽照館行、魚住に逢、大阪弾舜平頼の短ざく托し、新葉集頭書・俗語雅調等貰ふ。夕刻帰る。魚住にて松のとミさ子ニ逢〔来月一日年賀会之事頼〕。〈頭書〉今日臼倉家之事にて太田へ来会之約之処、差支にて断。／夜中村行。見舞也。

廿三日　晴。暖気。正午七十一度。
講義録調、終日。○本日本郷竜岡丁真信館〔勧工場〕開業。頗る雑沓也。三作事、鈴木某と組合、時計・眼鏡店を開くニ付、是より日々詰。〈頭書〉朝臼倉来る。今井へ懸合人依托之事談じニ付、頼案した丶め遣ス。丸山・大田・小田切〔重路〕等調印之積也。

廿四日　晴。日曜
講義録調成る。午後皇典講究所使ニ渡ス。○午後二時過、黒田侯爵催、後楽園々遊会行。久々ニて該園遊行。帰天斎正一の手品、川上音二郎の演劇等皆芝生の上にて催す。立食の饗あり。五時頃帰る。〈頭書〉今明日竜岡丁勧工場開業。人群集す。

廿五日　晴。暖気。正午七十三度。
十時大学出、枕草子・賦役令を授く。午後二時黒田行、古事記講義。来客ニ付、三時卅分止メ。芝勧工場より銀座辺勧業場歴覧、陶器弁当箱求、神田川にて晩食。七時過根ぎしニ至る。丸山隠居来居。面会。〈頭書〉△皇后宮、女子高等師範学校へ行啓。／議会中、大学月曜日ハ隔週、水曜日ハ休。黒田ハ総べて休業之約。

廿六日　雨、正午六十五度
土佐日記講義第一回本文張立。○新嘗会歌解釈清書調。○夜太田氏幷丸山主管半兵衛入来。臼倉家之談あり。

廿七日　雨、冷気。
根岸より大学事務所へ出、議会中授業之事談じ。竜岡丁勧工場一覧。十一時大学出、建武式目を授く。駒込へ帰る。午後二時国学院行、儀制・衣服二令を授く。四時星岡茶寮行。香川景樹五十年祭哥会〔高崎催〕兼題遅日なり。男女の来客六七十人程と覚ゆ。東久世・鍋島〔直大〕・醍醐・正親丁・黒田〔清綱〕・三田・鈴木〔弘恭〕・井上〔頼国〕・久子・哥子〔中島〕・定子・水原女史等ミ受たり。暮て築地今井行。兼約也。臼倉も来ル。岩ぶち・岩田やハ過刻より来ル。予至れバ即ち帰る。種々協議。夜九時頃駒込へ帰る。尤冷気也。

廿八日　曇、冷。

さく日協議之事大田へ郵書、幷音楽学校へ新嘗祭哥釈義・瑞穂屋へ詞の林予約等銀二郎遣ス。〈頭書〉岡の碩来ル。不逢。演芸協会惣会ニ付、重野氏へ紹介書頼之由也。

廿九日

来ル一日の講演調。○午後三時女子師範学校行、国学大意了て、源氏品定講義をはじむ。五時了て春木丁寄夕刻根ぎしへ帰る。

三十日　曇或ハ小雨。

○午後二時過上野音楽学校行。今日惣会也。唱哥（本居・中村・黒川・佐藤の作もあり）・バイヲリン・三曲合奏等もあり。早出して四時卅分音羽細川別邸行。饗宴あり。これハさく日約束によりて也。本日ハ過日行啓ニ付、下僚を慰労之ため也。南摩も来らる。晩景駒込へ帰る。

〈頭書〉宇都宮源助より今暁一時お石事、肋膜炎にて死去之赴音来ル。依て即日弔書郵送、且為替にて金弐円を贈る。

五月一日　日曜

午前十時過星ケ岡茶寮行。好古会春季会なり。兼て社長〔松浦〕よりの頼にて、拝礼といふ事を演説す。凡廿分間斗也。楼上に展観あり。午後二時散去。帰路八木・九鬼〔不逢〕を訪ふ。四時頃駒込へ帰る。〈頭書〉松のとミさ子還暦賀会、両国二州楼にあり。清道遣ス。

二日　雨。

議員召集ニ付、午前九時貴族院へ参ル。三十分開場。議長先ヅ同年月議員の席次を抽截《ママ》にて定む。次ニ抽截《ママ》にて部属を定む。予、第二部に定まる。例に拠り年長なるを以て部長・理事撰挙の事を管理し、其結果を報ず。午前十一時弐分閉場。昼食して午後二時頃根岸へ帰る。

三日

沢田頼之小御門神社祭神他を撰す。即日郵送。〈頭書〉本日紅葉館にて在職議員小集有之由。過日槇村正直外三名より報じ来ル。不参。

四日

午後二時国学院行、衣服令・営繕令を授く。四時出院、斯文学会類焼見舞行、奥並継ニ逢ふ。夕刻根岸へ帰る。〈頭書〉今暁山崎や隠居急病ノ由、報来ル。依て九時頃おたつ尋候処、八時頃既ニ死去之よしにて帰る。／京都榊原より昨日出の郵書来ル。

五日　晴。

○根ぎしにて来ル八日講演神道ノ事調、夕刻駒込へ帰る。

○大学へ廿二年九月より廿三年七月迄授業申報差出。

六日　雨。

開院式ニ付、午前十時参院。同三十分御出門にて貴族院へ行幸あり。十一時両院議員拝謁。（闕字）勅語あり。十二時過昼食して退出、根岸へ帰る。講演下調。

七日　晴。

午前八時四十分参院。九時三十五分開議。議事日程ハ全院委員長ノ撰挙（氏名点呼）、西園寺侯爵九十七点にて当撰す。常任委員ノ撰挙日時ノ決定、午後一時と定まる。依て各部ニ於て各撰挙。午後書記官朗読アリ（各部にて資格一・予算五・懲罰一・請願三也）。午後零時五十分開議。議長奉答書捧呈の由を述べ、其節の勅語を朗読す（此間一同敬礼）。一時散会、帰路皇典所行。古事類典（苑）集会也。川田・井上其他編輯者来会。四時川田同道、池端長酡亭行。漢書課卒業生春季懇親会也。重野・三嶋・島田外十四五人来会。夜八時前根岸へ帰る。〈頭書〉開議ノ始議長勅語奉答書を朗読す。一同異議ナキニヨリ参内。依て細川副議長代りて議長の事を行ふ。△今〔明〕日不忍池畔競馬。

八日　日曜

午後一時過学士会院行。今日演説すべき約ニ付、神道を述ぶ（凡一時廿分斗）。次ニ三島氏仁の説を述ぶ。晩食の後六時過根ぎしへ帰宅。

九日　晴、和。

午前九時卅分参院。十時廿分より開議。請暇六件。明治廿四年勅令第四十六号承諾を求る件（政府提出）。右議案ノ審査を付托すべき特別委員撰挙。内務大臣副島氏諸説あり〔下同〕。撰挙を議長ニ委托する事に決す。府県監獄費及監獄建築修繕費国庫支弁ニ関スル法律案（政府提出〔第一読会〕）。同特別委員撰挙。これハ各部にて撰挙と決す。何れも明日議長より報ずる事となる。午前十一時三十六分散会。午後駒込へ帰ル。〈頭書〉京都榊原へ妻鎮子一週年祭郭公の哥郵送。／文科大学へ去廿二年九月より廿三年七月ニ至るまでの申報を差出ス。

十日　雨。終日終夜冷気。

午前九時廿分参院。十時廿分開議。小包郵便法案（政府

提出）第一読会。特別委員選挙、議長ニ委任。郵便聯合国郵便切手類保護案、同一委任。十時五十三分散会。一旦駒込へ帰ル。午後二時過松浦邸行。哥会也（兼題山家客来）。水野・金子・黒川・三田・鈴木・同弘恭・鶴・江刺・小出・阪・大口・小俣・江刺・林など来会。晩景根ぎしへ帰る。〈頭書〉朝臼倉入来。大田・丸山へ出ス証書ニ付、意見有により一旦返ス。

十一日　けふも折々雨ふる。冷気。

九時四十分議院へ出。議長室にて細川副議長に逢ひ、さく日頼の学校行啓ニ付ての稿意見示ス。十時四十分開議。村田保水産拡張の建議ハ一人の異議なく通過し、山川浩撰挙干渉の建議を緊急動議とせんといひ出たるに、多数決にて議題となる。討論終結の事もつれて議場騒がしかりしが、逆に記名投票に定り、可八十八、否六十八にて此建言を政府に差出す事に決せり。午後二時散会。根ぎしへ帰る。熊阪祥子入来。四時過より上根岸丁諏訪家行。始て当主に逢ふ。晩食の饗有。六時過帰る。〈頭書〉春木丁さく日限り閉店。／此節さゝ又おミち駒込へ来り泊る。裁縫。

十二日　めづらしくよく晴たり。

午前十時卅分賞勲局出頭。前田侯爵・水野子爵・加藤子爵〔泰秋〕・京極子爵等に逢ふ。其他ハ家令めきたる人六七人をミ請たり。十一時局長より一昨廿三年下谷区民に金十円を施与したる賞として木盃一箇を賜ふ旨の書と賞品とを下与せられたり。十一時十五分貴族院に出れば、既ニ散会後也（海上衝突予防議）。依て食厨を開きて帰家す。帰路春木丁へ寄る。二時前駒込へ帰る。〇山田安栄著伏敵編及び議事速記録をミて日を終ふ。〇関根来ル。議院傍聴券弐葉を与ふ。〈頭書〉△衆議院にて撰挙干渉上奏案否決す。／皇典所より内藤編古事類苑作事普請方之部回る。／文部省より昨年教員試験委員報酬として蒔絵の重莨箱恵贈。

十三日　半晴。

伊豆竹村手紙持、木内七兵衛来ル。傍聴券一葉を与ふ。〇十時前参院。同三十分より府県監獄費等国庫支弁に関する法律案を議す。一読会通過し、続きて三読会まで通過す。遂に原案可決となる。午後一時卅五分散会。駒込へ帰る。去月末已来の日記にかゝる。〈頭書〉博文館より新刷日本古代法典贈来。夜一過。／〇清道昨年の病再発。依て、高山に来診をこふ。

十四日　半晴。

十時前参院。同三十五分より明治廿四年湖南事件之時の勅令に承諾を求むる議をはじむ。十二時前、議いまだ尽ざれども散会す。中食して一旦駒込へ帰る。四時頃春木丁行、夫より根岸行、泊。〈頭書〉源田惣衛門来ル。よしかた面会。予不逢。△衆議院にて撰挙干渉緊急動議議決す。／根ぎしハ蚊少し出たり。牡丹ハ全く散たり。

十五日　暁より雨、終日、夜ニ入る。日曜
上野音楽学校にて日本教育会惣会。午後一時より有之、出場のつもりなりしが、雨により止む。○好古叢志巻五の序幷に佐々木弘綱集序を草す。〈頭書〉△自由・改新の両党ハ明十六日の会議に内閣惣辞職の事を緊急動議とせんとの密議有し由、十七日之新聞にミゆ。政府にても此事を聞て早速方略を協議したり。

十六日　雨。

十時大学出、枕草子・賦役令を授く。十二時駒込へ帰る。○夕刻貴族院より本日十二時内閣より、本日より廿二日まで議会停会を達し来る旨通じ来ル。○午後林茂淳来ル。神道演説速記持参。〈頭書〉中村より文章二、批評来ル。／夕刻横山（空欄）娘同道にて来ル。悴（空欄）は大学博言科二年生、娘は音楽校生幷大八洲学校通学之由。加賀白山比咩神社宮司也。

十七日　快晴。

好古叢志巻五序稿幷拝礼考写、前田氏へ郵送。○竹柏園哥（家）集序稿佐々木へ郵送。○午後神道速記校正。○お栄根岸宅及同所大田行。〈頭書〉博文館より新刷日本古代法典二十部贈り来る。

十八日　曇、午後晴。

速記校正。○午後二時国学院行、公式令を授く。○銚子松本新左衛門入来、新著刷発会規則二冊を恵まる。○夕五時過中村氏入来、同道にて神田川行、晩食す。

十九日　晴。

さく夜島平にて購ひし活字長恨哥伝をミる。序に市野氏活版経籍考・松崎氏経籍問答（答問）・酉山堂旧刻書目等をミる。○夕五時頃根岸行。〈頭書〉大学穂積・外山両博士へ古代法典一部ヅ、贈る。

廿日
諏訪及大田へ使遣ス。○神道速記調。○おミち根岸へ来ル。○おたつ第一銀行。金円請取〔ヨ〕（ママ）。

廿一日　半晴、淡曇。正午七十九度ノ暑気ニ至ル。

古事類苑官位部・作事・普請・小普請・三奉行条検閲。○午前大垣金森氏入来〔くわし賜〕。蔵書貸す。○午後上野美術展覧会行。〈頭書〉演説速記調済学士会院へ廻ス。／○今井より臼倉家之事ニ付、集会之趣郵書、過日到来之処不参す。

廿二日　半晴、午後曇。

午前十時廿分頃猿若丁中菊行。熊阪と兼約なれバ也。市村坐川上芝居見物。熊本神風連騒動（桑《（ママ）》田新吉といふ者を主とす。中幕は公暁、実朝を殺す所也。熊阪夫妻幷養子陸軍鮫島妻・歯科井野春毅・文部省小杉母子等同観なり。夕六時過ニ訖る。公園内万梅にて晩食。川上も来る。十一時過各散去。〈頭書〉古事類苑稿本皇典所へ送る。／山形県亀山玄明俸給増加之悦状郵送。○本日鹿鳴館にて貴族院議員懇親会有之旨、近衛公爵外六名より報じ来る。不参。

廿三日　曇、冷。正午六十三度。

九時卅分貴族院へ出。廿四年勅令承諾を求る件、承諾ニ可決す。十二時散会、駒込へ帰る。新聞をミて日をくらす。○東京図書館・大学図書館・加藤総長へ日本法典贈る。〈頭書〉△思ひしに違ひ衆議院の様子過激ならず。或ハ云ふ。停会の功験なりと。／徳島正見へ返書。

廿四日　曇。六十二度八。

通二丁目金森旅宿蓬莱屋へ書簡を投じ、十時貴族院へ出。新聞紙条例・鉱業条例施行延期案・田畑地価特別修正案等之特別委員を定むる事を議す。十一時卅分散会。午後各部にて右三件之委員を投票す。一時過帰る〔駒込〕。○法典実施延期・非延期両方の熱心者より摺本五六種来るを泛読す。〈頭書〉中村氏より土佐日記捃解摺本贈寄。○湯もと福住正兄、去廿日死去之由新聞にミえたれば、今日弔書出ス。

廿五日　風雨。冷気六十三度。

議院休会。○熊阪へ貴族院傍聴券四枚を送る。○今日も日本・国会等新聞紙泛読。議会中ハ殊に意をこゝにむけたり。○過日貴族院より送来ル。伯爵議員資格調書一過。〈頭書〉昨日丸山より臼倉春三郎相続人を母ますニ相定候届書親戚連印書来ル。依て今日調印今井へ廻ス。／○精神社より贈来ル精神と云雑志ハ議会の件多し。依て一過。

廿六日　晴。暑気七十七度二。

十時前議院へ出。本日は村田保氏提出の民法・商法延期案の議なり。依て、其主省たる田中大臣及大木大臣は専ら反対説を論じ、村田氏ハ其法典の不都合なる条章を延(ママ)べ加藤博士亦実施説を攻撃す。午後鳥尾将軍ハ断行論を述べ、宮本翁ハ延期を論ず。榎本大臣亦法典実施を以、条約改正に密接の関係あるを議す。結尾に箕作博士登壇、村田氏の演説に対し周到綿密の弁駁あり。午後四時散会。帰路神田開花楼行。昌平校旧友会なり。水野子爵〔忠敬〕・松平子爵〔信正〕・井上頼国其他十七八名来会。桜井何がし酒狂にして席上騒がし。夜ニ入根ぎしへ帰る。〈頭書〉△過日谷子爵外数氏より提出したる小沢中将免官に関する質問書ハ答弁の限にあらずと陸軍大臣より答書あり。

廿七日　曇。正午六十五度三。午後大雨、夜ニ入る。明暁ニ至ル。

おのれハ過日村田案の賛成者なりしが、昨日榎本大臣の演説を聞て、思ふ事あれば今日ハ不参せんと思ひ居し処、朝七時前出浦力雄氏入来。山田伯の書翰持参にて示さる。本日欠席を望む旨也。依て意中を述ぶ。正午前村田幷菊池武夫代理者来て本日出席を請ふ。病気の由にて断。◯新聞をミて日をくらす。夜ハもしや草子(紙)・神国欠疑篇などミる。◯夜ニ入、又村田・菊池の代人来り、明日の出席をうながす。これ則ち運動者と覚ゆ。〈頭書〉議院不参。／△後ニ聞。今日貴族院法典問題の大論戦ありて谷・三浦・岡内・清浦等各快弁を奮ひ、午後浜尾新、特別委員附托説を緊急動議として提出せしより場中ニ大波瀾を生じ、遂に議長ハ非常鈴を鳴らして喧擾を鎮むるを得たり。午後富井博士の長演説ありて、終る時既ニ四時なるを以て議事を明日に継続する旨にて散会。◯佐々木信綱駒込へ来ル。弘綱集拙序草稿をよしかたニ清書托し。

廿八日　晴、午後曇。

昨日西村茂樹氏又島津〔忠済〕・谷両名にて本日出席を求る書二通（何れも延期者）郵送したるを今朝根ぎしへ届く。◯午前十時駒込行。書類衣類を持参し午後三時前根岸へ帰る。春木丁及仲丁時計屋へ寄。◯夕刻日報社より民法・商法実施延期案ハ大多数を以、貴族院を通過したる旨を号外にて報じ来る。おのれ議場に出ずと雖も心ハ猶延期の方に傾るを以、愉快云ふべからず。思はず大白を挙げたり。〈頭書〉議院不参。△後ニ聞。本日も大木・榎本の両大臣・三好次官・黒田侯爵等断行の演説あり。木下博士の延期論等あり。遂に討論終結の議となり記名投票にて二読会を開くや否を議場に問たるに、原案の可百廿三否六十一にして直ちに二・三読会を了り、決議通過す。／△頃日の大雨にて隅田川増水。渡船場を止む。○おミち熊阪へ遣ス。

廿九日　晴。日曜

午後二時前より出行、光明寺墓参。佐藤誠実氏を尋、古代法典を贈る。浅くらやへ寄、馬道曾我欽二郎氏を尋。過日こゝへ転居医業を開けり。留主ニ付、細君ニ逢ふ。公園遊歩。六時過帰る。

三十日　晴。

十時大学へ出、枕草子及賦役令〔了〕・学令を授く。午後一時前貴族院へ出。島津忠亮伯爵議員撰挙の義ニ付、同院へ訴へ。資格委員にて審査あり。委員長小幡美稲の報告後種々の討論ありて終結せず。明日に渉る事となる。四時卅分散会、五時駒込へ帰ル。晩食して立出、春木丁へ寄、暮て根ぎしへ帰る。〈頭書〉夜浅くらやより来ル法華経要解をミる。○中村正修氏より父正直一周年祭ニ付餅一筐を贈らる。

三十一日　淡曇。

十時議院へ出。小包郵便法案（政府提出）第二・三読会了て決議す。伯爵壬生・島津・大村三君、議員資格審査ニ対する異議の件、昨日之続きを議す。討論終結にて記名投票せしに委員の説を可とする者百五、否とする者七十五にて三伯ハ陞爵の為め、子爵議員の資格なきものと決す。次に島津忠亮君より酒井忠道君に係る当撰訴訟の件も、記名投票にて委員の説を可とする者最多数なるにより島津伯爵の勝訴となる。午後三時卅分頃散会、根岸へ帰る。〈頭書〉浅くらやより来ル俳諧歳時記・同栞草をミる。年浪草ニ大かた同じ。／諏訪忠元氏へ評論新聞を送る。

六月一日　曇或は雨。

十時参院。砂鉱採取法案第一読会にて特別委員を議長に委托す。次に保安条例廃止案（衆議院提出）第一読会。これハ委員を各部より撰挙す。次ニ特別市制撤去案（衆議院提出）・市制追加法案（同上）を連帯し委員を議長に付托す。次に貴族院規則改正之件（鳥尾子爵提出）討議の後、清浦奎吾氏の動議により各部より委員を撰び、附托する事となれり。十二時廿分散会、一時過皇典所ニ至、二時より公式令を授く。五時前駒込へ寄、六時過根岸へ帰る。〈頭書〉本居詠草廻る。青山堂へ福原入社証届。

二日　夜来雨、午前十時頃止、半晴。

議院所労引。○水道丁幷長井十足より依頼の普門品の哥三首、春日鳥居鹿の画賛哥等詠じ、したゝめ。序ニ佐々木頼の色紙〔四〕・宮本歌たにざく〔一〕・諏訪頼たにさく〔二〕したゝめ。了て、説法用哥集諺注・法華要解などをミる。〈頭書〉△後ニ聞。本日郵便聯合国郵便切手保護法案第二・三読会を開き可決す。次ニ海上衝突予防法案第二・三読会。是亦可決也。次ニ予算委員・予算案調査の期限を明・明後二日間と定めて散会。／○昨日小松男爵頼之延暦遷都の月日を取調。来年遷都已来千百年の祝京都にて有之よし也。

三日　淡曇。正午七十八度一。

議会休。○正午駒込へ廻る。○三作春木丁より引移、同所店は人ニ貸し〔家賃七円〕、棚及造作代五十円請取〔勧工場入費残廿円茅丁敷金三十円斗百円銀行預ケ〕。〈頭書〉今朝七時廿分頃よほど強き地震せり。後に聞。麹丁辺尤強く土蔵の損じ瀬戸物屋の損じ有。此他の処にも。／根ぎし雇女おとく暇出ス。

四日　曇。正午七十九度。

十時廿分議院へ出。震災地方租税特別処分法案（空欄）特別委員を議長撰定にて其期日を二日間とす〔前後二日を除ク〕。次ニ田畑地価特別修正法案（衆議院提出）第一読会を開く。討論区々にして今日に決せず。予散会に先だち午後三時卅分退出、皇典所行。古事類苑編集人集会也。五時過駒込へ帰る。〈頭書〉水道丁へ使遣ス。先達て頼の普門品の哥三首白絹へしたゝめ送る。目白某寺より頼の由。○小松男爵へ昨日取調書送る。

五日　曇。日曜

朝起以来大便詰幷ニ小便も不通なるにより高山招き浣腸を乞ひ、幷ヒバ湯にて腰部を暖め漸く小便通じたり。医師の言にまかせ運動を禁じ、粥を食ひ、酒を止む。終日薄眠く少し疲労せり。○地価修正請願委員徳島県那賀郡吹田儀平・内藤文一両氏来、修正之事談ず。面会。〈頭書〉今日堀越より哥舞伎坐見物招請之処、所労ニより長井まで断遣ス。幷ニたんざく届。／平岡へたんざくもたせ遣ス。好古社員標同断〔玉子贈〕。／夕三作来る。佐藤著教育史持参。／○松田よりおたつへ遺物小袖賜。

六日　晴。

議院不参。○昨夜より内藤氏安政記事をミる。○午後四時根ぎし行。△後ニ聞。今日議院にて明治廿五年度追加予算案を決議し〔衆議院と異同あり〕、田畑地価特別修正法案を議す。遂に決せずして散会。〈頭書〉菊池より手簡来る。即日返書。青山堂へ市村好古社入社証届。／中村正修氏へ木村と両人にて金一円花料贈る。過日父正直一年祭粢を贈られしニよりて也。／根ぎし雇女おこと来る。

七日　淡曇。

議院不参〔以下（空欄）日に至る。日々記さず〕。○長井十足より父躬行十年祭哥集郵送。○お栄根ぎしへ来る。○江沢来る。議院傍聴券をこふ〔鯛賜〕。○午前新阪行。歯科村井也。〈頭書〉△後ニ聞。今日貴族院にて震災地租税特別法案ハたゞちに三読会まで通過し、両院共に確通せり。夫より鉄道公債法案ニ移り各部にて特別委員を撰定。次ニ愛知・岐阜震災事件の事後承諾案を緊急議決せんとし、其特別委員の撰定は議長に托す。次ニ田畑地価修正案を議し、逆に多数にて原案否決となる。

八日　曇。

今朝より小便閉之気味にて甚困却す。午後三時前高山来る。浣腸及び前陰へゴム管をかける。小便通ずる事凡壱升斗り。○佐藤教育史をミる。〈頭書〉熊阪よりはがき来ル。九日朝返書出ス。曾我へ三作よりはがき出ス。／△後ニ聞。今日貴族院にて板権法案第一読会を開き委員を議長ニ托す。次ニ民法商法修正審査委員を設る建議案〔小畑美稲発議〕を可決し、次ニ製鋼の建議も〔内藤子爵発議〕同断。

九日

正午曾我来り診察。膀胱カタル也と云フ。○午後四時前高山来ル。ゴム管手術をうく。今日も小水五合斗り通じ。○夜七時過熊阪大妻入来。藤沢浅二郎同道〔哥詠草ノ事〕。○関根頼の古河〔黙阿弥〕祝のうたした〻め。○今夜熟睡す。〈頭書〉△後ニ聞。貴族院にて請願事件五条会議。皆政府に送附すべきものと可決す。

十日　雨。

午後一時過高山入来、手術。帰後間もなく曾我来ル。○藤沢より使来る。詠草遣ス。○皇典所より佐藤寛講演稿回る。○今日松浦家例会之処所労ニ付、哥のミ贈る。幷過日依托の小色紙よしかた・久米分共贈る。〈頭書〉△後ニ聞。本日ハ衆議院通牒文を議し、次ニ岐阜・愛知二県震災費予算支出〔政府提出〕を可決し、次ニ岐阜等四県土木費補助予算外（同上）をも可決す。

十一日　朝大雨、午前止、午後晴。

昨夕六時頃より小腹追々張れども通気なく甚困却す。依て夜十二時過根岸井上某に手術をこふ。留主とて弟子某来る。ゴム器無く金器のミなりしにより手術断、駒込の家へ帰らんとす。夜の明るをまちかねたり。小時眠る間、暁四時卅分ニ至、おミちと共に車行。五時過駒込ニ至る。早々高山招療治をこふ。時に六時なり。○関根へ古河祝哥贈る。○曾我・熊阪へ郵書出ス。○採尿術を用ゆる事三度。〈頭書〉△後ニ聞。本日予算案の事ニ付衆議院と衝突したるを議す。上奏に決す。次ハ鉄道敷設法案の議に移り遂に決せず。

十二日　晴、和。日曜
今日ハ疝幷ニ軽痔の症を加ふ。痛ミあり。○中村入来。○三作来る。意見により伊勢招き診をこふ。帰後おミつ来り泊る。○今日ハ採尿両度。○床中もしや草紙などミる。大小便共通気ありて厠へ行けば、不通なるに困却す。○国語伝習所より病見舞水飴賜ふ。〈頭書〉学士会院講演日断。／今日桜雲台にて山県大弐・藤井右門・竹内式部三名贈位ニ付、祝祭あり。不参。／○後ニ聞。今日頃松田勘兵氏根岸へ入来。鰻切手賜〔半円〕。過日傍聴券を贈たる礼也。

十三日　晴。

午前十時高山来、採尿幷ニ浣腸。忽にして此十日斗りの溜糞下通す。午後三時前初て小便も少し通ず。甚快し。○文科大学断。○大学図書館へ続後紀書入本、新編追加等返進。○曾我入来〔高山招相談〕。〈頭書〉△後ニ聞。今日貴族院議事ハ鉄道敷設法案、政府委員ニ質問者多く、遂に決せず。午後九時ニ及散会之由。／おたつ・お晉来、泊。おミつハ午後帰り。／清名午後より麻疹の気味也。／中村よりくわし賜。川合入来。〔水あめ賜〕。

十四日　朝雨、後曇。

午前十時頃より腹はり大小通気を催して通ぜず。依て高山招、午後一時前浣腸又々大便大に通ず。小水も随て通ず。○教育史下巻・諸新聞をミる。○剃鬚。○お晉帰る。○諏訪忠元君入来〔くわし賜〕。○河合入来。〈頭書〉関根来ル。面会。／横井より商業史来る。／△後ニ聞。今日区才《ママ》判検事補設置案を廃案し、砂砿採取法案可決、府県制第廿七条改正、薬品製造ハ取扱規則追加省令取消建議〔可〕、両院協議会も成案確定し、十時五十分散会。

是にて第三期を終ふ。
十五日　朝雨、午後晴。
きのふの容体に替る事なし。○午後おたつ帰る。○同五時おミつ来る。おミち、ふきや丁行。○細川副議長へ古代法典贈る。佐々木信綱へ染筆の色紙もたせ遣ス。○俳家崎人伝・菅見野水抄・莫告藻等泛読。〈頭書〉午前十一時貴族院にて閉会式アリ。松方大臣勅語を朗読せる由。
十六日　雨。
文科大学へ試業・宿題、三上へ古代法典もたせ遣。○三作日本銀行行ニ付、公債利子頼、根ぎしへもたせやる。○曾我入来。○おミち帰る。おミつ根ぎし行。○稜威道別・言別・唐詩解頤などミる。〈頭書〉本日松方総理大臣より両院の議員を赤坂離宮に招請して園遊会あり。所労にて不参。／○かやば丁おさだ来ル。
十七日　雨、午後半晴。冷気六十九度ニ至る。
細川へ吉士ノ事記伝ニより調書送る。○貴族院へ使遣し文書函中の文書取寄ける〔是ハ返却〕。○安政紀事・唐土名勝図会・古代文字考などミる。〈頭書〉女子師範学校中川謙二郎来訪。不逢。／小杉講演歴史と美術関係一閲。
十八日　雨終日、夜ニ入冷気。正午六十六度六。
さく夜以来別て小便頻にて、且弐三分ハ渋滞を覚ゆ。○文科大学へ古代法典廿部購求願。○斯文学会より新築講堂の回ニ貸屋を建、并ニ空地を貸す案（会幹奥並継起草）回来、調印す。○夜三作来る。○灯（燃）犀録・出定笑語附録・慈眼大師縁起等をミる。〈頭書〉清名麻疹漸く発す。／明十九日臼倉家事ニ付、林屋にて集会有之ニ付、今井まで断。／金森へ返書出ス。／物集入来面会、大学課業之事談じあり。
十九日　さく夜来雨やまず。けふも夕暮まで。
新蘆面命少し読。○午後起（気分快し）。大分県議員（多額納税者）水ノ江浩頼の短ざく二・白絹、魚住長胤頼の短ざく八葉、熊阪祥子扇面二、国学院生徒某頼の短冊二葉等哥したゝめ。大ニ快方也。○皇典所へ佐藤古事類苑目付ノ部検閲済もたせ遣。〈頭書〉中村より書状来ル。十五日頃より頭痛引籠之由。／大原重朝外廿一人より明日後楽園にて園遊会之事招状来。即日断端書出ス。
廿日　さく夜より雨。午前最も大雨。午後二時頃雷二・三声震ふ。天漸く晴んとす。然れども終に曇天となりて日暮る。

三教指帰删補・七武論・羅山年譜の類をミる。○魚住へ使遣ス。○内藤講演老中論一閲。○剃鬚。○近日夜分小水通にて度々起床により少し疲労したり。〈頭書〉物集より手紙来る。来廿一日入来ノ由。

時々雨もまじる。

廿一日　朝よく晴たり。昼頃より曇。二時頃(よ脱カ)り南風つよし。愚管抄をミる。○貴族院書類かた付け。○午後三時過より田中〔稲城〕・高津・三上・物集・木村等入来。大学教授時間之事談じ、到底近日中学校令改定あるべきにより、其後定むべしとて退散す。○水ノ江浩来る。したゝめ物渡す。〈頭書〉内藤耻叟入来、蔵書持参。引替貸ス。○漸く床中を離れたり。清名亦同。

廿二日　曇。南風つよし。終日。夜に入て雨。

萩野由之講演上古ノ司法制度検閲。○近藤圭造より続修東大寺古文書六巻・逸伝四種一巻求。○松岡調、近年西京にて得たりといふ日本後紀三巻（一より三に至る）の真偽を考ふ。依て稿本後紀・公卿補任・日本逸史など取調。〈頭書〉古事類苑目附ノ部清書本検印。

廿三日　半晴或ハ小雨。正午八十度ニ至る。

さく日の大南気にて頭痛す。依て左眼のふち少したゞれたり。○午後一時頃大学行、本年国文科卒業証書へ調印〔芳賀〕、二時頃根ぎしニ至る。○夕刻おミち来、泊。

廿四日　陰晴。

午前九時過村井行。義歯のグアヒあしくなりしによる。○さく日以来、十一日已来の読売新聞をよむ。○京都山田直三郎〔書林〕より工芸新図一冊銘茶一鑵を贈来〔大倉より〕。〈頭書〉高等女子師範校へ之書幷皇典講究所会計課へ之返書もたせ遣ス。黒田へ参邸之事はがき出ス。

廿五日　晴。

午後二時上野桜雲台行。佐々木弘綱一週年祭哥会也。華族本多・福羽・水野外、島田・鈴木・井上〔頼〕・小杉・三田・落合・義象其他六七十人来会。披講了り饗膳出たる所にて仕舞五番あり。予病後なれバ早く退席、四時過根ぎしニ帰る。○新阪村井へよる。参勢留主にて不弁。〈頭書〉広嶋県深津郡福山町横山廉二郎より恵の露幷親の愛二書校訂幷序を請。断遣ス。

廿六日　曇。午後風。日曜
暁銀二郎来り、昨夜来清道病気之旨報。たゞちニ橋場高平行。依ておたつすぐに車行。○九時前新阪村井行。今日も留主にて不弁。依て広小路多田行、診をこひ疝の薬を受く。正午前駒込へ帰る。○魚住より校本日本紀上幷染筆謝物巻紙五来る。〈頭書〉須藤求馬来ル〔くわし賜〕。大阪中学校幹事之処所労にて引。両三年ニ及候由。／京都渡辺弘人より来書。著述徒然草新尺（釈）に序を請ふ。

廿七日　曇、小雨。

朝物集使遣ス。過日国文学科教課書見込書おこせたるにより別に意見書送る。○午前八時過村井行、義歯はめ根岸へ寄、十時頃駒込へ帰る。○物集入来。〈頭書〉〔廿七日〕午後三時九段鈴木行。文科大学卒業生の為ニ教員・学生一同の写影也。外山・重の・星の・元良・久米・物集・島田・神田其他来会。五時前了て鍛冶丁松屋にて買物。晩景駒込へ帰る。通一大念屋へもよる。／西沢之助紹介書持岡山県安田真月、根岸へ来ル。慈恵学校設置之事之由。逢はず。

廿八日　雨。

古写本日本後紀真偽取調書出来。金助丁木村へ清書ニ回ス。○夕刻根ぎしへ移る。○村岡より来書。昨日依願免官の由。

廿九日　晴。

午飯後出宅、大学・学士会事務所行。学務之事ニ付、学長・教員協議会也。了て別室にて木村・物集・三上・高津等にて国文学科時間之会議あり。二時了て駒込行、入浴。晩景根ぎしへ帰る。〈頭書〉京都渡辺弘人・大垣金森へ書状出ス。／○明治御即位記飯田永夫へ贈るべきをよしかたニ托ス。／○清名追々熱さめ、清象の麻疹ハ至て軽症なり。

三十日　淡曇、正午晴。

午前十時出宅、帝国大学会計課へ出、手当金請取方ノ事聞合せ。十二時前駒込行、昼粲了、二時国学院へ出、公式令講了。五時根ぎしへ帰る。〈頭書〉夏抱巻出来。絹布ハ此方にて求。本郷蒲団屋にて仕立。

○十　0　十四　無六[2]

七月一日　晴。

午前十時出宅、広小路多田行、診を請ふ。河合へ寄、十一時駒込ニ至り、昼餐。午後二時前女子高等師範学校出、校長に面会、二時より源氏品定講義。四時ニ了て五時前根ぎしへ帰る。〈頭書〉松岡調頼日本後紀写本検査相済候ニ付、小杉へ廻ス分、よしかたニ托ス。

二日　晴、暑気。涼風ありて快爽を覚ゆ。

大学々生々徒、客年十二月・本年三月・六月三回分試験

点数取調〔明日出ス〕。去月廿一日今井岩五郎母逝去ニ付、弔書幷茶一鑵を贈る〔本日出ス〕。魚住長胤へ過日之礼書幷六国史校本代之内一円を送る〔明日〕。曾我欽二郎へ病気尋之礼、肴代壱円、外ニ車夫へ廿銭手紙付贈ル〔明日〕。熊阪良平へも過日尋之礼菓子一折、染筆頼の扇共送る〔明日〕。高山恵太郎へ、明後四日駒込へ参候由通知〔本日〕。以上取調幷書状したゝめ加藤へ渡す。〈頭書〉大学生徒竹村鍛来ル。五日卒業生の請にて九段にて写真を取候事也。／おミつ駒込行。貯金銀行へも。／皇典所古事類苑集会之処断。

三日　淡曇、後晴、蒸暑。きのふに異也

女子師範学校国文講義録七八枚校正。○平尾旨延来ル。富山県某所より学士会院講演神道を雑志ニ加へんとの事也。〈頭書〉大垣金森吉二郎より昨日発之書状届く。

四日　晴。午後雲あり。軽雷暫時止む。

午前十時駒込へ廻る。途中剃鬚。○午後一時頃高山入来。膀胱洗の療を受く。○中学用日本歴史（関根等寄合書）披閲。〈頭書〉松岡調より頼日本後紀写本ノ考幷本書共今日小杉氏へ廻ス。／おたつ駒込へ至る。昨日よりお道帰宅ニよりて也。清名ハよろしき方也。

五日　淡曇。暑気正午八十五度。

午後三時九段阪（ママ）鈴木行。今日も大学国文学卒業生ノ請ひにて写真する。加藤惣長以下大かた来会す。四時卅分斗り松浦邸行、伯ニ面謁、日本法典を贈る。且松浦某に逢て好古社之事を談ず。五時卅分過根ぎしへ廻る。〈頭書〉午前書類整頓。

六日　晴。

黒田長成侯のおのれの講述を筆記せられしものを校訂す。○国学院試業当日の処、病後いまだ気力復さゞるにより、さく日問題を送りて職員に托したり。

七日　淡曇、暑気。正午八十四度九ニ至る。

平岡好国来ル。去六月卅日大祓の時独逸公使館の書記来り精しく見物し、儀式・祝詞等をも写して帰りし由をかたる。○午前十時頃駒込ニ至る。午後二時過黒田行、古事記を講ず。且筆記を返ス。帰路三番町勘解由小路殿病気を尋ね、一番町丸山三郎方なる今井岩五郎氏を尋ぬ。過日こゝにて母死去ニより逗留なるに逢て弔詞を述ぶ。晩景駒込へ帰り泊る。此両三日夜十一時頃になれバ清名床を起て叫喚す。これ肝気のわざ也。依てこよひハ熟睡せず。〈頭書〉帰路中村へ寄、面会。

八日　晴或ハ曇

熊田幷大学生徒・お道等頼之短冊・扇面したゝめ。午後二時女子高等師範学校行。源氏品定今日に了て晩景根ぎしへ廻る。今夜月くまなし。〈頭書〉高山へ謝礼する。／高等師範学校卒業式ニ付、招請有之候処、不参。

九日　快晴。

国学院生徒試験書取調。○平岡祝詞をミる。○午後二時過華族会館へ行。貴族院懇親会也〔十銭会〕。幹事ハ伊達宗徳〔仙台〕・宮本小一也。丸山作楽ニ久々にて逢ふ。松平〔信正〕・楫取・長谷川（空欄）・大河内其他の人々来会。四時頃退出、通丁辺にて買物し六時過上野精養軒行。文科大学懇親会兼て本年卒業の学生の饗也。外山・島田・重野・物集・元良・田中・井上・村上〔僧〕・張滋昉・三上・高津、その他外国人三名学生等面会。八時根岸へ帰る。〈頭書〉国学院に懇親会催之処、差支ニて延引となる。／市村瓚二郎夏期休業中清国遊行ニ付哥三首を贈る。／本日上野音楽学校卒業式ニ付、招請状来ル処不行。今井岩五郎氏より重の内来ル。

十日　晴。

大学卒業式ニ付、九時過工科大学へ出頭、十一時衆人より前に退出す。今日ハ東宮殿下行啓あり。文部大臣・大学総長の演説あり。照つゞきたる頃にていと暑かりし。駒込にて休息。一時より学士会院へおもむくべきを暑気ニより不参し、三時前松浦邸行。哥会也〔兼題海辺旅宿〕。伯の君、明日北海道へ発駕ありとぞ。夕刻根ぎしへ帰る。〈頭書〉皇典所より例（謝）物、根ぎし迄来る。／今日南小田原丁工手学校卒業式ニ付、招待〔貴族院議員資格にて〕有之処不参。

十一日　晴。

午後三時赤阪黒田邸行。六時まで居りて、古事記上巻を講じ了る〔日本紀巻二参看〕。夕刻根岸へ帰る。○午前松屋叢話をミる。〈頭書〉平岡祝詞郵送。／本日植物園にて学士会惣会有之。不参。

十二日　晴。午後三時頃より雨、雷鳴。六時頃止む〔正午八十六度二〕。

朝新潟県中蒲原郡沼垂人大橋永吉来訪。短冊染筆をこふ〔三葉〕。午前九時卅分諏訪家行、忠元君と同道、太田を訪ふ。令室近日漸く快気也。十一時帰る。○俳諧哥論をミる。○雨降り足らず、猶蒸暑す。○おたつ東京府行、恩給金切符請取。〈頭書〉女子師範校より謝物、駒込迄来ル。石狩国札幌区協賛会より共進会催ニ付、招請状来ル。

十三日　暁小雨、後晴。午前十時過少雨、午後二時頃夕立。暫時止む。猶あつし。正午八十五度一。

朝本居紹介書持越後新発田在三光村渋谷愛太郎来ル。私立学校教員にて原宏平門人の由。○午前九時卅分頃駒込行、十時頃より大学会計課、青物丁貯金銀行等行、小あミ丁辺にて洋食、日本銀行へ行。午後にて間ニ合はず、午後二時過駒込へ帰、今夜泊。清名いまだ快気せず。

〈頭書〉来十五日早稲田専門学校卒業式招請状来ル。断。

十四日　半晴れる。小雨。猶蒸暑。されど正午八十三度八に降れり。

午前八時日本銀行行。八時四十分頃より金庫支払始まる。恩給受取、十時頃駒込へ帰る。帰りがけ大学会計課より手当金切符受取。○午後三時前出車、光明寺行。過日住職へ頼の謹吾夫妻の位牌並ニ塔婆建の料渡し、四時過根岸ニ至る。大田へ使遣ス。過日一覧の源氏物語筆者正親丁公通卿の年代、知譜拙記に依て調たる一紙を送る。

〈頭書〉清名診察のため伊勢氏招く。午後入来。／根ぎしへ帰りがけ久米氏へ寄、詠哥ミせ。

十五日　半晴。正午過より雨、二時過大雨となり雷鳴。六時頃止む。夜に入、又雨ふる。

午前九時前三作同道、吾妻座見物ニ付、茶亭大和行。近江源氏弐幕、弐番目ハ秀調のなしゝ踊の師、哥仙のあだ討を粂八の演ずる也。幕上の舞能がゝり、哥仙宅の場静の舞ハ米阪（坂）の長哥、三味線にて今様なり。大切ハ傾城水滸伝。衣手に粂八、妙達尼に錦糸にて本雨を用ゐ大たてあり。六時散場根ぎしへ帰り、夜按摩。○本日皇典講究所〔仮証書返し〕・本居〔類語返し〕・村岡〔古代法典贈〕・穂ヅミ〔好古叢志贈〕・川田〔所労見舞〕等へ銀二郎遣ス。〈頭書〉お光鉄道会社行。

十六日　暁雨、夜あけて曇。いと涼し。正午七十弐度八。

午前大学会計課へ出。聞合せず。正午前駒込ニ至る。午後四時前根ぎしへ帰る。○源語講義録、女子師範学校にて清書したるを校す。〈頭書〉△白根内務次官宮中顧問官となり、北垣京都府知事其後任となる。

十七日　晴。夜少雨。　日曜

女子師範校国文学講義録を訂正す。

十八日　朝曇、後晴、夜雨。

午前十時過木挽丁三州屋行。哥舞伎坐見物也。熊阪祥子・

義象も来、会。これにお晉を加へ土間〔正西〕の二にて見物。牡丹灯籠に大切ハ寺嶋の菊慈童の演戯おもしろし。盛暑なれど見物群集す。加藤・穂積両博士の各一団をもミ受たり。義象ハ目白の縁家に不幸の赴ありて早く帰る。夕八時散場、同朋丁伊予紋にて晩食、十時過根ぎしへ帰る。〈頭書〉朝村岡氏・宮島春松同道にて入来、宮島氏雅楽協会設立の談あり。賛成のむねを答ふ。／○古事類苑訂正本皇典所へ廻ス。

十九日　半晴。土用ニ入。

午前八時過日本銀行へ出、大学手当金受取。今井ニ逢。十時頃駒込ニ至る。清名いまだ全快ニ至らず。今夜駒込へ泊る。〈頭書〉黒田行之処、先方差支にて断。

廿日　快晴。正午八十五度。

国文学講義訂正了〔廿一日もたせ遣ス〕。午後四時出宅。仲丁鈴木〔一円切手持〕。荒井へ寄。夕刻根ぎしニ至る。

廿一日　快晴。夜十時頃より雨。本日暑気つよし。正午八十七度ニ至る。

朝村井行。右の奥歯弐枚殊之外ゆらぐによりぬきたり。○古事類苑近習部下検閲了。○三作夫妻松駒連にて哥舞伎坐見物。○横井時冬入来。商業史講本巻六ニ至、完結なるを送らる。又茶菓を賜ふ。○夕刻鶯横丁巨瀬行、面会。清道の画の師にて西京の人也。金岡の後といふ。〈頭書〉古事類苑目附ノ部清書本検印。

廿二日　淡曇、夜雨。

午前九時過駒込行。旅装をと、のへ午後三時頃根ぎしへ帰る。○郷純造より郵書。好古社入社之事並十二景の哥をこふ。〈頭書〉駒込にて関根ニ逢。近日奈良正倉院御物拝観ニ出立之由。／本居へ郵書。福住弔哥大八洲雑志へ出候事也。

廿三日　淡曇。午前より折々小雨。

朝五時根岸出宅、同四十分新橋停車場行、六時発の気車ニ乗る。八時廿二分国府津につく。大船まで高崎正風氏、藤沢まで華族（空欄）同車たり。国府津より馬車。九時三十分斗湯もとニ着、福住九蔵に面会、正兄翁弔詞を述べ、哀悼の哥三首を贈る。久米氏も予に托して哀哥を贈られたり。こゝにて昼食。午後一時前塔の沢新玉の湯ニ落つき、稲葉子爵当節此所の別邸ニ居らるゝニ付、明日伺ふべき旨家扶迄文通。○熊阪へ手紙出ス。○関根等著中等教育新撰国史上古史〔上下〕・中古史〔上〕一閲附箋。〈頭書〉皇典所へ古事類苑近習下検閲済廻ス。松浦信寔へ郷氏入社之事通じ、中村へ一書送付。／久米氏も今日頃妻同道にて奈良正倉院御物拝観ニ出立之由。

廿四日　雨。折々止む。

午後一時稲葉家別邸をとひて子爵に対面す。往還より九折して登れば玄関あり。家ハ小なれ共眺望極めてよろし。御閑暇ならば哥よミてハいかゞと云へバ同心あり。依て又山を登れば楼作りの家あり。この楼上に子爵と対坐し哥を按ずれバ、ほと〳〵仙境に遊ぶこゝちせり。二題を出さる。暁螢を

あかつきの寐覚のまくらひやゝかに
をすの外《(小簾)》てらしとふほたるかな

草むらの露はあへなき暁に
残るひかりは螢なりけり

又霧中鹿を

きりの海の深きおもひの妻こひに
山わけまどひ鹿のなくらん

八重霧にたちともわかずさツをだに
ものおもはするさをしかの声

あるじの君のハしるさずことさらに贈られたるハ
小中村博士の赤飯山なる山荘をとはせ給ひければ

啼かはす谷の小鳥も音をとめて
君がミ哥をきかんとすらん

またおのれより

稲葉の君の山荘をとひまゐらせて
立よりてあつさわすれんミな月の
長き日くらし君が御蔭に

四時過るころいとま申て旅宿へ帰る。おひて子爵より鰻蒲焼一箱を贈られたり。○宝田通文の此宿に泊り居るに逢ふ。年七十六のよし。

廿五日　けふも雨ふる。午後止ミて曇れり。降やミたる程にと午後一時車をやとひて山を登る。三時ばかり堂が島の大和屋につく。こゝの離れ家ハ谷川に臨ミいと清らに近ごろ建たれば、ことに心落居たり。けさより新撰国史をミる。近古史まで三巻をミはてたり。○駒込と根岸との家へはがき出ス。

廿六日　雨ふる。午後止む。夕つかた少し日陰をミる。元政上人の身延紀行に槙島氏の頭書あるをミる。けふよミたるうた

山水の音も馴にしわが身をば
こと〻ひがほに鶯のなく〔再按　雨過て夕日さびし

き山窓ニ老の友とや鶯の鳴。〕

うつしゑの筆のたくミもさながらに
　軒ばの山となれるやどかな

又山館日長須伏枕といふ身延紀行のからうたによりて

ひと日だにいとなかりけるわが世さへ
　滝のおとにて夢とさめぬる〔再按　滝の音にあとなくさめぬきのふまでいとなかりける人の世の夢　岩まより落ける滝のいとまなきわが世も昼の夢とさめけり。〕

○朝日新聞を購ひてミれバ東京も連日雨天とミゆ。○けふハことに清閑にて日をくらせり。〈頭書〉熊阪より返書郵送〔廿五日発〕。病人多にて旅行成らざる由。

廿七日　けふも雨ふる。朝ハ風さへまじれり。午後より日、山にさしてや丶晴口となる。

はなれ家の温泉ハいとぬるければ、きのふより折々ハおも屋へ行て湯あミす。こゝにハ湯滝もあり。○中邨氏へ郵書出ス。○かねて中邨氏にミせたるおもふ事かなひかなひての哥のはし書を草す。○夕つかたよしかたよりの郵書届く。清名も快方の旨也。

廿八日　めづらしく晴て風ふけり。午後又雨ふる。

この家に夢窓堂に附たる画軸を預りたるを取出てミせたり。一ハ半身の白画讃にて（年齢五十ばかりとミゆ。右の耳の傍にいさゝか鬚あり）〔藐庵の書付に自画賛写とあれば原本ハいづ方に有しにや。／温泉志に国師の像を画きし掛物あり。毎年九月（旧暦）村人集りて此画像に向ひ国師の法徳をあげて休養すといへりとミゆ。〕。

　夢窓疎石自評　㊞　○朱印ノ写也

且露半身
迷化（建）門裘（裏）
不能指陳
脚跟下事

　袖のはしに夢窓国師之御像 御自画讃写 奉納於堂ケ嶋夢窓堂
　　江戸浅草浅草寺境内奥山 歌仙坊主　法橋宗先　㊣〔藐庵ナリ。〕

　箱も同筆にて裏に嘉永二丙年九月晦日トアリ。

○一ハ竪物之袖にて夢窓国師真跡にて〔これを藐庵のまづ納めて後に自画賛写をも納めたる事、手異にてしらる。〕

　南無釈迦牟尼仏

　　これも袖のはしに　箱根山堂ケ嶋夢窓堂什物
　　　藐庵法橋…（花押）

箱のうらに

弘化五申年三月納之於相州箱根山堂ケ嶋夢窓堂而冀永不朽也[3]

　金竜山中歌聖祠苑歌仙庵主

　　藐庵法橋宗先…（花押）〔外箱のうらに短冊を押たり。箱根山たびねの夢乃窓とはゞあけてもあふげ御仏の名を　藐庵。〕

古筆了伴戊申二の極札別箱ニ収む

○この箱の中ニ

　浴堂島観

夢窓国師之真跡

天竜脚跟跡

巌然五百年

偶来祖堂下

得休浴全身

　　六十一衲

　　　相南野釈念拝如　印

○六雄八将論、紅葉山人の小説などをミて日をくらす。

〈頭書〉○東京ハきのふより晴て此日ころ正午七十五六度なりしも、けふハ八十五度ニ至れり。

廿九日　さく夜暁まで小やミなく雨降たるが、けさは早くより日さし出たり。

午前九時過出立。十一時頃湯もと福住に至る。昼食して午後一時廿五分の馬車ニ乗、二時卅分過国府津に着。車中群集していと暑し。三時十二分の気車ニ乗、同卅分大磯ニ着。松林館に投宿（停車場より五丁斗り）〔箱根よりハ十度も高しといふ。両三日前までこゝも降たるが、けふハ晴て暑しとぞ。〕。長松幹氏の此宿にあるに逢ふ。家族をつれ十日余り滞留。猶数日こゝに在と語らる。持参の六雄八将論・身延紀行を貸す。

三十日　晴、午後淡曇。

福羽子爵大学拡張論をミる。○午前大磯町を遊歩し鴫立沢ニ至る。今ハ鴫立庵といふ。俳諧の宗匠こゝに住す。その妻らしき老女按内して西行と虎女の像の厨子を開けり。西行の像ハ片膝を立たる座像にして面体殊勝なり。虎女のハ小像にして十九歳剃髪の時の像といへり。西行筆の色紙ニ飛鳥井卿の短冊・西行の竹杖〔疎節竹と題す。凡一尺を置て節ある竹也。〕・同大蘆の筒など取出てミす。こゝハ予が十九歳の昔立寄し事あり。今に五十余年を経たれど堂宇ハかはらず。今此隣にあたりて樺山海軍大臣の別邸あり。○この家に塩湯あり。浴場いと清潔なり。

〈頭書〉波あらけれバ海水浴せず。昼飯後をことによき時節とすといふ。

三十一日　淡曇。午後雨ふる。蒸暑なり。

朝七時過大山へと出たつ。本街道へ出、花水橋を過て左へ田道に入る。三里程行て（空欄）といふ町に至る。此間ニもとの議員山口何がしの家あり。又一里足らずにして子安ニ至る。子安明神の社あるによりて此地名あり。こゝハ大山の麓にしてこれより車の通行あらざれば、紙屋といふ家に行裏をおろし、昼食などして、これより歩行にて登る。所々に石磴あり。さのミ嶮ならざれども登り坂にて、蒸暑の折なればあゆみくるし。十八九丁登り鳥居を超れば右左に旧御師の家立並ミ、家ごとに受持之県名・郡名を記したる札を掲げたるハ、在方信仰者の定宿とミえたり［はたごやめきたるも交りたり。］。兼て稲葉教正より聞しまゝニ、御師にて今ハ祠官なる内海政雄の家をとふ。あるじは大祭中本社ニ在て、むすこ何がしの第一高等中学校ニ在学しぬるが、此ころ帰省したるにあへり。こゝより本社の拝殿まで一里ばかりも在て道けはしといへば、駕籠を雇て登る。むすこ案内せり。是よりハ湯もと細工の類を売る宿家多し。拝殿より十五丁の処より一町ごとに標石を建たり。十丁余の処の左に不動堂あり。こゝより阪に男女の道を別つ。その女阪を登るに大きなる岩石あまたありて雨さへふり出たれば、駕籠かく男のあやまちやせんとなか〳〵に心ぐるし。此処にて議員村田保のあゆミて下り来ぬるに逢たり。やゝ登りはてたる処に西の茶屋といふあり。こゝより駕籠を下りいさゝか石磴を登れば楼門あり。拝殿に登り先づ休息す。祠官内海氏出てしばし物がたりせり。神拝はてゝ、四時前立分れて下山す。此拝殿ハ惟新（ママ）までハ不動堂なりしを不動を下に移してあふり（阿夫利）の神の此後に少社までまし〳〵たるを移したるものとぞ。石尊ハこゝより十八丁ばかり上の山にあり。今ハ本社と称す。神体の石ハ丈五尺ばかり。絹もて履ひて、人ミがたしといへり。已前ハこゝに大天狗・小天狗の社有しが今ハいかゞせしか。此本社の山へハ旧暦の七月の末より八月のなかばを限り登山を禁じたり。今ハその間を大祭と称せり。下山のほどハ雨もやミたり。一里斗り降りて、翠浪閣といへる旅亭に投宿す。近年の構造にていと清ら也。庭も広し。こゝハもと別当の家也しといへり。夜内海のむすこ来る。予に逢たる事を詩に作りてもてきたり。

八月一日　晴。正午八十八度の暑気。
朝七時出たつ。歩行にて降る。子安より車を雇ひて平塚へ行く。こゝより十時八分の気車ニ乗て逗子行。十一時五十五分着。是より人車ニ乗、弐里ばかりの道を経て、一時前長者が崎長者園へつく。かねてハこゝにて海水浴をして一泊し、翌日逗子なる高崎の別墅をとふべきあらましなりしが、両三日大便秘結して、けふハ午後より小水の通じもあしくなりしかば、家へ帰らんとて四時出たちて六時逗子より気車ニ乗、八時ニ新橋へつく。九時過駒込へ帰る。七時頃より雨降たるが漸くつよくなれり。速ニ高山氏招き浣腸す。
二日　晴。
今朝大便通じ、小水も随て快通せれば、気力常に復せり。されど旅の疲もあればけふハたゞ床中ニ起伏せり。
三日　晴、午後雨。
午後三時頃根ぎし行。雨ふり出て音楽学校前に至るころハ殊ニつよかりき。後ニ聞に、此時浅草辺旋風起りて家を損したりとぞ。〈頭書〉飯倉高橋・宮城県三谷・学士会院書記・大垣戸田・山梨県尾谷等より兼て到来の郵書返事出ス。／帝国大学書記官より芳賀矢一大学院入ニ付、国文指導すべきノ廻書ニ返事す。
四日　晴。
終日新聞をミるのミ。○駒込にて此ころ曝書をはじめたる由。
五日　晴、やゝ冷気。
朝五時前入谷行、朝顔をミる。丸新にて四瓶、入又にて一瓶を購ふ。○女子高等師範学校より兼て回り居たりし国文学講義録第一訂正〔六日回ス〕。
六日　曇、冷気。
午前十一時駒込へ帰る。○午後塾生等の曝書のわざするを視る。〈頭書〉近衛公爵名簿持参、勢多章之とひ来。精神（雑志の名）編輯の事談有。
七日　晴。こよひ陰暦の六月の望の月いとさやけし。日曜
今朝六時発の気車にて義象及落合直文のふたり、西京より奈良・吉野・紀州・高野・琴平あたりまでとて出たつ。○曝書を視るついでに反古ども取調。〈頭書〉遠州引佐郡気賀町塚本董平とひ来。面会す。其弟量平ハ義象につきて通信質問する由也。
八日　晴。夜ことにあつし。正午八十六度。こよひも月よ

ろし。

事業きのふに同じ。〈頭書〉中村をとふ。去三日帰京之由。逢はず。久米氏留主宅をとふ。

九日　曇、午後少し雨降。四日以来すべて八十度以上也しが少しさめる。

午後三時根岸行。○午前南摩入来。七十年賀自寿の摺本持参、幷令嬢国学修業之事談あり。河合へ紹介書したゝめ送る。〈頭書〉午前九時大学へ出。外山之状によりて也。井上哲二来、会。大槻より博士出願之事談じ。

十日　朝冷気、後晴。

新聞をミて日をくらす。

十一日　晴。暑つよし。正午八十六度五。

反古取調。○朝新阪村井行。奥歯一枚ぬき、入歯せんとのため也。○朝河合来ル。面会。〈頭書〉高崎田島より建碑染筆料紙郵送。今日根岸へ廻る。

十二日　朝曇、後晴。けふも暑し。正午八十六度二。

朝村井行。義歯の形取也。○清道午前十一時発の気車にて酒匂川へ出たつ。二週斗松濤園へ滞留のため也。○高崎高橋松郎外三名へ郵書出ス。○おさだ、子供つれ来る。夕刻帰る。○午後三時過浅くらや行。さく日郵書によりて也。常世長胤遺本種々あり。記臆せしハ六国史校本・慶長活字万葉集（傍訓なし）・色葉字類抄・類聚名義抄・朝野郡載・扶桑略記・一代要記・帝王編年記・公卿補任・和名抄書入本・釈日本紀古本・篤胤の仏道談稿本等なり。宝石類書・字鏡抄・古本釈日本紀・伯家部類外数種を駒込邸まで送るべく約して帰りぬ。〈頭書〉今夜両国ニ第二回の花火あり。

十三日　晴。正午八十七度四。

午前十時過駒込へ帰る。浅くらやより来ル書ども泛読す。釈日本紀の古写本ハ巻十四に干支あり（元亀年中也）。巻十七に慶長年中の奥書あり。末に卜部兼方の名なけれども奥書の年号ハ印本ニ同じ。印本に小字なる注ハすべて大字にて本文ニ一字下ゲ兼方按の類ハ又一字下げ也。殊ニよろしきハ帝皇系図にて御一代ヅヽ別ニ書して印本とハ其さま異なり。常世の考にハ三条西家の本と同類にして印本とハ全く異なりといへり。購たくハおもひたれど（価ハ八円半）、宝石類書（廿五円）・字鏡抄（十円）など購たれバ資費乏しく、又慶長写本の転写にやと思はるゝ事もあればやミぬ。○曝書。〈頭書〉よしかたより昨十二日大阪発之書状来る。九日入京翌日大阪着候由。

十一日宮島を訪ひ、おちか東京行之事談候旨委細記しあり。

十四日　晴。　日曜

曝書。○雑志調。○おミちより、大阪より昨日発之書状届。来ル十六日頃東京着候由。〈頭書〉蔵書印なきハ捺し、目録ニ脱たるハ加ふ。

十五日　快晴。正午八十九度四。

曝書。○午後根ぎし行、泊。行がけ岡田正之へ寄、内室へ借物五十銭頼。〈頭書〉五軒丁書肆文林閣弥石より詞の花一冊を贈来、出詠をこふ。

十六日　快晴。正午九十弐度五、家なるハ九十五度ニ及ぶ。

朝村井行、義歯下地取付け。○根ぎしにて古手紙調、やまと叢志とぢ分け。〈頭書〉琴平山松岡より十四日出之郵書届。後紀取調之談也。／河合よりは書(端書)来ル。南摩殿令嬢つれ入来ノ由。

十七日　晴。正午八十九度六。

朝村井行、義歯成てはめる。右の奥の上歯を入れ、下ハ従来の生歯あればや、咀嚼も出来たり。○おミち、おちか同道、去十五日夜気車にて出立、昨日浜松へ泊、本日午前駒込へ着。〈頭書〉さく日取調の古手紙ニ貼しある明治五六七八年の印紙を七軒丁前羽ニ持参、六十銭受取。但三作・おミつ行。／○越中泊丁九里愛雄より十五日発の状届。

十八日　快晴。正午八十六度四。

曝書。○午前駒込行。○おミち・おちか、橋場高平より根ぎし行。〈頭書〉此ころいつも朝九時頃までハ曇り、夫より照はたゝく也。

十九日　快晴。正午八十九度六。夜電光つよし。

曝書。○夜関根来ル。面会。○清道、酒匂川より根岸へ帰る。○よしかたより大阪十八日発之端書届。十六日須磨を立、奈良へ参り、十八日大阪花屋着之由。〈頭書〉大阪よりおちか荷物着／製本師へ製本下ゲル。／皇典講究所講演掛大貫真浦来ル。前掛山田岩二郎ハ箱館宮司ニ拝任、赴任之由。

廿日　晴。正午八十六度二。午後風あり。

午前十一時春木坐行。松駒連見物ニ付、幹事安二郎頼之桟敷にて見物。講談師の演劇にて伯円の八重垣姫・伯知の濡衣の類也。一番目ハ雪中梅にて殊に呼ものハ中幕鈴が森の場、英人ブラックの播随(ママ)意長兵衛也〔劇場ニ外国人の交るハこれを始とす〕。〈頭書〉△司法次官三好・検事総長松岡・法制局長官尾崎三人、依願免官となる。知事・書記官更迭あり。佐賀・福島・秋田・富山等の知事ハ非職となる。／三作・おミつ・お栄子共等桟敷へ来ル。夕六時打出し。了て根ぎし行。

廿一日　淡曇。正午八十七度八。　日曜

根ぎしにて古反古調。○お道・お近根ぎしへ来ル。当分江沢ニ寓居。○午後三時頃、夕立す。凡廿分間斗。

廿二日　晴。正午八十六度九。

〈頭書〉△清浦奎吾司法次官に任ず。〈廿三日条〉〔廿二日ノ事ナリ〕午前駒込行。其道ニ付、多田へ寄、診を受く。近日疝にて腹筋張ニよる。新井へ寄、剃鬚して正午前、帰る。

廿三日　晴。正午八十八度九。南風あり。

○曝書。〈頭書〉△大審院長児島惟謙依願免官。

廿四日　晴。正午八十九度一。連日雨ふらんとして降らず。遠雷をきく。

曝書。△陸軍次官岡沢免じ、少将児玉、次官となる。判事名村泰蔵、大審院長心得仰付らる。

廿五日　淡曇。正午八十六度五。南風あり。

午前九時より本居・川田〔不逢〕・大沢〔不逢〕・村岡等行。四ツ谷西洋料理にて昼食。飯倉徳川御邸〔高橋面会〕・赤阪黒田邸（侯爵君いまだ北海道旅中）等行。吉川へ寄、夕五時神田川行。中村氏兼約にて饗ニ逢ふ。根ぎし行、泊。〈頭書〉朝俄に冷気催す。さく日ハいづ方歟雨降しならん。されバ疝ニあし、。

廿六日　淡曇。正午八十五度一。

女子高等師範校にて講義。国文筆記校訂廻ス。

廿七日　晴。正午八十八度七。南風あり。

午後義象帰家。○根ぎしにて反古調。

廿八日　晴。午後遠雷をきく。　日曜

午後浅くらや行、会計す。○午後よしかた来る。

廿九日　朝より晴。

朝九時前駒込へ帰る。よしかた昼食を為すにより。おたつ・お晉・おミち・おちか等来る。○蔵書取調。○夜中村行。〈頭書〉中村より蔵書返る。又々貸。／吉川より伊東祐命払本若干来ル。一覧。

三十日　晴。正午八十八度。

曝書。

三十一日　晴。正午八十八度。

曝書。○午後五時過根岸行、泊。此一月旅行より帰りて後、今日まで雨ふらず。午後又ハ夜中稀に降し事あり。それも充分ならず。〈頭書〉伊藤肇入来。面会。

九月一日　晴。正午八十七度三。

午前十時五十分の気車にて避暑のため王子行。三作・清道同行、海老屋にて中食、二時まで休息。名主の滝へ行、頭脳を滝に打たす。三時廿分頃出て同三十五分の気車ニ乗、四時前帰宅。○夕臼倉来て明後三日集会之事談じ。〈頭書〉日々暑ければ、雨ふれかしと思へど、けふハ二百十日なれど其気もなし。いづ方も晴天なるよし、新聞ニ有。

二日　晴。

朝のほど。古事類苑学問所の部をミる。○午後丸山かつ子君入来。明日集会前打合せのため六時頃より新右衛門丁太田行、仁杉氏招き相談、九時過帰宅。〈頭書〉臼倉之事ニ付、午前水道丁へ郵書。

三日　晴。いづれの方か雨降しとミえて、暑気いさゝかさめたり。

九時根岸を出、駒込へ帰る。○午後二時池の端林屋行。仁杉・小田切・太田・丸山〔半兵〕・今井・臼倉等来会。評議の末親族会議にて丸山・太田両家へ預りし〔廿三年冬〕臼倉家再興基本金九百五十円ハ吉右衛門へ渡、改て金四百廿五円ハ今井氏預る事と決す〔此金の性質ハもと吉右衛門妹三人縁付費の残金なりし〕。〈頭書〉さく日本居へ送し返書根岸へ届く。下婢林屋まで持参。

四日　暁雨ふる。その後日てりて雨ふりしに正午前より曇天となる。日暮て七時風雨暫時止。日曜

午後中村氏入来。此ほど買入之書其他泛覧。○夜東邦協会報告をミる。発明する事多し。〈頭書〉尾ノ名古屋〔空欄〕来ル。過日織田完之の手紙持参。懐紙と小帛とに染筆をこふにより午前したゝめ置たるを渡し。

五日　朝曇軽雷、折々ざんざ降、其後淡曇。

午前十時前本居氏入来、万葉類語三冊御持参。飯倉邸出産進物之談あり。○おたつ来る。○飯田永夫頼伊せ物語標注序草案、中村へ閲を乞ふ。○夕関根来。面会。御生母例を貸す。〈頭書〉午前九時前区役所出、区会議員選挙資格紙したゝめ、幷所持税金納。

六日　曇。午前九時頃風雨雷鳴。一時間ほどにて止む。後淡曇。○正午八十五度六。

内藤名簿持、宮内黙蔵入来。文章といふ雑志発行之談あり。○木村信治来る。万葉類語写物一冊渡し。○宮崎道

三郎来ル。著述の国司考に意見をこふ。志摩国産浜ゆふ（鮪の干したるを削たる也）を賜ふ。○今日も午前十時林屋にて臼倉家事集会あり。本日金円を丸山・太田両家より吉右衛門へ渡に付立合也。予出席断、親族会議書の印を切抜てもたせやる。○飯田永夫来ル。序文清書の事なり。即日よしかたした、めもたせ遣ス。○夜亡友鷲津宣光の遺稿親灯余影泛読。

七日　夜来雨、暁に至りて止む。淡曇なる日ハさしたり。本居氏より昨夕已来再度郵書ニ付、今朝返書出ス。飯倉進物之事也。○夕四時過根ぎし行、泊。

八日　淡曇。

午前諏訪忠元氏入来。二時半談話。帰後園中の秋草を折て賜ふ。

九日　淡曇。

関根氏中学歴史稿本をミる。〈頭書〉夕岩田一（空欄）来ル。勧工場雇人也。今夜より泊家ハ内藤新宿の由。

十日　夜来雨今朝止。淡曇。午後四時日ハてりながら雨ふる。

午前九時過駒込へ帰る。関根来る。面会。歴史序文成ル。久米・中村両氏に一応閲をこふ。

十一日　晴、午後曇。日曜。

午前九時本居行。同道にて十一時過飯倉徳川邸行。過日御養子頼倫君男子をまうけ給ふ（頼貞）祝也。鰹節一箱・手遊七箇進呈す。本居ニ分れ午後二時過駒込へ帰る。

十二日　曇。

午前十時大学へ出。国文三年生ハ教室の違ニて開講せず。同一年・国史一年生ニ国文沿革の演説す。○高崎田島尋枝の哥、義象ニした、めさせたるを郵送す。これを有志者より碑に刻して建んと過日頼によりて也。〈頭書〉春七日八日頃より左の眼胞はれ爛る。依て桐ぶちの薬を用ゆ。〈十三日条〉〔十二日ナリ〕午後三時前木挽丁大和や行。松駒連哥舞伎坐見物也。清道・お栄子供等来ル。一番目五人切実録、弐番目音羽や与三郎也。夜九時ニ了て駒込へ帰る。

十三日　曇、烈風。午後五時頃より風雨。正午八十一度七なれバ冷ならず。

〈頭書〉後ニ聞。各地烈風の処多し

十四日　晴。又々暑気。正午八十七度六。

午前十一時大学出。教室の違ニより開講せず。正午学士会室にて文科教員一同会食す。重野にも逢たり。二時細川行、面会。五時頃駒込へ帰る。

十五日　曇。

木村信治来ル。蔵書小口書頼む。終日。○高崎田島より碑哥清書相届候旨幷礼詞の郵書来ル。○近日腰痛ニ付、多田招き診をこふ。

十六日　晴。

かた付物する。〈頭書〉根ぎし宅へ西群馬郡七尾村小沢永治来ル。詠哥頼、短ざくさし置。／丸山より根ぎしへ郵書。岩ぶち臼倉地処おます店前分売却の告也。

十七日　曇。

午後五時伊予紋行。中村来、会。福田屋父子馳走なり。夜九時頃根岸へ帰る。近日婢無きにより十日已来駒込ニ在。八日ぶりにて来る。○大沢小源太より父清臣昨日死去之赴音来ル。〈頭書〉飯倉徳川邸より御祝之鳥子餅一箱鰹節一箱を賜ふ。

十八日　晴。暑気。正午八十八度五。日曜。

午前八時過出宅、三作同道、練塀丁桐渕行、眼療を受く。亀戸萩寺見物、盛り少し過たり。柳島橋本にて昼食、千束村村松を尋、浅くらやへ寄、光明寺墓参。午後四時前帰る。○あら井来ル。房祖持参。〈頭書〉よしかた、大沢会葬ニ青山行。

十九日　少雨。今朝より俄ニ冷気。正午六十二度八。

鈴木耀洲来ル。顕正女学校賛成頼なり。○午前十時大学出、国文三年・国史二年ニ枕草子、国文・国史一年・政治三年に法制沿革を述ぶ。正午駒込行、中食。二時過、黒田邸行、紀記により神武帝の御事跡を述、六時根岸へ帰ル。

廿日　少雨。已後打続キ六十度前後の冷気也。

木村信治来ル。終日小口書頼。○熊阪祥子入来。○午後二時頃駒込へ帰る。○赤阪稽古坐始業ニ付、坐主河原崎権之助より招状来ル処、遠方故不行。此度ハ市川家門弟なるが、次ハ尾上又左団次の弟子替ル〳〵興行とぞ。〈廿一日条〉○〔廿日ナリ〕木村、駒込へ来り小口書する。終日。

廿一日　雨。

十一時大学出、国文二年・国史二年・政治三年〔三十人斗〕ニ選叙令によりて講授。学士会にて会食。午後一時過国学院行、二時より法律起原沿革を述ぶ。三時卅分に了り、駒込へ帰る。〈頭書〉大垣金森より来状。好古社入会承諾也。

廿二日　雨。秋季皇霊祭
午前十時開花楼行。如蘭社惣会なり。村岡・宮島はじめ八九人にて唱哥三番・音楽弐番あり。本居・大川・三輪幷久々ニて大須賀（千葉県代議士）に逢ふ。午後二時過松浦邸行、面会。四時過根ぎしニ至。〈頭書〉臼倉家集会、筋違内茶亭にて有之由、今井より報知之処、駒込へ廻候ニ付不見、廿三日朝廻り来ル。
廿三日　雨。風を交ゆ。
午前十一時出宅、市谷大沢行、小源太に逢、弔詞を述ぶ。二時今井行、妻室面会、臼倉家之事を問ふ。大田・丸山両家預り金、昨日迄ニ不残吉右衛門へ渡候由。内百五十円ハ母ます女、弐百円ハ妹きく女、七十円ハ小田切返済。百五十円ヅ、弐ツハ借方へ返済。其外散財さし引百七八十円吉右衛門手取候由。且岩淵地処おたか名前分ハ、其夫斎藤氏之意にて過日不残売却。弐千円余之金子に致候由。是ハ地処にてハ小田切の関係を憚ての由也。四時前帰る。〈頭書〉母常子正辰ニ付霊祭。／清道区役所へ出、徴兵免除之証書受取。／細川より書籍帰る。
廿四日　晴。
午前十一時駒込へ帰る。午後一時頃出宅。新橋停車場行、清道と共ニ二時廿分の気車ニ乗、横浜行。中等気車中、久保田譲氏に逢ふ。神奈川より下車。高島山高島を訪ふに不在也。伊勢山大神宮に詣ず。祭日にて群集す。五時過弁天通西村ニ投じて一泊す。〈頭書〉新阪伊香保にて書画会に付、江沢初二郎遣ス。／さく日長井誠より来書、慈眼大師追遠哥添削、今日郵送。／朝伊丹重資君駒込へ入来之由。不逢。
廿五日　晴。少し雲あり。日曜。
午前九時宿を出、海岸通りにて案内の老人を頼ミ外国商館見物。今日ハ日曜に付、皆閉店す。たゞ支那店のミ見物。関帝廟を拝し事務所ニ入る。彫刻の金色いかにも美事也。支那茶店楼上にて喫茶、饅頭を食ふ。正午前弁天通にて洋食、一旦西村へ帰る。高島への使、帰り居。尚不在、東京との事也。依て十二時五十五分の気車に乗、新橋より下車。三十軒堀高島支店をとふニ今朝横浜へ帰りしとの事也。二時過柿沼広身を訪ひ、しばし談話。三時過駒込へ帰る。清道ハ根ぎしへ帰る。〈頭書〉長野県松本二木運二より昨日発之状届。著述校閲頼也。
廿六日　晴。
午前十時大学出、枕草子講義。十一時国文・国史一年生

に法制沿革を説く。政治学生ハ教室の違により不参。〈頭書〉本日より大学教室ハ煉瓦室八番となる。但し月曜のミ也。

廿七日　曇、夜風雨。

午前九時過桐渕行、診を乞。多田へも行、同様。水道ばた魚住をとふ。不逢。正午帰宅。

廿八日　雨。夕刻止む。

朝八時三十間堀高島行、面会。遊亀子之事談じ。了て易の事ニ及び自著の易学伝序を示して意見を請たり。九時卅分頃駿河台伊丹氏訪、調物依託の事あり。十一時大学出、選叙令を授く。午後二時国学院行、官位令より職員令神祇官条まで講授。三時卅分帝国ホテル行。穂積八束婚儀済ニ付祝也。四時より能楽一番（二人猩々、観世・梅若）・狂言二番（二人袴・末広がり）あり。六時立食、此次ニ手品、落語も有しかど。是にて帰る。根ぎし行。〈頭書〉今井妻きく女、根ぎしへ来ル。不逢。／陸中涌津村佐藤平次郎より田中教正之哥、清書頼の状来ル。昨日発也。

廿九日　曇。

午前十時過、桐渕行、診を乞。○古事類苑留主居部検閲。

三十日　晴、和。

古事類苑留主居部検閲済。○午後三時両国回向院詣内陳国人（空欄）の曲馬芸をミる。前年のチヤリネに類するものかと。十二三歳ほどなる男女の少童の軽業師なり。又狗を心のまゝに使役し、馬十頭を横ニ並べ其上を起る業等あり。大川端より浅草公園へ廻り、晩食暮て帰る。三作同道也。○国家教育社長伊沢修二より聖諭大全上巻印刷出来ニ付贈致。〈頭書〉長野県二木運一（ママ）へ返書。陸中佐藤へ同断。

十二　○九

十月一日　快晴。

午前十時過日本銀行出、金円請取。洋食後、午後一時皇典講究所行。古事類苑会議なり。川田・佐藤・井上来会。三時過散去、駒込へ帰る。〈頭書〉長野県石川清魚より来書。翌日返書出ス。

二日　日曜。

午前九時過井上哲二郎氏行。易伝序之事談じ、幷仏道の談話せり。十一時桐渕へ廻り診を乞。駒込へ帰る。〈頭書〉眼疾大かた快方也。もはやツゞきて書見障なし。

三日

竹中信以来ル。蔵書貸ス。○午前少し時を違ひ、十時卅分大学出頭。依て枕草子休、十一時より政治学生ニ法律沿革を演説す。今日文部大臣、帝国大学を巡視有。予が講授時間、次官及学長同道にて八番教室へ来られたり。○今般新購の宝石類書以下数書を目録ニ記し捺印す。○午後四時過根ぎし行。〈頭書〉朝木村〔信治〕来る。尾張国解文写料渡。此本ハ即日法科大学へ納。／三作、松駒連にて春木坐見物。

四日　曇。

原栄・萩野（空欄）等頼之短ざくしたゝめ。○午後一時美術学校行。チカゴ博覧会出品之鳳凰堂〔鳳凰堂とハ画及彫工に此鳥多きをもて名づけたりとぞ。藤原・足利・徳川の三棟に区別して殿舎を設けたる指図此学校にあり。〕中徳川氏殿舎中はり附け松井扇流し欄間、鳳凰〔天井〕藤原氏殿舎中金岡其他古画写之張付其他の画をミる。上等画は高橋・結城・巨勢氏。合天井の画などハ生徒の筆なりとぞ。又彫工部にも欄に鳳凰の彫あるをミたり。

〈頭書〉播磨中野・吉岡両氏頼唐紙染筆郵送。

五日　晴。

十一時大学出、選叙令・継嗣令・考課令を授く。正午会食後兼て外山よりの書状ニより重野・井上〔哲〕等と別室に会して大槻文彦学位願出の会議あり。午後二時国学院へ出、本科二年生に職員令を講ずる事二時、夕刻根ぎしへ帰る。〈頭書〉金森吉次郎より郵書。出京にて日本橋ニ逗留之由。○福羽子爵より郵書。学士会院投票之事尋也。即日返書出ス。／今夜陰暦の八月十五夜なるに月よくさえたり。／国学院にて伶人奥氏ニ逢。唱哥之作をこはる。

六日　晴。

午後三時松浦邸行。例会ハ十日なれど今日に引上げ、観月の宴かた〴〵の催也〔尤伯十日発駕。旧領へ行かるゝ由〕。九条内府・津軽・水野・稲葉の諸君及鈴木・久米・三田・小出・久子・鈴木・加藤〔安彦〕・江刺・三輪・和田・林〔信立〕・伴（阪）・大口・橘・小杉・小俣等来会。夜八時頃根岸へ帰ル。こよひハ曇りて雲のひまに薄く月をミるのミ。〈頭書〉平田へ郵書出ス。八日霊祭之事也。／伊達侯頼松島之哥、松浦家迄差出。○古事類苑金石文之部をミる。

七日　半晴。

午前九時駒込行。○午後二時黒田行、崇神紀より垂仁紀

半に至るまで講授。七時前駒込へ帰る。関根・秦・増田等に逢ふ。

八日　冷晴不定、小雨もあり。午後全く雨天。

午後二時島田行、蔵本日本紀略延暦十五年ノ条閲覧。伊丹頼取調之為也。三時平田行。平田神社例祭なり。木村・久保・渡辺〔重石丸〕・江刺などに逢ふ。帰路吉川行、本代払。通二丁め蓬莱や滞留金森を訪ひて面会す。晩景駒込へ帰ル。〈頭書〉島地黙雷師より三国仏教略史三巻を恵贈〔十一日礼書出ス〕。

九日　細雨。日曜

正午過仲丁鈴木行、西黒門丁貸家之事談ず。二時前学士会院行。川田博士（書モ美術ナリ）・島田博士（釈奠考）の演述あり。晩食了て七時過根岸へ帰る。〈頭書〉伊丹重賢氏頼調物出来郵送。長野県松本二木運二へ著述稿本返ス。金森へ郵書。八束へ紹介書添。

十日　細雨。

十時大学にて枕草子、十一時武家法制より官位令（政事三年。国史・国文一年）を授く。正午駒込へ帰り、高山氏ニ診を受、幷ニ検尿をこふ。近日足部より腰部へかけ、水腫の気味あれば也。三時黒田行、垂仁紀より景行紀を授く。五時過に至る。駒込へ帰る。〈頭書〉伊達霊堅師より行誡釈教百首一巻恵贈。／伊丹より礼書来ル。／皇典講究所へ古事類苑送る。

十一日　細雨、或は止む。

伊達霊堅へ礼書幷詠哥送る。仏教（雑志也）へ加入のため也。○午後柿沼広身来ル。著述の語学書ニ序をこふ。

十二日　雨。道路泥濘。

十時帝国大学行、総長面会。十一時文科大学へ出、考課令を授く。学士会にて会食。午後二時国学院行、一時間ハ二年生ニ職員令、一時間は二・三年合併にて厩牧令を授く（本日よりかく定る）。五時前池のはた長酡亭行。旧事諮問会にて旧若年寄立花種恭子出席（華族）。晩食後、七時頃根岸へ帰る。〈頭書〉おたつ東京府出、恩給切符請取。／根ぎし隣家杉、売家之事断。

十三日　曇。六日ぶりにて折々日光をミる。

午前十時駒込へ帰る。○午後一時前より木村信治来。抄録を頼む。予ハ来ル十五日講演下調する。夕五時過に至る。○関根来ル。日本史要製本成、持参。予ハ不逢。〈頭書〉井上円了来ル。写真ノ談あり。不逢。○去九日青柳高鞆歿、今日染井へ葬。米野を代ニ遣ス。朝七時也。

十四日　晴。
演説下調。木村来りて抄録する事きのふの如し。
十五日　半晴。
演説下調。木村搨書共午後二時迄ニ了。皇典講究所行、上代の文章を演述す。前席ハ管喜田也。四時過了ル。神田川にて晩食。夜ニ入根ぎしニ至ル。〈頭書〉下総小御門沢田宮司より過般文貞公御事跡を取綴たる礼として生鮭を通運にて恵る。
十六日　晴、午後曇、夜雨。　日曜
少し疲労を覚えたれバ休息。○午後古河新七来ル〔黙阿弥〕。過日祝哥を贈たる礼也。酒切手を賜〔一円〕。○今日より根岸宅弐階下普請ニかゝる。○沢田へ返書出ス。○石川県黒本植より頼来ル文添削。〈頭書〉三作歯療をはじむ。
十七日　曇、午後雨。
演説筆記を訂す。○宇都宮源助病気之由、昨日報じ来るにより昨夜郵書にて江沢呼ぶ。今朝来り午前十一時過の発車にて出向。○午後五時頃駒込へ帰る。〈頭書〉沢田惣平入来。不逢。文貞公ノ画幷題詞石坂《ママ》摺出来にて持参。／神嘗祭ニ付、大学休。黒田ハ廿日ニくり操《ママ》郵書出ス。

十八日　雨。
午前十時日本銀行々、かきがら丁にて昼食。午後一時前広小路辺にて風雨つよし。根岸ニ至らず静まる。○奥好義頼燕幷国の徳の今様を草す。〈頭書〉恩給三ヶ月分百五十弐円五十銭受取。
十九日　曇。
朝江沢来る。昨夜帰候由。源助重病、看病人無き由に付、広島難波方へ電報出ス。○十一時大学出、考課令を授く。会食せず駒込行。午後二時国学院へ出〔演説稿本皇典所へ持参〕、職員令・仮寧・喪葬令を授く。四時卅分駒込へ帰る。○夜中村行、今夜相談。〈頭書〉よしかた・清名曲馬見物。／井上頼国へ使遣し、皇嗣令借る。
二十日　曇、冷。
柿沼頼活語早手引序を草す。中村へミせ。○午後黒田行、景行紀をよむ。駒込へ帰る。○江沢より郵書来ル。今朝広島より出立之むね、電報来候由、沙汰有。〈頭書〉奥へ今様哥郵送。
廿一日　半晴。
尾張国解文略説にかゝる。終日。○本所佐藤球へ類語写字料もたせ遣ス。○お栄、子供つれ行幸をがミに行。

〈頭書〉△午前十一時御出門、宇都宮へ行幸。皇后宮・皇太子停車場迄御見送り行啓。

廿二日　雨。午後止、曇。

宮崎へ手紙出ス。法学協会投書、来月迄延引之事也。○柿沼広身へ序文送る。○かた附物する。○午後三時根岸行。〈頭書〉江刺へ郵書出ス。／△行在所にて軍議あり。／三作惣入歯出来。此代十五円也。

廿三日　雨。午後止、夜又ふる。日曜

堀越より招請ニ付、かぶき坐見物。午前十時三州やへ行。十一時より始り、浮田秀家関ヶ原没落一件、中まく皿屋敷怪談、大切素襖落し。団洲太郎冠者所作、義太夫・長唄・能舞台居所代りにて揚屋坐敷、菊五郎幇間にてコンクワイ幷三ツ面所作常盤津にて面白し。夕八時に了、九時根岸へ帰る。○清道西あら井行。〈頭書〉奥好義駒込へ来ル。不逢。／△午前七時卅分気車にて演習地へ御発輦。南軍ハ朝三時宇都宮発。北軍ハ（空欄）。桜野馬場等ノ村にて戦争始り南軍敗す。

廿四日　雨。

十時大学出、枕草子・職員令をとく。○午後二時卅分黒田行、成務・仲哀・神功紀をよむ。五時了。暮て駒込へ帰る。○夜八田翁（空欄）草幷ニ国なまり閲。〈頭書〉△南北両軍大ニ平石村ニ戦ふ。北軍勝利に乗じて進ミ、午後九時遂ニ宇都宮ニ入る。

廿五日　晴、暖。

かた附物する。○越後人玉川寅治（大学々生）其親の画賛をこひたる哥考へしたゝめ。○小杉より借用の東大寺古文書写二冊をミる。○伊藤肇より大鯉の生きたるを贈り来る。即日調理。〈頭書〉去廿日奥へ郵送の今様哥届かざる由ニ付更ニ今日郵書出ス。／○根ぎしの修営今日ニ終ル。／△南軍、北軍を破り宇都宮を復す。演習了て審判官副長陸軍大将有栖川熾仁親王の講評あり。了て勅語を下し給ふ。

廿六日　半晴。

十一時大学出、考課令・祿令を授く。午後二時国学院へ出、職員令・喪葬令・関市令講説。夕刻根ぎしニ至ル。〈頭書〉○根ぎしの壁塗。

廿七日　晴、暖。

午前新阪村井行、歯療頼。○皇典講究所より講演清書本廻る。原稿と対校。

廿八日　半晴、午後曇。

午前新阪行。○午前十時頃江刺来ル。共に探題にて詠哥。随意荘（郷純造）十二勝の哥賛哥共廿四首出来。鯉沢八勝（群馬県小沢氏頼）之内ハ四題八首出来。あと四題ハ成らず。夕五時に了り江刺帰る。〈頭書〉本日栗田寛、文科大学教授拝命。

廿九日　雨。

山梨県尾谷喜輔女はつ（甲府英和女学校生）より郵書ニ付、天長節祝文点削、即日郵送。○高島嘉右衛門高島易伝の序ニ付、意見したゝめ、往復郵書出ス。○お栄、子どもつれ来る。〈頭書〉夜三作・清道ニ身分意見をとふ。

三十日　曇。　日曜

午前九時過高島来る。易伝序稿幷意見書渡し、種々談話す。○午後一時前出宅、浅草森下行、建具求め、大槻修二をとふ。近日病に付、鎌倉へおもむきたる由にて逢はず。仲丁鈴木へ寄。不逢。三時過宮川行、はなれ屋修繕をミ小酌、五時頃駒込へ帰る。〈頭書〉今日より根岸へ植木や四人入、庭植木植替。這頭松ハ大工保五郎ニ遣ス。／賞勲局より東京図書館へ哥舞音楽略史を寄附したる褒状到来。／○大学ニ運動会あり。清道と子供両人ニ切符もたせ見物。／赤堀又二郎より松簟（蕈）一籠を恵る。

三十一日　曇。晩景ヨリ雨、夜ニ入。

運動翌日ニ付、大学へ不出。○午後二時過黒田行、応神紀及古事記を授く。五時過了ル。暮て駒込へ帰る。〈頭書〉高等中学運動会ニ付、義象八王子行、今夜一泊。／田辺新七郎、去廿八日卒去ニ付、弔ニ行〔翌日蠟燭一箱を贈る〕。／清道本月限り巨勢方修行断。

八　○八

十一月一日　晴。酉ノ町

黒田講義筆記訂止にかゝる。○夜萩野来ル。今日学習院教授転任之旨風聴。〈頭書〉義象・落合と共・編著日本外史印刷来ル。一覧。／江刺、随意荘哥持参、根岸へ来ル。不逢。

二日　晴。

十一時大学へ出、宮衛令を授く。午後二時国学院へ出、職員令・関市令・捕亡令を授く。夕刻根ぎし行。

三日　晴、和。　天長節

午後佐藤行、面会。尾張国解文不審之処々相談。光明寺墓参、四時頃帰る。○江沢次男斎二郎を三作養子と相定、さく日形斗りの袴代・鰹節を贈り今日引移り。依て長井氏後家招。○お道・おちか来ル〈頭書〉外務大臣、今夜九時帝国ホテルにて夜会招之処断。／夜藤右衛門入来。宇都宮の談あり。

四日　半晴。

古事類苑武役ノ部上検閲。○女子高等師範校・小杉・本居等へ使遣ス。○夕刻諏訪忠元氏入来。○山崎後家娘おとり殿同道。○鹿沼原氏へ郵書出ス。〈頭書〉随意荘哥稿、本居へ郵送。

五日　昼頃より雨。

古事類苑検閲了ル。松本へ郵書出ス。○滋賀県高宮村馬場新三・静岡県中川村伊東要蔵来ル。地価修正之談あり。〈頭書〉河合来ル。／奥好義より唱哥を作りし謝物として花瓶を贈らる。但し駒込宅へ。

六日　日曜
黒田氏筆記少し改訂。○駒込へ大槻修二入来。逢はず。古器用考一冊を恵る。〈頭書〉佐藤より過日質問之件ニ付郵書。

七日
十時大学出、枕草子を講ず。政治学生職員令ハ休。駒込へ帰る。○午後加藤、近衛邸遣ス。勢多氏へ法律史考究書目を送る。小杉氏へ廻し借用書返却〔東大寺古文書二・古文書写一〕。○木村信治来る。前日阿部家家従を命ぜられし由。〈頭書〉本居より十二景詠草郵送。／根ぎし庭造今日に了る。／原氏より返書来ル。江沢よりも宇都宮事書状来る。

八日
月番ニ付、黒川・萩野講演の稿取調。○井上頼国へ使遣ス。借用の皇嗣例返ス。○島田蕃根来ル。対面。和哥禅話序頼ミ。○夜中村行。〈頭書〉中村へ文鑑材料書廻ス。／琴平山宮崎来ル。学校出来ニ付、額字・頼之哥を記す事ニ談ず。／江沢へ返書。／大倉より日本史要校序料〔五円〕来ル。三浦録之助来ル。稿本持。

九日
十時図書館出、楽家録取調。十一時大学出、軍防令を授く。午後二時過黒田行、仁徳紀をよむ。一閑張机〔尾張丁〕、詠草箋・手帳〔はい原〕等求。夜ニ入帰る。○横井時冬吹上の小菊・比叡の小菊持参。不逢。〈頭書〉足立へ来十三日招之往復端書出ス。国学院差支不参。

十日　曇、夕刻雨、夜ニ入。

午後二時松浦家行。哥会也。根ぎしへ帰る。

十一日　雨、午後止、曇。風あり。

随意荘十二景哥した丶め。琴平山額哥同。依て三作にわく柎させる。○大槻修二頼、むながき之事、楽家録により取調、郵書。〈頭書〉保二郎、来ル十六日市村坐見物之事也。○根ぎし新造所今日壁上塗する。

十二日　半晴。時雨の空。

午前十一時市兵衛丁溝口（華族）行。諏訪忠元氏兼約にて庭中菊見物。至て見事也。午後一時過皇典所行。古事類苑集会也。川田・黒川其外来会。松野ハ今朝但州へ出立之由。佐々木へ寄〔万葉ミぶくし贈る〕。暮て根ぎしへ帰る。〈頭書〉△山田伯旅中但州にて卒倒危篤の電報、新聞にミゆ。

十三日　朝曇、午後晴。二ノ酉。　日曜

兼約により午前十時前中村・足立入来、同道にて酉ノ社参詣、さんや鮒儀にて昼食。午後三時頃下谷松源にて小林文七催之浮世画展観会行（過日切符到来あり）。北斎・哥麻呂・長春等をむねとし大かた美人の画なり。中に就て師宣筆戯場の画屏風一双ハことに盛観たり。四時頃駒込へ帰る。〈頭書〉大久保春野駒込へ来ル。不逢。／東海玄虎、駒込へ来ル。不逢。くわし賜。和哥禅話序の事也。／○宇都宮源助并娘孫等江沢へ着、当分泊。○学士会院不参。後ニ聞。今日会員投標（ママ）、津田真道当籤之由。

十四日　晴。

十時大学へ出、枕草子・職員令を授く。午後二時黒田行、履中・反正紀、古事記仁徳条をよむ。晩景大久保をとふ。外出により細君に逢て帰る。駒込へ。○昨夜浅草福井丁出火。五百戸余焼。依て松浦・熊阪へ清道遣ス。〈頭書〉朝大久保より来状。今般仙台へ転任之由。○香川県地価修正請願委員堀家嘉造来ル。面会。／重野より来書。明日大学へ出候事也。井上哲二郎へ廻ス。／△山田伯薨去発表。

十五日　雨。

尾（張）解国解文釈にか丶る。○十一時帝国大学出、重野・井上面会、大槻学位之事内談。加藤惣長にも逢。○夕三浦来る。稿本渡、点削之事談じ。

十六日　半晴。

鵜沢正徳来ル。面会。史論と云雑志之談有。○午前十時過二長丁万金行、市村坐見物。十一時四十分頃開場。坐頭左団次を始め、一同着座（柿色上下）。左団次坐附口上あり。一番日太閤記賤ケ岳七本鎗、弐番目市橋松屋（飲食店）にて復讐の新劇あり。夜九時過閉場、十時根岸へ帰る。〈頭書〉山田伯薨去ニ付、昨今休業。／○大学参学断。／○郷へ十二荘ノ哥を贈る。

十七日　晴、和。

午前十時過駒込へ帰る。○十二時頃出宅、音羽護国寺行。山田伯葬儀也。午後一時出棺安藤坂を昇り、廻り道して二時頃寺ニ至ル。予ハ休憩所にて待たり。三時頃焼香はて、退散、四時前駒込へ帰る。〈頭書〉後ニ聞。導師ハ大谷光瑩師。会葬者ハ一万以上の人員也しとぞ。／源助近辺へ借宅。江沢より引移り養子林之助来てせわせし由。

十八日　半晴、夜雨。

尾張国解文略説を草す。○鯉沢八景の哥全く成る。本居氏へ夕刻郵送。○八木入来。逢はず。僧侶兵役を免さる、請願理由書持参。

十九日　晴。

関根の史要稿を校閲す。○黒田侯講義筆記二冊校訂了。○和哥禅話序成る。中村氏へ廻ス。○栗田寛氏出京ニ付来訪。急がれしま、玄関にて面会。○村田虎太郎来る。写本弐通り渡。〈頭書〉八木へ郵書出ス。

廿日　晴。日曜

けふハ好古会なれバ十時にハ星が岡の茶寮へおもむく筈なりしが、朝のほど北風強く、かつ少し風邪の気味もあれば、止まりて閑散余録上の巻を見、また允恭紀の哥を考へて明日の講説の下ぐミとせり。午後二時桜雲台行。雅楽協会惣会なり。雅楽二・唱哥三あり。佐々木・井上の枢密顧問官。岩下貴族議院《ママ》及木村・村岡〔範為馳〕・宮地・小杉・井上〔頼〕・阪其他の人々をもミ受たり。宴酌ありて五時過根ぎし宅へ帰る。

廿一日　晴。

十時大学出、枕草子講尺。政治学生ハ昨日遠足会有しニ付職員令休。正午前駒込ニ至る。○午後古梅園幷榛原にて買物。二時黒田ニ至、允恭紀ニ古事記を添てよむ。暮て根ぎしへ帰る。

廿二日　朝曇、後晴、和。

古事類苑武役部下検閲。○鵜沢正徳、根岸へ来ル。小杉・黒川・内藤へ名刺送る。△民法・商法来廿九年十二月迄施行延期之法律発行あり。〈頭書〉懇談ノ上斎二郎、江沢へ返る。／○熊阪へ郵書出ス。鳥越坐ノ事也。○根ぎしの庭の紅葉や、深く染たり。

廿三日　暁雨、晴。○新嘗祭

古事類苑検閲済。○一両日前狩野晏川翁歿したる赴ありしニ付、弔ニ行、子良信ニ面会〔五十銭香料持〕。年八十四之由。至て壮健にて半月前頃も湯屋にて逢たり。〈頭書〉宮崎道三郎へ尾張国解文略説の稿を送る。○義象夫妻市村坐見物ニ付、清道を留主ニ遣ス。

廿四日　雨。午後止む。

午前十時根岸を出、多田行、近日腰・足腫れ気味によりて診をこふ。十一時駒込へ帰る。数日の日本新聞をミる。○京都畠山太郎よりの哥文添削、即日郵送。〈頭書〉文科大学・国学院へ議院開会後之授業事件文通。／佐藤誠実氏入来〔ビール賜〕。尾張国解文の談あり。依て宮崎へ使遣ス。／△辻次官免ぜられ、久保田譲氏次官となる。

廿五日　朝頗る寒し。晴。

議院召集ニ付、九時参院、同卅分議場へ入ル。部属の抽籤あり。予第七部〔楼上〕ニ当る。則其部ニ於て年長なるを以て部長選挙の役を行ふ。部長西園寺公、理事谷子爵当籤なり。十一時過再び議場へ入る。議長各部の部長・理事を告示あり。十二時退散、一時前駒込へ帰る。○夜、宮崎道三郎来ル。〈頭書〉午後仙台井上可基来ル。卒業書ニ調印致遣ス。／貴族院会計課より歳費請書証(ママ)書来ル。鵜沢来ル。位階の説の稿を与ふ。／○国語伝習所より上代の文章写し来ル。一閲。

廿六日　晴。

雄略紀下見。○午後三時過根岸行。○朝塙来る。風俗画報へ義象の旧稿加入之事也。○井上哲二郎より言海意見書来ル。即日重野へ廻ス。〈頭書〉貴族院懇親会紅葉館にて有之、断。／宮崎春松より端書。今日入来之処、断。／東海玄虎へ序文贈る。島田迄頼。

廿七日　日曜

午前九時鳥越坐行。熊阪祥子外書生二名同観。川上に逢ふ。狂言ハ工藤猛夫といふ悪書生の伝也。中幕新作安宅関ハ依田翁作にて本日翁も来て見物せり。夜七時卅分頃ニ了、八時根ぎしへ帰る。〈頭書〉本居より八景哥添削郵送。

廿八日　晴。

正午過一旦駒込へ帰り、二時黒田行、雄略紀をよむ。暮て駒込へ帰る。○夜配達之田口氏史海日本の部をよむ。○貴族院会計課へ使遣し、請取証預り書来ル。〈頭書〉朝寒くして霜多くふれる。薄氷もミえたりといふ。／長酡亭にて旧事諮問会之処、断。／本日より卅日まで本郷区会議員撰挙あり。○外山より議会之事文通。

廿九日　晴。さむし。

午前九時出宅、十時参院、十一時式場ニ整列ス。同十三分（闕字）出御。勅語あり。廿七分式了て還御。十二時頃帰車、駒込へ帰る。○午後大槻氏学位申請之事ニ付、見込書、大学総長へ贈る。○夜皇典講究所小杉・横井等講演稿閲。

〈頭書〉黒田家より国史講説筆記廻る。

三十日　晴。

午前九時前参院、同三十分出場。議長より勅に答へ奉る案文を読ミ聞かせらる。一同異議なし。次ニ常任委員を各部にて撰挙するにより一旦各部へ退き其事を行ふ。昼饗後出場。議長参内にて勅答を奉りたる事を述ぶ。幷ニ各部の常任委員決定を報じ、午後二時過根ぎしへ帰る。

○群馬県小沢頼の鯉沢八勝の哥、幷大久保春野頼の色紙等染筆。〈頭書〉朝ます〱霜ふる。氷も薄くミゆ。紅葉は過半散たり。

十二月一日　晴。

議会休。○商法注釈をミる。

二日　晴。

十時参院。同卅分議場へ入る。山県大臣、商法之内会社破産帳簿等の編ハ緊急により修正の上廿六年一月より施行すべき由を演べ、次ニ三好司法次官、司法・行政両裁判所のため権限裁判所を置く由演説。了て右二件の委員を議長にて定むると（松平信正発）、各部にて定むると（平松時厚発）の両議あり。議場にとふニ議長にて定むる方多数也。但し二件とも可否の数大いなる相違なきにより、共に指名点呼にて決したり。正午休憩後議長より右委員の報告あり。一時卅分頃退出、根ぎしへ帰る。

〈頭書〉大久保・小沢等へ染筆もたせ遣ス。

三日　晴。

議会休。○落合直澄の碑文稿成る。〈頭書〉皇典所古事類苑会断。

四日　晴。日曜

午前十時駒込へ帰る。○夕落合直文来ル。碑文稿渡。○午後二時小石川栗田をとふ〔古代法典贈〕。酒肴の饗あり。

五日　晴。

新聞・雑志をミる。又田口の史海をミる。○午前十時大学出、枕草子・職員令を授く。○丸山作楽紹介にて和漢医師共立帝国医会委員浅井篤太郎来る。漢方医試験請願の事なり。○議会休。〈頭書〉九鬼隆一氏へ郵書出ス。

福島氏事唱哥断也。／△夜十一時頃大学病院出火。婦人科一棟焼たり。

六日　晴。

議会休。○関根日本史要徳川条閲。○午後一時帝国大学出、評議会に列なる。大槻氏言海の事ニよりて也。二時頃帰る。

七日　快晴。

議会へ出。地租条例改正案（衆）第一読会也。則審査委員の撰挙あり〔議長〕。十一時五十分散会。予ハ二時国学院行、職員令・獄令を授く。根ぎし行。△衆議院より惣大臣出席を請求したる処、応ぜざる復牒来り、四時ニ各大臣参院、井上大臣演説有。〈頭書〉△特別地価修正案衆議院議決。

八日　快晴。

○議院休。△衆議院にて内閣信任欠乏緊急動議あり。起立する者僅ニ三人。○熊阪へ使遣ス〔ビール二本送〕。川上・藤沢へ音楽史一部ヅヽ贈与を頼ミ。○午後駒込行。〈頭書〉清道日本銀行ニ整理公債利子受取、直ニ貯金銀行へ廻ス。

九日　曇。

議院休。△衆議院にて外務大臣出席、議員井上角五郎提出朝鮮事件ノ答弁あり。〈八日条頭書〉○〔九日ナリ〕駒込雇女おつう解雇、およし雇入。

十日　曇。

議院へ出。権限争議裁判法案第一読会之続きを議す。予正午限退出。後ニ聞。否決となる。○午後二時松浦邸行。哥納会也。六時頃根岸へ帰る。△衆議院にて法案条例確定。

十一日　晴。日曜

午後学士会院行。加藤・木村演説。今日より津田真道始て出席。例ニヨリ会頭・幹事の当標（ママ）をせしニ是までの通りの当籤にて定る。根ぎしへ帰る。○午前平岡来ル。画賛長哥及竪物之哥、表装したるを持参。箱書付する。

十二日　晴。

十時大学出、枕草子・職員令を説く。正午駒込へ帰る。○議会断。本日之議事ハ田畑地価修正法案・度量衡追加案・明治廿二年法律第十二号廃止案・市制追加法案各第一読会にて何れも審査委員の撰挙有し由。〈頭書〉△衆議院にて集会政社法改正案確定。

十三日　快晴。

議会休。△衆議院にて狩猟規則を違憲也と決議す。○午後薬研堀鶴久子哥会行、晩景根ぎしへ帰る。

十四日　快晴。

議会休。△衆議院にて明治廿五年度予算追加案、査定通りニ大蔵大臣も同意し議事を終ふ。○午後二時国学院行、職員令・獄令を授く。晩景神田川行、晩食。駒込へ帰ル。

十五日　快晴。

議会休。○明日演述せんとする徴兵令改正（僧徒兵役免除之事）意見を草す。○関根日本史要を閲す。△衆議院にて新聞紙法案を確定せり。○国学院生安東（空欄）来ル。新印清涼殿図持参。以前宅ニ勤し寒川安東悴之由。〈十四日条〉○〔十五日ナリ〕小御門沢田惣平入来。文貞公石板画出来ニ付持参。

十六日　晴、午後曇。寒。少し霰降る。夜雨。

十時過参院。保安条例廃止案（衆）第一読会ハ審査委員に附す。集会及政社法（衆）同断。官吏俸給節減の建議案（鹿毛信盛発議）ハ指名点呼の上三票の多数を以可決す。徴兵令改正案（林友幸発議）ハ請により延期す。因て演述もせず。〈頭書〉午後三時過散会。甚寒し。根岸へ帰る。正午三十九度。／△衆議院にて日々新聞を告訴する動議起る。／○加藤眼疾ニ付、今日已来万二郎代て議院ノ供する。

十七日　朝曇、午後晴。

関根日本史要を検す〔十八日送〕。○議院休。△衆議院にて俸給税法案を否決す。

十八日　晴。日曜
風邪気にて引籠。○平岡好文・林好之来ル。不逢。○法科大学々生堀口九万一・石河武之来る。弁護士法案会議之事ニ付談あり。○床中万葉集古義十四ノ巻・百家説林などミる。○隺久子来る。不逢。〈頭書〉江刺八百膳にて納会之処、不行、哥目録斗遣ス。

十九日　曇、寒。夕刻少し霰降る。正午三十四度九。

風邪ニ付議会断。今日商法第一期施行法案・新聞紙条例改正案（衆）第一読会あり。今日廿五年予算追加案ハ両院を通過せり。△衆議院にて廿六年度予算案を開く為め全院委員会あり。又煙草税法を否決ス。〈頭書〉今日より根ぎしへ植木や来ル。庭垣根新修。／法学協会へ尾張解文稿本廻ス。

廿日　晴、和。

議院断。今日ハ弁護士法案第一読会・商法施行条例改正

案第二読会也。○和田英松来ル。古事類苑武役下清書本調印。〈頭書〉芳賀矢一より郵書来ル。

廿一日　快晴。

議会へ出。保安条例廃止案、大多数を以否決となる。午後二時三十分散会、駒込へ帰る。△衆議院にてハ予算の続きなり。△靴工三百余人衆議院に迫り議長に面会をこふ。守衛部其内五人を入る。〈頭書〉△予戒命令の執行あり。

廿二日　快晴。

議会断。△貴族院にて製鉄所設立建議案（内藤子爵提出）可決。外請願五件政府へ送る事に決す。△衆議院にて予算案の続きあり。○今日ハ駒込にて古事類苑の検閲すべき処、清道病症ニ付、高山よりの言有ニより三時根岸行。〈頭書〉帝国大学へ芳賀、独逸学校にて国文・国語之教授致度願書ニ添書致、差出ス。

廿三日　快晴。

議院へ出。銀行条例及貯蓄銀行条例施行延期案可決。鉄道公債会計法案・官設鉄道用品資金会計法案ハ委員に托し、地租条例改正案ハ佐竹子爵の外起立する者なく否決す。午前十一時五十分散会。△衆議院ハ予算案なり。〈頭書〉本日議院退出後、皇典講究所ニ廻り、松本委員ニ面会、質問を受く。三時文部省へ出、試験会議始也。四時卅分ニ終り、夫より大学中学士会事務所行。文科大学教員親睦会也。六時駒込へ帰る。

廿四日　晴。

議会断。今日迄にて本年ハ休会也。○神足入来、面会。○古事類苑書翰文部検閲了。○午後三時過根ぎし行。△貴族院ハ請願会議、衆議院ハ予算なり。〈頭書〉駒込へ植木や来、霜よけする。

廿五日　快晴。北風あり。日曜

午前十時平岡好文・林好之来ル〔カキ賜〕。同道にて今泉行、面会。林事美術館入学之事也。○午後一時前谷中葬地行。伊達宗城侯去ル廿日薨去、今日葬儀なり。二時頃斎場へ着棺、三時過葬儀済、禅宗仏式にて導師は建長寺管長貫道師。会葬者ハ皇族二名・山県・後藤・土方大臣、榎本・蜂須賀・松浦・松平〔信正〕・谷・細川・西村・渡辺〔驥〕・三浦・九鬼・田中〔芳男〕・黒田〔長成〕、その他貴族院議員、重野・南摩・星野等の博士をミ受たり。来会者弐千人と聞ゆ。四時前根岸へ帰れバ、大槻修二氏来り居り質問之事有り。〈頭書〉朝六時気車にてよしかた熊本へ出立。増田・高津両人ハ途中まで同道。

廿六日　晴。

国学院試業書調。○大阪宮島より義象宛廿三日発之郵書、廿四日駒込へ届。今日さゝ又へ郵送せんとする際、お道来ル。明日おちか同道、大阪へおもむく由。○夕四時頃より長酡亭行。重野博士催にて木村・栗田等来会、重野氏持参古文書を展観す。

　毛利文書　三四巻　東寺文書　三四巻〔古証券あり〕

　弘法大師筆ノ補陀落山碑原稿一巻　神護寺蔵品
皆希世之品にして考証とすべきに足る。七時過根岸へ帰ル。○黒田侯より歳末鶏卵一箱、月謝等来ル。〈頭書〉おたつ駒込行、当分泊。

廿七日　曇、雷、雹。

古事類苑遠国役人部上、さく日以来検閲了〔廿八日回〕。○源助、江沢を尋。○午後光明寺墓参。観世音に詣ず。本日点灯会にて内陣ニ人満たり。本堂の前に仮庇を設け酒井何がしの施とて蒔餅あり。晩景帰る。〈頭書〉鵜沢来ル。鶏卵一箱を賜。／佐々木信綱駒込へ入来、砂糖一箱賜。

廿八日　ことの外の烈風にて、曇天を明はらしたり。諏訪忠元入来。○久々ニて女子師範学校へ出ずべき源氏桐つぼ講義を草す。寒きにより僅五六葉を筆するのミ。○皇典講究所高橋入来、報酬入来。〈頭書〉佐伯利麻呂駒込へ入来、鶏卵賜。

廿九日　晴、和。

正午駒込へ帰る。あら井へ寄、証書之事談じ。

三十日　晴。

朝よしかたより電報。本日下の関より熊本へ参候由。○正午前出宅、参内、歳末御礼帳ニ記名。吉川・大倉其他へ寄、買物。

三十一日　晴。

重野へ小鳥二・砂糖一箱を贈る。本居へ詠草送り、且カステーラ一箱を贈る。鶏卵一箱・鯉タ、キ賜。○義象より去廿九日尾の道発の書状届。○新聞・雑志幷大倉より持参千代田の大奥など玩覧。目出度としを終ふ。

註
（1）図なし。
（2）廿五年は、欄外下部に印がある。「」は、一月二日、七日、十五日、十九日、二月二日、九日、十三日、十六日、十七日、廿三日、

廿四日、三月一日、二日、八日、十五日、廿一～廿三日、四月二日、十二日～十五日、廿二日～廿四日、廿八日、五月一日、十三日、十七日、十八日、廿四日、廿五日、六月四日、五日、十二日～廿二日、廿七日、九月四日～六日、十一日～十六日、廿一日、廿六日、廿七日、十月二日、八日、十一日、十四日、廿日、廿一日、廿五日、三十一日、十一月一日、八日、九日、十四日、十五日、十八日、十九日、廿五日、廿九日、十二月五日、六日、十五日に、「〇」は一月四日、五日、九日～十一日、廿一日、廿四日～三十一日、二月四日～七日、十一日、十九日～廿一日、廿六日～廿八日、三月四日～六日、十日～十三日、十七日～十九日、廿五日～三十一日、四月十七日～廿日、廿六日、五月三日、四日、七日、八日、十五日、廿日～廿二日、廿七日～三十一日、六月一日、二日、七日～十日、廿四日、廿五日、廿九日、三十日、九月一日、二日、八日、九日、十八日、十九日、廿三日、廿九日、三十日、十月四日～六日、十六日、廿三日、廿七～廿九日、十一月三日～六日、十一日、十二日、廿一日～廿三日、廿七日、十二月一日～三日、九日、十一日、十七日、十八日～廿日、廿五日に、「・」は四月三日～十日に付されている。

（3） 頭書に「外箱のうらに短冊を押たり。箱根山たびねの夢乃窓とはるあけてもあふげ御仏の名を　蒑庵」とある。

（表紙）

明治廿六年日乗

明治廿六年癸巳　　　清矩七十一年二月(1)

一日　晴、和。

朝食後、諸方より兼て頼まれたる染筆物する。

もろともにふりて親しきふづくゑに

年新らしくむかふけさかな

年賀客之内、飯田武夫・鈴木弘恭・神足勝記の諸氏に対面す。○中郁君去廿九日より国府津ニ旅寓、昨日発にて蒲鉾を郵贈せらる。

二日　晴。風さむし。

午前十一時出宅、高山・岡田〔証〕・宮崎・関根・佐伯・物集・中村等にて帰宅、昼食。更ニ久米・田辺・増田・佐原・柿沼・長塩・黒田〔侯〕・徳川〔侯〕・長井・高橋・鵜沢・今井・西村・大田・依田・佐々木・重野・高松・細川等へ年賀。神田川にて晩食、駒込へ帰る。〈頭書〉外山・大沢へ米野遣ス。

三日　晴。

午前十一時前出宅、落合・栗田・内藤・伊沢・久保田・浜尾・今泉・丸山〔藤〕・同本家等行。同処にて昼食、更ニ島田・小杉・飯田・大和田・本居・辻・田村・野口・島田〔蕃〕・三浦〔千春〕・高津等へ年賀。五時前帰る。〈頭書〉井上〔哲〕・木下・鈴木〔弘〕・萩原へ米野遣ス。

四日　曇、雪天。

正午根岸行。客年中村へ贈るべき、おもふ事かなひ候ての哥のはし書揮毫。○午前本郷浅井及津田真道へ始て尋。酒肴の饗あり。〈頭書〉雇女おしも解雇。病気ニ付。

五日　晴、風。○小寒

中村へ贈る揮毫了。○鈴木〔時計屋〕入来。○平岡〔好文〕入来。

六日　晴。　初卯

午前出宅、〔黒川・佐藤〕・稲垣・松田・河合等へ行。駒込へ帰る。○諸方よりの賀年端書の清書発行等にていとまなし。遠方にてハ原・榊原・畠山其他古典科卒業生諸県奉務者等也。〈頭書〉寒気ゆるミて氷をミず。小杉、根岸へ入来。不逢。

七日　晴。

林甕臣入来。面会。国文改良之談有。○お栄、子共つれ根岸大田及三作・江沢等行。三輪入来。面会。本居入来。不逢。〈頭書〉吉川半七年礼。朝鮮史一部五冊を恵る。則泛読。


〈原欠〉


〈十二日後半〉

入来。不逢。○昨日より頭痛気（或ハ打身ならんか）に付、高山氏招き診察をこふ。○議会断。〈頭書〉加藤、河合遣ス。明十三日久子会断頼。区役所へ出し車税納。○中村へ手紙遣し、くわし贈。

十三日　朝霰交りに初雪ふれり、暫にして止む。あとハ曇れり。

平岡へ年玉物もたせやる。○議会断。△今日より地価修正案会議はじまる。頗やかましき由。〈頭書〉久子発会。不出。／○朝本郷警察署詰巡査来ル。議院出場ならバ同行すべき旨署長の命也といへり。不参之由にて断。○備中木山正名へ郵書。

十四日　晴。

議会断。○頭痛ハ朝八時頃より始り、正午頃より漸々軽くなり、夜に至れば忘れたるがごとし。○午後二時皇典講究所行。古事類苑会議なり。河田・井上、其他編輯者四・五名来会。四時前了て駒込へ帰る。〈頭書〉午前根津神泉亭行、八塩温泉入浴。

十五日　曇。　日曜
午前十時根津入浴。正午根岸行。午後二時学士会院行。三島毅・津田真道演説あり。六時晩食、了て退散。

十六日　曇。寒し。正午三十四度。

正午江沢同道にて神泉亭行、入浴後中食す。三時過駒込へ帰る。○議会断。根岸迄巡査来り同行せんとこふ。不参之旨を以断。○宮川甚五郎来、議会傍聴券をこふ。○江刺根岸へ年賀ニ来る。〈頭書〉伝聞。今日地価修正案否決。衆議院にて井上・後藤・黒田・河野・大山各大臣出席。井上大臣予算査定案不同意演説あり。今日両院の動静ニ世人最も懸念せる様子也。／夜中村行、過日した、めの、おもふる事の哥の前文等持参。／今日大学授業日之処、所労断。

十七日　晴。

村岡へ郵書出す。雅楽会頼長哥断之事也。○来ル廿四日文部省の命により執行する教員学力検定の中、受持分解釈三題〔源氏（一）・大鏡（一）・古哥三首〕相撰ミ物集へ廻ス。○議会不参。今日よしかた傍聴ニ出。〈頭書〉△衆議院、本日より五日間休会の動議を発し可決す。本日ハ渡辺大臣のミ出席。

十八日　快晴、和
議院へ出。集会及政社法改正案（衆議院提出）第二・三読会了、確定す。二時散会、駒込へ帰る。〈頭書〉国学院不参断。

十九日　晴。

議会へ出。酒精営業税法案第一読会にて特別委員の撰挙ハ議長ニ托ス。次ニ近衛公提出、地租会議設置の建議案を可決ス。二時十五分散会、根岸へ帰る。○八木雕氏駒込へ来る。逢はず。お辰面会。僧徒免兵之事也。〈頭書〉お栄、新右衛門丁大田行。依てお辰、駒込行。林栄清・村岡等より郵書。

廿日　晴。
古事類苑武役下検閲了。○議会休。〈頭書〉駒込へ八木入来。おたつ面会。徴兵令建議一条なり。
廿一日　晴。北風つよく寒し。
議会所労引。○鈴木重嶺翁発会ニ付、新年竹哥懐紙もたせ遣ス。
廿二日　晴。けふも風ありて寒し。　日曜
宮島春松来ル。自著音楽書処々におのれの意見ある事を述ぶ。○午後僧徒徴兵免役法案ニ付、意見あるを演述の如くに記す。晩景に了る。〈頭書〉今暁浅草唯念寺類焼。／本日午後四時、古河黙阿弥死去之旨郵書、駒込へ来る〔廿三日〕。
廿三日　快晴。
午前十時大学出、枕草子（七）・職員令を授く。正午駒込へ帰ル。○議会所労引。△本日より二月六日まで十五日之間停会すべき詔、午後惣理大臣代理より伝達す。依て両院ともたゞちに議事を止む。夕つかた貴族院より此詔の印刷を送り来る。○夕五時より神田川行、中村・萩の・関根・落合・増田等招き、義象をもつどへて新年の宴会かた〴〵近年歴史・国語の学科盛になれるを祝ふ旨をいさゝか演述せり。夜九時前駒込へ帰る。〈頭書〉△本日衆議院にてハ河野広中等予算査定之事ニより上奏案を作る。議事中、停止の詔下りて中止せりとぞ。／朝成瀬大域来る。女子用文之事也。鵜沢正徳来ル。六無斎全書中、父兄訓幷ニ同書ニ載たる林子平像之事也。いづれも根岸にて面会。／今暁西鳥越丁出火、中村座類焼。

廿四日　晴。

午後久米行。面会。雅楽会長哥之事談じ。○関根礼ニ来ル。不逢。奈良製くわし賜〔青によし〕。〈頭書〉八木・黒田へ郵書出ス。／夕刻伊藤寛〔元津田海輔〕手紙持参、布利幡兼吉入来、授業之事申込、断。義象面会。

廿五日　午前八時頃より細雪霏々。されど消易くて思ふごとくには積らず。午後三時頃止たり。積る事三四寸なるべし。寒さハ正午廿八度。

午前八時卅分過、御茶の水高等師範学校行。文部省嘱託教員検定試験也。国語の授（ママ）験者八十五人なりしも十八人不参にて六十七人（内女六名）試験せり。例により解釈課を受持。源氏品定の内注釈（第一）、大鏡巻八の内、俗文ニ訳文（第二）、万葉・古今・新古今各一首注釈（第三）。十一時卅分ニ了る。直ちニ国学院行、昼食、二時より職員令講釈。三年生の一時間ハ休業せり。四時根岸へ帰る。〈頭書〉本日午後三時卅五分勘解由小路資生君薨去之旨赴音来る。〈廿六日条〉〔廿五日也〕夕山田胤比古来ル〔国学院生〕。

廿六日　晴。午後南風つよく暖気。

午後より検定書取調。○吉川（古河）黙阿弥への弔書及花料もたせ遣ス。萩の駒込へ来ル。過日礼也。茶賜。増田も来れる由。〈廿七日頭書〉〔廿六日也〕大矢正修来ル〔国学院生〕

廿七日　朝晴、後曇。

検定試験書取調。終日。○朝青山頼母来る。古事類苑消息部清書本調印。○鵜沢正徳来る。○義象根岸へ来る。

廿八日　曇。時雨めきたる空也。

午前十時出宅、新阪村井行。下歯つくろひ正午駒込帰る。○夕刻検定書を物集へ送る。○大矢来ル。大内裏図貸ス。○渋谷松太郎来る。染筆頼。○矢田知光来る。年賀哥頼。〈頭書〉榎坂阪正臣氏宅文会あり。義象出席、予不参。／昨日依田雄甫より郵書にて鈴屋翁絵画の説ハ何の書にありやと質問有。今日玉かつま十四なる由郵答。／○皇典講究所副物裁より先年寄附金之証牌を贈らる。

廿九日　夜来雪霏々、終に大雪となる。夜ニ入止む。日曜

午後二時過桜雲台行。江刺発会也、鈴木・小出・橘・鶴・水原ミさ子・定子其他四五十人出席。晩景根岸へ帰ル。雪氷りて容易に解けべくもなし。〈頭書〉高知県長者議員嶋内武重、去廿二日死去之赴音あり〔卅一日弔書出ス〕。

三十日　曇。孝明天皇祭

午前十時過木挽丁やまと行。松駒連かぶき坐見物也。三作及お晉・子供等召連れ。十二時ニ至り漸く開場。安政三ツ組盃、菊五郎都筌（ママ）藤吉郎。二番目・大切同人出し物にて奴凧の所作大評判也。夜十時頃根岸へ帰ル。〈頭書〉今夜十一時斗り松浦家自火。奥殿幷土蔵一棟焼失。玄関表・長屋ハ残る。宝物の土蔵ハ不難なり。／魚住長胤、去廿九日死去の赴音あり。

三十一日

午前十時前出宅、富士見丁一丁め勘解由小路殿へ弔ニ行〔蠟燭一箱贈る〕。富士見軒にて昼食。皇典所へ寄、講演材料古事類苑借用、午後三時過駒込へ帰る。正卜考其外読書。

二月一日

正卜考其他之書泛読。○畠山健より文部省試験之義ニ付郵書。即日返書出ス。

二日

講演録着手。○朝麹丁井上氏へ講演関係之書籍幷徳川時代卜者大家書取等借用ニ付、使遣ス。〈頭書〉物集入来。過日試験書漸く取締ニ付、今日文部省へ送候由。

三日　○立春

講演録終日す。○ふきや丁大権へ使遣ス〔塩からもたせ〕。

四日　晴、頗る暖気。

午前拙講演録にかゝる。○午後一時卅分皇典所行、三時頃よりうらかた（占方）卜筮の講義する。四時過に了り根岸行。

五日　曇。夜雨。日曜

早朝出立。おミつ・今里、桑名へ帰省す。気車にて今夜熱田泊、明日舟にて参候由。○午後三田行。留守にて子息ニ逢。新右衛門丁大田万吉ミせにて短冊かけ・手拭かけ求。松浦家へ持参、出火見舞とす。根岸へ帰る。〈頭書〉本日徳川篤敬侯養祖母吉子（水戸烈公女）、神葬谷中斎場ニ於て有之旨、過日郵書ニ付米野代ニ遣ス。斎主ハ本居大教正にて、葬式了て午後上野発気車にて茨城県瑞竜山へ埋葬ス。右ニ付静岡慶喜公も出京、会葬之由。

六日　晴。
午前十時大学出、枕草子〔八〕・職員令を授く。正午駒込へ帰る。新潟渋谷愛太郎・貴族院守衛三輪神太郎其他の頼の唐紙・短ざく数紙した〻め。〈頭書〉来ル十一日鷗遊館にて国家教育社定会あり。明日断郵書出ス。／魚住へ義象と共に贈物する〔一円〕。／○昨今暖気にて雪漸く解たれど、いまだ樹下などにハ残りあり。
七日　半晴。
〔停会後、今日より始り〕午前十時前貴族院へ出。度量考（衡）法案改正案を議決し、弁護士法案二読会ニ移る。午後伊藤首相出場、先般訪病の礼詞あり。場中の議員足らざるにより明日ニ延会。これハ午後衆議院へ傍聴ニ行し人多きによれり。依て午後二時過駒込へ帰る。〈頭書〉出火後、今日貴族院にて松浦伯面会。
八日　曇。
午前十時過貴族院へ出。弁護士法案議決に至らず。予十二時早出（後に聞。午後無人にて返書）。皇典所行、二時より国学院にて職員令・獄令を講ず。五時頃根岸へ帰る。
九日　暁雪ふる。あけて晴。
議院所労引。○正午過駒込へ帰る。法律書取調ニか〻る。来十二日学士会講演のため也。〈頭書〉△弁護士法案いまだ不決。依て一旦委員のもとに議案下ル。
十日　晴。正午三十九度。
議院所労引。△本日午後二時両院議長、命ありて参内。畏き大詔あり。依て衆議院ハ休会を止て十三日より議事をはじむる由。貴族院にて酒精税法案・徴兵令猶予年限改正案議決す。○刑法一過所々附箋。〈頭書〉今年ハ欧羅巴も非常の寒気にて、フランスなどハ凍死人あまた有之由、官報にミゆ。
十一日　晴。天長節
刑法と新律綱領・改定律例参照……(2)漸く講演の略案を起す（此度の全案ハ林茂淳に托す）。夕五時過根岸行。
十二日　曇、寒甚し。正午三十二度五。日曜
午後二時学士会院行。西村君、道徳頽廃の原因を述べ了り、三時過より予、古代法律と現行法律といふ題にて演述す。四時過に了ル。本日聴衆百七十七人（内女二人）。六時散会、根岸へ帰る。
十三日　曇。正午三十七度八。
午前十時卅分貴族院出。弁護士法案二読会也。先日之答

勅文案を議す〔午後両院議長参内奉上之由〕。寒甚しくこゝちあしければ正午退出、駒込へ帰る。昨日来の寒気非常にて硯水瓶氷る。〈頭書〉大学断。／△後ニ聞。午後曾我中将発議にて納金〔歳費四分の一〕之緊急動議有。鳥尾氏其他座席を脱出候者有て決議せず。衆議院にて政府の意向を確かむるの決議案成ル。委員九人を定む。已後議院大臣室にて両三度大臣と会議有。〈十二日条頭書〉〔十三日ナリ〕三作より桑名へ為替書状出ス。

十四日　快晴。

今朝水瀉いたし少々よわる。因て何事をもせず。○夜大槻文彦入来。面会。○井上頼国氏へ借用本もたせ返ス〔酒切手贈〕。〈頭書〉今明日議院不参届出ス。△貴族院にて納金十分一ニ議決せし由。

十五日　快晴。さく夜より寒少し緩む。

児玉郡僧高橋伯孝来ル。原坦山弟子之由。先年贈りたる弔歌染筆頼也。○松野来ル。古事類苑集会之事也。○午後三時前根ぎし行。〈頭書〉国学院断。／△貴族院にて弁護士法案決し衆議院へ。伊藤首相出席、調和演説有。予算ハ再理する事に決す。条約改正上奏案通過。

十六日　快晴。

議会所労引。○青山、古事類苑足利学校部持参。清書本に付調印。○桑原来ル。集会之事なり。○うらかた講演原稿訂正〔昨日廻る〕。〈頭書〉△衆議院にて鉄道敷設法中改正案、同比較線決定の議事始まる。／駒込へ臼倉代人来り、お栄面会候由。／丸山藤助氏一昨日駒込へ入来ニ付、稲垣千頴一条本日郵書出ス。〈十五日条頭書〉〔十六日ナリ〕桑名より昨十四日大雪之事、郵書来ル。

十七日　曇。午後四時頃より雨。

議会へ出。取引所法案第一読也。委員ハ議長ニ托する事となり、即日定まる。午後零時退出、根ぎしへ帰る。○お栄子共《ママ》つれ根岸へ来る。〈頭書〉日隈徳明より中学会講義録配付之義ニ付来書。即日返書出ス。／久米氏文舞長哥出来ニ付村岡へ廻ス。

十八日　曇。朝風つよし。午後止む。

議会休なり。午後二時皇典講究所行。先年文部省と約したる古事類苑成功期限、当四月なるニより、延期の集議あり。川田・木村・松野・本居・桑原等出席。二年延期之事ニ治定し其由を文部省ニ通ずる事となしたり。五時過中村行。文会也。久米・前田・落合・義象等出席。夜十時帰る〔駒込宅〕。〈頭書〉今日栗田、皇典講究所へ出。

丸山正彦と共に講演あり。／横井時冬より尾張夜寒焼茶碗五ツを箱入にて恵まる。

十九日　晴。日曜

諸方より頼まれの染筆物ニかゝる。○お定来ル〔預ケ金之談あり〕。○鵜沢来ル。燃犀逸史貸ス。史論の料なり。○麻布河鰭子爵へ使遣ス。兼約之三条公御会志を贈らる〔日本制度通を送る〕。〈頭書〉和田英松古事類苑遠国役人部上下清書本持参調印。

廿日　晴。

議会所労引。十時大学へ出、枕草子〔春曙本八より九へカヽル〕・神祇令を授く。正午帰後、本居へ使遣し短ざく染筆頼。并ニ詠草送る。〈頭書〉岩代耶麻郡松山村瓜生篠橘へ短冊郵送。／物集より大分県教員之事文通。

廿一日　晴。

議会へ出。取引所法案委員会之調を諾せざる者ありて、更ニ委員を替へ再審査を附托するに決す。又商法及商法施行条例改正並施行法律案（衆議院修正廻附）ハ特別審査委員に托す事に決す。午後登記法案（衆議院提出）特別委員長中御門侯爵演説中三時頃早退出。浜丁長岡護美男邸行、緩話。酒食の饗有り〔よしかたも来る〕。夜十時前根ぎしへ帰る。〈頭書〉△衆議院にて鉄道比較線路決定案、第五議会まで延期と決す。／今朝おミつ桑名より帰る。／○徳島県大久保初男より十九日出之郵書届く。師範学校教員之事也。○朝正見招き大分県之事通じ。

廿二日　快晴。北風つよく寒し。

議会へ出。登記法改正案否決す。予ハ可決主義なりしニ残多し。正午限にて早出（狩猟法案其外七議案あり）。一時皇典所行、昼食。松本ニ逢。古事類苑之談有。二時より神祇・僧尼・獄三令を授く。夕刻根岸へ帰る。○夕和田来ル〔古事左右事〕。〈頭書〉△衆議院にて予算案政府の同意を得たり。又軍艦製造費復活せり。〈廿三日条頭書〉〔廿二日ナリ〕朝林甕臣来ル。来廿六日新式哥文会開会に付、演説頼なり。

廿三日　晴、和。

今朝より腰痛甚し。因て議会不参。○皇典所より廻りたるうらかた演説案清書本訂正。○三作代筆にて佐藤球へ郵書出ス。徳島大久保より申越之件也。〈頭書〉おミつ茅場丁其外行。

廿四日　晴。暁より北風つよし。終日。夜ニ入止む。

いまだ腰痛愈（ママ）ざれバ今日も議会不参。按摩す。〈頭書〉

暁、日暮里村笹の雪の先、せと物屋失火一軒焼る。今朝諏訪・太田見舞ニ加藤遣ス。

廿五日

議会不参す。腰痛ハ大かた愈《ママ》たり。○本居より哥稿郵送。〈頭書〉△帝国議会を廿八日まで延会する詔下る。○高崎田島より贈物真わた一包、高砂丁伊能高老より廻る。

廿六日　日曜

議院へ出。日曜なれど開会ありて予算案昨日迄ニ調査済となりしを議す。正午過退出、錦丁大学講義室へ行。新式哥文会発足なり。三輪田某子・西村貞・川田博士等の演説あり。予も最終に国文の話といふ演説をなす筈なりしが、其前薩摩琵琶幷音楽会（村岡・宮島等の）有て晩景に及びたるにより止めたり。夜に入雉子丁栄国亭にて宴会あり。依て少しく席上の演述をなせり。九時頃根岸へ帰る。〈頭書〉佐藤球駒込へ来ル〔玉子持〕。

廿七日　曇。正午頃より雪霏々、夜ニ入る。

議会へ出。議事五六件ある中に狩猟法案（衆議院提出）は過日より重大問題なりしが、今日可否を記名投票に問ひしに八十九否、八十八可にて否決せり。午後三時退出。時に風もまじり、車中へ雪を吹入る。駒込へ帰る。〈頭書〉おたつ兜丁銀行行。茅場丁へよる。夕刻おミち・おちか大阪より帰り、根ぎしへ来り江沢へ泊る。

廿八日　暁かけて猶少し雪ふる。正午止ミ猶曇れり。

議会不参。新聞・議事速記録乙号・職員録などをミて午前を終ふ。○大久保初雄・佐藤球・伊能高老へ郵書。〈頭書〉岩代瓜生より過日送りたる短冊（開キ封）届かざる郵書来る。

三月一日　半晴、寒気。風あり。

午前十時議院出。本日閉場式也。十一時伊藤惣理大臣出場、貴衆両院之議員に勅語を宣す。了て大蔵省出張所にて歳費請取。午後赤阪離宮にて大臣催園遊会有之処、不参し、国学院へ出、二時より獄令・雑令・僧尼令等を授け、神田川にて晩食。六時頃根岸へ帰る。

二日　快晴。寒気。正午三十弐度。

正午より兜丁銀行行、金三百円預ケ〔定期〕、午後二時過浅草熊阪行、祥子面会。夕刻根岸へ帰る。

三日　快晴、和。

午前水野へ弔ニ行。過日惣領之娘死去ニよりて也。正午過駒込へ帰る。一時九段坂鈴木行、写影す。三時過帰る。○中村令室入来。

四日　曇、午後雨。

兼約により午後星岡茶寮へ趣く処、水道橋辺にて雨降出し気分あしきにより、楫取男爵まで断端書差出し、たゞちニ根岸ニ至る。時ニ二時過也。〈頭書〉藤井より頼富士画賛幷母の祝哥したゝめ。

五日　晴、午後風。　日曜

午前井上通泰・水落簡（衆議院議員。山口県人）入来。旧冬より頼の長谷川寿山哥集序の事也。○皇典講究所回、小杉・佐藤〔寛〕の演述原稿一覧。○大垣金森来ル〔わた賜〕。逢はず。夕刻旅宿より郵書来る。〈頭書〉お栄、丸山行。依ておたつ留主ニ行。

六日　晴。風つよし。

十時大学へ出、枕草子を授く〔巻九〕。政治科生ハ外国教師葬式ニ行て不参なれバ、一時間休。正午駒込行。昼食後、久々にて黒田行、清寧紀より武烈紀までをよむ。帰路通二丁目蓬莱屋なる金森をとふ。九時前根岸へ帰る。

七日　晴。

井上〔通泰〕頼の桜戸集の序成る。○松の門ミさ子より頼大隈伯母公賀哥、色紙ニしたゝめ。○大沢小源太来る。徳島県教員断之事也。○諏訪忠元来る。○熊さかへ郵書出ス。九日之事也。〈頭書〉本日河野文部大臣枢密顧問官ニ転じ、後任ハ井上毅先生なられたる由。

八日　晴。北風つよし。

風烈に付、国学院不参。○徳島大久保へ郵書。○昨夜廻りたる新式哥文協会発会席上演説稿本、添削郵送。○正見慎一来る。富田良平への紹介書、頼ニより遣ス。〈頭書〉国学院不参。

九日　晴。

午前十時ニ長丁万金行。松駒連にて市村坐見物。熊阪祥子・お晉・三作と四人也。近藤重蔵の新劇に、中幕ハ米蔵のあこや、三曲で胡弓ことによろし。夜八時頃根岸へ帰る。

十日

林甕臣より演説稿清書本回る。たゞちに一校して郵送。○根津新泉亭のあるじ宮田重固娘同道にて入来。河合きさ子へ添書渡。〈頭書〉△西郷伯海軍大臣に任じ、山県伯ハ司法大臣より枢密院議長ニ転じ、仁礼海軍大臣ハ枢密顧問官となれり。／漸く暖気にて梅ほころぶ。

十一日　晴。

午後四時駒込へ帰る。昨日より草したる野崎氏忠僕西井多吉を賛する哥幷ニ文成る。中村へ持参。評により添削す。〈頭書〉△茨木(城)県知事牧野伸顕氏、久保田ニ代りて文部次官となる。大森鐘一氏長崎県知事、江木千之氏県治局長に転ず。高崎親章〔警保局長〕茨木(城)県知事となる。神奈川県知事内海忠勝ハ免官。

十二日　晴。午後風、夕刻止む。日曜

午後二時星が岡茶寮行。貴族院議員野崎武吉郎親戚・三島毅等、忠僕のため詩哥をこひ翰墨の宴を催せり。近衛・二条の二公・花房・高崎〔五六〕・金井・小原・足立・細川等ノ貴顕、川田・木村・南摩・有賀〔長隣〕・島地・蒲生〔重章〕、其他岡本〔黄石〕・林〔洞海〕・川北〔梅山〕・青山の類の詩宗も来ル。夕五時頃駒込へ帰る。〈頭書〉学士会院不参。／本日桜雲台にて弦巻氏催の文会あり。不参。／又日本法律学校にて談話会あり。不参。

十三日　晴。

十時大学出、枕草子・僧尼令を授く。午後二時過黒田行、継体・安閑・宣化紀を了り、欽明紀を少し読む。夕刻駒込へ帰る。三上の来り居るに面会。〈頭書〉河合きさ子駒込へ来る。昨日宮田事入来。娘入門之由。

十四日　晴。

かた付物する。〇小野鵞堂書古今集序印行ニ付、題辞の哥詠じ贈る。

十五日　晴。

十一時大学へ出、久々ニて軍防令を授く。午後二時国学院へ出、僧尼令・戸令講義。四時過池のはた鈴木へ寄、根岸へ泊。

十六日　晴

午後一時過三作同道、亀井戸臥竜梅見物。いまだ三分一の開花也。小村井亦同じ。帰路岡田にて晩食、六時前根岸へ帰る。

十七日　晴

学士会院講演、古代法律と現行法律の速記訂正。〇銚子松本信之助より祖父新左衛門、去二日死去の赴音郵書来る。即日弔書出ス。

十八日

速記訂正成る。

十九日　日曜

十一時前、木挽丁三州や行。求古会にてかぶき坐見物。壱番目東鑑拝賀巻三幕。福地書おろしにて公暁〔菊五郎〕、実朝を殺す一件也。団洲、義時・広之二役。善悪の変りめ妙也。中幕ハ堀越の枕獅子。はじめハ幕府大奥の腰元すがたにて踊あり。一度楽屋入の間、娘実子・ふき子両人初舞台にて踊あり。後団洲能の石橋の出立にてン、トテテンの長唄にあはせ白毛をふる。娘両人胡蝶の舞あり。二番目ハ菊五郎黒手組の助六四幕。夜八時過ニ了ル。九時過根岸へ帰る。

廿日　春季降霊祭

如蘭社惣会ニ付、十時過開花楼行。川田は早く帰る。井上〔頼国〕・大川・松野其他廿人あまり出席。村岡・宮島等舞楽及唱哥あり。午後二時頃退出、久々ニて横山行、面会。五時前駒込へ帰る。〈頭書〉朝今泉行。明廿一日礼儀会之事也。

廿一日

礼儀会、来廿八日延日ニ付、今泉へ郵書出ス。○大阪女学校石田道三郎より自著普通文法の稿を郵送し序をこふ。○短ざくした、め。○飯田武郷入来。日本紀通尺（釈）八・九両巻新刷本を恵まる。〈頭書〉落合直文文法書印行ニ付、題辞の哥詠じ贈る。

廿二日

十一時大学出、軍防令講義〔了〕。午後二時国学院出、戸令講義。帰路猿楽丁小野へ寄、面会。小沢頼の八景哥碑面へした、め物頼。五時過駒込へ帰る。○夜中村入来。足痛いまだ癒られず。蜀山人壬戌紀行を示す。〈頭書〉岩代国瓜生篠橘へ短冊通運にて送る。○当節梅花漸く盛なり。本年ハ寒気にて十日ほど後れたり。／△行政整理調査委員を置かる。内閣・各省の次官・秘書官・局長等にて十人也。

廿三日

十時大学出、昨年九月より本月迄之手当金請取。○午後二時黒田行、欽明・敏達の両巻をよむ。夕刻帰ル〔駒込〕。○中村より枕草子説の文を示さる。即刻異見を附し帰ス。〈頭書〉此学期には大学の試業せず。／○江沢より源助家事之事ニ付郵書あり。／△海軍整理委員七名を置かる。伊藤〔雋〕・山県・井上〔内務〕・井上〔文部〕・仁礼〔海軍〕・西郷〔同〕・渡辺〔大蔵〕等也。／△逓信省の高等官ニ非職の命あり。光明寺三郎も其一人也。又河津祐之免ぜられ、鈴木大亮次官となる。

廿四日　晴。

朝新井来る。差配を替ふる旨談じ。○九時三十分高等女子師範学校行。卒業式ニ付招待なり。文部大臣・次官・

浜尾・千家の両局長・永井等ニ面会。式場ハ運動場なり。大臣・校長簡短なる演説あり。三科の卒業生惣代三人の女子各祝詞を述ぶ。十時過了ル。河合を尋、面会。仲丁村田へ寄。西黒門丁差配を弥々頼む事を談じ、駒込へ帰る。／普通文法序成る。／落合・増田・今井の来れるに逢ふ。／国学院試業不参、問題を出し監視を托す。

廿五日　晴、和。

旅装をとゝのふ。○午後三時根ぎしへおもく（む脱カ）。明後日おたつ同行のため也。

廿六日　晴。

去廿四日国学院学期試業書〔二年生〕取調〔△試業問題、大嘗会大むね・大祓の大意・僧尼令第一条也。〕。○村田来る。房祖取立之事托し。○清水瑴来訪。○夜兼約により江沢来る。源助家事のこと談じ。〈頭書〉鵜沢正徳へ郵書出ス。

廿七日　晴、和。

暁五時発足、六時新橋発の気車ニ乗、八時二十五分国府津着。車を雇ひ午後一時前吉浜にて昼食。三時頃あたミ小林屋ニ着。海岸なれバ波の音のたゞこゝもとなるもめづらし。

廿八日　晴、和。

至て暖気にて衛生ニ適し気分引立つこゝちす。又此宿の浴客少ければ静にてよろし。熱海志などをミて日をくらす。〈頭書〉午後駒込根岸両所へ郵書出ス。／後ニ聞。今夕七時五十分和泉丁より出火。西南風にて和泉丁・二長丁・御徒丁一丁め等にて四百廿六戸焼亡。市村坐も類焼せり。

廿九日　細雨。昼後東南風を交ゆ。

雑貨商人万屋平治来る。両三年已来の新製也とて雁皮紙・布織反物持参。坐ぶとんの表にて模様の雅なるを八組購求む。○広嶋国学院開院式、来月三日より七日まで挙行之郵書。過日到来に付祝詞を草す。〈頭書〉今日より報知新聞を取よせてミる。

三十日　曇。朝さむし。細雨ふる。午後晴。

広島国学院長藤井稜威へ送る祝詞清書、書留郵便にて出ス。○東京番町手島知徳より西井多吉賛哥清書之事往復端書にて聞合あり。此地にて認むべき由、即日返書出ス。○東京三田葆光へ近火見舞端書出ス。○渡辺国武著天竜道人伝をミる。〈頭書〉△加藤総長依願免官。／今日よりあたミに稽古相撲あり。

三十一日　晴。
来月二日玉鉾会兼題松間花の哥六首詠、即日本居へ郵送。○駒込より宇都宮奥平清規の来状。郵送。即日奥平へ返書出ス。
四月一日　晴、和。
福島中佐歓迎の哥十巻成る。午前中村へ郵送。異見を問ふ為なり。○午後二時過三作より二時発の電報来ル。源助死去ニ付賜金問合せ也。因て即刻返信出ス。○塩原多助一代記をミる。円朝講談を速記せしもの。〈頭書〉駒込留主宅より奥平書状之事申参ル。即刻返書出ス。／△浜尾新氏大学総長に転任。／報知新聞三十間堀三丁めへ転居。今日より紙面ニ改良を加ふ。本日ハ十頁にして附録に新亀橋向島の楼ノ美人ノ画あり。
二日　さく夜より細雨、今日も終日ふる。夜十一時頃大雨。雷鳴三四声ことにつよし。十二時過止む。　日曜
源氏物語桐壺講義筆記にかゝる。○雑志精神一過、又好古叢志をミる。
三日　晴　ことにあたゝかなり。
講義筆記成る。○市中をそゞろありきす。○国文の雑志をミる。○朝中郁氏よりの来書届く。福島中佐歓迎哥の稿に附箋あり。即ち清書し井上通泰氏かたへ郵送す。中村へハ礼書出ス。〈頭書〉義象より郵書来る。三田よりも過日の礼書来る。隣家まで焼たれど幸ひにして免れたるむね也。
四日　曇。
西井多吉賛哥を絖へ清書す
五日　半晴。風寒し。午後晴。
午前九時頃よりおたつ同道、和田村興禅寺の山へ行、眺望す。○須藤南翠小説ミなし子をミる。○午後五時隣家樋口ホテル行、洋食す。夜隣室平岡久左衛門〔西多摩郡青柳丁支店小伝馬丁一丁目〕・他室藤巻成三郎〔本丁一丁目田中通勤、本石丁一丁目住〕等と談話す。何れも呉服商なり。〈頭書〉駒込根岸へ来七日帰宅之旨郵書出ス。井上通泰より郵書。過日之歓迎哥落手、幷に来八日姫路病院へ赴任之報有。
六日　さく夜来雨。今朝止ミやゝ晴ニむかふ。風寒し。
身の上の記草案。
七日　暁、小雨ふる。夜明て晴。午後二時過驟雨軽雷。暫時止む。日光をミる。
午前七時発車。昨夜の雨にて道あしき二付、跡押し一人

ヅ、車に副ふ。天はれたれば、海上の眺望よろし。天城山・あふり山などに雪白くミゆ。吉浜の休もなく、車速なれば、十一時国分(府)津に着、相仙にて中食、午後一時十二分発の気車ニ乗り、三時五十分新橋にツく。銀二郎の迎車来り居たれば、五時前根岸へ帰る。

八日　晴。

午前源助宅へ行。養子桂之助ニ面会。弔詞を述ぶ。

九日　晴。　日曜

午後一時過学士会院行。重野・杉等演説あり。六時過帰宅。○夕青山堂より本月発行好古叢志、検閲の為送来る。

十日　曇、午後雨、夜ニ入。

十時大学へ出、枕草子・戸令を授く。正午駒込へ帰る。○学士会院より回り居る去月演説法律比較説稿本清書訂正。〈頭書〉黒田侯眼疾ニ付、授業断。／大学へ出がけ池のはた村田へ寄。

十一日　晴。

夕刻中村行。あたミ土産雁皮紙織持参。○新井保五郎来る。不納金之事談じ。○朝青山使来ル。好古雑志稿本校同済分返ス。追て拙稿ハ郵便にて出ス。○留主中義象、陸軍画工に托して予が写真ニより油絵額に写さしむ。今日掲ぐ。〈頭書〉上野の花真盛なり。／学士会院へ稿本送る。／本郷区役所印鑑証明書添、下谷区役所へ出ス。／林甕臣根岸へ入来、日本文典持参。

十二日　半晴、午後曇、夕刻より雨、夜ニ入。

午前十一時大学出、儀制令を授く。○午後二時国学院出、戸令〔了〕・田令を授く。神田川にて晩食。暮て仲丁鈴木行、二見〔村田〕松五郎弟呼、家賃取立之事談ず。駒込へ帰。〈頭書〉おたつ東京府へ出、恩給切符受取。／庚寅新志社発行森田文蔵訳水滸後伝巻一を需め一覧。／手島知徳〔五番丁〕へ絖染筆分送る。

十三日　晴、和。

朝根岸行、東京府切符請取。十時日本銀行行、恩給・学士会院手当共請取。茅場丁右馬へ寄、昼食。午後二時頃帰る。○岡田正之来ル。面会。○中邨氏眼疾ニ付、夕刻見舞ニ行。ソコヒ症之由。〈頭書〉今日よりおちか駒込宅へ来、泊。／朝下総清宮来る。面会。／午前中村入来。不逢。／姫路井上通泰へ写真贈る。／三作・おミつ、今井へ行。

十四日　晴。

横山すが子より尋書幷鶏卵一箱を贈らる。○古事類苑安

政已後新置官部検閲了。○夜新井保五郎来ル。金卅円・礼書・十四円証書持参。

十五日　半晴。

去十二日京都府男爵貴族院議員今園国映卒去之旨、子国貞より報じ来ルニより弔書出ス。○午後二時根岸へ行。

十六日　曇。午前八時頃より雨、午後止。猶曇。日曜
朝七時三十分斗おたつ同道、墨堤の花ミに行。吾妻橋をわたりはつれば、雨降出したり。されど強くはあらず。一重桜は大かた散かた也。白鬚社のこなた迄にて引かへし長命寺にて休。三囲社にまうで、あづま橋を渡りて観音の開帳にまうづ。雨天かつ午前なれば、あまり人群集せざりけり。十時頃帰宅。○午後二時前桜雲台行。鈴木重嶺翁八十賀筵なり〔兼題庭上松〕。披講ハ不参者の哥とも二百首も有ぬらんと覚ゆ。来客ハ松浦伯・井上子・前田子〔利鬯〕・本田子・諏訪忠元・三田・鈴木〔弘恭〕・井上〔頼国〕・ミさ子・哥子・定子をはじめ百人余も有つべし。黒川・小出も遅く来る。六時前帰宅。〈頭書〉上野の花も大かた散たり。

十七日　晴。

十時大学へ出、枕草子〔九〕・戸令を授く。駒込にて昼食。午後二時黒田邸行。所労にて休業なれば、三時過根岸へ帰る。〈頭書〉夕刻清水純直〔三河島人〕・藤沢碩一郎入来。来ル廿三日大日本明徳会開筵之旨ニ付、詠哥頼なり。

十八日　晴。

源氏物語講義第四回稿本成る。○鶴久子ヱンフルヱンザ病ニ付、見舞書送る〔氷砂糖贈〕。○小杉氏根岸へ入来、面会。古事類苑之事也。〈頭書〉本日午後五時関根只誠逝去之由。駒込ヘ赴音あり。

十九日　晴。

午前十一時大学ヘ出、衣服令を授く。駒込にて昼食。午後二時国学院へ出、田令・賦役令を授く。四時退出。本居行。不在に付、内室面会。日向人の郵送したる山陵考持参申置、五時過駒込へ帰る。〈頭書〉女子高等師範校へ源氏講義回ス。

廿日　半晴。

午後仲丁中島屋行。板木彫刻幷摺等頼。小網丁行、江沢同道、近辺八百五にて小酌。晩景駒込へ帰る。○夜中村行。〈頭書〉関根葬式、染井墓地にて執行。午後三時よしかた行。／諸方より頼れ短ざく類したゝめ。

廿一日　晴。
尾張国解文略説草案。法学協会雑志へ載すべき料なり。
廿二日　晴、和。
午後三時前中村同道にて植物園行。大学総長送迎会ニ付、諸科教員集会也。食卓にツき、先ヅ外山博士惣代として演説あり。夫より加藤・浜尾互に新旧交代の演説あり。其前庭上にて惣員を写真せり。五時過駒込へ帰る。花ハ散たれど青葉の陰こゝちよし。〈頭書〉明日三河島清水純直催之哥、根岸藤沢までもたせ遣ス。
廿三日　小雨。午後止む。曇。　日曜
朝出宅、南摩行、面会。兼て嘱ミ七十賀詠を送る。夫より十時過星岡茶寮行。好古会也。社長楫取・諏訪・本多・井上・大槻・三田・岸田・師岡・三輪・加藤〔半蔵〕・阪・吉岡〔徳明〕・幹事鈴木・宮崎・編輯前田其他四十人斗来会。小杉氏好古の演説あり。予、文明板聚分韻略・古写注千字文・旧注蒙求外二三種持参、展覧に備ふ。午後社長・評議員を集めて編輯之評議あり。午後二時過退散、三時上野博物館行。雅楽協会大演習にて新曲の武舞（木村氏作哥）・久米舞唱哥等を聞く。久々ニて江藤正澄ニ逢へり。五時頃済、根岸へ帰る。
廿四日　半晴。
十時大学へ出、枕草子・戸令〔了〕を授く。駒込にて昼食。根岸へ帰る。○夜十一時頃より風雨、雹を交ゆ。雷鳴せり。三時頃止む。
廿五日　朝日さし出たりとミしが、やがて雲起る。東南の風つよく七時頃大雷。雹ふる。八時過ぎ止ミ、其後も時々夕立かゝり、雷鳴し、終日に及ぶ。風はます〳〵はげし。○風雨にて戸をさしこめこゝちさへあしければ、何事をもせず。雹の気味にや、さむし。〈頭書〉上野韵松亭にて礼儀会之処断。／江沢来る。談合あり。
廿六日　晴。
十一時大学出、衣服・営繕二令を授く。駒込にて昼食。午後二時国学院出、賦役令了り学令を授く。夕刻根ぎしへ帰る。○夜大川通久来る。活板之事業を始るニ付、根岸之家売却之談あり。〈頭書〉おたつ大学行、手当金切符請取。法学協会へ原稿遣ス。
廿七日　晴。
疝之気味にて事業に慵し。されどつとめて古事類苑鎌倉職員条を検閲す。〈頭書〉おたつ日本銀行行、金子請取。／清水・藤沢過日之礼に来ル。

廿八日　晴。

古事類苑見了。○福島中佐を賛する哥再案・清書、新すわ丁篠田利英まで送る。○午後駒込へ帰る。

廿九日
古事類苑文学部学問所学習院条閲覧。○夜中村行。広島国学院開院式祝詞持参。

三十日　日曜
古事類苑見了。○午後三時より池端長酡亭行。この文集会也〔弦巻催〕。久米・前田・萩の・依田・落合・義象等来会。八時頃駒込へ帰る。〈頭書〉諏訪忠元入来。

五月一日
十時大学へ出、枕草子・田令を授く。○三谷義一入来。男太郎同道。○午後根ぎし行。〈頭書〉黒田休業。／根岸雇女お八重昨日下ル。

二日　半晴。午後曇、夕刻より雨、夜ニ入。

午前九時過江刺来ル。二階にて共ニ哥よまんとするに、隣家の大工、家作請負にてさわがしきニより、昼食後、同道上野東照宮傍ミはらし茶店行。こゝにて下沢保躬頼母祝・門人追悼・仙石政固頼寄松祝・木山清名頼芳園哥・落合直澄追悼寄書懐旧春夢・外ニ橘道守月並谷花・越中人頼春祝利休翁の哥等賛哥共十六首ほど詠じ、四時過分れて根岸へ帰る。〈頭書〉林甕臣入来。

三日　雨。冷気。正午五十五度。

十一時大学へ出、公式令を授く。午後二時国学院へ出、学令〔了〕・撰《(選)》叙令を授く。四時卅分駒込へ帰る。○江沢来ル。源助家事の談あり。

四日　晴。

獄令講義をかきはじむ。○林甕臣来る〔来ル六日会之事〕。○師岡正胤来る。当節伊予松山に在る由。

五日　晴。南風つよし。

講義を草す。

六日　晴、和。

講義を草す。○夕刻大道社員川合次郎来ル。○夜中村行。足痛少しハ快方之由。哥稿講義稿持参。〈頭書〉夕刻義象香取へ出立。落合と共に招請せられたるによる。／おミち来ル。少々眼病之由。／夕刻松本愛重来ル。本貸し。

七日　晴。南風つよし。　日曜
午後一時向両国二州楼行。南摩綱紀翁七十一賀筵也。西村〔茂樹〕・細川・重野・宮本〔小一〕・三島・島田・長〔荄〕・向山・本居・木村・久保田〔鼎〕・横井〔忠直〕・

岩谷・信夫其他知る人来会多し（凡百二三十名程といへり）。囃子三番・狂言三番を坐興とす。五時頃根岸へ帰る。〈頭書〉駒込雇女およし蕨宿へ下ル。

八日　快晴。暖気。正午七十度ニ至ル。

十時大学出、枕草子及賦役令を授く。午後二時黒田行、眼疾ニ付、一時間用明・崇峻紀を講ず。四時頃根岸へ帰ル。〈頭書〉大学より昼駒込への帰るさ関根行。一昨日配り物之談也。

九日　晴、午後曇。

朝八時四十分頃より、三作同道、本所北弐葉丁元水木邸行。牡丹已ニ散て門を鎖せり。依て四ツ目植文行。満園の牡丹いまだうるはし。歩を転じて亀井戸社内の藤をミる。もはや衰へたり。当節宝物蹤覧中なれど前年ミたればミず。小梅東花園ニ入る。薔薇いまだ咲かず。小沢圭二郎氏ニ逢ふ。岡田にて中食。花やしきにて薄蒲のバラ一鉢求。午後四時前根岸へ帰る。

十日　淡曇。

十一時大学へ出、公式令を授く。駒込にて中食。午後二時国学院へ出、選叙・継嗣・考課の三令を授く。神田川にて晩食。駒込へ帰る。〈頭書〉朝源助宅行。桂之助・おまちニ逢ひ家事を談ず。／朝よしかた帰る。小御門へ廻候由。

十一日　快晴。南風つよし。

獄令講義を草す〔僅二三葉〕。○仙石政固子爵頼多田安子還暦賀寄松祝哥郵送。〈頭書〉落合来ル。追悼。

十二日　淡曇。正午七十二度。

精神雑志之内、浄はりといふ欄へ出すべき文、記者の頼により聖徳太子論を草す。〈頭書〉朝渋山（空欄）来ル。写字頼。

十三日　曇。正午七十五度。夜雨。

朝中村行、面会。足痛少し快方ニ付、一昨日より出勤之由。昨日起草の論文相談。○午後一時卅分斯文学会行。類焼再立にて始ての会也。副会長谷氏・文学重野博士開会の演説、高島易談の説あり。四時前訖て懇親会を催せり。谷・重野・南摩・三嶋・高島・井上〔哲二〕・島田・岡本〔監輔〕・蒲生・横井其他三十人斗出席。駒込へ帰る。〈頭書〉午後五時頃かぶき坐隣弁当屋より出火、二軒ほど焼。興行中にて坐中殊ニ狼背（ママ）のよし。／島田氏より釈奠画巻返る。菓子賜。／佐原清宮氏よりマス魚を贈らる。

十四日　快晴。日曜
午後一時卅分学士会院行。加藤・杉演説。木村・黒川・島田・津田・西村・伊藤・重野・岡松等来会。夕六時頃退会、根岸へ帰る。○落合直澄碑文再訂、中村へ廻ス。○おたつ駒込へ行、泊。○〔堀江宅〕二ノ江おため根岸・駒込へ来る。〈頭書〉おちか先日中より駒込ニ在ル処、今日木挽丁へ転じ。

十五日　快晴。正午七十五度。
大学不参。○正午過黒田行、一時間推古紀をよむ。帰路通り丁へ廻り三丁目にて帽子求。四時頃根岸へ帰る。○午前茨城県土浦在中泉村酒井為太郎入来。其父、一代に豪富ニ至り本年七十四ニ付、其事業の哥をとこふ。則したゝめ与ふ。午後帰宅の後、又談ニ入来〔くわし持〕。○おたつ根岸へ帰る。〈頭書〉夜三作牡丹園をミる記文点削。

十六日　暁風雨。後止ミ曇。猶南大風。多く戸を開かず。
横井忠直序文添削。郵送。○明日難波津会へ送るべき夏月の哥したゝめ。

十七日　晴。
十一時大学出、公式令を授く。午後二時国学院出、考課令を授く。三時過駒込へ帰る。

十八日　曇、冷気。
獄令講義を草す。○林甕臣入来。○柿沼来、稲垣之事問合せ。

十九日　曇。
獄令講義を草す。○夜中村入来。眼疾ニ付、職務之事談有之。○和田英松来る。古事類苑調印〔講義。資之事談じ〕。〈頭書〉青山弟古事類苑持参、調印。／安藤百太郎頼短ざく認め米野ニ渡。

廿日　曇。
尾張解文略説を草す。○午後三時過丸屋行。今日売出しニ付、男帯幷ニ単物地二反求。夕刻帰る。○林頼之文典序を草す。〈頭書〉○学芸雑志へ出スうらかた印刷校合、図書館へもたせ遣ス。／根岸隣家の家建ツ。

廿一日　曇或は雨。日
午前十時卅分歌舞伎坐招請行。一番目十二時ノ曾我〔近松作曾我会稽山の添削〕、中幕堀越勧進帳、二番目白子屋お熊、三幕也。午後九時ニ了り、根岸へ帰る。〈頭書〉石川県須藤へ祓禊沿革一冊郵送。京都水茎盤梓へ雑志料郵送。／○横井忠直、駒込へ入来。不逢。過日之謝儀として佩文斎耕織図一冊恵まる。

廿二日　雨、冷気。正午五十七度六。

十時大学出、枕草子・賦役令を授く。駒込にて中食。午後三時黒田行、一時間之授業にて五時頃根岸へ帰る。〈頭書〉大学寄宿舎佐々木清麻呂へ法学雑志稿もたせ遣ス。／△昨日朝鮮防穀事件要求之金額廿一万余円之内十万余円を減じ、十一万円を朝鮮政府より払入〔内六万円ハ三ケ月払。残金ハ五ケ年賦〕之事にて落着のよし電報あり。

廿三日　雨、午後止、曇。冷気。夕刻又ふる。

文典序修成問合せの為、林へ郵送。○諏訪短冊、増山帖へ哥した〻め。○三月末石川県金沢須藤求馬より来書。返書出ス。質問之答也。○江沢来ル。難波おまち両三日中、広島県へ帰候由。餞別金弐円遣ス。〈頭書〉横井へ礼書出ス。／三作、廿一日より他行、今朝帰る。／△郡司大尉、昨日青森県鮫港出艘後、難風に逢ひ一船流亡候由。

廿四日

十一時大学出、政事学生差支ニ付、休業す。〈廿五日条〉〔廿四日ナリ〕日本法律学校講義録へ加ふべき徳川職員の条起稿、十葉を送る。

廿五日　朝晴か〻りしが又曇、午後三時頃より雨。

○夕刻おたつ駒込へ来る。〈頭書〉午後佃島平岡行。去十九日好国〔父好貞歿ニ付悔也〔幣料一円〕。帰路雨降。四時頃駒込へ帰る。〈廿四日条〉○〔廿五日ナリ〕午後古事類苑官位部鎌倉地方官の条検閲。

廿六日　昨夜より雨。夜明て少風を交ゆ。終日やまず。夜に入ても猶ふれり。

午後八時三崎坐行。三作・お栄同道。義象も博物館より福池〔復一〕・黒川〔真道〕同道にて遅く来る。一番目恨葉桜、中幕布引の実盛、大切忠臣蔵七段がへしの浄りにて久米八大当りなり。夕六時前散場。〈頭書〉黒田及皇典講究所より使来る。何れも謝物持参也。

廿七日　陰晴定まらず。午後驟雨、雷鳴す。

林来る。序稿持参。○今井岩五郎入来。八木雕入来。近日仙台の悴秀太郎方へ引移候由。○夜中村入来。過日大学辞職之由。但し両三日前六級俸下賜也。中学校之方も本月限辞職せらる〻とぞ。眼疾快からざるを以也。且足痛もいまだ愈ず。〈頭書〉女子高等師範校へ源氏講義録校訂、加藤ニもたせ遣ス。／おたつ根岸へ帰る。

廿八日　朝晴、午後曇。日

午前八時前出宅、三田〔留主〕・吉田賢輔氏〔写真持〕・横須賀〔短冊二持〕・松浦伯〔平戸へ行かれ不逢〕等訪、光明寺墓参、十時前根ぎしニ至る。○桂之助・おまち今日根岸引払、一旦本所桂之助姉の家ニ至、両三日中おまち広島県へ帰る。桂之助送候由。○おさだ来る。○午後二時鷗遊館行。大八洲学会惣会也。幹事本居・木村・久米・飯田・小杉。来客ハ水野〔忠敬〕・渡辺〔重石丸〕・黒川・藤井〔稜威〕・足立・平尾〔八束〕・落合〔直亮〕・野口〔之布〕・井上〔頼国〕其他四五十名来会。小杉、開会已来の事跡を述ぶ。本居雑志ノ事、木村ハ総論めきたる演説あり。訖て少女手踊三番あり。最後なるハ鷗踊とて此館につぎたる踊也。午後六時前根ぎしへ帰る。

〈頭書〉正見慎一、根岸へ入来。不逢。茶賜、国文読本稿持参。

廿九日　小雨、冷気。

十時大学出、枕草子〔十一〕・賦役令〔了〕・学令〔始〕を授く。午後二時黒田行、舒明・皇極紀をよむ。五時頃根ぎしへ帰ル。帰路吉川へ寄、書籍をミる。田村充幸ニ逢ふ。○夜吉川より持参、海上氏歌学歌範評論・大八洲学会正邪論をミる。〈頭書〉吉川より大阪石田著普通文作法十部廻送。

三十日　雨。

序文清書〔義象〕、林へ郵送。○美作栗井村神田東一へ二子山哥郵送。○弘前市下沢保躬へ祝哥・追悼哥、義象・江刺分共短冊七葉小包郵便にて出ス。〈頭書〉△郡司大尉、青森県にて自殺の報あり。其後報に自殺にはあらず、怪我の由、伝へ来る。○石田道三郎へ郵書。書籍届候旨也。

三十一日　晴。午後曇、四時頃少雨、雷鳴。

十一時大学出、公式令を授く〔了〕。正午駒込へ帰る。○午後二時国学院行、考課令・祿令を授く。五時頃駒込へ帰る。○昨日吉川より送来古代法釈義〔有賀〕・吹塵録・櫨園文集一過。

六月一日　晴。

古事類苑文学部・釈奠之部検閲。

二日　晴、午後雨。

きのふに同じ。〈頭書〉博文館より徳川十五代史・狂言評注、吉川より日本紀標注取寄。依田・林両家へ普通文作法を贈る。

三日
獄令講義を二三葉草す。○夕刻根岸行。神田川へ寄、晩食。〈頭書〉午前青山来る。古事類苑之事談じ。○高津鍬三郎来る。染筆頼也。○午後正見慎一入来。国文読本稿本を示す。／依田より礼書来る。林同断。

四日　日
岡山県木山清名頼芳園哥はし書等素絹へしたゝめ、短冊弐葉を附し、通運へ出ス。○枕草子下見。○足立熱海紀行一過、附箋奥書する。〈頭書〉弘前市下沢保躬より礼書来る。／高津より翻釈書来る。

五日
十時大学へ出、枕草子〔十一〕を講ず。本日ハ国文一年生と令は試業前ニ付休。正午駒込へ帰る。○夜中村行、足立稿渡し。〈頭書〉足利丁川田為則より礼書来る。

六日　曇。

令講義を草す。兼約ニより和田英松来、取調を資く。終日にて十葉余出来。○おミち来る。貸金渡。〈頭書〉石川県須藤求馬より礼書来る。

七日　半晴。

本郷区役所へ所持金高届改正書を差出之処、直税所へ出すべき旨にて帰る。○午後二時国学院へ出、宮衛令・軍防令を講ず。四時廿分帰る。〈頭書〉大学断。

八日　晴。

午前十二時前出宅、午後一時赤阪氷川丁勝伯邸行〔行がけ本郷区役所へ出、区長鴨地ニ面会。〕、面会、対話。三時前ニ至り辞し帰る〔夜勝先生の恵まれたる外交余勢をミる。〕。○鈴木弘恭入来、枕草子岩崎書入本貸す。〈頭書〉関根忌明ニ付入来、碑文之事頼。

九日　半晴。

頭痛気ニ付事業休。○栖原嘉一郎来る。写本頼ミ。○青山清吉来る。白石先生画像渡。○午後折たく柴の記木板序を草す。

十日　昨夜より雨。

序文稿再案。○菊池大麓博士来る。中村へ贈物ニ添書案頼ミ。○午後四時隣家田原栄行、坪内雄蔵へ贈る普通文作法届方頼。〈頭書〉さく日内藤へ貸たる米人書翻釈物帰る。○此節大工来り、書斎床の間板取附。／午後四時過神田川行。日用文鑑改板之事ニ付、福田・青山両人より招請也。中村も入来。青山より小説著書目録新刻本を送らる。七時過根ぎし行。／○夕刻辻新二君教員会演説頼之義ニ付、駒込へ入来之処逢はず。

十一日　細雨或ひハ止。　日曜

午後二時学士会院へ出、木村・島田之講演あり。晩食了、六時過根ぎしへ帰る。○午前光明寺三郎入来。かはづ考の談あり。〈頭書〉和田英松駒込へ令講義書入済持参。不逢。○辻へ演説承諾之旨郵書出ス。

十二日　曇。

午前十時大学出、枕草子を授く。駒込行、中食。午後二時黒田行、皇極紀了、孝徳紀を授く。三時半ニ了る。帰路仲丁村田へ寄、根ぎしへ帰る。〈頭書〉大学にて外山面会、日本紀標注・古代法律買入之事頼。

十三日　朝雨。午後止む。曇。

午後二時浜丁相鉄行。久子哥会也。兼題庭撫子・当坐夏夢。蜂屋霊祭也。夕刻駒込へ帰る。○夜かた頭痛せり。〈頭書〉今日午前古事類苑を検閲せんとするに懶く、さし置けり。

十四日　淡曇。

午前十時一旦駒込へ帰り、直に永代橋日本銀行々、整理公債利子請取。吾妻軒にて洋食。万丁銀行へ廻り、中通にて煙草盆其他求、午後三時頃駒込ニ至る。○夜中村行、菊池頼の文相談。〈頭書〉今井より来書。昨日女子出産有之由。○備中木山よりいまだ素絹の書届かざる旨通じ来る。〈十五日条頭書〉○備中木山・広島難波等へ郵書〔十四日ナリ〕。

十五日　雨。

中村より国華返る。約束の新調朱重硯箱を嘉恵せらる。○菊池頼の中村へ送る文成る。同家へもたせ遣ス。○加部来る。哥甲乙評之頼あり。断。○木板折たく柴の記序よしかた清書成る。青山堂へもたせ遣ス。〈頭書〉今日も古事類苑を検せ（と脱カ）んするに少し頭痛気、かた〴〵果さず。／○鈴木重嶺翁より来書。勝伯哥ノ事也。

十六日　曇。

古事類苑足利政所の部検閲。○鈴木へ使遣し勝伯染筆の短ざく取寄せ。〈頭書〉河合より海上著書之事ニ付、端書根岸へ来。○一見松五郎西黒門丁家賃集三四月分持参。これ始て也。〈十七日条頭書〉さく夜頭痛するにより高山招、診を乞〔十六日ナリ〕。

十七日　曇。午後漸く晴口になる。

令講義三四枚を草す。○午後三時大学出、法文科大学教室の後、草原にて本年文科大学卒業生催之写真わざ有。

鈴木真一来てそのわざす。五時前了て根岸行。〈頭書〉おたつ高等女子師範校行。学士会院年金・四五月分切符、寒沢より受取。
十八日　朝曇、正午前より晴。　日曜
九時前出宅、独行にて堀切の菖蒲ミに行。木母寺の後、紡績会社の辺に至る頃天晴て暑気を催せり。花は真盛なり〔武蔵屋外一軒あり〕。途中矢掛に逢ふ。こゝより吾妻橋まで車を傭ひ、正午前岡田にて中食。御蔵前通遊行、三時頃根岸へ帰る。草臥たり。光妙寺稿いとまなミ〔随考也〕一過。〈十九日条〉おたつ春木坐行。義象催也。遊亀氏近々大阪へ出立之由〔十八日ナリ〕。
十九日　晴。
光妙寺三郎来る。面会。○正午駒込へ帰る。三時三作来ル。同道にて築地今井行。今日七夜なれバ名を美代子〔実母の名〕と考て送り、且産衣料〔五円〕・鰹節一箱、外ニ令嬢へ土産浴衣地一反持参。酒飯の饗あり。六時頃駒込へ帰る。三作は根岸行。〈頭書〉黒田断。
廿日　快晴。暑気始て単衣を用ゆ。
尾張国解文略説を草す。○和田来ル。官位部鎌倉地方部清書本へ検印。○おミち来ル。眼疾にて第二病院へ入院ニ付、手当金五円恵。権二郎・孝三郎ハ過日永住丁へ借写。古着商相始候由。
廿一日
午後一時国学院試業行。三時頃済、根ぎし行。
廿二日
午後五時中村同道、矢来丁治庖会行。夜ニ入駒込へ帰ル。〈頭書〉国学院試業書調。
廿三日
獄令講義取調。和田英松来る。
廿四日
きのふに同じ。夕刻根岸行。
廿五日　曇。折々小雨ふる。
午後二時頃、お栄・子供来る。同道にて天王寺墓地修繕をミる。日暮里諏訪の社及花見寺に遊び、藪そばにて晩食。今日ハ五条天神祭に付、お栄・お光ハこゝにて分れ、仲丁鈴木へ行。予ハ五時頃駒込へ帰る。
廿六日
獄令講義取調。
廿七日
夕刻根ぎし行。〈頭書〉上野茶亭にて礼儀会之処不参。

廿八日
根ぎしにて来一日教育会にての演説案取調。

廿九日
午前駒込へ帰る。〇演説案落成。

三十日
午前九時俎板橋小川真一《（一真）》行。国文学科撰科三年生卒業ニ付、撮影をこふ。加藤・外山・重野・星野・村上・物集・久米其他来会。正午前駒込へ帰る。

此月雨天又曇りがちにて晴少し。

七月一日
根岸より午後一時前、神田一ツ橋通丁大日本教育会総会出席。二時頃辻会長登檀《（ママ）》、勅語奉読。次ニ本会并附属書籍館改築落成式、次に教育功績会章贈与式（十四五人有タリと覚ゆ）、次に栗田寛氏演説（日本ノ教育）、次に栗本鋤雲氏の演説有るべき処、不参ニ付予演説（国学ノ話）。訖て暫時休憩。福島中佐出席にて対面あり。井上文部大臣演説（祝詞のミならず教育方針の談あり）、菊池大麓氏演説（地震研究説）あり。訖て総裁有栖川宮熾仁親王殿下の令詞、会長の答詞あり。五時頃散会。根岸に帰る。

本日ハ大学次官・木下局長・三浦安・津田真道・杉浦重剛・市川兼恭・伊藤圭輔《（介）》（教員功章を受）其他無慮三百人余、新講室（楼上）に列坐せり。暑気強かりしと雖も、南風涼しく吹わたるを以凌ぎよかりき。

二日
根岸にて休息、終日新聞をミる。〈頭書〉雇女おふミ下ル。お政雇。

三日　快晴。暑気正午八十七度六。南風あり。

大学政治科三年生・国文三年・同二年・同一年・漢文二年・同二年《（ママ）》・国史二年・同一年生等試験論文取調（凡（空欄））・晩景駒込へ帰る。先刻内閣書記官より、法典調査会査定委員被仰付旨、辞令書并明日総会に附すべき民法々案一袋添、送付し有たるをミる。〈頭書〉夜中村行。

一昨日菊池より帰る。中村へ贈書案相談。

四日　晴。夜十時頃驟雨。雷鳴。

試業論文調。〇午後四時霞関枢密院官舎法案総会出席。五時頃より議席に於て議長伊藤惣理大臣及主査委員（穂積・富井・梅）・査定委員（凡五十名）等改正民法標目を議す（凡（空欄））。夜九時頃弁当を食し、又はじむ。今夜議し訖らんがため也。十時過に散会す。

今日予と共に任命せられたるハ細川・金子・三浦（空

欄）等也。いと暑きに入口の戸をさしたれバ、頗る困じたり。夜十一時頃駒込へ帰る。

五日　朝小雨、後曇。

試業論文調了、午後大学よりの使ニ渡ス。夕刻根岸行。按摩のため也。〈頭書〉○栃木県田口（空欄）来ル。亡姉斌子遺稿持参、題詠をこふ。

六日

午前九時大学出。文科教義会也。特待生幷撰科生辞令書之事など議す。又卒業証書に調印す。午後駒込へ帰る。○夜中村行。景樹冬水鳥の懐紙、表装直りたれば持参して贈物とす。いたく喜ばる。〈頭書〉大日本教育会長より去一日来会・演説の謝状来る。／本日午後小石川植物園にて哲学館教員生徒一同の撮影あり。行かず。／○夕刻関根来る。碑文少々添削。

七日

菊池に代りて中村へ贈る文〔大日本史百五十巻ニ添〕清書、菊池へもたせ遣ス。午後一時国学院出。卒業式也。先ヅ玄関前にて副惣裁（久我）・院長（高崎）をはじめ教員生徒一同之写影あり。二時前講堂楼上にて両陛下御写真を拝す。夫より楼を下り庁の坐にて院長卒業証書を授く〔優等の者にハ賜書籍あり〕。訖て院長始て卒業式を行ふ由を述らる。次に川田博士、学問の次序といへる如き演説あり。次に庁の正面の簾を巻き揚げ、雅楽協会の楽人連坐、其前の広場にて舞あり。唱哥弐番・舞楽弐番にて訖る。来賓は辻・三浦・楫取・高島其他数人あり。井上文部大臣・細川女学校長の演説書は講師両人代て朗読す。楼上にて酒・すし（空欄）等の饗あり。四時過駒込へ帰る。〈頭書〉根ぎしへ丸山隠居来ル。過日短ざく取集、送りたる礼也〔木綿縮反物賜〕。／貴族院より議事録一冊事務局報告一冊送付。／文部省より過般大祭日唱哥製作の謝帖来る。

八日

○一時法学協会惣会、植物園ニ有。不参。○九時高等中学卒業式に招かる。不行。朝下痢す。○本日両国亀清に於て国学院卒業生祝宴あり。所労にて断。○本日上野音楽校惣会に招かる。不出。○夕刻根ぎし行。腸かたるにて悪寒の気味あり。

九日　晴、暑。日

午後例により学士会院講演、幷ニ四時より富士見軒に於て文科大学教員懇親会あり。然るにさく夜蕎麦食後、吐気ありて後こゝち常ならざれば行かず。終日都新聞の探偵小説清水定吉を弄読。○大田内室入来〔木綿ちゞみ反物・鶏卵賜〕。○根岸畳替する。〈頭書〉水野肺病ニ付、青山へ紹介書持、今日清道同道にて行かる。○池辺遊亀来ル。明後十一日大阪へ発進之由也〔餞別一円送る〕。

十日　晴。暑。

大矢正修頼色紙・短冊、諏訪頼たんざく、清賞会短冊などしたゝめ。○屋代翁道の幸ミる。〈頭書〉おミつ今井行。ミルク并器械持参。○本日午前九時大学卒業証書授与式あり。不参。

十一日　晴。暑。正午八十九度六。

昨夜より今朝へかけ三回斗下痢す。依て新聞を閲する外、他なし。三作すゝめで調胃の丸薬を服す。午後より下痢せず。夕つかた涼しくなりて駒込へ帰る。〈頭書〉小石川植物園にて午後五時より学士会惣会あり。不参。／宮川斟五郎来る。／黒田侯より駒込まで鰹節一箱を賜はる。朝鮮史を贈りたる返礼也。

十二日　快晴。暑。正午八十八度二。

水滸後伝巻四配達、一過。○井上円了来る。来十五日卒業式ニ付、演説をとこふ。○皇室野史・歴史評林などミる。○今日長酡亭にて午後四時より井上・宮崎・三上・高津・芳賀等を会し小集之旨、兼て申入之処病後により延会端書、夫々出ス。〈頭書〉鈴木より新刻春曙抄下を賜ふ。これにて完結す。／大学教義会之処不出〔後ニ高津より決議之事承〕。／法科大学卒業生小石川後楽園にて謝恩会、午前七時催之処不参。／おたつ本郷区役所より東京府直税所行。恩給渡也。／鹿沼原近知より郵書。お石石碑落成之事也。

十三日　晴。正午八十五度一。東南風あり。

午前八時過、皇典講究所行、杜氏通典・文献通考・刑考一覧。正午前帰る。〈頭書〉島田重礼氏より修善寺温泉之事ニ付来書。即日返書出ス。

十四日

正午過、文章草稿取調。○鹿沼原へ建碑金三円を為替郵便にて送る。○午後四時過より七軒丁宮川行。新宅出来に付招也。江刺も来り釜かける。〈頭書〉大阪堂島池辺遊亀より郵書到来。○大日本教育会より過日演説速記校正のため廻る。／宮川へ遠州藤枝（空欄）の唐紙半折の詩、表装一軸并交趾てがヒの香合を贈る。○河合来ル。過日より石沢へ講釈ニ行候旨也。

十五日　快晴。南風あり。

朝八時過哲学館行。卒業式也。館主井上氏卒業証書を渡し、了て演説あり。学業創立ニ付（国学・漢学・仏学三科取立）、四十余国を経歴したる事跡を述ぶ。訖て予、祝詞がてら国体を明らめ、学業を我が国風に応用すべき一節を述ぶ（宗教と医道との二道を引用す）。ラムネ・サンドウイチの饗あり。正午前帰る〔哲学館にて久々にて根津井上氏ニ逢。廿年斗昔之相識也〕。○夕四時過、義象同道、神田川行。萩野と和田とをこゝに招き、令講義の談あり。夕六時過、根ぎしへ帰る。〈頭書〉川開き。両国群集。近き酒楼ハ大かた華族其他の附込ありて賑はふ。／○根ぎしへ平岡好文来る。中元贈物持参。○原より来書。贈金相届候旨也。／○文部大臣より、先般教員学力試験委員担当之謝状来る。

十六日　日曜
けふハ殊更の暑さなれバ、午睡の外何事をもようせず。

夕五時前より光明寺墓参。○大槻修二来る。榊原建碑勧進之談あり。金三円寄附。〈頭書〉諏訪忠元君より鉢植朝顔二を賜ふ。次で短冊弐把を恵る。／○菊地博士より過日作文并清書の礼としてビスケツト大箱三を恵る。

十七日　晴。正午八十七度三。東南風あり。夕刻遠雷冷気催す。

けふも何事をもなさず。仮名世説又新聞をミて日をくらす。〈頭書〉山梨県尾谷ミつ子へ来廿九日法会之事郵書。

十八日
午前九時過駒込へ帰る。○去廿一年以来の日記取調綴さする。○おミち来る。○夕刻関根来る。日光行之事談じ。〈頭書〉本所松井丁森松へ郵書、桂之助へ贈る。書状封入。

十九日　晴、午後曇。遠雷あり。

午前八時過和田来、令講義取調。午後四時頃帰る。○大日本教員会演説案校正了る〔廿日もたせ遣し〕。○大貫来る。皇典所講演之事也。○木下普通学務局長入来ニ付面会。〈頭書〉表門取置分売れる。／製本師来る。製本渡。／貴族院より第四回議事速記録送り来。菊地へ返書出ス。過日之礼也。

廿日　曇。夕刻より雨、夜に入て暫く大雨、雷鳴。程なく小降となりて翌日暁まで降れり。

補訂日用文鑑校閲。○夜義象作平安史一閲。〈頭書〉堀越秀より暑中見舞団扇一対来ル。仲丁鈴木へ進物とす。

／大野定子去十八日歿の赴音あり。

廿一日　午前曇、午後晴。

午前八時頃根ぎし行。午後按摩のため也。読売・都二新聞を弄読。〈頭書〉鹿沼原より来書。／三作・おミつ、三崎坐見物。久米八牡丹灯籠油坊主深草少将等を演ず。／堀越より来廿三日招請書根ぎしへ来ル。尾谷おミつより返書来ル。出京致兼候由。

廿二日　快晴、午後少曇。暑気薄らぎたり。

朝五時過入谷行、朝顔見物。もはや人群集したり。丸新にて弐鉢と桔梗一鉢を購ふ。○八時駒込へ帰る。日用文鑑・平安史閲了。○昨夜より又々頭痛す。○雑志類整頓。〈頭書〉水野へ見舞ニ行、面会。／定子葬式ニ付、米野浅草寿松院へ遣ス。／夜中村行。日用文鑑上巻持参。／西川須賀雄駒込へ来る。不逢。

廿三日　晴。土用ニ入。日曜
堀越招請ニ付、午前十時三州やより哥舞伎坐見物。円朝ノ話安中草三郎ハ菊五郎の出し物。中幕つゞれの錦ハ団洲のミせ場。又水滸伝瓦鑵寺雪降一幕、九紋竜団十郎・花和尚左団次にて立廻りあり。夜九時頃根ぎしへ帰る。

〈頭書〉茅場丁お定、月始より血の道にて近日よほど差重りたりと嘉十郎より郵書に付、おミつ見舞ニ行。／奥平清規来ル。不逢。駒込へ。／清道今日より七軒丁泊込、此家去月の末明家《ママ》となりしによる。

廿四日　晴。

根ぎしにて終日休息。○早朝おたつ・おミつ茅場丁へ行、お定を七軒丁ニ移す。〈頭書〉今井より郵書。小児乳の事也。／村岡駒込へ来ル。不逢。／夜岡のや行。法事。そばまんぢう誂へ。

廿五日　晴。正午九十一度二。夜ニ入ても暑し。

午前九時水野・大田へ法事。菓子折贈て後、七軒丁行、宮川へも法事菓子遣、お定遣見舞。涼しき家へ来りたる故にや、少し快方也。十時過駒込へ帰る。○午後反古かた付。○夕丸山へ菓子もたせ遣ス。○夜中村入来。日用文鑑下御持参。〈頭書〉竹中信以来ル。面会。／今井へ返書出ス。／本所区森松へ郵書出ス。桂之助事也。然ルニ根ぎしへ桂之助廿三日発書状来る。

廿六日　東北風朝ひやゝかなり。七時頃より雨ふる。暫時止、曇。寒暖計正午七十二度に下る。

古事類苑官位部を検閲す。○夜庭訓往来諺解をミる。○神宮少宮司藤岡好古、義象方へ来る。面会。〈頭書〉おさだ、今日より多田にかゝる。胃病見立之由。

廿七日　晴たれど、至て冷気也。

鹿沼原へ郵書、呉港小中村へ返書出ス。〇日用文鑑校閲。〈頭書〉飯田永夫来、氷餅賜。／皇典所へ古事類苑幷借用書、通典・文献通考もたせ遣ス。／鶴久子根ぎしへ入来〔暑中〕。／駒込雇女おりよ来ル。

廿八日　朝曇、後晴。

午前八時過出宅、仲丁にて買物、松浦邸暑中見舞行〔不逢〕。光明寺へ寄、明日之事談じ。新堀滝沢屋行、明日膳部あつらへ、十一時頃根岸ニ至。読売・都両新聞をミる。〈頭書〉過日披蒙し得たる、去十三年春お晉、明宮御殿へ御乳ニ上りたる書類、お晉へ渡。／今井より出産祝赤飯・鶏卵賜、且手紙ニて小児引移断之事あり。／仙台八木より昨日出之郵書届。／駒込雇女お幸、七軒丁へ転雇。

廿九日　朝曇、後晴。

母廿三回〔八月六日〕・謹吾七回〔十二月廿九日〕法事ニ付、午前九時光明寺行。丸山後家入来〔大田・水野ハ断〕。家族ハおたつ・義象・三作・清道・お道・お晉・清名・清象・宮川等参詣。十時過より法事をはじむ。十一時過了。精進料理出ス。やゝ晴て暑く成たり。午後二時墓参。退散根ぎしへ帰る。大和一招、按摩。〈頭書〉八木出妻根ぎしへ来、金用意申込。断。お幸根岸へ移、根ぎしおかね婆ニ代る。西京榊原より昨日発之郵書来ル。

三十日
根ぎしにて休息。〇日用文鑑校閲。〈頭書〉伊達霊堅駒込へ来ル。不逢。

三十一日
午前九時過駒込へ帰る。午後おたつも来る。〇夕中村行。日用文鑑持参。〈頭書〉阿部真貞歿之赴音来る。／川俣より製本出来、到来。／西京榊原へ郵書、返事出ス。


明治廿六年六月廿九日法事費。母廿三回忌。謹吾七回忌。
一　金弐円〇　六銭　　岡野屋払
　但八十弐銭四十一銭ヅ、　蕎麦饅頭弐折　一ツ弐銭ヅ、十五詰十一銭折代
　　壱円十四銭五十七銭ヅ、　同断上等　一ツ弐銭ヅ、廿詰十七銭折代
　　十銭　内食五ツ
一　金弐円　　回向料
一　金三十銭　　霊膳料
一　金五円七十八銭五厘　浅草老松丁寿松院門前　滝沢屋庄次郎払

内四円八十五銭　本膳十四人前　口取甘煮吸物茶わん添。○三十五銭ヅヽ。米共。
　八十五銭　次　五人前茶わん付○十七銭ヅヽ、同
　八銭五厘　折五　壱銭七厘ヅヽ
一　金六十銭　　酒弐升
一　金七十弐銭　引物唐縮面ふろ敷六十二銭ヅヽ
一　金七十五銭　同　空也くわし折　四ツ　廿銭三ツ　十五銭一ツ
一　金弐十銭　　住職へ引物代
一　金四十銭　　滝沢屋料理人弐人へ遣
　　　　　　　　廿銭ヅヽ
　合計金拾弐円八十壱銭五厘
　内　金六円三十銭　諸方より備（ママ）物香奠引
○壱円　丸山　○壱円　大田　○壱円　大田ふく　○弐円　義象
○壱円　水野　○三十銭　江沢
差引金六円五十壱銭壱銭五厘

八月一日　晴。遠雷聞ゆ。正午八十七度。南風あり。
朝八時義象・お栄・清名・清象等、新橋三番気車ニて発足、箱根塔沢行（十二時前着之筈）。○古事類苑藩学之部検閲。昼のほどハ文稿取調。〈頭書〉伊達霊堅へ郵書。佐藤誠実紹介、西京畠山爽より昨日出之端書来ル。

二日　晴。遠雷聞ゆ。正午八十八度。
古事類苑検閲来る。○午後五時頃和田来ル。令講義書入本持参。○国学院卒業生稲村甲子次郎来ル。過日之写真持参。〈頭書〉よしかたより昨日出之端書届く。玉の湯込合（ママ）ニ付、今日宮の下へ昇り、やがて逗子へおもむく由。
／駒込雇女お政下ル。

三日　朝冷気。午後雨ふる。夜に入又ふる。
黒田侯、日本紀聞書訂正。○午後四時過、落合入来。文部大臣の命にて国語講習科之談あり。就ては義象方へ電信可出由也。○夜、中村日用文鑑参考御持参。〈頭書〉栃木県足利杉木孝十郎来ル。短冊染筆をこふ。／安部真貞葬式ニ付、米野青山葬地へ遣ス。午後二時より佐伯入来〔くわし賜〕。〈二日条頭書〉〔三日ナリ〕阿部真貞葬式青山葬地へ米野遣ス。

四日　曇。或ハ細雨ふる。後晴。正午八十四度。
朝七時卅分、小石川木下専門学務局長宅へ行、種々国語之事談じ、帰路栗田を訪ふ。不在也。夫より牛込穂積を訪ふ。不在。川田行、面会。普通文作法を贈る。十時卅分頃駒込へ帰る。夫よりハ水滸後伝・狂言評注などミる。いとあつし。夕六時過、永田丁文部大臣官宅行、面会。

高津も来る。同道にて夜九時過帰る。〈頭書〉栃木県杉木孝十郎来。短冊染筆をこふ。

五日　朝曇、後晴。正午八十八度五。南風つよし。

九時頃より根津神泉亭行。明日演説案を草せんため也。

夕六時駒込へ帰る。〈頭書〉中村、沼津へ出立。帰路あたミへ廻ル由。

六日　朝より晴。　日曜

朝七時第一高等中学へ出。同卅分斗文部大臣入来。是より先、高津・畠山来会。八時頃より大臣演説あり。終て小生演説す。府県中学校・師範学校等国語科教員五十人、七月廿六日より本月十二三日まで高津・畠山の両人講師にて日々国語の講習あり。本日ハ大臣出席にて同科教員の方法且作文の見込等演説あり。予が述る所も同じ方針にて兼ての持論也。訖て大臣教場へ坐を移され、両人の教授を臨質あり。予ハ高津の業訖て先へ帰る。時に十一時也。○夕五時過出宅、黒川行。庭訓往来抄物三種借受、且宝石類書・字鏡集等を持参してかの蔵本と比校せり。黒川にハ字鏡集四五種あれど、皆端本にて末まで全部のものなし。其内一種三冊ハ全く予が蔵書に欠本ありて写し足したる其本書なる事明らかなるハ（春村の奥書有）奇遇といふべし。六時過根ぎしへ帰る。〈頭書〉雇女お秀、鈴木妻同道にて来る。西多摩郡須崎弥三郎来。頼事有。

七日　晴。正午八十八度三。南東風あり。

読売・都の両新聞をミ、又按摩す。夕五時より七軒丁行、お定・清道にあふ。お定ハ大に快方也。六時過駒込へ帰る。○同時ニよしかた・お栄・子供等酒匂川より帰る。○夜、薬研堀菊池とく女来る。哥添削頼の旨也。よしかた面会。河合へ紹介す。〈頭書〉須崎頼の倭姫命のさねさし云々の御哥を鳫皮紙ニ草書にてしたゝむ。同命の社の傍に石刻して建ると也。午後同人の来るに渡す。／松野勇雄昨日死去の赴音あり。

八日　晴。

朝七時頃牛込松野へ弔ニ行。同人兄及桑原ニ面会。九時前帰る。暑きにより休息。頼まれの短ざくなどしたゝめ。○夕刻おたつ、根岸へ帰る〔七軒丁寄〕。〈頭書〉青山堂へより折たく柴の記刊本出来ヲミる。

九日　晴、苦熱。正午八十九度九。

朝七時高等中学校へ出、国文沿革演説。凡二時間近し。帰て去六日、演説案改正。午後三時過、文部省へ廻ス。

○明日演説之標目取調。○夜、三上・高津の日本文学史をミる。〈頭書〉朝七時、松野葬式染井葬地にて執行之処、中学へ出頭ニ付、よしかた行。／黒川真道来ル。井底雑記貸ス。

十日　晴。暑。正午九十度一。
朝七時高等中学へ出、国語起原沿革演説〔凡一時間余〕。○午前三浦純雄来。面会。午後杉浦鋼太郎来ル。○午後多年の文案取調。〈頭書〉旧古典科生小田秀太郎来、高山月照の短冊掛物・宣長・篤胤・景樹等之掛物持参。薩州人売物之由。／去六日文部大臣之演説、官報ニ出。／石川県須藤求馬より去八日発、暑中尋之状来る。○奈良県弐下郡西八田村三薩顕道より来書。序文頼也。△大学令改正之件、大学官制、大学教官俸給令、以上三件之勅令発布。

十一日　晴。正午八十九度八。
国語講習会事務掛より演説案之事ニ付来書。○午後二時春木坐行。一番目河内十人斬、弐番目右団次法界坊にて水芸あり。此狂言後大阪へ帰る由。暑気殊ニ甚しけれど大入也。松駒連見物なれば熊阪内室又三作の代りおミつ来る。夜十時過根ぎしへ帰る。

十二日　曇。正午八十八度。
さく日見物にて少々疲労したれバ、根ぎしにて休息。読売・都両新聞、且按摩等にて消光。〈頭書〉国語伝習所より暑中菓子到来。○お栄、太田行ニ付根岸へ寄。○文部省より祝日、大祭日唱哥官報一枚送致〔普通学務局長ヨリ〕。○三薩顕道へ返書出ス。

十三日　晴。当節朝ハいつも曇たり。正午八十九度。日曜
亀山玄明来。面会。○夕五時根岸出宅、七軒丁へ寄。兼約ニ付嘉十郎来、会。家事談ズ。帰路高津へ寄、講習会之事談ず。夜ニ入駒込へ帰る。〈頭書〉長酡亭にて此文の文会あり。不出。

十四日　晴。午前九時頃小雨ふる。暫時止む。正午七十七度の冷気。
さ丶又お道来ル。面会。家事之談あり。明十五日権次郎神戸へ出立之由。○黒田侯爵教授聞書添削。〈頭書〉国語伝習所林・大貫等書状出ス。

十五日　曇。正午八十五度。
皇典講究所講演中古已来世職世業草案〔十六日成る〕。

十六日　雨或は止。正午七十六度。

午後清名同道、根岸行。
十七日　陰晴不定。朝より風つよし。正午八十一度五。
暁五時過お辰・三作・お光・清名同道にて発足、新事停《（ママ）》車場行。一番気車間ニ合はず、七時発ニ乗る。九時十分横須賀着。三富屋といふ旅店にて中食。判任官以上紹介状を持参せざれば製船所をミず、たゞ市中を遊歩す。午後一時三十分の気車ニ乗り、同五十二分鎌倉ニ着。是より人力車四台を雇ひ〔一台卅銭ヅヽ〕、四時前金沢着。是斗らず島田博士に逢ふ〔千代本内〕。東屋へ一泊、九覧亭行。眺望兼ては小舟を泛べて遊ばんと思ひしが、風あれば止ミたり。〈頭書〉九覧亭の僧は前年内川を半ほど埋めて田を墾たり。故ニ能見堂の方、眺望わろ成たり云々。能見堂称名寺へも遊ぶツもりなりしが果さず。
十八日　淡曇或小雨。午後風雨。正午八十四度。
六時過金沢出立、八時廿五分鎌倉発の気車ニ辛くして間ニ合たり。九時十分斗横浜着。弁天通鹿嶋屋といふ旅店にて中食。午後一時五十分之気車にて発す。雨降出し風も交れり。二時十分川崎着。暫時茶屋にて休、人力車を雇ひ大師堂道へ行。二三丁行たらんと覚しき頃、風雨大に起れり。幸ひに追風なりければ車中ニ入らず。参詣して茶店へ戻り三時廿一分の気車へ乗、三時五十分新橋着。雨やまず。三十間堀尾張やにて晩食。車を雇ひ夜七時前根岸へ帰り、風雨ますく〵あらし。十時頃より静になれり。〈頭書〉△本日諸方烈風にて其後岐阜県和哥山県出水あり。／黒田家扶、駒込へ来ル。当月限来講断也。
十九日　晴。正午八十四度九。
根岸にて休息。読売・都二新聞をミる。○横井時冬来ル。面会。守部川納涼哥短冊表具一軸を恵まる。
二十日　曇或ハ雨。正午七十五度の冷気。
清名と共に午前駒込へ帰る。〈頭書〉今井より小児美代子死去の赴音あり。三作より弔状出ス。〈十九日条頭書〉〔廿日ナリ〕若松釜三郎、本日死去赴音アリ。
廿一日　曇、折々雨。正午七十九度。
中村入来。去十六日熱海より帰宅之由。○去九日講習会演説案にかゝる〔文学史〕。〈二十日条〉○〔廿一日ナリ〕横井来ル。消息文沿革著述のため蔵書種々示す。商業学校商業史之事ニ付談あり。〈廿日条頭書〉〔廿一日也〕和田英松来ル。古事類苑守護地頭ノ部清書本検印。／〔同〕おミつ七軒丁行。
廿二日　曇。正午八十四度。午後雨あり。

演説案成る。〈廿一日条頭書〉〈廿二日也〉若松葬式ニ付、米野、青山へ遣ス。／〈同〉国学院卒業生岩崎春彦来ル。青森県中学校（弘前）教員拝命之由。〈廿三日条頭書〉〈廿二日也〉去十八日より駒込庭たゝき池造作今日成ル。かりこミにかゝる。

廿三日　晴。正午八十六度。

去十日演説案にかゝる。語学史。○日用文鑑緒言追加成る。夜中村へ持参。○森川丁山田敬三（半井栄友人之由）来る。衛進会（加藤氏の優勝劣負に反対者）加入之談有、断。〈頭書〉高松保郎、去廿日午後死去の赴音あり。遺言にて葬儀ハ親族のミ来会之由。／九日の演説案山本泉也へ廻ス。

廿四日　晴。正午八十五度六。

演説案成る。検削之ため中村廻ス。〈頭書〉仙台三谷より昨日発之書状来る。

廿五日　曇、夕刻軽雷。正午八十五度。

午前八時細川・高松・松浦等行。多く不在中なれバ早く済て泰宗寺行。根本墓いまだ直らず。十時頃根ぎしニ至る。例の新聞をミる。〈頭書〉細川へ普通文作法一部贈る。／おたつ七軒丁行。

廿六日　曇、午後晴。正午八十度。

中村より帰る。演説案廻る。和田へ清書ニ回ス。○夕刻清名同道、仲丁村田行。松田にて晩食帰る。午後新阪村井行。〈頭書〉清名根ぎしへ来ル。／細川より礼書来ル。／今朝九時発にて義象日光へおもむきし由。

廿七日　曇。午前十時四十分驟雨、暫時止。　日曜。

古事類苑官位ノ部足利時代問注所・政所条検閲。○午前村井行、歯ノスキヘウメコミ。○夕刻七軒丁行、夫より駒込へ帰る。〈頭書〉本居より駒込迄使有。伯家部類返却。且柘植氏山陵考之事談有。

廿八日　晴。

細川〔不逢〕・吉川行。売本見。市村・山田〔安栄〕に逢ふ。今井へ弔ニ行、内室面会。芝山内三縁亭にて中食。飯倉邸行。二位殿対面あり。若松行、面会。弔詞を述ぶ。黒田邸行、家扶面会。当節塔の沢旅行之由。夕五時頃駒込へ帰る。

廿九日

日用文鑑参考校訂。○第三回講習会演説書案、山本へ廻ス。〈頭書〉東宮職より江沢へ達書届方依頼来ルニ付、郵便にて廻し。／駒込植木屋手入今日ニ了ル。十八人かゝりたり。

三十日　雨、午後曇。正午八十弐度。

日用文鑑参考校訂済。夜中村氏へ持参。○さく日相廻りたる第二回講習会講演書一校。山本へ廻ス。〈頭書〉日光輪王寺宮内省御用邸滞在（常宮・佐々木伯御泊）義象より来書。九月一日強飯式幷延年の舞あれバ三日頃帰宅之旨也。

三十一日　晴。正午八十六度四。

朝、日隈来る。斯文会雑志之談あり。○朝八時過根岸行。○夕四時過仲丁斎藤行、買入雑書一覧。晩景河合へ寄、神田川にて晩食。夜根岸へ帰る。〈頭書〉△東宮御誕辰ニ付、午前九時卅分お晉花御所へ出、参賀。／大日本教育会より本日午前十時午餐を饗する旨、過日郵書ありしかど不参断。／日光なる義象へ返書出ス。

九月一日　曇。午後三時雷鳴。小雨暫時止。

朝林入来。文典序文謝物として鶏卵切手〔半円〕恵まる。○午前八時過泰宗寺行。根本墓いまだ出来ず。仲丁へ廻り。袋物求。十時過駒込へ帰る。先頃より久米氏眼疾〔ソコヒ症〕に付訪ふ。○斎藤より雑書来る。一覧。

二日　曇。金沢人頼たんざく・哲学館生徒頼帖、幷唐紙へ哥した、め。○夕五時より中村行。晩食招請也〔西洋食〕。過月恩給証書相渡り候由。〈頭書〉お晉来る。／黒田へ聞書本、本居へ返書、吉川へ返し本もたせ遣ス。〈三日条頭書〉〔二日ナリ〕二見松五郎、五・六両月分家賃持参。

三日　晴。南風あり。午後夕立、纔十分程にて止む〔妙義坂辺ハ降らざる由〕。

諏訪へ郵書。土屋子爵追悼哥贈。○午後三時中村行、同道にて妙義坂足立別邸行。盃酌あり。来客帖のはしニ
風さそふ門田の稲葉よりくに
とはまくほしき君がやどかな
と記して別れんとするに蓬莱丁蓮光寺出火あり。一戸焼にて止む〔時ニ六時過〕。八時頃駒込へ帰る。○同時義象日光より帰る。

四日　曇。辰巳風はげし。午後夕立三十分程にて止む。

午後三時頃根ぎし行。夜に入まで風やまず。新聞・雑志をミるのミ。

五日　快晴。野分のあした、空静にすめり。

午後遊歩せんと思ふに腰痛。また今朝より腹瀉もす。水は止りて終日起臥し、雑書など取調。〈頭書〉丸山隠居、

根岸へ来ル。不逢。真頂院寄付の談あり。

六日　晴、和。

午前九時根岸を出、泰宗寺へ詣ヅ。根本墓土盛出来ニ付、門番ニ料七十五銭渡、寺へ回向料三十銭を納む。仲丁玉室堂斎藤へ寄、七軒丁尋、十時頃駒込行。落合来合せに付面会。〈頭書〉根ぎし髪結床のあるじに哥こはれて

　くしけづる柳の糸の春風に
　　よりくる人のしげき宿かな　やすむろ

として遣ス。

七日　晴。秋めきたり。されど暑し。

午後藤井稜威来ル。面会。神宮教々校之事ニ付、談話あり。○増田于信、精華女学校創立ニ付、校長頼之事、義象より談あり。断。○夕刻岡田正之来ル。古事類苑返し。〈頭書〉△大学講坐給勅令出。／西京時枝・土岐頼武内大臣画賛哥出来した丶め。米野頼大黒画賛同断。／△晩五時廿四分出火、築地本願寺焼亡。

八日　快晴。暑し。

日隈頼唱哥〔君が代・新嘗祭〕釈并斯文学会講義はし書した丶め郵送。○おちか来る。○和田来る。写物頼。史学会へ寄書なり。〈頭書〉△細川文事秘書官長拝任。九日ニ至り女子高等師範学校兼任。

九日　朝少曇、後晴。暑し。

田口[illegible]《ヨシ》子弔哥考へ。○集金取調。○吉村兵三郎来る。好古会員也。需ニ付、伊藤博士へ紹介状を附す。○辻新次君入来。質問之事あり。〈頭書〉△細川侯神葬礼午前六時品川元東海寺内別邸にてあり。予不会。よしかた八両三日前より手伝ニ頼まれ高田の邸に集り、今日も一番気車にて行。／大学教授三宅・木村、師範学校長高嶺各免ぜらる。

十日　朝靄、後晴。二百廿日至て静穏也。日曜
午前九時前根岸行。○午後三時過、三作同道、三谷辺遊行。鮒儀にて晩食、暮かた帰る。

十一日　朝少曇、後晴。

午前九時頃駒込へ帰る。○近藤より続史籍集覧第二回配本、則泛読。〈頭書〉△大学分科教授夫々拝任、又講坐担当を命ぜらる。

十二日　晴。暑し。

井上大臣命ニ付、おのれ小伝取調。○外山学長入来。来学年授業の談あり。○和田来る。写物持参。○国華四十号（空欄）配達一過。〈頭書〉前半季所持税、区役所へ納。お

ミつ駒込へ来ル。

十三日　晴。

午前九時過出宅、斯文学会行、山本面会。雑志之事談ず。万丁・兜丁両処之銀行廻る。蛎殻丁にて昼食、中洲丁辺遊行。二時前浜丁一丁め日本橋ホテル行。久子月並会也。井上〔正直〕・水野・増山・黒川・小出・鈴木其他出席多し。兼題ハ深夜鴈也。五時過根岸へ帰る。

十四日　晴。秋晴打つゞき、風たゝずして遊歩によろし。午後三時過松源行。藤井招也。飯田・久米・平田外神宮教院方藤井之外三人来会。本居ハ明日神田例祭ニ付、不参也。来月一日教院学校開業に付、教員を招請せし也。此楼両三ヶ月前より湯滝・水滝を新に設けたれば、湯滝を試ミたり。夕六時前根岸へ帰る。

十五日　朝小雨、後陰晴不定。正午七十七度七午前九時根岸を出、新阪村井行、埋め歯する。七軒丁へ寄、十一時過駒込へ帰る。○かた付物する。

十六日　曇。正午七十五度七。

午後二時過哲学館行。第七学年度始業式幷専門科開設準備也。館主井上氏始業式旨趣を述べ、了て井上〔哲二〕東洋学の事演説、加藤〔弘之〕専門科を起すべき演説、副嶋伯祝詞等あり。終て別席にて宴会を開き、後に幻々居士幻術の試験あり。其術、催眠術に類せり。晩景帰宅。〈頭書〉藤井・田村・高津頼短ざくしたゝめ。〈十七日条頭書〉〔十六日ナリ〕斯文学会にて会議あり。不参。

十七日　雨。正午六十四度九の冷気。日曜

今日より獄令講義再訂にかゝる。終日。○中村入来、文鑑参考書御持参〔うに賜〕。〈十八日条〉○〔十七日ナリ〕日隈来る。井上大臣へ紹介名刺遣ス。

十八日　曇。正午七十度。

今日も獄令講義を訂正。終日。○夜高津行〔短冊持参〕。〈頭書〉伊豆小阪村萩原正夫より父正平の身まかりし事ども記せる印本袖の涙一冊寄贈。即日礼書出ス。

十九日　朝曇、後晴。暑し。正午八十六度二。

さく夜より風邪気にて清涕多く出ヅ。○文鑑参考書取調、中村へ返ス。○日隈徳明より斯文学会雑志へ載する令講義訂正に来ル。即日郵送。〈頭書〉日比谷神宮教院藤井へ過日の礼書出ス。○飯塚納といふ五十斗の人訪来。菱田重禧の友人にて先年逢たりといへど此方にてハ忘れたり。／根岸へ嘉十郎礼ニ来ル。お定、去十二日限にて引取候趣也。

廿日　雨。風を交ゆ。正午六十八度四。さく日と大差。〇彼岸ニ入

午前十時前根岸行。病を養ふ。外邪さまでの事なし。持病の胃疾それによりて起れり。〈頭書〉さく日、熊阪より明日柳橋誘引之郵書、根岸まで来ル。今日断書出ス。／越後人（空欄）より越佐方言考一冊寄贈。即日礼書出ス。

廿一日　曇。正午七十一度八。

新井朝定代編纂員市野嗣郎、新刻文武高名録二巻持参。代料壱円渡。廿二年頃頼ニ付、小伝幷写真相廻候処、此節漸く出来。美本也。書中載る処、和漢学書画の人等にて洋学者はミえず。されど二編以下も嗣刻の由なれバそれに載せんも斗り難し。編者新井氏年八十余。武人なればさる体裁におのづからなりしものならん。〈頭書〉三作浅草坐行。九蔵寺子屋の松王、呼物なり。

廿二日　午前霧雨、午後曇。

さく日帝国大学より

　文科大学講師ヲ嘱託ス

右辞令書、駒込より回り来ル。〇増注聯珠詩格・三体詩抄・錦繡段等泛読。三体詩中華清宮・楓橋夜泊等の詩をすさび事に諺解せり。〈頭書〉遠江人秋葉神社神官榊岩雄頼ニ付、唐紙弐葉へ哥したゝめ郵送。

廿三日　朝曇、後晴、和。　秋季皇霊祭

午前九時頃出宅、光明寺墓参。森下にて火鉢・書箱とゝのへ、広小路にて昼食。午後二時頃駒込へ帰る。〇久米行、藤中頼の短冊届方頼、且近作二首相談。〇中村入来。金沢武藤氏より過日短ざくの礼として九谷焼陶器弐種寄贈ノ分御持参。〈頭書〉如蘭社惣会之処病中断。

廿四日　曇或は小雨。　日曜

いまだ全癒せずして快からねば文筆に懶し。〇午後二時飯田丁富士見楼行。鈴木翁忘友会なり。当坐山家秋夕、兼題寄月意志。小出・橘・水野・増山・吉川・梅村・江沢等に逢ふ。夕刻駒込へ帰る。

廿五日　晴、暑。正午（空欄）夜月よし。こよひは旧八月十六夜也。

午前十時文科大学出、外山学長面会、当学年時間之事談ず。穂積学長にも面会、法典調査会之事談じ。〈頭書〉去月九日講習会にて第二回演説、今日の官報に顕はる。／先達て菊池博士に頼まれたる中村に贈る書幷答書共東洋学芸雑志第百四十四号ニ顕はる。

廿六日

午後四時頃、七軒丁行〔コレヲ対面ノ終トス。九谷焼陶器遣ス〕。清道又々不快之由によりて也。五時頃根岸行。〈頭書〉おさだ、根岸へ今日来、泊。明日・明後日ハ七軒丁へ行、泊候由。

廿七日

午後斯文学会行、奥・山本・日隈に逢ふ。講義筆記印刷ニ付、校正之事也。一時過国学院へ出。休講後初て也。二年生ニ令はじめ、二・三年合併にハ軍防令を始む。三時に了ル。神田川にて晩食、六時前根岸ニ至ル。〈頭書〉大阪なる遊亀氏昨日死去之由、電報来ル。因て義象本日午後一時発気車にて阪地へおもむけり。／昨日光明寺三郎歿する赴音有。／七軒丁へ清道夜具、三布蒲団・四布蒲団送る。本郷にて新調也。

廿八日

朝水野より光明寺へ弔詞行、十時頃駒込へ帰る。○夜竹中信以来ル。福井県中学校教員拝命、明日出立のよし。〈頭書〉本箱棚あつらへ分出来。因てかた付け物する。／文科大学より昨日来書、参学。明期第一・第三水曜午後二時より四時迄と定まる。／中村撰日用文鑑参考書上巻一閲。午前八時出宅、中村行、面会〔参考書渡〕。日比谷教校行、藤井面会。

廿九日　曇。

大阪義象へ郵書出ス。○熊本池辺へ弔書出ス。備《ママ》物料弐円為替郵便書留にて出ス。○斯文学会講義録はじめ之処訂正郵送。〈頭書〉午後四時前不忍長酡亭行。兼約により井上〔哲〕・三上・高津・和田〔万〕等招き晤談す。宮崎ハ所労。芳賀ハ差支にて来らず。井上博士の万有真体の説を聞く。夜八時頃駒込へ帰る。今日ハ弁天巳なる金の御札を受る日とて参詣人多し。／義象より昨日発之状来ル。廿八日朝着阪のよし。

三十日　昨夜より雨、終日止まず。夜ニ入る。

昨夕少恙あり。疲労の気味にてなす事もなし。○夜、明日の演説案したゝめ〈頭書〉国学院へ懸合、同所授業水曜午前十時より十二時迄と定む。／あら井来ル。地代渡。／昨日柿沼広身危篤の郵書来ル。

十月一日　雨。午後止、曇。日曜

午前八時過神宮教校行。今日開業式也。飯田・久米・三輪田・落合〔直亮〕等来会。藤岡・篠田・神田・藤井・田中其他之人ニ逢ふ。十時神宮に詣ず。祓修行之後、神田教正開校を申す。祝詞をよむ。一同拝訖て学校へ整列し、藤岡、教育勅語を朗読、篠田開業の文をよミ、学生阪井弁開校を祝す哥文を披講す。訖て老生国学の急務を演説す。十二時酒飯の饗ありて退散、二時駒込へ帰る。○皇典所講演配達、一過。○大阪より白阪還る。義象も三日には帰候由。

二日　朝より秋晴美日。

夕刻根岸行。〈頭書〉清道、吉□橋向灸治行。

三日　曇。

本日午後四時半より福田・青山等催にて神田川行の処、時気にて不快なれバ断。夜ニ入青山入来〔払話持〕。〈頭書〉今夜よしかた帰る。

四日　雨終日、夜ニ入。

国学院へ出、職員令・軍防令を講ず。一旦駒込へ帰り、午後二時より大学へ出、いまだ授業書借用整はざるによりて、今日は法律起原沿革を演説し、四時前に至り駒込へ帰る。

五日　雨終日。

史学会雑志へ出ス本朝国史法家書目録解題調。〈頭書〉金森吉二郎より郵書通。菓子一折を恵る。当節出京之由。／遊亀子十日祭する。

六日　曇。朝よりことに冷気。

解題調了。星野へ廻ス。○正午前甚五郎より病人頼ニ付、医者をおこすべき由、郵書来る。高山あやにく不在ニより其旨加藤ニ申し七軒丁へ遣し、按摩招き肩もませたる折しも加藤帰り、病人危急の由申ニ付、取急ぎおもむきたるに最早事切れたり。甚五郎云。午前十一時過郵書したゝめくれ候様頼ニ付、根岸分とも弐通したゝめ訖りたれば、何となく様子あしきにより、近辺の医師を招き少し開《ママ》きつきたり。おミつ来りたるころはいまだ気息ありしが、もはや口をきかざりしといふ。依て諸方へ郵書出し、五時頃駒込へ帰る。今夜おたつ七軒丁へ来、泊。江沢も来、泊。三作も来る。省三呼。〈頭書〉纔弐時間程の間にて、午後一時にハもはや絶息せり。更に苦痛なかりしとぞ。

七日

午前九時前、七軒丁行。右馬・松田・おミち来ル。江沢、新光明寺行。葬式明八日午前九時と定む。夕刻おたつと共に根岸へ帰る。今夜入棺。江沢・右馬・米野・河合・大工・植音・畳屋・おミつ・おミち・甚五郎夫妻・左官〔加藤〕等にて通夜。〈頭書〉清道寄留所下谷区役所へ。

死亡届・埋葬証請取。

八日　晴、和。日曜。

午前九時過、新光明寺行。中村氏既に来会〔三作も〕。十時過着棺。水野・江沢・右馬・三作・省三及松田・高山・大田〔代〕・河合・村松・鈴木〔時計や〕・村田・丸山〔代〕・七軒丁の差配人、近隣の二三輩其他来会。十一時過法会済、右馬・大工・植音等にて棺を日暮里火葬所ニ廻ス。予ハ根岸へ帰る。〈頭書〉哥舞伎坐見物之処、柏木まで断。／末松謙澄より花傷心の哥、郵書にて頼来る。／学士会院会日ニ付、断。

九日
午前九時過右馬・加藤来る。おミつ同道にて日暮里行、骨壺を光明寺へ納め、午後一時頃七軒丁へ帰る。予も二時過同所行、遺物取調。○今日よりおミち・おちか七軒丁へ引移。当分おちか養痾之為、寓居す。〈頭書〉藤井稜威へ郵書出ス。来ル十一日参校之処、忌中ニ成候由也。／楢原嘉一、駒込へ来ル。不逢。／甲州尾谷・おミつより弔書昨日出、今夕届。○洞春筆玉川調布懸物表装出来。

十日　半晴。

斯文学会講義録旧刻訂正郵送。〈頭書〉和田万吉来ル。過日礼幷短ざく染筆頼。○国学院へ書状遣ス。来ル十八日より参院之事也。○本郷区役所へ清道死亡届。

十一日　晴、和。夜雨。

正午過七軒丁行。初七日逮夜ニ付、おさだ・おしん・義象・宮川等来会。大工・植木や・米野招く。西新井清八妻ハさく夜より来、泊。おミつ根岸より来、手伝おミち・おちかハ一昨日より泊居。夕刻根岸行。

十二日　淡曇。午後三時頃より雨。

午前九時過光明寺行。初七日法会ニ付、右馬・お晉・お栄・村松老母・水野・宮川・清八妻・省三・予・三作等来会。午後一時前埋骨訖て浅草公園岡田にて一同昼食散会。〈頭書〉七軒丁雇女おさく今日解雇。／公園骨董にて本箱求〔根岸へ置居〕。

十三日　曇。

午前九時大学会計課へ出、旧学年手当残受取、十時日本銀行行、券引換。十一時再大学へ出、正午過根岸へ帰る。○おミつ七軒丁行、道具持参。○午後末松謙澄頼花傷心の哥色紙へしたゝめ。外ニ和田万吉・楢原嘉一郎等頼の短冊染筆。〈頭書〉右馬へ過日中之礼ニ行〔肴代半円遣〕。

十四日　曇、南風、暖気。夜十二時過より風雨。

午前十時前七軒丁行、十一時駒込へ帰る。○古事類苑官位部足利奉行条検閲。〈頭書〉後に聞。今日午後六時頃岡山県出水。京攝・名古や・津・奈良辺皆十三日より十四日へかけて暴風雨ありたり。電信不通となる。殊ニ加賀金沢ハ降雨六日ニ亘れりと云（日本新聞）。／菟道春千代より楠氏桜井紀念社設立ニ付、詠哥頼来る。

十五日　暁南風、雨。明けて雨止む。暖気正午より俄ニ冷気となる。晩景より雨、夜ニ入。

午前中村行。○古事類苑検閲。○午後四時頃より江沢・中村入来。義象ハ今日本郷区教育会演説。了て帰宅し、共に家事を談ず。夜ニ入各御帰り。〈頭書〉桑原来る。松野遺跡の事ニ付、勧進賛成頼の談あり。／高山へ過日診断書の礼行、木器一筐を贈る。

十六日　さく夜より雨やまず。

午前駒込へ帰る。中村へ昨日の礼ニ寄。〈頭書〉皇典所へ古事類苑を送る。〈十七日条〉〔十六日ナリ〕法学協会雑志へ送る尾張国解文略説を草す。今回にて完結す。

十七日　午前雨つよし。午後猶雨ふる。

○午前十時根岸行。午後三時より中村・江沢・義象来る。三作・おたつを会し家事談じ、夕刻までに済。各御帰り。

十八日

午前十時皇典所へ出、職員令・軍防令講尺。午後大学出、二時より四時迄厩牧令・仮寧令・喪葬令等を授く。帰路中村へ寄。駒込へ帰る。〈頭書〉皇典所へ当秋寄附分十円持参。

十九日　晴。

正午過七軒丁行。おたつも来り清道遺物調、諸方形見分け取極め、夕刻根岸行。○熊阪内室昼過より入来。面会。夜ニ入帰らる。○夜八時過より胃疾にて両度程吐す。又瀉下せり。〈頭書〉お定根岸へ来ル。家屋五百三十円ニ売却。三十円手付受取由談じ。／○法学協会雑志稿本大学へ送る。

廿日　晴。

三崎坐見物せんとて熊阪祥子ニ約束したれど、昨夜の疲れにて止め、三作・おミつ・お晉・お仲・松駒連にて見物。中幕新劇、粂八明智・時姫、今回の呼び物也。大切紅葉狩、団洲のかたにて粂八勤。○訳本水滸後伝一閲。〈頭書〉末松より過日の謝状郵送。／昨日吉田賢輔氏死去の赴音端書来る。

廿一日　晴、和。

気力よほど復したり。山陽の通議をミる。○今井内室入来。過般の産着料を返さる〔反物恵る〕。〈頭書〉金森吉二郎氏駒込へ入来。逢はず。

廿二日　晴、和。

淀橋丁工場に於て水道工事起行式あり。午前九時上野発車、同九時十五分新橋発車にて来会すべき旨、富田知事よりの来状ありたれど、病後故行かず。○午後駒込へ帰る。松田・鈴木・村田等へ過日葬送の礼に寄る。

廿三日　曇、冷。午後三時頃より小雨。

朝八時過西河岸島平方ニ投宿の金森を訪ふ。外出にて逢はず。書を主管に託し置、吉田賢輔氏を弔す。内室幷ニ吉田彦鉄氏面会。新光明寺墓参。根岸にて昼食。午後三時前駒込へ帰る。〈頭書〉石川県人佐々木秀三郎入来。近日出京。京橋五郎兵衛丁ニ肺病専門医院を立、広く患者を療せんと談あり。

廿四日　さく夜よりや、大雨となる。今日も降くらす。

過日家事ニ付中村氏の厚意を蒙りしにより、謝礼として左の蔵書を贈る。

和語説略図聞書　一冊〔義門手沢あり〕
語辞弁説聞書　一冊
古物語類字抄　三冊〔黒川春村作〕
風葉和哥集　十八巻二冊
計七冊

午後おたつ来る。明日熱海へ同行のため也。〈頭書〉あたミ小林屋へ郵書出ス。／相馬事件予審終結。被告志賀直道外五名免訴となり出獄。原告錦織剛清・岡野寛、警視庁へ拘引。夫より禁獄。宮地茂平ハ江尻、津田官二郎ハ京都にて拘引、共ニ連累也。東京地方裁判所判事山口淳右ニ結託の嫌疑にて警視庁へ拘引、留置所へ拘留。七月十七日錦織の起訴より全く百日。

廿五日　半晴、午後晴。

暁五時廿分過出宅、新橋六時発の気車に乗る。八時五十二分国府津着。人車を雇ひ午後一時頃吉浜にて昼食。空全く晴て眺望よろし。三時卅分頃熱海小林屋着〔土地がら暖気にて東京とは衣服一重を脱ぐほどなり。〕。こよひハ旧暦の九月十六夜にて月の海にかゞやくさま、いはんやうなし。

廿六日　曇、午後濛雨。北風あり。少冷。

朝買物のため、そゞろありきす。○熱海温泉図彙・片岡寛光の熱海日記をミる。宿より毎日新聞を借、相馬事件終結を知りたり。○駒込の家へ郵書出ス。○老子摘解をミる。〈頭書〉△東京府知事富田鉄之助、依願免官。三浦安、後任となる。

廿七日　暁半晴。やがて晴わたれり。美日。

根岸の家へ郵書出ス。○兼て頼まれたるいつ（陵威）の言別の跋を草す。○鈴木の文話（語）をミる。

廿八日　晴、暖。

跋文成る。中村氏へ閲をこふため郵送。○義象へも郵書。橘道守へも。○三作より廿四日已来の読売新聞をおこせたり。〈頭書〉去廿六日第一高等中学教員生徒、鎌倉にて発火運動あり。義象もおもむき今日帰宅之由。／○小中村桂之助、伊予国道後より廿五日発之郵書来る。根岸へ。

廿九日　さく夜小雨。明けても曇れり。冷気。　日曜

米野より昨日午後発の端書今朝届く。弐重廻し合羽小包〔午後一時過届く〕にて差出候旨也。○万屋へ行。煙草入・短冊など購ふ。来月二日伊吹（気）乃屋翁年祭ニ付、兼題残菊の哥平田へ郵送。○事業をなすに懶し。

三十日　暁より快晴。暖気。午前十時頃より北風つよく起りてや、さむし。

令議解講義叙説・凡例を草せんとて、先ヅ近藤氏の標注の首巻・二巻・令三弁・古代法釈義などミる。○中邨君・横井時冬氏より今朝発の状、夜九時前届く。○夜東京をたちしよりこなた、ミるもの聞物にツけ哥よミしを書つく。

三十一日　朝より快晴、北風。午後半晴。

義象よりさく日午後発の郵書届く。橘へ廿九日清書廻し候由。○横井頼の哥出来ニより中村へ郵書。閲をこふ。○古代法尺義をミる。殉難録橋本左内の条をミる。〈頭書〉駒込留主宅へ橘よりの礼書来る。

葬事費

一　弐円八十銭　　岡野や払

葬日まんぢう五十人前　一包五ツヅ、紙代共五銭六リンヅ、

一　廿銭　　葬日　松左衛門　遣ス

一　弐円　　初七日法会料納

出僧五口　膳部料共

一　十銭　　門番へ遣ス

一　四円八十弐銭五厘　　初七日　岡洲払

水野・右馬・村松子共・江沢・黒川・清八妻・お栄

一　四十銭　子共ニ女中・予・三作・省三　同下婢両人江
一　廿銭　宮川女中へ遣ス
一　五十銭　加藤へ遣
外ニ紺かすり単物形見ニ遣ス
一　三円五十四銭　三橋駿河屋　払
皿平香の物廿二人前十一銭ヅ、弐円四十弐銭右逮夜用　口取物すの物八人前十四銭ヅ、壱円十二銭
一　壱円七十六銭　いせ屋三吉払
一十一月十四日　七円三十八銭　岡野や払
逮夜其外之時酒五升弐合醤油一升代
内　弐円七十六銭　一折四十六銭十六入　そばまんぢう六折
壱円弐銭　一折三十四銭十二入　同　並杉折　三折
三円六十銭　一銭八厘ヅ、焼まんぢう　弐百
一同　弐円六十一銭　仲丁　中井払
内　壱個八十六銭　四十六銭五厘ヅ、青紙(一円票)六十目　鑵詰四ツ
七十五銭　十五銭ヅ、金属目(半円票)小半斤　同五ツ
合弐円六十一銭之処内壱円ハ切手にて渡。
一十一月廿四日　八円　親類石塔料一式
一同　五十銭　古石塔削り摩キ代

合計四十八円七十三銭
内八円八十銭　諸方ヨリ香奠
全三十九円九十三銭
〈欄外〉
一八日　四円　光明寺渡
内　三十銭　向僧一人
五十銭　通夜僧一人
八十銭　当日所化四人
弐円廿銭　住僧へ百ケ日迄
廿銭　門番下男へ
〆
一同　三十銭　土びん茶わん料
まき代共寺へ渡
一同　弐円六十九銭　板本柴田葬儀社一式
内　六十五銭　棺
五十五銭　人足三人
十五銭　火葬場行
六十銭　懸むく料
外ハ雑
一九日　壱円五十銭　火葬料
一　十銭　同壺代

一　九十五銭　　右之節茶代中食其外雑費
一　十七銭　　白木綿一反
一　十三日　三十三銭　　逮夜雑費　おミつへ
一　九日　三十銭　　おミつ車代遣ス
一　十四日　五十銭　　右馬嘉十郎へ肴代
一　十二日　壱円　　初七日引物　空也餅折五ツ廿銭ヅ、
一　同　六十七銭五厘　　同断　ふろしき五十三銭五厘ヅ、
一　十二日　廿銭　　初七日饗　加藤へ
一　十四日　廿銭　　備物入用　おミち渡
一　十四日　五十銭　　江沢へ肴代
一　十五日　三十銭　　万二郎へ遣
一　十四日　廿銭　　おりよ遣す

〈欄外以上〉

霊前御備（ママ）物控

一　金壱円　　松田勘兵衛殿 上折 上茶
一　くわし一折　　省三主人　増田仲太郎殿 下折
一　蠟燭一箱　　加藤銀二郎 十一
郡司万二郎 十一
一　くわし一折　　米野一馬
一　油切手 金一円　　大工保太郎 十三

一　金三百疋　　畳屋 十三 左弥 同 植音 同
一　金壱円　　水野陽一郎殿 上折 下茶
一　金廿銭　　小中村義象
一　金五十銭　　笹又権二郎殿
一　金五十銭　　宮川甚五郎 十三
一　蠟燭一箱　　中村秋香殿 下折
一　金五十銭　　河合きさ子殿 上折
一　茶切手一円　　鈴木茂八殿 上折 上茶
一　金五十銭　　丸山かつ子殿 十三 下茶
一　金三十銭　　長井らく子殿
一　金五十銭　　江沢藤右衛門殿 十三 下茶
一　金三百疋　　右馬嘉十郎殿 十三 下茶
一　金壱円　　太田惣吉殿 上折 上茶

〈欄外〉

一　金五十銭　　村松平吉殿 十三
一　蠟燭一箱　　福田仙蔵殿 上折 上茶
青山清吉殿
一　くわし一折　　関根正直殿 下折
一　金三十銭　　宝田清八殿
一　蠟燭二箱　　黒川真頼殿 十三 下茶

一　くわし一鑵　　宮田　子殿下折
一　金壱円　　池辺源太郎殿
　香奠合計八円八十銭
上折ハ　そばまんぢう二銭ヅ、十六杉角切折
　　上茶ハ一円ノ茶六十目鑵詰
下折ハ　同　　同　　十二杉折　下茶ハ五十銭ノ茶小半斤鑵詰
数アルハ焼まんぢう　一ツ一銭八厘ヅ、

十一月一日　晴。風なくして美日也。よるまで。来宮にまうヅ。久しぶりにてこゝより海のけしきをミる。○今朝、三作よりさく日までの読売新聞を送りこしたればけふは夫にて日をくらす。○夜中村及び金森吉次郎の郵書届く。〈頭書〉去十月卅日ハ官制改正の公布あり。勅令第百十六号より百九十九号に至る。惣計八十四也。／明治坐本日開場。

二日　さく夜より小雨。午後止、夜に入又降る。講義叙説の中、大宝令注尺（ママ）の条を草す。○消息文変遷の題辞清書、横井へ贈る。金森へ返書出ス。昨日東京発足の旨により大垣へ出ス。

三日　朝よく晴たり。午後半晴、夜ニ入雨。天長節そゞろありきす。○叙説の中法律沿革の条十七憲法の論を書はじむ。○夜横井の書届く。

四日　朝日さして小雨ふる。午後晴。手もとに参考の書乏しきにより叙説を書さして止む。○史料通信叢志をミる。〈頭書〉同宿は銀坐三丁め武田英吉。明日出立。大学病院へ入院之由に付、百瀬ニ紹介書を与ふ。／好古社長より来七日韵松亭ニ集会之旨、駒込留主宅へ郵書。旅行中之旨返書。

五日　暁少雨。あけて曇れり。午前に至り晴、和。横井より三日発の礼書届く。○午後一時三十五分、三作方より長井老母重病之由、電報到来〔後ニ聞。此暁縊死云々。〕。因て帰京を明日とするに付、午後五時三十五分、新橋へ迎車来るべき旨、駒込へ郵書出す。〈頭書〉義象・三作へ明後七日帰宅之由、端書を発す。

六日　晴、和。七時過出たつ。午後一時前、小田原に至る。片岡にて昼食。二時過人車にて国府津行、三時十三分之気車ニ乗り、五時三十五分新橋ニ至る（横浜より点灯）。六時過根岸へ帰ル。〈頭書〉留主中駒込へ訪来人名。半井栄（空欄）・内山直枝〔猿楽丁二番地山中茂方〕・月出皓〔明治講学会

員〕。

七日　晴。

葬式ニ付長井行。十時頃出棺、天王寺葬地へ送る。埋葬訖て十二時頃根岸へ帰ル。義象・お晉来会。〇午後新光明寺行、住僧面会、清道墓石之事談じ。

八日　雨。

十時国学院へ出、職員令・軍坊令講義。午後神宮教校へ出、一時半より令義解講説をはじむ。今日は惣論のミにて終講。駒込へ帰る。

九日　晴。

松田勘兵氏来ル。長井家事談あり。〇十時前本郷区役所へ出、戸籍懸りニ面会、七軒丁行、お道ニ逢。〇午後中村行、熱海にての詠草示。〈頭書〉熊もと清道弔書返書、義象迄遣。／〇本日清道三十五日也。／〇二六社員与謝野寛入来。同社新聞へ詠哥差出候様頼。

十日　晴。

十時大学出、外山面会。官位考印刷ニ付、校訂之事談じ星野にも逢ふ。撰科生卒業証書ニ検印、正午帰る。〇午前村岡入来。如蘭社話之事也。〇四時霞関枢密院別局行。法典調査会也。惣載《（ママ）》伊藤大臣に代りて西園寺侯爵議長となりて、民法草案第廿五条より第三十九条までの議事あり（是にて総則訖る）。夕五時頃にはじまり、夜十時頃に訖る。十一時駒込へ帰る。〈頭書〉岩本正方入来。面会。／岩崎《（宮）》幸麻呂へ好古社之事返書出ス。

十一日　暁五時頃より雨。追々強雨となり、つよき雷さへ鳴れり。七時頃より止ミ、強風ふく。晴となる。

午後上野美術展覧会行。過日既に閉場となりたれば、会長佐野常民氏の招状にて、今日貴族院議員幷家族を招かれしによりて也。最も参考品の中にて擾《（ママ）》等なるハ御物の鳥羽僧正の馬の屛風・土佐某太子伝画軸三・筆者失念唐画羅漢・黒田侯爵蔵菱川師信《（宣）》浮世絵巻など也。四時根岸行。

十二日　晴。日曜

午前十時浜丁明治坐行。堀越招請也。壱番め石橋山合戦。真田（権十郎）・俣野（左団二）組打のせり出しニ始り、頼朝伏木隠れ・辻堂々守詮議等にて二番丁《（ママ）》ハ遠山左衛門尉の伝記。中幕は団洲の扇屋の熊ケ谷引返して楽屋の喧嘩となる。次幕ニ堀越不動尊にて祐天（小団二）に釵を与ふる夢の幕あり。今般新に開場の故か上景気也。座頭ハ左団二にて堀越ハ二幕出勤なり。夕七時過閉場。帰路柳原にて銀二郎盛り土につまづき、車横になり落たれども、幸ひにして怪我なかりき。根ぎしへ帰る。〈頭書〉学士会院会日之処不参。／諏訪家哥会之処不参。兼題菊契千秋幷ニ兼て頼の市川某追悼硯の哥ハさく日送る。／三作近日水腫ありて息ぎれするにより、曾我招き診察を受く。

十三日

休息。○水野へ清道形見として、薄色七々子羽折幷木彫大黒〔清道彫〕・配り物等持参。陽一郎氏面会。○江沢・大田〔安〕・植音・園田・宮川・鈴木・宮田〔根津〕・畳屋・左官〔弥〕・松田・河合・（以下昼後）丸山・青山・関根・中村・増田〔本郷〕等へそばまんぢう・鑵詰茶又ハ重箱にて焼まんぢう等、加藤ニもたせ遣ス。

十四日

午後駒込へ一寸立寄、一時神宮教校へ出、同三十分より職員令神祇・大《（太）》政二官の条を講ず。夕刻根ぎしへ帰る。○夜松田勘兵氏入来。長井家事談あり。○今日も右馬・大田・黒川・村松等へ配り物送る。

十五日

午前十時国学院へ出、職員・儀制二令を授く。正午過駒込へ帰り中食、二時より大学へ出、喪葬令より捕亡令〔了〕までを授く。四時了り神田川にて晩食。根岸へ帰る。〈頭書〉おたつ長井行。お米殿病見舞也。／△今日錦丁錦輝館、明日芝弥生館にて水害救助慈善演説会・国風音楽・空也念仏・印度古仏の内拝あり。招状来ル。不参。

十六日

古事類苑足利守護・地頭条検閲〔十七日渡〕。○水滸後伝訳本をミる。〈頭書〉清道六七日ニ付おたつ参詣。

十七日

古事類苑昨日の残り取調、幷ニ地方官ノ巻過半を閲す。○おたつ七軒丁行。〈頭書〉三作やゝ快方也。

十八日　晴、風。昼後止。

午前十時頃駒込へ帰る。○新聞・雑志泛覧。○石川俊造来ル。需ニ付、短冊二葉したゝめ送る。○夕三宅（空欄）策来る。○夕お道来る。七軒丁宅之事也〔十九日朝も来る〕。〈頭書〉三宅長策へ過日豊臣法度考を贈り来し謝状出ス。／中村よりあたミ詠草へ評語へ《（ママ）》加へたるを返し来ル。足立氏の附箋もあり。△共立女子職業学校長より今日生徒の執業幷ニ製作品を観覧の状あり。不参。

十九日　晴。日曜
新聞泛覧。○午後中村行、福田ニ逢。○三宅頼ミ新嘗祭唱哥、色紙ニしたゝめ。○関根入来。国風音楽会之談あり。

廿日
午前鳥越仮区裁判所登記所行。七軒丁家屋登記願なり。連印之ため根岸へ廻り、午後二時駒込へ帰る。○四時前より西京湯元（本）文彦・田中勘兵衛来ル。招請也。蔵書ミせる。平安史編纂ニ付、増田・和田等其任に西京へおもむく由。

廿一日
午前九時区役所へ出、印鑑証明・清道死亡・清矩祖父の証明書願。鴨地区長に逢ふ。駒込へ帰り中食。午後一時登記所行。書類失念に付、加藤を走らす。二時卅分出衙、三時前相済、駒込へ帰る。○古事類苑検閲〔廿六日廻〕

廿二日
午前十時国学院出、職員令・儀制令を授く。午後一時卅分神宮教校行、職員令講義三時卅分了て根岸行。〈頭書〉義象より廃戸願書、区役所宛にて差出。清矩より七軒丁登記済届書差出。

廿三日　朝曇、後晴。朝稍く霧深し。新嘗祭
午前九時新光明寺行。清道はての日也。昨日までニ新規石塔出来ニ付、料物渡。十一時築地行、かぶき坐見物。堀越より招也。陳列舞台と号し、第一小栗の横山（猿之助）、第二矢口のお舟（納（訥）升上り）、第三忠臣講尺の重太郎（新蔵）、第四阿波鳴門のお弓（福助）、第五明智光秀本能寺馬盥の場と愛宕山旅館の場二幕（団洲）、大切ハ団十郎七ツ面。福地新作の歌上るり（浄瑠璃）にて所作あり。夜七時過打出し。八時過根岸へ帰る。お道来ル。七軒丁売家の談あり。〈頭書〉青山清吉白石像掛物返し。折たく柴の記新刻一巻贈来ル。且序文報酬金五円を贈り来ル。／夜桑原来る。講演掛小貫（大）神宮権禰宜ニ転じたるにより代りとなりし談及松野遺族義捐金之談あり。十五円義捐之事承諾。

廿四日　晴。
お辰同道、午前十時七軒丁行。夫より駒込行。○お道来る。

廿五日
議員召集ニ付、九時貴族院へ出。十時号鈴入場、各部抽籤あり。予ハ四部ニ入る。年長なるを以て部長・理事選

挙を行ふ。部長村田保・理事松平信長、票数多きにより
て定まる。十一時卅分退出。駒込へ帰る。午後二時頃、
上野公園内〔商品陳列所之内〕雅楽協会行。唱歌・舞楽
等三四番をミる。根岸武香・大久保初雄ニ逢ふ。夕四時
過七軒丁行。中村綱亮来、会。建家手附三十円請取。五
時過駒込へ帰る。

廿六日　日曜

午後二時過上野八百膳行。江刺納会也。鈴木・小出・水
野・増山〔深雪〕・松の門・水原其他来会。きさ子に逢
ふ。夕五時前根岸行、七軒丁売渡取極之事談ず。〈頭書〉
午前小石川内藤行、官位考徳川の条校訂頼。

廿七日

午後三時駒込へ帰る。○横井時冬商人鑑二巻幷ニ鴨弐番
〔青籠入〕を恵まる。雁の行への哥染筆頼。〈頭書〉小出
より旧主追悼哥頼来ル。

廿八日　晴。

議会開院式ニ付行幸あり。十時出頭之処不参す。〈頭書〉
文海へあたミ旅中の哥寄書。／牛込佐《左》内坂丁臼倉へ宝光
院十三回忌、供物料半円もたせ遣ス。／横井へ礼書出ス。

廿九日　晴、和。

午前九時貴族院へ出、同卅分入場。全院委員長の投票あ
り。多数を以て谷子爵と定る。各部へ退て常置委員の投
票をす。午後入場。各部委員の報告あり。一時前散会駒
込へ帰る。○午後三時七軒丁行〔ドンブリ《カ》〕。中村事引
移十二月十日頃迄延引之旨、お道談じ。お光も来居。晩
景根岸行。〈頭書〉国学院断。／○米野、本郷区役所遣
し七軒丁建家売却登記の印鑑証明をこふ。／△衆議院に
て安部井磐根、星議長不信任の緊急動議を起す。／根岸
屋根板幷瓦つくろい今日ニ了ル。四日かゝりたり。

三十日　雨。午後止。

貴族院休。○正午駒込へ帰る。○夕武藤〔熊本人〕招き
晩食を饗す。〈頭書〉貴族院にて歳費渡之処、行違ひに
て不参。／△衆議院は議長不信任事件ニ付、中村弥六緊
急動議を興し熟慮のため本日臨時休会に議決す。／△皇
子御降誕の報あり。

十二月一日　晴、和。

朝内藤入来。頼置たる官位考徳川条校訂附箋して御持参。
○午前十時前貴族院出、同卅分入場。大蔵省証券規則変
更、東京府・神奈川県裁判所変更案等政府提出ニ付、大
蔵大臣・司法大臣・同次官等説明あり。委員の撰挙ハ議

長ニ托ス事ニ決す。次ニ監獄国庫支弁案林子爵外壱人提出、狩猟法案清棲伯爵外壱人提出等の委員ハ各部にて選定に決す。午後右投票了て一時過早出。大蔵省へ廻り歳費金券請取。中村へ寄。他行也。二時過駒込へ帰る。〈頭書〉雇女おりよ解雇、代人お安一昨日より来ル。○ブリツキ樋塗替。／あら井来る。地代渡。／△衆議院ハ議長不信任事件ニ付、和田彦二郎の緊急動議にて上奏ス。議決す。依て星議長ハ席を楠本副議長ニ譲る。可決後星登壇し、数日間謹慎を表するため副議長に委任する旨を述べて退席す。

二日

岩本正方より転居之事ニ付郵書。中島広足短冊を恵る。○貴族院休。○午前十時日本銀行行、歳費請取。夫より第一銀行行。大黒やにて饗。貯金銀行行、清道預ケ金請取。○夕刻根岸行。△衆議院にて星議長を懲罰委員に付する緊急動議を大岡育造提出し議決す。〈頭書〉午後和田駒込へ来る。不逢。近日京都へおもむく由。／礼儀会より学校調之事郵書。

三日　日曜

官位考徳川の条訂正。〈頭書〉本居へ万葉類語借用之事ニ付使遣ス。くわし贈。

四日

午前九時出宅。貴族院に至る処、今日ハ休会也。依て十二時前駒込へ帰る。○来ル六日、七軒丁売宅登記ニ付、書類三通した〻め。○二見家賃〔八日分〕持参。〈頭書〉岩もとへ返書。○大洗宮司浅井光政より郵書。／△衆議院にて元田肇緊急動議を興し、官紀振粛に関する上奏案議決となる。依て上奏す。

五日　晴。朝薄氷をミる。

午前九時過貴族院へ出。外国ニ輸出スル物品ニ課する海関税幷免除法律案（尾崎三良外一名発議）第一読会あり。特別委員ニ附するに決す。次に府県監獄費及府県監獄建築修繕費国庫支弁に関する法律案（林友幸外二名発議）第三読会まで決議。午後二時十一分散会。駒込へ帰る。○夕中村君入来。〈頭書〉△貴族院議事ニ先だち皇子御降誕ニ付、本院一同ヨリ御祝儀を申上候議あり。依て議長参内。／○朝桑原来る。古事類苑持参幷来一月発行講演附録元日朝賀之事書取頼。／○朝傍聴券之事ニ付、初太郎来ル。依て江沢へ郵書出ス。／△衆議院にて星亨懲罰事件秘密会議あり。一週間出席停止と議決す。／去廿九日議長云。其事ハ星亨ニ於テハ不当ナリト認メルノデアル。又ソレガ如何ニ決シタ所ガ、コチラハ守ル責任ハナイト考ヘル。○此言ノ一件ナリ。

六日　晴。風つよし。今朝氷稍厚し。

貴族院休会。依て国学院へ出んとせし処、両三日大便通あしきにより高山招浣腸をこひ、時間を過したにより断。午後大学も断。休息床中、目賀田栄陳情書をミる。土方大臣の久邇宮に対したる事件を述たるもの也（貴族院配付）。夜綾足の西山物語をミる。○七軒丁売家登記お光代理ニ遣し。〈頭書〉金魚池の蓋をこしらへ。○和田より本返ル。

七日　晴、風。

午前十時過、貴族院出。司法官試補宮地修習期限ニ関スル法律案（政府提出）第一読会了。審査委員の撰挙す。議長に任ずべきに決す。次ニ大蔵省証券条例中改正法律案（政府提出）審査長報告アリ。即日第三読会まで議決。十一時過散会。駒込へ帰る。

八日

議会へ出。田畑地価修正案（政府提出）第一読会、特別市制廃止案・市制追加案（衆議院提出）第一読会、狩猟法案（清棲伯爵提出）第一読会あり。午後三時三十四分散会。駒込へ帰る。○夕刻松南宏雄来ル。面会。特例市制廃止。道志惣代会常務委員也。〈頭書〉昨日迄にお道七軒丁の宅引払、今日中村綱亮引移る。

九日

議会不参。△今日保安条例廃止法律案第一読会、且特別委員の選挙あり。○桑原頼の朝賀図説を草す〔翌日回〕。〈頭書〉雇女おりよ下ル。お安来ル。

十日　晴。日曜

午後一時卅分学士会院へ出。三島・津田の演説あり。夜七時頃根岸へ帰る。〈頭書〉和田英松西京より帰ル。干鯛・羊羹を恵る。

十一日　晴。

議会へ出。狩猟法案第二読会也。予、早出。後ニ聞。今日三読会まで議決すと。○午後三時赤坂門内国風音楽講習所行。所長高野茂招也。冷泉・木村・本居・中村・関根・阪・小出・井上〔頼〕・鳥山其他十五六人来会。山登教頭も来ル。新製、又哥謡改作の談あり。了て高野・山登及門生女の琴曲あり。桜井・吉野山・仏御前の類也。夜九時頃駒込へ帰る。〈頭書〉△衆議院にて廿八年一月一日より逐次医師の調剤禁止案の議あり。二読会を開く。起立ニ少数なり《ママ》。〈十日条〉○〔十一日ナリ〕義象廃戸復籍願、聞届の指令下ル。

十二日

議会休。○義象廃戸復籍届区役所へ出ス。〈頭書〉△今日にて星議長懲罰の日了り、衆議院へ出席せしにより、高田早苗又々懲罰委員に付すべき緊急動議を起し起立多数なるニより、星ハ議長席を楠本に譲て退出す。／△衆議院にて医師免許規則改正の議有、委員を設る事に決す（東洋医術を加ふ議也）。

十三日　晴。

議会不参。○午前十時国学院へ出、職員令講義。十二時了て、松本・桑原ニ逢、昼食。午後二時過日本橋クラブ行。鶴久子納会なり。夕刻根ぎしへ帰る。〈頭書〉△衆議院にて秘密会議あり。星亨除名と決す。議長の職は随て解けたり。

十四日

議会休。○読売・都両新聞をミて日をくらす。〈頭書〉△衆議院にて議長候補者撰挙あり。楠本正隆・河野広中・安部井磐根の三名高点なるにより奏上す。

十五日　晴。雨風つよし。夕刻止む。

午後二時神宮教校へ出、職員令講義四時了ル。神田川行。中村氏招請によりて也。夜ニ入駒込へ帰る。○議会休。○島地黙雷より延暦聖主崇敬三宝考《三宝崇敬》草稿を送り、且序文を求む〔十七日返書出ス〕。〈頭書〉△衆議院にて楠本参内の命あり。依て暫時休憩の後開議あり。楠本帰院して議長に任ぜられたる披露す。

十六日

議会へ出、外国輸出綿糸海関税免除案（政府提出）第一読会、漁業法案（村田保提出）第一読会、府制法案第一読会（渡辺清等提出）等あり〔質屋規則改正外四件政府送りニ付〕。午後二時三十九分散会、駒込へ帰る。○夕刻本郷三丁め蒲団屋行、主人幷省三ニ逢。〈頭書〉△衆議院にて副議長候補者を撰挙す。安部井磐根・片岡健吉・安東九華高点なるにより上奏す。

十七日　晴。　日曜

午前十時過徳島県多額納税議員三木与吉郎来ル。鳴門鯛画賛哥頼なり〔わかめ・ムヤソウメン《撫養》・西洋菓賜〕。○省三来る。長井養子之事、承諾のむね也。

十八日

議会不参。○横井より頼まれ奉書紙への哥、哥学会其他頼の短ざく染筆。○夕刻根岸行。○午前山崎や行、面会。省三事承諾之由談じ。〈頭書〉△衆議院にて河島醇提出過日官紀振粛ニ関する上奏、今日に至るまで尚決せざるにより内閣ハ速に処決すべきものと決議す。／△衆議院にて中村弥六、保存林地法案を提出す。委員に付すべしと決す。／△衆議院にて鉱科取締法請願を院議を附（ママ）すべしと決す。

十九日

議会休。△本日より廿八日迄十日間、帝国議会の停会を命ずる詔下れり。○法典調査会より封書来ル。〈頭書〉△衆議院にて条約改正ニ付、政府へ質問書を提出せり（鈴木昌司提出）。／△同院にて廿六年予算案の議をはじむ。△同院にて安部井磐根緊急問題を起し、提出の現行条約厲行建議案の諸説を始めたるに停会の詔出たるにより直ちに散会せり。

廿日　曇、冷。

午前十一時霞関法典調査会行。手当金之事也。午後一時前日比谷神宮校行、一時より職員令講義。四時了ル。五時頃伊予紋行、中村招き饗応す。義象も来ル。夜八時頃根岸へ帰る。○議会休。〈頭書〉国学院試験之処出席断、問題差出ス。

廿一日　晴、和。冬至。

弐階にて古事類苑官位ノ部、織田・豊臣職員部検閲。○二見松五郎来る。久保田店明ケの事也。○平岡根岸へ入来。歳末の目録并白魚のはしりを送らる。〈頭書〉根ぎしすゝ払する。

廿二日　晴、和。

午後一時駒込へ帰る。○久保田わか証書并調書、夕刻二見へもたせ遣ス。〈頭書〉西紺屋丁末松より菊正宗一升取寄せ試ミ。

廿三日　晴、和。

古事類苑閲了。国学院試験評点〔今夕使来ル。渡〕。○福田仙蔵・青山清吉来ル。不逢。日用文鑑謝儀持参。別ニ中村氏より正宗壱斗六升を恵まる。○去る九日已来多忙にて日録を怠り、今日思ひ出るまゝ記たれバ漏れたる事あるべし。〈頭書〉増田西京より帰る。湯本より依托にて大極殿青磁の瓦を贈り来る。

廿四日　晴。午前南風つよし。正午頃少し雲ミゆ。午後晴て北風にかはる。日曜午前九時過出宅。中村氏行、さく日の礼を述ぶ。十二時前青山副島伯邸行、面会。素絹持参。揮毫をこふ。赤坂榾畠にて西洋食をなし、午後一時前氷川勝伯をとふ。病床にて面会。当夏揮毫の礼を述ぶ。タムシ惣身へ発し、起る事ならず。しかし、発したれば、来月ハ宜しかるべしとの事也。近日の詠哥なりとて、したゝめ置かれたるを懇望して持帰りたり。其哥

むかしおもひ今を顧ミる

大君の国のミいつをおとさじと

家をも身をもすてにしものを

時事慷慨談あり〔副島伯は九州人にして持重の風あれば、輙ち言語せず。勝伯ハ江戸ツ子にして且ツ年紀もおのれと同じ頃なれば、よろづ心置なく談話せらる。〕。例の死でもよくといふ詞を度々聞ぬ。当今徳川一家及其筋の人を時事に関せしめざる事、そのかミ日光東照宮を徳川一族ニもたせず人民の帰迎にまかせたる事などの談あり。三時過駒込へ帰る。〈頭書〉和田英松、西京より帰京後初て対面。

廿五日

朝内藤行。過日徳川官制史校合を頼ミし礼也。夫より皇典所行、納金十円、飯（空欄）渡、松野義捐金、桑原渡。夫より大蔵省行、手当金領収書受取。夕刻駒込へ帰る。

廿六日　晴。

午前十時日本銀行行、法典手当金受取。東亭にて昼食。午後万丁貯金銀行行、弐百十円受取。夫より三井銀行へ廻り〔四百円預ケ〕、午後三時前松浦家行。好古叢誌義ニ付、評議員集会也。来ル廿七年編集人ハ大槻に托する事に決す。三田・大槻・鈴木・宮崎等来会。夜ニ入根岸へ帰る。

廿七日　暁より雷。午前しきりに降る。正午止ミ、後曇る。根岸にて新聞をミて日をくらす。〇井上哲二郎使来ル。二六新報へ出ス新体哥の点削をこふ。

廿八日

午後駒込へ帰る。〇桑原来ル。駿河浅間神社宮司拝命ニ付、年内赴任之旨を談る。〈頭書〉午前光明寺参詣。明廿九日謹吾七回正辰ニ付、回向頼。世尊寺へも寄。

廿九日　晴。

原近知氏へ金三円郵送。お石石碑料之内也。〇歳末御礼に参内せんと思ふに、北風あり、且気分勝れざれば止む〔三十日同じ〕。〇水滸後伝をミる。〇駒込松飾する。

三十日　晴。

松平氏春雪春雨追悼哥、小出迄郵送。○夕刻根岸行。○今夕中村氏恩恵正宗酒弐升、始て神田川より取寄せ。○本居へ歳末使遣ス〔玉子送〕。新井・二見へも。○楢原入来。写本頼。

三十一日　晴。

午後五時過根岸を出、広小路仲丁遊歩。鈴木へ寄〔時計直し料済〕、切通しを上り、六時過駒込へ帰る。○明一日配付すべき賀帖取調、米野に托ス。目出度今年を終り十二時頃寐に就く。〈頭書〉風俗画報臨時増刊新年之部をミる。

註

（1）　冒頭から十六日条「…同行せんと」及び同日頭書「…懸念せる様子也」までは筑波大学附属図書館所蔵『小中村博士草稿本』第４冊（冊番号は、同書鉛筆書冊番号による）所収。

（2）　三行半に渡り破線あり。

（表紙）

明治廿七年日乗

明治廿七年　　　　七十二齢壱ケ月

一月[1]

一日　曇寒。午後晴。

門松のうた

たかかとも同じミどりに立わたす

松にときはの御世をこそおもへ

旧年、和田英松より嘱の画箋紙弐葉・水上克己頼の短ざく弐葉・米野頼の檀紙短冊へ哥した〻め、幷ニ旧冬多額納税員三木与吉郎頼の鳴戸へ鯛のわたる画〔久保田米仙（僊）〕の賛哥、又近衛公爵はじめ寄合書の絹へ哥した〻め。〇三輪義方・神足勝記・鈴木弘恭等入来ニ付面会。屠蘇を出す。〇本日郵送之嘉状は石井〔小太郎〕・伊藤〔圭介〕・稲垣・色川・馬場・林〔甕臣〕・星の〔恒〕・大槻〔修二〕・小野〔鵞堂〕・和田〔英〕・川田・加部・片野〔邑平〕・横井・田中〔芳男〕・曾我・鶴・南摩・長松・中根・熊阪・久保・八木〔仙吉〕・丸山〔作楽〕・松本〔愛重〕・平田・深江・足立・桜井・今泉・宮崎・三輪・三島・島田〔重礼〕・平岡・杉浦、合三十六戸。外ニ蜂須賀・渡辺〔洪基〕・加藤〔弘之〕・河鰭・金子〔堅〕・谷・福羽・三浦〔安〕・千家等は包名刺出ス。外ニ、物集・落合〔直文〕・高崎・井上〔毅〕（空欄）等ハ米野遣し、追加。山田〔安栄〕・大久保〔春の〕・伊藤〔平章、滋賀県〕・神田〔千住〕・黒木・岡田〔正之〕・猿渡。

二日　晴。

午前九時出宅。河村・高山・高津・内田・関根・佐伯〔のり雑煮〕・中村・久米・安積の近辺を廻り、夫より〔神保丁長塩のり〕麹丁へ廻り多加良亭にて洋食。三河屋〔くわし〕・黒田・徳川家長井・高橋・鵜沢より帰路、村松〔くわし〕・大田・西村・今井等を廻り、晩景根岸へ帰る。〔頭書〕本年より義象、予より譲与の大礼服着用、拝礼ニ出ヅ。／本日已来度々諸方へ年賀状を出したれど、記憶せざれば、書とめず。
三日　晴、和。
根岸ニ在。江沢来る。面会。義象も来会。○午後水野・諏訪・柏木・狩野・成瀬・河崎等へ年賀行。○お貞来る。面会。〈四日条頭書〉〔三日也〕貴族院より歳費、明四日可渡書簡来りたれど、四日根岸へ届たれバ、間ニ合はず。
四日　曇。
木村・松浦・佐藤行。一旦駒込へ帰り、午後木下・栗田・内藤・久保田・浜尾・伊沢・三田・丸山両家へ年賀。丸山にて晩食の饗あり。夕刻駒込へ帰る。〈頭書〉○文部大臣より来ル十日談話すべきニより、午後六時半より平服にて来るべき直書来る。
五日　曇。午後雨。頗る寒気。
去三日熊阪へ浅草坐見物之事申送りたるニ、昨日第二号発之返書にて今日見物と申来りたれど、今日十時頃漸く届きたるに寒風甚しければ断の郵書差出ス。○夕刻和田招き晩食を饗す。今朝兼て頼の染筆〔画箋紙〕出来分もたせ遣ス。〈頭書〉井上大臣へ返書出ス。／〔七日歟〕大和国山辺郡丹波市村堀至徳より同文会を介して十二月卅日発之書を送り、新年二日之書状又来る。依て返書、幷ニ学規私言を示さんため、神道第〔空欄〕号一部を恵ミ、郵送す。
六日　午前少雪。後雨となり風を交ゆ。あれの気味也。午後雨止ミたれど猶北風はげし。
午前十時過貴族院出、歳費金券請取。十一時日比谷神宮校行。先ヅ一同神宮を拝し、神田教正勅語奉読の式了て饗宴あり。午後二時前皇典講究所へ廻り、国重氏、高崎に代り院長となられたるにより、其披露幷ニ本所之事ニ付談合あり。了て立食の饗に逢ふ。夕四時前駒込ニ帰る。寒甚しきにより常よりも飲酒を過したり。〈頭書〉下総成田丁林栄清より心声といふ雑志発行ニ付、題辞の哥をこふ。門松の哥を出して郵送。／帰路本居へ年賀。
七日　晴、午後曇。
小沢芳兵衛来ル。面会。○午後三時過より岡田・村田・松田等へ年礼。根ぎし行。○武藤巌男熊本へ帰る。音楽史一疑を贈る。義象新橋迄送る。○午後三上参次来る。近世年中行事類の書数種ミせ。〈頭書〉学士会院書記より重野差支付、来ル十四日代講頼来ル。承諾之旨幷ニ演題等即答郵送。／岩田根ぎしへ来る。不逢。
八日　半晴。

午前十時前三作同道日本銀行行、歳費請取。三作ハ分れて両替店及万丁貯金銀行行、予ハ十一時熊阪行。午飯の饗に逢ふ。午後二時過根岸ニ帰れば右馬来り居り省三の事承引也。○中村より郵書。婦女雑志へ差出す紫式部論一閲頼也。即ち附箋して郵送。〈頭書〉おミつ・お晉、松駒連にて浅草坐見物。○水野入来。不逢。

九日

御会始詠進哥、宮内省へ郵送。○午後二時前出宅、あら井・宮川等へ年賀。文科大学及図書館行。大内裏図考証借用。駒込へ帰る。〈頭書〉鹿沼丁原より金三円返戻。為替証書郵送。

十日　晴。風寒し。

伊達周碩年賀ニ来る。面会。午粲を出ス。○黒川博士年賀入来。不逢。○夕六時半井上文部大臣の邸ニ参るべき処、寒風甚しければバ不参。書状もたせ遣ス。○夜詠哥。〈頭書〉神田川より酒取寄せ二見へ家賃之事申遣ス。○熊阪へ短冊二葉染筆幷菓子もたせ遣ス。過日之礼也。

十一日　晴、和。

二六社員平田勝馬面謁をこふ。尺八の事質問。嬉遊笑覧・芸苑日渉を出し示す。○山田安栄来ル。青木匡衆議院議員も投票頼ミなり。○中村行。近日二三発会之兼題哥相談。○徳島県三木与吉郎村木丁支店へ郵書。画賛哥出来の報也。○二日已来日録を怠り今日思ひ出るにまかせ記したれバ脱漏もあるべし。〈頭書〉あたミ滞留重野博士より十四日代講之謝状来る。／副島伯へ使遣ス。旧冬頼の染筆出来之故なり。／外手丁清水義郎来ル。写本頼国文二冊渡。○原へ返書出ス。

十二日　晴。

来ル十四日演説すべき大極殿之事取調。○螢雪館員高田雄民、夜学の雑志へ題辞の梅花先春の哥をこふ。たゞちにしたゝむ。〈頭書〉おたつ東京府行。恩給金券受取。

十三日　晴。

午後二時浜丁クラブ行。久子発会也〔兼題住〕。五時桜雲台へ廻る。古典科懇親会也。加藤〔弘之〕・木村・久米・物集・小杉〔以上教員〕・旧古典科生廿人斗来会。幹事ハ今泉と義象なり。七時前根岸へ帰る。〈頭書〉伯耆国倉吉丁近藤泰世より九日発にて蛸蛉集一冊贈来る。／三木より絵賛取に来候付渡。

十四日　晴。日曜

午後一時過学士会院行、同三十分過より予、大極殿を講演す。大内裏京城図・大極殿図・豊楽院図・天保板京都図幷大石真虎大極殿大画巻等を展して説明せり。二時卅分了て早出。三時諏訪子爵邸行。哥発会なり〔兼題新年鶴〕。鈴木翁・鈴木〔弘恭〕・三浦・梅村・加藤・小俣・秋山・加藤〔里路〕・久子・きさ子其他三四十人来会。六時前根岸宅へ帰る。〈頭書〉朝小杉氏より応仁前後京図・正徳度写本同断、天保板同断、すべて四枚をもたせ遣はされたり。／○青森県弘前長利仲能より年賀状、且つ国産刻昆布ヲ贈らる。／○山元丁川崎義門より父魯輔の著書刻本。孝経参釈一巻贈来ル。／○田中正弊（彝）駒込へ来る。不逢。代議士撰挙に付、青木臣申込之事也。

十五日　晴。

午後三時松浦邸行。新館に於て哥会正式あり。東久世・正親丁〔七十余。殿中杖を免さる〕・鍋島・久我・前田〔利鬯〕・園・冷泉・大原・石山・綾小路・北小路・水野・金子等々華族及高崎宗匠・黒川・阪・小出・小杉・加藤〔安彦〕・三田・鈴木翁・鈴木〔弘恭〕・小俣・佐藤〔誠〕・大槻・大口・久子等来会。四時過より楼上に於て開会。

其次第

　披講式

先掌灯。次人々着坐。次懐紙ヲ置。次講師〔北小路〕進テ坐ニ着。次講師を召ス〔高崎〕。次講師参進。次発声〔綾小路〕。次講頌人〔大原・金子　外二人不覚〕参進。次披講〔鈴木・予・松浦・正親丁・東久世五名の哥を講じ、後ニ両陛下御製亀の哥を三道（ママ）ヅ、講ず〕。次講師本坐ニ復ル。次講頌本坐ニ復ル。次発声本坐ニ復ル。次読師本坐ニ復ル。次切灯台ヲ撤シテ高灯台ヲ立。

　当座式

先出題。次題ヲ見ル。次重硯箱ヲ分配。次料紙ヲ置ク。次短尺ヲ配ル。次墨ヲスル。次紙ヲ折ル。次座ヲクム。次詠吟。次先達ニ文台ヲ進ム。次先達ニ硯箱ヲ進ム。次詠草ヲ先達ノ内覧ニ進ス。次先達内覧。次詠草ヲ退ク。次先達ノ料紙硯箱ヲ撤ス。次短冊ニ清書ス。次重硯箱ヲ撤ス。次紙ヲ撤ス。次歌ヲ置ク。次退出。

阪正臣当坐ノ哥ヲ披講し、了て饗宴あり。夜七時頃根岸へ帰る。

十六日　晴。

正午過駒込へ帰る。根津田中正弊行。外出ニ付内室面会。

十七日　晴。

午前十一時国学院へ出、衣服令を講ず。本月より一時間之講義となる。帰宅後午後二時大学出、獄令を講ず。四時了て駒込へ帰る。○午前中根淑氏入来。越後人新保正与の碑文頼なり。承諾す。○今泉来ル。

十八日　晴、和。

宮中御会始也。過日義象拝観を願ひたるに、御聞届ニ成たるにより、九時頃出頭。○横井時冬来ル。夜寒焼花生を恵まる。○お道来ル〔金三円渡〕〈十七日条頭書〉〔十八日ナリ〕原近知よりの為替金三円、本郷郵便局にて受取。／〔同〕小杉へ借物画図三枚返ス。亀卜次第貸し。

十九日　晴。

明日演説の下調する。

廿日　晴。

午後一時皇典講究所行、建国の聖詔といふ題にて演説す。西村茂樹翁・落合直文氏も演説せり。聴衆堂にあふれたり。夕五時頃神田川にて晩食。六時過根岸へ帰る。

廿一日　曇。日曜

午後光明寺墓参。夕刻駒込へ帰る。○井上真優へ端書出ス。細川十二支考之事也。

廿二日　晴。

午前十時明治坐茶や中村や行。松駒連見物也。三作も来る。伊達騒動の新作にて大切ニ左団二・小団二・米蔵三人にて獅子の鋒ぐるミ、狂ひの所作あり。夕八時前根岸へ帰る。

廿三日　晴。

午後三時斯文学会へ出。発会にて谷・田中〔参〕演説有しかど、遅参したれば聴かず。新年の祝宴あり。谷・根本・萩原・高島・木村・黒川・広瀬・小原・田中・岸田・南摩・星の・野口など来会。五時駒込へ帰る。〈頭書〉駒込へ青木匡外二三名来ル。よしかた面会之由。

廿四日　曇、寒。

十一時国学院へ出、衣服令講義。午後二時神宮教校へ廻り、職員令講義〔了〕。横井来会ニ付同道。夕六時前永田丁文部大臣邸行、謁見す。夜七時過駒込へ帰る。○高野茂頼の琴唄千箱の玉章添削郵送。

廿五日　暁より雨終日。午前雪を交ゆ。夕刻止む。

午前十一時木挽丁三州や行、かぶき坐見物。お栄・清名・お光来る。一番目菊五郎の非人長五郎、中幕同人の八重垣姫・狐火の人形見、弐番目同人の時二郎おかや・福助の浦里にて九時前打出し。十時頃駒込へ帰る。お辰、駒込へ留主ニ来ル。

廿六日　曇。風いと寒し。
夕四時より霞が関にて法典調査会有之処、風邪気にて断。後ニ聞。議員五十人の内廿人斗欠席。十時頃散会之由。
〈頭書〉おミち来ル、離縁談アリ。
廿七日　曇。風寒し。
午前新阪村井行候処、不在なれバ根岸宅行。○新聞をミてくらす
廿八日　曇。風寒し。正午三十六度七。　日曜
午前村井行奥歯ゴム詰直し。○寒さつよければなす事もなし。○清水義郎根岸へ来ル。写本持参。
廿九日　曇。正午三十九度九。
笹又願書郵便にて駒込へ来る。
三十日　曇。正午三十五度三。晩雪ふる。後折々雹。
午後一時駒込へ帰る。○笹又〔ミち〕離縁ニ付、送籍願書へ調印、松田貞三郎家屋・名前替親戚調印、両書共郵送。〈頭書〉仲丁鈴木行。村田呼、来月五日より家賃取ニ遣し、且地代ハ毎月卅日あら井へ可渡事談じ。
三十一日　曇。正午三十九度九。
午前十一時国学院行、営繕令講義。○加藤ニ来月十五日限暇遣ス旨申聞。〈頭書〉あら井来ル。今日より村田にて地代受取、且家賃不納今日皆済。
二月一日　晴。
中村より中古文鑑二冊幷参考書稿本廻る。夜上の巻はじめ一覧。〈頭書〉本郷三丁め富田より抱巻出来、持参。
二日　晴。
法典調査会之処、不参断。○斯文学会講義録先年出来ノ分校正〔四日郵送〕。○加藤本月晦日迄、差置呉候様歎願。〈三日条〉〔二日ナリ〕三浦千春来ル。色紙染筆需。
三日　晴。
○午後一時頃根岸行〔横山浅井ヲ訪〕。○加藤区役所遣ス。ふきや丁おミち入籍届也。
四日　晴、和。○立春　日曜
三浦・諏訪・永友頼の色紙・短ざくした丶め。○国風音楽調習所より招請之処不参。おたつ・お晋十二時より見物ニ行。琴曲・八雲琴・荒木尺八・さつまびわ・清楽等十七番あり。夜七時過帰る。〈頭書〉本郷三丁め戸田捨彦来ル。代議士撰挙之事也。阿部ニ投票を求む。○土井来ル。
五日
午前駒込へ帰る。○夕刻おミつ駒込へ来る。本月より村

田取立依托。
六日　芳賀矢一来ル。近日大学院修学として西京奈良遊行之由ニ付、いせ本居・鹿島等へ紹介名刺送る。当今父真咲は多賀神社宮司ニ去冬拝命。彼地ニ在る由也。
七日　晴。
十一時国学院出、公式令を講ず。午後二時大学出、獄令を授く。今日ハ一時間にて止ミ、閲覧室行。八洲文藻十六巻借用。義象頼也。○昨夜よりお栄外邪気、高山ニ診を乞ふ。インフルエンザの軽症之由。頭痛甚しく惣身痛む。〈頭書〉熱海小林へ郵書出ス。
八日　晴より雨。午後止む。夜風つよし。
夕刻おたつ駒込へ来る。明日同行之ため也。○午前中村入来、十二景哥ノ事談じ。并旅行之事も。〈頭書〉三浦へ色紙もたせやる。／細川議官へ聖上・皇后御像を掲ぐる事問合せにやる。即日返書来る。
九日　晴。尚風あり。午後止む。
午前十一時四十分の気車ニ乗る。おたつ・清名同道、午後二時国府津ニ着、人力車ニ乗て夕四時卅分斗箱根福住行、一泊。去年通路を取込、庭としたり。依て自費にて架橋し従来のは塔の沢道の橋としたり。〈頭書〉あたミ小林やより客室無之は（端書）書出したる由なれど、かけ違ひ間に逢はず。／学士会院・国学院・神宮教校等へ旅行届出ス。
十日　曇。
午前十時出立、午後一時吉浜にて中食。今日ハ折々粉雪少しづゝ降れり。されど寒気強からず。夕五時前あたミ小林屋へ着。当節来客多くして客室明きなければ、仮ニ下屋敷（入口の傍）をやどりとす。
十一日　雨ふる。夜風を交ゆ。　日曜　紀元節
持参の読売新聞をミる。○支那史略をよミはじむ。○午後駒込・根岸へ此地着の端書出ス。○此宿の奥二階にて夜な〳〵落語家円橋の噺ありと聞けば、清名と共に聞に行〔上州宗三ノ話〕。
十二日　半晴、午後曇。折々粉雪降てさむし。
支那史略をよむ。○石川県金沢高等中学校須藤求馬へ去月卅一日之返書出ス。聖上御写真掲載の次序、古来関津番所等の事、大内裏図印本之事等答問なり。○伊能仙造の奥に滞留したるに逢ふ。去月の末此家へ着と共に腸カタルヲ病ミ、一時ハ重症なりしにより東京より妻を呼び、

親族も来れりと語る。近日ハよほど快方之由、十年斗りも逢はざりしが、今は東海銀行へ日々出務なすとぞ。

十三日　快晴。

午後清名をつれ、そゞろありきす。○足立東宮亮、牛臥せの御所より帰路当所へ廻られたるにより、来訪之処、外出中なりしかば、三時頃旅亭真誠社に至りて対面緩話す。○松浦家月並早春梅・諏訪家月並山残雪の哥よむ。〈頭書〉宿の毎日新聞をミて、昨十二日東京裁判所にて錦織の調ありたるを知る。○さく夜よりおたつ風邪、床中を離れず不食也。

十四日　朝曇、後晴。風寒し。

根岸より読売新聞、九日より十二日までをおこせたり。因て一覧。○松浦家幷三作方へ郵書。根岸へハ諏訪家の哥を托し駒込へも郵書出ス。非役有位之者届之事なり。○伊能氏と梅園観覧の約有し処、朝曇りて粉雪ふりしにより止む由の手紙の奥に高老氏

　朝まだきふるあわ雪ハ梅の花

　　散るにまがひてわびしかりけり

かへし

　梅にいざと契りしものをもろともに

　　散るかとまがふ雪をミるかな

午後三時頃足立氏を訪ふに、今日ハ離宮なる二位御局に具して梅園へおもむかれ、いまだ帰らずといふ。更にこんと云ひ置て帰りしに、晩景風寒ければ断の書をおくりて果さずなりぬ。因て同氏より返書幷ニ雁皮紙等を贈られたり。明日ハ出立のよし、此方よりも雁皮織のふろ敷・腹巻を贈る。

十五日　快晴。

新三番室明きたれば、午前そなたに移る。○午後二時頃より伊能氏同道、梅園へ遊歩す。同氏家族四名さてハ清名等同じく出たつ。宿より十二三丁西の方にて熱海の内也。いにし廿年頃横浜なる茂木氏此地を購ひ、梅三千株を植たる由、長与専斎の撰文せる碑たてり。園広く梅多くして、ことに満開なれバ、遊客も多かりけりば

　よはいまだはつかばかりを此さとハ

　　梅も人目も盛とぞミる

また、いしぶミのこゝろをくミて

　梅がゝにつゝまれてこそしられけれ

　　その、あるじの心づくしを

伊能氏またやからのも有けれどことに記すべし（異）。五時過

やどりへ帰る。〈頭書〉三作より昨日出郵書とゞく。／○二六社員与謝野寛へ詠哥郵送。
十六日　朝少し雪降て曇れり。十時頃より晴。
伊能氏訪ひ来。左の哥をもたらしたり。
梅見て帰りける夜月の長閑けかりけるに園を思ひやりて
　こよひたれ梅の下芝折敷て
　　匂ひニ霞む月をミるらん
　　　茂木某氏の碑
　植なめし人の名さへやかをるらん
　　梅さく春に逢はん限りは
きのふの哥
　花の香をけふにくらべて千々の春
　　いつこの梅に君をしのばん
○今日より新潟県故新保正与の碑文を書はじむ。〈頭書〉中邨氏へ郵書出ス。／駒込より手簡幷日本新聞二枚をおこせたり。
十七日　晴。
碑文の稿成る。○安濃恒生来訪。さがミやに滞留のよし。〈頭書〉松浦伯よりの返書郵着。／駒込より清名シヤツ幷ニ鍵袋届く。
十八日　快晴。日曜
一昨日より大便秘かつ小便の通じもあしければバ、吸気館の副院長梨本氏を招きて診をこふ。○第二号室明きたればバ移居す。ミわたしよき処にて去年の春秋ともこゝに住めり。○富沢氏夫妻年賀哥集序を草す。○夜桜痴滑稽談をミる。
十九日　晴。夜満月いとあかし。風寒し。
三作より、十三日より十六日までの読売新聞をおこせたるをミる。○年賀集序幷哥及び川上花顚詩抄はし書幷哥成る。〈頭書〉義象方へ郵書出ス。中根への書封込、別ニ神保氏事歴二冊及碑文之稿開き封にて送る。
廿日　晴。西風つよし。
きのふの夕つかたより二便ともに通ぜず。こゝちあしければバ、明るをまちて梨本氏を招き浣腸をこふに、快通せり。○中古文鑑の校閲をはじむ。○夜円朝のはなし本、粟田口志免須留竹をミる。
廿一日　午前雨。雪を交ゆ。いと寒し。午後晴。夜月明らかなり。
三作より十七日より廿日までの読売新聞をおこせたり。則皆読。○夜中古文鑑校閲。〈頭書〉義象方へ郵書幷富沢祝哥序、川上詩抄序等開キ封にて送る。

廿二日　快晴。

中古文鑑校了。○夜同泊人催ニて、桂〔十六七斗〕女の踊并ニ浄るり〔常盤津〕の催あるを聞に行く。〈頭書〉お栄より手紙届く。中村の返書も。○さく日頃より義象インフル風の由。〈廿一日条頭書〉○清名同道。来宮へ詣づ。薬局行、梨本氏に逢ひて謝礼す〔廿二日ナリ〕。

廿三日　晴。

午前九時前より伊能・清宮と共に再び梅園行。満開後いまだ散もせず。園中の小亭にて三人にて探題五十首の哥よむ。おのれハ十五首を得たり（別に記す）。此亭のあるじを撫松庵春雅といひて俳諧する翁なり。伊能もこれをおしめば

　羽衣に松をも撫ん山かすむ

（俳名を而咲といへり）………（ママ）といひ送りたるに翁

　声あざやかにはづむ鶯………（ママ）

とつけたり。又翁の

　初夢や子に譲りたき事ばかり

とあるに伊能（空欄）と脇句す。おのれも撫松といふハ帰去来の詞とかやとはし書して

　渕明の宿や菊より梅の春

といひて書画帖ニこはれたり。此ほどよりも画客やゝ少し。午後四時前やどりへ帰る。〈頭書〉此やどの書画帖に亡友大沢清臣氏の記されたる哥あり。

　春の末つかた此所にものしけるに

かぐはしく匂ひし跡もさやか也
　わか葉さしそふ梅の下蔭

廿四日　晴。風寒し。
円朝の噺本・桜痴の滑稽談などミる。きのふの詠草再案、伊能へ送る。同氏又清宮氏の詠草も来る。又両氏にこはれたる色紙・短冊したゝめ。○夜おたつ此宿に素人浄るりの催あるを聞に行。〈頭書〉駒込より貴族院及文科大学之来書郵送。又根岸よりも曾我之事云おこせり。依て同院書記（来月九日献品之事）・大学書記（大槻文彦学位願之事）・曾我（阿部氏権参事）駒込根岸等へ郵書出ス。
廿五日　晴。
朝起出て日の出を拝む。○東宮職員令・家令職員令の講義をしるす。○午前お辰・清名ツれ和田村辺遊行。興禅寺詣内にて眺望。〈頭書〉三浦千春よりの来状とゞく。

／三作より廿一日より廿四日迄新聞届。
廿六日　晴、午後曇。さむし。
午前九時頃伊能氏一行出立。○相模屋行、安濃面会。
　伊能氏より此ほど、花のかをけふにくらべて、な
　　どいひおこせけるかへし
　さく梅のいづくハあれど君とミし
　　袖のかをりハつひニわすれじ
○史海をミる。
廿七日　暁雨、朝晴。
朝八時発車、午後一時小田原へ着、片岡にて昼食。二時三十分前国府津ニ至、三時十三分の気車に乗る。五時三十五分新橋着。風寒し。夜七時過駒込へ帰ル。
廿八日　晴。
夕刻おたつ、根岸へ帰る。○当区撰挙之事むづかしき様子なれバ人に逢はず。午後山田〔安栄〕来ル。義象面会。○加藤銀二郎本日限解雇。〈頭書〉斯文会・佐原加藤タマキ・長井誠幷文学大学《ママ》へ御祝。賀表之事郵書出ス。○高津紹介状持、法学士朝倉外茂鉄来ル。不逢。
三月一日　晴。
下谷区役所にて代議人撰挙あり。不参、棄権す。○中古文鑑再校了。○今日より軍司万二郎車引雇入。宅に居らしむ。
二日　晴、午後曇。
午前十一時出宅。松平子爵〔康民〕より一昨日確堂君染筆を贈りこされしかば謝礼ニ行。弓丁奥へ弔詞。菊池へも同断。正午根岸ニ至る。○午後一時谷中葬所行。奥葬式也。谷・川田・重野・亀井・南摩・小原・蒲生・長松・松平信正等来会。三時頃根岸へ帰る。〈頭書〉小杉より兼て頼置たる応仁前京師図、石本秋園ニ写させたるを表装し送り来る〔根岸へ〕。此代価三円使ニ渡。／○右馬・お道根岸へ来。一泊。
三日　さく夜より雨。午前十時頃止。猶曇。
午後一時谷中葬地行。菊池大麓母葬式也〔箕作麟祥・箕作佳吉・同元八等にも母なりとぞ〕。津田・三浦〔安〕・大槻〔修〕・小幡・辻・手島等に逢ふ。浜尾・外山・穂積・中村其他大学の人をミ受たり。三時頃根岸へ帰る。○大垣金森より来ル九日御祝典ニ奉る上表文頼ミ来る。尤去廿四年震災御救助の謝状をも兼てとの事なり。即刻端書出ス。来ル六日迄ニ差贈候旨。〈頭書〉法典調査会へ帰京届。／松平信正子へ花顛詩抄はし書幷哥贈る。／

○伯耆倉吉丁近藤泰世より郵書。／○おたつ、お道を送りて深川行、一泊。

四日　雨。　日曜

山崎屋へより省三ノ事談じ。午前駒込へ帰る。○金森頼の賀状起草。○夕刻中村行、中古文鑑稿本持参幷賀状草稿相談。〈頭書〉伊能よりの状根岸へ来ル。帰後少々不快之旨也。即日返書出ス。／鈴木弘恭よりつれ〴〵文段抄標注恵る。

五日　雨或は止。

金森へ原稿、書留にて送る。○午前八時過専門学校幹事来、賀状撰文頼。急之事故直ニ起草、中村行相談、午後四時頃郵便にて差送。〈頭書〉鈴木へ返書。教員検定試験の事也。○青山堂より新刊増訂日本文鑑十部を贈り来る。

六日　曇。

金森より電報郵書届候旨也。○松平より謝状来ル。○夕日下部三之介より郵書。即刻返書出ス。〈頭書〉さく日小出へ祝哥詠進之事問合往復端書返書来る。／○夕お晉御祝哥持参にて来ル。／○菊池へ蠟燭一箱霊前へ贈ル。

七日　雨。

金森より礼書届。○午前十時出宅、浅草万金行。松駒連にて浅草坐見物。根岸よりおたつ・お晉・三作来る。川上一坐にて、又意外と云狂言おもしろし。北海道雪の場電灯を消し、其中に道具を直し立廻り。終て又闇黒となす。暫時にして明るくなればもとの旅舎の所へ返る。大切裁判所の所実地をミるが如し。去月廿一日よりの興行なれど、いまだ大入なり。夜八時過根岸へ帰る。○駒込より米野を使にて御歌所まで詠進哥差出。

八日　暁より雪。明けて盛にふる。午後消長あり。夜に入までやまず。

読売新聞をミる。○福地氏の幕府衰亡論をミる。おもしろし。〈頭書〉貴族院議員船越衛外七名より明日献上品ハ本幹七尺横板一丈の弐百年の生松を台ニ植へ、尉と姥との人形を置く。此入費百五十七円九十六銭。五十一名ニわり、一人ニ付三円十銭宛出金之むね報じ来る。

九日　雪は止たれど、終日曇れり。

御結婚満廿五年御祝典により午前八時神殿へ御参拝あり。十一時皇族・親任官・勅任官・麝香・錦鶏間祇候・各国公使・公侯爵の拝賀を鳳凰間にて受させられ、午後一時三十分観兵式のため両陛下青山へ行幸、還御の後午後六時三十分豊明殿に於て御宴会。皇族并御息所・親任官・勅任官・有爵者・各国公使・麝香・錦鶏間祇候（親任官以下各夫人共）・典侍・掌侍等御召有。終て正殿ニ出御。御宴ニ陪せし諸員及従四位以上の有位者・勅任待遇の外国人・勲三等以上海陸軍々人（以上夫人共）并横浜碇泊の各国軍艦長を召させられ万歳楽・延喜楽・太平楽・陪臚等の舞を御覧あり。本日ハ市中一同静粛たるべき内達有しにより、各町は只、軒提灯のミ。但し日本橋区辺の商家ハ幕を張、金屛を建廻ス等の古風をなし、由也。有位者・帯勲者ハ本日参賀すべき旨、式部職の達し有たれど、大礼服無けれバ、只宅にて両陛下の真影を拝し奉りたり。但し義象は参内せり。〈頭書〉金森より昨日発之状届く。去七日在京知事之もとまで賀状差出無之旨也。清書ハ大垣野村と云へる儒者之由。／〇専門校坪内より礼書来る。／〇第八区撰挙代議人阿部孝助より来ル十一日松源へ招書来ル。

十日　終日雨ふる。夜ニ入る。

松浦家・江刺・橘等月並之哥考へ短冊にしたゝむ。〇幕府衰亡論をよむ。〈頭書〉諏訪家より染筆頼の短ざく来ル。

十一日　曇。

午後一時学士会院行。杉・田中等講演あり。前講了て三時頃退出。松浦家哥会也。津軽・長岡・向山〔詩人〕・三田・小出・久米・小杉・阪・江刺・鈴木〔弘〕・三輪・千葉〔胤明〕・久子等出席。六時頃済、駒込へ帰る。〈頭書〉専門学校より謝物来ル。義象入手。

十二日

おたつ第一銀行及万丁銀行々。〇諸新聞をミる。当節駒込へ日本・二六・自由・小日本の四種各社より贈り来るにより、数日分を閲るに手間取れり。〈頭書〉家屋税、義象分共米野ニもたせ遣ス。／〇中村行。日本文鑑之事、諸方中学校へ書林より申送る。草案之談あり。／〇岐阜県金森へ返書。／〇仙台市井上可基へ日用文鑑一部贈る。

十三日

感冒のこゝちにて午前臥床。〇午後日本新聞社〔陸〕・国光社〔沢〕等へ金森吉二郎賀表写添郵送。〈頭書〉奈良県丹波市堀至徳より十一日出之郵書届く。／小杉頼賀哥并舟中見花哥色紙へ認メよしかたより届。／伯州倉吉丁䗝蛉社理事祈藤泰世より哥添削之事、過日頼来。今日断状出ス。

十四日
学士会院雑志ニ出ス大極殿起草。／○夕刻河合来る。目ミえ女中同道。〈頭書〉国学院神宮教校へ不参届、万二郎ニもたせ遣ス。貴族院へ御祝品出金同断。／秦政二郎より山形県教員之事郵書。大沢小源太之事即日返書。／日本法律学校幹事有森より雑志之事郵書。

十五日　晴、和。

大極殿を草す。〈頭書〉河合同道の女返ス。

十六日　曇、暖。

民法草案幷参考書等一閲。○午後四時永田丁枢密院官舎行。法典調査会也。西園寺副議長出席にて民法第三章物第八十八条より九十二条までを議す。第四章法律行為は早出により議場に出ず。午後七時過弁当之時に退出。跡おし付、早く八時過ニ帰る。本日穂積・梅・富井之三主査、箕作・細川・本尾・三浦〔安〕・鳩山・磯部・高木・穂積〔八束〕・関〔直彦〕・横田〔香苗〕・大岡〔育造〕其他四十人余の委員来会せり。〈頭書〉玉川富沢此ほど序文之礼ニ鶏卵折〔一〕持参。不逢。／省三実印出来。下谷区へ送籍ニ用ひんため也。／貴族院より第五回議会速記録来ル。

十七日　曇。

午後四時頃より神田川行、晩食。六時過根岸ニ至る。〈頭書〉本日よしかた皇典所にて演説。本居同断。○三谷来る。近日四ツ谷に住居之由。不逢。

十八日　曇、午後晴。　日曜
堀越より今日歌舞伎坐への招請状、さく日根岸へ来居ル。今度のは妹背山・女山嫗等にてミるに好ましからざれば、不参書、柏木へ托ス。○お栄・新右衛門丁行ニ付、お辰、午前十時頃より留主居ニ行。○丸山貞照隠居入来。〈頭書〉右馬嘉十郎、昨日より根岸へ来り、おたつ同道、長井家ミに行。今日帰ル。虎ノ門内女学校長辻より入学勧誘冀望の摺物来る。但し規則添。／○庭の梅皆散過たり。

十九日　晴。

午後三時諏訪行。哥会也。鈴木・水野・増山・梅村・吉川・桜井・江刺・水原・河合其余三十人余来会。晩景帰る。兼題は名所春月、当坐名所春曙、又探題あり。○午前中根来ル。新保翁碑文訂正之ため也。○霊祭する。〈頭書〉本日伊予紋にて文会あり。不参。○午前諸方より頼まれの色紙・短冊認め。

廿日　春季降霊祭

午後駒込へ帰る。〈頭書〉山田安栄・野沢親昌来ル。不逢。演説之事也。

廿一日

午前九時出宅、小石川仲丁和田行、日本文鑑三冊を贈る。十一時国学院ニ至、公式令講義、正午帰ル。午後大学へ出候筈之処、試験中にて学生より休業を求たるニ付、不参。○大極殿を草す。〈頭書〉中根へ新保翁碑文訂正稿を送る。／備后（後）尾道雲阿弥直二郎より十六日付之書、国学院ニ来居。哥添削之事也。／斯文学会〔奥寺任会幹ノ代りニ小原会幹へ嘱托ノ由〕より講義録幷謝物来ル。浜丁一丁目田辺輝実より史料通信叢書之事ニ付来書。

廿二日　晴、和。

大極殿成る。午前皇室典範講義幷詠草、荒間等郵送。○午後三時内藤行。此ほど子燦衆死去の弔なり。鈴木へより日用文鑑を贈る。過日松浦伯と共ニ月が瀬へおもむき、今日帰宅し電報着したりとて、夫より栗田行。過日披閲頼の官位略受取、幷江戸幕府職官考八冊を借受。帰路物集を尋。過日中両度駒込へ来られしが、逢はざりしによる。談三条。第一大槻学位願之事、第二松野遺族義捐金之事、第三古道の講坐を大学に設けたき事等なり。中村へ寄、中古文鑑同著名之事を謝す。夕刻帰宅。〈頭書〉三谷より郵書中ニ仙台八木より贈り来る哥二首の小片あり。／○去十六日大医浅田宗伯八十一にて歿。今日丸山本妙寺へ葬る。

廿三日　晴、和。

昨日借来の職員考にて、徳川条官位略を訂す。〈頭書〉三谷・武藤・雲阿弥等ニ返書郵送。／今日法典調査会之所不参届。／三浦千春へ寄物祝の哥短冊もたせ遣ス。○根岸にてお辰・お光明治坐見物。

廿四日　晴。

午前九時出宅、山崎屋行、省三廃嫡願証印頼。夫より根岸行、読売新聞をミて日をくらす。〈頭書〉中島屋へ系引十一行一〆、子持系半〆あつらへ。廿八日迄ニ出来之約。

廿五日　曇、午後半晴。正午六十一度。日曜

官位略徳川条訂正。○横井時冬著消息文変遷製本出来、根岸へ届居。則一覧。よく出来たり。〈頭書〉廃嫡届、明日さし出候様、駒込米野のもとまでもたせ遣ス。○横井へ礼書幷清水義郎への端書郵送。日下部法典調査会三

浦返書、駒込より届。

廿六日　昨夜雨、暁止、後曇。

官位略徳川条訂正。暖気により事業も出来。○日下部三之助へ返書出ス。高等学術研究会設立ニ付、国史・国文講義録頼を断也。〈頭書〉両三日来殊の外暖気、シヤツ脱ぐ。根岸ハ夜分蚊の声を聞く。例年よりハ一週斗暖気の催早し。庭の桜の莟や、ふくらむ。根岸へ餌付の鶯漸く啼く。／本日義象、高等女子師範学校へ兼勤拝命、七等級に叙せらる。博物館兼勤、是迄之通也。／△昨日法典調査会規則改正之勅令あり。

廿七日　曇、午後雷鳴。暫時止む。

午後駒込へ帰る。○夜和田来ル。延暦聖主崇敬考渡。〈頭書〉横井より雁のゆくへ五部を恵る。即日礼書出ス。／菊池より亡母三十五日マンヂウ〔卅五一箱〕来ル。

廿八日

朝中村行。雁ノ行へ贈ル。不在、不逢。午後入来。中古文範参考書之事談あり。○官位略巻一・二訂正。○三上来ル。貸本引替日用文鑑恵、且高津へ贈分も頼。〈頭書〉雇女お滝来ル。お常解雇。

廿九日

官位略巻二訂正。○お栄、子供つれ根岸行。〈頭書〉奈良県丹波市堀至徳より写真郵送。

卅日

清水義郎入来。官位略二巻幷料紙渡。○官位略巻六訂正。

三十一日

午後一時過出宅。斯文学会行、講義録渡。山本・日隈いづれも不在にて用談を果さず。二時過黒川行。借本駅逓史外三種返却〔阿部景餅持〕。此ほど宮内省より下賜〔御祝典納物〕の酒にて饗に逢ふ。五時頃根岸ニ至る。〈頭書〉△来五月十二日議員召集幷会期は廿一日間との勅あり。／午前あたミにて起草の令講義録巻一を草す。完結。／久米へ日用文鑑贈、且神宮教校へ納本頼。／中村氏より過日貸す所の源氏評尺（釈）二冊返る。足痛を病院の宇野氏の診にてハ瘭疽なるにより、骨を出さでハと云事にて、甚弱候事と文通あり。

・駒込在宅十四日　○根岸在宅八日　無印往来〔四度〕九日②

四月一日　日曜

午前九時頃東叡遊歩。彼岸ハ満開、一重ハ七分ほどの盛也。清水台にて伊能高老ニ逢。○読売新聞をミて日をくらす。○源助一周忌ニ付、午前お辰・お光・お晉、光明寺へ参詣。〈頭書〉根岸の庭桜一本ハ満開。外ハ七分通開。○高野茂より来書。来八日演習之旨也。○青山堂より日用文鑑十部来ル。

二日

官位略徳川条少々訂正。○植木屋音五郎来ル。玄関前茱萸植替。午後三作同道、植木やと共ニ長井行。古槙・モツコク芽出し、紅葉等移し植るによる。〈頭書〉黒田侯へ返書。梅村・伊達等へ行誡上人懐旧哥郵送。○夜穂積へ郵書出ス。法典調査会之事也。／○雛の哥川崎の画上へした﹅め江沢へ送る。

三日　晴、和。　神武天皇祭

正午前伊能高老夫妻入来。昼飯出ス。○午後四時前より本郷一丁め行、眼鏡求、湯島心正堂にて筆仲丁大和屋にて紙入等求、晩景東台中に入て夕桜をミる。薄暮根岸へ帰る。〈頭書〉上野の花悉く満開いまだ散はじめず。○区役所へ省三廃嫡願書出ス。さく日米野入来に託し〔四日差出〕。／○本日鴎遊館にて女子成立学校卒業式あり。生徒和漢文朗読。箏曲・茶湯・挿花等有て招れたれど不参す。

四日　晴。

午前十時頃駒込へ帰る。○日本・二六・小日本・自由・官報等をミれば、日暮たり。〈頭書〉仙台井上可基より賜書之礼端書、昨日附にて来る。

五日　曇。朝より雨。西風つよく夜ニ入る。

官位略徳川条丼巻二等訂正。夕刻清水来ル。稿本渡。○中根淑入来。新保氏墓碑文潤筆として呉服切手〔十円〕を建設人より贈られたるを御持参。○夜八時頃赤阪新丁三丁めより出火、十一時ニ至、類焼二百戸に上りたるもいまだ鎮火せずと、日本号外にて配達せり〔翌朝〕。〈頭書〉斯文会講義録料した﹅め郵送。是にて令義解巻一は完結せり。／△夜八時赤阪新丁三丁めより出火、焼亡三百戸余。風つよければ星か岡辺へ吹つけ、猶皇居吹上あたり迄火の子来れりとぞ。零時鎮火。再出。△文部大臣京阪学事視察今日啓行。二週間ほど滞在之由。／○播磨福崎宇野信二郎頼の短冊二葉した﹅め郵送。

六日　雨しめやかに今朝より降る。終日。

今朝官報をミるに法典調査会委員拝命者、去月卅一日三十二名あり。過日書を穂積に送りたる験にや、予は委員拝命を免れたり。○官位略徳川条訂正。〈頭書〉学士会使へ会費一円渡〔廿七年上半季〕。／島地黙雷・黒田家〔見舞〕へ郵書。／日本教育会へ需ニ付雑志料・皇典所講演二冊郵送。／きのふよりの風雨にて東台の花ハ散たるべし。／△高等師範学校規程発行。

七日　曇。午後より細雨。

大久保初雄頼職原抄講義の序を草し、中村へ閲をこふ。同氏足ノ中指の瘭疽を病院にて截たれど、猶痛ミつよき由。○午後四時前出宅、永田丁井上大臣・高崎正風氏・国風音楽所等へ先夜火事見舞ニ寄、四時廿分赤阪黒田家ニ至る。談話会招によりて也。外山・阪谷・添田外四五輩来会。井上円了氏妖怪学講義あり。洋食の饗に逢ふ。十一時駒込へ帰る。

八日　暁強雨、夜明前止む。午後又降り夜ニ入る。　日曜

午前十時過根岸行。午後一時卅分学士会院へ出席。三宅・田中演説あり。五時過に了る。洋食せずして根岸へ帰る。〈頭書〉国風音楽会演習に招れたるに断出し。

九日　雨。

近世国文一閲。○読売新聞をミる。〈頭書〉伊能高老より去五日付之状、根岸ニ来居り。中ニ哥数首あり。今日返書す。

十日　曇。

正午前三谷来ル。来十三日久子会へ出席の談也。○近世国文見了。○古事類苑文学部藩学条閲。

十一日　漸く晴口に向ふ。

午前九時過駒込へ帰る。○十一時国学院へ出、公式令を授く。午後日比谷神宮教校へ廻り、二時より神祇令講義。三時過帰路京橋・日本橋辺遊行、万世橋辺にて乗車。五時過駒込へ帰る。夜詠哥案。〈頭書〉松浦家例月《（ママ）》哥会十日なるを、今日ニ延日之処断〔さく日端書出ス〕。／和田英松駒込へ来ル。不逢。明日西京へおもむく由、但し佐藤球同行とぞ。○横井時冬へ日用文鑑弐部贈る。／○播磨宇野より八日附之礼書来る。

十二日　晴。

日本・二六・小日本・自由等新聞泛読。○午後中村行。足痛甚しく人によりて両便を達する程也。兼て頼の色紙五・短冊五ニ詠哥したゝめ持参。〈頭書〉西京湯本文彦入来。平安史稿本を示され、且平安奠都事由一冊を差置かれ意見もあらばとの事也。／△今明日美術学校にて授

業、成蹟物展覧会あり。通券三葉を過日黒川より贈らる。

今日一葉湯本ニ贈る。おたつ恩給券請取之ため東京府行。

十三日　雨終日。夜ニ入。

午後一時出宅。浜丁日本橋クラブ行。鶴久子月並哥会也。

三谷義一を会主に紹介す。井上・増山・諏訪・鈴木・江刺・梅村・河合其他四十人斗集会。五時頃根岸へ帰る。

〈頭書〉西京尾越より母死去赴十二日発にて来る。即日返書出ス。

十四日　晴。北風つよし。

おたつ日本銀行行、右馬へ廻る。○省三入籍届・家督相続届・後見人之義届等、下谷区役所へ差出ス。三通之文書調印したゝめ松田へ廻ス。○頭痛気に付、事業を収めず、水滸後伝などミて日を終ふ。〈頭書〉△暁四時激烈なる地震あり。暫時止ム。○此節根岸宅にて長井より槙・モッコク等植移ス。晴天に成たるにより植木や四名来る。／○駒込にてお栄・子共つれ墨水ボート競争ミに行。／おミつ区役所へ出、届書代書人ニ頼。／○中村へ頼、神田川酒切手〔五円〕来ル。／○中村へ病見舞カステラ〔七十五銭〕贈る。

十五日　晴。西北風つよし。　日曜
官位略徳川条訂正。〈頭書〉○根岸庭へ槙を移す。／△正午前向島須崎丁ニ出火、烈風により大火となる。亀井戸へ飛火。

十六日　晴。北風あり。

おたつ長井差配人行。届出調印頼幷利兵行、売家頼。午後松田行。植木ノ事談じ。○官位略訂正。〈頭書〉○駒込庭へ長井より梅老木を移す。○貴族院より議事録幷報告頒附。○本日頃和田・佐藤・物集へおもむく。

十七日　晴、和。

朝七時前より官位略訂正。○午前十一時出宅、本郷富田や行、省三、長井相談ニ定たる由談じ、十二時過駒込へ帰る。○午後本居入来。官途之談あり。〈頭書〉下谷区役所へおミつ遣ス。届書ニ書入する事ニ付、再びおこう遣し。

十八日　半晴。

朝七時木下行、面会。本居事談じ。矢来丁村岡行。不在也。飯田行、面会。本居行、同断。十時過国学院出、十一時より公式令講義、正午過帰る。○午後二時大学行、獄令・雑令を講ず。帰路中村行、面会。八木自画肖像自賛詩哥をミる。過日神田川の礼述べ。〈頭書〉小杉より来廿一日招請断書根岸へ来ル。

十九日　晴。

正午過駒込を出、仲丁広小路辺にて香花菓子等需。二時諏訪行。哥会也。三時過早出、四時に池端長酡亭行。この文会也。小杉・落合・萩野・阪・よしかた・会主杉浦・絃巻、外ニ書生二名来会。七福神といふ題を得て述作す。夜十時頃根岸へ帰る。〈頭書〉新撰国文を中村へ送る。

廿日　晴。

昨日久々ニて釜かくる支度す。○山形県北村山郡尾花沢村大高常雄頼の縮面信夫摺のふくさへした丶むべき哥、并短冊弐葉染筆。

廿一日　晴、和。

午後一時過三谷入来。二時過より諏訪・川崎入来。三谷点茶。了て閑談。晩食後、予点茶。七時頃迄ニ来客散ず。〈頭書〉羽後新庄より添削料として送来ル六十銭内五十銭返しニ付、お幸郵便局遣ス。

廿二日　晴、和。午後風あり。日曜
伯耆倉吉近藤泰世〔哥点削断〕、羽後新荘勝江晃〔同断〕、大阪鈴木重枝〔父真年弔〕へ郵書出ス。大阪石田道三郎同断。○午後おたつ同行。浅草観音辺遊行。晩景帰る。


〈頭書〉駒込雇女お滝下ル。／中村より新撰国文二冊附箋にて送る。

廿三日　晴。

江戸幕府職官考を以、官位略再訂。〈頭書〉省三根岸へ来ル。お辰同道、山崎やと誓願寺迄行。／△日光辺降雪と新聞にミゆ。

廿四日　朝曇、午後晴。

午後諏訪行。増山子爵催哥別会也。通題池辺藤。外ニ探題にて鈴木翁・鈴木弘恭・予と各評を催す。五時頃帰る。

廿五日　細雨。正午頃北風となる。後止、曇。

午前九時過駒込へ帰る。十一時国学院出、公式令を講ず。午後神宮教校へ廻る。二時より学期試業を監督す。四時頃駒込へ帰る。〈頭書〉加藤弘之君ニ増訂日用文鑑三冊を贈る。／河合道の記添削成たるをもたせ遣ス。

廿六日　雨、終日。夜ニ入る。

小日本・二六など新聞をミる。○午後中村行。文会の文并詠哥等相談。いまだ足痛快からず。○野崎武吉郎代手島知徳来ル。昨年作文の謝としてビール一ダース贈らる。〈頭書〉鹿沼原より来卅日お石三回忌之事申来る。宇都宮へおもむくべき由。即日返書出。／芳賀矢一来る。面会。

廿七日　さく夜より今日へかけて雨。又冷気。〈頭書〉区役所へ所持高届書出ス。本年より義象所持を合併す。／原より再び郵書来ル。旅宿之事也。／前田侯爵勧進雨中郭公哥、野口氏までもたせ遣ス。

廿八日　半晴。広小路松坂屋にて買物。午後二時頃根岸ニ至。〈頭書〉臼倉おます殿より郵書。小田切武格へ懸りたる訟訴（ママ）勝になりたる報也。

廿九日　曇。日曜

六時四十分の発車にて上野より気車ニ乗る。三作同道、八時十三分久喜より下り、人車にて鷲宮村ニ至る。鷲宮神社にまうヅ。詞（祠）官宮内氏面会。栗橋ニ至り稲荷屋といふ川添の家にて昼食。午後一時十三分の気車ニ乗、宇都宮へ。二時四十五分着、白木屋（原定宿）へ落付。二荒山神社に詣し、帰れば原氏来会。昨日徹会事務集会に付佐野に趣き一泊。同処より来宇之由。〈頭書〉伊能高老。駒込へ来ル。不逢。／長井誠同断。

三十日　曇、午後少雨。暫時止む。

午後原氏令嬢来る。四名にて町はづれなる桂林寺に詣で、お石三回忌法会催す。方丈より宇都宮の町をミはらし。眺望よき処也（禅宗）。昨年建たる墓に参詣。よきついでなれバ足利へ廻り古書をミばやとて午後出立。宇都宮旧城跡にぬけ穴あるをミる。今はいさゝか残れり。四時十五分の気車ニ乗、小山へ。五時十一分着。五時十五分同所を発し、両毛鉄道をゆく。栃木佐野・太平山・岩船山・唐沢山など傍にミて、六時四十分足利ニ着く。雨降出したれバ日は全く暮はてたり。こく屋といふ旅店へやどる。あるじ心して床内の二階を座敷としたるに宿らせたれバ静に安眠せり。〈頭書〉細川へ日用文鑑贈る。

五月一日　曇。折々小雨ふる。

朝九時前郡役所より小吏来る。これハ昨日原より樺山郡長への手紙を届けたるによりて也。同道してあたり近き学校へ行、聖像を拝し古書籍をミる。今ハ縦覧料十銭にて何人にもミするさま也（此一段委しく別に記す）。正午前帰り、旅宿のあるじ同道にて岩本といふ機屋の工場にて織女のカイキを織るをミる。二時四十七分こゝの停車場ニ至り発車、もとの線路を行く。四時十分小山着。暫く待合せ五時十一分東京線を発す。大宮辺にて全く暮たり。七時四十分上野着。根岸へ帰る。〈頭書〉本郷区公民義会（ママ）より来五日議事堂ニ於て通常会催之旨報来。

二日　晴。
午前十時頃駒込ニ至る。午後二時大学出、雑令講じ終り、法曹至要抄をはじむ。八虐条に了る。〈頭書〉国学院断。／原より郵書来ル。

三日　曇。
足利学校の古書といふ文を草す。〈頭書〉原へ郵書出ス。／栗田より職官考返却之事端書来。

四日　一時頃ヨリ雨。午後三時頃強風雨〔南風〕。晩景小止む。後晴。
官位略徳川条訂正。○午前和田英松来ル。両三日前帰京。七月頃又々おもむく由。〈頭書〉午前中村行、作文示し。

五日　晴。
午前九時頃根岸行。○午後四時過長酡亭行。漢書課生懇話会也。島田・川田・重野諸先生出席。六時前島田と共に上野精養軒行。文科大学教員第一期懇親会なり。竹添教授に始て面会。夜八時過根岸へ帰る。〈頭書〉栗田へ徳川幕府職官考七冊返す。但し沿革ノ巻三一冊ハ留置。原、陸等ニ付、悦端書出ス。

六日　晴。日曜
官位略徳川条職官考全比校訂正卒業。○伊藤余太郎来る。唐津辺某嶋古墳之事問合也。久米邦武へ紹介す。○おさだ来る。○臼倉吉右衛門来る。近日根岸へ移居之由也。〈頭書〉三作・お光天王寺長井墓参。亀井戸へ廻る。藤盛にて人群集候由。／原より返書、駒込へ来る。／国民新聞社より購入申込ニ付、断。

七日　曇。午後三時頃雨雷。暫時止む。
新聞をミる。○中村より稿本へ附箋、かつ文章を附して帰さる。足利行記也。〈頭書〉池のはた村田より端書。即日返書出ス。三谷より郵書駒込へ。／○家財・伝来物其外義象・三作両人へ処分之旨、三作へ談じ。

八日　雨、午後止、曇。
午前十時頃駒込へ帰る。○家財伝来物、義象ニ与ふべき物示す。○新聞をミる。〈頭書〉貴族院より来十二日召集心得書来。○高野茂より来十三日演習案内来ル。三谷へ返書出ス。

九日
午前十一時国学院行、公式令を授く。午後神宮教へ行、僧尼令を授く。駒込へ帰る。○夜徳川十五代記有徳公条ミはじめ。

十日

午前八時過水道丁行、隠居ニ遺書を托す。○徳川十五代記・泰平年表有徳公条ミ了。〈頭書〉お晉来ル。近日初太郎野州塩原へおもむく由。〈九日条頭書〉〔十日ナリ〕行がけ栗田へ寄、官職考返し、且単物地一反を贈る。

十一日　淡曇。

徳川十五代記・泰平年表文昭公条をミる。〈頭書〉朝中村行、面会。夫より指ケ谷丁・戸崎丁辺をそゞろありきす。

十二日　淡曇。

議会召集ニ付、午前九時貴族院ニ至ル。部属抽籤済了、第四部ニ入る。年長なるにより部長・理事開票の事を行ふ。部長青山男爵・理事松平子爵〔信正〕に定る。正午前退出、国学院行。教員集会なり。幹事国重氏国体維持法の談あり。了て立食の饗あり。午後四時頃根ぎしへ帰る。〈頭書〉三作新宿地方行。

十三日　晴、暖。日曜

徳川史有章公条をよむ。○午後一時卅分学士会院行。黒川日本紀ノ事、木村千字文ノ事演説有。本日ハ珍らしく聴衆多し。晩食了て六時前根岸へ帰る。〈頭書〉神祇官の頃新調の太刀を三作ニ遣ス。

十四日　曇、冷。

徳川史惇信公・俊明公条をよむ。〈頭書〉三島祭中下根岸丁より弐本出し《（山車）》を引出す。

十五日　曇。ふらんとしてふらず。

午後一時前根岸を出、西黒門丁貸長屋見分行。お光及保五郎〔大工〕、村田等来会。三時頃駒込へ帰る。〈頭書〉開院式不参。／黒木安雄、近日郷里高松へおもむくにより、詠哥おくる。

十六日　半晴。西風いとはげし。

午前九時参院。勅語奉答書を議決し議長参内にて謁見奉呈。勅語あり。全院委員長無名投票にて撰挙。由利子爵当戳《（ママ）》せり。又各部ニ於て常任委員の選挙を行ふ。午後零時五十五分散会。○文恭史読始。〈頭書〉国学院大学等不参届。

十七日　晴、和。

午前十時参院。司法官試補実地修習期間ニ関する法律案・国庫金出納上一時貸借に関する法律案、右二件政府提出案何れも審査委員に附托す。府県監獄費国庫支弁に関する法律案〔林友幸外二名発議〕は大多数にて議決。狩猟法案〔清棲家教外一名発〕は委員に托す。北海道ニ鉄道を敷設し及港湾を修築する建議〔近衛公爵外一名発〕は上奏に可決。午後手島移民保護建議〔谷干城発〕同様。二時過散会。駒込へ帰る。〈頭書〉△衆議院にて大井憲太郎外九名提出条約履行上奏案を議す。記名投票にて否とする者五名多し。渋沢栄一より養育金捐金之事申込。今日端書にて断。／帰宅後、香取伊藤泰歳入来。面会。

十八日　曇。

午前十時参院。胆振国室蘭ヲ輸出港法律案〔政府提出〕を議す。軍港なるにより異議あり。然れども遂に可決となる。越中伏木・後志小樽に貿易船出入法律案、琉球国那覇港前同断案、此三件ハ議院法第廿八条但書により委員を設けずして議決。午後近世歴史々料集成に関する建議案〔由利公正提出〕ハ可否区々なるにより指名点呼の上三名の多数を以て可決す〔われハ否の方〕。午後二時五十五分散会。駒込へ帰る。〈頭書〉〔十七日より也〕△衆議院にて鉄道敷設法案の議始る。同院にて河野広中外一名提出解散に関する決議案を議す。犬養毅の修正案あり。否とする者十名。次ニ原案を記名投票にて決するに否とする者十七名也。

十九日

午前十時過参院。遺失物取扱規則中改正案〔政府提出〕ハ議長ニ託して委員を定むる事に決す。官吏恩給法追加案〔安場保和提出〕、委員前に同じ。製鉄所設立に関する建議案〔内藤子爵発議〕可決。午後零時十三分散会。一旦駒込へ帰り、三時過根岸行。〈頭書〉△衆議院にて神鞭知常の緊急動議有て内閣の行為に対する決議案起草の特別委員を設んと也〔昨日否決の再燃也。昨日賛成過半数ナラザルニヨル〕。起立者大多数也。／片岡健吉外五名より閣臣の行事を戒飭あらん事をこふ上奏案を提出す。委員附託の方に一名〔指名点呼〕の多数を以て決す。○丸山・太田両隠居岩ぶち法事行之むね、去十七日根岸まで報ぜられたれど行かず。

廿日　晴、暖。正午七十一度ニ至る。日曜

午前九時卅分頃出宅、裏猿楽丁青山医博士行。頃日腰腹筋はり大小便快通せざるにより診をこふ。十一時木挽丁かぶき坐行。求古会也。日蓮記、福地の新作。あまりおもしろからず。中幕ハ琵琶の景清〔団洲〕也。夜八時過根岸へ帰る。

廿一日

午前九時卅分過出宅。春木丁近藤薬店へ寄、青山の薬調済を求む。十時少過貴族院に至る。国庫金出納上一時貸借に関する案（政府提出）第一読会の続より直に三読会までを開き、可決す。狩猟法案（清棲伯爵発議）第一読会の続也。予正午休にて退出後ニ聞。此案可決せりと。駒込へ帰る。中村氏筆硯に別なし文をミる。〈頭書〉△衆議院にて十九日ニ可決したる決議案委員の起草成たるを議す。〔辞官ノ事ニ付〕閣臣不信任の旨也。可とする者大多数。／新聞条例改正を可決す。

廿二日　雨。

午前十時過参院。司法省試補実地修習局ニ関する案（政府提出）第一読会の続を議す。可否〔おのれハ否〕区々為スにより指名点呼の処、否とする者十六名の多きに及びたれバ否決となる。午後曾我子爵決算委員を置く緊急動議あり。大多数の賛成にて可決。即日各部にて廿七人の委員を投票す。午後一時廿五分散会。古梅園へ廻り紅花墨を購ふ。帰後新聞三四種幷議会速記録をミる。〈頭書〉△衆議院にて、斎藤珪二《(次)》の石代引当米過剰金下渡請願に関する件にて審査特別委員を設る。緊急動議演説中、井上馨・中野悟一等の旧私事を暴露せり。／〇日下部三之助《(介)》紹介書持下総人金子善四郎来、其父の寿碑ニ自詠の哥揮毫をこふ。断。

廿三日

午前十時過参院。華族令改正ニ付御諮詢により秘密会議を開く。宮内大臣よりたゞちに下附あるべきを、内閣総理大臣より院へ廻り、且政府委員として末松書記官出席ありたるにより、異議を唱ふる議員多し。おのれハ正午退出。後ニ聞。遂に委員を置く事になりたりと。午後一時前神宮教校行、二時より僧尼令を講ず。三時過に了り駒込へ帰る。新聞三四種をミる。〈頭書〉国学院断。／△衆議院にて鉄道比較線路決定案（政府提出）数条之内甲乙二条を可決せり。

廿四日　淡曇。

村岡入来。面会。午前十時過参院。紙幣模造取締案（政府提出）、委員を定め二日間に報告する事に決す。国事犯ニて諸禄ヲ没収せられたる者に関する案（同上）、是も委員の報は三日間と決す。綿糸輸出税免除案（同上）、是ハ渡辺大臣の言により委員を設けざる事ニなり、三読会まで引つゞけて行ひ可決す。新例《(ママ)》条例中改正案（衆議院提出）委員報告の日数を二日とせんといふ。尾崎氏の動議に可否区々なるにより指名点呼を行ひたるに可とする者〔おのれも此中也〕多数なるにより其方に決す。小沢男爵鉄道敷設請願を諸議事に先だち行はれんといふ請求をいれ、二日間を限て審査せんとこふ。別段動議にあらざるにより満場異議なけれバ決すと、議長の断あり。午後零時廿五分散会。駒込へ帰る。○丸山隠居入来。

廿五日　淡曇。

議会不参。○下総沢田・伊藤来る。○陸実入来。面会。〈頭書〉千葉県南相馬郡湖北村英泰輔男金子善四郎より父建碑之哥詠くれ候様郵書来る。

廿六日

十時過議会ニ出。紙幣模造取締法案〔政府提出〕を委員に附する事となり。次ニ日程を変更して私設鉄道許可四件を議す。共に委員に附す。最終に新聞紙条例改正案を議し。衆議院の原案を可とする者〔予も此中ニ入れり〕九十、貴族院の修正を可とする者九十四にて三読会まで決定し衆議院へ通したり。午後（空欄）時（空欄）散会。根岸行。〈頭書〉沢田・伊藤両人に傍聴券を与ふ。今日参院。／新聞改正委員の中にても黒田・小沢・鳥尾・山川等ハ原案を可とし、（空欄）等ハ修正を可とせり。／△衆議院にて田中正造暴言し、既ニ懲罰員に附せられんとせり。

廿七日　晴。日曜

午前九時前一旦根岸へ帰り、十時出宅。弓丁西山へ寄、不逢。星ケ岡茶寮行。好古会にて大槻修二氏演説あり。午後三時前根岸へ帰る。〈頭書〉高島嘉右衛門氏より新撰高島易断乾坤の部を送らる。／井上円了駒込へ来る。不逢。／国学院生徒向島隅田園にて運動会有。

廿八日

午前十時過参院。鉄道比較案四件皆読会を省略し原案に可決す。午後ハ実業教育費補助案にて委員に托す。次に国事犯人複禄案ハ可決。予早く二時頃に退出〔跡拾十案あり。大かた委員に托すとなる〕。駒込へ帰る。〈頭書〉△衆議院にて新聞紙案ニ付、両院交渉委員十名を定む。

廿九日　晴。正午七十七度七。

議会不参。後ニ聞。今日伊藤大臣出席ありて解散に対する答弁をなしたり。○夕刻清名同車、神田川行、晩食。〈頭書〉△衆議院は此節追加予算案也。

三十日　半晴。正午六十七度一。かく不揃也。

国学院へ出、倉庫・厩牧令を講ず。午後貴族院へ出。鉄道其外十件を議す。中ニ市制特別廃止案あり。委員に托す。〈頭書〉後ニ聞。午前実業教育費補助案可決せり。

卅一日

午前十時過貴族院へ出。華族令改正の秘密会議、午後五時までかゝり決議。其後公衆傍聴を許し、両院協議会にて修正したる新聞紙条例改正案にかゝる。討論終結にて記名投票をなしたるに可九十五、否九十七にて否決し散会す。時に六時。〈頭書〉△衆議院にて松岡内務次官演説中、芳川大臣助言したるより大に動揺す。又六派修正上奏案を可決す。大臣不信任の表也。

六月一日　晴。

議会不参。○午前根岸行。〈頭書〉△衆議院の上奏案、本日宮内大臣を経て奉上。

二日　晴。正午七十九度二。

議会へ出。七件を議す。内ニ府制法案あり。了て請願九件の会議あり。共に政府へ送るべく決す。午後三時三十分散会、根岸へ帰る。△午後三時四十分衆議院解散、貴族院停会の詔勅下る。○夕刻阿濃恒生根岸へ来訪。〈頭書〉午後よしかた夫妻子共、浅草辺遊行。△衆議院にて議長楠本午後参内を命ぜらる。宮内大臣より上奏ハ御採用相成らざる旨御達あり。院に帰りて披露するや否、たゞちに解官の詔勅下る。

三日　雨。正午六十五度七。日曜

〈頭書〉奈良県堀至徳より昨日出之郵書来。

四日　曇。

石田道三郎新撰国文批評文来る。○午後三時西黒門丁長家修営を見分す。大工保太郎も来る。夕刻駒込へ帰る。

五日　曇。午後三時前より軽雷。四時頃雷雨甚し。五時頃止。

朝中村行、昨日の文稿持参。午後附箋にて帰る。○貴族院書記官西山真年より鎌倉職官考・室町職官考回送せらる。○おミち来ル。金子渡。〈頭書〉今日の雷所々へ落。駒込辺ハ白山社内・伝通院・三崎稲荷社内・池のはた仲丁等也。○斯文学会より雑志三冊ヅヽ、義象分ともおこせたり。

六日　曇。正午七十六度六。

○午前十一時国学院行、厩牧・医疾等講義。午後二時大学出、法曹至要抄を授く。図書館へ八洲文藻・大内裏考証を返し庫書閲覧、晩景に至る。〈頭書〉奈良県堀至徳へ状出ス。

七日

○千葉県相馬郡英泰輔へ建碑の哥郵送。〈頭書〉井上哲二郎使来る。前年独逸行之節送りたる文、校合のため也。〈六日条〉〔七日ナリ〕午後中村氏入来、松本の哥御持参。

八日　雨、午後止。

午前九時前新富丁上総屋行、十一時頃より新富坐見物。お栄・清名・おミつ同道。九蔵佐倉宗吾。中幕実盛物がたり也。光善の祈は初てミたり。最もよろし。夜八時過根ぎしへ帰る。〈頭書〉おたつ駒込行。／英泰輔男善四郎より礼書来。〈七日条〉〔八日ナリ〕新撰国文二巻・評文共小包郵便にて大阪石田へおくる。

九日　晴。

鎌倉職官考により官位略を校す。〈頭書〉堀至徳より七日発之状届く。

十日　半晴。　日曜

午後一時学士会院行、津田演説中退出、向島八百松行。浜村蔵六店書画会也。五時頃駒込へ帰る。〈頭書〉井上円了へ昨日之返書出ス。／今日鹿鳴館にて臨時国楽演奏大会あり。行かず

十一日　晴、暑。正午七十九度三。夕六時頃より冷気。入梅

午前九時駒込へ帰る。○米国ハーバート在学比佐道太郎より去三月中郵書にて頼ありし奴隷考取調。〈頭書〉名古屋人山田真事来ル。

十二日　半晴、午後微雨。

奴隷の考浄書、米国へ送る。○午後二時松浦邸行。哥会也。兼題名所郭公、当坐梅雨、探題田家夏月また嫡孫生誕の祝哥等詠出。六時頃駒込へ帰る。夜、明日の哥考。〈頭書〉山田同道、（空欄）来る。

十三日　晴。

午前十時中村行。去十一日同番地内学校のうしろへ新築成て移居の祝なり。十一時国学院出、医疾令授了。午後二時日本橋クラブ行。久子哥会也。亡夫祥月ニ付懐旧の意にて短夜月、兼題・当坐ハ野螢也。五時過根ぎしへ帰る。〈頭書〉黒川真道へ日用文鑑一部贈ル。

十四日　半晴。

新聞をミる。○三島社祭礼七十五坐神楽あり。夜お辰と共に参詣。水谷邸跡弁天社近来造営になりしを拝す。あたりの池清し。

十五日　晴。

午前駒込へ帰る。○大田・お安君入来。○新聞をミる。〈頭書〉御哥所より使来ル。松平侯爵（高松）頼の月花の哥送る。但し義象分共。／△わが兵艦五隻（前よりを併せて七隻）、仁川に着す。支那《ママ》。

十六日　晴。

井上円了頼ニより東洋哲学へ載すべき国学談起草。○御哥所より小出哥集口なしの花三冊を送り来る。夜玩読。〈頭書〉おたつ日本銀行へ行、整理公債利子請取。

十七日　晴、風。日曜

午後二時一橋外大日本教育会行。惣会也。三上・伊沢・福羽等の演説を聞く。加藤博士のも有つれど、聞かずして帰る。神田川にて晩食、根岸行。〈頭書〉後ニ聞。昨日教育会会議、異見により辻会長席を立つと。今日もミえず。○午前小出へ使遣ス。哥集上木祝金壱円を贈る。／中村入来。

十八日　晴。

新聞・雑志をミる。○夜街路遊歩。○午後国学談を草す。〈頭書〉お栄、根岸大田行。／此節各区に於て議員撰挙運動を始たり。駒込へハ田口卯吉の運動者屢々来る。／△わが陸兵朝鮮京城ニ入る。

十九日　晴。

午後二時過諏訪家行。月並会也。兼題月前水鶏、当坐野螢、外ニ鈴木翁と予に乞ひて松間夏月の競点哥あり。〈頭書〉午前和田来る。島地編輯書之事なり。〈十八日条〉○〔十九日ナリ〕宮川来ル。林和一代議士撰挙の事なり。

廿日　朝曇後晴。正午八十四度七。

国学談の稿成る。○午後二時五分、此ほど那須辺より帰りたる初太郎と対話し、其辺の温泉の事を記したる度わすれと云ふ書をミて有しに、俄然として激震を発したり。其時間四分四十八秒砂壁の土落、棚の器物墜ちたり。追々聞くに芝区・京橋区・神田区に殊更家屋の破損多く、ことに内務・大蔵両省の如きハ烟突破損により屋根落ち庇落ちて傷死人あり。すべて煉瓦の粗造なるハ災を蒙りたり。根岸・駒込両宅共幸ひにして無難なり。東京の江戸たりし已来、安政後始ての強震にして皆人驚愕せり。〈頭書〉国学院試業之処、断〔召造《ママ》にて廿一日、断〕。／△近衛兵池代中尉、赤阪の宮にて烟筒錬《ママ》土落のため即死。／宮川より地震見舞書来ル。／△朝鮮の官軍全州を復したる報あり。

廿一日　朝曇、後晴。夏至
国学談の清書成る。○午後三時駒込へ帰る。○夜稿本を哲学館へもたせ遣ス。〈頭書〉中村氏入来。中古文鑑の談あり。／熊阪へ震見舞郵書出ス。／おミちより見舞書来る。返書出ス。／△夜小あミ丁出火。又天神三丁め出火。

廿二日　晴。
午前新聞をミる。○佐々木信綱へ明治哥集題哥郵送。〈頭書〉和田へ島地稿本もたせ遣ス。／杉本勝二郎来。華族列伝国の礎の追加ニ貴族院議員を挙るにより、材料をこふ為なり。則同書上木分三冊持参一覧。／名古屋佐藤理助・大阪橋本より地震尋来。

廿三日　曇、午後微雨。
高野・島地〔京都〕・佐藤〔名古や〕・斯文会・原〔鹿沼〕・大田〔本家〕等へ郵書出ス。○午後諸方より頼まれたる短ざく十七葉・素絹大小四葉色紙二・帖一・唐紙一染筆。近来染筆を頼まるゝ事多ければ、ひとつに集めてしたゝむ。〈頭書〉あたみ小林屋・石川県須藤求馬より地震尋来ル。△頃日李植逸《（逸植）》 朴脉《（泳）》厚等の公判やゝ落着せり。朴ハ無罪なるべし。保釈許可。○池のはた鈴木・村田等出火見舞状出ス。

廿四日　曇、後晴。日曜
中古文鑑序を草す。○中村入来。日本紀竟宴哥貸す〔廿六日返る〕。〈頭書〉よしかた池上・川崎辺遊行、一泊。三谷より地震尋来。即日返書出ス。△支那より六千人斗出兵、廿八日京城ニ入ルよし。此方之兵の撤去を求れども応ぜず。又支那にて取扱之日韓電信を止めて通ぜず。去廿二日閣臣御前会議あり。又枢密院に御諮詢あり。

廿五日　曇後晴。あけ頃ハ小雨。夜晴。
中村行。序稿持参。○国学院生試験、点数調〔廿六名。廿六日送る〕。○文科大学生同上。○午後中村より稿帰る〔廿六日義象ニ附ス〕。〈頭書〉西京奥平・佐世保中林・山梨尾谷等より震災見舞状来ル。返書出ス。／夕五時過微震あり。／△代議士競争漸盛にして改進党大井をはじめ、然るべき人より、林を撰挙すべき活字状数通連日来ル。

廿六日　朝曇、後晴。蒸暑。夕六時頃曇りていさゝか雨降、暫時止、夜晴。
官位略徳川条巻六半分訂正全済。四時頃清水入来ニ付渡。○国学院より古事類苑検閲料来る。〈頭書〉△朝鮮在仁

川の我が軍艦九隻・御用船九隻・清国艦六隻・米仏露艦各一隻也と二六新報にミゆ。△田口卯吉運動人より明廿七日夕、松源ニ会すべき往復は書来ル。

廿七日　朝曇、後晴。風ありてあまり照らず。

国学院頼短冊十葉、神宮校生徒頼同三葉染筆。○午前十時日比谷神宮校行、久米面会、十一時より僧尼令講義十二時ニ了ル。午後一時より戸令講義、二時止。藤井面会。三時過出校、新右衛門丁太田行。夕五時頃根岸へ帰る。

廿八日　朝曇、後晴。暑。

官位略六校訂了、巻七へかゝる。○過日古物こま犬破損つくろひ、川崎より伊東乾谷氏へ頼ミたる処、出来に付、礼状川崎まで出ス。〈頭書〉伯耆倉吉近藤・讃岐琴平松岡・竜岡丁横山・向島千葉等へ震災見舞礼書出ス。新潟県萱与吉同断。／△田口卯吉推撰之事ニ付、発起人より懇話会として松源へ招状。去廿六日来不参。／島地黙雷京都より昨日発之状届く。

廿九日　晴。

午前駒込行。○旅のはたごと、のへ。

三十日　朝曇、後晴。

午前八時大学出、卒業証書調印幷点数書納。岡田屋・鈴木へ近火見舞ニ寄、九時過根岸ニ至ル。〈頭書〉和田英松、大槻修二へ学士会院雑志大極殿之条一部ヅ、送る。

七月一日　朝より晴。正午九十度。　日曜
朝官位略を鎌倉職官考により校合。○井上頼国入来。○午後一時過諏訪行。哥別会也。兼題名所夕立、当坐垣夕顔（住吉桂意画、源氏夕顔巻の軸を床に掲ぐ）外ニ探題にて鈴木と予の点合あり。夕刻帰る。〈頭書〉清名根岸に来る。／△昨卅日朝鮮政府より大鳥公使へ純然たる独立国也と決答し来れり。依て諸般の制度を改善せしめ、大に内治を釐正せしむべく談ぜりといふ。

二日　朝曇、後晴。暑甚し。正午八十八度ニ。

朝官位略を校す。○お定・長十郎をつれ、根岸へ来る。旅行中留主を頼ミしによりて也。〈頭書〉大旱ニ付、三河島・尾久・十条辺の民、榛名の神水を受て雨乞あり。

三日　曇。午後日光にて驟雨、暫時止〔東京正午八十六度ニ〕。

朝六時四十分上野発気車にて日光へ出立。おたつ・三作・お光・お晋・清名同行。十時五分宇都宮にて乗替、十一時五十分日光着。旅宿神山徳平、停車場迄迎ニ来。午後一時過輪王寺行、彦坂諶厚師対面、三仏堂参詣、宝物展覧所一覧。晩景旅店へ帰る。〈頭書〉△日光にて聞けば近日日々小雨有たりといふ。

四日　陰晴不定。東京晴。正午八十七度八。

午前八時前輪王寺行。保晃会事務所へ寄、同会員たる事申込〔三円納〕。東照宮参拝、石ノ場より内陣入口へ昇り拝礼。二荒山神社これに同じ。（空欄）の案内にて大猷廟を拝す。輪王寺侍の案内にて二荒山神社の傍より滝の尾道へ登る。七八丁の程嶮岨なり。登り尽せば行者堂あり。少し下りて白糸の滝あるを、おの〱結びてのむ。滝尾社へまうで別所へ入る。黒ミたる能の面あり。帰路ハさして嶮ならず。荷ひ堂のうしろなる開山堂の所へ出ヅ。晩景旅店に帰る。いたく疲れたり。〈頭書〉△東京今夜久々にて雨ふる。／井上円了より国学談掲載之東洋哲学五部恵贈。

五日　晴。東京曇。正午八十五度三。

朝七時旅宿を出、先ヅ清滝村にかゝり裏見の滝をミる。先年来りし時とハ違ひ茶店など建たり。されど脇道なればバ道ハ猶わびし水沢中の茶屋等にいこひて

　ミればたゞ滝の白糸くりかへし
　　昔の人にあふこゝちせり

十一時頃華厳の滝をミる。よく晴たれば滝壺までさだかにミわたさる。されど下つかたハ滝のしぶきにて霧立こめたり。正午前、中宮詞（祠）前の蔦屋といふ家に入て昼食す。了て中宮詞（祠）にまうで、立木の観音の開帳をこひてをがむ。去年身うせたりし友人、もとの宮司柿沼広身の魚種をまき生じたりし由かける碑をミて、そゞろに其人しのばる。湖の波おだやかにして水底までミやらるゝこゝちせり。かへるさにハ足尾へおもむく。新道にかゝりて行、大日堂ガンマンが渕などハ此道すがらミる処となれり。夕つかた旅宿に帰る。〈頭書〉先年露国皇太子の遊覧あるべしとて、此山道をつくろひたれバ、平らかになりて車かよへり。されどうらミの滝道ハ猶あしけれバ、駕籠にて登下せり。

六日　曇。東京曇。正午八十二度二。

諶厚師のもとニ

　夏木立高き御蔭をふたら山
　　ふたゝびあふぐけふにもあるかな

とよミて贈る。又此宿を静暉楼といへば

　しづかなる山のすがたに朝な〱
　　さしわたる日の影ものどけし

とよミてとらせり。三作・おミつ・お晉・清名は、けふ二時三十分発の気車に乗て帰京す。〈七日条頭書〉〔六日ナリ〕今日ハ哲学館にて懇談会ありて一同写真のよし、招状あり。

七日　雨、午後曇。蒸暑。○小暑旧六月節〔東京正午六十九度八〕。

原郡長より書記小松銀三郎を使としてこよひ鹿沼に一泊すべくいひおこせたり。因て雨中なれど登山して輪王寺へ暇乞に行。東照宮主典川村正平は兼て知る人なるがこゝに来逢たり。午後二時三十分発車、三時廿九分鹿沼に着く。原氏の子某迎へらる。同氏の家にやどりて緩話す〔おたつ同行〕。〈頭書〉△第一高等中学校・国学院卒業証書授与式あり。国学院生徒ハ夕刻より中村楼にて報酬の饗宴あり。今日ハ音楽学校にても卒業式ありて招状来れり。／こよひ大内由伎雄入来。面会。

八日　晴。東京正午七十九度二。朝夕少し涼し。　日曜

午前十時前鹿沼郡役所行。教育委員伊藤五郎〔郡役所書記〕・森下一熈〔小学教員〕、車をもたせて迎へらる。十時頃より歴史国語の話といふ題にて一時卅分間斗演述す。師範学校教員村上信夫来逢たり。了て伊藤・森下両氏を伴ひ町中を覧る。昼飯は教育会の饗にて原氏にて食す。午後二時又両氏に伴ひ同町の製麻会社製造場を一覧す。車の運転は黒川の流水を用ひたり。三時廿九分発車にて帰途におもむく〔帰車の費は教育会にて使（ママ）したり〕。伊藤氏ハ宇都宮まで送らる。四時十五分乗替、七時四十分上野着、根岸へ帰ル。〈頭書〉学士会院不参断。本月ハ炎暑ニ付、演説相止メ、其代りとして九月ニ相開候由。本日小石川植物園にて法学協会惣会有。

九日　晴。やゝ涼し。正午八十一度九。

根ぎしにて休息。○原へ謝状を郵送す。

十日　曇、後晴。正午八十四度九。

午後五時頃駒込へ帰る。〈頭書〉△帝国大学卒業証書授与式あり。不参。

十一日　曇、蒸暑。午後三時過より雷鳴、四時過降雨、六時頃止む。涼気立ツ。正午八十七度六。

今泉定介来る。国学院維持方法を談ず。○午前中村行。旧二荒日記持参、一閲をこふ。彦阪（坂）方にて印刷の催あればなり。○神宮教校試験不参。〈頭書〉△朝鮮政府我が公使の要請を容れ、改革調査の委員を設く。過日学士会院より教育会議の建議案廻る。本日同意連署承知ノ旨郵

書出ス。／○本日午後五時植物園にて学士会惣会あり。不参。／原よりの返書根ぎしへ来ル。／○米野伊豆山温泉旅行発足。

十二日　晴、午後五時頃軽雷微雨。正午八十五度六。
染筆頼まれ素絹三・色紙四・短冊十弐葉を認む。○井上円了入来、東洋哲学へ掲載聖徳太子肖像ニ題詠頼〔ビスケット賜〕。○神宮教校試験書取調、久米氏へ贈る。〈頭書〉御巫清直・早尾海雄遺族へ弔書郵送。△内親王両宮御養育掛園氏付添、日光御避暑行啓。／小石川植物園にて文科大学教員懇親会あり。不参。

十三日　晴或ハ曇。正午八十七度一。
国史科・国文科卒業生神谷四郎・大森金五郎・竜口了信礼謝ニ来る。○朝根ぎしへ使遣ス。東京府恩給券請取之事也〔今日おたつ東京府出頭、券請取。〕。○遊亀・清道二君を床に祀る。〈頭書〉日光彦阪（坂）諶厚師へ礼書出ス。

十四日　晴。正午八十五度六。
朝八時根ぎし行。○夕国学院卒業生不破（空欄）来。卒業証書調印をこふ。○水滸後伝・すゞミ草などミる。

十五日　晴、暑。正午八十七度八。少しも雨気なくなれり。
夕刻熊阪祥子来る。兼約也。父貫雄の写せる七福神をひとつにしたる画軸に賛をこふ。○井上円了請嘱の聖徳太子の賛哥成る。本居へ点削の為郵送。〈頭書〉諏訪家より増山家頼の懐旧哥短ざく弐種来る。△小日本新聞今日限廃刊。／石川県伊藤弥天染筆礼ニ来る〔葡萄酒恵る〕。

十六日　晴。風あり。正午八十七度三。
朝八時前出宅、長寿院・称念寺・光明寺・泰宗寺等墓参。十時前帰る。いと暑し。途中にて天台四教儀菩薩戒経等求、昼寐の枕とす。○皇典講究所講演にさし出すべき足利学校の古書といふ文着手。〈頭書〉省三来る。△大劇場四・小八、都合十二ケ処、此節各繁昌す。／△雲州板延喜式・藩翰譜等吉川半七より校刻発行。

十七日　晴。雨気なくてことに凌兼たり。正午八十八度。
講演成る。郵送。○夕六時駒込へ帰る。〈頭書〉伊能高老より郵書。／本居より返書郵来。／△午後十一時地震あり。

十八日　晴。正午九十一度四。
聖徳太子像賛せどうか（旋頭歌）、小野へ清書遣ス。○今日より片付物はじむ。正午の暑も忘れたり。○夕刻より清名同道、猿楽丁ダーク劇見物行。昨日までにて閉場。空しく帰る。〈頭書〉去月廿七日大和堀至徳よりの返書出ス。国学院規則添。

廿九日　晴。正午九十三度七の酷暑也。午後雨ふるべきけしきにて降らず。遠く雷声あり。

片付物する。○橘道守入来、稜威言別十巻を恵まる。昨年跋文を書きて贈りたる謝儀也。○片付物する。○夕六時頃より中村入来、同道にて神田川行、晩食。八時過帰る。途中うす氷・灯前夜話・国会議員百首等求。〈頭書〉△袁世凱支那に帰る。我が国在留の支那人本国に帰る者多し。公使汪氏も三十日に帰清すべしといへり。／吉川半七新刻藩翰譜一冊持参。

廿日　朝曇、後晴。正午九十二度三。○土用ニ入。

手島知徳頼十二ヶ月及祝雑隺等之たんざく幷中村頼歌器哥等したゝめ。○井上円了へ送る聖徳太子像賛哥、小野鵞野（堂）の板下書たるを郵送す。〈頭書〉久米鷲雄来。神宮校試験ノ事也。／○宮城県小山・長野県米山・大槻修二・手島知徳等へ郵書出ス。／△警視庁より全国新聞同盟ハ治安に妨害あるを以て解散を命ぜらる。

廿一日　晴。夕刻より雷雨、夜半止。八日此かたの雨也。されど降たらず。正午八十九度四。

午前根岸行。○読売新聞をミる。〈頭書〉△伝へ言。我兵牙山に進軍す。本日我が公使より牙山の清兵を撤去せしめ、清国との関係を絶つべき二条を三日間を限り決答せしむ。

廿二日　晴。正午八十九度二。　日曜

朝七時頃伊能高老来ル。同道して入谷朝顔ミに行。帰れば河合きさ子兼約にて来り居、八時頃より三車、上野東照宮社前茶店行。哥よまんため也。然るに坐敷皆貸切なりしにより谷中諏訪社頭行。ミはらしよく涼しけれど葭簀張にて日のさせば、祠官日暮泰豊にかたらひ、その家営作中なれど、けふハ工事を休たるにより、そこに入て探題の哥よむ。夏秋雑五十題にて夕四時頃までニ詠はてたり。祠官、あるこふるに漬けたる小白蛇蟻のとふを出し哥をこへば各よミて贈る。おのれハ

　白かねの色にまがへるくちなはゝ
　たれもたからとめでゝミつらん

人丸の木像いと古きを示したり。もと社頭に小祠ありてまツりたる物也とか。五時頃根ぎしへ帰る。お栄、子供つれ来る。〈頭書〉△本日韓廷より吾国撤兵せざれバ要求に応じ難き決答あり。

廿三日　半晴。正午八十九度八。

諏訪忠元君来る。兼て撰ばれし哥集の談あり〔くわし賜〕。○駒込にて隣の生徒打寄、曝書をはじむ。〈頭書〉△朝八時大島公使、大院君と共に王城に趣く（ママ）。韓兵三百名斗門側にあり。我が守兵に突然発砲せり。よりて応戦となる。廿分間斗に韓兵敗走す。銃器八十余挺を分捕せり。公使入て国王に謁見の結果、国王大院君を以摂政とし、改政を実行せしめんとの英断を下したり。

廿四日　晴、南風。正午八十八度九。

午前八時国学院出。井上頼国氏主者となりて松野勇雄氏一週年祭を院の楼上にて行ふ。相会する者川田・国重・飯田・阪・佐藤〔寛〕・畠山・今泉・義象・村岡其他同院の役員生徒等也。久保徳隣祭主となりて祝詞をよめり。其折心にうかびたるハ

いつさか木すゑし高くらそこにしも
たちてときけんことししのミゆ

十一時頃駒込へ帰る。○夕五時長酡亭行。杉浦文会也。曝書といふを作る。駒込へ帰る。〈頭書〉○兼約ノ如く宮内省板日本大辞林、物集より恵る。依て礼書出す。／○来会者前田・小杉・阪・義象等也。／○廿二日原より手簡成ル。今日返書出ス。藤井稜威より考課令・厩牧令ノ内質問あり。答書出ス。

廿五日　晴。南風つよくすずし。或ハ曇。正午八十五度五。

哲学館得業生佐村八郎来ル〔井上哲二郎寓〕。詔勅録之事談あり。○新聞〔日本・二六・自由〕見了て、史料通信叢誌・明治の歌・国家教育・山城四季物語・同名勝志等泛読。

廿六日　朝より晴。風少くていとあつし。雨なくて困却す。正午九十二度五。

曝書手伝。○大学国史学卒業生大森金五郎来る。那須地方之事談あり。○国学院卒業生渡辺重兄来る。豊前中津人にて代々鈴屋流の国学者也。こたび広島県福山中学校教員ニ拝命せしとぞ。○清水義郎官位略写本持参。あと渡。○中村紹介岸上安敬来る。二荒日記清書頼。○大和国葛城金剛山頂祠官葛城真純より震災を尋来る事懇なればバ

かつらぎや高間の雲のをちよりも
かよふハ人のまこと也けり

とよみておくる。○中村入来、雪駄を恵る。来客中にて逢はず。夕刻又入来、面会。過日数詠の稿を托す。〈頭書〉△支那軍艦出兵之由。／○新潟県三島郡与板丁小野

銀二郎より御謚号年号読例質問をおこす。即日朱批して郵送す。／○宮内省諸陵寮より殉難録第二帙七冊を贈らる。則泛読。今回なるハ大和天ノ川・但馬生野等にて忠死せし人々の伝を挙たり。

廿七日　晴。風ありて涼し。遠雷あり。正午八十六度四。

午前八時過根岸ニ至る。読売新聞をミて日をくらす。○河合数詠の稿来り居、添削して郵送す。伊能のも来居、一覧。○貴族院書類取調〔三作相手〕。〈頭書〉今日より廿九日まで曝書休。／△朝鮮よりの電報不通となりしにより去廿四日已来之事知るに由なし。／米野帰る。

廿八日　晴、暑し。

今朝六時義象新橋より発車。今夜江州彦根ニ泊。福井敦賀を廻り京攝へ出、伊勢の博覧会にて小杉等ニ会し、八月廿日頃帰京之積り也。○熊阪祥子頼により住吉具慶の福神の画を親貫雄の写したるに賛す。

　な丶といふ神のすがたをひと方ニ
　あつむる宿のさちをしぞおもふ

則ち画輻（幅）にしるしたり。〈頭書〉△新聞号外配来。去廿五日朝鮮豊島辺にて支那の軍艦と合戦、運送船千五百人乗の舟を沈め、軍艦操江を捕獲すと云々。／○佐々木母過日より病気により見舞送る。

廿九日　晴。午後五時頃雷鳴少雨、暫時止。正午八十九度三。日曜

午前九時松浦伯邸行、面会。暑中伺也〔くわし送〕。十時頃駒込へ帰る。○阪正臣よりこの文会にて、予避暑といふ題の文を作りたるにより評語をこふ。即ち草按。○伊勢御巫清白・岡山県服部真彦来る。面会。〈頭書〉新潟県小野銀二郎より過日の礼書来。○天賞堂より博覧会出品、意匠〆切八月廿日迄延引之旨郵書来。駒込雇女お山来る。△成銀といふ処にて戦争あり。大勝利。事ハ八月四日にくはし。

三十日　晴。正午九十一度。

また曝書をはじむ。○午前八時前中村行、批評〔午前阪へ送る〕相談。○お晉・お仲来る。○閲蔵知津・仏国考証・細川氏の天文板論語考泛覧。○阪正臣へ晉陶侃の事、端書にて申やる〔卅一日謝書来る〕。○義象より昨日敦賀発の端書来。〈頭書〉原より演説速記郵送。一校をこふ。○伊能へ過日の数よミ哥清書郵送。／△去廿六日仁川より木曾川丸の来しより以来、海上危険により釜山へ舟便なし。又いまだ京城よりの電信通はず。されど牙山

の清兵ハ多分退きしならんといふ。／△来九月一日を以て衆議院議員の臨時選挙を行ふべき詔あり。

三十一日　晴。正午九十一度。

きさ子へ数よミの哥清書送る。○お栄、河合行。○宮崎道三郎来る。○鹿沼演説速記校正ニかゝる。○夕刻河合入来。〈頭書〉義象より去廿九日敦賀発の状とゞく。△昨夕北里医博士、香港より新橋へ帰着。

八月一日　晴。正午九十弐度三。

速記録校正。暑さにより僅々也。○（空欄）二荒日記写本持参。○佐伯暑中入来。不逢〔ビール幷好古雑志賜〕。〈頭書〉△清朝にても宣戦の上諭あり。△仁川在留の肥後丸〔廿九日抜錨〕、昨日始て釜山へ着。○清国公使館昨日までに撤回せり。わが国の在北京公使館も帰朝の途につく由〔共ニ三日引払〕。／お山解雇。／△清国と開戦の詔勅下る。

二日　晴。正午九十三度。連日雨無くして暑きに困ず。

午前高山行、診察をこふ。昨日より右歯グキ腫れ断痛するによりて也。久米行、面会。上田〔万年〕行、不逢。十一時根岸行。○諏訪より来九日上野にて数詠催之事申来ル。旅行之旨答。○鈴木重嶺手紙持、本郷林村小学校主山本銀蔵来ル。面会。学校修繕之事也。〈頭書〉熊阪・大洗田口・河合等へ旅行ニ付ての郵書出ス。／感化院頼、色紙・短ざく、中村頼扇子ニ染筆。／大洗田口へ明後四日出立ニ付、旅舎之事いひやる。

三日　晴。正午九十四度三。

中村へ扇子送り、明日旅行之事いひやる。○朝七時過小川丁辺カバン求〔四円七十銭〕、日本橋へ行、神薬其外求。一旦駒込へ帰る。旅装とゝのへ清名同道、夕五時頃根岸行。

四日　淡曇、南風涼し。東京正午八十九度一。

朝六時四十五分之気車にてお辰・清名と共に出立つ。十一時五十分過水戸着、昼食。是より人力車にて行。三時頃大洗ニ至る。田口を訪ひ、魚来庵へ安着す。来客多により入口之座敷へ一泊。此地も二ケ月程降雨なしといへり。〈頭書〉△新聞云。去月廿九日朝三時開戦。五時間の後我軍全勝、悉く成銀駅〔牙山より四り〕の敵営を抜く。支那兵二千八百余人にして死傷五百余人、我軍の死傷将校五・下士卒約七十名。敵兵分散。猶追撃して牙山の根拠を奪へり。／△上海近信に去廿四日福建艦隊福州を出立、琉球諸島に向ふ。

五日　朝より晴。東京九十三度九。　日曜。

大洗神社宮司浅井光政来訪。家属と共に登山参拝。神酒を受く。社務所にて休。いと涼し。夫より足立別荘を見、浅井宅にて喫茶。○奥の室に移る。○浅井よりくわし賜。かつ月面景の折本を貸さる。〈頭書〉○義象より去四日敦賀発之状駒込へ届く。廿九日敦賀、八月一日福井、三日武生、四日再敦賀へ帰、明日滋賀へおもむく由。中村・米野へ郵書出ス。又大阪なる橋本光秋のもとへも出ス。義象ニ当地にある事知らせルがため也。／今日より日々日本新聞を米野より郵送す。／△英国局外中立を通知す。米国亦同じ。／△大本営を宮中に移さる。

六日　晴、風あり。少し雲立たり。東京九十二度一。

浅井より朝がほを鉢にうつして賜はる。此地ハ花物少きによりて也。一首詠じて贈る。

　起いでゝ海ミるなへにすが／＼と
　　うちむかはるゝ花の朝がほ

けふハ秋たつ日なるに旧暦の七月六日にあたれバ

　さと人の星にさゝぐるいさゝ竹
　　葉末そよぎて秋は来にけり

是より朝ごとに朝顔をミせらる。○池底叢書要目をミる〔続史籍集覧本〕。〈頭書〉浅井へ扇二本送る。／○宿のあるじの請により書画帖へかつをつる云々の哥したゝむ。／○来る九日より本社幷酒列社にて外国降伏の祈念ある由にて、其祝詞の筆削を田口の請ふにより、去一日宣戦の詔を古体に翻して其中に加ふべく与へたり。／△朴泳孝（厚）の一行、午後の気車にて本国へ帰る。／夜浅井氏の請により此宿の内なる滝見の亭に行て酒のむ。田口と共に三たりにて海辺納涼といふ哥よむ。夜十時前ニ終る。少し雲立たれど雨ふらず。／宿に塩湯をわかして朝より夜まであれバ入浴に便也。又山より清水を引て浴場に落したれバ、これ又頭など洗ふによろし。

七日　晴。東京九十二度一。

演説速記校正をはじむ。○田口頼の書画帖二・素絹一・短冊七葉をしたゝむ。

八日　晴。東京九十二度八。

演説速記校正。〈頭書〉清象より今朝出之端書届く。義象事、大津停車場前竹清といふ家に一週程滞留之由。東京もとかく雨ふらずといへり。三作方へ郵書出ス。／豊前中津渡辺重兒より無異着の端書、駒込へ来る。

九日　曇、風涼し。夜に入雨ふる。東京曇八十七度一。

演説速記校正成る。鹿沼の原氏へ郵送。○宿のあるじ云く。此地当節寒暖計大かた正午八十五六度、今朝ハ八十二度にて、ことし九十度に及びたるハたゞ一日なりとぞ。けふハ風涼しくてひとへ衣をかさね着たり。○午後田口同道、笠間紋三郎稲荷神官塙豊樹訪来。井上頼国門人にて東京にもしばし居りたる人也とぞ。

十日　さく夜よりの雨に東南の風を交へてあらしめきたり。日くれても猶やまず。○東京風雨。八十二度四。

風雨にて雨戸をたてたれば、僅なる日の光にて史徴墨宝考証・典籍考証等の書ミる。昼より少し静まりて細目に明けたれば筺の中より鎌倉職官考をとり出して官位略を校訂す。○浅井来。唐紙寄合書頼。〈頭書〉△我兵威海衛〔山東省ノ北東港也。芝罘に向ふ〕の清艦を攻む。清艦早く遁れて渤海ニ入り砲台を始《(ママ)》む。吾が艦よく避けて砲を受けず。却て砲台を撃て損せしめたり。／○義象より大津九日発之手紙、駒込へ届く。二三日前敦賀より滋賀へ来。小杉と共に古物取調致候由。

十一日　風は南にかはりてはげしく、雨を吹巻く。午後雨は止ミたり。○東京曇。八十度四。

けふ弐階へうツる。東の方ハ風当る。されば浅井・田口両家の頼物帖・唐紙・短ざくなどしたゝむ。○東京湯島坂町の書家石橋二峰、さく日こゝにやどりたるがとひ来。持合せの扇へ書をこひたれバ、古詩を作りたるを書ておこせたり。予も短冊二葉へ哥を書て贈る。〈頭書〉官位略を訂す。

十二日　晴、猶少雲あり。○東京曇。八十七度六。　日曜

今朝石橋氏、湊丁の方へ出たつ。○官位略を訂す。○又々浅井頼の唐紙・短ざく染筆。○浅井友人本県属官渡辺孝、先年吉野行宮の物也とて得たる竹を題にて哥をこふにより、今日詠出。○正午過清名を伴ひ、子の日の《(ケ)》原より海岸の砂路を七八丁行けば祝町へ出づ。那珂川ばた迄行て帰路ハ車に乗る。本道にてハ大洗まで十二三町あり。〈頭書〉三作と米野とへ来ル十四日帰京の端書出ス。三作より郵書来ル。過日の返書也。／△一昨十日の暴風雨ニて各地水害。栃木県足利辺・埼玉県・茨城県・群馬県等大水也。東京も向島・本所・深川出水。

十三日　陰晴不定或ハむら雨あり○東京曇。八十七度六。

午前十時山上社務所行。国学談といふ題にて午後十二時卅分斗ニ了ル。浅井・田口・塙其他二三名、此所の定詰の者ども聴聞せり。○官位略少々訂す。○午後三時頃よ

り浅井来。唐紙二・扇子三・短冊十葉。外ニ同宿の水戸人中野（空欄）・東京人（空欄）の頼により唐紙二葉・同細物二葉したゝめ。中野ハ弁護士也。隣室の佐野人吉沢あるじも来る。宿のあるじ頼の唐紙も染筆。

十四日　陰晴不定。東京ハ午後一時頃雨降しといへる。八十度二。

午前八時出たつ。浅井・田口・塙等大洗口まで送行。九時頃水戸ニ至り憩。十一時過発車。過日のあれにて道路甚損し、既ニさく日までハ気車通ぜざりしといへり。故ニ進行例にたがひ笠間にて三十分程滞り、午後零時四十分頃ニ小山につく。下車して角屋といふニ入、中食す。例ハ一時五十三分の発車なるに、おくれて二時卅分斗ニ発す。車中にて又一時間も待たり。古河と栗橋の間三四丁涵水にて軌路通じがたければ、仮に桟橋を懸たるに各下りて渡る〔栗橋西岸の堤ハ切れず。東岸ハ切れたれバ其涵水の処、刀根川より遙に幅広し。農家五六軒流失。死傷も七八人有とぞ。帰路にミれバ赤羽根の辺・岩ぶちの辺いまだ出水減ぜず。水中に家屋ある処を往々ミたり。〕。至りつく処に立て気車の来るをまつ事一時間斗、五時卅分斗漸く乗車し、上野へ着たるハ八時過也。九時頃根岸の宅へ帰る。〈頭書〉義象より昨日堺発之状、駒込へ届く。今泉氏同道之由。来十六日には入京。俵屋へ泊候旨。

十五日　晴。午後むら雨ふる。正午八十四度六。

根岸にて休息。清名ハ午後迎車来れるにより帰る。〈頭書〉△英米は既ニ局外中立を通知せり。此頃瑞典・諾威・丁（空欄）伊太利・葡。／△朝鮮事件により軍事公債募集の勅令あり。

十六日　晴。いまだ暑し。正午八十八度。朝夕ハよほど涼し。

午前十時根岸を出、清水丁河合へ寄。此一日こゝへ転居也。十一時頃駒込へ帰る。○午後中村・久米行、大洗滞留中詠哥ミせ。〈頭書〉熊阪へ郵書。

十七日　晴。正午八十九度。

貴族院事務局金山尚志まで金五円もたせ遣ス。過日二条公爵外四名より征行軍人慰労寄贈物として右金円之協議有之手簡到来によりて也。○埼玉県庁吉岡信一よりさく日郵書来る。千家知事へ紹介頼也。今日返書出ス。〈頭書〉△我軍と清軍平壌に対陣すといへり。○朝清水来ル。稿本渡。熊阪より返書来。

十八日　暁雨、後半晴。折々むら雨ふる。正午八十五度一。

大洗浅井へ礼書出し。東洋哲学（国学談分）弐冊を贈る。○品田太吉・河合象子へ旅中吟常陸のありそ郵送。○二荒日記巻尾の詞を作り并ニ清書本校合。日光彦阪（坂）僧正のもとへ廻す。

十九日　暁雨、天明後小雨、折々大雨。正午七十二度九の冷気。日曜

午前十時出宅、三番丁足立行。渡辺玄包宅へ立寄、同道にて三谷行。転居後始て尋。今日釜日也。本多あるじ外一日に逢ふ。昼飯の饗を受、午後四時過駒込へ帰る。〈頭書〉中村入来。伊勢人園（薗）田守良著令義解新釈（新釈令義解）壱ノ巻御持参。／昨日丹波市丁堀至徳より来状。地震見舞也。今日返書出ス。

廿日　曇。十時頃より雨ふる。正午七十七度九。

午前八時過出宅、小川丁にて傘あつらへ、九時過熊阪行。祥子附託之親貫雄画七福神を併せて一神としたるもの、上へ賛哥をしたゝめたるを持参す。良平夫妻同道にて浅草公園うら草津亭行、入浴し酒食の饗にあふ。午後二時頃根岸へ帰る。〈頭書〉さく日より根岸へ植木屋入。苅込する。

廿一日　晴。暑。正午八十八度九。

増山子爵頼寄琴懐旧・初秋懐旧哥したゝめ諏訪へ送る。○早朝入谷木村を訪ふ。面会。消息文変遷一巻を贈る。〈頭書〉西京榊原より昨日発の状届く。

廿二日　半晴。正午八十七度四。

午前十時駒込へ帰る。○夕つかた子供つれ丸山本妙寺前行。金魚数尾を求めて盆池に放ツ。〈頭書〉日光彦阪（坂）・大洗浅井より昨日発之状届く。義象より昨日伊勢宇治発之状届く。

廿三日　曇。午後雷鳴、むら雨。正午八十七度六。

漸く筆硯に親しミ鎌倉職官考巻一二をもて官位略五を校す。〈頭書〉△撰挙期日近づき田口・林両氏の運動人来る事しば〳〵也。〈廿二日条〉○〔廿三日ナリ〕中村入来。住吉物語貸す。〈廿二日条頭書〉〔廿三日ナリ〕関根入来。前人の著名人忌辰録二巻、印刷成りたるを恵まる。／○〔同じく〕榊原より一種物合巻物書画郵送。

廿四日　曇、折々雨。正午八十五度五。

一種物合校訂并ニ奥書考案、午後中村へ持参。〈頭書〉榊原へ礼書出ス。為替にて金円送る。／○大坂はし本より郵書来る。

廿五日　晴。暑。正午八十八度。

午後九時前出宅、外山より赤阪黒田侯・飯倉徳川侯邸行。斎藤桜門氏と逢ひ、国学院御寄附之事談ず。長井へ寄、更科蕎麦の饗ニ逢。短冊数葉したゝむ。吉川へ寄、二荒日記印刷之事談じ、午後三時頃駒込へ帰る。〈頭書〉清水官位略七写済持参。不逢。／水穂会より講究所ニ関係ある教員・職員の霊祭ある旨申来ル。不行。／笹又・お道よりお近大病之由申来る。／本居へ状出ス。今日斎藤ニ逢し事也。

廿六日　晴、爽。正午八十九度六。　日曜

官位略巻五訂正。○西京（空欄）来ル。国体新聞を作るべき趣旨書示す。賛成調印。○（空欄）来ル。聖詔編集之事也。〈頭書〉根岸へ万二郎遣ス。お近事也。／よしかた熱田より来廿八日帰家之旨端書。〈廿七日条〉〔廿六日ナリ〕田口運動方山田安栄外三名来。九月一日之撰挙には出場すべき旨談じ。近日林方壮士体之者、日々来る。不逢。帰りし跡にて巡査性（ママ）名を聞に来る。

廿七日　晴。正午八十八度九。又々日ごとの炎熱也〔されど朝夕ハやゝ涼し〕。

○官位略巻五訂正終。○尋常中学校教員愛知人高柳秀雅来る。短ざく染筆頼。〈頭書〉清水来る。官位略渡。○おたつ・おミつ、さゝ又へ見舞行。○西京榊原より返書来ル。〈廿六日頭書〉〔廿七日ナリ〕西山へ郵書出ス。職官考返却之事也。

廿八日　晴。正午八十五度六。

午前十一時根ぎしへ行。○駒込へ山田正来る。花窟考証之事也。本居・栗田へ添書。○休息。読売新聞をミる。○本居より過日之返書来。西山真年よりも。○大沢小源太より来書ニ付、千葉中学校梅若誠太郎へ一書添出ス。〈頭書〉日陰丁経師屋へ一種物合画巻・辞令書帖、装潢頼。／△英吉利商業航海条約改正御批、今日之官報ニ顕はる。英国ニ於て去七月十五日青木公使既ニ内々の交約ハ済たり。／○駒込にて義象夕五時新橋着にて帰宅。昨夜ハ松濤園へ泊候由。

廿九日　晴。

朝和田来ル。九月四日・五日頃西京へ発足之由。○島地頼、延暦聖主三宝崇敬考一閲。○山田氏花窟考証一覧。〈頭書〉少々感冒気。清涕出る事暇無し。△文部大臣井上氏願に依て免官。司法大臣芳川氏、臨時文部大臣兼任。

三十日　晴。正午八十六度五。

朝おたつと共に長井行、家什一覧。○午後駒込へ帰る。

山崎やへ寄、貞三郎君面会。長井の家、望人ある旨談じ。○午後本居入来〔国学院寄附金之事〕。教員補任の談あり。〈頭書〉○おちか本日午後六時死去之旨報来。○村上清より昨日清水穀死去之旨申来〔卅一日香でんもたせ遣〕。

三十一日　晴。正午八十八度七。旧暦八月一日

午後三時より巡査来り、警部の命により撰挙乱妨守衛のため居りツきて護衛せんといふにより、応接の間を其処とす。○午後四時前、田口運動者桜井吉松外一人来り、今夜田口、本部山下館ニ一泊、明朝たゞちに下谷区役所ニ至らん方、守衛其他便利なるべければ同行せん事を請ふにより承諾。則、巡査をつれ四人にて林方諸所・竜岡丁・広小路の両処をよけ、廻り道して山下館ニ至る。有権者五十人程来会、夕飯の後落語の余興有、夜十一時に至る。寐につくと雖も騒がしくて寐られず。遂ニ一睡もせずして天、明ニ至る。同室者追分高崎・森川丁米商・本郷冠氏等也。山田安栄種々周旋せり。〈頭書〉○万二郎をさゝ又へ遣し香奠贈る。和田へ三宝考、貴族院へ職官考廻し。／○諸方より頼まれ色紙短冊廿葉斗したゝめ。／○落合直文来る。後備軍なるニより明日市谷月桂寺入営、看病卒を勤る由也。

九月一日　朝より晴。暑。正午九十度一　○二百十日

朝六時起出、朝食を済し、七時下谷区役所撰挙場ニ出。既に来人ありて十九番の札を得たり。田口卯吉を標してたゞちに根岸行、休息。読売・都の二新聞をミる。○夕六時涼しくなりて、三作同道、神田川行、晩食。夜根ぎしへ帰る。

二日　曇。やゝ涼し。正午八十度一。　日曜

午前九時駒込へ帰る。○新聞をミるのミにてなす事もなし。○夕萩野来る。栗田用にて書籍貸す。○落合直亮来る。直文事談じ。○中村入来。競物名彙・碩鼠漫筆を貸す。〈頭書〉△第八区撰挙得点数分り新聞へ出。田口ハ百〇《(ママ)》三、林ハ五八なり。其他第二区（芝）ハ山田忠兵衛、第六区（浅草）ハ須藤時一郎多数にて競争の結果顕はれたり。／○大沢小源太より、来五日千葉県教員ニ赴任之旨、報じ来る。／○尋常中学校《(師範カ)》長野尻精一来。東京府教育会に出て演説せん事をこふ。断。／○埼玉県正見慎一来る。不逢。

三日　朝曇、午後雨。殊之外冷気。正午七十一度二。

午前十時裏猿楽丁青山胤通氏をとふ。去三十一日帰朝之

忙なり。皇典講究所へ廻り久保其外ニ逢ひ、大洗其他寄附金之事談じ。○午後おミち来る。金札渡。○今日もなす事もなし。〈頭書〉和田駒込へ来る。不逢。来七日京都へおもむく由。○秦政二郎来ル。山口県高等中学校教員ニ拝命。両三日中赴任之由。

四日　夜来大雨、暁止。午後雨二時頃大雷一声、三時前止む。正午七十一度六。

官位略巻五少々訂正。○午後四時根ぎし行。〈頭書〉昨朝冷気に外出により又々感冒。高山ニ診をこふ。／○岡山県美作吉野郡粟井村神田東一より去月廿八日二子山碑文頼来ル。断手紙出ス。熊阪より浅草坐見物之端書来、即日返書。○淀人的場連矢来。望ニ付、短冊三葉したゝめ。元国学院撰科生也。／和田へ使遣ス。島地頼序文之事也。

五日　半晴。

官位略巻五少々訂正。○今日長井家売却ニ付、荷物引取。

六日　曇。夕刻より雨、軽雷。

午前十一時三作同道、中条行。浅草坐見物。川上新劇、日清戦争之中に就て（空欄）李鴻章川上・新聞記者（空欄）にて問答之処、某島にて大中少尉三人自殺之処おもしろし。

熊阪夫妻・鮫島妻・某氏妻等来る。夕六時過に訖り、七時過根岸へ帰る。

七日　雨、夕刻雷。

官位略少々訂正。○阪本・松田より長井たんす・つゞら其外引取、取調。○夜少し下痢之気味有。時候中りなるべし。風気もいまだぬけず。〈頭書〉今夕より駒込にてお栄急性レイマチツ差起り、左手及腰足痛ミ甚しき旨、義象より手紙来る。／○陸前栗原郡一迫村佐々木潤より来書。義象と共に短ざく染筆求。

八日

官位略少々訂正。○午後三時前おたつ駒込行、当分泊。

九日

官位略訂正〔職官考六済〕。○高山を根岸ニ招き診を請ふ。○国吉老母招、父子へ形見物幷肴代遣ス。〈頭書〉佐々木故弘綱妻・信綱母光子死去之赴音来ル。／○足立より駒込へ干鮎節鑵詰を賜はる。○本居より去七日来書届く。依て今日加納治五郎（嘉）へ郵書。本居等級之事談じ、且本居及義象へも郵書。田口卯吉祝宴桜雲台にて有之趣、去五日報じ来る。不会。依て駒込へ料理贈る。文科大学より来学年時間書廻る。

十日　晴、暑。

朝河合入来。○午前諏訪入来。為家卿筆古今集上巻・下巻ハ寛文頃堂上寄合書、外題飛鳥井雅章卿壱箱持参、示さる。前田利鬯子旧臣所持之由也。○官位略訂正。〈頭書〉おたつ一寸来る。／○清水官位略四、清書出来、駒込へ持参。

十一日　曇。正午八十度八。折々小雨ふる。午後三時頃より烈風。二百廿日
午前一時頃駒込行。河合へ寄、お栄を見舞、四時頃根岸へ帰る。○官位略訂正。〈頭書〉午後三時佐々木神葬、天王寺にて行ふ。義象行。／○風邪気管カタルの気味あり。

十二日　晴。

官位略訂正。

十三日
官位略訂正巻五成る。〈頭書〉原へ返書郵送。

十四日　晴。夜望月いとよろし。

十五日
駒込へ見舞。即日根岸へ帰る。帰路神田川にて晩食。

〈頭書〉△我が師団四方より平壌を囲ミ激戦大勝利。／△大元帥陛下、本日午後五時卅五分広島御着輦。

十六日　曇、後半晴。夜ニ入月雲間より出。日曜
午後一時学士会院行。細川氏教育の意見演説あり。了て会堂にて上田万年、博言学の旨趣を演ぶ。予は四時過より松浦邸行。月見会也。秋月揚明暉といふ兼題にて月前葛・海辺鴈の探題をよむ。夜八時頃根岸へ帰る。〈頭書〉△今朝未明全く平壌を略取す。敵兵弐万大かた死傷・生獲、残り逃走する者少し。我軍将校以下死傷概ね三百名（十七日午前一時卅分陸軍省電報）。／○諏訪忠誠子入来。／○松浦行。途中にて熊代繁里、豊太閤哥一軸求め。

十七日　晴。此ころハ大かた七十度の内を昇降す〔故にそれと違ひたる日のミしるす〕。

海辺早秋野鶉の哥考へ、諏訪家へ持参。東照宮の一軸も持参。忠元君面会。○午後一時医科大学行、市川氏面会。レウマチス専門医尋。三浦・田口を訪ひ本宅ニ至る。お定来り居〔女子師範学校〕より頼の新嘗会哥・三好頼の信夫摺の哥等、唐紙絹地へしたゝめ。夕刻神田川行、晩食。夜帰る。お栄痛ミ所々へ廻り、今ハ膝いたミの由。

〈頭書〉清水来る。官位略巻五清書ニ渡。／△本日午後一時より同五時まで盛京省太孤山沖に於て我軍艦十一隻

と清国軍艦十四隻・水雷艇六隻との間に於て激烈なる海戦あり。清艦四隻沈没、二隻焼く。残余の艦は尽く大破損を受けて逃る。我方にてハ松島・比叡・赤城多少の損害を受く。将校以下死傷あり〔廿日午後八時京城発〕。○新式の軍艦大に海上に戦ふハ此度を始とす。／△海戦の死傷ハ将校十・下士卒六十九名死〔敵艦の死傷凡千五百人。大将丁汝昌死〕。負傷者通じて百六十名。松島・赤城・比叡最も多し。〔廿一日海軍省へ電報〕。／△平壌戦の死傷ハ将校十一名・下士卒敵兵俘虜死傷一万五千人斗、内俘虜五百五十名。大将左宝貴死。

十八日　曇或は雨。

朝九時初太郎同道、中洲丁やまと行、真砂坐見物。条八一坐にて傾城の鏡山、中幕大盆酒戦のツハモノ、大切道成寺也。六時にはて、七時前根岸へ帰る。〈頭書〉諏訪臨時哥会之所不参。〈十七日条頭書〉〔十八日ナリ〕三谷へ来廿二日招請書出ス。

十九日　晴、午後曇。

午前十時前駒込行、十一時国学院へ出、大宝令講義をはじむ〔二年生〕。一旦駒込へ帰り、午後二時大学出、国史科二年・三年生のため四時まで古法律の沿革を演ぶ。今夜駒込へ泊。お栄疼ミにて夜るも寐兼たり。お道来る。〈頭書〉日光輪王寺会計課へ吉川まで二荒日記印刷積り書を郵送。

廿日　晴、午後曇。

午後二時頃出宅、牛込鈴木翁を訪ふ。過日妻君死去の弔也。小川丁佐々木行、昌綱面会。これも母の弔也。五時前根ぎしへ帰る。〈頭書〉駒込看病婢解雇。／おミつ浅草坐行。

廿一日　曇。

中村氏新撰国文序稿へ附箋郵送。○午前山田正来。午前記し置たる伊弉冉尊御陵考証附言を渡し、稿本を返す。○柏原山陵考一過。〈頭書〉おミつ病疾にて今日より打臥。／斯文学会返書郵送。／貴族院より広島本営へ天気伺として物代発足すべき旨郵書。

廿二日　晴、和。

諏訪忠誠子入来。東照公筆短冊表具御持参、且詠草を示さる。○午後小杉入来。今日招請之処、史談会に付、其方へおもむく由、断也。三時頃より三谷及小杉妻入来。今日釜かけしによりて也。川崎氏も遅く入来。七時前各帰らる。〈頭書〉△広島にて臨時議会を開く詔下る〔十月十五日召集。七日を会期とす〕。佐野利兵にて弘法大師筆円照二字木額求。

廿三日　晴、和。　日曜

中根入来。新保の碑、多田の添書并に自分の篆文等御持参。○午後駒込行。お栄少しく快方也。夕刻根岸へ帰る。〈頭書〉江沢来る。／大洗へ文海郵送。浅井・田口両家へ。／西京人八雲都留麻へ返書郵送。雑志へ祝詞求、断也。／学士会院へ来月講演補員を申来りたるを十一月ニ廻ス旨、郵書。

廿四日　曇、少雨。後晴、和。

松浦伯勧進、河原左大臣千年祭河辺菊・塩竈二首哥詠郵送。○鷲宮村々長某氏入来。鷲宮神社官社ニ出願之事談じにより、過日千家へ贈りたる考証案貸す。○細川三位名なし草序。木村哥文集序等草案。〈頭書〉初太郎、山下郵便局へ遣し、長井預り金請取。区役所へ出、省三駒込へ同居ニ付送籍願出ス。

廿五日

朝九時頃駒込行。たゞちに兜丁第一銀行々。堀江丁東海銀行へ廻り、午後三時頃駒込へ帰る。中村行、昨日の文案弐通、閲をこふ〔即日帰〕。

廿六日　曇。正午八十三度。

午前十時出宅。国学院へ出、一時間令講義。壺阪行。一時日比谷神宮教校行、滝見・飯田ニ面会、一時間戸令講尺。夕五時前神田川にて晩食。根岸へ帰る。〈頭書〉細川へより面会。草案渡。

廿七日

兼て島地黙雷より頼の延暦聖主三宝崇敬考の序成る。○大槻修二入来、文安御即位図のモヤウの画ニ付、談あり。○夜雲錦随筆をミる〔暁氏著〕。大槻持参之書也。

廿八日　晴、午後半晴。

細川枢密顧問官入来。過日無名草序之事ニ付、談あり。長井伝来の東照宮御筆の一軸ミせる。○室町職官考巻一をミる。

廿九日　雨終日やまず、夜ニ入。

室町職官考巻二より三まで披閲。官位略巻五緒言にかゝる。〈頭書〉△支那惣督葉（空欄）平壌ノ戦ニ大負傷、途中にて落命の報あり。

三十日　雨。さく日に同じ。　日曜

午前八時過出宅。先ヅ駒込ニ至り、麻布桜田丁柳原伯爵行。延引ながら弔詞を述べ、（空欄）坂更級にて中食、飯倉徳川邸へ出、二位侯ニ面謁。三番丁三谷へ廻り、広島行之事談じ、午後四時頃駒込へ帰る。○中村行、島地頼の序文稿一覧をこふ。○夜ふくさ合二巻、外ニ配達之雑志五六種泛覧。〈頭書〉東照宮一軸駒込へ持参。

十月一日　雨、午後止、曇。

午後四時前大学出、外山学長ニ対面、広島行之事談じ。仲丁沓屋行、沓あつらへ、五時頃根岸ニ至。○河合入来、仕事出来物持参。〈頭書〉堀至徳へ返書渡。韓之事也。原へ返書。去廿九日演説印刷書送りこし、礼也。／午前八日々新聞をミて時を移しぬ。／○大坂（ママ）石田へ郵書出ス。広嶋行。夜具之事也。

二日　晴。

朝木村行。去月始より所労〔疲〕、床中ニ有。序文持参渡し。○二見来る。家賃持参。○長井形見物持参。坂本およね殿宅行。其目録

小袖二羽折一　お米殿　羽折一〔松田紋付〕　貞之助殿

羽折一　勘兵衛殿　小袖二　おとり殿

羽折一　お花殿

〈頭書〉下谷区役所へ省三入籍届出ス。／過日本居・諏訪忠誠・忠元父子へ返書出ス。／政事学生村田俊彦来ル。故良穂子也。三谷より談じニ付、広嶋へ旅宿之事申遣候由。○新右衛門丁お安殿駒込へ入来。手本之事也。○根ぎしにて母霊祭する。

三日　曇、後晴。夕刻雷鳴あり。

午前十一時国学院へ出、職員令大政官条を授く。午後二時文科大学出、国史・国文生ニ田令を授く〔二時間〕。帰路菊池を理科大学ニ訪ふ。不逢。今夜駒込泊。

四日　晴。

午後大学行、菊池と外山をとふ。不逢。根ぎし行、水野をとふ。○竜閑夜具や印東手代招き。○黙雷頼序文稿、幷手簡共和田方へ郵送。〈頭書〉来六日清道一週忌ニ付、水の・江沢・宮川等まんぢう配る。

五日　晴、後曇。

午前十時頃太田行。過日お栄見舞之談也。○午後官位略巻五残稿草し了る。○橘とせ子十三回夕時雨哥、道守へ郵送。子爵元（毛）利元功祖父・父追弔月前懐旧哥、渡辺玄包遣スべき分詠出。〈頭書〉義象より多田へ手本之事頼遣ス。／光明寺へ明日法事之事郵書出ス。／おミつ深川右馬行。法事配物持参。○来七日上野にて雅楽会有之。不参ニ付切符今日河合へ郵便にて送る。〈六日条頭書〉〔五

日ナリ〕外山へ問合書出ス。

六日　晴、後曇。

午前十時前出宅。光明寺参詣。水野・お晉・お道・お定・宮川・宝田妻・おミつ・省三等来会。十二時前法会了〔出僧五人〕。広小路松田にて一同昼食、退去。予ハ万丁銀行より通壱丁目へ廻り、白ケツト求、三時頃駒込へ帰る。〈頭書〉○大阪石田より返書来。転居ニ付、来状遅候由。是より先、夜具定る之事、端書今朝出ス。○熊阪へ令息之消息幷広島行之事申送る。即日駒込方へ返書。〈七日条頭書〉〔六日ナリ〕外山より返書。旅宿定候由。

七日　曇或は雨。夜八時頃地震つよき方也。日曜
中村入来。○旅装調。○午後村田俊彦来ル。旅宿之事ニ付、彼地より電報来ル。未定之由。○米野を竜閑丁夜具屋へ遣ス。○夕刻江沢お栄見舞ニ入来。〈頭書〉〔七日也〕依て(3)広嶋加藤彰廉氏へ端書出ス。○おミつ来る。早朝西京和田より返書。／大阪元田・京都榊原へ郵書。／官位略稿清水へ廻ス。／長井短刀・分銅駒込へ送る。

八日　雨。

旅装調。○三谷より来書。即刻返書出ス。○下谷区役所徴兵慰労部へ徴兵慰労資金幷遺族給助金〔二円〕賛成之事申送る。○大槻への書状した、め義象ニ托。〈頭書〉外山より再書。旅宿至て宜敷処之由。

九日　快晴。

午前五時出たつ。米野を従者とす。六時廿分の気車にて新橋を発す。川田博士夫妻同じ室にて逢ふ。又山形県多額納税議員長谷川直則に逢ふ。同県撰出衆議院議員佐竹正詮にも逢て名刺を取かはす。けふは殊によく晴たれば、沼津よりゆくての富士の眺望いと宜し。浜名・近江両湖の又ミまほしかりつる風色も十年ぶりにていとよくミたり。五時五十五分名古屋に着て山田といふ家にやどる。よろしき宿也。

十日　晴。

午前五時四十分まだほのくらきに出立ツ。気車の中にて岡倉由三郎の鹿児嶋造士館の国語の教員に補せられて行くに逢ひ、国語科の物がたりくさ〴〵す。十二時卅一分大坂梅田に着て、渡辺橋畔なる中の島花屋に投宿す〔停車場より八九丁と覚ゆ〕。午後天満辺遊歩。天神にまうで、帰れば既に晩景也。西堀に住める石田道三郎に兼て着の由通じ置たれば、夕刻やどりに来る。教育上のはなしに雑談を交へて九時過まで語らひたり。橋本ハ折あし

く和哥山なる妹の歿したるに昨日行たりとて逢はず。午後天満天神辺をそゞろありきす。〈頭書〉駒込宅へ郵書出ス。

十一日　晴。

大便快通せざれば医師を招て治療をこひ浣腸す。即時こゝちよし。午後石田来る。同道にて市中遊歩。鹿田といふ古本屋にて古書三四種求め、夫より書林松村行（これハ新刻本の問屋也）。高津生玉の社・天王寺等へまうで、夕刻心斎橋辺川ばたの家にて松村手代晩食の饗あり。〈頭書〉義象より九日夜認メ昨日発の状届く。お栄快方の由也。

十二日　晴。

宮島判事を訪んとて区裁判所行。こゝならずといへば、更ニ地方裁判所（控訴裁判所の内也）へ廻る。いまだ出勤前なれバ、受付の者ニ頼ミ置て公園遊行。豊国の社にまうづ。宿に帰れば宮島来。逢たり。既ニ発車前となれバ共に昼食して、十二時三十五分の気車ニのる。宮島こゝまで送りす。法学士〔今弁護士〕柿崎欽吾ハもと大学法科生たりしかば、共ニ気車ニ乗て談話す。一時四十五分神戸ニ至て乗替る。久保田譲同室ニ在り。此停車場にて小原・本多・長松其他貴族院の議員を多くミかけたり。二時八分須磨着、兼て云ひ込置たれば保養院を宿とす。富田・増田をミ受たり。須磨寺へまうでゝ例の青葉笛などミる。仁王の像今は門なくて室内ニ置けるが、至て古作とミゆ。此寺ハ十年跡にミたるとハ違ひて衰廃のさま也（住職の家の土塀など壊れて僅ニ残りたり。かの若木の桜のあたり也）〔駒込・根岸へ郵書出ス。〕。保養院ハ酒匂川の松濤園の類なるが、それにもまさりたり。松の木立いと多し。塩湯ハ別所にて広く浴人を入る。幕湯もあり。湯壺など有馬温泉に似たり。夜ニ入旧十三夜の月いと清ければ海ばたを逍遙す。

十三日　半晴、午後晴。

朝九時十九分急行の気車に乗る〔去十日ヨリ改定時刻〕〔外山・菊池の乗たる中等室をミたればこゝに入る。〕。停車場にて芳川大臣・阿部浩に逢ひ、談話す。舞子より先きハはじめての旅なれば、殊ニ目とまるこゝちす。明石の城いさゝか残れり。気車にては海よくミえず。右の高き処に人丸の社あり。加古川・大川也。姫路の天守よくミゆ。名古屋に較ぶれば物ならず。有年《ウネ》（赤穂に近し）を過れば長きトンネルあり。これ播磨備前の界也。三ツ石に煉瓦製造場あり。此辺禿山多きハ石山ならん。岡山の駅にて松浦伯爵に逢ふ。松平信正子をもミ受たり。広瀬駅より備中也。倉敷を経て笠岡ニ至る。海辺にて気色よろし。是より先きハ備後にて福山の城の櫓や、存せるをミツ、もまだ五時頃なりしかど、下車して尾の道の旅店にやどる〔外山・菊池にハこゝにて別る〕。道中をそゞろありきす。旅店は停車場の傍にして是より町はづれまで廿町もあるべし。劇場の大きなるもあり。こゝハ舟着にて賑はしけれど。町はいたく狭く且不潔なり。こよひも月明らかにして、海ばたの眺望いとよろし。

十四日　晴。

午前八時五十二分発にて出たつ。本郷より河内まではすべて山道にして隧道処々に在り。播磨・三備の地方ハ禿山多く、かつ岡山なるをこゝにに至りて始て高山をミる。左方は大かた浜流《ママ》也。人家の瓦ハ備前焼なるが多し。十二時三十九分広島につく。兼てこたび借家の事とりたりし尋常中学校長加藤彰廉よりの伝へ言ありとて、停車場脇の茶店より人力車其他の事どもとり行へり。宿とせし処ハ慈眼寺鼻中島本丁といふ処にて、こゝより十八九丁もあるべし。道すがらミわたすに、議員の名記したる紙を貼したる家多く、車馬東西に行交りていと賑はし。旅舎に入るに外山・菊池ハ在らず。隣家の学士クラブの小遣来て、けふ真菰といふ所の春和園に学士会あれバ、それニ行かれたるならんといふにより、歩行してそこに行。こゝより七八丁もあるべし。そこにて両氏ニ逢ふ。けふ会する学士四十名ばかり。医学士最も多し。其中にて今度征討に従ふ者若干あり〔外山博士起て祝詞を述ぶ。学士両三名も祝詞あり。〕。予が知る人にてハ石原・三宅・大沢など也。田村光顕（義質の子）にも逢ふ。夜七時頃帰寓。○此地思ひしよりも暖気なり。〈頭書〉法学士・山陽鉄道株式会社〔尾道ニアリ〕小幡三郎ニ逢。広嶋迄同室す。／夜当所の医師佐々木又玄来。過日旅宿を充置たる由。○中学校教員渡辺弘人来。面会。○文科大学〔漢文科〕志願ニ付、赤沼金三郎来。面会。／駒込・根岸へ郵書出ス。

十五日　晴。

議員召集ニ付、九時参院。今般ハ簡易をむねとするニより、別ニ部を分たず前会のまゝすべき旨議長より問合せありたるに、一同異議なし。正午帰宿後大手町辺遊行。八丁目国学院を訪ひ、院長藤井正雄ニ逢ひ暫く談話す。

同六丁目根岸武香の寓を訪ふに不在也。〈頭書〉午前佐々木方へ的場丁之旅宿断之手紙米野ニもたせ遣ス。午後村田良穂未亡人、右之件にて来る。／正午より貴族院にて平壌分捕品を両院議員にミせしむ。幟・大刀・鉄砲・衣服の類なり。／大手丁七丁目辺にて巡査の婬売女廿人余を腰縄にて引き行くをミる。浜尾大学惣長おなじ宿へ来着。

十六日　淡曇、午後晴。

海軍省より報知ニ付、呉港なる松島・比叡・西京の三軍艦を修理するをミに行。朝八時頃出車。宇品ニ至る（此行程一里斗）。是より第一幸運丸（運送船也）に乗り、十二時頃呉港ニ至る。上陸して官衙に憩ひ、又用意の弁当を食す（海軍省持）。一時頃より松島艦に入て内部をミる。破損の処既に大かた修繕せり。いまだ職工入こミて頗る混雑せり。火など焚けば暑きに困じて外二艦ハミず。同じ心の長松・川田・岩谷・丸山の類と早く乗船す。跡の輩ハはしけ船五六度通ひて漸く帰りたれば出船す。夕七時頃帰寓。〈頭書〉今日より参院にも又ハ外出にも、大かた浜尾・外山・菊池と同行せり。／△昨十五日大本営にて親任式あり。枢密顧問野村靖内務大臣に任じ、井上馨は特命全権公使に転じ朝鮮駐劄を命ぜらる。依て即日宇品発にて朝鮮へ向へり。斎藤修一郎・安広伴一郎同行。／△昨十五日捕虜百名を近江大津ニ送る。／〇呉港にて病院ニ入てミる。負傷者三十名斗り各台上に在り。医員一々傷処を説明す。皆顔色よろしくして傷者にあらざるが如し。／△今日捕虜数名朝七時卅分を以新橋停車場ニ至る。今日呉港なる難波を訪んと思ひしが、帰路外山等と一ツならざれバ、不都合により果さず。

十七日　淡曇、或は小雨あり。午後晴。夜十八日の月あかし。

宮島へ参らんとて朝六時出たつ。草津・井口・五日市・廿日市・地口前等を過ぐ。皆海岸にて離れたるいはほニ松の生ひたるさま、けしきよし。道路修繕ハ殊によく届きて海岸ハ石に築立たる処々あり。井口あたりにやと覚えて千家尊福氏の哥を彫りたる碑を建たり。地口門あたりにや厳島の外宮あり。三月より六月までは神霊こゝにますといへり。阿品といふ所より舟に乗る。厳島ハたゞ向ひにミえて大いなる渡し場也。海上壱里余といへど半道ばかりにやあらん。八時頃上陸してまづ御山（仏家ハ弥山といへり）に登る。岩山にていとさがし。おのれハ六七丁漸く登りて茶亭あるに憩ひこしより下山す。此処眺望よし。海岸なる亀福といへる旅宿に入て午後一時頃までまてど、人々いまだ帰らず。因て独神社辺遊行。塩満たる頃にて社頭のながめいとよし。一旦宿へ帰れば人々来逢たり。昼食して一同更に社参す。案内者出て廻廊に掲げたる額の由来など説明す。御前と大神宮とをふしをがみ、兼て申入れたるにより宝物を一覧す。千畳敷丸木の柱に梁をのせていと拡壮也。傍に応永年中に建たりといふ五重の塔あり。紅葉谷いまだしけれど気色よく処々に家あり。割烹店一軒にて持たりといふ舟に帰れば日既に暮たり。月に乗じて車を走らせ、夜九時前帰る〔今夜寐られず〕。

十八日　午前半晴、後晴。

けさ腹瀉してこゝちそこねたれバ、隣家のクラブに医学士後藤武彦・渋谷周平来逢たれバ診察をこふ。いづれも当地の病院詰にて渋谷は長の由也。むかひなる小泉といふ医師の家にて散薬を求む。○午前九時参院。開院式にて（闕字）行幸勅語あり。終て坐を議場ニ改め、勅答起草委員を定め、午後までニ出来の議あり。一旦旅宿へ帰り午後一時再び参院すべき処、こゝちあしければ行かず。一臥休息。○佐々木又玄、石州人野田慎来る。面会。○播磨来。よく寐たり。〈頭書〉熊もと人中島竜卿来。米野知人也。

十九日　晴。

十時参院。伊藤惣理大臣日清開戦ニ付、両国間の知照始末の報告演説あり。午後の議事ハ誤て昨日に記したれバこゝに略す。○午後三篠村なる徳川侯（紀州）〔△徳川侯随行者家令加治・家扶井田・鵜沢。今一人ハ知らず。〕・幟丁の黒田侯爵・加藤弘之・渡辺驥を訪ふ。○夜野田慎再び来り、浜尾等に紹介をこふ。断。魚渓の事を弘めんと也。○藤井百樹外一人来る。染筆を乞ひ、且演説を請ふ。明日と約す。〈頭書〉△衆議院にて末広重恭全院委員長となる。〈十八日条〉〔コレハ十九日ナリ〕△廿七年勅令第六十七号（海外ニ派遣する軍隊軍艦其外軍人軍属より発する郵便物ハ無税とする件）・同年勅令第百三十五号（官員又官庁の命に依る者の外地方官の許可なくして朝鮮に渡海を禁る件）の二件を議す。議長の意により委員を定むる事に決す。

廿日　晴。

議事に附すべき事なきにより貴族院ハ休。○渡辺驥来訪。

○午後二時過藤井迎に来る。国学院行て、三時頃より本朝法律起原沿革の講演する事一時三四十分に及ぶ。聴集凡百名余。中学校の生徒多し。五時頃帰路大手丁二丁めの丸山・横井をとふ。いまだ退出前にて逢はず。○今日浜尾・外山・菊池ハ江多嶋（ママ）なる兵学校行。朝六時頃出、夕六時頃帰る。〈頭書〉△衆議院議案ハ勅令四十三号承諾案。○臨時軍事費特別会計法案。○軍費支弁のため公債募集に関する法律案、何れも第一読会。／東京の義象及三作より郵書届く（いづれも十八日発）。／義象・三作及中村へ郵書出ス。／△朝鮮使義和宮午前八時卅分宇品へ来着。旅館水主丁浅野邸。

廿一日　曇。

九時参院。臨時軍事費予算案審査報告ノ期限を定むる件〔第一〕・明治廿七年勅令百四十三号承諾を求むる件〔第二〕・右議案の委員撰挙〔第三〕・臨時軍事費特別会計法案〔第四〕・右委員撰挙〔第五〕・軍費支弁の為め公債募集に関する法律案〔第六〕・右委員撰挙〔第七〕等の議事也。何れも委員〔定〕ハ議長ニ托し、午後一時までニ議定すべき事となり、一旦帰寓。午後一時又々参院、右委員長谷・由利〔三件合一〕等之演説ありて、満場可決す。衆議院の方も既に昨日議定になりたれバ、是にて今般の会議了り、一同拍手して退場す。○午後四時浅野侯の泉邸にて、侯園遊会の催に招かる。貴衆両院の議員共に参集、庭のさま小石川の植物園に似て、加ふるに遠山の眺望近き川流の清きを添ふ。立食（日本食）の饗、茶菓の設あり。六時頃やどりに帰る。

廿二日　半晴。

午前十時閉会式により参場。惣理大臣出場ありて閉会之儀を述られ一同敬礼して退場す。午後二時過更ニ参場。議事堂を仮受取所としたる所にて旅費を受、京橋丁佐々木へ行。過日中之礼也〔宿代半円持〕。四時泉邸行。今日此所にて両院の議員に御酒を賜はるべき旨、昨日達あり。陶器の小盃に大本営と焼付けたるを各頂戴して夕刻帰る。御酒ハすべて瓶詰の正宗、肴ハ大かた日本料理にて立食なりき。○夜藤井百樹、佐々木又玄来る。佐々木の請により短ざく十枚したゝめ。〈頭書〉すべて広島在留中ハあすハ雨降るべき夜半のさまなるも、明くればさもあらずして、大かたハ晴天となりし日多かりき。後に聞く。東京ハ雨続なりしと。

廿三日　晴。

朝五時卅分ばかり宇品へ出たつ。七時発の郵便船にて尾道まで行かんと思へば也。浜尾は岡山、外山・菊池ハ岩国より讃岐の琴平へ今日おもむくにより、各帰路を異にせり。宇品ハ広島より諸方へ趣《ママ》く港なれバ乗客と荷物を取扱ふ家多き中ニ、長沼といへるがよしと聞て其家に行く。安寧丸といふ郵船に乗る。小幡・富田・菊地〔武夫〕・曾我・原田其他の議員をもミかけたり。けさの船行ハ広島より尾の道の間の海路殊に気色よしと聞たれバ也。げに音戸の瀬戸のわたり、ことにミてもあかぬこゝちす。ある人のいふ、此海路ハ大かた向ひに嶋をミわたしたる箱庭なりといへるハまことにさるさま也。定めの着期よりおくれて午後二時前尾道へつく。前に泊たる浜吉の支店に入て休む。四時何分といふ気車にてこゝより岡山へ行くべき心組なりしが、発車の時刻、昨今又々かはりて夜に入りては発車あらずといへば、ふたゝび此家にやどる。まだ四時前なれば又市中をありく。骨董舗にて古本つミ重ねたる中より寛永板の孔子家語を見出して購ふ。慶長ころ盛に行はれし活字の板式に似たれば、其を整板としたるものゝごとし。まゝ古訓あり。此地ハ古へ玉の浦と云ひしとか。一万戸以上の町にて西国寺・浄土寺・千光寺、其他よき寺院多し。旅宿の海を隔て向ひ島といふ所有。此家の庭園を設けありて舟渡しにて興を添ふるといへり。此家ハ割烹店をも兼たれば也。〈頭書〉△第二軍、大同江辺集合地抜錨。

廿四日　晴、午後少曇。

朝八時何分の気車にて岡山へ出たつ。福山・玉島・倉敷・庭瀬（吉備神社近き処也）などの駅々を過て正午迄岡山の停車場に近きミよし野といふよき旅宿につく。午後公園見物。旅宿より十二三丁もあるべし。後楽園と称してもと池田家の別邸なり。園中の広き事、浅野侯の泉邸に陪《ママ》せり。但し筌《ママ》山は池のあたりにたゞ一ツにて処々に小亭を設けたり。鶴弐羽よく人に馴れて餌をこふさま也。此公園は必ず一見すべき所と覚ゆ。此頃議事堂をこゝに建たるハ今市中の所有となれる故とか。根岸議員をミかけたり。町中を遊歩して帰る〔岡山市中にて備前焼の玩弄物いさゝかもとむ。こゝにても広島にても先ヅ地図を求めて歩行の便とせり。〕。町の広さは広島に及ばずして其半もあらんか。中学校・師範学校はそのかミの学舎を其まゝ用ゐたり。いづくまでも高架にて目立たるハ郵便電信局にて、裁判所それに次たり。夕刻服部元彦とひ来。

古典科卒業生にて此度この中学教員に赴任したる也。さく夜浜尾もこゝに宿りて学校を巡視し、今日午後発車せり。夜に入、重野・加藤両博士の同宿をたづぬ。田口卯吉もこよひこゝにやどりしと聞けり。〈頭書〉△今日第二軍金州〔盛京省南岸の花園河口也〕近くへ上陸。金州庁を距る事日本道廿一里、旅順口を距る三十五里。すべて支ふる兵なし。我兵をミれバ走る。此地人家四十戸斗、不教無文の傖父也。

廿五日　曇。

朝七時の気車にて京都に向ふ。同じ車ニ加藤博士・根岸議員（長光議員も有たり）ありて談話せり。三石《ミツ》といふ駅は製造場ある処也。和気より吉永に至る。こゝより一里斗に閑谷《シツタニ》学校とてゆかしき処あり。必ミるべしと加藤はいはれたれど、京都へ急げば廻らず（重野博士ハ行たらん）、姫路・加古川を過て明石より下車す。此あたりの海辺を人力車にてミありかん心組なれバ、明石の海岸ハ製造場など立込て風色を損したり。人丸の社は石階あまたを登りて高き山上に有。もと明石の城内に在しをこゝに移したる由を記したる林学士〔春斎〕の寛永中の記を刻したる碑、社前に建り。蓋し哥聖の詠によりて後人の祀りたるもの也。社いとよろし。隣に月照寺あり。もとの別当也。これも衰へず社地に休所また旅宿ありて其あたりより海をミやりたるけしきいとよし。舞子の浜にも旅店・休所近頃建たるが多けれど、いまだ明石の如くいたく障りともならず、風色ハ須磨に勝れるこゝちす。停車場〔処垂水に在〕のあたりの家に入て気車を待つ事二時間斗、松露談など求む。四時何分といふに乗車。神戸、大阪を経て夜七時頃七条停車場につく。予て通じ置たれば麩屋丁の俵屋より迎車をおこせたり。同家に着けば久しぶりにて雨の音を聞たり。長松・神山・金井等同宿したるに逢ひ、尾の道にて求めたる古板本をミす。浜尾もこゝに泊たるを訪ふ〔義象・中村よりの来書俵屋に届き居り、こよひ当地の生田目・和田・畠山・奥平等へ着の事端書出ス。〕。〈頭書〉△昨廿四日夜、潜に鴨緑江に架橋し、今日払暁より第三師団橋を渡り、右翼前面虎山に拠たる敵と開戦す。立見少将、敵の背後に出て大に敵を敗りて急進せり〔廿七日報〕。／△第二軍李家屯附近に向て出発。

廿六日　雨。

昼より車を命じて烏丸通なる田中勘兵（衛脱カ）を訪ひ、大阪にて求めたる承久三年の古文書及親長記抄録〔大嘗会条〕古板本をミす。六波羅密寺貞治の勧化帳二巻をミる〔全六巻〕。此家の末子ハ榊原の弟子なれバ同氏を呼迎へてこゝにて対面す。晩食の饗の後、三人もろ共に祇園の祇園座に行。泉祐三郎〔加賀人のよし〕の催せる能八島・花筐・望月〔シテ祐三郎〕、狂言隠狸・御田をミる。狂言中には三絃を交へたれバ、御田のさまなど殊にいと興あり。又望月の女方の八雲琴を弾たるなど今様を交へたるが泉氏の作意とミゆ。榊原ハ能好きにて泉氏とも懇意なれバ、其妻さくに所望して巴の長刀を遣ふ仕舞をさせたり。すべて泉氏夫妻少女等も交りて男女混淆し、夜十時前やどりニ帰る。浜尾氏ハ今夜々気車にて発せり。〈頭書〉△午前四時卅分より三道より敵の背後ニ迫れり。然るに敵ハ払暁迄に九連城を逃走せり。因て直にこれを占領す。死傷将校七、下士以下七十名。敵の死去三百人〔廿七日報〕。／△井上公使朝鮮京城に入る。／義象より〔廿五日出〕端書来る。病者容体よろしからざれバ速に帰るべき旨也。

廿七日　よく晴たり。

生田目経徳・奥平清規とひ来。予てハ廿九日まで此地ニ在るべき心構へなりしかど、義象よりの書もあれば、明日帰宅の事談ず。○午前ハ新京極辺へ土産物とゝのへニ行き、午後より生田目・米野と共に吉田の社より銀閣寺へ行。これハ前年ミざりしによりて也。神楽岡にハ黒住宗との社を近ごろ建たるがあり。ミはらしよき所也。阪を下れば真如堂にて門前に帝陵ふたつあり。銀閣寺の〔空欄〕ハ大破したるを、此ころ屋根など修理せる程なれば登らず。東求堂の義政の像を拝し、庭上を一覧、四畳半の茶室にて各薄茶の設にあへり。帰路聖護院町なる博覧会場〔皆出来〕・大極殿〔八分通出来〕をミる。徳川公爵・根岸議員をミ受たり。疏水の一部をミて、五時前丸屋丁の榊原をとふ。大極殿の瓦を同氏の下画したる短冊あれバ明日哥会を同家にて行ふべき約束あれど、帰家の由を話したれば、送別の酒筵を開き、其短冊と三輪貞信の哥集蓬が露を贈らる。三輪をも尋ぬべき心構へにて送らん短ざくをも持たれど、日暮たれば榊原に頼ミて夜八時過やどりに帰る。けふ聖護院町なる尾越・薩埵を訪ひたり。○谷子爵の同宿なるに逢ふ。〈頭書〉△朝鮮王子、昨夜浜松泊、今日午後四時卅分新橋着、上野精養軒を以御居処とす。／△大鳥公使長崎着、直ちに広島へ出発。

廿八日　晴。
八時三十分の気車にて出たつ。薩埵、旅宿へ来る。奥平と生田目ハ停車場へ来てミ送りぬ。気車の中にて岐阜県撰出代議士吉田常三郎に逢ふ。気車処々に止りたれば、常より一時間余も遅く浜松に着く。大米屋といふ旅宿に入るに、いとよき家也。
廿九日　半晴。
今日より発車時間いたく変更有しにより、九時何分といふに出たつ。衆議院の末松重恭（広）・医学士浜野昇に逢ひて談話す。浜野氏の弟（空欄）は名古屋旅団より征行せしが前日虎山にて戦死せしと語らる。けふハ曇りたれば富岳のながめよろしからず。静岡・沼津・横浜其他にて三十分近くも気車の止りたれば、いたく後れて夜九時三十分斗り新橋へ着く。迎車に乗て駒込へ帰りたるハ十時三十分前にてもあるべし。〈頭書〉△今日まで二第二軍貔子窩に登り市街に入る。人家凡八百戸。金州府を距る十二三り。
卅日　雨ふりて冷気也。
過日より病者床摺れの痛ミ甚しければ、去廿七日大学病院へ入れたり。○けふハ旅のつかれにて何事をもせず。中村に行て旅中の事どもかたる。
三十一日　晴。
午後病院へ行。夫より根岸行。河合へより面会〔短ざく贈〕。○多田親愛来る。過日義象より太田夫妻の手本を頼ミたる紹介の談也。〈頭書〉△今日鳳凰城を陥る〔十一月二日伝〕。
十一月一日　曇。
根岸にて休息。追々旅中のくたびれを覚ゆ。○去月廿日頃より清象ハ根岸ニあり。明日小学校へ入学すべき由也。○太田孝吉氏入来、詠歌をはじめたき由也。〈頭書〉西京田中・榊原・奥平・薩埵へ礼書出ス。熊阪へも帰宅之事報ズ。／今泉雄作より端書来。京都美術工芸学校長拝命ニ付、全家移住。昨三十一日京着。用事之節ハ学校宛ニて郵書すべき旨也。
二日　半晴。
八時過根岸出宅。病院を見舞。文科大学へ行、外山ニ面会、旅中の事談ず。駒込へ一旦帰る。○午後一時過出宅。小石川浜尾行。留主に付謝帳差置、二時頃平田行、平田神社例祭参拝。鈴木翁・宝田・飯田・藤井・渡辺・大喜田・賀茂・宮地・山田〔正〕・杉浦・井上其他懇友の来

会多し。五時頃三谷へ廻り面会。村田俊彦へ送候物頼ミ。猶又駒込へ帰る。〈頭書〉水野をとふ。旅中尋くれたれバ也。／朝入谷行。菊の鉢植求め。病院へ送る為也。／△上海よりの電報に第二軍金州を攻撃中なりと〔コレハウソラシ、〕。／△昨一日、露国皇帝崩御により今日より廿一日間宮中発喪（但明日の佳節ハ除く）。

三日　晴、和。鳥の祭《マテ》。人群集す。天長節

午後二時頃菊池をとふ。留主により謝帳さし置、三時頃根岸ニ至る。○河合駒込に至る。○諏訪をとふ。〈頭書〉午前三谷来る。〈四日条頭書〉〔三日也〕太田お安殿駒込へ入来。

四日　雨風を交ゆ。日曜

今日谷中諏訪社にて加部厳夫の哥会ありて出席の心組なりしを、雨により哥のミ送る。○去月廿三日已来の日記した、む。○明五日長井お楽一週ニ付、松田へ饅頭送る〔茶添〕。

五日　晴。

午後二時前出宅、松浦邸行。御不在ニより家令に用向談じ。来十一日不参ニ付、月並哥幷依托之画賛哥弐葉した、めたるを持参。三時過病院を見舞、駒込へ帰る。○午前おたつ・お晉、林宗院行、一週の法事す。松田貞三郎・およね君来会。病院を見舞。暮て駒込へ帰る。○おミつ・清象つれ病院見舞。お定・神足〔妻〕・加藤・大保〔妻〕も見舞候由。〈頭書〉来月卅一日発大分県多田寅松の郵書、昨日到来ニ付返書。国学院卒業生也。

六日　晴。風あり。

午前九時病院行。画本持参。新阪村井行、下歯のウロ詰め、十一時頃駒込へ帰る。○大阪書肆鹿田より購求の書、小包にて廻る。○夕刻神田川行、晩食。〈頭書〉昨日外山より来書ニ付今日返書。広島学士へ送本之事也。／△第二軍金州城を奪領す。敵は戦はずして旅順口に走る〔十日夜〕。／△広島にて泉邸行幸。

七日　晴。

十一時国学院行、職員令中務省以下講義。一旦帰家。午後二時文科大学へ出、田令〔了〕・賦役令講義。四時過帰る。○和田来る。面会〔羊カン賜〕。○市村鑽二郎来。面会。頼の哥料紙持参也。〈頭書〉大阪鹿田へ為替金送る。○呉港難波へも土産として金壱円郵送。両家幷宮島へ郵書出ス。宮島へ立替金卅銭鹿田へ托し送る。／△第二軍大連湾近附を占領す。双方死傷多からず〔同上〕。／

斯文学会にて講演の報あり。行かず。

八日　晴。

朝九時過病院へ見舞。昨夜も痛之由。根岸へ行。○秋田県渡辺秀之助へ郵書。去月中、国文之事ニ付、質問断也。○午後入谷木村を訪ふ。もはや全快也。〈頭書〉京都薩埵より郵書。田中勘兵衛よりも。／博物館川崎へ青磁花瓶もたせやる。修理のため也。

九日　晴、和。

諸方より頼まれの色紙・短ざく・素絹したゝめ。○午後二時より三作・お光・清象つれ浅草公園遊歩、花園の五層楼ニ登る。暮て帰る。○お晋来る。今日お栄見舞之処、快方之由、談じ。〈頭書〉千葉県安納へ素絹郵送。

十日　晴。

鳥取県倉吉丁遠藤泰世より去月中来状ニ付、蜻蛉集第二編ニ撰出之ため、詠哥十五首を送る。○正午過病院を見舞。駒込へ帰る。○夕、神宮教静岡本部長中教正塚田菅彦来る。礼儀会興立のため賛成をこふ。○午前五時久米幹文〔年六十七〕氏没す。弔詞ニ行。〈頭書〉京都奥平より郵書。

十一日　晴。日曜
堀越の請により午前十時過三洲や行。哥舞伎坐見物。日新《ママ》戦争を団菊揃ての戯なり。中幕団洲の吃又。いつも面白し。夜八時頃駒込へ帰る。○小杉・関根来、面会。〈頭書〉学士会院会日及松浦家哥会之処断。北里・青山歓迎会〔大学〕同断。△帝国議会、来ル十二月廿二日を以て東京に召集すと詔勅下る。

十二日　朝より雨、夜ニ入る。

午後一時久米氏葬式ニ付、染井行。午前ニ草したる誄辞を棺前ニ読む。高等学校長久原・同生徒惣代・大八洲学会代本居氏又小杉氏等各誄詞あり。夕五時頃駒込へ帰る。〈頭書〉今日諏訪家哥会之処断。／伊能高老より来書。／村田俊彦来。不逢。／△午後五時四十分広島大本営の後方兵営出火、死傷三四十名。ランプの過ちより出火之由。

十三日　晴。

日本法律学校より雑志原稿請求書求。○国の礎編輯所より過日廻りたるわが履歴を訂正増補して郵送す。○夜華族列伝三巻泛読。○夕刻病院行。お栄近日快方なり。〈頭書〉伯耆小鴨村宮脇義臣より来書。／△本居氏今日高等師範学校兼高等女子師範学校教授ニ任ぜられ、五等

官に叙す。○岡山県多額納税員野崎武吉郎孫の名字取調、本日同家（空欄）迄郵送。

十四日　晴。

午前十一時国学院へ出、職員令図書寮より式部省まで講授。午後神宮教校へ廻り二時より四時迄戸令を授く。帰路日本橋辺にて買物す。〈頭書〉斯文学会へ廻り雑志購求之事談じ。宮城県一迫村佐々木闊へ、頼ニ付よしかた分共短ざく四葉郵送。

十五日　晴。

午前中村行、久米誄詞閲をこふ。○午後根ぎしへ廻る。法律学校頼により徳川役員の条書はじむ。〈頭書〉鹿沼原氏・伊能氏等へ返書出ス。／△東宮殿下、広島行啓御発車、来十七日御着之日割なり。〈十四日条頭書〉〔十五日ナリ〕芳賀矢一へ近江へ送るべき軍勝祝哥郵送。

十六日　晴、和。

諏訪子爵・太田孝吉氏入来。面会。○原稿取調。〈頭書〉△近日第一軍摩天嶺の敵陣へ進む由の報あり。／呉港難波まちより十三日発の礼書来る。／大阪石田より新撰国文第二巻上下郵送。／石川県人横山隆起（興）来。父兄追悼哥をこふ。○鳥取県近藤泰世より返書。

十七日　晴。北風つよし。

原稿取調了、法律校へ郵送。○伯耆上小鴨村宮脇義臣へ返書端書出す。詞華発行賛成員承諾之事也。〈頭書〉天神魚十楼に於て田口卯吉当選祝宴ある旨、去十二日発起人より来書。今日不参之旨、昨日切通丁鈴木清二郎まで郵書出ス。／△金州の第二軍及混成旅団今日を以、旅順口攻撃に進発。

十八日　晴、和。日曜

伊能高老入来。短冊挟に書くべき哥をこひ、幷に荷田春満翁筆の霰の哥短冊表具の読め難きを示して読をこふ。○午後病院行、駒込へ帰る。三時過より久米行。十日祭招によりて也。飯田・落合・高津・杉浦・増田・義象等来会。〈頭書〉宮城県佐々木より礼書来る。／渡辺玄包・広島藤井百樹来。不逢。／根津神泉亭祝宴、舞楽あり。招請状来る。不行。／△大迫少将、秀巌を略取す〔廿一日報〕分捕大砲五門。／△土城子〔姚花屯也〕に於て第二軍の先鋒苦戦敵兵を破る。これを旅順口戦ひの始とす。

十九日　晴。

広島国学院へ斯文学会講義録・令義解講説分十弐巻小包にて郵送。○庫中かた附物する。○夜候文範をミる。

〈頭書〉中村入来、廿二日招をこふ。

廿日　雨。

〈頭書〉広島藤井へ郵書。○右馬・お定より来書、即日返書出す。／斯文学会へ雑志代価もたせ遣ス。／鹿沼ノ原よりお栄見舞端書来る。

廿一日　晴。

十一時国学院へ出、宮城図其他懸け示ス。午後二時大学出、賦役令〔了〕・学令を授く。〈頭書〉△〔総攻撃約日〕第二軍ハ今日払暁より旅順の後方陸正面の諸堡塁を攻撃し〔激戦五六時間〕、遂に午前八時半西方の堡塁を占領し、午後二時旅順に進入し、四時黄金山の砲台を占領せり〔廿二日陸軍省公報〕。○敵兵二万五千斗。／△午前十一時金州城外ニ於テ清の襲来兵と戦ふ事三時間余、遂にこれを破る。敵兵復州路に走る。

廿二日　半晴。

午後五時前中村行。招請によりて也。足立も入来。種々饗あり。夜九時頃帰る。○午前広嶋行日記を書はじむ。

〈頭書〉△今朝零時廿分広島兵営又々出火、倉庫を焼く。△今日午前全く旅順海岸の諸砲台を占領す。我が死傷ハ将校以下二百余名。戦利品夥し〔同日報〕。今回海軍ハ只応援したるのミ。△陛下ハ直ちに優渥なる勅を下し給へり。皇后陛下亦同じ。

廿三日　半晴。

午前根岸行。○午後少し斗旅日記した丶め。〈頭書〉お定・お道をつれ駒込へ来る。お道、今日より当分小間遣代りニ置く。

廿四日　雨。

旅日記した丶め。○岡崎遠光来。土佐日記新釈稿本持参、閲をこふ。

廿五日　晴。　三ノ酉　日曜

旅日記を草す。○岡崎へ稿本返ス。〈頭書〉帝国大学講義室にて午後一時国家教育社第四回大集会あり。客員曾我子爵其他の演説有。不会。

廿六日　晴。

旅日記した丶め。○信州上田在人二六居士来、短ざくをこふ。自らハ左手又筆を口に含ミて書ける短冊を送り来る。目前にて書たるもの也。〈頭書〉△午後五時皇太子、広島より還啓。新橋へ還御。／本居駒込へ入来。教授拝命の談なり。巻紙・草子・画紙等恵る。

廿七日　晴。

旅日記成る。○午後三時過駒込へ帰る。五時大学内学士会堂行。国文学科卒業生上田・三上・高津・芳賀・和田外両三名にて外山・黒川・老生等招請、洋食の饗あり。物集ハ不参。緩話の上、夜九時頃帰る。行がけに病院を見舞ふ。〈頭書〉△午後一時四十分清国招商局の気船は独逸国旗を掲げ神戸へ入港。英人デットリング氏上陸。周布知事を訪問し、李鴻章より伊藤伯に呈する手書を示し、媾和の為来れりと公言す。知事ハ此手書を直ちに広島へ送りたり。乗込中清国の皇族めきたる者、三人有といふ〔コレハウソナリ〕。これハ上陸せず〔神戸飛電〕。

廿八日　曇。

午前十一時国学院行、職員令を授く。午後九段洋服店藤田行、通常礼服・チヨツキあつらへ。本居行、逢はず。水道丁行、武蔵平袴・甲斐絹裏求〔此代九円六十銭斗〕、仕立を托す。〈頭書〉神宮教校臨時休。／△伊藤三《(東巳)》代治(書記官長)首相の命を受て神戸へ来り、デットリンクト知事、官邸にて談話十五分間。加藤新英国公使も其席に列せり。首相の為に拒絶されしならん。

廿九日　半晴、夜雨、暖気。

諸方より頼まれの色紙・短冊したゝめ。〈頭書〉△デットリンク、今朝六時発にて帰帆。伊藤・加藤の両氏ハ九時広島へ帰る。／河合へ仕立物送る。

卅日　雨、午後晴。夜八時過強震あり。

今日も残りの短冊したゝめ外ハ雑用。○夕京都湯本文彦入来。平安通志第一編〔上下〕第四編三帙御持参ニ付、一覧。○夜披書思昔・新年朝等哥考へ。〈頭書〉雇女お安解傭。お清を病院へ廻ス。久米氏より廿日祭配り物餅弐重送らる。さゝ又へ郵書出ス。短冊出来候事也。

十二月一日　晴。午前風、午後止む。冷気。

石州津和野田中知邦頼同人著書国民教育大綱一閲、意見を附箋し即日郵送。○午後中村行。昨日之哥稿持参。○神足氏、お栄見舞ニ入来。病院へも尋られ候由。〈頭書〉大川より応仁前後京都図帰る。／藤田へ廻し合羽、仕立催促《(端書)》は書出ス。／午後三時富士見軒にて法学協会議事会食あり。不会。

二日　雨、冷気。日曜

日本新聞に旅順口戦闘詳報を載す。凡八頁あり。一覧。○国学院生徒、本日四大人の霊祭を催す。予不参、義象に托して兼題披書思昔の哥を贈る。○伯耆上小鴨村宮脇へ頼の短冊したゝめ郵送。〈頭書〉福島三好来る。色紙を送る。／大槻修二へ端書出ス。／市村瓚二郎より疾風知勁草ノ事、郵書。

三日　晴、和。

朝根岸行。十時頃より大槻行、原悴の事談じ。正午過熊阪行、面会。大伝馬丁高木へ廻り、夕刻根岸へ帰る。〈頭書〉村田家貸持参。／宮川勘五郎来。／△復州の兵、蓋平に逃走す。

四日　晴。

○国家学会にて今日富士見軒にて坪井〔九馬二（三）〕・大鳥圭助（介）〔朝鮮の談〕の講演ある由報あり。不参。〈頭書〉大阪鹿田より注文之本とゞく。野ノ口著兼好法師一代記ハ貸本屋向にて大よごれにより返すに決す。江戸図鑑綱目・天和江戸図ハめづらし。〈三日条〉○〔四日ナリ〕日記ニ入るべき哥成る。

五日　晴。北風つよく寒し。

○広島国学院より令講義を贈りたる礼書来る。藤井の手簡も有。〈頭書〉△法科大学より今日午前九時文部大臣廻覧あるべき報あり。／△我兵復州ニ入る。所謂刃に血をミざるもの。／中村入来、御生母例其外貸す。〈四日条〉〔五日ナリ〕今日国学院と大学とへ参るべき処、寒風ニより不参。九時駒込へ帰る。〈四日条頭書〉〔五日ナリ〕安濃恒生より去一日熱海相模屋滞留之由にて端書来る。今日返書出ス。

六日　晴。

お定来る。○広島趨会記清書をはじむ。夜ニ入。〈頭書〉西京田中より好古叢志之礼書来ル。〈五日条〉〔六日ナリ〕朝田口卯吉行、原悴之事頼〔白ブドウ二本贈〕。〈五日条頭書〉鹿田へ代料為替出ス。幷返し本送る。／横山隆起（興）へ頼の追悼哥二首送る。／原へ郵書す。〔三件共六日ナリ〕。

七日　晴、冷。

山田正来ル。阿部へ紹介書頼。○九時出宅。日本銀行行、整理公債利子受取〔十二円半〕。第一銀行・貯蔵銀行等へ廻り、五時前駒込へ帰る。途中、也有鶉衣一帙求。○夜熊もと人有永真人・東康雄、短ざく及画賛頼来る。〈頭書〉国家教育社長伊沢修二より聖諭大全巻下首巻共二本、法科大学より法制類聚第一篇〔二〕・第二篇〔二〕計四本、右恩賜。／石見国田中知邦より礼書来る。／横山正誠父子追弔哥森川丁（空欄）へ送る。

八日　晴。

午後根岸行。諏訪家哥納会へ出。兼題歳暮松也。鈴木不参ニ付、代りニ競点の判者となる。

九日　晴。　日曜
上野公園にて祝捷大会あるにより戸々祝旗を出す。七時卅分ニ委員日比谷原ニ集り、皇城外にて万歳を唱へ新作の軍歌を謡ひて日本橋通より上野ニ至り、不忍池馬見所にて祝詞其他の式を行ふ。五時頃より池に浮べたる外国船に擬せしを花火にて焼打の興あり。東宮殿下も行啓ありて、博物館前にて川上の演戯御覧あり。諸人の群集雑沓はいふまでもなし。三作夫妻ハ仲丁鈴木の物干にて障なく見物したる。予は終日家に在。広嶋日記五六葉清書す。〈頭書〉越後山辺・里村・中村・千家へ返書郵送〔十一月廿八日ノ返書。〕。／伊能高老より御会始哥之事ニ付郵書。

十日　雨。風を交ゆ。

松浦家哥納会ニ付、午後二時より参る。兼題炉辺閑談。竪詠草也。夜八時前帰る〔根岸〕。○午前広嶋日記少々清書。〈頭書〉原より返書郵送。

十一日　晴。

尾張丁天賞堂頼の懸賞応募図案三巻をミる。五百十八号まで有り。時計台・同蓋・置物・莨箱・名刺箱・香合・煙草入・きせるの類の彫刻・蒔絵に、諸人意匠を尽して図案に説明を添へて八月中より天賞堂へ差出したるを、兼て定めたる鑑定者へ此節廻す事なり。其内にて古事・古哥に係りたる分のミを評論し使に返す。〈頭書〉高崎正風妻錚子葬式米野遣ス。／中村より新年唱哥ミせにおこせたるを返草す。／伊能高老へ返書出ス。

十二日
午前駒込へ帰る。十一時国学院行、職員令講尺。午後神宮教校行。本日は休にて空しく帰る〔駒込へ〕。○夕刻西京湯もと文彦入来。平安史稿本三帙四五十巻斗り持参、示さる〔茶恵る〕。〈頭書〉上野三宜亭にて礼儀会あり。不参。河合きさ子より去八日盗難に逢候事、昨日端書来る。今日立寄之処留主、不逢。見舞金壱円を贈る。／△第三師団兵栃木城を占領す。昨日よりの攻撃也。今朝敵兵逃走。

十三日　晴。

午後浜丁日本クラブ行。久子納会也。夕六時前根岸へ帰る。〈頭書〉文科大学撰科卒業証書へ調印。△第三師団兵海城を占領す〔同日報〕。今朝より十一時に至て敵ハ遼陽に退く。

十四日　晴。

熊阪祥子入来。福神画賛したゝめ頼。〈頭書〉広島中学校加藤彰廉より書籍を送りたる礼状来。／△清兵鳳凰城へ攻来る。討て長嶺子まで追撃す〔十六日報〕。

十五日　曇。ミぞれふる。午後雨。夜ニ入風寒し〔正午三十七度八〕。

〈頭書〉川崎千虎へ短ざく色紙したゝめ送る。日下部三之介へ鹿沼演説書郵送。／△山県大将の一行広島着。

十六日　晴、寒。後曇〔正午三十九度八〕。日曜
午後学士会院行。川田・西村演説あり。夕六時過根岸へ帰る。例により会長・幹事の標票あり。従前の通と決す。○松浦家より来廿四日好古会之事ニ付、協議の端書来る。○諏訪家行。壱種物哥合持参。〈頭書〉西京生田目駒込へ来る。不逢。／仏国法律学者ボアソナード帰国ニ付、醵金之事通じ来ル。我刑法・治罪法ノ起草者也。／哲学館にて午前祝年会あり。不参。

十七日　曇。寒。

広嶋趨会日記清書。

十八日　晴。

広島日記清書全く成る。○日本法律学校より原稿請ひに来る。

十九日　晴。暖。

午前九時過駒込へ帰る。十一時国学院行、職員令試験。午後神宮教校行、戸令試験。了而京橋辺へ廻り買物。吉川へ寄、書籍をミる。五時過駒込へ帰る。〈頭書〉日本法律学校より原稿料来る。／△海城近くにて敵と衝突し激戦五時間、紅瓦閣を占領す〔廿一日報〕。宋慶の率る軍一万有余、遂に撃破る。我将校二名戦死・負傷者十二名、戦死下士卒五十二人・負傷同三百四十五人。

廿日　晴。暖。

午後中村行、広島行記の閲をこふ。○佐村八郎頼明治聖勅集閲覧附箋す。〈頭書〉本居より哥稿朱書返却。／国学院雑志・神ながら・教林・明治の哥・国光・国文等へ詠哥送る。

廿一日　晴。暖。正午五十二度五。

午後佐村来。面会。稿本を返ス。且明治政史十二巻貸す。○中村氏子息同道にて来る。義象へ入門のため也〔昨日一円半酒切手・小鯛八ツ来る〕。廿五日頃熱海へおもむくといふ。○依田の征清録をミる〔弦巻板〕。〈頭書〉和

田来ル。不逢。／小杉より青籠鳥一双来ル。絃巻より同断。大学国史科学生来。試業之事也。鹿沼丁原より郵書。

廿二日　晴、暖。正午五十四度五。

議会召集ニ付、九時過貴族院へ出、十時前呼鈴にて議場ニ入る。例により抽籤、部分《ぶわけ》あり。予、三部ニ入る。年長に依て部長・理事の当票取扱ふ。了て十一時退出。○中村より広島日記附箋にて返る。たゞちニ書入。○午後落合へ弔ニ行〔くわし持〕。久米へも寄、後室面会。〈頭書〉本居へ籠鳥送る。／鷲宮相沢併三郎より書取返ル。／貴族院議員前田献吉死去の赴有。松浦家より過日廻る回状、佐伯・中村共相済ニ付郵送。

廿三日　晴、暖。日曜
東康雄頼の橘逸勢女の画賛幷市村瓚二郎頼の疾風知勁草の哥、其他諸方頼まれの色紙・たんざく十三四枚したゝめ。○関根来。面会。○大便の通じあしきにより高山門弟招、浣腸す。○松平信正子紹介にて川口嘉来る。花顚詩抄序之事談有。〈頭書〉陸奥鯵沢大沢文男へ短冊郵送。／原へ返書出し、悴出京をすゝむ。／吉川より大日本史神祇志・近世叢語等来ル。／義象、大田へ哥教授ニ行。これにて弐度也。同人中村行、栄花標注・吉野拾遺を贈ル。

廿四日　晴、暖。正午五十五度六。

いさゝか眼疱に熱気あり。三旬斗を経て愈ざれバ高山に診をこふ。○午前九時卅分斗出宅、十時過貴族院に至る。十一時伊藤総理大臣勅語を宣ぶ。両院議員退出。○午後三時より松浦家行。好古叢誌之事に付、三田・小杉・大槻・川崎・黒川等入来。来年より年ニ二回之発行、編輯者を廃し幹事にて取調候事となる。

廿五日　晴。

九時卅分貴族院に至る。奉答文案の議了而全院委員長選挙始る。投票多数により由利子爵に定まる。各部に於て常任委員の選挙あり。昼食して午後二時前帰宅。○朝畠山健入来。国学院雑志へ記すべき稿をこふ。○朝石橋二洲紹介書持、下総北相馬郡取手町水戸部真之助来る。書画帖及色紙・短冊へ染筆をこふ。真鴨壱番ひを贈らる。○夕四時大学病院より学士会場《院》行。上田・黒川幹事にて大学教員懇親会あり。夜七時過帰宅。〈頭書〉三谷来る。不逢。鶏卵一箱、外ニお栄見舞として菓子折持参。絹地持。〈廿六日条頭書〉〔昨廿五日〕古筆了悦死去之赴、子了信より郵書。

廿六日　晴。

午前十一時貴族院へ出、歳費切符請取。十二時過根岸ニ至る。〈頭書〉諏訪家より歳暮として鶏卵一箱・菓子折一箱を賜ふ。

廿七日　晴。午後南風つよし。

午前十時三井銀行行、金円受取。第一銀行行。大黒亭にて昼食。午後日本銀行行、歳費受取、堀留東海銀行伊能ニ面会。三時頃根岸へ帰る。

廿八日　晴。北風あり。

正午過出宅、河合へ寄〔好古叢志渡〕、駒込へ帰る。○留主中到来の国の礎後篇・蜻蛉集弐編外雑志数種を泛読す。〈頭書〉中村氏あたミより廿六日発之郵書来ル。

廿九日　晴、和。

午前九時出宅。参（闕字）内。歳末御礼参進人名簿へ登録。直ちに帰宅。○国文第廿六号・国華第六十三号・斯文学会講義録廿九・卅号・大日本史神祇志・近世叢話等泛読。○黒川真道、歳末礼ニ来る。○太平記抄をミる。寛永前の板とミゆ。何々ぞなど講本風に注したり。女子高等師範学校本にて義象借来也。〈頭書〉令知会雑志へ詠哥送る。／本居へ往復はがきにて四海清の哥添削をこふ。

卅日　晴、和。

久米翁の誄詞を清書して其家に送る。○書斎かた付る。○歳始配送はがき并名刺等取調、米野に托す。○国学院雑志をミる。〈頭書〉おきよ昨日下宿、今日解雇をこふ。／あたミ小林屋より来書。人車鉄道吉浜より熱海迄三里間出来、卅一日より開業之旨申来る。／義象歳末御礼参（闕字）内。

三十一日　晴、和。寒からず。

鬚剃。掛物懸替、花入等にて日を終り目出度年を終りたり。

註

（1）一月中は、欄外下部に「△」、「○」印の付された日がある。「△」は一月一日、五日、六日、九日、十日〜十二日、十六日〜十八日に、「○」は二日〜四日、七日、八日、十三日〜十五日に付されている。

（2）三月中は、欄外下部に印がある。「・」は一日、五日、六日、十二日〜十六日、廿 日〜廿三日、廿八日〜三十一日に、「○」は三日、八日〜十日、十八日、十九日、廿五日、廿六日に付されている。

（3）以下、原文では六日条「旅宿定候由」に続く。

（表紙）

明治廿八年日乗

明治廿八年　六（七）十三年一ケ月

一月一日　晴、和。

いつはあれど国のひかりもさしそひて
としのはじめのあまつ日の影

神足・三輪・三谷・神足・上田等之年賀客ニ応接す。○旧臘水戸部真之助頼の書画帖幷ニ色紙短ざく藤井界雄頼の秋草画賛、外ニ短冊四五葉試筆にした丶め。○本居より四海清の哥評は書（端書）にて届く。○今日より到来幷ニ郵送の年賀人名略ス。〈頭書〉△本年ハ四方拝・朝賀宴会等すべて行はれず。／あたミ在留中村へ書状出ス。／博文館より太陽幷少年世界等の雑志を贈り来る。

二日　曇。風寒し。

午前十時根岸行。爐にあた丶まりて、読売新聞をミてくらす。

三日　晴、和。

国学院雑志主任畠山・佐藤より頼の歴史の栞を起草す。○正午前水野・川崎・成瀬・諏訪・狩野・柏木等へ年賀に廻る。○江沢年賀ニ入来。是より駒込へもおもむかる丶由也。〈頭書〉多田へ廻り、懐紙手本頼。／義象逗子行、井上毅氏の宿をとふ。此節又容体わろしとぞ。／伊能高老根岸へ来ル。御会始詠進哥持参。

四日　曇。寒し。午後半晴。

歴史の栞を草す。○午後呉港桂之助入来。○徳川政教考をミる。〈頭書〉入谷住法学士神谷四郎より友人日下部景春の哥添削をこふ。支那海ニある海軍人也。／諏訪子爵玄関まで入来。／鶴久子、駒込へ入来。鶏卵賜。

五日　曇、午後晴。夜ニ入寒強し。氷る。

江沢へ年賀ニ行。○午前十時頃より山崎屋・岡田屋等へ年礼。病院へよる。お栄旧年に替る事無し。十一時過駒込帰る。○正午過より木下〔田所の画持〕本居・外山・村岡・神足・飯田・小杉・丸山等行、暮て帰る。田口・

高山へも年賀す。〈頭書〉中村よりの返書届く。／右馬嘉十郎年礼ニ来る。／平岡根岸へ来る。味淋（醂）酒賜る。

六日　晴。風寒し。日曜

歴史の栞是まで十二葉草したるが、体裁あしきにより三葉以下書き改む。十五六葉稿成る。旧冬より眼疱ニ熱気ありてうるさけれど、読書筆業に障なし。○夜御会始詠進の寄海祝の哥考へ。○小杉より平安通志の事、昨日令室へ申置ニ付、問合せあり。夕つかた返書出ス。〈頭書〉夕義象帰る。鎌倉ニ関根の宿りて在しを訪ひたる由也。／吉川半七より上菓子一箱来ル。／○今日浅野侯・松浦伯の催にて紅葉館へ議員を招る丶事あり。不参す。／おミつ駒込へ年賀ニ来る。／高島より易断配達。／水原史郎へ来八日発会兼題新年晴の哥郵送。

七日　晴。

歴史の栞成る。○おミち来る。〈頭書〉△井上毅氏、本日子爵を授けられ華族に列せらる。

八日　晴、和。

大便通あしきにより、朝高山塾生招き浣腸をこふ。即通ず。○小杉入来。平安通志御持参。○十時過貴族院へ出。本年議会之始り也。議題ハ尾崎三郎提出、恩給令改正之件也（専ら郡区長に係る）。審査委員を置くに議決し、議長の指名にてたゞちに定まれり。○十二時頃退出、赤阪黒田・徳川〔紀侯〕・今井・佐々木・重野・細川へ年賀、四時過駒込へ帰る。〈頭書〉国学院授業始式あり。不参す。／黒田忠兵来る。年賀也。

九日　寒雨。午後止む。

国史の栞を畠山に送る。○御会始詠進哥伊能分共郵送。○井上子爵へ賀状郵送。○平安通志第一・第四編をミる。〈頭書〉神宮教校不参之端書出ス。／貴族院ハ議案なきにより休也。

十日　曇。寒し。

午前十一時桐渕行、診をこふ。十二時頃根岸ニ至る。読売新聞をミる。○貴族院ハ休会。○帝国文学配達、則泛読。〈頭書〉△午前五時半より蓋平攻撃、九時半ニ至り占領す。乃木少将の指揮なり。死四十五・傷二百五十五名。

十一日　雨。寒し。

徳川政教考をミる。○日本法律学校編輯懸（空欄）来る。雑志の談有。○松田およね殿年賀へ入来。○貴族院は休会。〈頭書〉関根来面会。

十二日　晴。
貴族院へ出。種痘法案の議了て午後二時退出。よりて沖縄県治改正の議ニ予らず。二時卅分三谷行。茶会始也。足立・渡辺へよる。夜八時頃駒込へ帰る。△今月ハ恩給渡り延日となる。
十三日　晴。日曜
午前十時頃駒込を出、病院・宮川等行。正午根岸行。一時過学士会院行、大鳥圭介氏帰朝後始て面会。今日ハ重野・黒川講演あり。了て箕作麟祥氏発意にて外人を員外会員とする議あり。一同議決したるにより、文部省へ上申し、勅令へ附加する事とす。夕六時卅分頃根岸へ帰る。〈頭書〉久子会断。／平岡へ年始使遣ス。菓子一折・短冊染筆二葉を贈る。
十四日　晴。寒つよし。
明日松浦家発会之懐紙及医師久河氏及尾張人長岡頼の素絹へ哥したゝめ。○議会不参。
十五日　曇、午後晴。
午後二時過松浦家行。哥会始にて兼題四海清也。夜に入七時前根ぎしへ帰る。○議会不参。○おミつ病院より阪もと松田行。〈頭書〉島田より紀略巻数之事文通。
十六日　曇、午後晴。寒甚し。
議会不参。○国学院及大学不参。○午前十一時駒込へ帰る。○大八洲雑志・皇典所講演・好古叢志などミる。〈頭書〉熊阪祥子へ端書出ス。明治坐見物之事也。大阪石田より新撰国文三ノ巻上下幷ニ壱巻一冊ハ松村より届く。／省三来る。
十七日　曇。
議会へ出。市制特別廃止案、市制中追加法律案（共衆議院提出）を議し、共ニ審査委員選挙を議定す。十二時前ニ了て午後榑正丁村松・新右衛門丁太田等へ年賀。近来夫妻共詠哥を始めたるによりひも鏡・今古かな遣ひを贈る。幷色紙したゝめ水道丁隠居及おかつ殿入来。暮て帰る。〈頭書〉△午前八時ヨリ敵兵一万余三道よりして海城を襲ひ来る。我が兵、城外に迎へ討て、午後六時過これを退かす。死傷四十名。
十八日　昨夜床に入て再度小便にたつ。暁一時頃水口の戸を明てミれば思ひがけず庭ま白也。明方までふらず。今日正午頃より又雪を催す。されど多くも降らず。夕かたより北風となる。
議会へ出。官吏恩給法補則審査成たれば、本日三読会まで済て決議す。村田保氏提出漁業法案にうつる。委員附托に決し正午散会、駒込へ帰る。○好古叢説三巻泛読。三ノ巻に山県大弐の事あり。〈頭書〉十五日和田より来書。今日返書出ス。／○あたミ中村へは書《（端書）》出ス。／△吉野・秋津洲・浪速の三艦大連湾より登州府へ向ふ。午後二時着。彼の砲台を砲撃す。夜十一時過引揚げ威海衛へ向ふ。／△今夜十一時前激震あり〔茨城県及横浜などことに強かりしとぞ〕。府内破損所もあり。されど去年の夏の地震に比すれバ軽し。たゞし其時間ハ長し〔四分余〕。

十九日　曇。

正午過〔二時過也〕根ぎし行。○午前和田来る。大阪製菓子を恵る。吉野拾遺新本を送る。平安通志の事也。○議会ハ休会也。〈頭書〉久河青二郎より此ほど染筆之礼金半円・砂糖折一重到来。

廿日　晴。寒し。風あり。

午前十一時浜丁中村屋行。三作同道。明治座見物也。熊阪祥子も来る〔但し松駒連より〕。一番目夜討曾我、二番目甲斐の融転仙之助〔左団二〕書おろし、新劇也。大切朝比奈地獄廻り浄るり。夜九時前根岸へ帰る。〈頭書〉あたミ中村より来書。地震之事有。彼地も随分強かりし由也。／右馬より駒込まで地震見舞之端書来る。和田より桓武帝紀稿二本を送り来る。／△本日未明大連湾を発したる陸軍戦隊栄城湾〔山東省〕ニ上陸す。△去十八・十九の両日第一遊撃艦隊登州を砲撃し、今日栄城湾にて合体す。敵ハ少しの防戦を試ミたるのミにて走る。我兵次で栄城県に進発しこれを占領す。

廿一日　晴、和。美日。

議会不参。根岸にて休息。○平安通志詔勅ノ部二冊・延暦帝紀一冊を閲す。又徳川政教考をミる。〈頭書〉今日より諏訪家行。源氏講尺可始之処、差支ありて延会す。／越後中魚沼郡下組村小林忠吉より両三日前質問之書来る。今日返書出し。／あたミ中村へ地震之事端書出ス。／天賞堂より今日松源にて懸賞投票開之沙汰有。不参。〈廿日条頭書〉〔廿一日ナリ〕佃島平岡より過日の礼書来る。

廿二日　晴。

午前十時過根岸出、春木丁鈴木にて浣腸箸求〔代価八十銭〕、横山へ年礼行。病院を見舞、関根へ寄、リスリンの事聞〔明後日一同鎌倉へおもむく由〕、十二時前駒込へ帰る。○削髪入浴の後、日本新聞をミる。国光同じ。

○議会休。〈頭書〉去十九日原より地震見舞書来る。今日返書／○神足令室年賀。病院へも見舞。△今日敵兵再び海城を襲ふ。又これを走らす。分取捕虜等あり。
廿三日　靄あり。晴天。風なし。されど寒さハつよし。
午前十時過参院。保安条例第一読会之続き也。谷子爵は衆議院の廃例を賛し、末松内閣委員及野村内務大臣これを弁ず。指名点呼にて決を取るに及び、衆議院議に反対者多きにより第弐読会を開かず。予、昼食後早出、神宮教校へ出、戸令の終より田令の始を講ず。神田川にて晩食。五時過駒込へ帰る。〈頭書〉義象太田行。／△今日午後三時頃にも微震あり。／おたつ東京府行、恩給券請取。／△今朝有栖川宮、舞子御邸より御帰京。先月中広島にて御病気付給ひし由。
廿四日　晴。
議会休。○平安通志桓武御紀・延暦詔勅・平安京紀事〔一〕・歴代制度〔一〕等を閲し意見を附箋す。又令疏証に書入れ、かつ蝦夷征討之事抄録する。夜ニ入。〈頭書〉△昨廿三日有栖川参謀長宮薨去ニ付、今日より三日廃朝、又宮中喪五日の勅令あり。国葬式ニ行はる。
廿五日　晴。西風つよし。
村松老母孫つれ入来。面会。○萩野来。大鏡質問也。○議会不参。今日ハ有栖川宮弔詞を議する由。〈頭書〉おたつ日本銀行行〔もはや引ケ後〕。／△小松宮参謀惣長に任ぜらる。
廿六日　晴、和。夜雨。
十時卅分議会へ出。今日ハ衆議院より廻りたる法律改正又は廃止等之件五条斗、外ハ請願委員長徳川公爵報告及会議。去廿四年度の決算を議するや否との議等にて……（ママ）零時廿五分散会ニより根岸へ帰る。読売新聞をミる。〈頭書〉おたつ銀行行、参円受取。／去廿一日熊野有井村大石宗円外廿七名連名にて、花窟之事其筋へ出願之由、報じ来れるにより、今日返書出ス。／西京島地黙雷より昨日発にて、昨年稿本を送りたる序之事ニ付郵書。
廿七日　晴。朝霧たつ。　日曜
午後三時前根ぎし大田行。○徳川政教考をミる。
廿八日　晴。朝霧あり。後時々雲ありて日光を掩ふ。
議会へ出。今日ハ新聞紙法案第一読会の続きにて殊に諸人の注意する所也。依て傍聴者例より多し。此一議午後までかゝる。委員会之内、谷子爵外三名少数の別意見を出ス。到底二読会を開く事に多数を以て決し、谷子の別見第十九条以下ハ記名投票を以て可否を決せしに、十八票の多数にて否決せり。次で第二・三読会も了り、委員修正説に定まる。外特別市制廃止案ハ否決となれり。今日ハ珍らしく四時半散会、駒込へ帰る。〈頭書〉△本日午前八時媾和使の一行、午前八時長崎に着く。午後六時出発、神戸に趣(ママ)く。／近衛老公米寿年賀鶯有歓声哥御勧進ニ付、本日篤麻呂君まで短冊差出。／△今日衆議院にては国立銀行処分問題を議せしに、廿票の多数にて継続案なる政府案（委員会ハ此方なりし也）を否決し、延期方の勝となれり。

廿九日　晴。

△有栖川宮国葬。午前九時御邸発柩にて豊島岡へ葬り奉る。兼てハ参るべき心得なりしが疝のこゝちにて不参す。○柿本人丸考・同弁・帝国文学〔人丸条〕一覧。藩翰譜〔六〕・支那史要〔下〕・揚州十日記・台湾鄭氏記事・仏教〔雑誌〕等泛読。〈頭書〉三谷へ近衛公御祝哥之事ニ付郵書。／新潟県中蒲原郡菅谷村菅与吉より過日地震見舞之郵書来ニ付、返書出ス。お仲来る。今夜泊。／三重県津西丁より山田正の昨日発の郵書至。

三十日　晴。午後風。

午前十一時神楽丁〔御堀ばた〕宮原与十郎宅行。釘(針)医也。近日左頬逆上するにより針治をこふ。○午後諸方より頼まれたる染筆する。唐紙〔唱哥一〕・染紙〔二〕・奉書〔二〕・色紙〔五〕・短冊〔十六葉〕をしたゝむ。○山階宮八十御賀哥寄松祝、御哥所へ廻ス。○横井時冬来る。過日商業学校教授となりたる拝賀なり。○夜国華六十四号・風俗画報八十四号・国文第廿七。(以下記載なし)〈頭書〉原より郵書来る。子息出京之事也。／△威海衛砲撃をはじむ。海(陸)軍少将小(大)寺氏戦死。陸の砲台を落す〔東岸〕。

三十一日　快晴。午後曇。

議会へ出。臘虎膃肭戦猟法案を始メ第一読会三件あり。了て銀行条例改正法律案特別委員長報告ありて三読会までを了り可決す。次ニ蚕種検査法案の提出者藤村紫朗氏長々しき演説あり。特別委員に托す事に決し、午後零時三十八分散会。駒込へ帰る。○国文及風俗画報之内、井上角五郎氏の漢城の残夢を載せたるを熟読す。十五年・十七年等の朝鮮の変乱を記す事評にしておもしろし。○中村氏昨日熱海より帰家。鱈蒲鉾・鴈皮紙・短冊・郵便端書入等を恵る。外出中逢はず。〈頭書〉△本日払暁より威海衛惣攻撃あり。陸軍むねと攻撃し、海軍又応ぜり。

／午後風雪にて休戦。／△支那媾和使の一行、十時廿五分宇品着、十一時四十五分広島に入る。旅宿は真菰春和園外二ヶ処にて、わが大臣応接所ハ県庁の楼を用ふといへり。

二月一日　曇。十時過少雪、午後雨となる。夜ニ入止ミ晴。朝長井誠入来。次で湯本文彦同断。共ニ面会し、湯本には平安通志全部を返し、又好古叢志〔大極殿〕壱冊を贈る。○貴族院不参。十一時頃神楽丁宮原行、針療を受く。帰路中村を訪ふ。○新聞三四種をミて日を終ふ。〈頭書〉貴族院にて今日衆議院提出国立銀行改正案の第一読会あり。かの延期・継続二派の大問題也。委員附託に決したる由。／△広島にて講和使談判を開く。或は云ふ。今日ハ相見のミにて談判ハ明日よりと。／夜大蔵次官田尻稲二郎より来書。銀行一件なり。／△暴風にて威海衛へ進入の目的を達せず。艦隊ハ栄城港へ引上げ。

二日　晴。

貴族院不参。○原へ返書出ス。○来る十日学士会院にて武家の政事といふ演説を為さんとするにより、参考書を文庫より出し集む。○午後大蔵書記官添田寿一来る。昨日次官の書状に付ての事也。面会す。○内閣員末松謙澄より来書、且使人予に逢ひて銀行案の思慮を聞かんとこふ。義象面会。予は病気に有とて断。○夕佐藤寛来る。姨捨山考の序をこふ。且遠足の記を恵る。即灯下一読。滑稽の事多し。〈頭書〉△広島談判、五時に始り、七時に了ル。清使全権なきにより談判を拒絶す。／△吾兵たゞちに威海衛練兵場へ進入す。西岸諸砲台ハ抵抗なくして占領、敵兵前夜まで二悉く芝罘方面ニ退却。

三日　晴。日曜

今日より演説下調にかゝる。○午後三時頃根岸行。○午前足立入来。海承《(鼠)》腸沢山恵る。〈頭書〉水雷艇にて進入を試む。果さず。△午前より日島及劉公島東岸砲撃をはじむ。／北里柴三郎より愛宕丁伝染病研究所案内状あり。不参。〈四日条〉○〔三日ナリ〕佐村八郎来る。詔勅集増補稿本持参。

四日　晴。○立春

議会不参。○午後二時より諏訪家行。源氏桐壺の講義をはじむ。了て発会ニ付、酒肴の饗あり。五時過帰る。○松浦家より立春茶会の招あり。諏訪家の約あるを以て断。〈頭書〉皇典講究所より講演原稿求来ル。／△夜水雷艇襲撃、旗艦定遠を破壊す。陸の砲台は皆撃破る。たゞ日島と劉公島の砲台のミ抗戦せり。／△午前十時五十分清使尾張丸にて宇品を発す。長崎へむけ帰航。／○病院へ雇婆来る〔江沢セハ〕。

五日　晴。

十時議会へ出。法律廃止二件・民事訴訟法改正一件、いづれも衆議院提出を否決し、加藤弘之撰出教育会議を設くる建議案・尾崎三郎提出電信電話事業に関する建議案は可決し、午後二時五分散会。駒込へ帰る。〈頭書〉午後定遠全く没沈《ママ》。△今夜水雷艇威遠・来遠及砲艦一艘を沈没せしむ。我が兵死傷あり。／大陽第二号配達。

六日　晴。当節時計《ママ》ハ大かた四十二三度より七八度までを昇降す。

演説下調。国史眼鎌倉史・萩野略史・武家礼節・東鑑・官位略其他の書類泛読。○晩景清水義郎来る。演説の懸図を托し。○議会不参。○松浦伯へ郵書来る。十日哥会不参之旨也。且銀行案之事も。〈頭書〉国学院・大学共出席断。／井上円了より延暦聖主三宝崇敬《崇敬三宝》考序文之事云ひ来る。即日返書出ス。／三谷へ郵書。／きさ子入来。

病院の談あり。

七日　晴。風寒し。

演説下調。○夜佐藤頼姥《姨》捨考序成る。○議会ハ予算委員惣会なるによりて休也。〈頭書〉西京本願寺佐々木狂介へ三室考序、小野清書分郵送〔八日歟〕。／晩景茶道具や　《空欄》　来る。尾張人長岡氏頼の素絹染筆渡。謝物として黒塗香盆幷楽焼タキ殺いれを送る。／△劉公島東の砲台猶戦ふ。日島ハ没落。火薬庫爆裂による。敵の水雷芝罘に遁れんとす。わが軍討て破壊し、又捕獲す。

八日　晴。風寒し。

議会不参。演説下調。兼てハ鎌倉より〔漸く演説の案を記したり〕足利までと思ひしが、さは出来まじく思へば、鎌倉のミにせんとす。依て数日の取調べ中、足利に係れる条ハむだ骨折なりき。○姥《姨》捨考序文、中村へ閲をこふ。即日稿を帰されたれバ義象へ清書托し。〈頭書〉国学院生徒求友亭にて同窓大会アリ。不参。今夜米野有斐校へ移る。／三上来る。頼の学士会院雑志十三編大学本持参。／朝清水懸図した丶め来る。／大阪松村九兵衛来。面会〔くわし賜〕。／△靖遠沈没。／国学院雑志三号配達。附録の色摺手間取て後れたる由。

九日　晴。午後曇。

午後三時出宅、根岸行。○議会不参。○近衛公爵外十四

名より食塩を清国に輸出之義談じのため、今日散会後華族会館へ招状あり。不参す。〈頭書〉△夜防材を排壊す。攻撃益々急也。

十日　晴。暖気。　日曜

午後一時卅分学士会院行。杉氏社会の病弊を述ぶ。了て予武家の政事鎌倉の条を述ぶ。四時前に了て、晩食して六時過根岸へ帰る。○原唯起、鹿沼より駒込へ投宿。米野に代る。〈頭書〉雇女およし取極。／○天賞堂より懸賞図案予撰決定報告来る。

十一日　雨。風を交ゆ。午後止。晩景日影さす。紀元節兼て伊能高老の哥の数詠に招れて九時頃出宅之つもり也しが、風雨なるにより断郵書出ス。○読売新聞をミる。○木村より哥集序料紙致来〔倭文集壱巻恵〕。〈頭書〉大和金剛山葛城真純へ返書。／田口卯吉へ原ノ事郵書。／学士会院へ演説速記之事郵書。／△本日ハ上野精養軒ニ貴衆両院の議員集りて祝捷会あり。不参ニ付、書記官長中根重一まで郵書出ス。／△国家教育社にて定会あり。不参。／△劉公島砲撃。

十二日　晴。

議会へ出。緊急動義として新聞紙法案両院協議会の結果を岡部委員長報告あり。到底衆議院の案を可決となりたる由。議長依て議場に問ふに記名投票を以てし、衆議院の案を否とする方多数にて決す。午後古物商取締建議案委員の報告ありて三読会まで通過せり。午後二時過駒込へ帰る。病院へよる。○お道扇橋へ返ス〔弐円遣〕。○夜長井誠来る。銀行案之事也。〈頭書〉伊能より郵書。△劉公島の丁提督より軍艦・兵器・砲台等総べて差出すにより陸海人・西洋人等の生命を助けん事を願ふと白旗を掲げて申出たり〔十三日大本営報〕。これ弾薬欠乏の為也といふ。鎮遠・平遠・済遠・広丙その他十二隻、皆わが有に帰す。／添田寿一来る。不逢。／夜松浦家より来書。／原へ唯起子着之事郵書〔十三日歟〕。

十三日　晴、和。

早朝佐村八郎来。長井誠も又来る。○午前十時卅分貴族院へ出。海軍軍法会議改正案を議し了り、由利子爵緊急動議にて委員会にて否決したる銀行案を議せんとこふ。議場に問ふに多数なれば委員長近衛公爵登壇報告し、并ニ一己の意を述ぶ。次で谷・酒井〔忠彰〕・黒田〔侯爵〕・安場・柴原・藤村・曾我等替る〳〵討論あり。終結後記名投票となる。多数にて衆議院の延期案否決となる。四時過散会。○中村入来、同道にて神田川行。夜帰る。○笹又お道来。〈頭書〉西京本願寺佐々木狂介より来書。／日本法律学校林より講義録請求有。／三谷来。不逢。陽明家献詠之事也。／帝国文学第二配達泛読。

十四日　晴、和。

議会不参。○哲学館井上・千駄木三谷〔本返ス〕使遣ス。三谷・清水・佐原・加藤多満喜等へ郵書。○今井彦三郎来。面会。大槻修二亭寄宿。私立中学校設立之計画にて出京之由。紙布織一反恵る。○佐村頼詔勅集増補一巻精閲、附箋す〔十五日渡〕。

十五日　雨。

議院不参。○明治聖勅集幷迎春文〔松浦家課題〕成る。○松浦伯より五島晒鯨壱重を賜ふ。○夕刻清水・佐村入来。○夕江沢藤右衛門入来。今般斎二郎、朝鮮京城へ出立ニ付、辞別ニ同道。〈頭書〉国華社へ国華配達断之端書出ス。那珂通高氏旅の苞泛読。

十六日　晴。暖。

議会休。○さく日より少々感冒気也。○午後田口卯吉氏入来。○帝国大学より嘱託手当として此際百円を給する辞令書来。即日受書出ス。○備中北川村木山正名へ返書。幷紋所考写本一冊、別冊にて郵送するにより一応校訂せり。他方より頼まれ物の大かたを先ヅ済したり。そも〳〵かく遷延となりて心ならざりし原因は、わが身書淫の癖ありて雑書のをかしきに逢へば先ヅそれを翻閲し、日ごとは大かた午前九時過まで新聞二三種をミ、夫より本業にかゝる故なり。まして議会中ハ其方にも心のひかるゝをや。但し是より八日のやゝ長くならんを待ツのミ。〈頭書〉長井誠より来書返る。／外山・伊能・足立等へ郵書出ス。／高等師範学校長加（嘉）納治五郎より国語漢文専修科を設るニ付、意見質問有。／義象逗子行。増田・落合同行。今夜泊。△敵兵海城外攻撃。討てこれを破る。

十七日　晴。日曜

午前十時原と同車にて根岸行。〈頭書〉△敵兵析木城外攻撃。討てこれを破る。

十八日　半晴。南風いとつよし〔所々破損所あり〕。暖気。

風邪により廿一日まで議院へ不参届出ス。○迎春文清書。○大奥の女中をミる。〈頭書〉岡松甕谷翁死去の赴音有。〈十七日条頭書〉〔十八日也〕中村より文附箋来ル。即日返書。

十九日　半晴、暖気。夜半より雪。

今朝速記者より武家政事の稿廻るにより訂正を始む。○始て自ら浣腸の術を試む。○福地の山県大弐をミる。〈頭書〉原より来書。

廿日　起出てミれば、はだれ雪にて積らず。けふハ晴たれど風いと寒し。稿本訂正。○国学院・大学両所不参。

廿一日　晴。西北の風つよく寒気つよし。厚氷はる。稿本訂正。○諏訪家へ行。講尺の兼約ありたれど、風邪により来月一日ニ延会す。〈頭書〉足立より来書。／△清兵又海城に襲来して敗北せり。

廿二日　晴。稿本訂正成る。夕刻学士会院使ニ渡ス。○佐村八郎来。序稿渡〔廿三日返ル〕。○議会不参。〈頭書〉皇典講究所にて午後二時古事類苑の会議ある旨、去廿日報来。不参す。松浦家へ文章もたせ遣ス。

廿三日　晴、和。議会休。○午後病院を見舞、二時過駒込へ帰る。○日本新聞をミる。〈頭書〉木村へ使遣ス。重の・本居序返し。国家学会より今日大学講義室にて加藤弘之はじめ五名の演説有之旨報あり。

廿四日　晴。北風寒し。日曜日本法律学校講義録六葉を草す。即日郵送。〈頭書〉国文会長酡亭にてあり。不参。／原へ返書出ス。／△第一師団大平山近くの敵を攻撃し、これを専領《ママ》す。敵兵約二万、我戦死廿名将校あり。

廿五日　晴。議会へ出。軍事公債再募の緊急動議あり。外ハ徴兵令改正案・山林法改正案・通貨幷証券模造取締案等の議事也。昼食後退出。小野へ寄、序文清書物頼。駒込へ帰る。○青山堂より中古文鑑十部来る。○丸山後室へ病見舞、幷駒込富士社掌白井八弥去廿二日死去ニ付、香奠送る。〈頭書〉難波津会あり。よしかた出席。／国学院雑志第四号配達。／△李鴻章搆《ママ》和大使として来月三日天津を出発し日本に来る風説あり。

廿六日　晴、和。や丶暖気ニなり春色催す。議会休。○国史の栞軍記書目草案等十葉成る。○衆議院議員岐阜県《空欄》　入来。短冊染筆頼。○夕刻小野来る。木村集序清書持参。○中村入来。稜威言別之事也。○江刺上野桜雲台にて哥発会あり。不参。哥のミを送る。〈頭書〉正見慎一より埼玉県教員を辞すにより可然人をとの郵書来〔廿七日返書出〕。

廿七日　晴。北西風つよくいと寒し。

議会不参。○国学院・神宮校共不参。○国史の栞軍記より武家記録、通史とも十葉ほど成る。

廿八日　晴。

議会へ出。商業会議所条例改正案、第一読会の続にて第二読会を開くるとなり。酒造税則中改正案ハ否決となる。十一時五十分散会、駒込へ帰り、午後二時根岸へ行。読売新聞をミる。

三月一日　朝起出てミれば雪ふれり。九時頃止む。

午後二時前諏訪家行、源氏桐壺を講ず。○午前大阪第七旅団なる大久保春野へ郵書出ス。〈頭書〉備中木山より礼書来。

二日　さく夜より雪ふる。四時前雨となる。

頼まれの短ざく色紙廿四葉染筆。○議会不参。〈頭書〉当節寒暖計ハすべて四十度内を昇降す。今日のごとき雪中にても四十弐度斗也。

三日　朝曇、午後晴。　日曜
日本法律学校幹事高原繁造来。○福地作山県大弐をミる。
○木村頼の哥集序したゝめ〔四日送〕。〈頭書〉川上音二郎より今日川上座上棟ニ付、招状来る。不参断は（端書）書出ス。茨城県西那珂村西飯岡桜川事跡考編輯所より去二月廿八日詠哥こひニ来。本日郵送。／河合より郵書来。即日返書送。
四日　晴、和。

貴族院へ出。商法会議所規則改正案、屯田之事二条（共政府提出）共ニ可決となる。午後二時過散会。駒込へ帰る。○東洋哲学・神ながら・学士会院雑志・皇典講究所講演等配達し居るを泛読。〈頭書〉△午前八時営口方面の敵太子山方面に向て襲来。討てこれを走らす。／鈴木弘恭より好古会へ寄草頼端書来る。／河合より郵書来。今日病院へ出、医師ニ懸合候よし。／△牛荘占領十三時間の大戦。敵の死去千八百八十名・降伏五百名、我死傷二百六名。

五日　晴、和。

議会休。○国史の栞成稿訂補。○夕飯島誠来る。講演之事なり。〈頭書〉原より来書。礼状也。／星野より返書来ル。

六日
国学院へ出、久々ニて講義。生徒、本なきにより文学史の演説する。国史の栞持参。飯島ニ渡。○午後大学出、久々ニて撰(選)叙令・継嗣令を講ず。了て病院行、幷ニ修史局へ出、藤田安蔵ニ逢。近世史書目一覧。〈頭書〉議会休。

七日

貴族院へ出。予算案・保存林地案・府県税徴収法中改正案。外ハ請願会議等也。午後二時早出、松浦家行。釜日也。渡辺驥外二名に逢ふ〔一名ハ本所の菓子匠遠州屋〕。暮て駒込へ帰る。〈頭書〉△宮口占領。／さく日西京俵屋へ旅宿之事問合せたるに今日差支無き返書来る。

八日　晴。南風はげし。午後少しく止む。

議会休。○今日逗子へおもむき井上子を訪ふ心組の処、大風により見合せ。○有職故実学取調。好古叢志へ出すべき稿なり。〈頭書〉佐村八郎へ聖勅集序、小野清書分送る。／中村入来、足立哥稿返る。

九日　雨。

午後横須賀にて軍艦命名式ある旨にて海軍(空欄)より招状ありたれど不参す。(闕字)皇后宮行啓の処御見合せとなる。○午前十時根岸行。〈頭書〉西京榊原へ郵書。／菱田重禧死去の赴音あり。／島地黙雷より三宝考序潤筆贈来。

十日　晴。春気催す。されど猶寒き事あり。日曜

午前十時三州屋行。堀越招によりかぶき坐見物。一番目仙台(先代)萩、政岡男之助、勝元団十郎、仁木九蔵、久々にての顔合せ。大入なり。中幕向井将堅団州ザレ舞あり。大切祝捷会にて花やかなる所作。夜八時過根岸へ帰る。〈頭書〉松浦家哥例会不参。学士会院不参。今日ハ大鳥圭介出席ニて聴衆三百人余。岡松の跡会員投票あり。〈八日条頭書〉〔十日ナリ〕右馬嘉十郎根岸へ来。猿江村内田左平二・菊同道。

十一日　晴。

議会不参。○有職故実ノ事清書。○午前木村行、面会。華厳音義の事聞合、午後其書を借る。〈頭書〉右馬へは(端)書(書)出ス。／鶴殿男爵逝去の赴音あり。貴族院議員なり。

十二日　晴。

貴族院へ出。議案略す。午後一時過駒込へ帰る。○大八洲雑志・帝国文学・風俗画報泛覧。〈頭書〉根岸なる長井遺物道具払。／国語伝習所より菓子料贈来。／冷泉家にて京家の古式大饗の調理あり。よしかた行。

十三日　細雨、午後止。

議会休。○午前九時過宮原行、肩ニ針治す。十時国学院

出、佐藤・畠山ニ逢。職員令講義。午後一時前神宮教校行、田令了、賦役令講義。築地岡松へ廻り弔シ、并備《ママ》物贈る。五時頃駒込へ帰る。○関根入来。面会。〈頭書〉長井誠入来。おたつ面会。君侯より和哥山奈良漬壱桶を賜ふ。／松平子爵より花顛遺稿を贈らる。学士会院より同雑志廿七年分合本配達。／長三洲逝去。／中村氏より日本紀童謡の解を示さる。附箋并別書して返ス。

十四日　朝より粉雪ふる。夜ニ入。

議会休。○我国の辞書（皇典講究所講演料）取調。〈頭書〉△清搆《ママ》和使李鴻章天津発の報あり。従者三十三名。／足立より哥の評、礼辞は書《端書》来る。

十五日　雨。

議会休。○わが国の辞書取調。○午前十時大学会計課へ出、手当金券請取、病院へ廻る。床ずれ大かたよろし。〈頭書〉区役所へ所持税原ニもたせ遣ス

十六日　雨。

貴族院へ出。砂壙《鉱》法案改正案委員会に附する事ニ決し了り。千葉・埼玉・茨城の三県東京府へかゝる境界改正案ハ第二読会を開く事となり、此議柴原・船越・根岸・清浦〔委員〕等の演説ありて午後ニ至り、二時過退出。根岸ニ至る。読売新聞をミる。〈頭書〉義象逗子行。井上子危篤之由なれバ也。明日帰る積り。／根岸にてわが肖像の油画の額出来。

十七日　雨は止たれど、又も降らんとす。　日曜

読売新聞をミる。○諏訪・木村の手紙来り居たるに返書。〈頭書〉国学院へ試験之郵書出ス。／△皇后陛下広島へ行啓。／△井上子爵毅君薨去の赴音あり。

十八日　曇。

議会不参。○午前九時出宅。日本銀行々、金円落手。第一銀行へ廻り証券弐通書替、照降丁小沢行。大阪旅行中にて逢はず。一時過高砂丁伊能行、面会。五時まで探題にて哥よむ。十首を得たり。暮て根岸へ帰る。〈頭書〉さく日河合より来書之趣ニ付、今日お晉、河合より病院へ遣ス。／外山学長より官位略之事問合あり。

十九日

議会へ出。議事略ス。午後四時前駒込へ帰る。〔江戸川を境に分地之件今日可決す〕。〈頭書〉△皇后陛下広島へ御着。／△支那講和使李鴻章・副使李経芳・参賛官馬建忠・伍廷芳・羅豊祿・盧永銘等馬関着。

廿日　曇。

十時国学院出、十一時より職員令講義。午後二時より文科大学出、考課令講義。四時過病院へ廻り、面会。夕刻中村氏兼約ニ付、神田川行。根岸へ帰る。○議会不参。〈頭書〉昨日伊能より根岸へ和漢学廻る。今日礼書出ス。○鈴木弘恭へ好古叢志原稿送る。／△伊藤・陸奥両大臣、李鴻章・李経芳等、午後三時始て談判所春帆楼に会見。時間一時卅分ニ亘る。委任状の交換を為せしのミといへり。

廿一日　半晴。○春季皇霊祭

諏訪家行。講日之処、同家差支あり、廿八日ニ延す。○正午過駒込へ帰る。いさゝかこゝちあしけれど、強てわが国の辞書三四葉を草す。〈頭書〉父春矩霊祭する。／△李鴻章上陸。旅館引接寺ニ入る。二時卅分談判所春帆楼に至る。談判二時間に亘る。／三谷へ郵書出ス。渡辺玄包への書、封入。

廿二日　晴。

議会休。○十二時前市谷薬王寺町井上子爵邸行。午後一時発葬。遺言の如く造花の類の虚飾更になし。寐棺に家紋を紙にかきて張たるなど素質《（マヽ）》ミるべし。二時過谷中瑞林寺ニ至る。黒田・芳川・西園寺の三大臣、大木伯・蜂須賀侯、其他貴顕あまたミ請たり。五時頃根岸へ帰る。〈頭書〉伯耆近藤泰世より年賀求之郵書来。△会見休。二大臣長府におもむく。

廿三日　晴。

十時過貴族院へ出。今日を以終会とす。議案略す。午後四時過退出。神保丁長塩へ廻り久々にて面会。駒込へ帰る。○京都博覧会総裁より来観の為優待券壱葉渡ル。〈頭書〉大工来ル。台所及湯殿敷居朽たるを入れ替、湯殿流し直し。／○大阪第七旅団大久保少将より廿一日発の返書届く。／△盲唖学校より卒業式の招あり。不参。

廿四日　晴。日曜

わが国の辞書十葉余成る。○浜武慎過日海辺花の哥添削を乞ふ。今日郵送。○鳥取県多額納税議員桑田藤十郎来る。需ニより短冊弐葉染筆。〈頭書〉△李鴻章帰館の途中、兇徒にピストルヲ以顔に傷付らる。軽症之由。／朝宮原行。針治帰路、中村へより、外出不逢。

廿五日　晴、和。暖気。正午七十一度二〔昨日まではハ五十七八度を常とせり〕。

我が国の辞書全稿成る〔同日送ル〕。○本日議員閉会式之処、延引のむね達し来る。○河合へ仕立物もたせやる。

○清水来。兼て頼の八十華厳音義〔木村本〕十葉写し来る。○李鴻章見舞之件ニ付、協議すべきにより午後三時華族会館に集会すべき旨、蜂須賀侯爵外二名より通知あり。不参す。○明日貴族院にて歳費渡すべき処、延引の旨通知あり。○国学院より原稿料来ル。皇典講究所の原稿使ニ渡。

廿六日　曇。朝少雨。風かはりて寒き方になる。

午前八時出宅、宮原行、針治。○近衛公爵外三名より昨日協議結果として李鴻章へ見舞の電報を発し、又天機伺として徳川公爵・清棲伯爵、広島へ派出の報あり。○午後病院行、医師木下面会。来三十日お栄退院之事談じ。○中村氏入来。

廿七日　曇。

議院閉場式幷ニ午後赤坂離宮にて園遊会有之。不参す。○午前十一時国学院行。試験休、代るに授業を以てす。職員令講義。午後一時神宮教校行。今日試験之処、行違之事有之、問題のミ渡し置。二時過一旦駒込へ帰り、三時過根ぎし行。

廿八日　曇、或ハ細雨。南大風終日。夜ニ入ル。暖気〔正午六十六度六〕。

歳費請取のため貴族院におもむかんとて、上野下迄出車之処烈風ニ付、見合せ帰る。○伊能頼短ざく十葉、外当坐六葉・宮脇頼たんざく五葉したゝめ。○午後二時諏訪家行、源氏桐壺巻講義了る。○義象根ぎしへ来る。

廿九日　少雨。冷気になる。

午前九時過貴族行（院脱カ）。金券請取。日本銀行ニ正金引替、東海銀行廻り、伊能面会、金円預け午後二時前根岸へ帰る。○冷気に付小恙。たゞ新聞をミるのミ。

三十日　晴。夕刻雷鳴。あられ降る。

本日茶会之処、近日雨天打続ニ付、来月ニ延会。○昨夜少しく下痢の気味にて気分あしく終日粥を食す。○今夕刻お栄退院、帰宅。看護婦お秀付添、当分宅ニ在り。○桂之助来。明日源助三周忌光明寺にて催候旨也。〈頭書〉木村へ華厳音義返ス。

三十一日　快晴。日曜

十時過駒込へ帰る。○お光・原同道、新光明寺行。源助法会ニ逢ふ。○今日より病院按摩（空欄）来、毎日お栄の筋もミす。〈頭書〉神宮教校より試験問題来〔四月二日返ス〕。伯州宮脇へ返書出ス。

四月一日　曇。風寒し。

九時神楽丁宮原行、針治。○国学院雑志稿にかゝる。○中村氏入来、足立氏広島日記へ附箋分御持参。○原より晃山実紀恵贈。○松本愛重来。古事類苑再興ニ付、顧問頼なり。〈頭書〉大工修理今日に了ル。／三谷より郵書来ル。／山田稲子来。面会〔鶏卵賜〕。

二日　晴。
雑志を草す。○三作・お光・お道〔深川〕来る。お栄見舞也。○病院事務官針生へお秀遣ス。〈頭書〉病院へ雇婆下ル。／原へ返書。右馬・笹又郵書出ス。三谷へも。／△上野の花〔一重〕咲そめたり。

三日
雑志来る。折よく今泉・畠山入来ニ付、稿本渡。

四日
伊丹頼ミ延暦帝征夷外交の取調書成る。

五日
朝三上来る。○夕四時過外山来る。義象事史料編輯委員たるべき談あり。○五時過根岸行。河合へよる。○関根来る。面会。○松浦家月並の哥考。○伊丹へ取調書郵送。〈頭書〉上野の花真盛也。越中国（空欄）徳島県（空欄）山梨県（空欄）鳥取県近藤泰世等へ郵書。

六日　曇、後晴。
釜かけたるにより三谷・渡辺〔玄包〕・川崎等招く。小杉ハ昨日旧番丁へ転居したるにより不参。

七日　曇。日曜
長野県北沢林作頼の扇子二本染筆。○諏訪へ明日講尺ニ参るべき処、九日出立ニ付、断。○八時駒込へ帰ル。中村行、面会。○旅装とゝのへ〔明朝万二郎もたせ遣ス〕。〈頭書〉学士会院へ会員投票ホアソード氏標票郵送。

八日　雨。
朝九時出宅、京橋行、シヤツ求。木挽丁紀念祭協賛会事務所行。納涼後小ふな丁東海銀行々、十二時前根岸ニ至る。旅装とゝのへ。○今夕原根岸へ来る。留主中泊り込之故なり。

九日　晴、風。
朝五時発足、六時廿分新橋寄、車ニ乗。三作・お光同行。けさハ霧こめて気車の窓も曇りたり。七時過晴たれど猶雲の残りたれバ折々富士をかくせり。興津近くなりて全く顕はる。気車ハ中等にても立こミたれバ、下等ハまして也。岩淵・浜松・大府其他処々にて上り気車の着くを待たれバ、時刻おくれて夕六時ばかり名古屋ニ着く。兼て郵書を出したれバ、迎車ニ乗て山田ニ泊る。まことやいつミてもをかしきハ大井河・天竜、さてハ浜名の今きれ也。〈頭書〉伊丹より返書来ル。

十日　快晴。けふも風あり。

けふよりハ発車の時刻変りて、下りハ名古屋午前八時廿分の発なれば、七時頃より市中を見物す。けふハきのふより一層の雑沓にて中等さへ肩摩の形なれバ、下等なる三作・お光ハしばし坐る事も出来ず、漸くにして腰かけたりといへり。米原にてハ下等もはや明たる処なく荷物室ニ入て腰かけ居るもあり、又ハ乗あへずして札を持ながらつぶやくもあり。けふハ朝八時廿分発と夜九時何分と、たゞ二度の発車也とぞ（上りもこれと同じく二度に限るとか）。大垣にてもいたく暇とり、殊ニ米原にてハ一時間余も滞留したれバ、定めの時限ニはいたく違ひて午後四時卅分斗ニ漸く西京へ着たり。俵屋も混雑なれど、予て郵書出し置たれバ、先ヅおもて弐階に通したり。七畳程の処なれど南ニ向ひて明るく、かつ静にてよろし。晩景より両人を同道にて新京極四条通祇園丁辺遊行。いと賑はし。昨日より朝夕いと寒く、大和辺ハ嘸かしと思へば、三条通なる沢田といふ洋服屋にてあづまコート壱枚を求たり。

十一日　晴、和。よき日なり。

朝九時前発車。嵐山へ出たつ。北野社ニまうづ。田中の息子の猶神官にてあるに逢ふ。西陣にて織屋ニ入繻珍など織るをミる。仁和寺にまうヅ。詣内の花盛也。しばし茶店に休ミて、もたらしたる弁当を食す。是より前、金閣寺行。近日庭に手を入れ、金閣に続きたる仮の廊を設けなどよほど手入れしたり。金閣の金は楼上の外の楹のあたりに僅残れる。いづくの狡児ぞや小刀にて削り取たる跡ミゆ。宝物ハさま〴〵珍物あり。仁和寺に近き等持院行。かの足利の木像をはじめ宝物をミる。古文書もあり。足利代々の自筆花押ある文書ミゆ。嵯峨の釈迦堂にても宝物をミせたり。こゝハよろしき仏画の古きがあり。午後三時頃嵐山へつきたり。舟を雇ひて温泉ある所まで遡る。花ハ真盛にて処々松のひまよりミえたるが、元もいはれぬけしき也。遠き山中にたてれバ眼鏡を用ゐざれバ、たゞ雲とのミあやまたる。久しぶりにて河中の奇岸《（ママ）》をミる。これによぢ登りて温泉に至るハいと危し。ミあかぬ物から五時過にもなりたれバ、帰路の車はしらす。見物人も殊に雑沓したれど東京なる向島の類にはあらず。

たゞ同船の人の高声にて券《（ママ）》うちの、しるハさはがしかりき。けふ見過したるハ平野神社・天竜寺・広隆寺等也。六時過帰宿。夜ニ入新京極なる笑福亭行、落語を聞く。青柳捨二郎シンウチなれどこよひハ出ざりき。〈頭書〉北野の宝物の内、古縁起ハさら也。延年舞を画きたるツイ立いと殊勝なり。古書も彼是ある中に、玉食供進抄といふ壱巻ゆかしき物と覚ゆ。／仁和寺の宝物の内ニ高山寺の物多し。かの鳥羽僧正の兵戦遊戯図をはじめ古書の巻物多し。其中にて目に附たるハ華厳経の画巻、画上の人物に夫々詞書あり。○弥勒上生経ハ天平十年石川年足筆。○宅磨の写したりといふ春日明神・住吉明神の御正体二軸、共に唐人の形めきたり。○金剛定院の御日記御自筆と標せり。○黄帝内経明堂図解、永任四年丹波長了筆。○篆隷万象名義、古筆。○松花堂雀画一疋空をあふぎたル上のかたにちいさき印を捺したるハめづらし。○明恵上人筆天竺里程表、掛物としたる。○永久元年七月六日伝領梅老など朱添にて記したる唐櫃。○不空三蔵筆梵字壱帖一字の大きさ三寸四方程あり。これハ仁和寺の宝物也。／留主宅にて区役所よりの招状ニ付束差出ス。所持税調の由。

十二日　晴、和。きのふに同じ。

義象・原・江沢等へ郵書出ス。○午前三作・おミつ、祇園・清水・大仏・三十三間堂のあたり見物に出たつ。○午後博覧会見物ニ付、二時過入場したれバ四分の一をミるのミ。門の上弐階の楼となりて猶陳列場あり。室外に出て四方を眺望すべし。茶亭にて休、後、平安神宮場ニ入る。けふハ参拝章を持たざれば竜尾道の上に登らず、構内を出て帰路におもむく。谷子爵の一行をミ受たり（宿ハ俵屋也）。下丸屋丁なる榊原を訪ひて面会す。晩景帰宿。〈頭書〉中邨・江沢へも郵書出す。

十三日。晴。

午前三作・おミつ、南禅寺・真如堂・黒谷・銀閣寺より下加茂社等遊覧。○九日よりこなたの行記を草す。○夜六時過より祇園歌舞練場行。こゝに名だゝる舞姫の都踊をミる。まヅ上等室に入て哥舞の始るを待ツほど、一美媛いでゝ抹客《（ママ）》を点じ、衆客にすゝむ。練場の桟敷に入れば左右の縨を挙ぐ。左方ハ三絃をひき歌うたふ妓八名、右方ハ小鞁三名・大鞁壱名・太鞁うち三名並列して哥曲を奏し始むれば、左右の廊より舞妓十八名ばかりヅゝ出て、舞ながら舞台に至る。正面の道具は御所となり、博覧会となり、又ハ気色よき処となりてさま〲に変更す。舞妓も亦屢々人を更ふ。凡四十五時間《(ママ)》を以て一齣とす。一宵四齣なりとぞ。舞はて、宿に帰れば九時頃なりき。

十四日　晴。風あり。　日曜

十二時四十分の発車にて大阪へと出たつ。気車の込合ふ事さきの日に同じ。二時十二分梅田へ着て中の島の花屋に投宿す。石田道三郎に消息したり。午後三作・お光つれ、天満辺及公園遊行。○夜石田・橋本両氏入来。

十五日　快晴。風寒し。

三作・お光ハ坐摩・生玉・住吉より気車ニ乗、堺へ行。晩景帰る。予ハ安土町鹿田店行、古書さま〲をミる。中に小田清雄（いにし月歿せり）の遺本あり。因て廿四種を購ふ。夫より〔心斎橋通〕松村店行。あるじ不在にて主管森本代りて、予もおのれも車に乗せて大阪市中を見す。和光寺といふを博覧会場としたるに入てミる。此辺南北堀江也。東西両本願寺をもミる。とかくして大阪府庁あたり外国人寄留地へ出づ。高麗橋辺鴻池・三井の構などをミて、晩景宿へ帰る。夜石田・橋本来る。鹿田本店の者来て辞書の序をこふ。断て帰す。〈頭書〉△馬関会見五時間に及び七時廿五分退散。条約漸く纏りたるものとミゆ。／才判所行、宮島に逢ふ。／留主宅へ京都府知事渡辺千秋より来卅日御祭典之招状来ル。

十六日　昨夜より雨。けふ終日ふる。

橋本と共に我が一行、道頓堀の角坐見物。正午の頃より開場。我当・吉三郎・雀右衛門・芝雀・徳三郎の一坐にて四千両御金蔵の賊を演ず（我当・吉三郎）。大切妹背山、大判事雀右衛門、定香我当、久我之助芝雀、雛鳥徳三郎なり。夜九時頃にはて、十時過宿に帰る。〈頭書〉朝宮島及松永芳正来。／大垣金森より電報、次で郵書来。

十七日　よく晴たり。

湊町九時発の気車にて奈良へおもむく。十時十三分法隆寺停車場に下りて寺にまうヅ。まヅ東院に入、夢殿ををがむ。太子堂を拝し、寺の搆に入る。宝塔・講堂をミ、別に請ひて宝蔵を開かせ、種々の宝物をミる。夫より金堂を開きて古仏・壁画・玉虫の厨など久々にてよくミる。午後一時頃門前の旅店に帰りて中食し、二時四十三分の気車に乗り、三時七分奈良に着く。角屋に入て暫時休息の後大仏殿・手向山八幡宮・三笠山をミる。大仏殿の廻廊に展覧会あり。古物を陳列したるこなたにハ種々の売物店あり。又挽茶室・煎茶室（たゞ品物を飾りたるのミ）

などの設もあり。工なる人形なども有たり。晩景春日神社にまうヅ。猿沢池より市中少し遊覧。日くれはて、乗車、旅寓へ帰る。○此家に当所博覧会設立のため博物館の公用を以て、山県篤臧・八木雕の両人滞留したる由、予て聞たれば案内して対面す。八木は殊に懇友なれば酒くミかはして快談せり。〈頭書〉堀至徳、大和五条よりの郵書届く。／△平和本条約調印済。結果風説かくの如し。／遼河以南の土地悉皆、台湾島及附属嶋、償金二億両（七ケ年賦）、沿海貿易・治外法権・食塩輸入の特許、朝鮮ノ独立。／△李鴻章一行午後二時馬関抜錨。／留主宅へ埼玉県庁千家より書類一袋届く。

十八日　曇たれど晴口になれり。風吹て冷気を催せり。八木ハ早朝京都へ出発す。彼地より展観の物を出すべき勧骿《(ママ)》にて九鬼惣長よりの命也とて、午前九時三十分の気車に乗らんとて出立たれど、乗後れて十一時発車の気車に乗る。同三十八分王子《(寺)》に降りて中食す。午後一時廿分乗車し、二時三分畝火に着く。こゝにて車を雇ひ橿原神宮及畝尾山下の神武御陵にまうづ（綏靖御陵は其道にあり）〔久米寺ハ御陵よりしての路ばたなりしが、まうでず〕。夫より畝火・耳無の山を傍にミてゆく〳〵欽明天皇の御陵にまうヅ。好古小録に載せたるあやしき石人の形は十一年前に参りし時ハミたりしが、今ハいづれへか移りたりとミえて無之。此御陵は阪を昇りて又降る所に在り。廻りの堀に今は水も無くうもれたり。高取町にかゝる。媾和談判の整ひたる祝とて此辺にも家ごとに国旗を掲げたり。町をはづれて壺阪越の山道にかゝり、近ごろ開きたる道とて広くあゆミよし。壺阪寺ハ山に入て四五丁ばかりの処、やゝ卑き所にあり。岩上に彫たる羅漢の山はやゝ入る所也とてミえず。山道廿四五丁を経て六田〔壺阪より六田まで三里余。畝尾よりハ四里斗といへり。〕に近き処に出ヅ。芳野川けしきいとよし。六田をわたれば晩景にして、芳野山を登る頃は日くれたれば、星のひかりにたどる。山口ハやゝ嶮岨にて車通ひがたし。やゝ行て吉野神宮あり。此辺よりかの一目千本といへる地なれど、桜はいにし七日・八日頃盛にして既に悉く散り過たり。ことしハいづくも早き方にて、家を出たつ頃上野の桜は散り方なりけれど、吉野ハ大かた十日過の盛と聞たればさりともと思ひしも、そらたのめ也けり。此あたりハ山上より山下の花をミるが奇観と聞しが、日暮はてたれば、その谷のあたりもミえわかず。大橋の先にいにし年、皇后宮行啓ありて御野立ありし跡とて標札あるあたりハ殊にとたゞ思ひやるのミ。銅の鳥居あるあたりに旅宿と定めたる辰巳屋の主管迎に来りたれば、提灯のあかしを得たり〔此鳥居より先、勝手の社まてハ左右に家あり。旅宿又ハ吉野葛など売る。〕。此あたりも又けはしく登る所なれバ、三作夫妻に手を引かれて宿につく。此ころ新築の楼ニ登りて落居ぬ。下坐敷ハ田舎の旅人多くて雑沓し湯殿また厠など不潔なり。食物ハ鯛もありてさまであしからず。吉野葛にて製したる菓子堅くて食ふに歯を欠きたり。〈頭書〉△伊藤・陸奥両大使広島へ帰る。

十九日　晴。

朝八時卅分頃より駕籠をやとひて山ふミす。蔵王堂は宿よりたゞに登候処にていと近し。蔵王堂〔はき物に登る〕大きし。開扉を頼ミて〔内陣に入〕拝す。三体とも大きけれど思ひしにたがひて、胡粉採色を施したるが寛文の頃の修繕といへど、新らしくミえて古色ならず。堂の傍より御所跡といふ所ミゆ。皇后の跡也といふ。今は畠地也。貝原の図には詣内に大塔あれど今はなし〔貝原氏記云、世尊寺元亨釈書に日本木像のはじめなる由ミえたり。〕。千年を経たらんと思ふ古木多し。二三丁行て右の方に金峯山世尊寺の大鐘あり。寛元二年〔甲辰〕四月九日又保延七年とふたつの年号を彫たり。銘文浮き上、又毛彫等交りてよく読めず。勝手明神今ハ山口神社といふ〔山口の社の先に竹林院〔こなたより右〕あり。幽閑清寂の寺にして庭もよし。又小丘あれば登りて望むによろし。此院にても旅客をやどすと聞しが、蔵王より三四丁も前にて遠ければ常の客舎にやどりしハ遺憾なりき。〕。子守神社にまうヅ。本名水分神社也。門を入て右のかた高き所に棟を並べ、ひわだ葺の屋根をひとつに連ねて三社あり。子無き物祈願して験ありし人名書の帳をミす。三作夫妻かねて子無きを歎きしかば、祈祷を頼ミ守札を受たり。廊に古き農具と牛の古図あり。拝殿めく所に備へたる神供の器いと古びたり。行候て名だゝる義経の蹴ぬけの塔あり。弐間四面ほどの古塔也。今ハ堂のミにて九輪ハなし。中に鐘あり。修験者奉入の時これを授くを例とすといふ。万葉にミよしの、青根が岳、とよミしハ此山也とぞ〔金精明神高き所にあり。此山の鎮守といふ。〕。是より嶮岨を下り岨道を伝ひて二町ほど行けば小滝あり。苔清水と石に彫て建たり。又二町ばかりの処に西行庵あり。九尺四方程にて戸も無く西行の像は別所に納たり。吉野山やがて出じと思ふ身を花散りなばと人やまつらん、といふ哥ハこゝにてよミしといふ。此あたりに桜いさゝか残れり。こゝを限とし大峯道に行ずしてもとの道へ帰る。谷へ下りて五六丁行けば如意輪寺あり。今ハ浄土宗也。後醍醐帝御自作の御像を望む人あれば開きてをがます。御坐像にて壱尺五六寸もあらんか。宝物の展観もありて〔吉水院とこゝとにてハ宝物展観人の名と所とを帳に記さしむる故、予が名を住僧の認めたる也。〕小楠公の鏃にてかゝれたりといふ哥の扉もあり。此哥を木に摺りて売る。住僧の貴紳大家のかきたる書画帖と短冊帖とをミせて哥をこへば、短冊弐葉に筆をとゞめて来遊のしるしとす。昔の如意輪堂は今有る処ならで寺の後の山なりきといふ。後醍醐帝の御陵ハ此寺の構内の小高き処にあり。ぬかづきはてゝ宿へ帰れば一時頃也。宿にても素絹を出して染筆を請へり。二時三四十分頃帰路に出たつ。きのふ夜目なりし処々をけふよくミて山口に近き御宮にまうヅ。芳野川を渡り壺阪越にかゝる事きのふの如し。けふハ桜井までと心ざしたれど晩景になりたれば、八木の木原屋といふ家にやどる。常の旅人宿にてよろづ昔めきたり。〈頭書〉蔵王堂より乾の方三町斗下りて吉水院あり。後醍醐・村上・後亀山三帝こゝに住給ひし跡とて、今も一室に玉坐あり。其室ハ其頃のまゝとて作りさま卑く、いと古びたり。宝物を展観す。目録を印行して売る。こゝろに昔をしのばるゝ所なり。／後に聞。此日関東にてハ雷鳴降霰等の寒なりしと。旅中にてハいさゝか雨気ありしのミにてさせる事なかりき。たゞ気候ハ寒き方なりし。

廿日　晴。

朝九時前ニ出たちて初瀬へゆく。耳無山・天のかぐ山たゞ近きほど也。城島・外山などいふ里を過れバ桜井丁也。夫より初瀬町に入るほど、左右に山ミゆ。初瀬ハ八木より家少けれど商家多くて賑はし。十一年ぶりにて観音ニまうづ。今のかミ参詣せし時ハ楼門と廻廊の半と焼けて仮に繕ひたる程なりしが、近年昔のまゝに営作成りぬ。観覧券・開扉券を得、まづ千畳敷といふに入てミる。こゝは本坊とミゆ。什宝もこゝに陳列したるが、めづらしき物多し。十二月に行ふ追儺の朱面いと大きし。真言の本山なれば此坊広大にて、座敷々々のさま昔に替らずとミゆ〔玉座を設けたる間もあり〕。本堂に入て十一面観音ををがむ。そのかミは二三両の寄附あらざればバ開扉せざりしを、今ハ券を得るものハ内陣に入り、さなきも外陣にてをがむ事を得たり。此寺の廻廊を下れば源氏・枕草紙のおもかげ胸に浮びていとなつかし。本堂の前の舞台めきたる処よりハ遠き処々ミわたされて、眺望限りなし。こゝハ八重桜多ければ、まだ盛なるが多く黄色の花もあり（多くハ門外ニたてり）。町内なる伊谷屋といふよき家にて中食す。三輪へハ三四丁の横道なれば廻りて神社ををがむ。此あたりハ相かはらずさびし。桜井より乗車したるハ三時なるが、夢の間に畝火・高田・下田・王子・柏原・八尾・平野・天王寺の駅々を過て五時三分湊丁につく。再び花屋に至る。客舎無きにより、あたり近き同家の支店に入る。なか〳〵に静なる楼居なりき。夕つかたより石田来る。〈頭書〉堺中学校画学教師宮崎弥太郎とひ来。米野叔父也。本月始東京より拝命。

廿一日　晴。日曜

かねて当所尋常師範学校長渡辺洵一郎（法学士）より本日教育惣会あるにより演説をと頼まれたれば、午前九時過橋本の迎に来たる車に乗て師範学校行〔衆議院議員豊田文三郎ニ学校にて逢ふ。国学を好ミて匹田とも知る人のよし。又教育副会長・師範学校教諭久保田貞則にも逢ふ。〕〔〇本日ハ予が外に沖縄県師範学校教員三木原慶介・福岡県参事官山田邦彦の演説あり。／又午後より辻新二君（神戸より巡られし由）も演説あり。訖て近辺にて懇親会ある由なれど、予ハ辞して行かず。〕。十時頃より一時間斗本朝法律起原沿革の演説す。了て弁当瓶酒の饗あり。午後渡辺・橋本同道にて旅宿へ入来。演説の謝儀とて桜正宗の瓶詰六本を賜ふ〔此内二本ハ橋本・石田に与ふ。〕（鹿嶋屋売揃摂津魚崎山邑太左衛門造、（闕字）皇上御用酒の銘あり）。夜ニ入橋本・石田送別ニ来る。伊藤肇も妻同道にて来る。本月秋田県より摂津茨木県中学校教員ニ転じたる由也。〈頭書〉堀至徳より昨日出之は（端書）書届く。抛て明日京都へおもむく事を報ず。／△戦捷ニ因テ前程ヲ計論シ玉フ詔下ル。

廿二日　晴。

私立高等女学校教員松本よね女来る。女子高等師範学校卒業生也。十時六分発の気車に乗て十一時十九分京都へ着き俵屋へ入る。気車幷ニ此家の雑沓先日にまされり。京極の桜湯といへる洗湯ニ入る。湯壺二ケ所ニ有て九尺四方斗なるが、深さハ乳のあたりまで也。昇気にてわかすといふ湯場のひろさ竪十間余、横六間も有ぬべし。別に上り湯ハ無し。ジヤウロより下る湯を頭より受て上る。

又蒸風呂あり。上りての板の間も湯場と同じき程にて番人の柳こりを出して客の衣服を納めさせ、そのこりに記したる番号を染出したる手拭を入湯前に渡して験とす。其軌模の大なる東京にハまだミず。近きほどの建築にてすべて清らか也。〈頭書〉留主宅へ紀念祭協賛会長近衛公爵より来卅日御祭典招状至る。／大阪堀より京都迄アスアサマイリマスと電報来る。／中村氏より去十四発之状届居。／義象へ京着之事幷為替金之事郵書出ス。おたつへハ封入。外ニ原へ出ス。

廿三日

榊原へ着の事せうそこす。此ほどよりインフルヱンザにかゝりて打ふしたるほどゝといへり。○午後遊歩。粟田口通より知恩院裏門へ入る。道のほど聖護院宮の御所あり、拝観を許さる（入らず）。智恩院にまうヅ。本堂にて説（ママ）説のほどにて、訖て十念を授けらる。円山に登る。温泉あれど入らず。眺望よき茶亭に休て休息す。双林寺ニ近ごろ建たる応挙の碑あり。佐野常民子の撰文也。此わたり真葛庵又西行庵などいへる風雅の家あり。又一組ヅ、二人を集めて抹茶を出すもあり。高台寺に入る。宝物あまた陳列せり。大政所の遺物多し。豊太閤のかな書の書翰幅もあり。則豊公夫妻の像を安置せり。庭をいでゝ高き処に登れば、名だたる傘の亭二ヶ所あり。弐間四方よりも広くて眺望いとよし。但し茶室にはあらず。清水寺に廻れば既に晩景也。入相の鐘を聞て門を出て八阪わたりをたどりて八時前宿に帰りぬ。〈頭書〉午前堀至徳来る。始て面会。／義象へ再び為替之事ニ付は書（端書）出ス。朝近辺之歯科渡辺晉斎行。さく日うめ歯損したるによる也。

廿四日　曇。午後風。又少雨あり。

烏丸通なる田中勘兵（衛脱カ）をとふ。有合にて盃を出されたり。昼過より博覧会見物に出たつ。先ヅ平安神宮を拝し、美術館・工芸館をミ、売物店をそゞろありきすれば、雨降出て風寒きにより、やどりに帰る。〈頭書〉田中より道の幸借来る。／貴族院議員野崎武吉郎御手代・手嶋知徳とひ来。

廿五日　曇。

八阪わたり岩田といふ家に徳川侯爵（旧主）のやどりてあらるゝにとふに、宇治へおもむくとて出たゝるゝ程なりければ、立ながらいや（礼事）事す。旧友鳥居亮信（もと祇園宮司。今吉田宮司にて安井社司を兼たり）に逢ひ、いざなはれて其家の安井社境内ニあるをとふ。酒肴を出されたれば、緩々物がたりす〔鳥居にて当地撰出衆議院議員竹村藤兵衛ニ逢。片目にて六十斗の人也〕。〇午後六条なる島地黙雷をとふ。東京へ出たる跡也。高倉通真宗大学校へ行て、佐々木狂介をとふにあらずといふ。夫より室丁通なる紀念祭編纂部ニ行て、湯もと文彦をとふ。府庁へ出たればいま帰るべしといふに、しばし待合せたれど時移れば宿へ帰る。〇夜田中来る。くわし折賜。大阪よりの秋夜長物語書入本幷宅より持参の貝原吉野山図貸す。〈廿四日条頭書〉〔廿五日朝ナリ〕堀来て今日大阪へおもむく由。

廿六日　晴、和。

朝八時四十分斗宇治へ出たつ。三作同行す。三条より電気鉄道にて行かんと思ひしがあまり込合ふ故、伏見丁入口まで車行す。茶屋丁にて休息。宇治まで車を雇ひ堤通りを行〔七十丁といふ〕。十二時前行着て万屋といふへ入る。中食し、通円のミせにて写真幷ニ焼物を求。夫より平等院行。こゝに宇治協会の詰所あり。過日此需により宇治名所の哥二首贈りたれば、則会員案内して鳳凰堂をミす。すべてよく修理したれば堂の内外いと清らになりぬ。先年壁をつくろひたる時取り置たりとて壁画のきれの積ミてあるをこひて少し持帰りぬ。宝物にハ頼政によりたる品多し。釣殿とて古林の堂あり。これハ昔宇治川より此処まで水を引入れたるにより、此結構有とぞ。当時の壮麗思ふべし。宇治橋は近ごろかけ替たりとミゆ。橋を渡りて橋寺の断碑をミる。継合せたる上の方壱尺余ばかりハむかしの碑にて、徳川の世に川より出たるものをば黄檗山へ入てミる。結構さらに衰へず。一切経の板は今一堂に積ミあり。こゝにても宝物をミす。仏画にて支那人のかける物多し。木幡六地蔵の里々を過て柹《ママ》といへる処ハ車より降りて昇る。こゝハ十一年前過し地なれバ、そのかミを思ひ出ヅ。時移りて稲荷社に詣でし頃は晩景になりぬ。されバ東福寺へと思ひしも止めて、夜七時前四条に至りぬ。こよひ《平出》　皇后宮の御着とて市中にともし火かけつらねいと賑はし。〈頭書〉金森より昨日発郵書届。／義象より書留ニて昨日発郵書届く。中ニ為替証書あり〔8一《ママ》1一《ママ》〕。／△皇后宮午前七時卅分広島御発、午後七時三十分過京都御着。祝鉋《ママ》を撃ち花火を挙ぐ。奉迎人群集。

廿七日　晴、風。

朝湯本文彦来る。京華要志一部三本、府庁よりとて贈らる。○田中来る。今日醍醐へと約束したるを断たれバ、近日送別の会を榊原と共にせんとのはなしニ来れる也。○三作、電信技師春日宅行。又電信局行、為替金請取。○午後三時頃より時代品展観会行。処ハ旧の博覧会にて仙洞御所なる由。入口に弐棟あるは売品店にてあるひハ擬古の品、名人の書画の類数百金なるもあり。展覧会ハ則御所にて先ヅ葱花御輦・御帳台・典侍の五衣を始ニミ、次に古代品・鎌倉・足利・徳川と時代を分ちて陳列し、後に漢土品、浮世画あり〔今人名家筆〕。又別殿に清征分捕品を列ね、最後に乗輿の類を置たり。此院を出れバ庭つゞきにて飲食店又勧工場のごとき売品をミる。門を出て富小路通竹屋丁なる今泉雄作氏を尋ねんとて左へ行くべきを、右へ折れて御幸丁通を五六丁下りたれば、又富小路通を上りて今泉氏の家に至りぬ。御奉迎に出たつ前なれば、長居せずして河原丁通の榊原をとふ。今ハ快き程なるにより近日送別の哥会せんといへば、来月二日と定めて春の末友に別るといふ題とす。晩景帰宿。〈頭書〉金森へ郵書出ス。大垣行道筋之事問合せ。／東京原より昨日発之状届く。／東京諏訪忠元君へ郵書出ス。／大阪橋本・石田へ郵書出ス。／△天皇陛下、広島御発、京都御着。時刻其他昨日に同じ。大本営を京都に移さる。

廿八日　晴、和。日曜

日記を草す。○三作夫妻ハ時代品展観行。○午後奥平清規入来。〈頭書〉朝、麩屋丁通御池通上ル沢文に旅宿せる野崎を尋て面会。／○俵屋にて蝙蝠傘を失ふ。

廿九日

午前烏丸通田中行。発足を早めて本月一日とせん事談ず。○午後三条通買物行。榊原へよりて出立之事をつぐ。明卅日三本木にて哥会すべしといふ。

三十日

本日〔午前九時〕平安神宮に於て遷都千百年紀念大祭執行、并午後八時協賛会にて祝意を表するため花見小路待賓倶楽部に於て夜会有之旨、京都府知事渡辺千秋・協賛会々長近衛公爵より招状有たるにより其心組なりしに紀念祭ニ（闕字）　行幸を迎ぎ（ママ）奉るべき議なるニ、近日御少悩ニ付、祭典延引。従て夜会も見合せと也たり。但し神宮宮司壬生伯爵より午前十時臨時祭典執行すべき間、適宜参拝すべき旨招状有しにより同時参詣せしに、大極殿の楹に獣形のモカウを懸け、殿前に舞台を設け伊集院兼寛氏奉納の積餅を陳列したれど、祭典始るべくもあらねば、暫く博覧会を見物し、帰れば既に十一時過たり。こゝにて松平乗承子・田口卯吉・大槻文彦等に逢ふ。けふ午後の用もあれば祭典に逢はずして帰れり。○午後一時三本木茨木行。名だゝる酒楼にて賀茂川に望ミ眺望よし。いまだ早ければ聖護院丁なる尾越を訪ひて面会す。薩埵も訪ひたれど不在にて逢はず。楼ニ帰れば須川信行・村上清三（縄手通三条下ル大里丁ニ在。榊原親族之由）及榊原来れり。今泉雄作・田中勘兵（衛脱カ）・岸光景・前田夏繁等も来会し、此ほど定めたる兼題の外、暮春花といふ当坐題にて哥よむ。榊原の請により其画なる楼花のつい立障子に、月前花の哥幷為恭筆なる菅公の御年わかくて弓射給ふ画に賛哥したらむ。榊原の娘十八斗なるが立て、葵上の舞をしたり。親父幷田中謡ふ。甚興ニ入れり。且美術家多ければ其すぢの談話をかしかりき。此酒楼ハ本家の控家にて、則頼山陽の住ける山紫水明処といへる家の隣なり。夜九時前帰る。翌日出たらん旅装など取繕ひて夜ふけぬ。○留主の程旅宿へ北野の田中尚久来れり〔くわし賜〕。丸岡莞爾君も在京にて逢はるべしと伝言せり。明日出立の事を談じたり。おのれハ逢はざりしかば、三作夫妻逢て応援せり。〈頭書〉鳥居亮信へ菓子折を送る。書状共宿へ托す。／東京へ柳こり一箇、通運へ廻す分、宿へ托す。／紀念祭会長近衛公爵より五月一日午後三時待賓倶楽部にて懇話之旨、通知アリ。

五月一日　曇、午後細雨。

朝八時三十分発の気車にて草津へとおもむく。九時廿分に着きて関西鉄道に乗替、十時に発して十二時三十分に亀山へつく。此前この駅なる柘植を発してより次の駅関及に亀山に至る間ハ、則鈴鹿山道にして長き隧道あり（箱根辺山北あたりよりハ山道短きこゝちす）。十二時四十分又々参宮鉄道に乗替て、下の店・一身・田津・阿漕・六軒・松阪・相可・田丸等の駅々を過、宮川に着しは午後二時四十五分也。人力車に乗、やがて川を渡り外宮の御前を過て相の山にかゝり、四時前古市の油屋に泊る。下座敷なれど眺望よろし。鹿島大宮司へ明日参るべく端書出ス。〈頭書〉三河国碧海郡西端村長原田貞敏幷ニ京都田中尚久へ郵書出ス。／義象高等女子師範学校教授を免ぜらる。

二日　終日雨ふる。

朝八時過より車を雇ひて先ヅ大宮司を訪ふに、阿部社寺局長の此地に着くにより迎へに出たる程にて逢はず。よりて内宮に参り、先ヅ岡部少宮司を司庁に訪ひて対面す。五十鈴川に身滌して神境に入るより神々しさを覚ゆ。御神室（御遷宮前の品。よりて撤下品と称す）を拝し宇治橋に返る。此間近年神苑の修営成ていとすが〳〵し。三作・おミつハ二見浦へ廻る（内宮より二里程）。予ハ外宮へ参る。神苑の清らかなる事、内宮に同じ。宿へ帰れば皇学館（大少宮司の家の傍にあり）教員下田義天類来りたるに逢ふ。午後皇学館にて演述をと請ふを承諾す。因て午後一時同館に参る。足代翁書入の令義解幷ニ令に附ての雑記、及び園（薗カ）田某の著はせる令通釈をミる。全部三十巻斗同氏必世の力をもて撰びしものといへり。少宮司及木野戸禰宜・井上頼文外教員四五名に逢ふ。二時頃より一時間斗り古代法律の沿革を述ぶ。訖て古市なる浅吉といふ眺望よろしき酒楼にて宴会あり。少宮司及木野戸・下田・井上外四五名来会せり。鹿島はいまだ帰らずして遂に面会せず。こたび此地へ廻りしハ神拝のミならず、近日故（古）事類苑の編輯を司庁にて引継たりしかば、其談話かた〴〵大宮司に対面せんとての意也しが、逢はざりしかば少宮司に巨細を談じぬ。夜井上外一名旅宿へ来り、染筆をこふ。

三日　曇。

七時十分に宮川をたちて、十二時廿九分までに再び草津に至る。亀山より桑名に至り夜船に乗て大垣に至る道もあれど、時間多くかゝればやはり草津へ戻り、官設鉄道にて上り道におもむく。午後三時廿六分大垣なる金森氏の家に入る。大阪に、京都に電報又ハ郵書もて数度来遊の事を慇に云ひおこしゝが黙止かたければ、多人数なるが気の毒なれど其家を訪ひし也。先年の震災に家庫を焼失したりとて思ひしよりハ小家に住たれど、調度よく整ひ夜るの物の用意までいと清ら也。饗応もいと手厚くして手代某及老年者一名周旋したれば、心易くこよひハう（旨）まい（寝）したり。

四日　曇。

金森の親〔七十歳〕及び兼ての知る人なる戸田氏貞を始め近きあたりの甲乙五六名ばかり来逢たり。この家の製絲場ハ近き処にあれば入てミる。工女凡七十名斗ふた側に並びて蚕より糸とるさま、いと盛也。金森の親はいと健にて此所に住てこれを主管せりとぞ。九時頃より金森案内して養老の滝ミに行。大垣より山口迄二里半といへり。それ迄ハすべて広き田圃なり。所々堤を昇降して高田といふ町に至れば、多度山に廿丁斗也。少し昇れば旅店二戸斗あり。村上といふ家に入る。此所に千歳楼とて東京の紅葉館の類なる大きなる家、高き所に建てり。こゝより尾張・三河・遠江あたりまでも遠くミわたす所にして、眺望限りなし。午食訖りて山ふミす。此館の左より山づたひに行けば小詞〔祠〕ありて前に池めく所あるを菊水といふ。きはめて清涼也。少しばかりにて素心庵といふ小庵あり。あるじハ尼なるが茶室ありていと清らかに住なせり。養老酒をすゝむ。是より奥山にわけ入る。弐丁ばかりにして滝に至る。滝壺ハ平にして畳のごとし。かつあまり岩かどを伝ひて流れざれば、はげしからず。因て夏になればうたるゝ人群集すといふ。むかしハ傍の渓流なる岩づたひに歩ミ行て、いとさがしかりしが、今ハ左右の岸に道を作りて安くぞ行なる。こよひハ此館にやどり、あそ旭〔カ〕日ををがむべし、と金森氏のいふに従ふ。

滝もとのわか葉に来なく鶯も

老なぐさむる声かとぞ聞

これハあるじのこふまゝに書てとらせツ。夜ふくるまゝに谷水の音を聞のミにて、めづらしき旅寐せり。〈頭書〉西京俵屋より金森・諏訪・義象等の書届く。

五日　よく晴たり。日曜。

九時まで二大垣へ帰り、九時四十六分発にて岡崎さまへおもむく。金森氏わかれをしめり。十二時三十七分岡崎へつく。停車場より町まで三十弐三丁ありといふ。故ニ一時近くかゝれり。桔梗屋といふ旅店に入るに五畳斗の処なれど、作りさまよろしき座敷に請じたり。こゝにて西端村の事ども問ひ聞くに用事ハ半日にて済むべくもあらねば、こよひハこゝにやどる。日暮ければ町のさまミありく。こゝハさまで衰へず、昔に替らじニ覚ゆ。かの女郎衆の家もあり。町中さしてミるべき処なし。〈頭書〉金森氏より土産の紙布縮三反を贈らる。戸田氏貞氏よりも壱反を恵る。

六日　晴

三作・お光ハこゝより九時八分の気車に出たゝせて、東京へ帰らす。おのれハ八時十分の気車にて安城へ行。少しおくれて八時卅分頃出立たり。安城より二里半斗の田圃の間を人力車にて十町前西端村に着く。此間もとハ小山なりしを近年開墾せし所多しといふ心させる。村長原田氏ハ池鯉鮒の郡役所に徴兵検査に行て在らざる程なりしが、夕つかたにハ必帰るべし。もし東京の客来らバ止め置くべしと云ひ置しといへば、こよひハ一泊せんとす。村長の家ハたゞちに役場なるにより、詰合たる杉浦清三郎・同進一書記・鳥居富弥などいふ人々出て応接す。こたび此地へ廻りたるハわが実父次郎八の出たる所なれバ、わが身三歳にして父を喪し、七歳にて母をうしなひ、其年事故ありて小中村氏の養嗣となりたれば、父の本貫の地を尋ね、又祖先の事どもを聞かばやとはやう思ひたりしが、世の事わざ繁きに紛れて果さゞりしを、此春新聞をミれば西端村長原田氏の村治に尽力せし功により緑綬褒章を賜はりし事を記しあり。幸ひことしハ西京に博覧会の盛事あれバ、其をミがてら其家につきて旧事を問はゞやと思ひたちしかば、先ヅ伊勢より郵書を送りて五日六日頃に趣くべき由をいひやりしかば、村の人々予め取調たるに、則村長原田氏の別家原田藤二郎といふ家の五代の祖より別れて、江戸の麹丁に酒商となりたる事を見認たりとて其事を談じ、かつ菩提所康順寺（真宗）の住職畠山祐順もとひ来て、わが寺に実父次郎八の位牌ある事を談ぜり（此人の祖父某、四十年ばかりの昔霊岸嶋の家に来れる事あり）。因て村内なる原田与吉と鳥居富弥とを伴ひて其寺に参詣し、いさゝかの布施を納て位牌を拝せり。家に帰ればあるじ貞敏も帰り居て懇に家の旧事を語れり。西端村ハ本多何がしの旧領にて維新前万石以上になれるをもて今は子爵たり。原田氏ハ旧藩士に登庸せられし人といふ。さて原田氏の祖先ハ尾州の坂部に住て伴九郎左衛門と称し、織田家ニ属し木下藤吉郎に従て屢々勲功ありしが〔木下の隊にて岐阜の城ぜめニ功有しころ赤瓢箪と称はれたりといふ。〕、石山の戦に破れて戦歿し、其子万五郎三河に落て永住したりしかば、国内ニ原田氏多くあり。前田犬千代と同姓にて管（菅）原氏也といふ。万五郎の長子吉左衛門・次男五左衛門（此子孫ハ岡崎にて志貴の屋といへる旅店也しが、今ハ名古屋へ移りたりとぞ）・三男弥五左衛門、各裔孫あり。原田村長ハ吉左衛門十五代の裔なり。もと宗家ありて伴九郎左衛門の甲冑・旗竿・系譜等を伝へたりしが、百年斗前尾州の竹腰家へ高金にて売与べしといふ。其家今零落したりしかば〔今も善二郎とて宗家の跡幼少にて在とぞ。〕、村長の家をもて此あたりの宗家とすといへり。近日朝鮮の軍に高名なりし原田重吉も祖先ハ万五郎にて、むかし加茂郡三立に移りし裔也といへり。又わが父の家すぢなる藤二郎も来て家伝の古証文等をミせたる中に文政十年（わが七歳の時）、祖惣兵衛へ麹丁次郎八より送りたる証文あり（此事ハ別に悉くすべし）。六十八年の古文書を保存したるハ嘉すべし。逓信次官たりし故河津祐之も此村より出たり。今小中村博士の父も此村に縁あるハ所のため面目也と村民ハ悦べり。

七日　曇。

安城を八時五十一分発の気車にて帰らんとて、西端を六時三十分ばかり出たつ。原田氏幷康順寺の住職、停車場まで送れり。車上心に浮びたるま丶原田氏に語し哥

　たらちねの昔の跡を三河の海
　　かひあるけふに逢にけるかな

けふハ処々にて気車の止りし時間多かりしかば、夜九時に新橋へ着くべきを御殿場わたりより日暮はて丶、十一時三十分斗東京へ着したり。乗車して根岸の宅ニ帰れバ十二時四十分ころなりき。〈頭書〉△批准交換のため渡清の伊東弁理ハ今日午前九時芝罘に達す。同所魯国の艦隊十二隻・独逸二隻・仏・英各一隻。魯艦頗る不穏の景状あり。

八日　晴。

根岸の家にて休息す。○大垣の金森より予と三作の許とへ速ニ書状おこせたり。因て即日一応之礼書出ス。○名所図会の類数種をミて心をやる。〈頭書〉おたつ駒込行。／大垣戸田氏貞へも端書にて礼書出ス。／△芝罘に於て夜十二時馬関条約の批準《(ママ)》交関《(ママ)》を結了す。

九日　晴。

正午過駒込へおもむかんとする頃恰もよし、西京よりの荷物到着したれバ土産配りの都合よし。河合へ立寄、二時頃駒込へ至る。大阪鹿田よりの書籍過日着し居たれば、一応泛覧す。お栄も平穏にてよろしき方なれバ安意せり。廿九日の長旅に駒込・根岸両家無異なるを嘉す。〈頭書〉旅中にてうめ歯を損したれば、午前新阪へ行て繕ふ。三作亦同じ。これハ修繕ニ一週間もか丶るといふ。／夕つかた中村氏をとふ。不在也。

十日　晴。

午後一時より松浦家行。月並哥会也。本年ハ一月の会始に出しのミにて久しぶりにて出席す。黒川・三田・小出・鈴木・小杉・上杉・阪・加藤・江刺・鈴木翁・鶴久子等面会。毛利元徳公・水野子爵も来会。美濃人坂向宏道にも始て逢たり。○中村氏入来。不逢。〈頭書〉西端村原

田藤二郎より昨日出之状届く。△媾和条約十一条勅令を以て公布。別に両国弁理大臣の議定書あり。／△遼東半島還附に関する詔勅下ル。以上共ニ十三日の官報にて発表。

十一日　曇。風あり。

中村氏をとひて面会す。久米氏をもとふ。○京都田中・榊原・薩埵、大阪橋本・石田・松永・伊勢井上〔頼文〕、西端村原田・畠山等へ端書出ス。○去月廿九日已来之日記を草す。〈頭書〉三州原田より昨日出之手紙及古証書写一袋郵送。

十二日　晴。日曜

十時出宅、今川橋松屋にて買物。正午前根岸ニ至る。学士会院例会ニ付、午後二時出席。加藤・島田演説あり。晩景帰る。○萩野来る。面会。○横井より過日正八位ニ叙せられたる旨、風聴の書来る。七宝焼花瓶を送らる。〈頭書〉原へ弔書出ス。去月中令嬢死去也。

十三日　晴、風。

午前九時頃ミの輪左京一を尋ねて針治をうく。頭痛気ニよりて也。帰て休息。午睡する事弐時間余。六時さむ車を命じて駒込へ帰る。〈頭書〉三州原田へ三糸織一反進物郵送。／茨木《ママ》県石倉重継在京にて写真送来ル。又桜川考稿本を送る。／△媾和条約の発布ありたれど、市内国旗を掲げず。麹町区にてハ区民に命令して僅に掲げたり。△朝鮮特別法院にて李埈鎔以下の罪を宣告す。

十四日　晴。風。午後止。頗る好時候となりぬ。

午前中村行、旅中吟〔十首斗〕の評をこふ。○午後三州原田・大垣金森・大阪松本・高崎田島〔出火見舞〕・角筈野村〔短ざく三染筆乞〕・会津渡部〔題詠求。断〕・志摩鈴木〔哥添削断〕等へ郵書出ス。〈頭書〉穂積より使来る。明日招也。／国学院より使来る。明日生徒鎌倉へ運動費金壱円渡。／原より返書来る。／国学院より雑志用ニ付紋所考之事尋来。大八洲学会雑志巻一貸す。

十五日　晴。

午後二時久々にて文科大学へ出、考課令・祿令講了。四時卅分より義象と共に牛込払方丁なる穂積行。招請ニよりて也。本居・中村・大和田も入来。あるじ幷妻共近きころ哥を好ミて詠出るによりて也。但し今日ハ談話のミにて夜十時過帰れり。あるじの兄某〔榊原同人にて先年其塾に在し由〕も来りて、父鈴木重麻呂は大平翁の門人たりしにより、翁の書翰数通をもて来てミす。〈頭書〉

石倉重継来ル。面会。鶏卵賜。／国学院は生徒遠足ニ付休。／千家知事へ十七日御近傍へ参るにより、帰途早ければ立寄るべき旨郵書出ス。かねて需の取調物の事によりて也。／大垣金森へ殉難録一部〔十五本〕・内室へ反物、戸田へ中古文鑑三冊郵送。／三州原田へ反物郵送。／松浦伯より手書。十七日旅行之事也。

十六日　半晴。

明日上野停車場行之都合あるにより、午前根岸へ行。又さく夜歯欠けたるにより、下歯の義歯保たざるを以て、新阪の村井に行て修繕を頼む。義歯の台までを直さゞればならぬといふ。明日の旅行延し難きにより、こよひまでニ出来せん事を頼むに、承知したり。約の如く夜七時過再び行て新調の歯を納めたり。○夜腹瀉したり。冷気を催したる気候にて、腸胃にさはりしとミゆ。〈頭書〉熊阪へ郵書出ス。旅行之事也。／高崎田島より礼書来る。／午後二時前諏訪行、源氏品定講義、五時に至る。

十七日　曇。正午頃より少雨、夕刻大雨となる。

朝六時卅分上野停車場行。松浦君・三田・鈴木〔弘恭〕・向山黄村・予、外ニ家従菅沼量年と共に六人也。鴻巣よりあがりて人力車に乗替、弐里斗を行て横見郡西吉見村なる松山の傍なる岩山の百穴をミる。其処ハ根岸氏の所有地にして、楼めく所あるを事務所といふ。かねておのれより千家知事に通ぜし故にや、県の属官・郡役所の吏・警官等こゝに来逢たり。根本氏并箭弓神社神官須長氏も来て穴の案内せり。げに聞しに勝れる奇観にして、岩山の横にいくツともなく蜂の巣の並びたるやうに、竪三尺横二寸五分斗の角穴、山の頂の方より下方にて並列したり。其中に入てミれば大きなるハ畳三畳斗、上ハ七尺も有ぬべし。もとハ十に足らざりしを、七年斗已前理学士坪井正五郎氏の心を用ひて土を払ひ草をわけたりしニ、すべて弐百ばかりの数になりぬといへり。同人の主宰せる人類学雑志に事を載せて、上古人の穴居といひしを破りて墳墓ならんともいふ人ありて、いまだ定かならず。楼上にて人々こゝのさまを哥によミ、向山氏ハ詩に作れば、おのれも

　其むかしたれすミけんとことゝへど
　　郭公さへなかぬけふ哉

根岸氏の家は甲山にてこゝより一里半斗なれど、こよひハ人々のあるじせんといふまゝに、一同車を引つれて雨降しきる中を行く。松山の町に箭弓稲荷の社あり。霊験

ありとて、東京よりもよく人の詣る所なればまうヅ。社も壮麗なり。須長氏導きて内陣へ入て拝す。四時過る頃根本（岸）氏の家につく。家いと広く（元禄頃作りし書院也といへり）庭に古木あり。離れ家ハ古物を収る所にて、そこに入てミれば、石鎚・石剱・雷斧・石人・金銀環・勾玉の類あまたを陳列し、殊に土偶人・埴馬の多くあるが、全体具足したる弐ツまであるハめづらし。瓮の類の多きハいふも更なり（これハ甲山又吉見の石室より出たるが多しといふ）。あるじ一家出逢ひて心づくしのもてなしせり。こよひ主より山家雨といふ題を出して哥よむ。おのれハ（以下、和歌の記載なし）

あるじのよミ出たる口つきとなれるもをかし。〈頭書〉△樺山大将・水野公使の一行、本日午前十一時五分台湾に向ひ出発。／△遷都紀念祭ハ十月廿二日ニ〔市会にて〕決定せし旨、京都より報あり。

十八日　曇あるひハ小雨ふる。又ハ日さし出ヅ。晩景大にむら雨ふる。やがてやむ。

あるじ案内して甲山に登る。小さき岡山にて頂に小社あり。こゝは武蔵国造の墓地にて社は則国造を祀りたるものとぞ。其向ひなる沼のあたりに小楼あるにいこふ。こゝハ茶を製する所なり。本宅に帰りて蕎麦のもてなしを終れば午後一時頃になりぬ。わかれを告げて鴻の巣の方へおもむく。二里斗にして箕田村に出ヅ。こゝは中山道の間道也。箕田神社ハ渡辺仕及綱を祀りて、今ハ八幡といふ社の後の小高き処を仕の墓地といへり。松浦伯の旧縁ある社なれば、殊更に参詣されしなり。鴻巣より午後三時廿五分の気車に乗る。けふ午前ならバ浦和へ廻りて千家知事に一同逢ふべき心構なりけるが、午後となれゝバ立寄らずして帰れり。五時上野に着て人々にわかれ、根岸の家に帰る。〈頭書〉きのふ百穴にて作れる哥詩を、あるじのこふまゝにひとつ素絹へおの〳〵したゝめてあたふ。額とする由也。／京都榊原・奥平等より郵書。大垣金森よりも。

十九日　晴、和。夕刻曇。日曜

根岸の家にて休息す。午後五時斗駒込へ帰る。三作も来る。○お定、駒込より根岸へ来る。○おミつ、鈴木〔仲丁〕行。○夜人類学会雑志横穴の条をミる。〈頭書〉義象より穂積へ礼書出ス。ふくさ合幷吉野拾遺送る。／熊阪より返書来。／○今日ハ明治座へ堀越の招請あれど少し疲労したれバ断。

廿日　晴。

松浦伯へ礼書を呈す。○鈴木弘恭より使ニ付、人類学雑志・古代文字考貸す。行記を作るべき参考のため也。○三峯神社考案等成る。即日浦和へ郵送す〔松浦伯より答書至。〕。〈頭書〉根岸より昨日発之状根岸へ届。

廿一日　半晴。風。後晴。

十時頃大学史料編集局行。書記藤田安蔵に就て官位略を校訂すべき年表類の書を閲す。旧幕府重職姓名より書入。正午帰る。○夕中村行、面会。○夜菅笠日記をミる。

廿二日　晴、風。

十時出宅、国学院行、今泉・畠山面会。今日ハ生徒本持参致さゞれば休業。午後二時前神宮教校行、賦役令講了。四時退校、神田川にて晩食、駒込へ帰る。

廿三日　晴。

お道来る。○正午過、史料編輯局行、吉川氏集職官志料徳川条を以、官位略を校す。向山黄村の父の小集せる徳川職官をもミる。四時退出、根岸行。〈頭書〉熊田子之四郎来ル。大分県師範学校教員となりて赴任之旨也。／佐村八郎来る。明治聖勅集序報酬として半ケチ三箱持参。鈴木弘恭より書籍返る。

廿四日　晴。和。

村岡紹介にて鳥越神社々司鏑木鏺《トシ》麻呂来る。東京府よりの命ニより同社ノ事書上持参。閲をこふ。○中道売家ミに行。〈頭書〉根岸・松浦等へ郵書出ス。／佐村へ郵書。東久世伯へ紹介書封入。○鈴木へ稿本附箋にて返ス〔駒込より〕。

廿五日　晴。

午後松浦家行。難波津会に西行忌を兼〔岡野汁粉贈〕。よりて西行の書、其他虫干旁古書軸多く掲げたり。四時辞して神田川行。落合・萩野・関根・増田・今泉・畠山・横井・義象等来る。兼て回章を以緩話のため招請する也。根岸へ帰る。〈頭書〉駒込へ青山堂謝議幷中古文鑑参考書、中村より届居。

廿六日　半晴。日曜

午前九時過根岸を出、三番丁渡辺行。夫より小杉行。転居後初て訪ふ。根岸武香氏も不斗来会。午後三谷行、夕刻駒込へ帰る。中村氏をとふ。〈頭書〉佐村来る。稿本返す。／横井さく日礼に来る。

廿七日　曇、夕刻雨。又軽雷あり。

午後鳥越鏑木来る。風土記考証開題記〔一〕・風土記論

〔一〕等貸す。○山城名勝志・平安随筆・山城四季物語をミる。〈頭書〉伯耆宮脇へ返書出ス。／青山堂請取書、中村へ廻ス。

廿八日　晴、午後曇。薄暑。

朝八時過根岸行。午前熊阪を尋、午後本所小泉丁〔日用中古文鑑贈〕、橘北弐葉丁江刺〔たんざく贈〕等訪ひ、緑丁五百羅漢に詣ヅ。引移後始て也。四ツ目植文へ廻りてミる。牡丹芍薬ハ全く散過て花菖蒲はいまだしき程也。夕刻根岸へ帰る。

廿九日　曇。

疝痛の気味にてこゝちあしければ休息、耽奇漫録をミる。〈頭書〉国史二年生喜田貞吉・芝崎謙平試業宿題書取持参。／△聖上、京都御発車、静岡大東館御泊。／△市会議員改選ニ付、過日より候補人度々来る。今日投票当日なれど不参す。／△台湾総督府陸軍局長大島少将、台地に上陸。敵は少しく抵抗を試たれど忽撃退せらる。

三十日　快晴。

聖上午後二時新橋御着車。予ては貴族院通用門前にて奉迎の心得なりしが疝痛により果さず。○午前箕輪三友〔左京一〕氏行、針治をうく。〈頭書〉△市内奉迎の盛なる事諸新聞にミゆ。

卅一日　半晴。

今朝ハ右の肩先も少しつれる。午前箕輪行、針治を受く。午後三時頃駒込へ帰る。〈頭書〉△皇后宮御還啓。

六月一日　曇、夕刻雨。

疝痛快気す。○関根入来。過日の礼也〔カウザン菊・菊酒賜〕。○神奈川県師範学校教員西村光弥来る。質問之為也〔海老七頭賜〕。鎌倉ニ住宅之由〔吉野拾遺遺ス〕。○今泉来る。面会。○大阪にて買入の書泛読。〈頭書〉堀至徳より卅日発の状届く。○戸田氏貞より昨日発之状同。西端村原田藤二郎・伯耆宮脇へ返書出ス。堀至徳へも。／故井上子爵追悼教育紀念金三円、文部省永井氏へもたせ遣ス。／飯田武夫より教林の稿を需む。有職故実学稿本渡。

二日　晴。日曜

国学院雑志ニ贈る朝議及有職故実書目解題書はじめ。○伊勢岡部少宮司入来、面会〔曳馬筆賜〕。○神足来る。面会。○おミつ来る。○弐階を作り書斎を直すべき絵図を作る。○夜菅笠日記見了。〈頭書〉義象越谷教育会行。今泉同行也。奥平清規より昨日発之書来る。／榊原長敏・

石田道三郎へ中古文鑑参考書贈る。／家猫四子を産す。／△台湾に於て清使李経芳、わが樺山惣督に会し引渡之事済ミ。

三日　晴、風。晩に至て雨。

国学院雑志を草す。○夜カムナガラに収たる深江遠広軍神祭をよむ。暗に軍陣中敬神祭祀を諷せしがごとし。○根本(岸)武香入来。古文書出板之事ニ付、先年記載したる跋文改し談有。〈頭書〉足立東宮亮より来書。

四日　曇。

国学院雑志を草す。○丸山隠居入来。お晉も来る。〈頭書〉堀至徳より来書。

五日　半晴。

十時出宅、国学院行、職員令授了。午後神宮教校行、一時より二時四十分頃まで学令・選叙令を講ず。○帰後国学院雑志、少々稿す。〈頭書〉熊阪・榊原へ郵書出ス。本居へ玉鉾会哥并玉串料送る。

六日　晴、薄暑。

国学院雑志成る。○神足明石の妻女入来。明石ハ此ほど岡山県へ赴任之由。○午後三時大学図書館へ出、武家名目抄・大内裏考証取調。五時過根岸ニ至。〈頭書〉明治美術会々頭より〔花房〕、八重洲丁一丁目ニ陳列館成たるにより、来八日より十日まで絵画、彫刻并参考品を蒐集するにより来観の招状来る。

七日　晴、薄暑。

小宮山の徳川太平記〔巻十二〕其他大陽(太)・哥舞伎新報・遊学指南・読売新聞などをミ渉りつるま丶ニ作文せんと思ひしも果さず。○国学院雑志稿本郵送。○午前村井行。奥歯のゴム落たれバ直し也。〈頭書〉諏訪より去五日来書。今日返書送。

八日　曇。午前九時頃より雨。冷気。

故井上子爵の霊前に申す詞成る。○夕五時より松源行。古典科卒業生親睦会也。○加藤・外山・黒川・木村・本居・飯田・物集・南摩等之教員、落合・萩の・関根・松本・丸山・西田・生田目・和田・佐藤・佐々木・増田・今泉・義象等来会。丸山立て従軍中なる威海衛の演説あり。夜八時頃根岸へ帰る。〈頭書〉根岸頼の古文書跋文成る。／堀至徳より昨日発之状届く。大井〔暹羅〕同道の可否之事也。

九日　晴。日曜

午前木村行。大阪にて求たる元暦万葉の零本を持参して問ひ質すに、こハ塙にて元暦万葉の全部を写したる後、印刷にせんとて再び復写したる残簡也と語らる。序ニ元暦本万葉集（もと塙氏蔵）・天治本新撰字鏡〔十二巻〕等をミる。○午後学士会院例会へ出。杉・重野の演説了て、学士会院規則中貸書之条、会議あり。会食後夕六時過根岸へ帰る。〈頭書〉天神丁根岸へ稿本もたせ遣ス。／大阪松永より昨日発之状来る。

十日　晴。
午前太田行〔くわし持〕。過日令室駒込へ見舞はれたる礼也。○午後松浦邸行。月並哥会也。兼題郭公一声ニ凱旋を祝ふ。哥をこはる。久我・園・水野・黒川・三田・鈴木〔重嶺・弘恭〕・向山・小杉・三輪・植松・梅村・江刺・加藤・千葉・大口・橘・鶴其他の人も来る。今日ハ床に巨勢金岡の那智の滝の一軸を懸けたれば、名所滝といへる当坐の哥并探題に擬したる画賛にて水辺山明をとりあて丶よむ。夕六時過根岸へ帰る。〈頭書〉熊阪より端書来る。／中村より井上弔詞附箋返ル。／徳島県宮内尚兄より七日発之状届く。

十一日　曇或は晴。　○入梅
日本風景論〔志賀重昂著〕をミる。午後午睡、四時過より駒込へ帰る。

十二日　曇。
午前十時大学行、外山面会。祝捷会事相談也。十一時国学院行、神祇令を講ず。午後神宮教校行、選叙・継嗣・考課三令を授く。一時より三時に至る。帰路榛原へより買物。夕刻駒込へ帰る。○中村入来。広島日記序御約束。不逢。〈頭書〉佐村八郎来、聖勅集目録ノ閲を乞。○弘前長利仲聴より過日ひろめを和らかくしたるを贈られしにより、郵書出ス。其中に礼詞の哥の短ざく入る。／榊原長敏より来書。／おたつ日本銀行へ出。公債利子受取のため。

十三日　雨或ハ止ミ、日さしながら遠雷を聞く。
午前中村行、詠哥評をこひ、并同氏文稿に附箋したるを示す。○午後国家教育泛読。かた付物する。〈頭書〉石倉重継来ル。近日帰郷之由。根岸・太田より使来る。摩擦人之事手紙にて申来る。お栄見舞、砂糖賜ふ。手島知徳へ郵書。／蜂須賀侯へ祝捷会之事返書。学士会院へ同断。

十四日　曇、午後雨。
午前九時前根岸行。○井上家へ送る霊前の文清書。色紙

〔二〕・短ざく・扇子等したゝめ、熊阪へ贈る。哥幷はし書同断。
十五日　朝雨、正午晴。午後三時頃大雨軽雷。夕刻止む。午前九時本郷春木坐見物せんと茶屋新武蔵行。お晉同行。一番目人か鬼か〔探偵小説〕、中幕川中嶋輝虎館之段、大切不破名ごや鞘あて也。六時頃根岸へ帰る。〈頭書〉三谷根岸へ来る。不逢。
十六日　曇、後晴。午後四時頃雨、暫止む。日曜
午前十時過向島亀岡別業行。清名・清象同道。暫くして義象・原も来る。太田催ニ付、同夫妻子共等来会。多田氏同断。会席膳・点茶の饗あり。題をかゝで哥よむ。こゝハ家も庭も広く、木立に池に眺望よし。四時頃出宅。堤へ出ると雨降出ヅ。あづま橋より山下ニ至るまで大雨。五時頃駒込へ帰る。〈頭書〉諏訪家へ返書。来廿四日参邸之約。
十七日　珍らしく終日晴。
午前九時前出宅、日蔭町経師屋へ寄、十時市谷薬王寺前丁なる井上子爵邸行。前文部大臣未亡人幷養子只(匡)四郎面会。霊前に捧ぐる詞及大清会典・日知録〔廿二帙〕を贈る〔外ニくわし持〕。神楽阪にて昼食。正午矢来丁古事類苑事務所行、松本・石井・小宮山其他ニ面会。午後川田博士・佐藤誠実氏来会。林崎文庫幷神宮司庁書目をミる。けふこゝに至りしは古事類苑地籍条・姓氏条をミんため也。四時過駒込へ帰る。○夜万葉集書目提要をミる。〈頭書〉熊阪・松浦へ使遣ス。／丹波市堀より郵書。
十八日　半晴。
朝哲学館生八木・谷川来る。書画帖へ染筆。○諸方より頼まれ短ざくしたゝめ。○国文へ井上子爵霊前の詞を送る。○午後四時前摩擦術技手小林美英来る。療治を受く。○三谷来。短冊染筆渡。条公画巻草案持参、幷一身上の談有。〈頭書〉大槻修二へは書出(端書)ス。／松浦伯より千家祝哥敷紙来る。／千家よりも使を以、たんざく来ル。／加部へ神ながら・令知会・大(太)陽等の雑志の文苑・哥林に入るべき哥を送る。／古事類苑事務所より松本手簡来ル。本四種貸す。千家男爵より祝哥頼来る。／佐々木信綱来、面会。来廿三日会出席を乞〔玉子賜〕。
十九日　晴。暑気。風あり。
十時頃より貴族院行、編纂課にて中古職官考十六巻借受。午後神宮教校行、零時卅分より二時卅分まで考課令講義、四時前駒込へ帰る。〈頭書〉島地黙雷より来書。

廿日　晴。全くの暑気となる。
中古職官考を以官位略訂正、幷令疏証へ書入れをはじむ。書入之方尤多し。○小林来る。摩擦料治《(ママ)》する。〈頭書〉外山より帝国文学之事ニ付来書により、わが国の辞書贈る。転載ハ不致定と申来。／車のホロ新調す。／石倉重継より来書。／△昨年強震之日也。二度斗微震有。

廿一日　晴。
義象、爵位局御用召ニ付出頭。正七位に叙せらる。○今井令室入来。○お栄見舞也。○午前高山行、診察頼。午後入来。○官位略訂正。

廿二日　晴。
午前官位略少々訂正。○午後一時谷中瑞林寺、井上子爵の墓参す。百日相当也。夫人の参詣に逢。二時過根岸行。
〈頭書〉山形県亀山玄明入来。面会。

廿三日　曇、冷、午後雨。正午六十八度。日曜。
神宮校生徒大関鶴麻呂来。試験之事也。○午前十一時前、天神公園魚十行。佐々木弘綱三年祭、同妻壱年祭哥会にして兼題夏月也。福羽・東久世・鈴木〔重嶺〕・小出・増山〔女隠居〕・加藤・江刺其他男女四十人余来会。午後一時根岸へ帰る。四時熊阪祥子同道にて北海道福山人岩田正吉来〔干のり賜〕。本居・黒川・鶴短ざく三葉を贈る。同道にて浅草公園外鳥料理行、饗ニ逢ふ。暮て帰る。

廿四日　朝晴、後曇。四時頃より雨。
午後一時卅分より諏訪行、品定講尺。〈頭書〉佐々木より礼書来る。

廿五日　曇。冷気。
弐階にて〔十時より〕中古職官考神祇・大政二官条一閲、疏証へ書入る。午後二時に了る。○午後摩擦師小林来る。太田より帰路也。〈頭書〉小杉頼ニ付、文帖へした丶むるため暮春友ニわかなといふ文を草す。去月中京都にて有之実事也。／中村より来書。三谷より同断。島地よりも。

廿六日　曇。
朝川崎千虎をとふ。近々佐賀県へ移住ときけば也。午前十時前国学院行。学季試験也（計廿二名二年生）。正午駒込へ帰る。○午後職官考中務省一覧。

廿七日　雨、終日。
職官考式部省・治部省条一覧書入。○午後中村行。過日示されし新体詩を論ずる稿本持参、幷広嶋日記の序を撰ばれしを謝す。○夜源氏河海抄・明治の哥其他雑志をミる。〈頭書〉△西京・大阪・近江及中国筋ハ廿四日よりの霖雨にて今日頃ハ洪水也とぞ。

廿八日　曇。朝ハ晴。

職官考治部省条見了。○中村入来。古本著聞集・落くぼ物語返ス〔これハ義象借用分〕。雅語音声考貸す。幷大阪より廻シ小田遺書写本ミせる。購求之由也。○国学院試験書取調。〈頭書〉石見田中知邦へ返書。／朝、井上子爵内市野良雄来。大明会典・日知録持参。

廿九日　半晴。

職官考民部省条をミる。○午後仲丁紙屋より根岸行。文科大学へより卒業証書ニ調印。〈頭書〉伊豆萩原より来書。

三十日　曇。夕刻より雨。　日曜
午前十時卅分浜丁讃岐屋行。明治座見物。堀越請待也。黒川・岸・関根・柏木・岡本来る。黒田騒動高島や紅葉にて、中幕は幡随院長兵衛弐幕、昔よりのまゝにて成田や勤む〔権十郎権八〕。切ハ奉迎会の花やかなる浄るり也。夜九時頃根岸へ帰る。

七月一日　曇。冷。正午六十八度。

文科大学国史科試験論文取調〔十六通〕。○小杉文の華〔帖〕へ暮春別友の文したゝめ。○西京湯本文彦入来。平安通史第二・第三の両編落成ニ付持参。先ヅ一覧せしむ。二編ハ諸志、三編ハ歴史也。因州産白柵栩杖を恵まる。〈頭書〉夕刻大学へ試験点数書郵送。

二日　雨濛々、終日、夜ニ入。

試験書により田令取調。〈頭書〉伊豆萩原及国学院卒業生へ郵書。

三日　きのふに同じき内いさゝか日光をミる。

午前十一時過出宅、神宮教校行。賦役・学・選叙等ノ令を問題にて試験す。三時三十分退出、東海銀行行。神田川にて晩食、六時頃根岸へ帰る。〈頭書〉駒込より学士会院飯田武夫手紙廻る。佐々木伯よりよしかたへも同上。国史科井上釘之助試験書廻る。

四日　霽る。まだ雲ハあれど。

朝川崎行、送別の哥幷頼の呉服へ哥したゝめたるに、餞別〔半ケチ二箱〕を添て贈り、又糀へ画をたのむ。○午前十時前駒込へ帰る。○染筆の短冊・素絹幷千家へ贈る。祝哥等したゝめ。〈頭書〉飯田武夫へ返書、幷千家へ祝哥出来のむね郵書。／国史科井上釘之助より試験書一覧後点数大学へ廻ス。／学士会院へ返書。／国学院阿蘇惟政試験書廻る。一覧。／小杉へ文の華もたせ遣ス。

五日

試験書により田制之事調。

六日きのふに同じ。〈頭書〉山県へ郵書出ス。／佐村八郎新刷明治聖勅集一冊持参。

七日　晴。日曜

朝八時出宅、九時赤阪新丁山県篤臧行、面会〔くわし持〕。三谷之事談じ。帰路三谷へ寄。小杉夫妻ニ逢ふ。午後一時国学院行。卒業式也。国重院長・黒川・加納等演説あり。三時過了て教員生徒一同玄関前にて撮影す。五時前枕橋八尾松行。饗宴あり。国重・本居・黒川・飯田・井上・市村・関根・萩野其他五十名余来会。暮て根岸へ帰る。〈頭書〉伊豆萩原より伊豆志五冊郵送。／朝三上来る。国史科黒板之事也。

八日

中古職官考民部省条一覧。〈頭書〉文科大学事務室へ郵書。／川崎より画出来持参。／鏑木より蔵書返る。かつぶし贈らる。

九日

源氏中川段下読。○午後一時より諏訪家行、源氏講義。品定了、中川段に移る。〈頭書〉井上子爵未亡人駒込へ入来〔くわし賜〕。尾張解文注返る。

十日

朝九時大学行。卒業式也。閑院宮殿下令詞あり。浜尾総長演説。了て文科大学楼上にてラムネ・カステーラの饗あり。運動場の辺にて卒業生撮影す。午後駒込へ帰り、昼食後三時松浦邸行。哥会也。兼題撲螢・当坐・探題・画賛等あり。六時頃根岸へ帰る。〈頭書〉国史科学生論文文科大学書記へ渡、返却を頼。／入谷朝顔開き。早朝、信州二六来り一鉢を恵まる(1)。

十一日　雨。

中古職官考刑部・大蔵条見了。宮内へ少しかゝる。○午前冷気且睡眠を催したるによりアンカ入れ臥す。○夜伊豆志首巻をミる。

十二日　曇、折々雨。冷気。正午六十六度七(2)。

少し頭痛気ニ付、ミのわ三友行、針治。○夕五時より上野精養軒行。文科大学懇親会并卒業生饗応なり。八時過根ぎしへ帰る。〈頭書〉中村より長短哥の説稿本郵送。

夜附箋す。

十三日　曇。

午前九時出宅。桐渕行、診をこふ。昨日より右眼の胞はれいたミあるによりて也。物もらひの腫物の類也といふ。天神下あら井へ寄、十時過駒込に至る。○中村行。昨日の稿渡。神田川へ遣し哥の談する。○眼疾により十分読書ならず、困却。〈頭書〉神宮校太田八郎来、謝物持参。／川崎千虎今日佐賀県へ出立。

十四日　朝晴、後曇。　日曜
博文館頼日本昔噺に題する今様哥考へ中村ミせ。○大工安五郎来、弐階建の相談する。○書棚類かた附ル[3]。〈頭書〉今日紅葉館にて高島嘉右衛門、学士会員のために易談講談あり。過日三島まで出席の約せしかど眼疾により断。／平岡好国根岸へ来る。盆贈物持参[4]。

十五日　朝晴、後曇。冷気。正午七十一度[5]。

午前十時薬研堀甲野行、診を乞ふ。○萩原頼豆州誌稿成る。中村行、示す。〈頭書〉徳島県小学校（空欄）并ニ大垣金森へ代筆郵書出す。

十六日　曇。

豆州誌稿、東に清書させ直に郵送。○今日より当分筆硯を廃す。左眼ハよろしけれど、右眼へひゞくによりてなり。〈頭書〉省ニ来る。／専門学校卒業式并に日本法律学校懇親会等招待状来る処、不参之旨はがき出す。

十七日　雨、折々やむ。

午前九時出宅、甲野行。物貫よりハ重き症のよし。今日より娯楽をやめ、右眼上に绷帯を施す。十時過根岸に至る。

十八日　雨、昨日の如シ。正午八十度。

なす業なければお仲に練絹軒之節〔桜痴作〕を読せて聞く。徳川末世の事情よく知られて面白し。〈頭書〉午前甲野行。／大工安太郎二階屋積書持参。

十九日　雨。昼頃やミ夕刻ふる。

午前八時出宅、甲野行。十時日本銀行に至る。恩給券と正金と引換。正午前根岸へ帰る。○午後お仲よび小説を談ぜる。○夜る八時過安楽寺横町竹内へ行、竹本綱清外四名の浄瑠璃を聞く。十時過帰る。〈頭書〉新潟県中魚沼郡下組村小林忠吉より神代説稿本郵送。

廿日　朝雨、後曇。折々小雨。土用ニ入。

午前九時前甲野行、右眼上へ截断術を受之。帰路新光明寺墓参。去る十五日住職天瑞死去ニ付、居合せの僧某に弔詞を述ぶ〔香料五十銭贈る〕。十時過根岸へ帰る。○午後一時過あら井行。おミつ・清名来月より貸屋取立に廻るにより、あら井と共ニ廻る。予ハ鈴木行。村田差配断之事頼。神田川にて晩食。薄暮根ぎしへ帰る。

廿一日　朝曇。九時頃より晴曇。

午前十時前甲野行、今日も少しく截断す。大に宜しき方也。十一時前駒込ニ至る。〈頭書〉伊豆萩原より郵書。跋文へ附箋也。／お栄人によりてやゝ足をはこぶ。折々椅子につく。／大工安太郎普請之事申附。

廿二日　雨。

十時前甲野行。〈頭書〉萩原へ返書。越後小林へ同断。日本法律学校へも。鈴木弘恭へ松屋遺書目郵送。

廿三日　朝より晴。暑。

十時前甲野行。膿やゝ出さす。眼疱のやぶれ口いまだ修らず。○午後牛込天神丁飯野吉三郎来。一面識無き者也。神の霊験之事尋。守部歴朝神威考之事示し、道守宅を教ふ。〈頭書〉お栄始て人力車にて近辺三四丁遊行。／三河原田銀二郎より来書。

廿四日　朝曇、後雨。

甲野行。○反古調。〈頭書〉越後小林忠吉より廿二日発状届。／根岸建具屋来よし。障子申付。／伊豆萩原より来書、序文改正分来る。

廿五日　曇。大南風。正午八十度。

甲野不行。○反古調。〈頭書〉△佐賀県大あれ熊本県これに次ぐ。小野鵞堂へ伊豆志序清書頼。

廿六日　陰晴不定。正午八十三度。

十時前甲野行。正午根岸へ廻る。〈頭書〉原より書中見舞来書。／小杉よりの書、昨日根岸へ廻る。今日は書に（端書）て返書。平安通志之事也。／△岐阜県・滋賀県・福井県洪水。

廿七日　朝雨、後陰晴不定。正午八十度。

九時過甲野行。○夜竹の内行、綱清上るりきく。○お仲練絹新三郎をよむ。今日了。〈頭書〉原だ返書出ス。／駒込へ植木や来。あづち場、庭へこしらへの支度也。／丸山隠居御入来。御見舞也。／三河原田両家へ代筆にて郵書。積善会金壱円郵送。

廿八日　きのふに同じ。正午八十度。

十時前甲野行、十時過駒込へ帰る。義象十一時四十五分発気車にて西京行。東同道、今夜浜松泊。○雑志調をはじむ。〈頭書〉子共両人根岸行、泊。／大阪橋本より来書。

廿九日　曇、折々雨。冷気。

九時前甲野行、繃帯を解き右眼へ膏薬を施す。去十七日已来十三日間繃帯を施せり。○雑志調。原に綴させる。○浣腸する。〈頭書〉お栄近辺のイカホ温泉行。十ケ月余にて入浴也。

三十日　曇、夜雨。

九時前甲野行、春木丁鈴木へよる。今日ハ膏薬をも除き一日数回水薬にて洗ひ、油薬をつくる事となりたり。○義象雑志取調。〈頭書〉子共帰る。／西京湯本より状、昨日発分根岸へ届。伊豆萩原より伊豆志稿二三上下四冊郵送。／佐村八郎より明治聖勅集恵る。／大阪橋本へ代筆にて返書。碑文断也。

三十一日　曇或ハ晴。正午八十度

午前十時出宅。日本橋太田行〔うちわ携ミそ水持〕。金華堂にて色紙求、万丁銀行へ寄、午後駒込へ帰る。○雑志取調する。○暁一時頃おたつ五回下痢し疲労す。依て高山招診をこふ。其後下痢ハ止たり。〈頭書〉三河原田より返書。

註

（1）「入谷朝顔開き早朝信州ニ六来り一鉢を恵まる」は異筆。

（2）「冷気正午六十六度七」は異筆。

（3）「書棚類かた附ル」は異筆。

（4）「平岡好国根岸へ来る。盆贈物持参。」は異筆。

（5）十五日条より廿日条まで異筆。ただし、十九日条頭書「新潟県中魚沼郡（中略）稿本郵送。」、廿日天候「朝雨後曇折々小雨。土用ニ入」、廿日本文「○午後一時過あら井行。（中略）神田川にて晩食薄暮根ぎしへ帰る。」は小中村自筆。

解　説

はじめに

本書は、小中村清矩（一八二一―一八九五）の日記を翻刻して刊行するものである。

小中村清矩は、江戸時代後期から明治時代にかけて江戸・東京で活動した国学者で、律令や日本史、古典文学、古典籍、有識故実など多岐に渉る分野について、文献に基づいて研究を進めた。明治二十二年（一八八九）学位令で初の文学博士号を重野安繹、島田重礼、外山正一、中村正直とともに授与されたことでも知られている。また、神祇官や教部省、内務省などに勤務したほか、皇室典範の制定に関わるなど形成期の明治政府に出仕し、明治二十三年には貴族院議員に勅選されている。これらの点から、明治時代の国学派の代表的な知識人と位置づけることもできるだろう。

この小中村清矩の日記が東京大学総合図書館、国立国会図書館などに現存している。前者は、小中村の三男三作から南葵文庫に寄託された旧蔵本とともに収められた綴りの中に収録されている嘉永二年、四～六年、安政二年、明治四・五年の日記である。後者は帝国図書館が大正年間に購入した明治十五・十六年、二十～二十八年の日記である。部分的であるものの、小中村清矩の三十歳代、五十歳前後、六十歳～七十歳代と、それぞれの時期の史料が残されている。

小中村清矩の同時代人の日記類は多数残されており、翻刻されているものも少なくないが、学者のものとなると、必ずしも充分な検討が加えられてきたわけではない。無論、洋学者であれば、伊藤圭介（一八〇三―一九〇一）、加藤弘之（一八三六―一九一六）などの日記、漢学者（漢文学者）であれば、依田学海（一八三四―一九〇一）、江木鰐水（一八一一―一八八一）の日記などが翻刻され、一部は研究も進められている。国学に関連する人物も、近年平田鉄胤（一七九九―一八八〇）・延胤（一八二八―一八七二）や薩摩藩士で後に湊川神社の神官を勤めた折田年秀（一八二二―一八八七）の日記が翻刻されているものの、江戸時代から明治時代にかけて活躍した国学派の学者の、学問世界や諸活動をうかがうことのできる日記が翻刻紹介されることは少なかったと言ってよい。つまり、小中村清矩の日記を読み解くことにより、従来ほとんど検討されてこなかった、国学派の知識人が江戸時代から明治時代にかけて、どのような学問生活を送ったのか、その一端を明らかにすることができると言える。

本稿では、小中村清矩の生涯、現存する日記の書誌や特色と翻刻の方針、本日記翻刻の意義について記し、本書を読まれる際の便宜に供したい。

一　小中村清矩小伝

小中村清矩は文政四年（一八二一）十二月晦日[1]、父原田次郎八、母美代（臼倉氏）の子として、江戸麹町五丁目に生まれた[2]。名は栄之助、金四郎、金右衛門。通称将曹。俳号東洲。三歳の春に父と、六歳の夏に母と死別したため、母の妹常子が嫁いでいた小中村春矩（金右衛門）の養子となった。天保五年（一八三四）名を清矩と定め、置賜鼎斎に詩を、西島蘭渓に漢籍を学んだ。天保九年、養父春矩の死により家業（不詳）を継ぐが、弘化元年（一八四四）には、『令義解』、『制度通』、『公事根源』を読み、古代法制の研究に志すようになる。

嘉永四年（一八五一）、漢学者亀田鶯谷、国学者伊能頴則に入門、翌年には、使用人源助を後見として家業を次男文次郎に譲り、学業に専心できる環境を整えた。安政二年（一八五五）に紀伊藩古学館（赤坂藩邸内）の本居内遠に入門、同四年には紀伊藩士となり「類聚国史続貂」の編纂に従事、新宮藩主水野忠央の丹鶴書院にも招聘された。文久二年（一八六二）古学館の頭取となり、翌年には幕府和学講談所にも出勤した。

明治二年（一八六九）七月からは、太政官制度局で「二官八省ノ事」、「御即位大祀ノ事」などの取調べにあたり、大学中助教として「語箋」を編纂、十一月には神祇官権大史として「語彙」編纂を兼務した。同四年五月には神祇大史となり神葬祭式の刪定に尽力した。その後も神祇省、教部省考証課、内務省社寺局と、一貫して神祇・社寺行政に関与した。

明治十一年（一八七八）九月に東京大学講師となり、十二月に修史館御用掛、内務省地理局事務も兼務している。同十二年に修史館、内務省を辞し、新たに文部省で開始された「古事類苑」編纂にあたった。「古事類苑」編纂は、東京学士会院、皇典講究所と編纂主体が変遷するが、編纂委員長、検閲委員などとして、同二十七年に神宮に移管されるまで実務を担当している。

明治十五年（一八八二）二月に東京大学教授となると、加藤弘之東京大学総理の下で古典講習科の開業・運営に尽力した。一方、同年六月に東京学士会院の会員に選出され、同年七月に参事院御用掛、同十六年四月に宮内省御用掛、同十七年六月に制度取調局御用掛、同十八年に尋常師範学校尋常中学校教員免許学力試験委員となるなど、学界、教育界、官界の各方面で活躍を続けた。前述のように、同二十一年五月に学位令による初めての文学博士号を授与され、同年六月に帝室制度取調掛、同二十三年には貴族院議員にも勅選された。同二十四年三月に至り帝国大学文科大学教授を辞するが、その後も文科大学の講師の嘱託を受けて教鞭を執り続けたほか、皇典講究所、國學院などでも長く教壇に立っている。

こうして活躍した小中村清矩であるが、明治二十八年（一八九五）十月七日、コレラに罹患し、九日に死去した。翌十日には正五位に叙せられている。門下生で国文学者の落合直文は「君性温厚謙譲、寝食を忘れて書を好まれたり。うせ給ふ前拾五分、病床、猶令義解を読み居られたりとなむ[3]」と記している。

小中村清矩には、前述の文次郎、三作のほか、謹吾、清道、フミ、栄などの子女がいた。また、栄の婿には、門下生で国文学者の池辺義象（一八六一―一九二三）を養嗣子として迎えているが、小中村清矩没後、離縁となり義象は池辺氏に戻った。このほか、日記中には親戚と思われる人物として、臼倉鼎之助、江沢藤右衛門・お晉、右馬嘉十郎、笹又権二郎・お道、水野陽一郎、おミつ、丸山藤助などの名が見える。

落合直文が記すように小中村清矩は温厚な人物であったらしく、歴史学者三上参次は「小中村清矩先生なんという人は、実に温厚篤実な方で、怒られるということは決してない人でした[4]」と回想している。弔辞ではあるものの、國學院長の国重正文も「嗚呼温乎たる徳、玉の如くなりし博ており、門下の歴史学者和田英松は「小中村先生は微に入り細を穿つといふ風で一言一句をゆるがせにしない」講義で、試験は「実に厳格で、屢々落第点をつけられるので、当時の学生は小中村先生の試験は実にヒヤ〳〵したものでした」[6]と述べている。

主な著作としては明治二十一年（一八八八）に刊行した『歌舞音楽略史』をはじめとして、「公廨備考」、「或問删定」、「四等官称考」、「伴部品部考」、「令義解疏証」、「田制考」、「曲水考」、「大嘗会次第」、「豊明次第」、「抜穂次第」、「官田考」などがある。このほか、『日用文鑑参考書』（明治二十七年）なども著している。没後にも、官職の制度を研究した『官職制度沿革史』（明治三十四年刊）、史料の解題書『国史学の栞』（明治二十八年刊）などが刊行された。また、前述の考証などを集めた『陽春廬雑考』（明治三十年刊）、依頼を受けて執筆した序文類などを集めた『有声録』（大正四年刊）もある。

二　日記の書誌と概要

小中村清矩の日記は、嘉永二年（一八四九）の「己酉日録」、嘉永四年の「辛亥日録」、嘉永五年の「壬子日録」、「嘉永六年癸丑歳日録」（『別録集』のうち）、安政二年（一八五五）の「乙卯日録」、明治四・五年（一八七一・七二）の「奉務私記」（『陽春蘆《ママ》蒐集録』のうち）が東京大学総合図書館[7]に、明治十五年の「壬午日乗」、明治十六年の「癸未日乗」、明治二十年の「丁亥日乗」の六冊（『小中村博士日記』のうち）と「明治廿年日乗」から「明治廿八年日乗」までの九冊（『小中村翁日記』）が国立国会図書館に現存する。このほか、筑波大学附属図書館に国立国会図書館で所蔵する「明治廿六年日乗」の欠落部分が所蔵されている（『小中村博士草稿』のうち）。かつては、東京帝国大学附属図書館に百冊を超える日記が所蔵されていたが、関東大震災で焼失したという[8]。

これらの日記は、自らの行動や見聞きした事実や情報などを簡潔に記すことに特徴がある。見解や感想を記したり、日記に記載した事柄について詳しく解説をしたりすることは殆どない。また、行動自体は細かく記すものの、その目的や内容について詳しく記すこともあまり見られない。数日分まとめて記載していることを示す記述があることから、まとめて記したり、清書したりした部分があるものと思われる。内容的には、日常生活や親戚との関係などの記事のほか、読書や大学での講義、執筆活動、歌会や観劇など学問や趣味的な事柄、貴族院における議事などの公的生活に関する事柄などもふんだんに含まれている。

　このほか、九点の旅日記も残されている。簡潔に記された通常の日記と比較すると行程を詳しく記し、雅文調の著作として整えられている。以下に日記、旅日記の書誌事項を年代順に示していこう(9)。

己亥遊草　原本書誌事項及び内容詳細未詳。中村秋香「小中村清矩先生小伝(10)」および近代文学研究叢書「小中村清矩(11)」に書名が掲載されている。天保十年四月の江ノ島への旅日記。

己酉日録　『別録集』第二巻に綴込み。〔中表紙〕表紙共紙、一丁。裏表紙一丁。表紙左肩に「己酉日録」と墨書。裏表紙に自筆和歌を書込み。〔装丁〕大和綴。〔本文丁数〕墨付四十五丁。〔法量〕二五・〇×一五・六cm。『別録集』第二巻法量は二五・八×一六・八cm。〔収載期間〕嘉永二年正月元日～十二月晦日。〔備考〕中表紙墨書・本文とも自筆。暦一枚貼込み。『別録集』は小中村清矩の原稿や諸書の抜き書きを四冊に綴じたもの(12)。〔印記〕「やすむろ」。〔所蔵機関〕東京大学総合図書館。〔請求記号〕A〇〇―六一四四。

辛亥日録　『別録集』第二巻に綴込み。〔中表紙〕表紙共紙、一丁。裏表紙一丁。表紙左肩に「辛亥日録」と墨書。〔装丁〕大和綴。〔本文丁数〕墨付十三丁のうち七丁分。〔法量〕二四・七×一六・六cm。『別録集』第二巻法量は二五・八×一六・八cm。〔収載期間〕嘉永四年正月元日～二月十九日。〔備考〕中表紙墨書・本文とも自筆。暦一枚貼込み。後半六丁分は「嘉永六年癸丑歳日録」。〔印記〕「やすむろ」。〔所蔵機関〕東京大学総合図書館。〔請求記号〕A〇〇―六一四四。

壬子日録　『別録集』二巻に綴込み。〔中表紙〕表紙共紙、一丁。表紙左肩に「壬子日録」と墨書。〔装丁〕大和綴。〔本文丁数〕墨付十一丁。〔法量〕二五・五×一六・七cm。『別録集』第二巻法量は二五・八×一六・八cm。〔収載期間〕嘉永五年正月元日～二月廿日、閏二月五日～三月四日、六月朔日～五日。〔備考〕中表紙墨書・本文とも自筆。暦一枚貼込み。〔印記〕「やすむろ」。〔所蔵機関〕東京大学総合図書館。〔請求記号〕A〇〇―六一四四。

嘉永六年癸丑歳日録　『別録集』第二巻に綴込み。「辛亥日録」後半に記載。〔中表紙〕「辛亥日録」に同。〔装丁〕大和綴。〔本文丁数〕墨付六丁。〔法量〕二四・七×一六・七㎝。『別録集』第二巻法量は二五・八×一六・八㎝。〔収載期間〕嘉永六年七月一日〜八月十七日。〔備考〕本文自筆。〔所蔵機関〕東京大学総合図書館。〔請求記号〕A〇〇―六一四四。

海上日記　原本書誌事項及び内容詳細未詳。中村秋香「小中村清矩先生小伝」および近代文学研究叢書「小中村清矩」に書名が掲載されている。安政元年四月の旅日記。

乙卯日録　『陽春蘆《ママ》蒐集録』第六冊に綴込み。〔中表紙〕表紙共紙、一丁。〔装丁〕大和綴。〔本文丁数〕墨付九丁。〔法量〕二五・四×一六・七㎝。『陽春蘆《ママ》蒐集録』第六冊は二六・五×一八・七㎝。〔収載期間〕安政二年二月朔日〜三月十三日、四月朔日〜二十二日、九月朔日〜十一日。〔備考〕中表紙墨書・本文とも自筆。『陽春蘆《ママ》蒐集録』は、小中村清矩の原稿や教部省在職中の書類などを八冊に綴じたもの。[13]〔所蔵機関〕東京大学総合図書館〔請求記号〕A〇〇―六一四三。

鹿島のつと　原本書誌事項及び内容詳細未詳。中村秋香「小中村清矩先生小伝」および近代文学研究叢書「小中村清矩」に書名が掲載されている。安政二年五月に伊能頴則と鹿島神宮へ旅行した際の旅日記。

奉務私記　『陽春蘆《ママ》蒐集録』第二冊に綴込み。〔中表紙〕表紙共紙、一丁・裏表紙一丁。〔装丁〕大和綴。〔本文丁数〕三十丁。〔法量〕二九・二×一九・八㎝。『陽春蘆《ママ》蒐集録』第二冊の法量は二九・二×一九・九㎝。〔収載期間〕明治四年九月八日〜五年三月二十日。〔備考〕中表紙墨書・本文とも自筆。「神祇官」黒片面八行罫紙使用。〔印記〕「やすむろ」。〔所蔵機関〕東京大学総合図書館蔵。〔請求記号〕A〇〇―六一四三。

熱海日記　『有声録』収載。原本書誌事項不明。〔丁数〕活字本七頁。〔収載期間〕明治十二年八月。〔備考〕歌日記。『有声録』は広文堂書店、大正四年刊（以下同）。

二荒日記　〔表紙〕帝国図書館表紙。元表紙。〔装丁〕袋綴〔四つ目綴〕。〔本文丁数〕墨付二十九丁。〔法量〕二五・一×一六・九㎝。〔収載期間〕明治十四年八月七日〜二十一日。〔備考〕元表紙墨書、奥書は小中村清矩自筆。大槻文彦、竹中邦香書入本。木村正辞、大槻文彦、竹中邦香、長命晏春と日光へ旅した記録。帝国図書館は大正四年四月二十日購求。〔印記〕「竹中氏図書記」。〔所蔵機関〕国立国会図書館。〔請求記号〕八三一―二七。

壬午日乗　乙・丙　『小中村博士日記』のうち二冊。〔表紙〕黄色卍繋型押表紙（後付）。元表紙。元表紙にそれぞれ「壬午日乗　乙」、「壬午日乗　丙」と墨書。〔装丁〕横半帳。〔本文丁数〕墨付四十丁うち日記部分二十七丁（乙）、墨付五十五丁うち日記部分三十八丁（丙）。〔法量〕一二・七×一七・〇cm（乙）、一二・三×一六・六cm（丙）。〔収載期間〕明治十五年四月一日〜七月三十一日（乙）、明治十五年八月一日〜十二月三十一日（丙）。〔備考〕甲は欠。元表紙墨書、本文とも自筆。いずれも日記は前半部分。後半は金銭や和歌などの覚え書。『小中村博士日記』は「壬午日乗」、「癸未日乗」、「丁亥日乗」、「こころおほえ」、「歌案」（明治二十六年）、「詠草」（明治二十七年）から成る。書名は「歌案」の表紙外題（小中村清矩とは異筆）による。「こころおほえ」は研究上の備忘録、「歌案」、「詠草」は、自作の和歌の覚。帝国図書館は大正三年三月十四日購求。「歌案」末尾ほかに「文淵四十三年」などとあり。〔所蔵機関〕国立国会図書館蔵。〔請求記号〕よ―一九イ。

癸未日乗　甲・乙・丙　『小中村博士日記』のうち三冊。〔表紙〕黄色卍繋型押表紙。元表紙。元表紙にそれぞれ「癸未日乗　甲」、「癸未日乗　乙」、「癸未日乗　丙」と墨書。〔装丁〕横半帳。〔本文丁数〕墨付四十六丁うち日記部分二十五丁（甲）、墨付四十六丁うち日記部分三十九丁（乙）、墨付二十一丁うち日記部分六丁（丙）。〔法量〕一二・〇×一六・二cm（甲）、一二・四×一六・四cm（乙）、一二・四×一六・五cm（丙）。〔収載期間〕明治十六年一月一日〜四月十六日（甲）、明治十六年四月十七日〜九月三十日（乙）、明治十六年十月一日〜十二月卅一日。十月九日から十六日は記事が無く、十七日以降も簡易な内容で記載されない日が多い（丙）。〔備考〕中表紙墨書・本文とも自筆。いずれも日記は前半部分。後半は覚え書。〔所蔵機関〕国立国会図書館。〔請求記号〕よ―一九イ。

伊香保日記　『有声録』収載。原本書誌事項不明。〔丁数〕活字本二十六頁〔収載期間〕明治十七年五月六日〜二十九日。〔備考〕三男三作との伊香保温泉滞留時の日記。

おもひ出の日記　『有声録』収載。原本書誌事項不明。〔丁数〕活字本四十六頁。〔収載期間〕明治十八年八月六日〜廿七日。〔備考〕木村正辞とともに関西方面を旅行した際の旅日記。

磯部の日記　『有声録』収載。原本書誌事項不明。〔丁数〕

活字本十六頁。〔収載期間〕明治十九年七月廿五日～八月十四日。〔備考〕磯部温泉に滞在した際の日記。

丁亥日乗　『小中村博士日記』のうちの一冊。〔表紙〕黄色卍繋型押表紙。元表紙。元表紙に「丁亥日乗」と墨書。〔装丁〕横半帳。〔本文丁数〕墨付十五丁。〔法量〕一二・三×一六・〇cm。〔収載期間〕明治廿年一月一日～八日、四月一日～六月一日（五月一日から十一日、六月一日を除き簡易な内容で、日付順ではなく記載されない日も多い）、七月一日～廿一日。〔備考〕中表紙墨書・本文とも自筆。四・五月分は日付順ではない。〔所蔵機関〕国立国会図書館。〔請求記号〕よ―一九イ。

相模伊豆の旅日記　『有声録』収載。原本書誌事項不明。〔丁数〕活字本二九頁。〔収載期間〕明治二十年七月廿四日～八月九日。〔備考〕箱根・伊豆・熱海方面への旅日記。

明治廿年日乗　『小中村翁日記』のうちの一冊。〔表紙〕帝国図書館表紙。楮紙元表紙。元表紙左に「明治廿年日乗　秋冬」と墨書。帝国図書館表紙書題簽「小中村翁日記」、「明治廿年」とあり。〔装丁〕袋綴（五つ目綴）。〔本文丁数〕墨付四十九丁。〔法量〕二五・七×一五・九cm。〔収載期間〕明治廿年八月九日～十二月三十一日。〔備考〕袋内に紙を綴じ込み補強する。元表紙墨書・本文とも自筆。「陽春廬」とノドにある薄葉片面十行罫紙（縦二四・七cm）を使用。『小中村翁日記』は、以下「明治廿一年日乗」、「明治廿二年日乗」、「明治廿三年日乗」、「明治廿四年日乗」、「明治二十五年日乗」、「明治廿六年日乗」、「明治廿七年日乗」、「明治廿八年日乗」まで九冊から成る。帝国図書館は大正四年六月十七日購入。〔所蔵機関〕国立国会図書館。〔請求記号〕八三一―二八。

明治廿一年日乗　『小中村翁日記』のうちの一冊。〔表紙〕帝国図書館表紙。楮紙元表紙。元表紙左に「明治廿一年日乗」と墨書。帝国図書館表紙書題簽に「小中村翁日記」、「明治廿一年」とあり。〔装丁〕袋綴（五つ目綴）。〔本文丁数〕百六丁。〔法量〕二五・七×一五・九cm。〔収載期間〕明治廿一年一月一日～七月十八日、八月十二日～十二月三十一日。〔備考〕袋内に紙を綴じ込み補強する。元表紙墨書・本文とも自筆。「陽春廬」とノドにある薄葉片面十行罫紙（縦二四・六cm）を使用。〔所蔵機関〕国立国会図書館。〔請求記号〕八三一―二八。

陸前下野常陸下総紀行　『有声録』収載。原本書誌事項不明。〔丁数〕活字本四十二頁。〔収載期間〕明治二十一年七

月十八日～八月十二日。〔備考〕仙台、那須、大洗、水戸、鹿島などを巡覧した際の旅日記。

明治廿二年日乗　『小中村翁日記』のうちの一冊。〔表紙〕帝国図書館表紙。楮紙元表紙。元表紙左に「明治廿二年日乗」と墨書。帝国図書館表紙書題簽に「小中村翁日記」、「明治廿二年」とあり。〔法量〕二五・七×一五・九㎝。〔装丁〕袋綴（五つ目綴）。〔本文丁数〕百丁。〔収載期間〕明治廿二年一月一日～七月廿六日、八月廿日～十二月三十日。〔備考〕袋内に紙を綴じ込み補強する。元表紙墨書・本文とも自筆。巻末一丁に朱片面十行罫紙が用いられているのを除き、「陽春廬」とノドにある薄葉片面十行罫紙（縦二四・五～二四・七㎝）を使用。〔所蔵機関〕国立国会図書館。〔請求記号〕八三一―一二八。

西遊日記　『有声録』収載。原本書誌事項不明。〔丁数〕活字本三十七頁。〔収載期間〕明治二十二年七月廿七日～八月十九日。〔備考〕正倉院御物見学のため、小中村義象との名古屋、京都、奈良旅行の日記。

明治廿三年日乗　『小中村翁日記』のうちの一冊。〔表紙〕帝国図書館表紙。楮紙元表紙。元表紙左に「明治廿三年日乗」と墨書。帝国図書館表紙書題簽に「小中村翁日記」、「明治廿三年」とあり。〔装丁〕袋綴（五つ目綴）。〔本文丁数〕九十八丁。〔法量〕二五・七×一五・九㎝。〔収載期間〕明治廿三年一月一日～一月廿八日、二月十一日～廿一日。三月廿五日～十一月廿二日。〔備考〕袋内に紙を綴じ込み補強する。元表紙墨書・本文とも自筆。八月十七日から廿二日まで六丁分に朱片面十一行罫紙が用いられているのを除き、「陽春廬」とノドにある薄葉片面十行罫紙（縦二四・三～二四・九㎝）を使用。〔所蔵機関〕国立国会図書館。〔請求記号〕八三一―一二八。

明治廿四年日乗　『小中村翁日記』のうちの一冊。〔表紙〕帝国図書館表紙。楮紙元表紙。元表紙左に「明治廿四年日乗」と墨書。帝国図書館表紙書題簽に「小中村翁日記」、「明治廿四年」とあり。〔装丁〕袋綴（五つ目綴）。〔本文丁数〕八十七丁。〔法量〕二五・七×一五・九㎝。〔収載期間〕明治廿四年一月一日～四月廿日、五月十一日、五月十四日～九月八日、九月または十月廿七・廿八日、十一月十日～十二月三十一日。〔備考〕袋内に紙を綴じ込み補強する。元表紙墨書・本文とも自筆。「陽春廬」とノドにある薄葉片面十行罫紙（縦二四・五～二五・〇㎝）を使用。〔所蔵機関〕国立国会図書館。〔請求記号〕八三一―一二八。

明治二十五年日乗　『小中村翁日記』のうちの一冊。〔表紙〕帝国図書館表紙。楮紙元表紙。元表紙左に「明治二十五年日乗」と墨書。帝国図書館表紙書題簽に「小中村翁日記」、「明治廿五年」とあり。〔装丁〕袋綴（五つ目綴）。〔本文丁数〕百十二丁。〔法量〕二五・七×一五・九㎝。〔収載期間〕明治廿五年一月一日〜十二月三十一日。〔備考〕袋内に紙を綴じ込み補強する。元表紙墨書・本文とも自筆。「陽春廬」とノドにある薄葉片面十行罫紙（縦二四・七〜二五・四㎝）を使用。〔所蔵機関〕国立国会図書館。〔請求記号〕八三一―二八。

明治廿六年日乗　『小中村翁日記』のうちの一冊。〔表紙〕帝国図書館表紙。楮紙元表紙。元表紙左に「明治廿六年日乗」と墨書。帝国図書館表紙書題簽に「小中村翁日記」、「明治廿六年」とあり。〔装丁〕袋綴（五つ目綴）。〔本文丁数〕九十七丁。〔法量〕二五・七×一五・九㎝。〔収載期間〕明治廿六年一月一日〜七日、十二日〜十二月三十一日。〔備考〕袋内に紙を綴じ込み補強する。元表紙墨書・本文とも自筆。七月三十一日条「明治廿六年六月廿九日法事費」に朱片面十一行罫紙が用いられているのを除き、「陽春廬」とノドにある薄葉片面十行罫紙（縦二四・五〜二五・四㎝）を使用。明治二十六年一月一日〜七日、十二日〜十六日は『小中村博士草稿』（筑波大学附属図書館蔵）に合綴。〔所蔵機関〕国立国会図書館、筑波大学附属図書館。〔請求記号〕八三一―二八（小中村翁日記）、イ四〇〇―三三二（小中村博士草稿）。

明治廿七年日乗　『小中村翁日記』のうちの一冊。〔表紙〕帝国図書館表紙。楮紙元表紙。元表紙左に「明治廿七年日乗」と墨書。帝国図書館表紙書題簽に「小中村翁日記」、「明治廿七年」とあり。〔装丁〕袋綴（五つ目綴）。〔本文丁数〕百十八丁。〔法量〕二五・七×一五・九㎝。〔収載期間〕明治廿七年一月一日〜十二月三十一日。〔備考〕袋内に紙を綴じ込み補強する。元表紙墨書・本文とも自筆。「陽春廬」とノドにある薄葉片面十行罫紙（縦二四・五〜二五・五㎝）を使用。〔所蔵機関〕国立国会図書館。〔請求記号〕八三一―二八。

広島趨会記　〔表紙〕元表紙一丁、後付表紙一丁あり。元表紙に「広島趨会記　広嶋臨時議会之記　小中村清矩稿本　全」、後付表紙に「小中村博士稿本　広嶋臨時議会日誌　完」と墨書。いずれも小中村清矩自筆ではない。〔装丁〕四針袋綴装。〔法量〕二五・〇×一六・四㎝。〔本文丁数〕

三十七丁。〔収載期間〕明治二十七年十月九日～十月二十九日。〔備考〕本文自筆。「ヤスムロ」子持片面七行罫紙使用。日清戦争中に広島で開催された帝国議会に出席した際の旅日記。〔印記〕印記「春城清玩」。〔所蔵機関〕天理大学附属天理図書館蔵〔請求記号〕二一〇・七―イ一

明治廿八年日乗　『小中村翁日記』のうちの一冊。〔表紙〕帝国図書館表紙。楮紙元表紙。元表紙左に「明治廿八年日乗」と墨書。帝国図書館表紙書題簽に「小中村翁日記」、「明治廿八年」とあり。〔装丁〕袋綴（五つ目綴）。〔本文丁数〕七十八丁。〔法量〕二五・七×一五・九㎝。〔収載期間〕明治廿八年一月一日～七月三十一日。〔備考〕袋内に紙を綴じ込み補強する。元表紙墨書・本文とも自筆。七月中の一部に代筆部分あり。「陽春廬」とノドにある薄葉十行罫紙（縦二四・六～二五・三㎝）を使用。三村竹清が明治二十八年七月から十月の日記の存在を紹介しているが[14]、その所在は未詳。〔所蔵機関〕国立国会図書館。〔請求記号〕八三一―二八。

つづけて、各年代毎に日記の内容について、概観していきたい。

（一）江戸期の日記

江戸期の日記五点は、小中村清矩が商家の主人として活動していた時期から、家業を息子に譲り、学問に専心していく時期のものである。「己酉日録」、「辛亥日録」、「壬子日録」は家業の記事が主で、その中に読書や書物の貸借、句会や歌会の記事などが見える。このほか、嘉永二年（一八四九）の将軍家慶の小金原への遊猟（「己酉日録」）などの社会的事件に関する記事も見える。嘉永五年に家督を譲ったとされるが、残存する期間にはその記事は見出せない。「嘉永六年癸丑歳日録」には、読書などに関する記事が多くみられるが、家業に関する記事も少なくない。安政二年（一八五五）の「乙卯日録」では、家業に関する記事は僅かで、会読・読書など学問の記事が中心となる。伊能穎則や塙忠宝、木村正辞の名や、本居内遠への入門前に講義を聴講し入門の相談をする記事も見える（安政二年四月十九日条）。

（二）「奉務私記」―明治四・五年の業務日誌―

明治四・五年（一八七一・七二）の「奉務私記」は神祇省における業務日誌である。たとえば、「宗良親王薨日取調判官局ヨリ申来之処、大日本史ニ不知其所終トアリ。猶日次記事探索ノ処無之。〇前祭主藤波氏ヨリ神官書類壱筐来

ル。目録当局ニ収ム」(明治四年九月十八日条。以下明治期の日記から引用する場合、元号を略す)など、皇室に関わる歴史や神社等に関する考証、大嘗会など宮中祭祀に関する考証などを担当している様子が具体的に分かる。(15)

(三)『小中村博士日記』—明治十五・十六年の日記—

「壬午日乗」、「癸未日乗」は、明治十五・十六年(一八八二・八三)の日記である。東京大学や皇典講究所での講義の記事、文部省における「古事類苑」編纂の記事、内務省社寺局や参事院、あるいは「大政紀要」編纂のために宮内省に出仕する記事などが含まれている。なかでも、東京大学文学部附属古典講習科に関する記事は、教師の選任・教科の構成などに当たっていた様子が分かり興味深い。このほか、東京学士会院、洋々社、斯文学会をはじめとする学問や歌文の会合に参加している記事も見られる。(16)

なお、『小中村博士日記』中に収められている「丁亥日乗」は明治二十年前半の日記で覚え書き程度の内容である。大学や皇典講究所での講義、読書の記事などが含まれている。

(四)『小中村翁日記』—明治二十年から明治二十八年—

明治二十年(一八八七)八月から、明治二十八年七月までの記事が収録される。帝国大学や皇典講究所、国学院などでの講義の記事、「古事類苑」の原稿を校閲する記事などが見える。また、明治二十一年以降は臨時帝室制度取調局で皇室典範制定のための旧例調査にあたっている様子もみえる。明治二十三年貴族院議員に勅選された後は、日記中にも議事内容が列記されるようになる。また、東京学士会院や斯文学会のほか歌会、文章の会などに参加する記事も少なくない。

交友関係が詳細に分かることも、本日記の特徴として挙げられるだろう。その対象は国学者を主として、漢学者や顕官、歌舞伎関係者も含まれる。そして、短冊などの染筆、序文の執筆、論文の雑誌への掲載依頼、さらに書籍が送付される記事など、学者・文人らしい記事が多数含まれている。

これらの記事は、殆ど「陽春廬」と刷り込まれた薄葉の十行罫紙を用い(口絵2参照)、その欄内と共に、広く取られた欄外にも細かく書き込まれている。(17)

(五)旅日記

前述のとおり、旅日記は通常の日記と比較すると詳細で文章も整えられている。このことは、明治二十七年(一八九四）広島で議会が開催された際の旅日記『広島趨会記』と同時期の「明治廿七年日乗」との比較により分かる。「明治廿七年日乗」には、十二月六日に『広島趨会記』の清書を始め、十八日に完成した記事がある。また、『二荒日記』が雑誌に掲載されていることを考えても、[18]旅日記は日記とは別に著作と捉えるべきものといえよう。だが、旅の詳細を事細かに記しており、その間の日記が記されていないものもあるので、日記の欠落部分を補うことができる。旅先で古跡を見学するというだけではなく、寺社や旅先の旧家や蒐集家が所蔵する書籍や美術品、古器物などを観覧する記事があることが興味深い。また、地方の名士や文人などから短冊などの染筆を依頼されたり、講演を依頼されたりする記事も見える。

（六）翻刻の対象

以上の日記のうち、本書では、「己酉日録」、「辛亥日録」、「壬子日録」、「嘉永六年癸丑歳日録」、「乙卯日録」、「奉務私記」、『小中村博士日記』、『小中村翁日記』および、『有声録』所収の旅日記を翻刻した。ただし、「己酉日録」、「辛亥日録」、「壬子日録」は、家業についての記事が中心であるので、抄録とした。抄出の対象としたのは、読書などの学問関係の記事、芝居見物や開帳[19]などの趣味的な事柄に関する記事、異国船来航などの社会の動向に関わる記事を含む条である。「癸午日乗」、「癸未日乗」（ともに『小中村博士日記』のうち）の巻末に付されている金銭控、和歌等の案などが記された部分は、年始、盆、歳末の挨拶名簿を除き、翻刻対象としなかった。また、「熱海日記」（『有声録』のうち）、『二荒日記』、『広島趨会記』は翻刻対象としなかった。

三　日記の背景

以上に略述してきたような内容を有する小中村清矩の日記であるが、背景となる小中村の学問、そしてこの日記の意義について述べていきたい。

（一）学問の基盤―考証学と蔵書―

久松潜一は、小中村清矩のことを、木村正辞の「古典註釈家」と対比的に、その起原沿革研究を重視した研究内容によって「文学史家」と評した。[20]その学問の特徴は、久松が「第一段階として資料や文献の整理をおいたのは当然」と述べる通り、諸文献を集め、それらを典拠として事物の起原や沿革を明らかにしていくものであった。たとえば「曲水宴起原幷創廃之事」についての問に対して回答する形で作成された「曲水考」は、「日本書紀」、「続日本紀」、「類聚国史」、「本朝文粋」、「西宮記」などから関連記事を抜書きし、「建武年中行事」などに関連記事が無いことを示し、「荊楚歳時記」などの漢籍をも引用して、和漢の起原や沿革、儀式の次第などを文献に即して明らかにしている。小中村清矩の主著『歌舞音楽略史』も、典拠文献をもとに歴史的経緯を記述している。編纂に深く関与した「古事類苑」の、関連する史料を並べて提示する「類書」作成の方法とも、考え方は共通するといえよう。

また、『日本三代実録』、『格逸』（国立国会図書館所蔵）、「田制書類」、「六国史」（東洋文庫所蔵）に見えるように、対校などの作業も行っていたことも分かる。日記にも黒川真頼宅で、「宝石類書・字鏡集等を持参してかの蔵本と比校せり」（二十六年八月六日）などの記事が見られる。

このような考証学的研究には、各種の書籍に接する機会が不可欠となる。この時代であれば、蔵書家であることは前提となるだろう。小中村清矩も例外ではなく、南葵文庫に寄託された旧蔵書は、およそ二五〇〇タイトル[21]に及ぶ。巷間に流出したものも少なくないようであり、筆者が確認した限りでも、例えば国立国会図書館におよそ五十点、東洋文庫に「田制戸籍書類」六点一括、「六国史」六点八十五冊の旧蔵書が確認できる。

資料の蒐集に余念がないことは、日記中からもうかがえる。江戸時代にも「岡庄より日本逸史求」（嘉永六年八月二日条）、「山佐木行雅言集覧・古史成文・文徳実録・類語詳解求」（嘉永六年八月七日条）等の記事がある。また、明治時代の日記にも吉川半七から「梅園奇賞」、「朝鮮史」（二十二年五月二十一日条、二十六年一月七日条）が、近藤瓶城から「史籍集覧」（十五年四月二日条、二十六年九月十一日条）が届くなど、新刊本入手の記事があるほか、文行堂、浅倉屋、鹿田などの古書店の名がしばしば見え、「神保丁古本や三久にて難波職人哥合二・仏足石和哥集解一・開口新語一・梅がえ物語一の四種を四十銭にて求。文反古十五銭・作者店おろし十八銭の弐種ハ一覧の上とて借来る」（二十年九月九日条）などの記事が散見される。「骨董舗にて古本つミ重ねたる中より寛永板の孔子家語を見出して購ふ。慶長ころ盛に行はれし活字の板式に似たれば、其を整板としたるものゝごとし。まゝ古訓あり」（二十七年十月二十三日条）と古活字版の覆刻と鑑定して購入する記事も見られる。

また、「めざまし艸借覧」（嘉永五年閏二月五日条）、「伊能行（割書中略）。姓名略名ノ条及ビ姓氏文字の事等稿・竹取物語・春台独語・古史徴・三王外紀等借、夜玩読。七ツ時に至る」（嘉永六年八月五日条）、「久米より使来ル。洦々《（洦泊）》文藻渡。本居より使。明日長哥稿東幷《（ママ）》源語借用之事也」（十五年九月十七日条）、「黒川行、枕草子書入本三冊借」（二十二年二月二十日条）、「小杉より借用の東大寺古文書写二冊をミる」（二十五年十月二十五日条）など、学者・蔵書家同士で資料を相互に貸借する記事も見られる。さらに、「宇都宮柿沼より写本加年奈考証一巻、郵便にておこせたり。落合直澄の作なる由。此ほど面会之時話しにより写して賜るべく約したるによれり」（二十年八月三十日条）、「家屋雑考写頼」（二十三年七月六日条）のように、写しを作る例も少なくない。それだけではなく、前田侯爵家（十五年六月二十四日条）や真福寺（二十二年七月三十一日条）、田中勘兵衛（二十二年八月十日条）などを訪問し、蔵書を閲覧もしている。小中村清矩は、自らも蔵書家であるとともに、学者・蔵書家同士の人脈を用いて資料を閲覧したり、入手したりすることが可能であったのである。

周知のように、文献に基づき考証を加えていく研究手法は江戸時代後期以降隆盛し、和学・国学の分野においても屋代弘賢や狩谷棭斎、黒川春村、岡本保孝などの学者を多数輩出した。小中村清矩もまた、江戸時代後期から続く考証派の和学・国学者の系譜上に位置する人物と捉えられよう。その意味では、国文学や日本思想史、さらには日本書誌学の歴史上からも見逃せない人物であることを付け加えておきたい。

（二）交流のひろがり

蔵書の貸借に示されているように、小中村の人的な交流は、国学者を中心に広がりを見せていた。なかでも、中村秋香との交流は深い。たとえば、「日本制度通序草稿清書。さきに伊香保にて清書せし今一通幷ニ星野頼の分、清書出来有之と共ニ、理科大学へもたせ遣し中郁氏が評をこふ」（二十三年四月四日条）など、文章の添削や批評も依頼している。同様に、本居豊穎にも「本居へ使して詠哥ノ評頼」（二十四年七月二十六日条）など、文章や和歌の添削や批評を依頼している。また、万葉研究で著名な木村正辞を訪ね、大阪で購入した「元暦万葉の零本」について見解を問い、「こハ塙にて元暦万葉の全部を写したる後、印刷にせんとて再び復写したる残簡也」（二十八年六月九日条）と回答を得るなど、専門分野について問い合わせもしている。他に交流深い国学者として、日記には井上頼圀、小杉榲邨、黒川真頼、久米幹文、飯田武郷、松岡明義、物集高見なども登場する。そのうち、本居、木村、小杉、久米は紀伊藩古学館で、木村は和学講談所でも同僚である。紀伊藩古学館、和学講談所の人脈が、明治時代に連続していたといえよう。

一対一の関係だけではない。例えば、岡本保孝宅では「左伝」の会読に参加している（安政二年二月九日条など）。日記には含まれない時期だが、万延元年（一八六〇）から明治元年（一八六八）にかけて間宮永好、横山由清、木村正辞らと「万葉集」の会読も行っていた。(22) 維新後も、明治十五・十六年頃には川田剛宅の「栄花物語」の会読に参加している。さらに、福羽美静による好古会、村岡良弼による如蘭社などの好古の結社にも参加している。また、江戸時代には句会・歌会に、維新後にも、松浦詮、鶴久子、中島歌子などの歌会や田中頼庸による研文社などの文章の会にも参加していた。そうした会には、福羽美静、松浦詮などの貴顕をはじめ、前述の人物以外でも阪正臣、鈴木重嶺、鈴木弘恭、小出粲、大口鯛二など、当時の有力な国学者や歌人が多数参加していた。

明治時代の日記からは、交流が地方にも広がっていたことが分かる。箱根の宿屋で国学者であった福住正兄、日光の神職柿沼広身、高崎の鰻屋で国学に志の篤かった田島尋枝、渋川の染物屋で国学に志の篤かった堀口藍園、琴平の神職松岡調、京都の神職田中尚房や蔵書家田中勘兵衛などとは、郵便でのやりとりや、旅行時や各人の上京時に面会するなどしていた。これら以外にも、短冊や色紙の染筆、碑文の撰文、講演なども、郵便や面会の別なく依頼があった。

さて、ここまで国学者との交流について指摘したが、明治時代の日記には、加藤弘之、外山正一、菊池大麓、井上哲次郎、穂積陳重、伊藤圭介、川田剛、重野安繹、内藤耻叟、島田重礼、岡松甕谷、鷲津毅堂ら帝国大学の教官や漢学者にも交流の広がりが見られる。これらの人物とも、個別的な関係だけではなく、大学のほか、洋々社、東京学士会院、斯文学会などの学術的な集会が交流の場となっていた。また、辻新次、伊沢修二、永井久一郎、桜井能監、足立正声など文部省、内務省、宮内省の官吏の名もしばしば見える。

加えて、井上毅、福羽美静、千家尊福などの貴顕との交流も注目される。井上は、従来指摘されているように、皇室制度の確立にあたり小中村清矩をブレーンの一人とした。日記中には、「法制局行。井上局長へ面会幷女帝論演説之事談也」（二十一年十二月二十日条）などの記事が見られる。また、熊本名物の「朝鮮飴」を贈られる記事（二十二年六月三十日条）や、井上の死後に「午後一時谷中瑞林寺、井上子爵の墓参す。百日相当也」（二十八年六月二十二日条）と墓参する記事も残されている。また、福羽美静とは好古会で交流が深いほか、福羽が伊藤博文に小中村を紹介したようである（明治十四年十二月二十日付書簡[23]）。日記中にも臨時帝室制度取調局に出勤するようになった際に、宮内省出頭後「角筈村新町福羽邸行。面会、談話。時を移し晩食の饗を受く」（二十一年七月四日条）とある。千家については、小中村は貴族院で千家が幹部となっていた研究会に属し、歌会でも同席している。明治二十八年の吉見百穴見物にあたっては、埼玉県知事となっていた千家に連絡、便宜を得ている。

九世市川団十郎ら歌舞伎関係者とも親しい[24]。これは、小中村清矩が黒川真頼らとともに求古会の会員であったことによるものだろう。求古会は、市川団十郎が「活歴」を作り出すため会員を顧問にして有職故実を研究しようとしたものである[25]。さらに、演劇・演芸の改良運動を行った演芸矯風会の会員にもなっていた。日記中には、「左団二(次)の三郎兵衛、再度の興行にて観るに堪たり。権十郎の井伊掃部頭ハ動作健なりと雖も作り着過て、戦場を経たる猛者とはミへず」（二十年八月二十九日条）、「大切団洲道成寺見もの也。押戻し及取手出す。祈僧能が〻りなど改良なるべし」（二十三年四月六日条）など観劇にあたって、評価を加えた記事も見られる。演劇改良に賛成する立場の国学者による感想であり興味深い。

さて、ここで再び国学者と門下生について、東京大学古典講習科と、「古事類苑」編纂に注目しつつ触れておきたい。古典講習科は、前述のとおり、明治十五年（一八八二）国学者の養成機関として設置されたが（十六年に漢文科も設置）、小中村清矩は、教則の作成、教師陣の招聘といった立ち上げの実務に深く関与した。教師に木村正辞、本居豊穎、久米幹文、松岡明義、佐々木弘綱、岡松甕谷などを招聘したのも小中村である。明治十五年六月八日条に「古典講習科教受右教師日割等考へ草案ス」とあり、後日、岡松甕谷（十五年七月二十九日条）・佐々木弘綱（同年九月三日条）・松岡明義（同年十月三日条）が教師拝命の礼に小中村を訪ねている。ここでも、遺憾なく小中村清矩の人脈が用いられたということができよう。そして、古典講習科の出身者の就職の受け皿の一つとなったのが、地方の学校と古事類苑編纂事業であった。

前者には、たとえば正見慎一、豊田伴、大久保初男などがいる。日記中には、「過日徳島知事桜井より尋常中学校教員之事頼来る。礼し即日其承知之旨桜井へ返答」（二十三年九月二十八日条）、「徳島県知事より大久保事教員免状有無問合せ電信午後三時頃来ル。即刻大久保へ申遣し文科大学まで頼可然旨談じ」（同年十月七日条）、「大久保来。近日証書受取候由なれば、其旨たゝちに徳島県へ電報す」（同月八日条）、「徳島知事より大久保事廿五円ニ採用すべき由電信にて来ル。依て即刻大久保へ廻し」（同月九日条）などと、小中村が就職の斡旋をする様子も記されている。

後者には、石井小太郎、井上政次郎、今泉定助、岩本正方、黒川真道、佐藤球、関根正直、萩野由之、松本愛重、和田英松などがいる。明治二十三年以降、「古事類苑」編纂は、川田剛が検閲委員長に、小中村清矩、黒川真頼、木村正辞、井上頼囶などが検閲委員になり、編纂は内藤耻叟、小杉榲邨、横井時冬などのほか、上述の古典講習科出身者などが担当した。日記には、「萩野稿古事類苑外交の部検閲」（二十一年四月十九日条）、「和田英松来ル。古事類苑武役下清書本調印」（二十五年十二月二十日条）など、彼らが作成した原稿を小中村が校閲にあたる記事が多数残されている。起原や沿革を文献により示した「古事類苑」の編纂に、考証派の国学者やその門下にあたる古典講習科卒業生が動員されたことは、考証派の国学の学問的性格を示唆するものと思われる。裏返せば「古事類苑」編纂は考証派の国学の集大成というべき事業と捉えることも可能だろう。

これらのほか、養子池辺義象、佐々木信綱、皇典講究所で講演などを担当する落合直文、三上参次、高津鍬三郎などとの交流の深さは目を引く。

このように、小中村清矩は江戸時代から保持していた人間関係に、近代的な知のシステム上にある場を媒介にした交流を加え、重層的な人間関係を形成・保持していた。そして、明治時代の考証派国学者のネットワークともいうべき人間関係においても、中心的存在の一人であったといえる。蔵書の閲覧や、広い知見の交換が不可欠な考証派国学者たちの学問は、こうした人間関係があったからこそ成り立っていたとも考えられるであろう。

（三）学問の構想―政府における活動と近代的な学問―

それでは、考証派の国学を基盤とし、広い交友関係を有していた小中村清矩は、いかなる学問の構築を構想していたのであろうか。このことを探る手がかりとして、小中村が「事実」と「言詞」の研究を重視していることが挙げられる。特に「事実」に関して「歴代の制度、事物の沿革を考へ」ることを目的とすることは注目される[26]。その前提として、以下のような認識を持っていた。

門地に拘はらず、人材によりて、政務にも預るべければ、仮令府県町村の会員たりとも、時に因り事に随て、我国往昔の事態と法制とを、今日に考合せて議せざれば、大に民情に背き、臆見を逞くするといふ譏を免れ難かるべし、況や在京地方の官吏となりて、事務を執掌する者をや、故に当今官衙に於て、各職掌とする所に有用なる、古事典故を彙輯し、以て参照に備ふる挙あり[27]

そして、大蔵省の「租税史」、「貨幣史」、司法省の「憲法志料」などの編纂を具体例として挙げている。古典講習科の生徒には卒業の前年から「考証文案」という科目を設けて、「田制のこととか、農商のこととか、家屋の事とか、婚礼の事とか云ふ問題を出して、其考証を生徒にかゝせ[28]」、人材育成を図った。「古事類苑」編纂に古典講習科の出身者が登用されたのもその延長線上に位置づけられよう。小中村は、官省における起原・沿革の調査に資する実用性を、考証派の国学の特質と捉えていたのである[29]。このことは、小中村清矩自身が、神祇官、神祇省、教部省、内務省、文部省に勤務していたこととも関係するだろう。明治四・五年の「奉務私記」中からは、神祇省に出仕し、日々、神社の調査や宮中祭祀の検討にあたる様子が詳細に分る。

この時期の考証派の国学者は、木村正辞が司法省や文部省に出仕するなど、官省で勤務することは珍しくない。木村も古典講習科の生徒に対し、「制度、法律、文学其他百般ノ事吾国古来ノ沿革得失等ノ事ヲ調ベント欲シ、諸君ヲシテ之ガ任タラシメタランニハ其事跡ヲ古書ニ徴シ、確実明了ナラシムルノ事ヲ担当スベキ是ナリ[30]」と演説している。官省における実用性を重視する学問の捉え方は、当時の考証派の国学者に共通するものといえよう。さらに、江戸時代に幕府和学講談所で歴史的な起原や沿革について幕府の命を受け調査に当たっていた和学御用を想起させるものでもある。こうした学問の有り方は江戸時代から続くものであったといえるだろう[31]。

それでは、以上のような学問の構想は、何時頃まで有効であったのだろうか。小中村清矩は、明治二十年代前半には、皇室典範の制定などに携わっている。日記からは、帝室制度取調掛となり（二十一年六月一日条）、「皇親考」、「帝室御領考」、「御生母例」などの論考作成や「皇統護徴」などの取調べにあたっていたことが分かる。その後、明治二十三年（一八九〇）には貴族院議員に選ばれるが、ほとんど発言の記事は見当たらない。明治二十六年七月三日には法典調査会査定委員になり翌年四月までに四回出席、三回欠席の記事があるが、「過日書を穂積に送りたる験にや、予は委員拝命を免れたり」（二十七年四月六日）と自ら免ぜられることを望んだらしい。木村正辞が官職を辞したのが明治二十六年、すでに明治二十一年には考証派の国学者の養成機関というべき古典講習科が廃止され、「古事類苑」編纂事業も明治二十三年学士会院から皇典講究所へ、明治二十七年には神宮司庁へ移管される。晩年、小中村は法制史研究に、木村は『万葉美夫君志』巻二の執筆に打ち込んでいく。明治二十年代半ば以降は、考証派の国学者が構想したような場は失われていったようにも思われるのである。

こうした官省における実用性を重視する学問を構想した一方で、小中村清矩は、国文学史や法制史において純粋な学問史上でも早くから評価されてきた[32]。このような意味では、史学史上の扱いも注目されよう。明治期の実証主義史学は、ドイツ人歴史学者リースの影響を受けつつ重野安繹、久米邦武、星野恒ら漢学系の歴史学者が作り上げたとされる。一方の小中村清矩も、明治初期に政府の命を受けて「六国史」の校訂に携わり、重野とともに次世代の歴史学者三上参次の大学院における指導を担当し、晩年も『国史学の栞』を記すなど史学との関わりが深かった。しかしながら、小中村や国学系の歴史学者は、大義名分論的と評価され、等閑視され、あるいは否定的に捉えられることが多かった[33]。明治初年以来の漢学と国学との対立、久米邦武の「神道は祭天の古俗」に対し岩下方平ら神道家が攻撃を加えたこと、重野が推進した「大日本編年史」編纂が中止された背景に、小中村清矩の井上毅に対する働きかけがあったとすること[34]なども関係するだろう。

一方で、重野安繹は「悉く事物の上に付て学問をして、一物一物づゝ皆究めて行く」考証的な史学に関して、漢学者以上に国学者が優れていることを演説している。[35]更に「国学考証派人名書付」[36]で、小中村清矩の名こそ挙げないものの、木村正辞、小杉榲邨、栗田寛などの名前を挙げていることは注目に値する。大久保利謙も、「国史科」の成立を小中村らの「国文学系」と重野らの「旧修史館系との合流」と評価している。[37]こうした点から考えていくと、国学者や神道家をみな等質と見るのではなく、個々の学者とその研究内容の実証性や行動に即して検討・評価していく必要もあるだろう。

　日記には、久米邦武筆禍事件に関しては、「久米邦武著神道ハ祭天の古俗といふ文、差支ありとて史海と史学会雑志にミえたる所、発売を禁ぜらる。幷ニ久米氏より取消の広告、新聞ニ出づ」（二十五年三月四日条）、「久米邦武非職となる」（同月七日条）と記すのみである。「大日本編年史」編纂中止に関する記事はなく、前後に井上毅の名も見られない。翌年の史料編纂の再開にあたっては、「午後近世歴史々料集成に関する建議案由利公正提出ハ可否区々なるにより指名点呼の上三名の多数を以て可決すわれハ否の方」（二十七年五月十八日）と、反対派に回っている。なお、二十八年四月には養子小中村義象が史料編輯の委員となる記事もある。

　最後に小中村清矩と重野安繹との間の交流も指摘しておこう。たとえば、「重野博士催にて木村・栗田等来会、重野氏持参古文書を展観す」と資料の閲覧をしたり、「重野より講令備考之事ニ付、書状来る」（二十二年二月二十八日条）、「重野より又々講令備考之事問ニ来ル」（二十二年三月二日条）と重野から小中村への問合せの記事も見える。また、小中村清矩が重野に『歌舞音楽略史』の序文の執筆を依頼しているほか、「大学にて重野に面会。歴史上之事幷澳国人手簡之事談じ」（二十二年五月二日条）など大学での講義受持の相談など密接な交流がみられる。「大日本編年史」編纂中止後にも、広島での貴族院開催の帰途、岡山で同宿の重野を訪ねる記事（二十七年十月二十四日条）も見られる。

　以上示してきたとおり、多くはないものの成立期の歴史学や重野安繹との関わりを示す記事も日記中には見られる。このような本日記に記述される基礎的な事実関係は、明治史学史研究においても貴重な史料となりうると考えられるのである。

おわりに

以上、本日記から窺える小中村清矩の学問活動を概観してきた。これら以外にも、日常生活や物見遊山など興味深い記事が多数含まれているが、やはり、江戸末期から明治時代にかけての代表的な考証派の国学者である小中村清矩の学問生活をうかがうことができる点こそ、最も注目すべきであろう。繰り返しになるが、ここで今一度確認をしておきたい。

小中村清矩の学問は、文献を重視する考証学的なものであった。そして、その学問は、江戸時代から重層的に形成された、いわばネットワークともいうべき交友関係に支えられていた。日記からは、そうした人脈が、蔵書や知見の貸借や交換だけではなく、古典講習科の設置や、「古事類苑」の編纂事業においても、遺憾なく発揮されていたことがわかる。

さらに、明治国家形成期に政府の制度設計の陰で、歴史的沿革や起原の調査にあたるブレーンとして活動していたことも、日記から具体的に分かる。明治国家形成の基盤の一つを提供したであろう国学者の学問生活自体を目の当りにすることができるのである。そして、明治二十年代までは、そのような国学が政府から求められ、国学者もそれに応えた学問の構築を構想していたのであった。

一方で、そうした学問の構想や実体を有しつつも、考証派の国学者たちの学問は、法制史、国文学、書誌学、歴史学などの近代的な学問的枠組に分化しつつ、継承あるいは受容されていった可能性も見逃すことはできないだろう。そのように考えると、小中村清矩、そして「国学考証派」の学問は、江戸時代と明治時代を繋ぐという点からも再評価が必要であろう。小中村らの学問は、江戸時代の学問から明治時代の近代アカデミズムへの継続性をうかがうことができるのではないだろうか。本日記は、近代の学問史の研究においても基礎的な情報を探り出す事ができるものと思われるのである。

以上のように、日本の歴史的事象を対象とする国学的な関心に下支えされ、考証的な方法に基づいて事物について究明していく考証派の国学者たちの学問は、その共有を前提とした人間関係のなかで、蔵書貸借や知識の交換を経て、深化していったものと思われる。江戸時代から明治時代にかけて盛んになったそうした学問は、国家形成、近代アカデミズム形成過程においても一定の役割を果たしたのではないだろうか。本書で翻刻した小中村清矩の日記は、このような国学者の学問生活を如実に示す史料として貴重なものといえるのである。

註

(1) 本稿における年月日の表記は、明治五年十二月三日以降は太陽暦、それより前は太陰暦による。

(2) 小中村清矩の伝記としては、中村秋香「小中村清矩先生小伝」(『高等国文』三、明治二八)、落合直文「文学博士小中村清矩君小伝」(『高等国文』二、明治二八)、小中村清矩「児孫に遺す辞」(『陽春廬雑考』巻一、吉川半七、明治三一)、「小中村清矩」(小池政胤『慶長以来国学家略伝』国光社、明治三三)、「小中村清矩」(大川茂雄、南茂樹ほか『国学者伝記集成』、東出版、平成九。明治三七原刊)、逸見仲三郎「小中村清矩」『慶長以来国学者史伝』、青山堂書店、昭和元)、「小中村清矩」(昭和女子大学近代文学研究室『近代文学研究叢書』二、昭和女子大学光葉会、昭和三一)などがある。

(3) 前掲註(2)落合直文「文学博士小中村清矩君小伝」。

(4) 三上参次『明治時代の歴史学界』(吉川弘文館、平成三)三二頁。

(5) 国重正文「小中村先生を誄ふ辞」(『高等国文』三、明治二八)。

(6) 和田英松「古典講習科時代」(『国語と国文学』一一巻八号、大正一三)一一六四頁。

(7) これらの史料は「南葵文庫」罫紙を使用した東京大学総合図書館蔵『陽春蘆《ママ》草稿目録』(写本、一冊。請求記号：A一〇—五七六)に記載されており、同文庫旧蔵本と考えられる。

(8) 『東京帝国大学附属図書館和漢書書名目録　増加第二(自明治三十二年一月至同四十年九月)』(東京帝国大学附属図書館、明治四四)二六八頁に「小中村清矩詠草」二冊、「小中村清矩日記」七十五冊、「小中村清矩日記鶏肋」三十二冊が記載されている。朝倉治彦「小中村清矩」(『人と蔵書と蔵書印』雄松堂書店、平成一四)も参照。

(9) 印記は、現在の所蔵機関の印は掲載しなかった。

(10) 前掲註(2)中村秋香「小中村清矩先生小伝」。

(11) 前掲註(2)「小中村清矩」。

(12) 内容は、東京大学附属図書館編刊『東京大学和漢図書目録』(大正十二年至昭和十年)第一編(昭和一四)、一四九頁参照。

(13) 内容は同右一四九～一五〇頁参照。

(14) 三村竹清「陽春廬日記」(『三村竹清集』日本書誌学大系二三(二)青裳堂書店、昭和五七年)一七八頁。

(15) 藤田大誠『近代国学の研究』(弘文堂、平成一九)九八～一〇一頁参照。本日記の存在を知ったのは、藤田氏のご著書による。記して感謝申し上げる。

(16) 拙稿「古典講習科時代の小中村清矩」(『近代史料研究』二号、平成一四)。

(17) 拙稿「晩年の小中村清矩」(『近代史料研究』七号、平成一九)。

(18)『日本文学』一三号（明治二二）に冒頭部分が掲載されている。

(19) なお、一般的な寺社参詣の記事、年忌の行事などの寺社参詣の記事は省いた。

(20) 久松潜一「明治の国文学者　小中村清矩と木村正辞―」（『日本学士院紀要』巻二六巻第三号、昭和四三）一三九頁。

(21)『陽春盧《ママ》書目』（写本。一冊。東京大学総合図書館所蔵。請求記号：A一〇―五六九）による。叢書、雑誌は、あわせて一種と数えた。

(22) 小中村清矩『万葉集会読記』（自筆本。一〇冊合五冊。国立国会図書館所蔵。請求記号：八三一―一〇三）。

(23)『伊藤博文関係文書』七（塙書房、昭和五四）、三八頁。三二八―二号文書。

(24) 小中村日記中の歌舞伎に関する記事に関しては、朝倉治彦「小中村清矩の日記から」（正・続）（『日本古書通信』一七三・一八五、昭和三三・三四）に紹介されている。

(25) 河竹繁俊『日本演劇全史』（岩波書店、昭和三四）七九八～七九九頁。

(26) 小中村清矩「国学の前途」（『陽春廬雑考』巻八、吉川半七、明治三〇）一九頁。

(27) 小中村清矩「古典講習科開業演説案」（『陽春廬雑考』巻八、吉川半七、明治三〇）九頁。

(28) 前掲註（26）小中村清矩「国学の前途」二〇頁。

(29) 前掲註（16）拙稿「古典講習科時代の小中村清矩」、拙稿「明治前期における歴史考証とその淵源―「経済有用」の系譜」（『季刊日本思想史』六七号、平成一七）、前掲註（15）藤田大誠『近代国学の研究』など参照。

(30)『説叢』（自筆本二三冊。東洋文庫所蔵。請求記号：Ⅱ―一―E―一〇五四）第五巻所収。

(31) 前掲註（29）拙稿「明治前期における歴史考証とその淵源―「経済有用」の系譜」参照。

(32) たとえば、久松潜一は、小中村と木村正辞について「近世までの国学者、古典研究家の伝統にたちつつ、それ〴〵の独自の学問を開拓して近代国文学者の出発点をなした」と記している（前掲註（20）「明治の国文学者　小中村清矩と木村正辞―」、一三九頁）。また、滝川政次郎は、「法制史家」という名称自体「有職故実学者の一団に対して与えられた名称」とし、小中村清矩も有力な学者として掲げている（『日本法制史』上巻、講談社学術文庫、昭和六〇、六二頁。昭和三年原刊）。大久保利謙は、「古典学・制度学」を中心に、「国学者・和学者の文献考証分野における歴史研究への多大の寄与をなした」としている（大久保利謙『日本近代史学の成立』吉川弘文館、昭和六三、二七頁）。なお、国学と近代の人文学との関係については、平成二十一年七月十一日に國學院大學で、筆者も参加したシンポジウム「近代人文学の形成と皇典講究所・國學院の学問」が開催されるなどもしている。

(33) 岩井忠熊は「日本近代史学の形成」（『岩波講座日本歴史』二二別巻一、昭和三八）で、小中村清矩や国学者の研究に関して、「大義名分史観的な史論」として「健全な研究の方向をたどったとは思えない」（八九頁）としている。近年でも永原慶二が『20世紀日本の歴史学』（吉川弘文館、平成一五）でほぼ同様の見解を示している。

（34）　前掲註（32）大久保利謙『日本近代史学の成立』五一頁に、大久保自身が三上参次から、「小中村清矩が先鋒になって文部省あたりに廃止運動をしたという裏話」を聞いたことが記されている。
（35）　「漢学と実学」（『増訂　重野博士史学論文集』上巻、名著普及会、一九八九）四二〇頁。講演年月は不明。
（36）　自筆一枚。東京大学史料編纂所所蔵。請求記号：重野家史料二―三―一。
（37）　前掲註（32）大久保利謙『日本近代史学の成立』五一～五三頁。

あとがき

江戸時代後期の和学者屋代弘賢の研究をしてきた私が、小中村清矩について初めて調べる機会を得たのは、筑波大学の大学院で中野目徹先生のゼミに参加した時のことである。ゼミで講読した明治期の雑誌中に屋代弘賢と親しい小山田与清の学統に属する小中村の論説があることに気付き、報告でとりあげたことを覚えている。屋代弘賢の考証が内包する政治的な実用性の側面に着目していたので、明治時代に官省で活躍し広い意味での後継者ともいうべき小中村清矩に関心が向いたのは、今から考えれば必然的なことであった。

屋代弘賢や小中村清矩をはじめ、江戸～明治期の和学者、国学者、考証学者といった人々の著作は活字化されていないものも多い。図書館に勤めるようになり、むかしの図書館員の川柳「万巻の書に囲まれて読めぬ役」のとおりの生活のなか、勤務先も含め休日に文庫通いをすることが習慣となった。そして、書簡や自筆本、書入本、旧蔵本などに残された活動の痕跡、まさに「手沢」を実感して圧倒されるなかで、膨大な考証を残しながら自らの思想については必ずしも多くを語らない彼らの学問の全体像に迫るためには、著作だけではなく学問をめぐる生活や交流、蔵書の実態などの活動を跡付けていくことが必要と考えるようになった。これまで報告してきた論考などとともに、本書もそうした一つと位置づけて編集したものである。私事ながら、稽古させていただいている古武道の恩師の師に関係の深い人物や、職場の遠い先輩にあたる人物に古典講習科の出身者がいるなど、不思議な縁を感じさせられることもあった。

日記の読解は、研究会誌『近代史料研究』に「古典講習科時代の小中村清矩」を執筆するにあたり平成十三年半ば頃に「小中村博士日記」を通読したことが発端であった。その後、続編として「晩年の小中村清矩」を執筆するために同十八年頃から全文の読解にとりかかった。それから今に至るまで長い時間がかかったのはひとえに私の怠慢によるところであるが、公務員勤めの余暇にしかできない仕事であったため止むを得ないことではあった。しかし、これ以上の時間の空費を避けて、当初考えていた校註を付すことは断念し、校訂のみにとどめた。また、文献索引を付す予定であったが、紙幅の都合で収録できなかった。機会があれば別に報告したいと考えている。本文の校訂には私なりに万全を期したつもりであるが、浅学のため誤読も残されていることと思う。ご指摘いただければ幸いである。

本書の刊行にあたっては、学生時代以来ご指導いただいている筑波大学の中野目徹先生が出版をご慫慂くださり、汲古書院への紹介の労を取ってくださった。また、全般にわたり相談に乗っていただいた。やはり学生時代以来お世話になっている先輩で、東京大学史料編纂所の松澤克行先生にも種々ご教示をたまわった。そのほか、筑波大学名誉教授の和田廣先生をはじめとして、お名前は略させていただくが、多くの方からお励ましをいただいた。私を導き、あるいは支えて下さる方々なくしては、本書の刊行に至る事はなかった。心から感謝申し上げたい。

汲古書院には出版事情の厳しい中、刊行の決定をしていただいた。また、同院編集部の大江英夫氏には、充分な校正の時間を頂戴するなどのご配慮をいただいたほか、所蔵機関への手続きなども含めて大変お世話になった。深謝申し上げたい。校正にあたっては、筑波大学大学院（現横浜共立学園）の坂井悠佳氏にお力添えいただいた。記して感謝申上げる。

最後になるが、史料を所蔵する東京大学総合図書館、国立国会図書館、筑波大学附属図書館にお礼申し上げたい。

末尾にあたり、史学を学ぶことを許してくれた亡き父邦由、応援し続けてくれる母幾子に対し感謝の意を添えることをお許しいただきたい。

平成二十二年五月十日

大沼宜規

編著者紹介

大 沼 宜 規（おおぬま　よしき）

昭和46年（1971）東京都生まれ。平成７年（1995）筑波大学人文学類卒業、同10年（1998）同大学院博士課程歴史人類学研究科中退。現在、国立国会図書館勤務。専攻、日本近世・近代文化史。

解説註に掲げた小中村清矩関係のほか、主な論文・書誌に「江戸時代後期における考証家の一側面」（『史境』38・39）、「小杉榲邨の蔵書形成と学問」（『近代史料研究』１）、「寛政改革と文人」（熊倉功夫編『遊芸文化と伝統』吉川弘文館）、「官吏木村正辞の活動」（『近代史料研究』４）、「明治前期における歴史考証とその淵源」（『季刊日本思想史』67）、「木村正辞と旧蔵本の特徴」（東洋文庫編刊『岩崎文庫貴重書書誌解題』Ⅵ）、「岩崎文庫所蔵木村正辞旧蔵資料について」（『東洋文庫書報』35～37）、「木村正辞旧蔵書の考証と復元」（『かがみ』37～38）など。

小中村清矩日記

平成二十二年七月十五日　発行

編著者　大沼宜規

発行者　石坂叡志

整版印刷　富士リプロ㈱

発行所　汲古書院

〒102-0072　東京都千代田区飯田橋二-五-四

電話　〇三（三二六五）九七六四

FAX　〇三（三二二二）一八四五

ISBN978-4-7629-4206-8　C3021

KYUKO-SHOIN, Co., Ltd. Tokyo.

主要人名索引

一、本索引は、日記本文中に登場する主要な人物の索引である。
一、主として『日本近現代人名辞典』（吉川弘文館、二〇〇一）と『国学者伝記集成』（東書店復刻版、一九九七）に立項された人物をとりあげた。
一、排列は姓の五十音順、複数同姓の人物がいる場合は名の五十音順とした。
一、別称や役職名、姓の宛字表記などは、主なものを項目後に括弧を付して記した。
一、姓のみで記されている場合などは、役職名、居所、同席者、前後の活動、尊称など文脈からできる限り推定した。推定しきれない場合、括弧を付したり、姓のみの項目を立てた（同姓の人物がいる場合。＊を付したもの）場合がある。
一、新年の挨拶や弔問など、家宅を訪問した場合も含めた。
一、本索引は、推定によるものが多いことをご了解いただきたい。

ア行

カ行

サ行

タ行

ナ行

ハ行

マ行

ヤ行

ラ行

ワ行